INVENTÁRIO E PARTILHA
TEORIA E PRÁTICA

www.editorasaraiva.com.br/direito
Visite nossa página

Euclides de Oliveira
Sebastião Amorim

INVENTÁRIO E PARTILHA
TEORIA E PRÁTICA

28ª edição
Revista e atualizada

2024

Av. Paulista, 901, Edifício CYK, 4º andar
Bela Vista – São Paulo – SP – CEP 01310-100

SAC | sac.sets@saraivaeducacao.com.br

Diretoria executiva	Flávia Alves Bravin
Diretoria editorial	Ana Paula Santos Matos
Gerência de produção e projetos	Fernando Penteado
Gerência de conteúdo e aquisições	Thais Cassoli Reato Cézar
Gerência editorial	Livia Céspedes
Novos projetos	Aline Darcy Flôr de Souza
	Dalila Costa de Oliveira
Edição	Samantha Rangel
Design e produção	Jeferson Costa da Silva (coord.)
	Camilla Felix Cianelli Chaves
	Lais Soriano
	Rosana Peroni Fazolari
	Tiago Dela Rosa
Planejamento e projetos	Cintia Aparecida dos Santos
	Daniela Maria Chaves Carvalho
	Emily Larissa Ferreira da Silva
	Kelli Priscila Pinto
Diagramação	Mia Santos
Revisão	Amélia Ward
Capa	Lais Soriano
Produção gráfica	Marli Rampim
	Sergio Luiz Pereira Lopes
Impressão e acabamento	Edições Loyola

DADOS INTERNACIONAIS DE CATALOGAÇÃO NA PUBLICAÇÃO (CIP)
VAGNER RODOLFO DA SILVA - CRB-8/9410

048i   Oliveira, Euclides de

Inventário e Partilha - Teoria e Prática / Euclides de Oliveira, Sebastião Amorim. - 28. ed. - São Paulo : Saraiva Jur, 2024.

576 p.

ISBN: 978-85-5362-303-7 (impresso)

1. Direito. 2. Direito sucessório. 3. Inventário. 4. Partilha. I. Amorim, Sebastião. II. Título.

2023-3061

CDD 342.165
CDU 347.6

Índices para catálogo sistemático:

1. Direito sucessório   342.165
2. Direito sucessório   347.6

Data de fechamento da edição: 17-10-2023

Dúvidas? Acesse www.saraivaeducacao.com.br

Nenhuma parte desta publicação poderá ser reproduzida por qualquer meio ou forma sem a prévia autorização da Saraiva Educação. A violação dos direitos autorais é crime estabelecido na Lei n. 9.610/98 e punido pelo art. 184 do Código Penal.

CÓD. OBRA 8641   CL 608785   CAE 843502

AGRADECIMENTOS

Aos nossos queridos
familiares, amigos, leitores,
estudiosos do Direito e colegas de lide forense,
colaboradores na divulgação do direito das sucessões,
pelo incentivo, apoio e sugestões,
por participarem de nossos esforços, sofrimentos e alegrias,
enfim, pela vibração e torcida pelo aprimoramento
desta obra, em sucessivas edições.
A todos o nosso muito obrigado sincero e afetuoso.

Apresentação à 1ª edição, relembrando o incentivo de nosso mestre Silvio Rodrigues

Dois ilustres magistrados de São Paulo, os Drs. Sebastião Luiz Amorim e Euclides Benedito de Oliveira, dão-me a honra de solicitar que apresente a obra que estão na iminência de publicar, intitulada "Inventários e Partilhas".

Já conhecia de há muito os cultos autores, e se os admirava à distância, em sua atividade judicante, passei a admirá-los também de perto, ao conhecê-los pessoalmente e ao ler o excelente trabalho que elaboraram.

Trata-se de obra de grande atualidade, que focaliza os problemas modernos de direito sucessório com grande acuidade e, direi mesmo, com grande coragem, pois os autores não raro oferecem soluções novas que fogem ao ranço do tradicionalismo. Ademais, com sua experiência de magistrados, eles trazem à baila problemas encontrados em sua judicatura e cuja solução por vezes embaraça o advogado. Acrescentam ainda uma extensa parte prática, representada por bem engendrados formulários, que serão de grande utilidade ao profissional que se inicia.

Ao felicitar os cultos magistrados pela obra produzida, que não hesito em recomendar, estou, certamente, felicitando a magistratura deste Estado por contar, em seu bojo, com elementos de nível tão elevado.

São Paulo, maio de 1984.
SILVIO RODRIGUES

Prefácio

Tenho muita satisfação por poder acompanhar as sábias palavras do inesquecível Professor Silvio Rodrigues, na crença a respeito da atualidade desta obra, neste momento em que recebo a grande honra de prefaciar uma nova edição. Foi o grande mestre das Arcadas quem primeiro acreditou nos autores, então jovens magistrados em São Paulo, quando incentivou a publicação da 1ª edição, frisando que se tratava de obra de grande atualidade, por apresentar soluções novas, de modo objetivo e prático, fugindo ao ranço do tradicionalismo.

O livro nasceu em 1984, logo depois das mudanças introduzidas nos artigos 1.031 a 1.036 do Código de Processo Civil de 1973, pela Lei n. 7.019, de 31 de agosto de 1982, que alterou a sistemática dos arrolamentos, para a instituição da forma sumária, tornando o inventário mais simples e rápido, dentro da saudável política de desburocratização legislativa então em voga.

De lá para cá, o universo jurídico brasileiro passou por grandes inovações, em especial a Constituição Federal de 1988, que estendeu o manto da proteção jurídica a outras formas de família, para além daquelas constituídas pelo casamento. Vieram, depois, na década de 1990, as sucessivas leis da união estável, para o reconhecimento de direito aos companheiros, incluindo os sucessórios. Como grande marco divisório, adveio o Código Civil de 2002, ditando novas formas de sucessão, com a notável mudança na ordem da vocação hereditária para alçar o cônjuge e o companheiro ao patamar dos concorrentes na herança, em parelha com os descendentes e os ascendentes do falecido, e, relativamente ao companheiro, também com outros parentes sucessíveis. Em destaque, também, a Lei n. 11.441, de 4 de janeiro de 2007, dando nova redação ao artigo 982 do Código de Processo Civil de 1973, atual artigo 610 do Código de Processo Civil vigente, na introdução do inventário e partilha extrajudicial, por meio de escritura pública, para interessados maiores e capazes, quando não houver testamento.

Todas essas alterações em normas legislativas, com a variedade das interpretações surgidas no curso dos anos – tanto na esfera doutrinária quanto na jurisprudencial –, foram examinadas em sucessivas edições desta formidável obra, de maneira cuidadosa e científica, possibilitando ao leitor o acompanhamento das mudanças operadas para a sua correta aplicação na atribuição dos bens por sucessão hereditária.

A respeito dos autores, cabe salientar não somente a sua dedicação ao aprofundamento do estudo teórico dos relevantes temas que cercam a sucessão por morte, mas igualmente o toque prático da indicação do *modus operandi* em cada um dos ritos que servem à ultimação da partilha, seja por procedimento judicial, seja pela forma cartorária. Tornam fácil o que aparentemente seria complexo, diante do cipoal legislativo que cerca as diversas formas de sucessão legítima, na dança das cadeiras que possa ocorrer em sede da partilha de bens.

Essa somatória de qualidades reflete a formação jurídica e profissional dos autores, em bem-sucedida carreira na magistratura de São Paulo, com paralela atuação de relevância na produção de livros, artigos e trabalhos no campo do Direito. Euclides de Oliveira destaca-se, também, na área acadêmica, com a pós-graduação em doutorado pela Faculdade de Direito da Universidade de São Paulo, quando apresentou sua laureada tese "Direito de Herança", que se converteu em obra editada pela Saraiva, enfatizando a influência das novas formas de família na composição dos herdeiros legitimados à sucessão e na equalização dos direitos sucessões de cônjuges e companheiros para os fins do artigo 1.829 do Código Civil. Do mesmo modo, Sebastião Amorim revela perfil de estudioso permanente das questões que são objeto da obra, e que ele divulga por meio de artigos e palestras dentro da comunidade jurídica, além de sua forte atuação na política institucional da magistratura.

Bem se conhece o estreito liame entre o direito das sucessões e o direito de família, exatamente porque a herança se dá prioritariamente em favor dos parentes próximos do falecido, bem como de seu cônjuge e do companheiro sobrevivente. Esse elo de vinculação reforça-se pela consideração do regime de bens no casamento e na união estável, em vista dos efeitos quanto ao direito de concorrência na herança. A questão é das mais intrincadas na hora da partilha, em vista das dificuldades de interpretação dos textos legais, incluindo diferenças de tratamento entre o cônjuge e o companheiro, retrocessos na aplicação de cálculos matemáticos complicados nas atribuições dos quinhões e até mesmo esquecimentos imperdoáveis, quando a lei menciona percentuais diferenciados em casos de concorrência com descendentes comuns ou exclusivos do falecido, mas deixa de prever solução para as hipóteses de filiação de híbrida origem, que são comuns nas chamadas famílias mosaico, em que estejam presentes "os meus, os seus e os nossos filhos"...

A esse propósito, pacificando a interpretação do artigo 1.832 do Código Civil, o Superior Tribunal de Justiça (REsp 1.617.650-RS, rel. Min. Paulo de Tarso Sanseverino, 11-06-2019) veio a entender que a solução seria a de não reservar a quarta parte "quando a concorrência se estabelece entre o cônjuge/companheiro e os descendentes apenas do autor da herança ou, ainda, na hipótese de concorrência híbrida, ou seja, quando concorrem descendentes comuns e exclusivos do falecido". E complementou: "Especificamente na hipótese de concorrência híbrida o quinhão hereditário do consorte há de ser igual ao dos descendentes".

Igualmente difícil a aceitação de critérios distintos de atribuição de herança ao cônjuge e ao companheiro, em quebra ao princípio constitucional da igualdade de proteção jurídica ao ente familiar. Pela aplicação linear e literal do artigo 1.790 do Código Civil, o companheiro poderia levar vantagem em relação ao casado, em certos casos, quando somasse o direito de meação ao direito de concorrência sobre os bens havidos onerosamente durante a convivência. De outro lado, o companheiro sofreria sério revés por estar sujeito à concorrência com outros parentes sucessíveis (o que não acontece com o cônjuge), recebendo apenas um terço da herança, ou poderia até ficar sem auferir centavo, se os bens da herança fossem havidos antes da união, mesmo que acorressem ao inventário somente herdeiros de terceira linhagem. Essa situação de calamitoso retrocesso legislativo teve correção e feliz desfecho com a decisão do Supremo Tribunal Federal no RE n. 878694-MG, rel. Min. Luiz Roberto Barroso, reconhecendo a inconstitucionalidade das disposições do artigo 1.790 do Código Civil em vista da disparidades no tratamento de entidades familiares, assim pondo fecho à inadmissível desigualdade no plano sucessório.

A obra se detém nesses e em outros aspectos relevantes de inovação legislativa e pretoriana, além de avançar com largueza nos efeitos tributários que cercam a transmissão de bens da herança, o que acentua as suas notáveis qualidades de precisão nos conceitos, objetividade no trato da matéria e constante atualização.

Por essas anotações ligeiras do inextricável meandro de juremas que cerca o direito sucessório, bem se conclui a importância jurídica da presente obra atualizada, em que as questões são analisadas à vista do texto da lei e da testa do intérprete qualificado, à procura da solução possível dentro do quadro de aplicação da justa distribuição da herança, a cada qual dentro do seu direito.

Giselda Maria Fernandes Novaes Hironaka
Professora Titular de Direito Civil na Faculdade de Direito da Universidade de São Paulo
Diretora Nacional da Região Sudeste do Instituto Brasileiro de Direito de Família – IBDFAM

Nota dos autores

Muitas mudanças marcam a trajetória deste livro, no sentido de evolução e de atualização constante: alterações de Códigos, legislação interpretada pela doutrina mais atualizada e pela jurisprudência atenta à nova ordem da moral e dos costumes familiares e sociais.

Objetivo. Com características de doutrina e de prática forense, esta obra quer transmitir conhecimentos básicos do direito sucessório.

Não tem pretensões de erudição. Seu objetivo é comentar as normas que regem a sucessão legítima e a testamentária, nos seus lineamentos básicos e indicando sua rota processual no inventário e na partilha. Anota os fundamentos doutrinários, à luz do Código Civil, de leis especiais e do Código de Processo Civil. Comenta os procedimentos judiciais e extrajudiciais de transmissão hereditária dos bens. Unindo teoria e prática, mostra os passos básicos do inventário em modelos sugeridos.

Usuário. Mais que aos professores e juristas, de cujos ensinamentos se vale, o livro destina-se aos operadores que militam nessa área do direito.

Propõe-se, igualmente, a colaborar no trabalho dos escreventes judiciais e extrajudiciais em tabelionatos e no registro imobiliário, servindo aos estudantes, estagiários e a todos os que se interessam pelo direito sucessório e, não fora muita ousadia, também aos advogados, defensores públicos, promotores de justiça, procuradores e juízes de família e sucessões.

Quer alcançar, por fim, o público em geral, uma vez que o texto é simples, direto e objetivo. Assim, a pessoa que se veja, repentinamente, com questões sucessórias terá respostas rápidas e eficientes, de fácil intelecção.

Conteúdo. Ao lado da explanação teórica, vem o indicativo prático: quando se abre a sucessão hereditária; quais as espécies de sucessão; quem são os destinatários da sucessão legítima; qual é a nova forma da sucessão concorrencial do cônjuge e do companheiro com os descendentes, os ascendentes e os colaterais; quais os modos de testamento ordinários e especiais; como se pratica um inventário e quando cabe arrolamento ou simples pedido de alvará judicial. Também procura dar uma visão simplificada do inventário e partilha extrajudicial, que se faz por escritura pública, desde que as partes sejam maiores e capazes e estejam de acordo.

Evolução. Desenvolveu-se a obra em largo sentido, cresceu no seu conteúdo desde a 1ª edição, que veio a lume em 1984, sob votos de confiança e incentivo na apresentação feita pelo saudoso mestre Silvio Rodrigues.

As modificações legais, doutrinárias e jurisprudenciais decorrentes de alterações legislativas, especialmente do Código Civil de 2002, exigiram acréscimos, correções e novos capítulos de cunho atualizador. Sobreviveram apontamentos igualmente inovadores sobre as mudanças trazidas pelo Código de Processo Civil, Lei n. 13.105, de 16 de março de 2015, em vigor desde 15 de março de 2016.

A nova forma de sucessão hereditária passou por grandes revoluções, quase um *tsunami* legislativo. Como exemplos: alterou-se a ordem da vocação hereditária; deu-se reforço ao cônjuge na concorrência do direito de herança, conforme seja o regime de bens adotado no casamento; o companheiro deixou o casulo da lei especial para adentrar nas disposições unificadas do Código Civil brasileiro e acabou equiparado ao cônjuge por força de entendimento consagrado pelo Supremo Tribunal Federal no RE-878694-MG.

De outro lado, o legislador passou a dar mais crença às pessoas na persecução dos direitos individuais, deixando de exigir a forma judicial para adoção do inventário e partilha pelo procedimento da escritura pública na forma prevista pela Lei n. 11.441, de 4 de janeiro de 2007, que alterou a lei processual da época e veio a ser incorporada nos §§ 1º e 2º do Código de Processo Civil de 2015.

Questões fiscais. Nessa mesma linha de atualização legislativa, os autores procuraram sistematizar e apontar as adequadas soluções para as questões de ordem fiscal, dentro e fora do inventário e dos arrolamentos: quando incidir, qual a alíquota e como se recolhem os tributos pertinentes à transmissão dos bens: imposto de transmissão *causa mortis* (ITCMD ou ITCD), imposto de transmissão de bens imóveis (ITBI), imposto territorial rural (ITR), imposto de renda (IR) sobre o lucro na transmissão dos bens da herança, além das taxas judiciárias.

Jurisprudência. Em atendimento às novas realidades sociais que afetam a composição do ente familiar, o Supremo Tribunal Federal veio a ampliar conceitos de família para reconhecer direitos sucessórios aos parceiros de união homoafetiva. E, mais ainda, reitera-se que o STF veio a igualar os direitos entre companheiros e cônjuges ao declarar a inconstitucionalidade do artigo 1.790 do Código Civil, mandando aplicar àqueles os mesmos critérios adotados para o cônjuge sobrevivente, no artigo 1.829.

Ilustrações. Diagramas da sucessão legítima e esquemas de processamento são expostos ao lado das diversas matérias, em visualização gráfica que objetiva resumir e facilitar o seu estudo.

Com idêntico propósito, o capítulo referente à "Terminologia" expõe, em minidicionário, definições sucintas dos principais temas tratados.

Aos que se iniciam nas lides forenses, destina-se o conjunto de formulários, com possível utilidade, à guisa de sugestões práticas para adaptação aos casos concretos.

Colaboração. Os autores são gratos à confiança e à receptividade do leitor e contam com sua participação crítica na correção de eventuais falhas e omissões, para alcance do contínuo aprimoramento deste manual de serviço no direito sucessório.

São Paulo, primavera de 2023.
Euclides de Oliveira e Sebastião Amorim

Abreviaturas

Ac. – Acórdão

Ac. un. – Acórdão unânime

ADC – Ação declaratória de constitucionalidade

ADCT – Ato das disposições constitucionais transitórias

ADI – Ação declaratória incidental

ADIn – Ação declaratória de inconstitucionalidade

ADIO – Ação declaratória de inconstitucionalidade por omissão

ADPF – Arguição de descumprimento de preceito fundamental

AgRg – Agravo regimental

AgRt – Agravo retido

AI ou Agr. – Agravo de instrumento, agravo

Ajuris – Revista da Associação dos Juízes do Rio Grande do Sul

Ap. – Apelação

Apte. – Apelante

Art. – Artigo

Bacen – Banco Central do Brasil

BNH – Banco Nacional de Habitação

Bol. AASP – Boletim da Associação dos Advogados de São Paulo

BTN – Bônus do Tesouro Nacional

Câm. – Câmara

Câm. Cív. – Câmara Cível

Câm. Esp. – Câmara Especial

CâmDPriv. – Câmara de Direito Privado

Cap. – Capítulo

CC – Código Civil de 2012 – Lei n. 10.406, de 10 de janeiro de 2012

CC/16 – Código Civil de 1916

c/c – Combinado com

CF – Constituição Federal

CF/88 – Constituição Federal de 1988

Cf. – Conforme

Cfr. – Conferir

CGJ – Corregedoria Geral da Justiça

Cit. – Citado

CJF – Conselho da Justiça Federal

CLT – Consolidação das Leis do Trabalho

CNJ – Conselho Nacional de Justiça

CComp. – Conflito de Competência

CPC – Código de Processo Civil de 2015 – Lei n. 13.105, de 13-3-2015

CPC/73 – Código de Processo Civil revogado – Lei n. 5.869, de 11-1-1973

CRI – Cartório de Registro de Imóveis

CTN – Código Tributário Nacional

Des. – Desembargador

Div. – Diversos

DJe – *Diário da Justiça Eletrônico*

DL – Decreto-lei

DLeg – Decreto Legislativo

DOE – *Diário Oficial do Estado*

DOJ – *Diário Oficial da Justiça*

DOU – *Diário Oficial da União*

EC – Emenda Constitucional

ECA – Estatuto da Criança e do Adolescente (Lei n. 8.069/90)

Ed. – Editora

ed. – edição

EDcl – Embargos de declaração

EDiv – Embargos de divergência

EI – Embargos infringentes
EId – Estatuto do Idoso
Em. – Ementa
Em. Const. – Emenda Constitucional
Fed. – Federal
FGTS – Fundo de Garantia do Tempo de Serviço
IBDFAM – Instituto Brasileiro de Direito de Família
INSS – Instituto Nacional de Seguridade Social
IPTU – Imposto Predial e Territorial Urbano
IR – Imposto de Renda
IRPF – Imposto de Renda de Pessoa Física
IRPJ – Imposto de Renda de Pessoa Jurídica
ITBI-IV – Imposto sobre Transmissão de Bens Imóveis *Inter Vivos*
ITCMD – Imposto sobre Transmissão de Bens *Causa Mortis* e Doação
ITR – Imposto Territorial Rural
J. – Julgado
JTJ – Jurisprudência do Tribunal de Justiça de São Paulo
LA – Lei de Alimentos (Lei n. 5.478, de 25-7-1968)
LAdo – Lei de Adoção (Lei n. 12.010/2009)
LAJ – Lei de Assistência Judiciária (Lei n. 1.060/50)
LDi – Lei do Divórcio (Lei n. 6.515/77)
LEF – Lei de Execução Fiscal (Lei n. 6.830/80)
Lei Est. – Lei Estadual
LI – Lei do Inquilinato (Lei n. 8.245/91)
LICC ou LINDB – Lei de Introdução ao Código Civil, atual Lei de Introdução às Normas do Direito Brasileiro (DL n. 4.657/42)
LRP – Lei de Registros Públicos (Lei n. 6.015/73)
m.v. – Maioria de votos
Min. – Ministro
MP – Ministério Público

n. – número

NCC – Novo Código Civil, Código Civil de 2002

NCPC, CPC/2015 – Código de Processo Civil de 2015

Op. cit. – Obra citada

ORTN – Obrigação Reajustável do Tesouro Nacional

OTN – Obrigação do Tesouro Nacional

p. – Página

Par. ún. – Parágrafo único

PGJ – Procuradoria Geral de Justiça

PIS/PASEP – Programa de Integração Social/Programa de Formação do Patrimônio do Servidor Público

PL – Projeto de Lei

Proc. – Processo

Prov. – Provimento

Publ. – Publicado

RE – Recurso Extraordinário

Rec. – Recurso

Rel. – Relator

Res. – Resolução

REsp – Recurso Especial

Rev. – Revista

RF – *Revista Forense*

RI – Regimento Interno

RJ ou *RTJSP* – *Revista de Jurisprudência do Tribunal de Justiça de São Paulo* (atual JTJ)

RJ-IOB – Repertório de Jurisprudência – Informações – Objetivas

RO – Recurso Ordinário

ROC – Recurso Ordinário Constitucional

RP – *Revista de Processo*

RT – *Revista dos Tribunais*

RTJ – *Revista Trimestral de Jurisprudência*

SFH – Sistema Financeiro da Habitação

ss. – seguintes

STF – Supremo Tribunal Federal

STJ – Superior Tribunal de Justiça

T. – Tomo

TJ – Tribunal de Justiça

TJSP – Tribunal de Justiça de São Paulo

UFESP – Unidade Fiscal do Estado de São Paulo

V. – Ver, vide

v.g. – *verbi gratia* (por exemplo)

Vol. – Volume

v.u. – Votação unânime

Sumário

Apresentação à 1ª edição, relembrando o incentivo de nosso mestre Silvio Rodrigues VII
Prefácio IX
Nota dos autores XIII
Abreviaturas XVII

CAPÍTULO **1**
Sucessão Hereditária

1. Conceito de sucessão 1
   - 1.1. Direito das Sucessões 2
   - 1.2. Herança 3
2. Sucessão *inter vivos* e *causa mortis* 6
   - 2.1. Sucessão legítima, testamentária e anômala 6
   - 2.2. Sucessão a título universal e a título singular 7
3. Abertura da sucessão e transmissão da herança 8
4. Direito do nascituro 11
5. Comoriência 17
6. Dos que não podem suceder. Indignidade. Deserdação 19
   - 6.1. Indignidade 20
   - 6.2. Deserdação 22
7. Aceitação e renúncia da herança 25
8. Cessão de herança 29
   - 8.1. Renúncia translativa. Formalização 31
   - 8.2. Renúncia à meação 33
   - 8.3. Registro da cessão de herança 33
9. Levantamento de certos valores pelos dependentes 34

CAPÍTULO 2
Sucessão Legítima

1. Noção de sucessão legítima. 37
2. Ordem da vocação hereditária 38
3. Parentesco. 41
   - 3.1. Conceito de parentesco. 41
   - 3.2. Linhas e graus de parentesco 42
   - 3.3 Espécies de filiação 44
   - 3.4. Adoção. 45
   - 3.5. Igualdade dos filhos 48
4. Herdeiros necessários 49
5. Petição de herança e herdeiro aparente. 50
6. Direito de representação 52
7. Descendentes 54
8. Ascendentes 57
9. Cônjuge. 58
   - 9.1. Regime de bens. 59
   - 9.2. Meação e herança 60
   - 9.3. Concurso com descendentes. 61
   - 9.4. Cálculo das quotas 68
   - 9.5. Concurso com ascendentes. 71
   - 9.6. Cônjuge herdeiro único 73
   - 9.7. Separação de fato 73
   - 9.8. Usufruto. 75
   - 9.9. Habitação. 75
   - 9.10. Aquestos – Súmula STF 377. 77
10. Companheiro. União estável 79
11. Colaterais. 79
12. O Município, o Distrito Federal e a União 81

CAPÍTULO 3
Sucessão Legítima na União Estável

1. União estável como entidade familiar 83
2. Requisitos para configuração da união estável 85
   - 2.1. Convivência 86
   - 2.2. Ausência de formalismo 87
   - 2.3. Unicidade de vínculo 90
   - 2.4. Duração: estabilidade 92
   - 2.5. Continuidade 94
   - 2.6. Publicidade 95
   - 2.7. Inexistência de impedimentos matrimoniais 96
   - 2.8. Elemento subjetivo: propósito de constituir família 100
3. Impedimentos decorrentes de união estável 102
4. União estável homoafetiva 103
5. Desfiguração da união estável. Concubinato 109
6. Namoro e união estável 112
7. Meação 115
   - 7.1. Meação no Código Civil 117
   - 7.2. Meação de bens em união estável de pessoa casada e separada de fato 119
8. Sucessão hereditária 124
   - 8.1. Direito de herança do(a) companheiro(a) 124
   - 8.2. Direito de habitação do companheiro 138
   - 8.3. Companheiro, antes casado e separado de fato 139
   - 8.4. Sucessão por testamento 141
9. Ações 142
   - 9.1. Declaratória de união estável e sua dissolução para fins de meação 142
   - 9.2. Declaratória de união estável e pedido de herança ... 144
   - 9.3. Inventário: abertura e habilitação 146
   - 9.4. Reserva de bens em inventário 148
   - 9.5. Conversão da união estável em casamento 150

10. Competência jurisdicional 152
11. O Ministério Público nas ações de reconhecimento da união estável 155

CAPÍTULO 4
Herança Jacente e Herança Vacante

1. Herança jacente – conceito 157
   1.1. Natureza jurídica da herança jacente 158
2. Arrecadação e demais atos processuais 159
3. Herança vacante – conceito 161
   3.1. Destinação de herança vacante 162
   3.2. Usucapião de herança vacante 166
   3.3. Sentença de herança vacante 169
   3.4. Recurso da sentença de herança vacante 170
4. Bens vacantes e coisas vagas – distinção 170
5. Esquema da herança jacente e vacante 172

CAPÍTULO 5
Ausência e Morte Presumida

1. Ausência e seus efeitos 173
2. Declaração judicial de ausência 174
3. Arrecadação de bens quando não apareçam sucessores 175
4. Sucessão provisória no processo de ausência 176
5. Processamento da sucessão provisória 176
6. Conversão da sucessão provisória em definitiva 177
7. Regresso do ausente após a sucessão definitiva 178
8. Declaração de morte pela Lei n. 6.015/73 e pelo Código Civil 179
9. Declaração de ausência, com presunção de morte, pelas Leis n. 6.683/79 e n. 9.140/95 181
10. Esquema do processo de ausência 183

CAPÍTULO **6**
Sucessão Testamentária

1. Sucessão testamentária 185
2. Conceito e requisitos do testamento 187
    2.1. Capacidade testamentária ativa 189
    2.2. Capacidade testamentária passiva 191
    2.3. Proibição de testamento conjuntivo 194
3. Espécies de testamento 195
    3.1. Testamento público 197
    3.2. Testamento cerrado 198
    3.3. Testamento particular 200
    3.4. Testamento marítimo 202
    3.5. Testamento aeronáutico 203
    3.6. Testamento militar 205
    3.7. Testamento nuncupativo militar 206
    3.8. Testamento vital 206
    3.9. Testemunhas testamentárias 207
4. Disposições testamentárias 209
    4.1. Interpretação dos testamentos 209
    4.2. Vínculos instituídos por testamento 211
    4.3. Sub-rogação de vínculos instituídos por testamento . 213
    4.4. Extinção de vínculos e de usufruto instituídos por testamento 214
    4.5. Competência para sub-rogação e extinção de vínculos 216
5. Codicilos 217
6. Apresentação, publicação e registro dos testamentos e codicilos .. 218
    6.1. Registro de testamento cerrado 220
    6.2. Registro de testamento público 221
    6.3. Registro de testamento particular 222
    6.4. Testamentos especiais e codicilo 223
7. Legados 224

8. Caducidade, revogação, rompimento, redução das disposições testamentárias... 225
   - 8.1. Caducidade dos legados............................. 225
   - 8.2. Revogação dos testamentos e codicilos................. 226
   - 8.3. Rompimento do testamento.......................... 227
   - 8.4. Redução das disposições testamentárias................ 227
9. Direito de acrescer.. 228
10. Substituições testamentárias. Fideicomisso................. 229
    - 10.1. Fideicomisso – Conceito............................ 229
11. Anulação de testamento................................. 231
12. O testamenteiro... 234
    - 12.1. Direitos e obrigações do testamenteiro. Execução dos testamentos 235
    - 12.2. Prêmio do testamenteiro........................... 236
13. Esquemas dos testamentos............................... 238

CAPÍTULO 7
Inventário Judicial – Aspectos Gerais

1. Conceito e formas de inventário judicial.................... 241
   - 1.1. Alvará. Conceito e finalidade........................ 243
2. Partilha. Sobrepartilha.................................... 244
   - 2.1. Sobrepartilha..................................... 245
3. Distribuição, registro e custas............................. 246
   - 3.1. Distribuição e registro.............................. 246
   - 3.2. Custas.. 248
   - 3.3. Valor da causa.................................... 251
   - 3.4. Base de cálculo das custas: monte-mor ou herança......... 251
4. Competência... 257
5. Inventário conjunto – cumulação de inventários.............. 260
6. Inventário negativo....................................... 261
7. Bens que não se inventariam.............................. 262

8. Ações referentes à herança 267

    8.1. Petição de herança 267

9. Ações contra o espólio 269
10. Questões de alta indagação 270
11. Prazos de início e término do inventário 272
12. Férias forenses. 274
13. Disposições comuns. Tutela provisória 275
14. Intervenção do Ministério Público..................... 276

CAPÍTULO **8**
Inventário Judicial – Processamento

1. Noções gerais 281

    1.1. Espécies de inventário judicial 282

2. Fases do inventário judicial 282
3. Pedido de abertura. Documentos 284

    3.1. Legitimidade e prazo. 284

4. O inventariante....................................... 285

    4.1. Inventariante judicial. Inventariante dativo............ 287

    4.2. O administrador provisório........................ 287

    4.3. Compromisso do inventariante..................... 288

    4.4. Atribuições do inventariante....................... 288

    4.5. Prestação de contas............................... 290

    4.6. Remoção e destituição do inventariante 292

    4.7. Recurso da decisão que nomeia, remove ou destitui inventariante 294

5. Representação legal. Incapazes. Curador. Procurador 295

    5.1. Procurador 297

6. Primeiras declarações 298
7. Sonegados 301
8. Citações... 304
9. Impugnações... 305

XXIX

9.1. Julgamento ... 305
9.2. Pedido para participar do inventário ... 306
9.3. Informações do Fisco ... 306
10. Avaliações ... 307
11. Últimas declarações ... 309
12. Impostos. Certidões negativas fiscais ... 310
13. Colação de bens ... 312
　13.1. Casos de dispensa de colação ... 317
14. Créditos e débitos ... 319
15. Esquemas do inventário ... 322

CAPÍTULO 9
Imposto sobre a Transmissão de Bens

1. Os impostos sobre transmissão e suas espécies ... 325
　1.1. Legislação sobre o imposto de transmissão ... 326
2. Imposto *causa mortis*. Conceito e origens. Fato gerador ... 327
　2.1. Lei Estadual paulista n. 10.705/2000, alterada pela Lei n. 10.992/2001 ... 329
　　2.1.1. Herança: Isenções ... 330
　　2.1.2. Alíquota e base de cálculo ... 331
　　2.1.3. Doação ... 332
　　2.1.4. Declaração eletrônica e intervenção da Fazenda ... 333
　　2.1.5. Responsabilidade pelo recolhimento ... 335
　　2.1.6. Base de cálculo, prazo e penalidades ... 335
　2.2. Leis de outros Estados sobre o Imposto de Transmissão *Causa Mortis* e Doações ... 337
　2.3. Imposto progressivo. Constitucionalidade ... 346
　2.4. Vigência e aplicação do imposto: cada lei no seu tempo ... 347
3. Imposto *inter vivos*. Conceito e fato gerador ... 349
　3.1. Alíquota do ITBI ... 350
　3.2. Relação do ITBI com o processo de inventário ... 351

4. Cálculo do imposto no inventário 351
    4.1. Base de cálculo do imposto *causa mortis* 352
    4.2. Imposto em caso de renúncia à herança 354
    4.3. Imposto em caso de renúncia à meação 355
    4.4. Procedimento do cálculo no inventário................. 357
    4.5. Recurso da sentença de cálculo........................ 358
    4.6. Imóveis situados em outros Estados 359
5. Cálculo e recolhimento do imposto nos arrolamentos.......... 360
6. Imposto de Renda sobre lucros na sucessão 361

CAPÍTULO 10
Partilha

1. Noções 365
    1.1. Requerimento e deliberação sobre a partilha.............. 366
2. Formas de partilha – Julgamento 366
    2.1. Partilha amigável 367
    2.2. Usufruto.. 368
    2.3. Partilha judicial..................................... 369
    2.4. Sentença... 373
    2.5. Formal de Partilha ou Carta de Adjudicação.............. 373
    2.6. Recurso.. 374
3. Emenda da partilha, anulação, nulidade e rescisão 375
    3.1. Erro de fato e inexatidões materiais..................... 375
    3.2. Anulação da partilha amigável 375
    3.3. Rescisão de partilha 376
    3.4. Nulidade da partilha................................. 378
4. Garantia dos quinhões hereditários 379
5. Sobrepartilha.. 379
6. Substituição processual do espólio 380
7. Partilha no divórcio e na dissolução da união estável.......... 381
8. Esquema da partilha 383

CAPÍTULO 11
Arrolamento – Generalidades

1. Conceito de arrolamento 385
2. Modalidades de arrolamento............................. 385
3. Normas subsidiárias do arrolamento 386
4. Arrolamento cautelar 386

CAPÍTULO 12
Arrolamento Sumário

1. Conceito e requisitos de arrolamento sumário............. 387
2. Fases processuais 388
3. Eliminação de termos 390
4. Dispensa de avaliação 391
5. Credores do espólio – Decisão sobre avaliação............ 392
    5.1. Recurso... 392
6. Taxa judiciária – Valor da causa 392
7. Imposto de transmissão 393
8. Partilha amigável... 396
9. Homologação da partilha – Formal..................... 397
10. Esquema do arrolamento sumário 398

CAPÍTULO 13
Arrolamento Comum

1. Conceito e requisitos 399
2. Fases processuais 399
3. Plano de partilha 401
4. Avaliação dos bens 402
5. Julgamento da partilha 402
6. Esquema 403

CAPÍTULO **14**
Inventário e Partilha Extrajudicial

1. Observações gerais 405
   - 1.1. Provimentos das Corregedorias de Justiça. Resolução n. 35 do Conselho Nacional de Justiça (CNJ) 406
   - 1.2. Alterações no Código de Processo Civil. 406
   - 1.3. Partilha ou adjudicação. 408
   - 1.4. Dualidade de procedimentos: inventário judicial e inventário extrajudicial. Testamento 408
   - 1.5. Caráter opcional do inventário extrajudicial 409
   - 1.6. Homologação da partilha pelo juiz, no procedimento judicial de arrolamento sumário 410
   - 1.7. Abertura da sucessão e inventário..................... 411
   - 1.8. Prazos para o inventário 411
   - 1.9. Distinção entre meação e herança..................... 412
   - 1.10. Efeitos do inventário e partilha extrajudicial 413
   - 1.11. Competência funcional do tabelião..................... 413
   - 1.12. Responsabilidade do tabelião 414
   - 1.13. Assistência de advogado 415
   - 1.14. Bens e direitos que dispensam inventário e partilha 415
2. Formalidades da escritura de inventário e partilha. 416
   - 2.1. Partes no inventário 416
   - 2.2. Credores do espólio 417
   - 2.3. Cessão de direitos hereditários 418
   - 2.4. Renúncia da herança................................ 419
   - 2.5. Procuradores das partes 419
   - 2.6. Nomeação de inventariante........................... 419
   - 2.7. Administrador provisório 420
   - 2.8. Documentos das partes.............................. 420
   - 2.9. Bens – Descrição, valores e documentos 421

2.10. Bens situados no estrangeiro........................... 422
2.11. Certidões Negativas de Débitos Fiscais................... 423
2.12. Impostos de transmissão............................. 423
2.13. Sobrepartilha extrajudicial........................... 424
2.14. Escritura de retificação da partilha..................... 424
2.15. Central de Inventários e de Testamentos................. 425
2.16. Emolumentos da escritura – Lei de custas................. 425
2.17. Gratuidade....................................... 425
2.18. Carta de Sentença ou Formal de Partilha Extrajudicial...... 426
3. Conclusão.. 427

CAPÍTULO 15
Alvarás Judiciais

1. Conceito e espécies..................................... 429
2. Alvará incidental. Alienação de bens....................... 431
3. Alvará em apenso...................................... 434
4. Alvará independente.................................... 437
5. Dispensa de alvará..................................... 440
   5.1. Saldo de salários................................. 441
   5.2. FGTS.. 442
   5.3. PIS/PASEP...................................... 444
   5.4. Saldos bancários................................. 445
   5.5. Restituição de tributos............................. 446
   5.6. Seguro de vida................................... 447
   5.7. Pecúlio... 448
6. Recurso da decisão de alvará.............................. 449
7. NOTA: Correção de valores para fins de arrolamento e dispensa de alvará. Extinção da ORTN............................. 449

CAPÍTULO 16
Terminologia..453

Sumário

CAPÍTULO 17
Formulários

17.1. Alvará em Inventário negativo, para outorga de escritura 465

17.2. Alvará em Inventário, para venda de bens................ 466

17.3. Alvará em Inventário, para outorga de escritura 467

17.4. Alvará em Inventário, para levantamento de depósito 468

17.5. Alvará independente, sem bens a inventariar. Pedido de levantamento de depósitos bancários, FGTS E PIS-PASEP. ... 469

17.6. Alvará em apenso. Requerimento de terceiro para outorga de escritura... 471

17.7. Arrolamento comum. Pequeno valor. Petição inicial 472

17.8. Arrolamento sumário. Partes maiores e capazes. Petição Inicial 473

17.9. Arrolamento sumário. Declarações de herdeiros e de bens e partilha amigável 475

17.10. Arrolamento sumário. Despacho na petição inicial 477

17.11. Arrolamento. Sentença – Homologação de partilha........ 478

17.12. Herança vacante. Auto de adjudicação 479

17.13. Inventário. Petição de abertura pelo cônjuge sobrevivente. . . 480

17.14. Inventário. Petição de abertura por herdeiro 481

17.15. Inventário. Petição de abertura pelo Ministério Público..... 482

17.16. Inventário conjunto (ou cumulado). Petição inicial........ 483

17.17. Inventário com testamento. Petição inicial............... 484

17.18. Inventário Negativo. Petição inicial.................... 485

17.19. Inventário.Compromisso de inventariante (ou testamenteiro) . . 486

17.20. Inventário com herdeiro menor, sem testamento. Primeiras declarações.. 487

17.21. Inventário com testamento. Primeiras declarações......... 489

17.22. Inventário. Reclamação contra a inclusão de herdeiro 491

17.23. Inventário. Reclamação contra a nomeação de inventariante . 492

17.24. Inventário. Pedido de remoção de inventariante 493

XXXV

17.25. Inventário. Pedido de colação de bens. 494
17.26. Inventário. Renúncia da herança 495
17.27. Inventário. Últimas declarações. 496
17.28. Inventário. Pedido de quinhão 497
17.29. Inventário. Esboço de partilha. 498
17.30. Inventário. Auto de partilha 500
17.31. Inventário. Auto de adjudicação 505
17.32. Sentença homologatória de partilha 502
17.33. Inventário. Desistência do prazo de recurso 503
17.34. Inventário. Pedido de aditamento (ou retificação) a formal de partilha. 504
17.35. Inventário. Requerimento de sobrepartilha 505
17.36. Inventário. Habilitação de crédito. Reserva de bens. Petição do credor 506
17.37. Inventário. Requerimento de conversão de inventário em arrolamento 507
17.38. Testamento público. Requerimento de registro 508
17.39. Testamento particular. Requerimento de confirmação e registro 509
17.40. Testamento cerrado. Requerimento de abertura e registro . . . 510
17.41. Testamento cerrado. Termo de apresentação e abertura 511
17.42. Vintena (prêmio). Pedido de arbitramento 512
17.43. Usufruto – Extinção. Requerimento ao registro de imóveis . . 513
17.44. Sub-rogação de vínculos. Petição inicial 514
17.45. Inventário e partilha extrajudicial – Escritura pública 515

Índice Alfabético Remissivo 519
Bibliografia 535

CAPÍTULO
1

Sucessão Hereditária

SUMÁRIO: 1. Conceito de sucessão. 1.1. Direito das sucessões. 1.2. Herança. **2.** Sucessão *inter vivos* e *causa mortis*. 2.1. Sucessão legítima, testamentária e anômala. 2.2. Sucessão a título universal e a título singular. **3.** Abertura da sucessão e transmissão da herança. **4.** Direito do nascituro. **5.** Comoriência. **6.** Dos que não podem suceder. 6.1. Indignidade. 6.2. Deserdação. **7.** Aceitação e renúncia da herança. **8.** Cessão de herança. 8.1. Renúncia translativa. Formalização. 8.2. Renúncia à meação. 8.3. Registro da cessão de herança. **9.** Levantamento de valores pelos dependentes.

1. CONCEITO DE SUCESSÃO

Sucessão é o ato ou o efeito de suceder. Tem o sentido de substituição de pessoas ou de coisas, transmissão de direitos, encargos ou bens, numa relação jurídica de continuidade. Implica a existência de um adquirente que sucede ao antigo titular de determinados valores.

Assim é que o comprador sucede ao vendedor na propriedade do bem negociado, o donatário sucede ao doador, adquirindo, conforme a disposição contratual, todos os direitos e obrigações inerentes à transmissão de determinado bem.

O mesmo ocorre quando uma pessoa falece deixando bens: opera-se a sucessão, pela transmissão da herança ao herdeiro, que, assim, sucede ao morto nos direitos e obrigações relacionados ao seu patrimônio.

Ao falecido, de cuja herança se trata, aplica-se a expressão latina *de cujus*. Tem origem na frase: *de cujus hereditate agitur*, ou seja, aquele de cuja herança se trata. Na verdade, refere-se à herança e não à pessoa falecida. Por isso, não varia em gênero ou número, permanecendo igual nos casos de ser a falecida mulher, assim como em inventário conjunto abrangendo os bens de mais de um morto.

Seu aportuguesamento se dá pela forma "de cujo". Foi adotado por Pontes de Miranda o termo unificado "decujo", mas sem muitos seguidores. O *Dicionário Houaiss da Língua Portuguesa* (Ed. Objetiva, 1. ed.) registra esse termo, mas a evitar, por *de cujus*. Na mesma linha, já se viu usar *decuja* no caso de mulher falecida, assim como se escreve de cujos para referir os bens em sucessão.

Bem a propósito, grassa uma história engraçada, de petição de inventário feita por advogado bisonho. Apreciador do latinório, informou ao juiz que o *de cujus* havia deixado "*uma decuja e dois decujinhos*" ...

Melhores explicações sobre o a origem e o uso da expressão podem ser vistas em comentários de José Maria da Costa, autor da obra *Redação jurídica*, em nota no sítio www.conjur.com.br. Sua conclusão: seja um ou sejam muitos os autores da herança, a expressão latina há de permanecer sempre invariável, porque relativa a *de cujus sucessione agitur*. Ou, de modo mais específico: a) o *de cujus*; b) a *de cujus*; c) os *de cujus*; d) as *de cujus*.

Naturalmente que ao direito sucessório somente importa a figura do falecido quando deixe bens, créditos, dívida, direitos ou obrigações a serem cumpridas. Sua denominação legal é "autor da herança", porque dava título aos bens que se transmitem, com sua morte, aos sucessores habilitados em processo de inventário.

1.1. Direito das Sucessões

O Direito das Sucessões regula a forma de suceder em caso de morte, seja pela sucessão legítima, seja pela sucessão testamentária. Seu objeto é a transmissão de bens *causa mortis*.

Na lição de Silvio Rodrigues, o Direito das Sucessões apresenta-se como o "conjunto de princípios jurídicos que disciplinam a transmissão do patrimônio de uma pessoa que morreu, a seus sucessores"[1]. Para Clóvis Beviláqua, o "direito hereditário, ou das sucessões, é o complexo dos princípios segundo os quais se realiza a transmissão do patrimônio de alguém que deixa de existir"[2].

A transmissão de patrimônio envolve não apenas bens e valores, mas a totalidade das obrigações, incluindo tanto o ativo quanto o passivo do falecido. Daí a definição de Carlos Maximiliano: "Direito das Sucessões, em sentido objetivo, é o conjunto das normas reguladoras da transmissão dos bens e obrigações de um indivíduo em consequência de sua morte. No

---

1 *Direito Civil*, 25. ed., São Paulo: Saraiva, vol. 7, p. 3.
2 *Código Civil dos Estados Unidos do Brasil*, 5. ed., Rio de Janeiro: Francisco Alves, 1956, vol. 1.

Capítulo 1 Sucessão Hereditária

sentido subjetivo, mais propriamente se diria direito de suceder, isto é, de receber o acervo hereditário de um defunto"[3].

A matéria é disciplinada no Livro V do Código Civil, em quatro títulos: Título I – "Da Sucessão em Geral" (arts. 1.784 a 1.828), Título II – "Da Sucessão Legítima" (arts. 1.829 a 1.856), Título III – "Da Sucessão Testamentária" (arts. 1.857 a 1.990), Título IV – "Do Inventário e da Partilha" (arts. 1.991 a 2.027).

Formaliza-se a transmissão sucessória pelo processo judicial de inventário e partilha, conforme dispõe o Código de Processo Civil, em capítulos próprios que tratam do inventário, da partilha e do arrolamento (arts. 610 a 673), e dos testamentos e codicilos (arts. 735 a 737). Pode efetuar-se, também, o inventário e partilha extrajudicial, por escritura pública em tabelionato de notas, quando as partes sejam maiores e capazes e o falecido não tenha deixado testamento, de conformidade com o disposto na Lei n. 11.441, de 4 de janeiro de 2007, que veio a ser incorporada, com alterações, no Código de Processo Civil, artigo 610 (v. cap. 14 – Inventário e Partilha Extrajudicial).

Também ocorre sucessão na hipótese de desaparecimento de uma pessoa, acarretando a declaração de sua ausência e a arrecadação dos seus bens para fins de sucessão provisória. A matéria é tratada na Parte Geral do Código Civil (e não no livro de Direito de Família, como constava do Código revogado), nos artigos 6º, 7º, 22 e seguintes, e no Código de Processo Civil, artigos 1.159 a 1.169.

1.2. Herança

Aos bens que se transferem ao sucessor em virtude da morte de alguém, dá-se o nome de herança, isto é, patrimônio que se herda, acervo hereditário ou, no aspecto formal e de representação, espólio. A transmissão da herança preserva a continuidade do próprio ente familiar, sendo elencada entre os direitos e garantias individuais, conforme o artigo 5º, inciso XXX, da Constituição Federal de 1988.

Trata-se de uma universalidade de bens e, conforme Itabaiana de Oliveira, é "o patrimônio do *de cujus*, o conjunto de direitos e obrigações que se

---

3   *Direito das Sucessões*, 4. ed., Rio de Janeiro: Freitas Bastos, 1948, n. 1.

transmitem ao herdeiro"⁴. Como salienta Humberto Theodoro Júnior, essa universalidade jurídica do patrimônio passa em bloco para todos os herdeiros indistintamente, de sorte que, aberta a sucessão, os bens da herança são comuns a todos os herdeiros, até que se ultime a divisão da propriedade através da partilha. Somente então "cada sucessor concretizará seu direito de propriedade sobre uma porção certa ou delimitada do monte e dela poderá livremente dispor, sem as peias da universalidade e indivisibilidade antes vigentes"⁵.

Todavia, cumpre distinguir da herança a cota cabente ao cônjuge sobrevivo, denominada meação. Não que essa cota se extreme *ab initio*. Ao invés, deve ser abrangida na declaração dos bens a inventariar, com submissão aos encargos e às dívidas do espólio, até que se efetue a partilha. Nesse aspecto, diz-se que a meação integra o "monte-mor", ou seja, a totalidade do acervo patrimonial em causa. Mas não se confunde com a efetiva herança, que se constitui na somatória dos quinhões atribuíveis aos herdeiros. A distinção é relevante para fins de incidência fiscal, já que o imposto de transmissão recai apenas sobre a parte transmitida aos herdeiros, excluída, pois, a meação (v. cap. 9, item 2).

No plano jurídico-formal, a massa patrimonial deixada pelo autor da herança denomina-se espólio.

O espólio "não tem personalidade jurídica"⁶, logo não se enquadra no rol de pessoas jurídicas do Código Civil (art. 44).

Significa dizer que não passa de uma universalidade de bens, como já salientado: "Sem embargo da aparência de personalidade, que se percebe no espólio, capaz de demandar e ser demandado, não se pode considerar pessoa jurídica, pois é de existência transitória, tem proprietários conhecidos e não dispõe de patrimônio próprio, uma vez que seus bens, provisoriamente reunidos e subordinados a um conjunto, continuam a pertencer individualmente aos herdeiros"⁷.

---

4   Itabaiana de Oliveira, *Tratado de Direito das Sucessões*, Rio de Janeiro: Freitas Bastos, 1952, vol. I/53, n. 22.

5   *Revista de Processo*, Revista dos Tribunais, vol. 45/218.

6   Celso Agrícola Barbi, *Comentários ao Código de Processo Civil*, Rio de Janeiro: Forense, vol. 1/146, n. 127.

7   Galba Menegale, *Repertório enciclopédico do Direito Brasileiro*, Rio de Janeiro: Borsoi, vol. 21/4.

Ainda assim, cumpre reconhecer que o espólio tem legitimidade *ad causam*, representando-se ativa e passivamente pelo administrador provisório ou, após instaurado o inventário, pela pessoa do inventariante (arts. 75, inc. VII, 614 e 617 do CPC). É apenas uma parte formal, como a massa falida, ou a herança jacente[8].

Mas nem por isso se há de negar a possibilidade de transmissão de bens em nome do espólio, como no caso de alienação autorizada pelo juiz (art. 619, I, do CPC), ou de outros atos de administração que importem no aumento da massa patrimonial, como no caso de atividades imobiliárias em curso (loteamentos, edificações etc.). Note-se que ocorrerá a transmissão de bens a favor de espólio quando sobrevenha a morte de algum herdeiro na pendência do inventário em que foi admitido, possuindo ele outros bens além do seu quinhão na herança. Impossível, no caso, a partilha conjunta, reservada à hipótese de inexistirem outros bens, na cumulação de inventários (art. 687 do CPC). Nessa situação, o espólio do herdeiro falecido será o adjudicatário do correspondente quinhão, para oportuna atribuição aos respectivos sucessores, mediante instauração de outro processo de inventário.

Com efeito, sendo uma universalidade de direitos, oriunda de um complexo de relações jurídicas, "a herança é suscetível, abstratamente, de aumento ou diminuição"[9].

Nesse sentido o posicionamento do Conselho Superior da Magistratura de São Paulo, ao admitir registro imobiliário em nome do espólio, embora não lhe reconheça personalidade jurídica (Ap. Cível 13.222-0/3, em reformulação à tese adversa, oriunda da Ap. Cível 10.097-0/0).

Da mesma forma, questiona-se a respeito do exercício de posse pelo espólio, com pretensão *ad usucapionem*. A tese favorável à legitimidade ativa do espólio em demanda de usucapião é sufragada por Pontes de Miranda e parte da jurisprudência (*RT* 79/114, 64/185, 548/187; *RJTJSP* 14/229 e 16/277). Em sentido contrário, argumenta-se que, "sendo o espólio entidade correspondente à massa patrimonial do *de cujus*, correto afirmar-se que não pode exercer posse, eis que esta é relação entre a coisa e a pessoa, que traz sempre a

---

[8] Hamilton de Moraes e Barros, *Comentários ao Código de Processo Civil*, Rio de Janeiro: Forense, 1975, vol. 9/178.
[9] Orlando Gomes, *Sucessões*, 11. ed., Rio de Janeiro: Forense, p. 7 (citando Vitali).

ideia de situação de fato em que uma pessoa física ou jurídica, independentemente de ser ou não proprietária, exerce sobre a coisa poderes ostensivos, conservando-a ou defendendo-a", de modo que, em tal situação, devem integrar o polo ativo da demanda a viúva e os herdeiros do extinto possuidor (*RT* 641/134).

Estamos com o primeiro entendimento, embora ressalvada a possibilidade de posse exclusiva por um dos herdeiros, sem a participação dos demais. Em alentado estudo, leciona Benedito Silvério Ribeiro que o espólio, representado pelo inventariante, "desde que pratique este ato em benefício da comunhão hereditária, sem afastar herdeiro, poderá figurar na relação jurídico-processual como sujeito ativo da ação de usucapião"[10].

2. SUCESSÃO *INTER VIVOS* E *CAUSA MORTIS*

As sucessões, em sentido genérico, podem ser classificadas em dois grandes grupos:

✓ Sucessão *inter vivos*, e

✓ Sucessão *causa mortis*.

O Direito das Sucessões abrange apenas a sucessão em virtude da morte de alguém – *causa mortis* –, diferenciando-se da outra forma, que se denomina *inter vivos*, por abranger a sucessão ocorrida entre pessoas vivas, como acontece com as doações, compra e venda, cessões de direito etc.

A sucessão *causa mortis* (ou *mortis causa*) distingue-se, pelo modo e causa da transmissão, em sucessão legítima e sucessão testamentária, além de possíveis formas irregulares ou anômalas; pela sua abrangência, pode ser sucessão a título universal e sucessão a título singular.

2.1. Sucessão legítima, testamentária e anômala

A sucessão legítima dá-se por disposição legal, em favor das pessoas mencionadas como herdeiras, por uma ordem de prioridade que a lei denomina "ordem da vocação hereditária". Trata-se de direito fundamental, definido na Constituição Federal, artigo 5º, inciso XXX: *é garantido o direito de herança*. Sua regulamentação no Código Civil estende-se pelos artigos 1.784

---

10 *Tratado de usucapião*, 4. ed., São Paulo: Saraiva, 2003, p. 338.

e seguintes, com destaque para o artigo 1.829, que estabelece uma nova forma de sucessão, pela concorrência do cônjuge com os descendentes e com os ascendentes, modificando substancialmente a linha sucessória antes estabelecida pelo Código Civil de 1916.

De seu turno, a sucessão testamentária decorre da manifestação de última vontade do autor da herança, mediante testamento ou codicilo. Serão sucessores, por essa forma, as pessoas nomeadas pelo testador, mas com a restrição de que se resguarde a metade da herança, chamada de legítima, aos herdeiros necessários, que são os descendentes, os ascendentes e o cônjuge.

As sucessões legítima e testamentária não se excluem e podem ocorrer simultaneamente, ou seja, atribuição de uma parte dos bens aos herdeiros legítimos e de outra parte aos herdeiros contemplados em testamento, na forma prevista pelo artigo 1.788 do Código Civil.

Em determinadas situações, a lei estabelece uma forma diferenciada de transmissão dos bens do falecido, dependendo da natureza dos bens e das pessoas habilitadas ao seu recebimento. Tem-se, então, uma forma irregular de sucessão, por isso chamada de anômala. É o que ocorre nos casos de valores consistentes em saldo de salários, Fundo de Garantia do Tempo de Serviço, depósitos do PIS-PASEP, restituição de tributos, depósitos bancários até certo limite, que são atribuídos, na falta de outros bens, aos dependentes do falecido, ou seja, às pessoas que dele dependiam economicamente, e não a todos os herdeiros (ver cap. 15, item 5). O mesmo se dá no recebimento de benefícios previdenciários, pelo dependente do segurado, e de indenizações de seguro de vida, que podem conter a indicação de beneficiários, sem atender à linha sucessória, pela sua natureza securitária.

2.2. Sucessão a título universal e a título singular

Diz-se sucessor a título universal o herdeiro com direito à totalidade da herança ou a uma parte ideal que permanece indivisa até a partilha. É o que se dá na sucessão legítima e também na testamentária, quando haja simples instituição de herdeiro.

Sucessor a título singular é o que tem direito, por testamento, a parte certa dos bens, individualizada como legado; daí sua denominação de legatário.

Pelo modo e objeto da aquisição hereditária, distinguem-se os sucessores em:

a) herdeiro legítimo: indicado pela lei, segundo a ordem da vocação hereditária, cabendo-lhe a totalidade dos bens, se for herdeiro único,

ou parte ideal da herança (metade, um terço etc.), em concorrência com outros herdeiros da mesma classe e grau;
b) herdeiro testamentário: instituído, nomeado ou contemplado em testamento, recebendo a totalidade dos bens, se herdeiro único, ou parte ideal do acervo, sem individuação dos bens (da mesma forma que o herdeiro legítimo);
c) legatário: contemplado em testamento com coisa certa e determinada pelo testador (legado, como no caso de um imóvel, quantia em dinheiro etc.).

A nomeação de herdeiros ou legatários pelo testador faz cessar o direito dos herdeiros legítimos, salvo com relação à metade da herança, que cabe aos herdeiros necessários (v. cap. 2, item 4).

Nada obsta a que se nomeie herdeiro ou legatário um herdeiro legítimo, que assim acumulará o direito à sucessão, recebendo os bens que lhe competem por força da lei e aqueles destinados por vontade do testador (v. cap. 6, item 6).

3. ABERTURA DA SUCESSÃO E TRANSMISSÃO DA HERANÇA

A existência da pessoa natural extingue-se com a morte, ensejando a transmissão dos seus bens aos sucessores legítimos ou testamentários.

Também ocorre a transmissão de bens no caso de morte presumida por ausência judicialmente declarada. Num primeiro momento, a sucessão é provisória; passado certo tempo, pode converter-se em definitiva. A matéria é cuidada nos artigos 26 e seguintes do Código Civil, com o estabelecimento de prazos reduzidos, em relação ao Código revogado, para a abertura da sucessão: um ano desde a arrecadação dos bens do ausente, nos casos de desaparecimento sem deixar representante; ou três anos, se o ausente deixou representante ou procurador (v. cap. 5).

A morte natural ou biológica é comprovada pela certidão de óbito expedida pelo oficial do registro civil do lugar do falecimento, por comprovação de atestado médico, se houver no lugar; não havendo médico, o registro de óbito pode ser lavrado mediante declaração firmada por duas pessoas qualificadas que tiverem presenciado ou verificado a morte (arts. 77 e ss. da Lei n. 6.015/73).

Capítulo 1   **Sucessão Hereditária**

A constatação da morte de uma pessoa pelo profissional médico exige a utilização de critérios clínicos e científicos definidos por resolução do Conselho Federal de Medicina.

Morte acidental ou por decorrência de eventual crime exige verificação mais cuidadosa, por meio de laudo necroscópico.

Para fins de transplante de órgãos, tecidos ou partes do corpo humano, torna-se indispensável o diagnóstico de "morte encefálica" por dois médicos não participantes da equipe de remoção e transplante, conforme dispõe a Lei n. 9.434, de 4 de fevereiro de 1997, em seu artigo 3º.

Em caso de óbito de pessoas desaparecidas em naufrágio, inundação, incêndio, terremoto ou qualquer outra catástrofe, assim como em campanha, não sendo possível encontrar o cadáver para exame, faz-se a comprovação do óbito mediante justificação judicial (art. 88 da Lei n. 6.015/73 e art. 7º do CC; v. cap. 5, item 8).

Casos excepcionais de desaparecimento de pessoa envolvida em atividades políticas, no período compreendido entre 2 de setembro de 1961 e 15 de agosto de 1979, admitem o reconhecimento do óbito por justificação judicial (Lei n. 6.683/79) ou, excepcionalmente, por declaração constante da própria lei (Lei n. 9.140/95; v. cap. 5, item 9).

Com a morte da pessoa dá-se a abertura da sucessão. A partir desse momento, transmitem-se o domínio e a posse dos bens deixados pelo falecido, ou seja, a herança passa como um todo, e desde logo, aos herdeiros legítimos e testamentários, na forma estatuída pelo artigo 1.784 do Código Civil.

O artigo 1.787 do mesmo Código dispõe que a sucessão e a legitimação para suceder devem ser reguladas pela lei vigente ao tempo da abertura da sucessão, ou seja, da morte do autor da herança. Esse critério de eficácia da lei no tempo é relevante para definir os direitos sucessórios pela lei então vigente, quando tenha havido alteração na ordem da vocação hereditária. Em reforço a esse comando de direito intertemporal, assenta o artigo 2.041 do Código Civil que as disposições relativas à ordem da vocação hereditária, que constam dos artigos 1.829 a 1.844, não se aplicam às sucessões abertas antes de sua vigência, hipótese em que prevalece o disposto na lei anterior, no Código Civil de 1916, artigos 1.603 e seguintes (v. cap. 2).

A transmissão imediata da herança aos sucessores atende ao conceito do antigo *droit de saisine* do direito francês, correspondente ao direito de passagem da herança, sem intervalo nem vacância, do patrimônio do morto para o patrimônio dos seus descendentes e outros com direito à herança. Desse princípio fundamental, originário do direito romano – *saisinae juris* –, podem ser extraídos relevantes efeitos, quais sejam: a abertura da sucessão dá-se com a morte, e no mesmo instante os herdeiros adquirem o direito à herança (imediata mutação subjetiva); os direitos não se alteram substancialmente, havendo apenas substituição do sujeito (sub-rogação pessoal *pleno jure*); a posse do herdeiro advém do fato mesmo do óbito e é reconhecida aos herdeiros que por direito devem suceder[11].

A regra do artigo 1.784 do Código Civil deve ser interpretada em consonância com os dispositivos referentes à transmissão da posse, tais como os artigos 1.203, 1.206 e 1.207, que determinam continuar o sucessor universal a posse de seu antecessor, sub-rogando-se o herdeiro, no que diz respeito à posse da herança, na mesma situação que o finado desfrutava. Ou seja, será transmitida posse justa ou injusta, de boa ou de má-fé, na exata conformidade da situação anterior ao óbito.

De outra parte, dá-se o exercício direto da posse dos bens pelo administrador provisório ou pelo inventariante (arts. 613 e 617 do CPC). A conciliação é simples, como ensina Silvio Rodrigues, pois "a contradição se dilui desde que feita a distinção entre posse direta e indireta. Enquanto o inventariante conserva a posse direta dos bens do espólio, os herdeiros adquirem a sua posse indireta. Ambos ostentam, simultaneamente, a condição de possuidores"[12].

Nesse contexto, o artigo 1.797 do Código Civil estabelece a regra da administração da herança por quem esteja na sua posse direta, com a enumeração das pessoas habilitadas a esse encargo. De igual forma, nos termos do artigo 617, inc. I, do Código de Processo Civil, a função de inventariante cabe, prioritariamente, ao cônjuge sobrevivente casado sob o regime da comunhão, desde que estivesse convivendo com o outro ao tempo da morte deste. Observe-se que o dispositivo da lei processual foi mitigado pelo artigo

---

11 Caio Mário da Silva Pereira, *Instituições de Direito Civil*, vol. VI/15-17, n. 429.
12 Silvio Rodrigues, *Direito Civil*, op. cit., p. 15.

1.797, inciso I, do Código Civil, que não mais prevê a condição relativa ao regime de bens e, por outro lado, situa também o companheiro sobrevivente como possível administrador e inventariante.

Se duas ou mais pessoas forem chamadas simultaneamente a uma herança, o direito delas será indivisível até a partilha, quanto à posse e ao domínio, consoante a regra do artigo 1.791 do Código Civil: "a herança defere-se como um todo unitário, ainda que vários sejam os herdeiros".

Por ser indivisível, a universalidade da herança pode ser reclamada por qualquer dos coerdeiros ao terceiro que a possua indevidamente. Essa indivisibilidade é acentuada no parágrafo único do artigo 1.791, por serem a propriedade e a posse da herança um direito dos coerdeiros, regido pelas normas do condomínio, até que se ultime a partilha dos bens, quando cada qual assumirá o seu quinhão.

O herdeiro não responde por encargos superiores ao valor do que herdou, incumbindo-lhe, porém, a prova do excesso, salvo se existir inventário que a escuse, demonstrando qual o valor dos bens herdados (art. 1.792 do CC).

No mesmo sentido, estabelece o artigo 1.997, *caput*, do Código Civil, em precisos termos: "A herança responde pelo pagamento das dívidas do falecido; mas, feita a partilha, só respondem os herdeiros, cada qual em proporção da parte que na herança lhe coube".

4. DIREITO DO NASCITURO

Nascituro é "o que vai nascer", o ente humano já concebido, cujos direitos são assegurados como pessoa, desde que venha a nascer com vida.

Reza o artigo 2º do Código Civil: "A personalidade civil da pessoa começa do nascimento com vida; mas a lei põe a salvo, desde a concepção, os direitos do nascituro".

Em outras disposições, o Código Civil explicita alguns desses direitos do nascituro:
- artigo 1.609: reconhecimento do filho, precedente ao seu nascimento (no mesmo sentido: art. 26, par. ún., da Lei n. 8.079/90 – Estatuto da Criança e do Adolescente);
- artigo 1.779: curatela ao nascituro, se o pai falecer, estando a mulher grávida e não tendo o poder familiar;

- artigo 542: validade de doação feita ao nascituro, sendo aceita pelo representante legal;
- artigos 1.798 e 1.799, I: capacidade para adquirir, por testamento, das pessoas nascidas ou já concebidas no momento da abertura da sucessão, bem como os filhos, ainda não concebidos, de pessoas indicadas pelo testador, desde que vivas estas ao abrir-se a sucessão[13].

No Código de Processo Civil de 1973, os artigos 877 e 878 regulavam a posse em nome do nascituro, para garantia dos seus direitos por mulher grávida. Não há correspondência desses artigos no Código de Processo Civil em vigor, mas não se afastam iguais direitos, tanto que seu artigo 650 estabelece que, se um dos interessados na herança for nascituro, o quinhão que lhe caberá será reservado em poder do inventariante até o seu nascimento.

Enseja menção, pelo intuito protetor de direitos ao nascituro, a Lei n. 11.804, de 5 de novembro de 2008, que regula os alimentos gravídicos, a serem concedidos à mulher para o fim específico de atender às necessidades do ser em gestação.

Outra referência colhe-se no artigo 733 do Código de Processo Civil, ao condicionar que o divórcio consensual por escritura pública somente é possível "não havendo nascituro ou filhos incapazes". Quanto ao inventário por escritura pública, previsto no artigo 610 do mesmo Código, não se repete a referência a nascituro, mas é mencionada como impedimento a existência de "herdeiro incapaz", levando à conclusão de que aí se enquadra também o nascituro, exigindo o procedimento judicial de inventário, além da reserva de bens para garantia de seu quinhão na herança desde que venha a nascer com vida, em atenção ao disposto no artigo 1.798 do Código Civil.

---

[13] Esse artigo do Código Civil parece conflitar com o disposto no artigo 1.597, incisos III a V, também da atual legislação civil, que presume concebidos na constância do casamento os filhos havidos por fecundação artificial homóloga, mesmo que falecido o marido; os havidos, a qualquer tempo, quando se tratar de embriões excedentários, decorrentes de concepção artificial homóloga e os havidos por inseminação artificial heteróloga, desde que tenha prévia autorização do marido. Sendo reconhecida a filiação dessas pessoas, tem-se que também devem fazer parte da sucessão. Porém, quando o artigo 1.798 diz "já concebidas", está excluindo do direito à sucessão essas pessoas que não estavam ainda concebidas, mas que passaram a existir mediante as novas técnicas científicas de reprodução, e que devem ter seus direitos sucessórios protegidos.

Capítulo 1   Sucessão Hereditária

Considera-se nascituro ("o que está por nascer") o fruto da concepção (óvulo fertilizado) aninhado no ventre materno. Não basta a concepção externa, obtida em laboratório (fecundação *in vitro*), mesmo porque passível de conservação por tempo indeterminado (banco de embriões). Exige-se, ao invés, que ocorra a implantação no útero materno (*in anima nobili*), onde ocorre a nidação, possibilitando seu regular desenvolvimento até o nascimento com vida[14].

Sobre o tema, de pouco trato em nossa literatura jurídica, merecem ser lembrados os estudos de Silmara J. A. Chinelato em defesa de mais ampla conceituação da personalidade civil do nascituro, com a decorrente extensão dos direitos a ele inerentes, apontando três correntes fundamentais a respeito do início da personalidade e a condição jurídica do nascituro:

a) teoria natalista, que restringe o início da personalidade ao nascimento com vida (primeira parte do art. 2º do CC);

b) teoria da personalidade condicional, que reconhece a personalidade desde a concepção, com a condição do nascimento com vida (segunda parte do mesmo artigo);

c) teoria concepcionista, que sustenta que a personalidade começa da concepção e não do nascimento com vida, considerando que muitos dos direitos e *status* do nascituro não dependem desse evento final, embora a falta do nascimento com vida atue como condição resolutiva daqueles direitos.

Perfilhando a última tese, a Professora Silmara sustenta que a personalidade – que não se confunde com capacidade – não é condicional, embora ressalve que "certos direitos, isto é, os direitos patrimoniais materiais, como a herança e a doação, dependem do nascimento com vida". Ou seja, "a plenitude da eficácia

---

14   Maria Helena Diniz, comentando o momento da consideração jurídica do nascituro, ante as novas técnicas da fertilização *in vitro*, anota que, embora a vida se inicie com a fecundação, e a vida viável com a gravidez, que se dá com a nidação, na verdade o início legal da consideração da personalidade é o momento da penetração do espermatozoide no óvulo, mesmo fora do corpo da mulher (*Curso de Direito Civil*, 16. ed., São Paulo: Saraiva, 2000, 1º vol., p. 122, nota 74). Não é entendimento tranquilo. Firmava-se em disposições da Lei n. 8.974/95, que veio a ser revogada pela Lei n. 11.105, de 24 de março de 2005, a qual estabelece normas de segurança e mecanismos de fiscalização de atividades que envolvam organismos geneticamente modificados.

desses direitos fica resolutivamente condicionada ao nascimento sem vida"[15].

No Direito Romano, apesar das contradições de alguns textos variáveis em conteúdo conforme a época de sua edição, a *Digesta* de Justiniano assegurava a paridade do nascituro e do nascido como princípio geral, segundo a regra *nasciturus pro jam nato habetur si de ejus commodo agitur*[16]. De qualquer forma, seja considerado como "pessoa" desde a concepção, ou como *spes homini*, pessoa em formação, o certo é que o nascituro tem assegurados todos os direitos fundamentais da personalidade na sua mais larga acepção.

Sua representação compete aos pais, dentro das regras gerais do poder familiar, que apenas cedem passo à tutela ou à curatela quando seja falecido o pai ou quando a mulher grávida não detenha o poder familiar ou seja interdita[17].

---

15 *Tutela civil do nascituro*, São Paulo, Saraiva, 2000, com exposição das teorias nas páginas 145 a 161 e justificação de sua posição nas páginas 161 a 175. Sustenta a personalidade civil do nascituro desde a concepção, com direitos assegurados na lei: "quem afirma direitos e obrigações afirma personalidade, sendo a capacidade de direito e o *status* atributos da personalidade" (p. 175). Outros trabalhos da autora sobre o tema: Direitos da personalidade do nascituro, *Revista do Advogado*, AASP, São Paulo, n. 38, p. 21; Direito do nascituro a alimentos, *Revista de Direito Civil*, n. 54, p. 52; O nascituro no Código Civil e no direito *constituendo* do Brasil, *Revista de Informação Legislativa*, do Senado Federal, n. 97, p. 181.

16 Contraditório o Direito, ao ver de J. M. de Carvalho Santos, em análise ao artigo 4º do CC/16, de redação similar à do artigo 2º do CC vigente, pois não se coaduna com outros dispositivos, como o do artigo 1.718 do mesmo Código, que equiparava o nascituro a pessoa e admite até indivíduos não concebidos, em determinadas condições, como tendo capacidade para adquirir por testamento. Daí é que surgiram, igualmente, em outros países, as complicadas teorias das "pessoas jurídicas implícitas" (Koeller) ou dos "direitos sem sujeitos" (Windscheid), na tentativa de explicar a razão de ser dos direitos do nascituro. Alia-se, aquele autor, ao pensamento de Clóvis Beviláqua, na defesa de seu projeto, que adotava doutrina oposta à aceita pelo Código. Seria aquela a verdadeira, pois harmoniza "o direito civil consigo mesmo, com o penal, com a fisiologia e com a lógica, como demonstrou Teixeira de Freitas, na luminosa nota ao art. 221 do seu Esboço. Realmente, se o nascituro é considerado sujeito de direito, se a lei civil lhe confere um curador, se a lei criminal o protege cominando penas contra a provocação do aborto, a lógica exige que se lhe reconheça o caráter de pessoa" (Clóvis, citado por Carvalho Santos, em *Código Civil interpretado*, 6. ed., Rio de Janeiro: Freitas Bastos, vol. I, p. 247 e 248).

17 Vem a propósito lição de José Antonio de Paula Santos Neto, no sentido de que o pátrio poder (hoje "poder familiar") "é reconhecido pela lei com o fito de proporcionar salva-

Capítulo 1 Sucessão Hereditária

A capacidade sucessória, como já visto, regula-se pela data da abertura da sucessão, que se dá com o óbito do autor da herança. Essa é a regra geral, extraída dos artigos 1.784 e 1.787 do Código Civil, embora se ressalvem os direitos do nascituro, pois ele pode se alinhar na ordem de vocação hereditária, se concebido antes da data da abertura da sucessão. Não se trata de mera expectativa, mas sim de direito do presumível herdeiro a ser exercitado a partir do nascimento com vida. Deixará de ser aplicável, evidentemente, com relação ao natimorto.

Assim, na sucessão legítima, o nascituro terá o seu direito resguardado, como descendente do *de cujus*, até que se verifique o nascimento[18].

Dá-se o mesmo na sucessão testamentária, conforme dispõe o artigo 1.799, I, do Código Civil, que também prevê a possibilidade de atribuir bens à prole eventual, ou seja, "os filhos, ainda não concebidos, de pessoas indicadas pelo testador, desde que vivas estas ao abrir-se a sucessão". Aí se incluem mesmo os concebidos depois da morte do autor da herança, como descendentes das pessoas designadas pelo testador.

A prole eventual, por abranger descendência futura, demanda a nomeação de um curador para administrar os bens da herança que lhe sejam atribuídos. Dispõe nesse sentido o artigo 1.800 do Código Civil, acrescentando, no § 3º, que, nascendo com vida o herdeiro esperado, ser-lhe-á deferida a sucessão, com os frutos e rendimentos relativos à deixa.

Essa atribuição, porém, é condicionada ao nascimento de filho no prazo de dois anos da abertura da sucessão. Decorrido esse tempo, sem que seja concebido o herdeiro esperado, os bens reservados, salvo dispo-

---

guarda aos direitos do feto, atribuindo aos pais capacidade para representá-lo. Dessa forma, pode-se dizer que se reveste de um caráter cautelar e é concedido na pendência de condição resolutiva. Não ocorrendo o nascimento com vida, implementa-se tal condição e não há mais que falar em autoridade paternal. Porém, nascendo a criança, consolida-se o poder paternal, que poderá ser exercido em sua plenitude" (*Do pátrio poder*, São Paulo: Revista dos Tribunais, 1994, p. 106).

18 José da Silva Pacheco (*Inventários e partilhas*, 6. ed., Rio de Janeiro: Forense, p. 159) observa que se trata de providência legal para assegurar, na devolução hereditária, o direito dos parentes próximos. No mesmo sentido, conferir os ensinamentos de Eduardo Espínola (*Sistema de Direito Civil*, 4. ed., Rio de Janeiro: Rio, 1961, vol. 2), Pontes de Miranda (*Tratado de Direito Privado*, Rio de Janeiro: Borsoi, vol. 1, § 52); Sady Gusmão (*Vocação hereditária e descendência*, Rio de Janeiro: Borsói, 1958, p. 215).

sição em contrário do testador, caberão aos herdeiros legítimos (CC, art. 1.800, §§ 3º e 4º).

A estipulação de prazo para reserva da herança à prole eventual supre a omissão do Código revogado, que causava dificuldades ao intérprete pela aparente perpetuação da situação de espera da prole eventual.

Por outro lado, a reserva de bens em favor de prole eventual, abrange igualmente, apesar da omissão do texto legal, os filhos que venham a ser adotados pelas pessoas designadas. Assim, se ocorrer o ato de adoção dentro do prazo de dois anos da abertura da sucessão, terão direito à herança que lhe foi atribuída por testamento. A tanto se chega por aplicação do princípio de igualdade consagrado no artigo 227, § 6º, da Constituição Federal de 1988, que determina que os filhos, havidos ou não do casamento, ou por adoção, terão os mesmos direitos e qualificações, sendo vedada qualquer distinção relativa à sua origem.

No que se refere a partilha em inventário abrangendo nascituros, são duas as providências possíveis:

a) sobrestar aquele ato, até que sobrevenha o nascimento do herdeiro; ou

b) proceder à partilha condicionada e resolúvel, com a inclusão do nascituro, na pendência de complementação dos seus dados pessoais após o nascimento.

Também se pode cogitar de reserva de parte da herança para garantia dos direitos do nascituro, procedendo-se à partilha do remanescente[19].

Se o nascituro foi contemplado na folha de pagamento, sua identificação haverá de ser feita por aditamento à partilha. Caso já expedido o formal de partilha, será possível a identificação por ocasião do registro imobiliário, concordes todos os interessados, conforme entendeu o Conselho Superior da Magistratura de São Paulo, no julgamento da apelação 52-0, relatado pelo então Corregedor Geral Adriano Marrey (*RT* 542/103).

Desaparece o direito do nascituro se ocorrer a interrupção da gravidez ou o nascimento sem vida. Na hipótese de ter ocorrido a partilha, ou reserva

---

[19] Pode haver complicação no caso de nascerem dois ou mais filhos, tendo sido feita reserva de bens, ou partilha em favor apenas de um nascituro. Será caso de se anular a partilha para a inclusão do herdeiro-gêmeo prejudicado.

de certos bens em favor do nascituro, esses bens retornam ao monte para regular atribuição aos herdeiros já habilitados, com efeitos retroativos à data da abertura da sucessão[20].

5. COMORIÊNCIA

Acha-se o conceito de comoriência no artigo 8º do Código Civil: "Se dois ou mais indivíduos falecerem na mesma ocasião, não se podendo averiguar se algum dos comorientes precedeu aos outros, presumir-se-ão simultaneamente mortos".

É a presunção de morte simultânea, de peculiar interesse no direito sucessório, em vista da regra de transmissão do domínio e da posse da herança no exato momento do óbito. Ocorrendo a morte de parentes sucessíveis, na mesma ocasião, e não sendo possível apurar-se a precedência, em situações como de naufrágio, incêndio etc., orienta-se o nosso direito pelo critério da simultaneidade, de modo que cada falecido deixa a herança aos próprios herdeiros.

Era diferente o critério no Direito Romano, em que a precedência da morte se estabelecia por presunção, como no caso de pais e filhos impúberes, entendendo-se que estes haviam expirado antes; dava-se o inverso no caso de falecimento conjunto de pais e filhos púberes. O Código Civil francês adota o mesmo sistema de presunção legal para seriação do momento da morte ocorrida em tempo não diferenciado.

A lei pátria, no entanto, seguindo o modelo germânico, traça a norma de morte simultânea quando não seja possível a efetiva demonstração da pré ou da pós-moriência de pessoas falecidas, seja no mesmo lugar (casos de acidentes aéreos ou naufrágios) ou em diferentes pontos geográficos.

Havendo interesse sucessório entre essas pessoas, como no caso de serem marido e mulher, ou pais e filhos, sendo impossível determinar quem sucedeu ao outro, a transmissão das respectivas heranças se efetuará em favor dos herdeiros habilitados de cada um. Exemplo: falecem A e B, casados no regime da comunhão, sem deixar descendentes nem ascendentes. Um seria herdeiro do outro, se ocorrida a morte sucessiva. Mas, se houve comoriência, sem que seja possível apurar quem morreu antes, os

---

20 Silvio Rodrigues, *Direito das sucessões*, op. cit., p. 40/41.

bens que eram de A se transmitem aos seus herdeiros colaterais, e o mesmo se dá com relação aos bens deixados por B, mas em favor dos seus próprios parentes.

▶ Comoriência de marido e mulher, sem descendentes nem ascendentes:

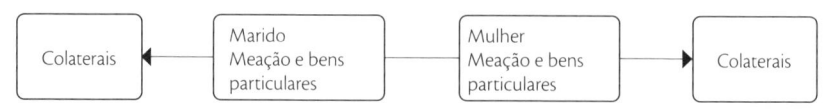

```
[Colaterais] ← [Marido
                Meação e bens
                particulares]   [Mulher
                                 Meação e bens
                                 particulares] → [Colaterais]
```

Na mesma hipótese de morte simultânea, se o regime de casamento fosse o da separação, cada um dos falecidos deixaria aos seus herdeiros colaterais apenas os bens próprios, já que não haveria meação nos bens comuns.

Será diversa a solução, no entanto, se o direito hereditário dos sucessores decorrer da morte de qualquer um dos comorientes, seja qual for a ordem temporal, pois então não haverá dúvida quanto ao destinatário da transmissão dos bens. Imagine-se o falecimento simultâneo de A, viúvo, e de seu filho B, deixando os parentes C (filho de A) e D (filho de B e neto de A). O herdeiro D seria beneficiado da mesma forma, tanto no caso de pré-moriência de A (pois metade dos seus bens se transmitiria a B, e deste a D), como na situação inversa, de falecimento anterior de B (D sucederia por representação de B). Em nenhuma hipótese haveria sucessão exclusiva por parte de C (que teria direito apenas à metade da herança), de sorte que irrelevante a verificação de comoriência, na espécie, para fins sucessórios.

▶ Direito sucessório de descendente, independentemente da pré ou da pós-moriência dos ascendentes:

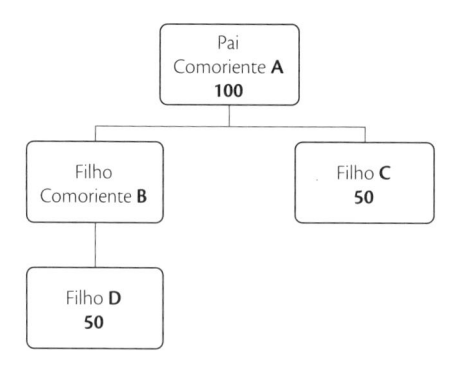

```
        [Pai
         Comoriente A
         100]
        /          \
[Filho            [Filho C
 Comoriente B]     50]
    |
[Filho D
 50]
```

Essa presunção legal de morte simultânea assenta-se em duplo pressuposto:

1. "existência de um estado de dúvida sobre quem morreu primeiro;

2. que, dada essa dúvida, não se provou que uma delas haja morrido antes que a outra"[21].

A matéria, por ser de conteúdo fático, exige prova do exato momento da morte de cada um dos autores da herança. Mas, "a comoriência pode ser afirmada no próprio inventário se há dados de fato disponíveis e seguros para tanto, sem necessidade de remessa da controvérsia para as vias ordinárias" (ac. un. da 2ª Turma do STF, de 2-6-81, no Agr. 81.223-7-MG, rel. Min. Décio Meireles de Miranda, RT 552/227). Subsistindo dúvida, prevalece a presunção legal de comoriência, somente afastável por prova inequívoca (ac. un. da 4ª Câm. Civil do TJSP, na ap. 104.441-1, j. em 27-8-88, RT 639/62).

Assim, em caso de pagamento de seguro "é preciso que o beneficiário exista ao tempo do sinistro. Se falece no mesmo momento que o contraente do seguro de vida, recebem a prestação os sucessores desse". A lição é de Pontes de Miranda[22], a significar que, em tal hipótese, a prestação é devida aos sucessores do contratante do seguro de vida, já que não houve transmissão do direito ao beneficiário.

Nesse sentido a jurisprudência: "Falecendo no mesmo acidente o segurado e o beneficiário, e inexistindo prova de que a morte não foi simultânea, não haverá transmissão de direitos entre os dois, sendo inadmissível, portanto, o pagamento do valor do seguro aos sucessores do beneficiário" (ac. un. da 6ª Câm. Civil do I TACSP, na Ap. 325.164, 22-5-84, rel. Ferreira da Cruz, RT 587/121).

6. DOS QUE NÃO PODEM SUCEDER. INDIGNIDADE. DESERDAÇÃO

A exclusão compulsória do direito à sucessão dá-se nos casos de ingratidão do herdeiro ou legatário, por indignidade ou deserdação.

A justificativa da perda do direito à herança é a punição do herdeiro que se conduziu de forma injusta contra o autor da herança. Seu comportamento enseja repreminda, tanto do ponto de vista moral como legal.

Como afirma Washington de Barros Monteiro, indignidade e deserdação não se confundem, apesar de ambas terem o mesmo fim, isto é, a punição de quem se portou de modo ignóbil com o falecido, havendo presunção de que

---

21 Picazo y Gullon, *Sistema de Derecho Civil*, I/271.
22 Op. cit., t. 46/24, ed. 1964.

o *de cujus* não desejaria que seus bens fossem recolhidos por quem se mostrou capaz de tão grave insídia[23].

No caso de indignidade, a pena decorre da previsão legal, sem que seja necessária a sua imposição pelo autor da herança, bastando que se configure uma das causas enumeradas no artigo 1.814 do Código Civil. Na deserdação, entretanto, é o autor da herança quem determina a exclusão do herdeiro, por disposição testamentária e menção à causa, conforme o rol previsto nos artigos 1.962 e 1.963 do mesmo Código.

A indignidade aplica-se tanto à sucessão legítima como à testamentária, salvo no caso de reabilitação expressa do indigno pelo perdão do ofendido (art. 1.818 do CC). Diversamente, a deserdação só se permite na via testamentária, abrangendo as causas da indignidade e outras, consideradas menos graves.

Para a exclusão do herdeiro ou legatário, nos casos de indignidade, não é mais preciso que se mova ação própria de cunho declaratório[24]. A legitimidade para a propositura de ação com esse fim era de quem tivesse interesse na sucessão, de conformidade com as normas processuais que tratam da legitimidade para estar em juízo (art. 17 do CPC). Havia um prazo decadencial, de quatro anos, a partir da abertura da sucessão, para o ajuizamento da ação de exclusão do herdeiro, conforme disposto no parágrafo único do artigo 1.815 do Código Civil.

6.1. Indignidade

Com uma enumeração mais clara e abrangente que a prevista no Código revogado, o artigo 1.814 do vigente Código Civil estabelece que são excluídos da sucessão os herdeiros ou legatários:

> I – que houverem sido autores, coautores ou partícipes de homicídio doloso ou tentativa deste, contra a pessoa de cuja sucessão se tratar, seu cônjuge, companheiro, ascendente ou descendente;

---

23 *Curso de Direito Civil, Direito das Sucessões*, São Paulo: Saraiva, 6º vol., 34. ed., revista e atualizada por Ana Cristina de Barros Monteiro França Pinto, p. 59.

24 A alteração se deu pela Lei n. 14.661, de 23 de agosto de 2023, introduzindo no Código Civil o artigo 1.815-A, nos seguintes termos: "Em qualquer dos casos de indignidade previstos no artigo 1.814, o trânsito em julgado da sentença penal condenatória acarretará a imediata exclusão do herdeiro ou legatário indigno, independentemente da sentença prevista no *caput* do artigo 1.815 deste Código". Significa dizer que a sentença penal condenatória produzirá imediatos efeitos na esfera do direito sucessório, sem a necessidade de concordância ou de providência de outros interessados.

II – que houverem acusado caluniosamente em juízo o autor da herança, ou incorrerem em crime contra a sua honra, ou de seu cônjuge ou companheiro;

III – que, por violência ou meios fraudulentos, inibirem ou obstarem o autor da herança de dispor livremente de seus bens por ato de última vontade.

Note-se a menção, ao lado do cônjuge, da figura do companheiro, em face dos direitos sucessórios que lhe competem. Ressalve-se que a perda é só do direito hereditário, e não da meação, que preexiste ao óbito e depende do regime de bens adotado no casamento ou na união estável. Assim, se o regime era o da comunhão, o viúvo terá direito à metade do patrimônio havido durante a vida em comum, embora tenha praticado fato que o torne indigno de receber quinhão hereditário (cfr. TJRS, 8ª Câm. Cível, Ap. 70073625667).

Como visto no item precedente, deu-se importante modificação no artigo 1.815 do Código Civil, que dispõe sobre a exclusão do herdeiro ou legatário por indignidade, ante a introdução do artigo 1.815-A, pela Lei n. 14.661/2023. O dispositivo estabelece a mais valia da sentença penal condenatória nos casos previstos no artigo 1.814, para dizer que a referida sentença, transitando em julgado, importa na imediata exclusão do indigno, independentemente da sentença no processo de inventário, que é prevista no artigo 1.815. Ficam revogadas, na prática, a disposição relativa à decadência do direito de demandar a exclusão do indigno, já que bastará a comunicação da sentença penal condenatória ao juízo do inventário para que se aplique o seu resultado reflexo no processo sucessório[25].

Os descendentes do herdeiro excluído sucedem como se ele morto fosse antes da abertura da sucessão, uma vez que se aplica a regra da representação, como na sucessão por estirpe.

---

25 Essa questão da dispensa de ação própria na esfera cível para alcançar a declaração de indignidade no inventário, quando exista sentença penal condenatória, constitui antiga reivindicação da doutrina e constava de proposições legislativas como a do Projeto de Lei n. 141, de 2003. Não poderia ser de outra forma, diante da dicção do Código Civil, em seu artigo 935, ao dizer que a responsabilidade civil, embora seja independente da criminal, não mais permite questionar sobre a existência do fato, ou sobre quem seja o seu autor, quanto estas questões se acharem decididas no juízo criminal.

- Sucessão por representação do indigno:

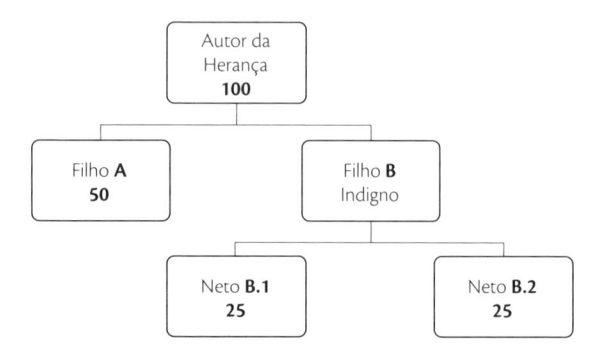

```
        Autor da
        Herança
          100
       /        \
   Filho A      Filho B
     50         Indigno
                /      \
           Neto B.1   Neto B.2
             25         25
```

Trata-se de resquício da antiga morte civil da pessoa, uma vez que, na hipótese em exame, o indigno é considerado morto e por isso não sucede, sendo representado por seus sucessores.

Para acentuar a exclusão do direito sucessório do indigno, a lei determina que ele não terá direito ao usufruto e à administração dos bens que a seus filhos couberem na herança (par. único do art. 1.816 do CC). Também não poderá receber esses mesmos bens por sucessão em caso de eventual sobrevivência aos filhos, ressalvado o direito a bens de outra origem aquisitiva.

Não se aplica a exclusão da herança, no entanto, se houver o perdão ou a reabilitação do indigno, conforme dispõe o artigo 1.818 do Código Civil. Para tanto, exige-se que a pessoa ofendida assim declare, por ato autêntico ou testamento. Se a reabilitação não for expressa e o indigno estiver contemplado pelo ofendido no seu testamento, quando o testador já sabia da causa da indignidade, poderá suceder no limite da disposição testamentária. Significa dizer que, se o testador não sabia da ofensa praticada pelo herdeiro, nula será a disposição que o contemple, uma vez que subsistirá na sua inteireza a exclusão da sucessão por indignidade. Logo, simples deixa testamentária em favor do indigno não significa perdão tácito, embora deva ser respeitada como vontade do autor da herança em beneficiar o herdeiro, com a outorga daquele bem, mantida sua exclusão para outros bens da herança em razão da indignidade. Sobre os atos praticados por herdeiro indigno na situação de herdeiro aparente, v. cap. 2, item 5.

6.2. Deserdação

Os herdeiros necessários (descendentes, ascendentes e cônjuge, como também o companheiro – art. 1.845 do CC) podem ser privados de sua legítima, ou deserdados, em todos os casos em que podem ser excluídos da sucessão e, também, em outras hipóteses, conforme previsto nos artigos 1.961 a 1.965 do Código Civil.

A deserdação exige previsão em testamento, com expressa declaração da justa causa constante na lei. Incumbe ao herdeiro instituído, ou àquele a quem aproveite a deserdação, provar a veracidade da causa (art. 1.965, *caput*, do CC). A comprovação deve ser feita em ação ordinária, após a morte do testador, determinando-se, por sentença, a exclusão do herdeiro. O prazo decadencial para propositura da ação é de quatro anos, a contar da data da abertura do testamento (art. 1.965, par. ún., do CC).

As causas legais de deserdação aplicam-se apenas aos herdeiros necessários porque, tendo eles direito à legítima, é preciso haver motivo grave para que sejam excluídos da herança. Quanto aos demais herdeiros, para que sejam excluídos do direito à herança, não é preciso invocar nenhuma causa; basta que o testador disponha do seu patrimônio sem os contemplar (art. 1.850 do CC).

Autorizam a deserdação dos descendentes por seus ascendentes, como já anotado, os casos de exclusão da herança por indignidade, que constam do artigo 1.814 do Código Civil. Nessas situações, haveria perda do direito à herança por força da lei, desde que requerida por algum interessado, mesmo sem previsão em testamento. Mas se houver determinação do testador para a deserdação, estará reforçado o motivo de exclusão, desde que se prove a causa invocada.

Além dessas hipóteses legais de exclusão do direito à herança, outras situações são catalogadas nos artigos 1.962 e 1.963 do Código Civil, mencionando atos lesivos praticados por descendentes contra os ascendentes e vice--versa. Note-se a referência legal a essas duas espécies de herdeiros, com omissão da figura do cônjuge, embora também seja herdeiro necessário. O mesmo se diga do companheiro, diante da equiparação sucessória reconhecida no RE 878.694, pelo Supremo Tribunal Federal (V. cap. 3, item 8.1). A falta de expressa previsão a outros herdeiros além dos descendentes e ascendentes impede que ao cônjuge e ao companheiro se apliquem as causas enumeradas naqueles dispositivos, restando apenas a hipótese de enquadramento nas causas mais graves, do artigo 1.814 do Código Civil, que nem precisariam ser anotadas em testamento, pois constituem motivos por si suficientes para exclusão da sucessão por indignidade (com expressa previsão a cônjuge e companheiro, além de ascendentes e descendentes, no inciso I desse artigo).

São contempladas no artigo 1.962 do Código Civil as seguintes causas de deserdação dos descendentes por seus ascendentes:

I – ofensa física;

II – injúria grave;

III – relações ilícitas com a madrasta ou com o padrasto; e

IV – desamparo do ascendente em alienação mental ou grave enfermidade.

Da mesma forma, autorizam a deserdação dos ascendentes pelos descendentes as causas previstas no artigo 1.963 do mesmo código:

I – ofensa física;

II – injúria grave;

III – relações ilícitas com a mulher ou companheira do filho ou a do neto, ou com o marido ou companheiro da filha ou da neta; e

IV – desamparo do filho ou neto com deficiência mental ou grave enfermidade.

Essas causas, assim como as da indignidade, constituem *numerus clausus*, motivo pelo qual não admitem interpretação extensiva para a abrangência de outros atos de ingratidão ou de ofensa à pessoa do autor da herança. Assim, com relação ao abandono do descendente ou do ascendente, não basta que haja esfriamento de relações ou mesmo atos de hostilidade entre esses parentes. A lei exige o efetivo abandono material e moral, podendo incluir-se o abandono afetivo, desde que, em razão dessa falta de assistência, a pessoa fique desamparada, isto é, em dificuldades de sobrevivência digna, e que esteja sofrendo de doença mental ou de grave enfermidade.

Observa-se que o rol do artigo 1.962 do Código Civil não mais contempla, como causa de indignidade, aquela prevista no inciso III do artigo 1.744 do Código Civil anterior: desonestidade da filha que vive na casa paterna. Era a discriminação da mulher, por eventual conduta imprópria, enquanto a lei nada referia sobre o comportamento desonesto do homem. Não havia mais como aplicar esse dispositivo por ser manifestamente ofensivo ao princípio da igualdade de direitos entre homem e mulher (arts. 5º, I, e 226, § 5º, da CF/88), por isso que alijado do texto do código vigente.

De outra parte, nota-se acréscimo, no rol do artigo 1.963 do Código, de referência a relações ilícitas do ascendente com companheiro ou companheira de filho ou de neto, em consideração à entidade familiar decorrente da união estável.

7. ACEITAÇÃO E RENÚNCIA DA HERANÇA

Muito embora a transmissão dos bens aos sucessores seja automática, logo após a abertura da sucessão, faz-se necessário que o beneficiário aceite a herança. Nesse tom, o Código Civil, no artigo 1.804, dispõe que a transmissão se torna definitiva com a aceitação da herança, mas tem-se por não verificada se houver renúncia.

A aceitação da herança pode ser expressa ou tácita, conforme consta do artigo 1.805 do Código Civil.

Considera-se expressa quando manifestada por declaração escrita, e tácita ou presumida se resultante de atos próprios da qualidade de herdeiro. Infere-se aceitação tácita quando o herdeiro ingressa no processo para o efeito de acompanhar o inventário, manifesta-se sobre as declarações do inventariante, impugna valores etc.[26].

Vale ressalvar que não exprimem aceitação da herança os atos meramente oficiosos, como o pagamento de despesas de funeral do falecido, e os atos meramente conservatórios, de administração ou guarda provisória dos bens.

Igualmente, não importa aceitação a cessão gratuita, pura e simples, da herança, aos demais coerdeiros, como expressa o artigo 1.805, § 2º, do Código Civil.

A formalização da renúncia da herança exige escritura pública ou termo judicial (art. 1.806 do CC), não bastando, pois, mero escrito particular ou declaração sem a indispensável confirmação em Juízo.

Tanto a aceitação quanto a renúncia da herança devem ser feitas de modo pleno e incondicional. Nos dizeres do *caput* do artigo 1.808 do Código Civil, "não se pode aceitar ou renunciar a herança em parte, sob condição ou a termo". Ressalva-se, porém, a possibilidade de o herdeiro, que seja beneficiado em testamento, aceitar os legados e renunciar à herança,

---

26   Pinto Ferreira, *Tratado das heranças e dos testamentos*, São Paulo: Saraiva, 1983, p. 48/49.

ou, vice-versa, aceitar só a herança, repudiando os legados. No mesmo tom, a lei faculta que o herdeiro chamado, na mesma sucessão, a mais de um quinhão hereditário, sob títulos sucessórios diversos, possa optar em aceitar ou renunciar a certos quinhões (art. 1.808, §§ 1º e 2º, do CC).

Considera-se aceitação presumida a que decorre do transcurso do prazo fixado pelo juiz, sem que o interessado manifeste aceitação ou não da herança.

Nesse sentido, estabelece o artigo 1.807 do Código Civil que "o interessado em que o herdeiro declare se aceita, ou não, a herança, poderá, vinte dias depois de aberta a sucessão, requerer ao juiz prazo razoável, não maior de trinta dias, para, dentro dele, se pronunciar o herdeiro, sob pena de se haver a herança por aceita".

Se o herdeiro vier a falecer, antes de declarar se aceita a herança, caberá aos seus herdeiros dizer sobre a aceitação, salvo em se tratando de vocação à herança vinculada a uma condição suspensiva ainda não verificada (art. 1.809, *caput*, do CC). Nesse caso, pode haver uma dupla vocação hereditária, abrangendo aquela a que o falecido teria direito e, também, a herança constituída de outros bens próprios do falecido. Aos herdeiros do falecido antes da aceitação será facultado, então, conforme dispõe o parágrafo único do artigo 1.809, aceitar ou renunciar à primeira herança, desde que concordem em receber a segunda.

Sendo menor o herdeiro, a aceitação da herança se faz por meio de seu representante legal. Tratando-se de tutelado, a aceitação será cumprida pelo tutor, mas na pendência de autorização do juiz (art. 1.748, II, do CC). Observa-se que a lei menciona apenas o ato de aceitar heranças, legados ou doações, mas não estabelece a mesma exigência de autorização judicial para a renúncia da herança.

Não obstante a omissão do legislador, entende-se que, pelos mesmos motivos que informam o requisito para o ato de aceitação, também na renúncia, que pode ter repercussões negativas para o patrimônio do tutelado, exigível se torna a autorização judicial para que o tutor expresse aquele ato abdicativo. Tem aplicação analógica à espécie a regra do artigo 1.691 do Código Civil, relativa a atos de disposição sobre bens dos filhos que ultrapassem os limites da mera administração.

A renúncia da herança, conforme já afirmado, deve ser expressa, mediante escritura pública ou termo judicial. A regra é de que não se admite renúncia tácita. Na sucessão testamentária, porém, se o herdeiro ou legatário não cumprir o encargo de entrega de sua propriedade a outrem, entender-se-á que renunciou à herança ou ao legado (art. 1.913 do CC).

A renúncia é negócio jurídico unilateral, pelo qual o herdeiro declara não aceitar a herança. Não é de caráter translativo, mas abdicativo. Assim, não importa em transmissão de bens ou direitos, nem se confunde com a cessão da herança. Distingue-se, também, da desistência, que sobrevém ao ato de aceitação da herança.

Por ser de caráter abdicativo, e não translativo de direitos, a renúncia pura e simples constitui ato pessoal do herdeiro, que não demanda outorga conjugal, só exigível para atos de alienação. Mas a questão não é tranquila, a muitos parecendo que é exigível o consentimento do cônjuge para a efetivação da renúncia da herança por herdeiro casado, especialmente no regime da comunhão de bens e por julgar-se que a sucessão aberta considera-se bem imóvel (art. 80, II, do CC), e que atos de alienação de imóvel exigem a anuência do cônjuge (art. 1.647, inc. I, do CC), exceto no caso de regime de separação absoluta de bens (do art. 1.687 do CC) ou quando houver estipulação expressa no caso do regime da participação final nos aquestos (art. 1.656 do CC).

A jurisprudência entende que "a ausência de consentimento torna o ato anulável, uma vez passível de ratificação" (*RT* 675/102). Partilham desse pensar Francisco José Cahali e Giselda Maria Fernandes Novaes Hironaka apontando, ainda, outras limitações ao direito de repudiar a herança, como na hipótese de herdeiro incapaz, em que seu representante só pode expressar a renúncia "mediante prévia autorização judicial, demonstrando a necessidade e evidente utilidade do ato (CC, art. 386)"[27].

Se a renúncia prejudica credores, poderão eles, com autorização do juiz, aceitar a herança em nome do renunciante, e neste caso, depois de pagas as dívidas deste, o remanescente será devolvido aos demais herdeiros (art. 1.813, *caput* e § 2º, do CC).

Até quando o credor pode aceitar pelo devedor herdeiro renunciante?

---

27 *Curso avançado de Direito Civil*, vol. 6, *Direito das Sucessões*, São Paulo: Revista dos Tribunais, 2000, p. 102.

"Enquanto não se afasta a aceitação, cabe a intervenção do credor do renunciante. Ora, no Direito brasileiro não há prazo específico para isso; portanto, até passar em julgado a sentença que julgou o cálculo da adjudicação ou a partilha"[28]. Era esse o entendimento na vigência do Código Civil de 1916. Diversamente, dispõe o Código Civil de 2002, no § 1º do artigo 1.813, que a habilitação do credor deve ser feita no prazo de 30 dias seguintes ao conhecimento do fato.

Estando o processo encerrado, será inviável a aceitação da herança pelos credores, em obediência ao velho brocardo *dormientibus non succurrit jus* (o direito não socorre os que dormem). "Qualquer direito que lhes assista deverá ser reclamado através de ação revocatória"[29]. Com efeito, "o pedido de aceitação de herança por credor de herdeiro renunciante formulado após o julgamento da partilha, não pode ser concedido se não interposto recurso na qualidade de terceiro prejudicado, deixando ocorrer o trânsito em julgado" (*RT* 639/85; em igual sentido: *RT* 434/143 e 526/172).

Ao que dispõem os artigos 1.810 e 1.811 do Código Civil, ninguém pode suceder representando herdeiro renunciante. Sua cota na herança acresce aos outros herdeiros da mesma classe e grau. Porém, se o renunciante for o único herdeiro em sua classe, ou se houver renúncia de todos os outros da mesma classe, os seus filhos serão chamados à sucessão por direito próprio, ou seja, por cabeça, e não por estirpe.

▶ Renúncia de um herdeiro filho, com descendentes – atribuição de sua quota ao outro herdeiro filho:

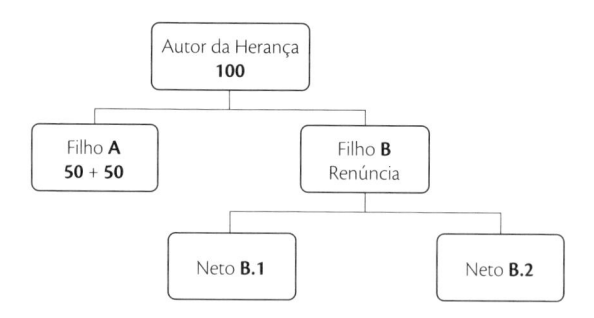

```
         Autor da Herança
               100
          ┌─────┴─────┐
       Filho A      Filho B
       50 + 50      Renúncia
                  ┌────┴────┐
               Neto B.1   Neto B.2
```

---

28 Pontes de Miranda, op. cit., t. 56/51, parágrafo 5.651, n. 15.
29 Washington de Barros Monteiro, op. cit., p. 45.

• Renúncia de todos os herdeiros filhos – atribuição da herança aos netos (por cabeça):

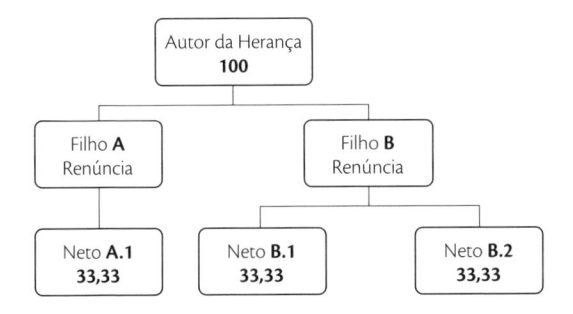

```
                    Autor da Herança
                          100
         ┌────────────────┴────────────────┐
      Filho A                            Filho B
     Renúncia                           Renúncia
        │                       ┌─────────┴─────────┐
     Neto A.1              Neto B.1             Neto B.2
      33,33                 33,33                33,33
```

Também na sucessão testamentária, se um dos herdeiros renunciar à herança, acrescerá o seu quinhão à parte dos coerdeiros ou colegatários conjuntos, salvo o direito de eventual substituto nomeado pelo testador (art. 1.943, *caput*, do CC). Não se aplica o direito de acrescer, contudo, quando se tratar de renúncia imprópria ou translativa, que se confunde com cessão de direitos hereditários a benefício de terceiro.

Segundo o artigo 1.812 do Código Civil, são irrevogáveis os atos de aceitação ou de renúncia da herança. Não se afasta, contudo, a possibilidade de anulação desses atos nos casos de violência, erro, dolo e fraude, como permitido com relação aos demais atos jurídicos (art. 171 do CC). Nos termos do artigo 1.813 do Código Civil, se a renúncia é feita em prejuízo a direitos de credores, estes podem aceitá-la para a satisfação dos seus créditos, desde que o façam no prazo de 30 (trinta) dias conseguintes ao conhecimento do fato.

8. CESSÃO DE HERANÇA

A herança pode ser objeto de cessão de direitos, como ato negocial inerente ao domínio dos bens por qualquer dos herdeiros. O Código Civil dispõe, no artigo 1.793, que a cessão de direitos sobre a sucessão aberta ou sobre quinhão individual da herança pode ser objeto de escritura pública, com isso restringindo a utilização de instrumento particular. Mas nada impede que se efetue a cessão nos próprios autos do processo de inventário, por termo próprio, na forma de renúncia translativa da herança (v. subitem seguinte), uma vez que é admitida igual forma de procedimento para a renúncia propriamente dita (art. 1.806 do CC).

Distingue-se a cessão da herança da venda de bens hereditários. A diferenciação relaciona-se à natureza do contrato: se tem em vista parte ideal (metade, um quarto etc.), trata-se de cessão de herança; se faz menção a certos bens determinados, trata-se de venda de bens hereditários.

Observe-se que o Código Civil, nos §§ 2º e 3º do citado artigo 1.793, declara ineficaz a cessão feita sobre qualquer bem da herança considerado singularmente, assim como a disposição, sem prévia autorização do juiz, de bem componente do acervo hereditário, em face de sua indivisibilidade.

A cessão da herança não transfere ao cessionário a qualidade de herdeiro, qualidade esta que é personalíssima, mas lhe outorga todos os direitos do cedente, concernentes ao seu quinhão de bens no inventário.

Não se admite a cessão de herança futura, uma vez que "não pode ser objeto de contrato a herança de pessoa viva" (art. 426 do CC), ou seja, é ilícita a sucessão hereditária contratual[30].

Na vigência do Código Civil de 1916, questionava-se a necessidade de consentimento dos demais herdeiros para a cessão de direitos por um deles. Para certos autores, por ser a herança indivisa, nos termos do artigo 1.791 do Código Civil, não poderia o coerdeiro vender sua parte a estranhos à herança sem assegurar o direito de preferência dos demais interessados (meeiro e coerdeiros), por força do artigo 504 do Código Civil[31]. Prevaleceu, no entanto, a posição contrária, no sentido de que o direito de preferência, previsto na lei civil para a alienação de parte condominial em coisa indivisível, não se aplicava à hipótese de cessão de direitos hereditários. Esse é o entendimento que veio a predominar na jurisprudência, firmado na tese de que a herança não é coisa indivisível (a não ser quando constituída de bens indivisíveis), embora seja indivisa e tenha o caráter de universalidade. O que é indivisível é somente o direito do herdeiro, enquanto não efetuada a partilha, de sorte que poderia livremente o coerdeiro dispor de sua cota hereditária, sem anuência dos demais.

Decidiu nesse tom o Supremo Tribunal Federal, em sessão plenária: "A herança é uma universalidade. Não é indivisível. O coerdeiro pode ceder

---

30 *RJTJESP*, 106/289, com reporte a lições de Clóvis Beviláqua, *Código Civil*, 1953, vol. IV/249, e de Orlando Gomes, *Sucessões*, 5. ed., Forense, p. 8 a 14

31 Sílvio de Salvo Venosa. *Direito das Sucessões*, 3. ed., São Paulo: Atlas, 2003, p. 41. No mesmo sentido as lições de Itabaiana (*Tratado das sucessões*, vol. 1, § 116) e de Cunha Gonçalves (*Tratado de Direito Civil*, 10/468), conforme citações de Washington de Barros Monteiro, lembrando a existência de decisões em ambos os sentidos (*Curso de Direito Civil*, 34. ed., vol. 6, Sucessões, São Paulo: Saraiva, p. 34).

seu direito na herança sem consentimento dos demais". Serviu de relator o Min. Hermes Lima, firmando-se em voto do Min. Cândido Mota Filho, para deixar claro que "a indivisibilidade da herança, a que alude o art. 1.580 do Código Civil, não é a de que cogita o artigo 53, inc. II, do mesmo Código, mas sim a indivisibilidade da posse e do domínio no sentido de que cada herdeiro poderá defender toda a herança não partilhada ainda, como se esta lhe pertencesse na sua integridade"[32].

Comporta distinção, porém, a cessão de direitos sobre coisa certa, que, por atingir a universalidade da herança e depender do resultado de futura partilha, exige a expressa concordância de todos os interessados. Da mesma forma, se a herança se constituir de coisa substancialmente indivisível (exemplo, uma casa), haverá necessidade de consulta aos demais herdeiros, para o exercício do direito de preferência, por incidência da norma prevista no artigo 504 do Código Civil (RE 112.791-SP, STF, 2ª Turma, rel. Min. Carlos Madeira, 15-9-87, *RTJ* 123/ 290; AI 016.050-4/4, TJSP, 3ª Câm. Cível, rel. Des. Alfredo Migliore, j. 14-4-92, *RJTJSP* 138/98).

O direito de preferência do coerdeiro é expressamente assegurado nos artigos 1.794 e 1.795 do Código Civil para a hipótese de cessão efetuada a pessoa estranha à sucessão. Faculta-se ao herdeiro preterido (ou a mais de um), depositando o preço, haver para si a quota cedida a estranho, se o requerer no prazo de 180 dias após a transmissão. Pressupõe-se que a cessão de direito hereditário seja onerosa, diante da menção do dispositivo legal ao depósito do preço pelo herdeiro preterido. Dessa forma, na cessão a título gratuito fica a critério do herdeiro escolher a quem deseja beneficiar.

Por fim, cabe a observação de que pode haver cessão de direitos hereditários também ao cônjuge sobrevivente, assim como é possível a cessão dos direitos de meação.

8.1. Renúncia translativa. Formalização

Embora não seja tecnicamente uma renúncia, é tida por válida aquela efetuada de forma translativa, também chamada de renúncia imprópria. Ad-

---

32 Embargos no RE 57.478-MG, 3-6-65, *RTJ* 33/840; na mesma linha: Embargos no RE 92.919-BA, STF, Pleno, rel. Min. Décio Miranda, 3-9-81, *RTJ* 99/1302; RE 92.919-BA, STF, 1ª Turma, rel. Min. Cunha Peixoto, 19-8-80, *RTJ* 100/789; REsp 60.656-SP, STJ, 2ª Turma, rel. Min. Eduardo Ribeiro, 6-8-96, *RT* 737/192. Em sentido contrário: REsp 9.934-SP, STJ, rel. Min. Sálvio de Figueiredo, 2-3-93, *RF* 329/223.

mitem-se os efeitos obrigacionais dela decorrentes como forma de doação, se a título gratuito, ou de compra e venda, se a título oneroso[33].

A renúncia à herança em tais condições, por favorecer determinada pessoa, com indicação do(s) beneficiário(s), configura verdadeira cessão de direitos, tanto pela forma onerosa como pela gratuita.

No caso de cessão a título gratuito, por equivaler a doação, não pode exceder à metade dos bens do herdeiro renunciante que tenha herdeiros necessários (arts. 549, 1.789 e 1.845 do CC). De lembrar, também, o preceito do artigo 548 do Código Civil, que estabelece como nula a doação de todos os bens, sem reserva de parte ou renda suficiente para a subsistência do doador.

Efetiva-se a renúncia através de escritura pública ou por termo judicial, conforme dispõe o artigo 1.806 do Código Civil, aplicável por extensão à renúncia imprópria.

A formalização por termo nos autos é, assim, perfeitamente possível, como sucedâneo da escritura, valendo lembrar que *ubi lex non distinguit nec nos distinguere debemus*. Justifica-o Rodrigues de Alckmin, em lição reproduzida por Galvão Coelho, ao relatar acórdão publicado na *RJTJSP*, vol. 81/283: "Ora, a mesma fé pública de que se revestem as declarações de ofício do tabelião de notas, têm-na igualmente as declarações dos escrivães e, anteriormente, dos denominados tabeliães do judicial. Uns e outros lavram 'escrituras públicas'. Diferentes eram os atos que se compreendiam na competência de cada serventuário. Igual, porém, a fé pública que lhes dava autenticidade. Compreende-se, pois, a afirmação corrente, relativa a valer como escritura pública um termo judicial"[34].

Por seu caráter translativo de direitos, importando em alienação de bem imóvel (assim considerado o direito de herança), esta espécie de renúncia por

---

33 Em abono desse ponto de vista, as lições de Clóvis Beviláqua (*Teoria geral do Direito Civil*, 4. ed., § 74, p. 364); Serpa Lopes (*Curso de Direito Civil*, 3. ed., p. 242, I/398); Orlando Gomes (*Introdução ao Direito Civil*, 1. ed., n. 177, p. 256); Caio Mário da Silva Pereira (op. cit., 1. ed., n. 81, I/332); Carlos Maximiliano (op. cit., 4. ed., n. 39, I/62); Itabaiana de Oliveira (op. cit., 4. ed., n. 85, I/87); Pontes de Miranda (op. cit., § 5.592, LV/74).

34 Do mesmo teor o magistério de Clóvis do Couto e Silva (*Comentários ao Código de Processo Civil*, vol. XI, t. I, Revista dos Tribunais, 1977, n. 282, p. 263). Nesse sentido a jurisprudência dominante, conforme recente acórdão do STJ, no REsp. 91.0008044-6-RS, rel. Min. Barros Monteiro, lembrando decisão do STF estampada na *RTJ* 76/301 (*Bol. AASP* 1801, 30-6-93, p. 261). Outros precedentes: *RT* 468/263, 494/233, 500/198, 508/111, 509/139, 570/248, 575/89, 601/63, 613/95, 667/94; *RJTJSP* 81/282, 84/119, 96/288, 106/318.

parte de herdeiro casado exige outorga uxória, de conformidade com as disposições contidas no artigo 1.647 do Código Civil (salvo no regime da separação absoluta de bens ou, também, havendo estipulação no pacto antenupcial, no regime de participação final nos aquestos, arts. 1.672 e 1.687 do CC).

8.2. Renúncia à meação

Na mesma ordem de ideias, é igualmente possível efetivar por termo nos autos a renúncia à meação. Embora seja inconfundível com a renúncia à herança, dela se aproxima ao ponto em que implica efetiva cessão de direitos, de modo que são utilizáveis os mesmos instrumentos para a sua formalização. Com efeito, o direito de cada herdeiro, a título de posse ou propriedade, sobre sua parte ideal na herança, antes da partilha, é equivalente ao do cônjuge sobrevivo sobre a metade ideal do patrimônio a partilhar (meação, conforme o regime de bens). Nada obsta à cessão de tais direitos, antes de partilhado o monte. Assim decidiu a 2ª Câmara Cível do Tribunal de Justiça de São Paulo (rel. Carlos A. Ortiz, in *RJTJSP* XIV/57), embora entendendo como imprescindível a formalização da cessão por escritura pública, com invocação de precedente julgado nesse sentido (*RT* 268/284). Essa restrição, no entanto, não se aplica ao termo judicial, que pode servir como sucedâneo da escritura para fins de cessão de direitos hereditários (art. 1.805 do CC, acima analisado).

Essa renúncia à meação pode ser total ou parcial, ponto em que difere da renúncia à herança, mas com outra importante diferença: ao contrário da renúncia à herança, que é puramente abdicativa e sem tributo de transmissão, a renúncia à meação é imprópria, correspondendo a uma transmissão de bens do meeiro e, por isso, sujeita-se ao tributo (ITCMD, se gratuita, ou ITBI, se onerosa). A hipótese mais usual é a de viúva que, embora com direito de meação, atribui na partilha todos os bens para os filhos e fica só com o direito de usufruto. Assim evita novo inventário ao falecer, pois o usufruto se extinguirá com sua morte.

8.3. Registro da cessão de herança

A jurisprudência entendia ser inexequível o registro do instrumento particular de cessão de direitos hereditários, segundo orientação firmada sob direito anterior que não previa o ato, bem como não o prevê o artigo 167, inciso I, da vigente Lei de Registros Públicos (*RJTJSP* 106/290)[35].

Assim é que, na prática forense, não se exigia o registro da cessão de direitos hereditários para ingresso do título no inventário. A formalização da transmissão perante o registro de imóveis, em atenção aos princípios da continuidade e da publicidade, fazia-se após homologada a partilha, constando os quinhões atribuídos aos cessionários.

À luz do vigente Código Civil, no entanto, por ser exigida escritura pública para a cessão de direitos hereditários, torna-se viável o seu registro no fólio imobiliário, para que seja oponível *erga omnes*, em vista da publicidade inerente a esse ato.

Sobre a incidência fiscal nos casos de cessão ou de renúncia à herança, v. cap. 9, itens 4.2 e 4.3.

9. LEVANTAMENTO DE CERTOS VALORES PELOS DEPENDENTES

Excluem-se dos bens da herança certos valores móveis deixados pelo falecido. A Lei n. 6.858, de 24 de novembro de 1980, mencionada no artigo 666 do Código de Processo Civil, dispõe que os seguintes valores podem ser levantados pelos dependentes do falecido, sem necessidade de inventário:

– saldos de salários devidos pelos empregadores;
– saldos do FGTS;
– saldos do Fundo de Participação PIS/PASEP;
– restituições relativas ao imposto de renda e outros tributos;
– saldos bancários, de contas de cadernetas de poupança e fundos de investimento até 500 ORTNs (antigas Obrigações Reajustáveis do Tesouro Nacional – título extinto, a exigir atualização do valor por outros índices oficiais).

Consideram-se dependentes as pessoas que, sendo ou não sucessores legítimos, dependiam economicamente do autor da herança, por laços de parentesco ou de convivência familiar, com direito à devida assistência material. Enquadram-se como tais os filhos menores e inválidos, o cônjuge que não disponha de rendimentos próprios e, por igual, o companheiro, em face do dever de mútua

---

[35] No mesmo sentido: *RJTJSP* 40/394, 18/194; *RT* 86/294, 103/542, 106/134, 151/613 e 696, 158/867, 359/237, 380/171; Narciso Orlandi Neto, *Registro de imóveis*, Saraiva, 1982, p. 151, 173, 224, 350; Serpa Lopes, *Tratado dos registros públicos*, vol. III/275; Carvalho Santos, *Código Civil interpretado*, vol. II/24.

assistência entre as pessoas unidas por casamento ou por união estável[36].

A definição de dependência serve a fins securitários, conforme previsto na própria Constituição Federal, artigo 201, inciso V, com expressa menção a "pensão por morte de segurado, homem e mulher, ao cônjuge ou companheiro e dependentes...". Sua regulamentação consta das leis previdenciárias, fiscais e outras, avançando, também, no campo sucessório, nos termos da Lei n. 6.858/80, para garantir aos dependentes do falecido o levantamento de certas quantias que se apartam de outros valores da herança em vista de seu caráter de essencialidade e específica natureza.

Essa disposição, embora sem afetar a ordem da vocação hereditária com relação a outros bens da herança, coloca os dependentes do falecido em situação de privilégio absoluto, mesmo diante dos herdeiros necessários.

Assim, em caso de pessoa falecida deixando apenas um ou mais desses valores, tendo dois filhos capazes e uma companheira, dependente, o levantamento das importâncias caberá somente à companheira, e não àqueles herdeiros que, pela ordem da vocação hereditária, teriam preferência na sucessão legítima.

Não havendo outros bens, será dispensável abertura de inventário ou de arrolamento, conforme dispõe o artigo 666 do CPC/2015. A retirada do dinheiro se fará por simples providência administrativa, mediante pedido ao órgão depositário (empregador ou banco), instruído com declaração de inexistência de outros interessados e prova do óbito do ex-companheiro e da qualificação como dependente (certidão fornecida pela Previdência Social).

Nesse sentido, a jurisprudência (*RT* 563/265, 461/206, 610/104, 667/94), em consonância com a melhor doutrina (Wilson Bussada, *Inventários e partilhas interpretados pelos tribunais*, Rio de Janeiro: Rio, 1976, vol. II, n. 1.635; Wilson Oliveira, *Inventários e partilhas*, São Paulo: Saraiva, 1979, n. 29.2, p. 304).

Se houver conflitos entre os dependentes ou entre estes e eventuais sucessores, bem como na hipótese de dificuldade burocrática para liberação do depósito, pertinente será o pedido de alvará judicial para levantamento daquela espécie de bens pelo interessado (v. cap. 15, itens 4 e 5).

A matéria é específica da legislação especial, como visto, sem alteração pelas regras sucessórias da codificação civil.

---

36 Embora sem previsão legal específica, prevalece entendimento administrativo e jurisprudencial favorável à admissão do companheiro de união homoafetiva como dependente previdenciário, tese sustentada por Maria Berenice Dias (op. cit., p. 136), dentro da concepção mais ampla de enquadramento dessa espécie de união como entidade familiar.

CAPÍTULO 2

Sucessão Legítima

SUMÁRIO: 1. Noção de sucessão legítima. **2.** Ordem da vocação hereditária. **3.** Parentesco 3.1. Conceito de parentesco. 3.2. Linhas e graus de parentesco. 3.3. Espécies de filiação. 3.4. Adoção. 3.5. Igualdade dos filhos. **4.** Herdeiros necessários. **5.** Petição de herança e herdeiro aparente. **6.** Direito de representação. **7.** Descendentes. **8.** Ascendentes. **9.** Cônjuge. 9.1. Regime de bens. 9.2. Meação e herança. 9.3. Concurso com descendentes. 9.4. Cálculo das quotas. 9.5. Concurso com ascendentes. 9.6. Cônjuge herdeiro único. 9.7. Separação de fato. 9.8. Usufruto. 9.9. Habitação. 9.10. Aquestos. **10.** Companheiro. União estável. **11.** Colaterais. **12.** O Município, o Distrito Federal e a União.

1. NOÇÃO DE SUCESSÃO LEGÍTIMA

O artigo 1.786 do Código Civil afirma que "a sucessão dá-se por disposição de última vontade, ou em virtude da lei". Nasce daí a clássica divisão: sucessão testamentária e sucessão legítima.

Sucessão legítima é aquela que ocorre em virtude da morte de alguém, sendo chamados para suceder ao falecido, no que diz respeito ao seu patrimônio (herança), aqueles que a lei designa especificamente.

Sucessão testamentária é a que resulta de disposição de última vontade.

A sucessão legítima denomina-se *ab intestato*, tendo em vista que só ocorre quando não há testamento.

Com efeito, está no Código Civil, artigo 1.788, que, "morrendo a pessoa sem testamento, transmite a herança aos seus herdeiros legítimos"; o mesmo se dando quanto aos bens que não forem compreendidos na cédula testamentária, subsistindo a sucessão legítima se o testamento caducar ou for julgado nulo. E o dispositivo seguinte ressalva os direitos dos herdeiros necessários, restringindo a possibilidade de disposição testamentária à metade da herança.

Dispondo sobre a lei aplicável, o artigo 1.787 do Código Civil diz que "regula a sucessão e a legitimação para suceder a lei vigente ao tempo da abertura daquela" segundo o princípio *tempus regit actum*.

A sucessão "legítima" é também chamada de sucessão "legal", por decorrer de disposição da lei que estabelece a ordem da vocação hereditária. Prevalece, contudo, a expressão cunhada no Código Civil, de sucessão "legítima" em contraponto à "testamentária".

2. ORDEM DA VOCAÇÃO HEREDITÁRIA

O artigo 1.829 do Código Civil estabelece a ordem da vocação hereditária, isto é, a ordem pela qual os herdeiros são chamados a suceder. Essa ordem de chamamento diz respeito, portanto, à sucessão legítima, ou seja, quando não há testamento ou quando este não compreende todos os bens.

Pelo mencionado artigo, a sucessão legítima defere-se na seguinte escala de preferência:

I – aos descendentes, em concorrência com o cônjuge sobrevivente, salvo se casado este com o falecido no regime da comunhão universal, ou no da separação obrigatória de bens; ou se, no regime da comunhão parcial, o autor da herança não houver deixado bens particulares;

II – aos ascendentes, em concorrência com o cônjuge;

III – ao cônjuge sobrevivente[1];

IV – aos colaterais, até o 4º grau.

O Código Civil trouxe substancial alteração na ordem da vocação hereditária, ao contemplar direitos concorrentes do cônjuge com os descendentes e os ascendentes.

A situação era bem diversa no Código Civil de 1916, que estabelecia uma ordem excludente dos herdeiros de grau mais distante. Assim, se o *de cujus* deixava ascendente e cônjuge, aquele herdava o patrimônio inteiro, e o cônjuge nada recebia. A mesma regra se aplicava aos demais parentes sucessíveis. "Tudo isso pela mesma razão, isto é, a de que havendo sucessíveis de uma classe preferencial são eles chamados à sucessão do *de cujus*, deixando de fora os herdeiros das outras classes"[2].

Significava dizer que: "qualquer descendente desloca ao ascendente; qualquer ascendente ao cônjuge; este ao colateral; sem estar esgotada uma ordem, não são chamados os componentes da seguinte, por mais alto que seja o grau respectivo"[3].

---

1 Ao companheiro sobrevivente assegurava-se o direito de herança análogo ao do cônjuge, nos termos das Leis ns. 8.971/94 e 9.278/96. O Código Civil não inclui o companheiro na ordem da vocação hereditária, mas lhe garante participação na herança nas condições previstas no artigo 1.790 (v. cap. 3, itens 7.1 e 7.2).

2 Silvio Rodrigues, op. cit., vol. VII/78, n. 32.

3 Carlos Maximiliano, op. cit., 5. ed., vol. I/158, n. 135.

Capítulo 2 Sucessão Legítima

O Código Civil de 2002 trouxe mudanças, assegurando o direito de herança a pessoas vinculadas ao falecido por laços de parentesco próximo ou por casamento (e também por união estável, conforme previsto no art. 1.790).

Continua havendo classes diferenciadas de herdeiros, entre si excludentes, em face da prioridade de chamamento estabelecida na lei, exceto com relação ao cônjuge e ao companheiro.

Com essa ressalva, "a ordem na vocação hereditária consagrada no direito brasileiro é de caráter excludente, de modo que, chamados a suceder herdeiros de determinada classe, ficam automaticamente afastados os das classes subsequentes" (ac. un. da 6ª Câm. Civil do TJSP, rel. Des. Ernani de Paiva, j. em 16-2-89, *RJTJSP* 119/382).

Como se verifica do disposto no citado artigo 1.829, o cônjuge passa a concorrer na primeira e na segunda classes, além de ser considerado herdeiro necessário, com direito à legítima, como os descendentes e ascendentes do autor da herança, ressalvados os casos de indignidade ou deserdação.

Embora não mencionado nesse artigo, que cuida da ordem da vocação hereditária, também se considera com direito à herança o companheiro, na união estável, conforme previsão do artigo 1.790 do Código Civil, ressalvando-se que esse artigo foi declarado inconstitucional pelo Supremo Tribunal Federal, em acórdão com repercussão geral que mandou aplicar ao companheiro os mesmos critérios de sucessão previstos para o cônjuge no art. 1.829 (v. cap. 3, item 8).

Note-se que o cônjuge, para concorrer com descendentes, depende do regime de bens adotado no casamento. Com o ascendente, o cônjuge concorre em qualquer regime. De qualquer forma, continua a figurar como terceiro na ordem da vocação hereditária, recebendo a totalidade da herança se não houver descendentes ou ascendentes.

Porém, há uma importante restrição: somente é reconhecido direito sucessório ao cônjuge sobrevivente se, ao tempo da morte do outro, não estavam separados judicialmente, nem separados de fato há mais de dois anos, salvo prova, neste caso, de que essa convivência se tornara impossível sem culpa do sobrevivente (art. 1.830 do CC).

Segundo o artigo 1.831 do Código Civil, o cônjuge tem o direito real de habitação, qualquer que seja o regime de bens, sobre o imóvel destinado à residência da família, desde que seja o único daquela natureza a inventariar. Não mais se condiciona esse direito de habitação à permanência do estado de viuvez, de modo que passa a ser assegurado ao cônjuge sobrevivo independentemente da existência de uma nova relação, seja por casamento ou união estável. Já no Código Civil de 1916, o direito real de habitação ao cônjuge somente era assegurado no regime da comunhão universal de bens e enquanto permanecesse viúvo (art. 1.611, § 2º, CC/16).

Não mais subsiste, em face do Código Civil atual, o direito do cônjuge sobrevivente a usufruto em parte da herança atribuída aos descendentes e ascendentes. Justificava-se o usufruto vidual, de que tratava o artigo 1.611, § 1º, do Código Civil de 1916, pela necessidade de amparo ao cônjuge casado em regime que não fosse o da comunhão. Agora, com a possibilidade de concorrência na herança com descendentes e com ascendentes, já não haveria razão para que se mantivesse o direito de usufruto ao cônjuge viúvo.

Consta expressamente das disposições finais e transitórias do Código Civil (art. 2.041) que as modificações no plano da vocação hereditária (arts. 1.829 a 1.844) não se aplicam à sucessão aberta antes de sua vigência, prevalecendo o disposto na lei anterior, ou seja, o Código Civil de 1916. Nem havia necessidade dessa ressalva, ante o princípio geral que regula a sucessão e a legitimação para suceder pela lei vigente ao tempo da abertura da sucessão (art. 1.787 do CC).

Não mais se inclui do rol de herdeiros o ente público (Município ou Distrito Federal onde se localizem os bens), embora continue destinatário da herança vacante, como proprietário original dos bens, quando não haja herdeiros sucessíveis, conforme previsto nos artigos 1.822 e 1.844 do Código Civil.

Quanto à legislação aplicável em relação a bens de estrangeiros, ou bens situados fora do país, assim dispõe a Lei de Introdução às Normas do Direito Brasileiro (LINDB, antiga LICC – Lei de Introdução ao Código Civil), artigo 10: "A sucessão por morte ou por ausência obedece à lei do país em que era domiciliado o defunto ou o desaparecido, qualquer que seja a natureza e a situação dos bens".

O § 1º desse artigo, em consonância com o preceito do artigo 5º, inciso XXXI, da Constituição Federal de 1988, manda aplicar, preferencialmente, a lei brasileira, em favor do cônjuge brasileiro e dos filhos do casal, na vocação para suceder em bens de estrangeiros situados no Brasil: "A sucessão de bens de estrangeiros situados no País será regulada pela lei brasileira, em benefício do cônjuge e dos filhos brasileiros, ou de quem os represente, sempre que não lhes seja mais favorável a lei pessoal do *de cujus*".

À guisa de exemplo, em caso de bens situados no Brasil, sendo o autor da herança português e tendo na sua terra o último domicílio, o inventário compete à Justiça brasileira, mas a sucessão regula-se pela lei vigente em Portugal, que determina a concorrência do cônjuge com os descendentes em cotas iguais (art. 2.133 do Código Civil desse país). No Brasil, a regra é diferente, nos termos do artigo 1.829 do Código Civil, que estabelece um sistema de concorrência parcial do cônjuge com os descendentes, dependendo do regime de bens do casamento. Ressalva-se a aplicação da lei local quando seja mais favorável ao cônjuge ou aos filhos brasileiros, de conformidade com o parágrafo primeiro do citado artigo 10 da Lei de Introdução.

Em caso de sucessão testamentária, aberto o inventário dos bens situados no Brasil, que pertenciam a alemão, morto na Alemanha, o Tribunal de Justiça de São Paulo decidiu que tinha aplicação a lei do domicílio do *de cujus*, por força do parágrafo segundo do mesmo artigo 10 (AI n. 256.430-4/0 – São Paulo, 3ª Câmara de Direito Privado, rel. Des. Enio Zuliani). Ressalta o julgado que, no conflito entre a lei pátria e a lei estrangeira, aplica-se a lei do domicílio, o que não significa ofensa à soberania da ordem jurídica, como bem defendeu Haroldo Valladão, em face do princípio da pluralidade dos juízos sucessórios (Conflicto das leis nacionais dos cônjuges, nas suas relações de ordem pessoal e econômica no desquite, *RT*, 1936, p. 208).

Por fim, é a lei do domicílio do herdeiro ou legatário que regula sua capacidade para suceder (art. 10, § 2º). E a lei aplicável, como visto, é a vigente à data da abertura da sucessão (art. 1.787 do CC).

3. PARENTESCO

3.1. Conceito de parentesco

Relacionam-se juridicamente as pessoas componentes da comunidade familiar:
a) pelo vínculo conjugal;
b) pelo vínculo da união estável;
c) pelo parentesco consanguíneo ou civil (adoção e parentalidade socioafetiva);
d) pela afinidade.

O vínculo conjugal deriva da sociedade conjugal entre marido e mulher, oriunda do casamento, e dissolve-se por morte, divórcio, nulidade ou anulação do casamento.

O vínculo da união estável dá-se pela convivência duradoura, pública e contínua, com o intuito de constituir família, de acordo com os artigos 1.723 a 1.727 do Código Civil (v. cap. 3).

Parentesco por consanguinidade, ou simplesmente parentesco, é o vínculo entre pessoas que descendem de um ancestral comum, isto é, de um mesmo tronco. Somente este é o verdadeiro parentesco, sendo impróprio usar a palavra parente para designar marido e mulher ou os afins. São parentes os descendentes, ascendentes e colaterais, por vínculos de consanguinidade em famílias constituídas pelo casamento ou por uniões extraconjugais, sem que seja possível qualquer distinção pela origem da filiação (v. item, adiante, "Espécies de filiação"). A eles se equiparam, para todos os efeitos legais, os filhos havidos por adoção e os reconhecidos judicialmente por parentalidade socioafetiva.

Afinidade é o vínculo que se estabelece em virtude de lei, entre um dos cônjuges ou companheiros e os parentes do outro cônjuge (art. 1.595, *caput,* do CC). Limita-se aos ascendentes, descendentes e aos irmãos do cônjuge ou companheiro (§ 1º do art. 1.595 do CC). É importante notar que o vínculo de afinidade na linha reta não se extingue com a dissolução do casamento ou da união estável (§ 2º do art. 1.595 do CC), razão pela qual há impedimento matrimonial entre pessoa com esse vínculo (art. 1.521, II, do CC).

Importante observar que o direito à sucessão legítima restringe-se aos parentes enumerados na ordem da vocação hereditária (além do cônjuge ou companheiro). Aos parentes por afinidade não assiste direito algum à herança (salvo, em via reflexa, por eventual direito de meação na herança havida pelo cônjuge).

3.2. Linhas e graus de parentesco

O vínculo de parentesco é estabelecido por linhas e graus.

A ligação da pessoa ao tronco ancestral comum chama-se linha, e esta se divide em linha reta e linha colateral ou transversal, conforme as definições dos artigos 1.591 e 1.592 do Código Civil.

São parentes, em linha reta, as pessoas que estão umas para as outras na relação de ascendentes e descendentes, tais como avô, pai, filho, neto etc. Nessa linha, não há limite para o parentesco, podendo se estender por graus diversos entre as pessoas vinculadas, enquanto sobrevivas.

Na linha colateral, ou transversal, consideram-se parentes as pessoas provenientes de um só tronco, sem descenderem uma da outra. Classificam-se como tais o irmão, o sobrinho, o tio, o primo, o tio-avô e o sobrinho-neto.

Importante ressaltar que, para efeito de sucessão hereditária, o parentesco colateral é considerado apenas até o quarto grau, nos termos do artigo 1.839 do Código Civil (assim também o era no Código Civil de 1916, art. 1.612, embora em sua redação primitiva, considerasse o parentesco até o sexto grau).

Entende-se por grau a distância que vai de uma geração para outra, ou a distância que vai de uma classe de parente a outra.

O grau de parentesco, na linha reta, é contado pelo número de gerações, isto é, pela distância entre cada um dos parentes, excluindo-se o primeiro. Assim, há um grau entre pai e filho, dois graus entre avô e neto, três graus entre bisavô e bisneto.

Na linha colateral, a contagem é feita igualmente pelo número de gerações, subindo-se de um parente até o tronco comum e depois descendo até encontrar o outro parente. O parentesco entre irmãos é de 2º grau, entre tio e sobrinho é de 3º grau, e de 4º grau entre primos, tio-avô e sobrinho-neto. Nessa linha, como se vê, não existe parentesco de 1º grau.

Os irmãos são parentes iguais na linha colateral porque a distância que os separa do tronco comum, considerando as gerações, é idêntica. O mesmo não acontece entre tios e sobrinhos, que são parentes em linha colateral desigual, porque diversas são as distâncias que os separam do tronco comum. O ancestral comum distancia-se por duas gerações do sobrinho e por uma geração do tio. Por isso o parentesco, em tais casos, denomina-se transversal.

A linha colateral pode ser duplicada, quando, por exemplo, casam-se dois irmãos com duas irmãs: os filhos dos dois casais serão parentes colaterais duplos.

É preciso distinguir entre essas disposições de nossa lei civil e o sistema tradicional do direito canônico, em que o parentesco colateral apura-se contando-se tão somente os graus de um dos lados; se ambos os lados forem iguais, torna-se indiferente a contagem[4].

Quanto à afinidade, não se trata de parentesco biológico, mas de um vínculo que se estabelece entre um cônjuge ou companheiro e os parentes do outro (art. 1.595 do CC). A afinidade conta-se também por linhas e graus. Na linha reta é sem limite; na colateral tem limite no segundo grau, único possível. São afins em linha reta genro e sogra, nora e sogro, padrasto ou madrasta e enteado(a), com extensão a seus ascendentes e descendentes. Esse vínculo não se extingue com a dissolução do casamento ou da união estável (art. 1.595, § 2º), o que significa a perenidade do sogradio no círculo familiar, ainda que o genro enviúve ou se divorcie e venha a contrair nova união, hipótese em que passará a ter, naturalmente mais de uma sogra ao seu redor...

São afins em linha colateral os irmãos do cônjuge ou do companheiro, com relação ao outro. Denominam-se cunhados. Não se classificam como afins os concunhados, assim como os chamados "cossogros", pois o vínculo entre eles não alcança o nível de afinidade para os efeitos legais, ante a regra do artigo 1.595, § 1º, do Código Civil.

A matéria apresenta interesse no âmbito do direito de família, mas carece de importância no campo das sucessões, uma vez que o afim não se inclui na linha de vocação hereditária, limitada aos parentes em linha reta ou colaterais.

3.3 Espécies de filiação

Tem interesse meramente histórico a distinção entre parentesco legítimo e ilegítimo, decorrente ou não de casamento. O artigo 332 do Código Civil de 1916, que dispunha a respeito, foi expressamente revogado pela Lei n. 8.560, de 29-12-92, referente ao reconhecimento dos filhos havidos fora do casamento. Os artigos 1.607 a 1.617 do Código Civil tratam do reconhecimento dos filhos de forma igualitária, na esteira do que dispõe a citada lei especial, que se mantém na parte em que omisso o Código (art. 2.043 das Disposições Finais e Transitórias).

---

4   *Curso de Direito Civil, Direito de Família*, 2º vol., Saraiva, 34. ed., p. 239.

O artigo 1.609 do Código Civil corresponde ao artigo 1º da Lei n. 8.560/92, acrescentando apenas, em seu parágrafo único, que o reconhecimento dos filhos havidos fora do casamento pode preceder o nascimento do filho ou ser posterior ao seu falecimento, se ele deixar descendentes.

Dizia-se legítimo, na linguagem ultrapassada do Código Civil de 1916, o parentesco entre filhos de pessoas unidas pelos laços do casamento, e ilegítimo quando resultante de ligações extramatrimoniais. Compreendiam-se, ambos, na espécie de parentesco natural, proveniente da consanguinidade, em contraposição ao parentesco civil, proveniente da adoção.

Não mais se pode falar em filhos ilegítimos, muito menos na sua discriminatória classificação em simplesmente naturais – frutos de pessoas solteiras, mas desimpedidas para o casamento –, e em espúrios, que podiam ser incestuosos ou adulterinos e sequer admitiam reconhecimento da paternidade.

3.4. Adoção

Por meio do processo de adoção, uma pessoa é recebida por outra como filho, em vista da ligação afetiva que se estabelece entre o adotante e o adotado, que em tudo se iguala à vinculação de sangue ou biológica. Para todos os efeitos legais, trata-se de uma situação de filiação, com todos os direitos previstos na lei, como alimentos e sucessão hereditária. E também se sujeita aos impedimentos legais que decorrem desse estreito vínculo de parentesco, como se dá, por exemplo, nos impedimentos para o casamento entre parentes próximos.

Mas a adoção nem sempre foi assim, tão ampla, segura e bem-aceita. Embora reconhecida em legislações dos povos antigos, era considerada uma espécie de filiação de segunda categoria e que nem sempre proporcionava aos adotivos os mesmos direitos que eram garantidos aos filhos naturais.

Um exemplo histórico de adoção foi o de Moisés, que havia sido abandonado numa cesta e foi recolhido rio abaixo por uma filha do faraó, no Egito. Por isso o seu nome, que significa "salvo das águas".

Em certa época, como acontecia na Roma antiga, a adoção servia para a designação de sucessores aos nobres e até mesmo a imperadores, especialmente quando não tinham outros filhos, o que poderia significar uma fraqueza ou falta de melhor condição paterna.

No Brasil deu-se uma grande evolução desde o Código Civil de 1916, que fazia distinção entre o parentesco natural, pela consanguinidade, e o parentesco civil, proveniente da adoção. Os filhos biológicos tinham mais direitos que os adotivos, principalmente na questão da herança.

O procedimento para adotar também sofreu alterações. Exigia-se que o adotante tivesse mais de 30 anos e que fosse, pelo menos, 16 anos mais velho que o adotado. Fazia-se por escritura pública, sem intervenção judicial, bastava a concordância do Ministério Público. E admitia a dissolução por convenção das partes, ou nos casos em que se permite o afastamento da sucessão hereditária pela deserdação.

No Estatuto da Criança e do Adolescente, Lei n. 8.069, de 1990, que se aplica a menor de 18 anos, a idade do adotante passou para 21 anos, o procedimento passou a ser obrigatoriamente judicial e a adoção tornou-se irrevogável, dando ao filho adotivo a plenitude da integração na família do adotante, em plena igualdade com os demais filhos, conforme previsto no artigo 227, § 6º, da Constituição Federal de 1988: "Os filhos havidos ou não da relação de casamento, ou por adoção, terão os mesmos direitos e qualificações, proibidas quaisquer designações discriminatórias relativas à filiação".

Essas disposições, assim como as do Código Civil de 2002, foram alteradas por uma lei especial de adoção – a Lei n. 12.010, de 3 de agosto de 2009 –, com normas de aperfeiçoamento do sistema e regras específicas de garantia da convivência familiar a todas as crianças e adolescentes, e sua integração nos artigos 39 e seguintes do Estatuto da Criança e do Adolescente. Dá-se prioridade à família natural e à família extensa (ampliada, formada por outros parentes além dos pais e filhos), e são estabelecidos critérios para a adoção, como o cadastro e a habilitação do adotante perante o juízo da infância e da juventude.

No mesmo plano da adoção acha-se a filiação socioafetiva, ou sociológica, que se baseia no vínculo de afeto entre pais e filhos sem os laços biológicos ou de consanguinidade. Pode ocorrer na chamada adoção à brasileira, que consiste no registro de nascimento feito por quem não seja o pai natural. Mas também se observa nas relações familiares de profunda afinidade que pode se desenvolver entre padrasto ou madrasta e enteado ou enteada. Comprovada essa vinculação afetiva entre o pai e/ou a mãe e o filho de criação, pode ser requerido o seu reconhecimento judicial, por meio de uma ação, para que seja alterado o registro civil do filho, para todos os fins legais.

São as seguintes as regras principais da adoção, conforme a atual legislação brasileira: trata-se de medida excepcional, que depende de autorização judicial em processo próprio, e que somente se aplica na falta dos pais biológicos e de outros parentes que possam assumir a manutenção da criança ou do adolescente; a adoção não pode ser revogada pelo adotante ou por interesse do adotado; o adotante deve ser maior de 18 anos, mas não pode ser ascendente e nem irmão do adotado; deve haver uma diferença mínima de 16 anos entre a idade do adotante e a do adotado; pode haver adoção conjunta por pessoas casadas ou que vivam em união estável; também podem adotar os divorciados e os ex-companheiros, se estiverem de acordo sobre o regime de guarda e visitas, e se a convivência com o adotado se iniciou ao tempo do casamento ou da união estável.

Para adotar é preciso ter condições pessoais apuradas mediante habilitação perante a vara da infância e da juventude. Uma vez habilitado, o adotante tem que se inscrever no cadastro de adotantes, para que seja oportunamente convocado a receber um filho em adoção. Trata-se de exigência que dificulta a realização da adoção, mas que tem por objetivo dar-lhe maior solidez e garantir que seja feita a benefício do adotivo. Somente em casos excepcionais se admite a adoção por escolha pessoal (*intuitu personae*), como a que poderia ocorrer quando os pais biológicos deixam o filho em poder de outras pessoas de sua confiança, com a intenção de que assumam a sua criação.

Os efeitos da adoção, como já mencionado, são amplos, em tudo iguais aos que resultam da filiação biológica. Por isso mesmo, o direito sucessório se estende entre o adotado, seus descendentes, e o adotante, seus ascendentes, descendentes e colaterais (irmãos, sobrinhos, tios, primos).

É possível até mesmo a adoção póstuma, quando ocorrer o falecimento do adotante no curso do procedimento, antes de ser proferida a sentença.

A adoção depende do consentimento dos pais do adotando, salvo quando sejam desconhecidos ou em situações de abandono do filho, sendo destituídos do poder familiar por decisão judicial. Se o filho for maior de 12 anos, deverá também ser ouvido para expressar seu consentimento.

Também se admite a adoção internacional, por pessoa ou casal residente no exterior, mas somente depois de esgotadas as chances de colocação da criança ou do adolescente em família brasileira, e mediante rigorosa investigação da autoridade judicial.

Todas essas disposições e exigências legais visam, seguramente, ao alcance do bem-estar da criança ou do adolescente que necessitem de assistência fora de sua família de origem, garantindo-lhe a reconhecida posição de filho, com plena integração e crescimento dentro da comunidade familiar e social.

3.5. Igualdade dos filhos

Numa ou noutra forma de filiação, qualquer que seja a sua origem, não pode haver distinção alguma para os efeitos da proteção legal garantida aos filhos. Ou seja, é assegurada aos adotivos o tratamento igualitário, com os mesmos direitos e deveres com relação aos pais, que os assegurados aos filhos havidos da relação biológica.

O mesmo se diga da filiação socioafetiva, ou sociológica, que se baseia no vínculo de afeto entre pais e filhos sem os laços biológicos ou de consanguinidade.

Note-se que o artigo 1.593 do Código Civil classifica o parentesco em natural ou civil, conforme resulte de consanguinidade ou "outra origem", atendendo à amplitude do direito à filiação previsto no artigo 227, § 6º, da Constituição Federal. Nessa esteira vem se conduzindo a jurisprudência, ampliando o reconhecimento da paternidade ou maternidade socioafetiva, sem os restritivos comandos legais de antigamente, para maior proteção aos direitos das pessoas relacionadas dentro da comunidade familiar (STJ, 3ª T., REsp 1.189.663, rel. Min. Nancy Andrighi, j. 6-9-2011, *DJU* de 15-9-2011).

Em suma, qualquer que seja a natureza da filiação, haverá sempre a reserva do direito sucessório dentro do enquadramento próprio da vocação hereditária (art. 1.829 do CC).

Já a Lei do Divórcio (n. 6.515/77) havia equiparado os filhos para o efeito de recebimento de herança, estabelecendo, no artigo 51, em modificação ao artigo 2º da Lei n. 883, de 21 de outubro de 1949: "Qualquer que seja a natureza da filiação o direito à herança será reconhecido em igualdade de condições".

Sobre o reconhecimento de filho havido fora do matrimônio, dispunha a Lei n. 883/49, artigo 1º, que só seria possível após dissolvida a sociedade conjugal ou, na vigência do casamento, por disposição em testamento cerrado. Mas essa possibilidade foi ampliada pela Lei n. 7.250, de 14 de novembro de 1984, acrescentando o § 2º ao artigo 1º da Lei n. 883/49, para permitir o reconhecimento do filho ilegítimo, mediante sentença judicial, por cônjuge separado de fato há mais de cinco anos contínuos. A Lei n. 8.069/90 alargou de vez a possibilidade do reconhecimento dos filhos havidos fora do casamento, qualquer que fosse a origem da filiação (art. 26).

São mantidos os direitos sucessórios do filho adotivo, em plano igualitário com os descendentes, como não poderia deixar de ser, ante a previsão constitucional de plena equiparação da filiação, não importa a sua origem, garantindo-se a qualquer filho a mesma proteção jurídica no seio da família. Ou seja, o filho adotivo tem os mesmos direitos e deveres com relação aos pais, em igualdade com os filhos havidos da relação biológica. Essa regra, no entanto, era questionada nos casos de adoção realizada antes da Constituição Federal de 1988 e de sucessão aberta nesse período, quando não havia lei assegurando direito sucessório amplo ao adotivo.

Prevaleceu o entendimento da jurisprudência no sentido de que, cuidando-se de dispositivo autoaplicável, não mais subsistem quaisquer distinções entre as espécies de filiação para fins sucessórios. O preceito constitucional de isonomia aplica-se não só aos casos em julgamento como também às situações já consolidadas, como se verifica de julgado no Superior Tribunal de Justiça no REsp 1.503.922, de Minas Gerais, agosto de 2016, relatado pela Min. Nancy Andrighi, afastando qualquer espécie de *discrímen* ao filho de origem adotiva.

4. HERDEIROS NECESSÁRIOS

São herdeiros necessários os descendentes, os ascendentes e o cônjuge, na estreita dicção do artigo 1.845 do Código Civil. Também se conhecem por reservatários ou forçosamente herdeiros, como chamados no direito espanhol (*herederos* forçosos). Consideram-se como tais, esses herdeiros, porque não podem ser excluídos do direito à sucessão (salvo em casos de indignidade ou deserdação) na metade da herança (art. 1.846 do CC). Pelo Código anterior, o cônjuge não integrava esse restrito rol de herdeiros.

A parte da herança que toca aos herdeiros necessários leva o nome de legítima. A metade restante constitui a porção disponível, de livre atribuição pelo titular dos bens.

Assim, o testador que tiver descendente, ascendente e, agora, também cônjuge sobrevivente, não poderá dispor de mais da metade de seus bens, pelo resguardo à legítima (art. 1.846 do CC). Se houver excesso na atribuição do quinhão testamentário, faz-se a sua redução aos limites da parte disponível (art. 1.967 do CC).

Com o mesmo propósito de proteger a legítima, a lei considera nula a doação quanto à parte que exceder a de que o doador, no momento da liberalidade, poderia dispor em testamento (art. 549 do CC). É a chamada "doação inoficiosa", que se corrige por meio da redução da doação ao limite da parte disponível, ou, no caso de doação a descendentes, pela colação (art. 2.003 do CC), que consiste em declarar nos autos do inventário as doações ou dotes recebidos em vida do autor da herança, a fim de igualar as legítimas dos herdeiros necessários (art. 2.003 do CC; art. 639 do CPC).

Quanto à situação do companheiro, resultava duvidosa por não constar da relação legal dos herdeiros necessários. Predominava o entendimento de que não seria herdeiro dessa categoria, dada impossibilidade de interpretação extensiva ao artigo 1.845 do Código Civil. Sucede que o seu direito sucessório veio a ser alargado pelo julgamento do Supremo Tribunal Federal no RE 878.694-MG, que declarou inconstitucional o artigo 1.790 e mandou aplicar ao companheiro as mesmas regras de sucessão do cônjuge, previstas no artigo 1.829. O assunto tem análise à frente, no cap. 3, item 8.1, deixando concluir que, em face do tratamento igualitário às diversas espécies de família, com ou sem casamento, é de se estender ao companheiro a qualificação de herdeiro necessário, assim com direito ao recebimento da legítima.

5. PETIÇÃO DE HERANÇA E HERDEIRO APARENTE

Se os bens do falecido estiverem na posse de terceiro, cabe ao herdeiro o direito de petição de herança, demandando o reconhecimento de seu direito sucessório para que lhe sejam entregues ou restituídos os bens. Dispõe a respeito o Código Civil nos artigos 1.824 a 1.828, facultando o exercício da ação a qualquer dos herdeiros, com abrangência de todo o acervo hereditário e responsabilizando o possuidor pela restituição dos bens reclamados, sob pena de responder por posse de má-fé e pelas consequências da mora.

Cumpre ressalvar que, achando-se os bens na posse de herdeiro aparente, são válidas as alienações que ele fizer a terceiro de boa-fé, conforme previsto nos artigos 1.827, parágrafo único, e 1.828 do Código Civil.

Quem se encontra na posse da herança como se esta lhe pertencesse, aparentando ser herdeiro, tem seus atos protegidos por lei em benefício de terceiros de boa-fé que venham com ele a contratar.

Em dissertação sobre o tema, Giselda Maria Fernandes Novaes Hironaka

Capítulo 2 Sucessão Legítima

conceitua herdeiro aparente como sendo "aquele que, como tal, surgisse aos olhos de todos, em face de determinadas circunstâncias, como um verdadeiro e legítimo herdeiro, sem sê-lo realmente. É aquele que, não sendo titular dos direitos sucessórios, é tido, entretanto, como legítimo proprietário da herança, em consequência de erro invencível e comum". Sintetizando: seria aquele que nunca foi herdeiro pela essência, mas o foi pela aparência. Aponta como exemplos: a pessoa que entra na posse de determinados bens, havidos por herança, sem saber da existência de outros herdeiros de grau mais próximo; aquele que recebe bens por força de sucessão testamentária, mas vem a perder essa posição em virtude de ser nulo ou falso o testamento; ou, ainda, na comum hipótese de transmissão dos bens a certos herdeiros, quando venha a surgir um outro filho do falecido, reconhecido por investigação *post mortem*[5].

Pode, o herdeiro aparente, estar na posse dos bens hereditários de boa ou má-fé, decorrendo disto efeitos diferentes quanto às relações que tiver com terceiros.

O artigo 1.817 do Código Civil estabelece que as alienações onerosas de bens hereditários a terceiros de boa-fé são válidas, e também os atos de administração praticados legalmente pelo herdeiro excluído, quando praticados antes da sentença de exclusão, tendo os coerdeiros, quando prejudicados, o direito a demandar-lhe perdas e danos. Pelo parágrafo único do mencionado artigo, o excluído da sucessão tem direito a ser indenizado das despesas que teve com a conservação dos frutos e rendimentos que dos bens da herança percebeu, muito embora seja obrigado a restituí-los.

Ensina Orlando Gomes que "são válidas as alienações de bens hereditários se efetuadas a título oneroso" e "nulas as realizadas a título gratuito", não tendo validade "as doações e outras liberalidades, porque, embora haja o donatário adquirido de boa-fé, nada perde ao restituir o que recebeu de quem não podia dar". Em resumo: são eficazes as aquisições de boa-fé, por título oneroso, e ineficazes as de má-fé por esse mesmo título, bem como as feitas a título gratuito[6].

---

5   Giselda Maria Fernandes Novaes Hironaka, *Direito Civil*: estudos, Belo Horizonte: Del Rey, 2000, p. 253-261.
6   *Sucessões*, 4. ed., Rio de Janeiro: Forense, p. 269/271.

A validade de alienação feita por herdeiro aparente a adquirente de boa-fé tem sido reconhecida pela jurisprudência da Suprema Corte (*RTJ* 87/930 e 100/890). Não assim quando se vislumbre má-fé na aquisição (*RTJ* 575/279).

Como se percebe, é matéria que suscita divergências interpretativas conforme os elementos circunstanciais de cada situação concreta, podendo caracterizar-se no inventário como questão de alta indagação, a exigir o incursionamento das partes nas vias ordinárias[7].

6. DIREITO DE REPRESENTAÇÃO

A sucessão pode dar-se por direito próprio ou por direito de representação.

Quando a herança passa ao herdeiro em virtude de sua posição sucessória, na mesma classe e grau que os demais, dentro da ordem da vocação hereditária, diz-se que a herança é paga por direito próprio, ou por cabeça.

Quando o herdeiro é chamado a receber a herança em lugar de outro herdeiro, pré-morto, ausente ou excluído da sucessão, diz-se que sucede por direito de representação.

Neste caso, ele herda não por ser o herdeiro direto, e sim por ser o sucessor desse herdeiro, recebendo como seu representante por estirpe.

É o que ocorre, por exemplo, quando o falecido deixa filhos vivos e netos órfãos. Estes netos herdarão por direito de representação no lugar do filho pré-morto do autor da herança.

Conforme consta do artigo 1.851 do Código Civil, dá-se o direito de representação quando certos parentes do falecido são chamados a suceder em todos os direitos em que ele seria chamado para suceder, se vivo fosse. O direito de representação dá-se apenas na linha reta descendente, e não na ascendente; na linha transversal, só acontece em favor dos filhos de irmãos do falecido, quando concorrem com irmãos deste (arts. 1.852 e 1.853 do CC). Como esclarece Washington de Barros Monteiro, "o direito de representação em favor de filhos de irmãos falecidos só existe quando concorrem com irmãos do pai pré-defunto à herança do tio. Se não se trata de sucessão de tio, não há

---

[7] Sobre o conceito de herdeiro aparente e os efeitos dessa situação jurídica no campo possessório, ver *Tratado de usucapião*, op. cit., de Benedito Silvério Ribeiro, p. 786-793.

direito de representação". Explica, ainda, o insigne doutrinador, que "se se admitisse direito de representação mais amplo e compreensível, colocar-se-ia o direito sucessório, indubitavelmente, em contradição com o vínculo de sangue, contribuindo, outrossim, para a sucessiva dispersão da herança e assim estabelecendo conflito com a moderna tendência desse direito, que procura cada vez mais restringir o círculo dos parentes sucessíveis"[8].

Essa lição foi citada em aresto da 5ª Câmara Cível do Tribunal de Justiça de São Paulo, rel. Des. Jorge Tannus, em caso de habilitação de representante de herdeiro colateral, indeferida sob o fundamento de que esse direito assiste apenas ao filho de irmão do falecido. "É bem verdade que um esforço exegético do confronto entre a redação do artigo 1.613 e do artigo 1.622 (do CC de 1916), a que se some certo sentimento de injustiça pela exclusão de parentes colaterais da sucessão, tão somente por se acharem colocados em graduação mais distante em relação ao pré-morto, permite tergiversações sobre o exato sentido da lei e das abordagens ditas doutrinárias, nem sempre rigorosamente explícitas ao fazer referências aos parentescos. Entretanto, não remanesce dúvida quanto à exata compreensão do artigo 1.613 e de que a referência ali contida a filhos de irmãos diz respeito a irmão do falecido e não dos colaterais" (RJTJSP 120/285).

Os representantes só podem herdar, nesta condição, o mesmo que herdaria o representado, e o quinhão será distribuído por igual entre eles (arts. 1.854 e 1.855 do CC). Ainda, estabelece o artigo 1.856 do Código Civil que o renunciante à herança de uma pessoa poderá representá-la na sucessão de outra. Nem poderia ser diferente, pois são pessoais os efeitos da renúncia, além de se exigir declaração expressa do renunciante para cada sucessão a que esteja habilitado como herdeiro.

Não há representação na sucessão testamentária. Isso porque o direito de representação é tratado em capítulo subjacente ao título que versa sobre a sucessão legítima, sem previsão para o caso de atribuição por testamento.

A questão enseja controvérsia, sendo preciso atentar para a circunstância de que tampouco existe disposição legal proibitiva. Assim, é possível inserir o direito de representação por disposição de última vontade do testador, como uma espécie de substituição testamentária.

---

8   *Curso de Direito Civil, Direito das Sucessões*, op. cit., p. 88.

Daí a ressalva posta por Carlos Maximiliano: "Cabe a representação apenas em sucessão legítima, salvo se o testador expressamente a estipulou (como declarar, p. ex.: deixo a B ou aos seus filhos)"[9].

Nesse sentido a lição de Rubens Limongi França, ao assentar que "a natureza jurídica do direito de representação, quer em herança legítima, quer em herança testamentária, está em constituir uma regra de equidade fundada no vínculo de família e na vontade presumida do *de cujus*", daí concluindo que o direito de representação "pode ser expresso no testamento", ou mesmo "dedutível da vontade presumida do testador"[10].

Observe-se, por fim, não caber sucessão por representação de herdeiro renunciante, conforme visto no cap. 1, item 7.

7. DESCENDENTES

Situam-se os descendentes na primeira classe da ordem de vocação hereditária (art. 1.829 do CC; v. cap. 2, 2), observada a proximidade de parentesco por graus: primeiro os filhos, depois os netos, e assim por diante.

Justifica-se a colocação prioritária dos descendentes no recebimento da herança porque, supostamente, seria vontade do falecido proteger sua prole, mediante a transmissão do patrimônio que lhe garanta digna sobrevivência.

Mas essa prioridade dos descendentes eventualmente cede passo ao atendimento de situações específicas. Assim, em havendo testamento, a herança pode ser atribuída aos beneficiários indicados, desde que não ultrapasse a metade disponível. Aos descendentes, por serem herdeiros necessários, assegura-se, então, a outra parte, a título de legítima (art. 1.845 do CC).

Havendo cônjuge ou companheiro sobrevivente, dependendo do regime de bens no casamento ou da forma de aquisição dos bens, pode haver a concorrência de um deles com os descendentes, conforme adiante se analisará, em observância às regras dos artigos 1.829 e 1.790 do Código Civil. Os filhos herdam em igualdade de condições com os demais; se não existem

---

9 Op. cit., v. I/158, n. 126.
10 Direito de representação em herança testamentária, *RT* 625/27.

Capítulo 2   **Sucessão Legítima**

filhos, mas apenas netos, sucedem estes, e assim por diante, excluindo os demais herdeiros das outras classes.

Atente-se para a distinção entre a sucessão por direito próprio, que se dá por cabeça, e a sucessão por representação, que se dá por estirpe. Como dispõe o artigo 1.835 do Código Civil, "os filhos sucedem por cabeça, e os outros descendentes, por cabeça ou por estirpe, conforme se achem ou não no mesmo grau".

Exemplo de sucessão por cabeça: o falecido deixa dois filhos sobrevivos – cada um deles recebe quota igual na herança, ou seja, metade cada um:

▶ Sucessão por cabeça – filhos:

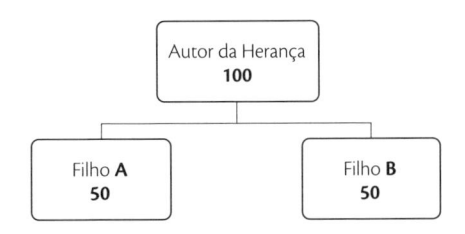

```
          Autor da Herança
                100
          ┌──────┴──────┐
       Filho A        Filho B
         50             50
```

Mas se um dos filhos faleceu antes do autor da herança, deixando-lhe dois netos, sucedem estes por estirpe, isto é, recebem a quota de 1/2 que caberia ao seu genitor, de modo que cada neto fica com 1/4. Ou seja, a herança é dividida em duas partes iguais, sendo uma atribuída ao filho vivo, e a segunda, subdividida em duas porções, aos dois netos, que herdam por representação do seu finado pai (art. 1.851 do CC).

▶ Sucessão por estirpe – representação:

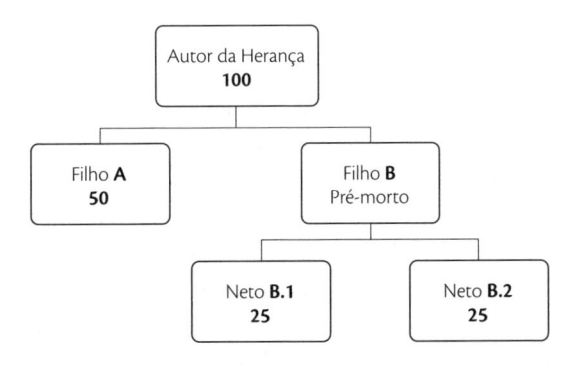

```
              Autor da Herança
                    100
          ┌──────────┴──────────┐
       Filho A                Filho B
         50                  Pré-morto
                        ┌───────┴───────┐
                     Neto B.1         Neto B.2
                       25               25
```

Havendo cônjuge sobrevivente, aparta-se, primeiro, o valor da meação. O que sobra é a herança atribuível aos descendentes.

55

Quando o falecido só deixa descendentes netos, herdam todos por cabeça, porque, no caso, não se dá a representação. As quotas que cada um recebe denominam-se avoengas e resultam de sucessão por direito próprio.

▶ Sucessão por cabeça – netos:

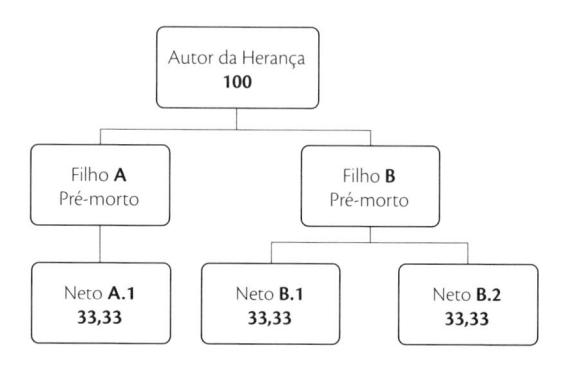

```
                    ┌─────────────────┐
                    │ Autor da Herança│
                    │       100       │
                    └────────┬────────┘
                 ┌───────────┴───────────┐
          ┌──────┴──────┐         ┌──────┴──────┐
          │   Filho A   │         │   Filho B   │
          │  Pré-morto  │         │  Pré-morto  │
          └──────┬──────┘         └──────┬──────┘
                 │              ┌────────┴────────┐
          ┌──────┴──────┐ ┌─────┴─────┐    ┌──────┴──────┐
          │  Neto A.1   │ │ Neto B.1  │    │  Neto B.2   │
          │    33,33    │ │   33,33   │    │    33,33    │
          └─────────────┘ └───────────┘    └─────────────┘
```

Relembre-se que os descendentes de grau mais próximo excluem os mais remotos, salvo o direito de representação, conforme o artigo 1.833 do Código Civil.

Ao princípio da absoluta igualdade entre os filhos, dispõe o artigo 1.834 do Código Civil que "os descendentes da mesma classe têm os mesmos direitos à sucessão de seus ascendentes". Nota-se que o legislador utilizou impropriamente o termo "classe", que é aplicável genericamente a todos os descendentes, quando pretendia referir-se aos descendentes do mesmo "grau", dentro daquela classe, assim havendo que entender-se o preceito.

Silvio Rodrigues, ao tratar deste artigo 1.834, comenta:

> Apesar da linguagem um tanto confusa, mencionando "os descendentes da mesma classe", quando os descendentes já integram a mesma classe – aliás, a 1ª classe dos sucessíveis –, o art. 1.834 vem reafirmar que estão suprimidas todas as normas que vigoraram no passado, e que estabeleciam distinções odiosas entre os descendentes, desnivelando os filhos, conforme a origem da filiação.
>
> O que se quis dizer é que os descendentes têm os mesmos direitos à sucessão de seus ascendentes. Até por imperativo constitucional (art. 227, § 6º), os descendentes não podem ficar discriminados, por qualquer razão, seja pela natureza da filiação, seja pelo sexo ou progenitura. Nem pela circunstância de ser biológico ou civil o parentesco. Todos têm o mesmo e igual direito hereditário, sendo a paridade total e completa. A única preferência que se admite é a que se baseia no grau de parentesco: os em grau

mais próximo excluem os mais remotos, salvo o direito de representação (CC, art. 1.833)[11].

Como já visto, relembrando preceito constitucional, não há qualquer distinção no Código Civil quanto à origem dos filhos, que gozam de plena igualdade para todos os efeitos jurídicos, de ordem pessoal, familiar e sucessória.

8. ASCENDENTES

Pela ordem da vocação hereditária constante do Código Civil, os ascendentes continuam em segundo lugar, mas não isolados, pois concorrem com o cônjuge ou com o companheiro sobrevivente (art. 1.836 do CC, que também se aplica ao companheiro por força de decisão do Supremo Tribunal Federal alterando o critério de concorrência antes disposto no art. 1.790, inc. III).

Assim, não havendo descendentes com direito à sucessão, são chamados os ascendentes do *de cujus*, isto é, os seus pais, na falta destes os avós, e assim sucessivamente (art. 1.829, II, do CC). Não há, para os ascendentes, o direito de representação, que é exclusivo da classe hereditária descendente, ou, na classe colateral, dos filhos de irmão pré-morto (arts. 1.852 e 1.853 do CC).

▶ Sucessão por ascendentes pais:

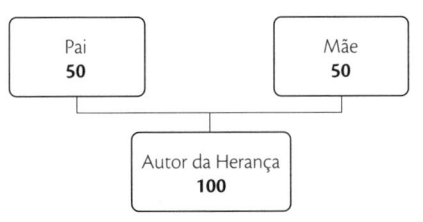

```
┌──────────┐        ┌──────────┐
│   Pai    │        │   Mãe    │
│   50     │────────│   50     │
└──────────┘        └──────────┘
              │
      ┌───────────────┐
      │ Autor da Herança │
      │      100       │
      └───────────────┘
```

Sendo sobrevivente apenas um dos pais, o outro recebe a totalidade da herança, ainda que haja avós sobrevivos.

▶ Sucessão por apenas um ascendente:

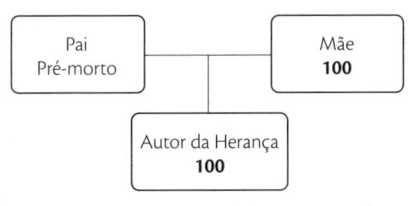

```
┌──────────┐        ┌──────────┐
│   Pai    │        │   Mãe    │
│ Pré-morto│────────│   100    │
└──────────┘        └──────────┘
              │
      ┌───────────────┐
      │ Autor da Herança │
      │      100       │
      └───────────────┘
```

---

11 *Sucessões*, op. cit., p. 107/108.

Havendo cônjuge ou companheiro sobrevivente, concorre com os ascendentes recebendo um terço da herança, ou metade se houver um só ascendente de 1º grau ou ascendentes de maior grau (avós), conforme disposto no artigo 1.837 (v. item 9).

Pela regra do parágrafo único do artigo 1.836 do Código Civil, o ascendente de grau mais próximo exclui o mais remoto, sem distinção de linhas. Assim, em caso de pai sobrevivo e mãe pré-morta, receberá, aquele, a totalidade da herança, ainda que sejam sobrevivos os avós maternos.

Havendo igualdade em grau e diversidade em linha (ex.: dois avós paternos e um materno), os ascendentes da linha paterna herdam a metade, cabendo a outra aos da linha materna, conforme disposição do § 2º do mesmo artigo. Herda-se, nessa hipótese, por linha e não por cabeça.

▸ **Sucessão por ascendentes avós, sendo um pré-morto:**

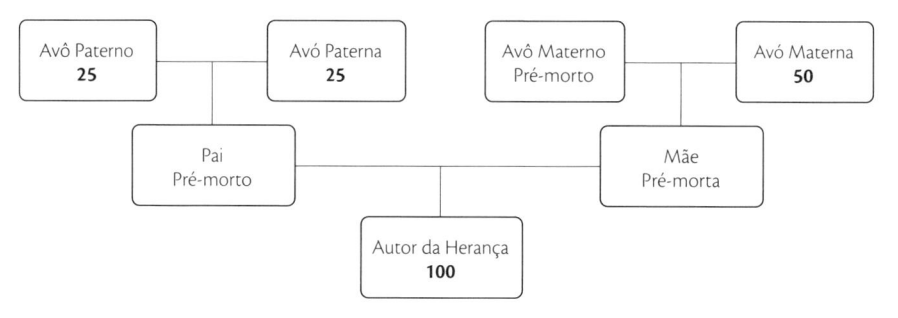

```
┌──────────────┐    ┌──────────────┐    ┌──────────────┐    ┌──────────────┐
│ Avô Paterno  │────│ Avó Paterna  │    │ Avô Materno  │────│ Avó Materna  │
│      25      │    │      25      │    │  Pré-morto   │    │      50      │
└──────────────┘    └──────────────┘    └──────────────┘    └──────────────┘
           │                                                     │
       ┌───┴──────┐                                        ┌─────┴────┐
       │   Pai    │                                        │   Mãe    │
       │Pré-morto │                                        │Pré-morta │
       └──────────┘                                        └──────────┘
                         ┌──────────────────┐
                         │ Autor da Herança │
                         │       100        │
                         └──────────────────┘
```

Não há distinções decorrentes da filiação adotiva, em vista da plena equiparação de direitos consagrada por norma constitucional (v. seção 3 deste cap.). A lei equipara o tratamento legal aos adotados, atribuindo-lhes indistintamente a situação de filhos e desligando-os de qualquer vínculo com seus pais e parentes consanguíneos. Portanto, ao falecer um filho adotado, a herança deste, em não havendo descendentes nem cônjuge, caberá aos pais adotantes.

9. CÔNJUGE

O cônjuge sobrevivente, na qualidade de viúvo do autor da herança, tem dupla vocação hereditária, como herdeiro concorrente ou como herdeiro exclusivo. Dependendo da existência ou não de outros herdeiros, segundo a ordem de vocação hereditária ditada pelo artigo 1.829 do Código Civil, o cônjuge pode situar-se no primeiro grau, concorrendo com descendentes, com direito a uma quota (art. 1.832 do CC). Não havendo descendentes, o cônjuge concorre com os ascendentes, não importa o regime de bens, igualmente com direito a uma quota (art. 1.837 do CC). Será herdeiro exclusivo o cônjuge, como terceiro na ordem sucessória, quando não houver descendentes e nem ascendentes do falecido, qualquer que tenha sido o regime de bens do casamento, recebendo a totalidade da herança (art. 1.838 do CC).

Como se vê, a posição sucessória do cônjuge é sensivelmente reforçada em relação ao que dispunha o Código Civil de 1916, em vista do direito a concorrer na herança com descendentes e com ascendentes do falecido.

Além disso, o cônjuge sobrevivo passou a ser considerado herdeiro necessário, ao lado dos descendentes e dos ascendentes. Significa dizer que tem direito assegurado à metade da herança, considerada indisponível, por constituir a legítima (arts. 1.845 e 1.846 do Código vigente).

Some-se, ainda, o direito de habitação sobre o imóvel que servia de residência ao casal, como importante garantia social do viúvo, nos termos do artigo 1.831 do mesmo Código.

9.1. Regime de bens

Para o exame do direito de concorrência do cônjuge com descendentes importa verificar, como pressuposto, qual o regime de bens adotado no casamento.

A definição desses regimes matrimoniais, com os respectivos efeitos para o direito de meação, acha-se no Título II do Livro IV do Código Civil, com distinção das seguintes espécies:

a) regime da comunhão parcial (art. 1.658), em que se comunicam os bens havidos onerosamente durante o casamento;

b) regime da comunhão universal (art. 1.667), que importa na comunicação de todos os bens presentes e futuros dos cônjuges;

c) regime da participação final nos aquestos (art. 1.672), em que cada cônjuge possui patrimônio próprio e cabe-lhe, na época da dissolução da sociedade conjugal, metade dos bens adquiridos durante o casamento, a título oneroso;

d) separação de bens (art. 1.687), em que nada se comunica e a administração dos bens particulares compete exclusivamente a cada um dos cônjuges.

Não mais se contempla o regime dotal, consistente no dote instituído pelo marido em favor da mulher. Constava do Código Civil de 2016, e se esvaiu por desuso.

O regime legal, que se aplica na falta de pacto antenupcial (art. 1.640 do CC), é o da comunhão parcial de bens, exceto em determinados casos, como os de pessoas maiores de 70 anos ou que dependam de autorização judicial para o casamento, nos quais é obrigatório o regime da separação de bens (art. 1.641 do CC). Ressalva-se a comunicação dos bens aquestos nos termos da Súmula STF 377, desde que provado o esforço comum dos cônjuges (interpretação dada pelo STJ – v. cap. 2, 9.10).

As causas excludentes do direito de meação decorrem do regime de bens adotado no casamento ou da união estável. Também dependem da existência de cláusula de inalienabilidade ou de incomunicabilidade como se dá em contratos de doação ou de transmissão de bens por testamento.

Certos bens são incomunicáveis por sua natureza, como se dá com os direitos de personalidade e com os direitos autorais. Nestes, por força do artigo 39 da Lei n. 9.610, de 19-2-1998, não entram na meação os direitos patrimoniais do autor, excetuados os rendimentos decorrentes de sua exploração. Tais direitos se enquadram como proventos de trabalho, assim tendo a proteção da incomunicabilidade também prevista no artigo 1.659, inciso VI, do Código Civil.

Pode dar-se a alteração do regime de bens no curso do casamento ou da união estável, mediante procedimento judicial (art. 1.639, § 2º, do CC; art. 734 do CPC); nesse caso, sobrevindo o óbito de um dos parceiros, o novo regime de bens será aplicável na definição dos direitos sucessórios do sobrevivente (art. 1.829 do CC).

9.2. Meação e herança

Dentre os direitos patrimoniais do cônjuge, distinguem-se a meação e a herança. Uma coisa é a meação, que decorre do regime de bens e preexiste ao óbito do outro cônjuge, devendo ser apurada sempre que dissolvida a sociedade conjugal. Diversamente, herança é a parte do patrimônio que pertencia ao cônjuge falecido, transmitindo-se aos seus sucessores legítimos ou testamentários.

Apurada a meação, que corresponde a 50% dos bens comuns, o patrimônio restante, que constitui a herança, caberá ao cônjuge sobrevivo, na falta de descendentes ou ascendentes (art. 1.829, III, do CC). Nesse caso, não interessa o regime adotado, seja o de comunhão de bens ou o de separação, uma vez que apenas o cônjuge será herdeiro, salvo se, por ocasião da abertura da sucessão, já estivesse dissolvida a sociedade conjugal (art. 1.838 do CC). No caso de separação de fato por até dois anos, ou por mais tempo sem culpa do cônjuge sobrevivo, persiste o seu direito de herança, conforme estipula o artigo 1.830 do Código Civil.

9.3. Concurso com descendentes

O artigo 1.829, inciso I, do Código Civil, dispõe que a sucessão legítima defere-se "aos descendentes, em concorrência com o cônjuge sobrevivente, salvo se casado este com o falecido no regime da comunhão universal, ou no da separação obrigatória de bens (art. 1.640, par. ún.); ou se, no regime da comunhão parcial, o autor da herança não houver deixado bens particulares"[12].

Como se verifica, o direito sucessório concorrente do cônjuge com os descendentes depende do regime de bens no casamento. O fio condutor parece ser o de que havendo meação, pelo regime comunitário de bens, não haverá concurso na herança, uma vez que o cônjuge acha-se garantido com parte do patrimônio. Ressalva-se a situação do casamento no regime da separação obrigatória de bens, que leva à exclusão do direito hereditário.

Desses regramentos básicos extrai-se que a concorrência do cônjuge na herança, em concurso com os descendentes, dá-se nos casos de ter sido o casamento celebrado nos regimes:

a) de separação convencional de bens;
b) de comunhão parcial, quando o falecido deixou bens particulares; e
c) no regime da participação final nos aquestos.

Essas conclusões decorrem de interpretação, *a contrario sensu*, do comentado artigo 1.829, que, no inciso I, adota redação ambígua, ao assegurar, como regra geral, o direito de concorrência do cônjuge sobrevivente com os descendentes, para em seguida estabelecer as exceções para as hipóteses de casamento no regime da comunhão universal, no da separação obrigatória, ou "se no regi-

---

12 Na equivocada referência ao artigo 1.640, parágrafo único, leia-se artigo 1.641, que trata do regime da separação obrigatória de bens.

me da comunhão parcial, o autor da herança não houver deixado bens particulares". Esta última ressalva traz séria dúvida exegética sobre estar ligada ao início do inciso ou às ressalvas de sua aplicação. Por critério de adequação ao sistema jurídico sucessório, partindo-se do pressuposto de que o direito à comunhão dos bens exclui a participação na herança sobre os mesmos bens, cabe interpretar que, na hipótese de casamento sob o regime da comunhão parcial, o cônjuge fica excluído da herança se não houver bens particulares do *de cujus*, por se tratar de situação análoga à do regime da comunhão universal de bens. Havendo, no entanto, bens particulares, o cônjuge viúvo passa a concorrer com os descendentes em quota sobre aqueles bens (e não sobre a totalidade da herança, como poderia parecer da confusa redação do artigo em comento).

O tema é complexo e suscita interpretações divergentes. Assim, ao saudoso Prof. Miguel Reale pareceu que, não havendo concorrência na herança para o casado no regime da separação obrigatória, também não poderia haver esse concurso no regime da separação convencional[13].

Maria Berenice Dias entendeu, em estrita exegese dos termos do inciso I do artigo 1.829, que o cônjuge casado no regime da comunhão parcial de bens teria participação concorrente na herança se não houvesse bens particulares, porque não se aplicaria ao caso o "salvo" que consta da primeira parte do inciso[14].

Também deu-se controvérsia doutrinária e jurisprudencial sobre o direito sucessório do cônjuge casado no regime da separação convencional de bens, em concorrendo com descendentes. Por entender-se que seria uma espécie de separação obrigatória, em que a concorrência é excluída (art. 1.829, I, do CC), também no regime da separação convencional seria respeitado o pacto antenupcial para negativa daquele direito de concorrer. Ou seja, nesse entendimento, o pacto valeria não só em vida mas também depois da morte do cônjuge.

Nesse sentido decidiu o Superior Tribunal de Justiça, no REsp 992.749-MS, rel. Min. Nancy Andrighi, assentando:

> O regime de separação obrigatória de bens, previsto no art. 1.829, inc. I, do CC/02, é gênero que congrega duas espécies: (i) separação legal; (ii)

---

13 Jornal *O Estado de S. Paulo*, ed. de 12 de abril de 2003, p. 2.

14 Artigo *Ponto final*, divulgado em sua página da *Internet*: mariaberenice.com.br.

separação convencional. Uma decorre da lei e a outra da vontade das partes, e ambas obrigam os cônjuges, uma vez estipulado o regime de separação de bens, à sua observância. Não remanesce, para o cônjuge casado mediante separação de bens, direito à meação, tampouco à concorrência sucessória, respeitando-se o regime de bens estipulado, que obriga as partes na vida e na morte. Nos dois casos, portanto, o cônjuge sobrevivente não é herdeiro necessário. Entendimento em sentido diverso, suscitaria clara antinomia entre os arts. 1.829, inc. I, e 1.687, do CC/02, o que geraria uma quebra da unidade sistemática da lei codificada, e provocaria a morte do regime de separação de bens. Por isso, deve prevalecer a interpretação que conjuga e torna complementares os citados dispositivos (3ª Turma, 1º-12-2009, v.u., com a relatora, os Min. Massami Uyeda, Sidnei Beneti, Vasco Della Giustina e Paulo Furtado).

No processo analisado, levou-se em conta a situação fática vivenciada pelo casal, em vista do pouco tempo de convivência – 10 meses –, e porque, quando desse segundo casamento, o autor da herança já havia formado todo seu patrimônio e padecia de doença, o que teria levado os nubentes à escolha do regime da separação convencional, optando, por meio de pacto antenupcial lavrado em escritura pública, pela incomunicabilidade de todos os bens adquiridos antes e depois do casamento, inclusive frutos e rendimentos.

Entendeu-se, em aparente equiparação de meação a herança, que, na hipótese de admitir-se a concorrência, haveria alteração do regime matrimonial de bens *post mortem*, ou seja, com o fim do casamento pela morte de um dos cônjuges seria alterado o regime de separação convencional de bens pactuado em vida, permitindo ao cônjuge sobrevivente o recebimento de bens de exclusiva propriedade do autor da herança, patrimônio que recusou.

Mas esse precedente não veio a prevalecer no Superior Tribunal de Justiça, em vista de subsequentes julgados adotando interpretação diversa, no sentido de que o art. 1.829, I, do Código Civil de 2002 "confere ao cônjuge casado sob a égide do regime de separação convencional a condição de herdeiro necessário, que concorre com os descendentes do falecido independentemente do período de duração do casamento, com vistas a garantir-lhe o mínimo necessário para uma sobrevivência digna". Fazendo distinção entre os direitos de meação e de herança, salienta o acórdão que "o pacto antenupcial celebrado no regime de separação convencional somente dispõe acerca da incomunicabilidade de bens e o seu modo de administração no curso do casamento, não produzindo efeitos após a morte por inexistir no ordenamento pátrio previsão de ultratividade do regime patrimonial apta a emprestar eficácia póstuma ao regime matrimonial". Daí concluir que o concurso hereditário na separação convencional decorre de norma de ordem pública, sendo nula qualquer convenção em sentido contrário, e observando que esse regime de bens não se confunde com o da separação legal ou obrigatória, onde a regra é a de não concorrência do cônjuge na herança (STJ-3ª Turma, REsp 1.472.945-RJ, rel. Min. Ricardo Villas Boas Cueva; j. 23-10-2014; maioria; voto vencido do Min. Paulo Dias Moura).

Já assim decidira a mesma Corte no REsp 1.382.170, para firmar que o cônjuge, qualquer que seja o regime de bens adotado pelo casal, é herdeiro necessário (art. 1.845 do CC), e que "no regime de separação convencional de bens, o cônjuge sobrevivente concorre com os descendentes do falecido. A lei afasta a concorrência apenas quanto ao regime da separação legal de bens, prevista no artigo 1.641 do Código Civil", em interpretação do artigo 1.829, I, do mesmo Código. Ficou vencido o relator sorteado, que abraçava a tese da não concorrência. O relator designado, Min. João Otávio Noronha, reportou-se a anteriores julgamentos da 3ª Turma nos REsps 1.430.763/SP e 1.346.324/SP (*DJU* de 2-2-2014), assentando os seguintes pontos fundamentais: primeiro, a dicotomia entre os regimes de separação obrigatória, imposta por lei, e separação convencional, sem se confundi-las; segundo, não ser verdade que a concorrência com os descendentes, no caso de separação convencional, esvazia o art. 1.687, que disciplina tal regime de bens, que tem contornos e efeitos próprios; terceiro e último, repisar que o atual Código visa à proteção mais ampla do cônjuge sobrevivente, ao deferir-se participação na quota hereditária junto com os filhos do falecido, salvo nos casos expressos no artigo 1.829.

Na mesma linha, decisão do Tribunal de Justiça de São Paulo, em tom crítico: "O precedente do Superior Tribunal de Justiça, REsp 992.749/MS, de relatoria da douta Ministra Nancy Andrighi, trata de caso excepcional, que não se coaduna com o episódio em testilha. Para tanto, cito, inclusive, doutrina de Flávio Tartuce: O julgado merece críticas como já fez parte da doutrina, caso de José Fernando Simão e Zeno Veloso. A principal crítica se refere ao fato de o julgado ignorar preceito legal, bem como todo o trata-

Capítulo 2 Sucessão Legítima

mento doutrinário referentes às categorias da separação convencional de bens" (AI 0007645-96.2011.8.26.0000, 2ª Câmara de Direito Privado, rel. José Carlos Ferreira Alves, j. 4-10-2011).

Esse também o amplo magistério doutrinário, como lembrado no acórdão do REsp 1.382.170, acima citado, nomeando Zeno Veloso (*Direito hereditário do cônjuge e do companheiro*, 1. ed., São Paulo: Saraiva, 2010, p. 69-72), Mauro Antonini, em obra coordenada por Cezar Peluso (*Código Civil comentado*, 4. ed., Barueri: Manole, 2010, p. 2.153-2.154), Flávio Tartuce e José Fernando Simão (*Direito Civil, Direito das Sucessões*, 6. ed., São Paulo: Método, 2013, v. 6., p. 172-168), Caio Mário da Silva Pereira (*Instituições de Direito Civil, Direito das sucessões*, 17. ed., Rio de Janeiro: Forense, 2009, v. VI, p. 132-133), Maria Helena Diniz (*Direito das Sucessões*, 21. ed., São Paulo: Saraiva, 2007, p. 113), Fábio Ulhoa Coelho (*Curso de Direito Civil*, 1. ed., São Paulo: Saraiva, 2006, vol. 5, p. 259-260), Luiz Paulo Vieira de Carvalho (*Direito Civil – questões fundamentais*, 3. ed., Niterói: Impetus, 2009, p. 283).

Quanto ao casado no regime da comunhão parcial de bens, ocorrendo a morte de um dos cônjuges, deu-se julgamento pioneiro do Superior Tribunal de Justiça no REsp 1.117.563/SP, ainda sob a influência do REsp 992.749/MS que negava a concorrência do cônjuge no regime da separação convencional. Entendeu-se que o mesmo raciocínio haveria de levar à negativa da concorrência sobre bens particulares no regime da comunhão parcial. Determinou-se, por isso, a correção da partilha para excluir do quinhão da viúva, e acrescer aos dos demais herdeiros, a fração incidente sobre os bens particulares deixados pelo falecido, resguardados os direitos de meação e de concorrência sobre o bem comum (STJ, 3ª Turma, rel. Min. Nancy Andrighi, *DJ* de 6-4-2010).

Não há como sustentar-se o entendimento desse julgado, diante da radical mudança operada na interpretação favorável à concorrência do cônjuge em casamento celebrado no regime da separação convencional, como visto em tópico acima. Daí os reparos cabíveis e que se resumem no seguinte:

Primeiro, a observação de que, ao uniformizar os efeitos da incomunicabilidade dos bens particulares para o campo do direito hereditário, o julgado empresta um indevido tratamento igualitário para institutos jurídicos diversos, o de meação e o de herança. O próprio acórdão faz essa distinção, não obstante conclua que o regime de bens, por ser o da comunhão parcial, afasta não só a comunicação dos bens particulares como, por estilingue, o direito de herança que se assegura ao cônjuge, embora seja herdeiro necessário.

Segundo, porque a admissão da concorrência do cônjuge nos bens comuns, fazendo paralelo com o disposto no artigo 1.790 do Código Civil para o companheiro sobrevivo, não leva em conta a disposição diversa contida no artigo 1.829, parte final, do mesmo ordenamento, que contém expressa ressalva, mandando excluir o direito de concorrência se, no regime da comunhão parcial, o autor da herança *não houver deixado bens particulares*. Seria incompreensível que, em tais casos, o Código tivesse a intenção de afastar a concorrência exatamente sobre esses bens: não havendo bens particulares, mas somente bens comuns, como caberia defender a subsistência do direito de concorrer sobre esses bens, se falta aquele pressuposto expresso na lei?

Terceiro ponto diz com o conflito resultante da decisão que favorece o cônjuge, nessa concorrência sobre os bens comuns, relativamente ao direito de quem tenha se casado no regime da comunhão universal, que não concorre com os descendentes (art. 1.829 do CC, no elenco das exceções que enuncia). Então, resta a incontornável contradição: se o casado no regime da comunhão parcial, que é mais restrito que o da comunhão universal, pode concorrer nos bens comuns da herança, com os descendentes, por que teria o legislador vedado, como vedou, esse mesmo direito ao casado neste último regime? A final, se o intuito de repartir os bens comuns existe para um regime, igualmente teria que se estender ao outro, que é mais abrangente. *A contrario sensu*, se não há concorrência sobre os bens comuns no regime da comunhão universal, também não se dá esse direito ao cônjuge no regime da comunhão parcial.

Sobreveio divergência no próprio Superior Tribunal de Justiça, a partir de julgado da 4ª Turma de Direito Privado, com posição ainda mais abrangente, para excluir qualquer direito de concorrência do cônjuge: "o sobrevivente possui direito tão somente à meação dos bens comuns, não concorrendo com o descendente em relação à herança (parcela de bens comuns do falecido), muito menos em relação aos bens particulares, uma vez que estes últimos bens são, exclusivamente, destinados aos seus descendentes, porque incomunicáveis" (REsp 974.241/DF, rel. Min. Honildo Amaral de Mello Castro, j. em 7-6-2011, *DJ* 5-10-2011). A distinção entre bens comuns e bens particulares, para efeito da concorrência sucessória do cônjuge com

Capítulo 2 Sucessão Legítima

descendentes nesse regime de bens, foi bem posta em julgado do Tribunal de Justiça de São Paulo, indicando regra simples e direta: *"quem meia não herda, quem herda não meia"*. Dessa forma, o julgado define as seguintes conclusões: a) havendo bens comuns, neles não haverá concorrência entre os descendentes (que herdarão a metade do *de cujus*) e o cônjuge sobrevivente (que já é meeiro e em tal situação permanecerá); b) o contrário se dará nos bens particulares (também conhecidos como exclusivos ou privados) do falecido, quando inexiste meação e a herança, por consequência, se submeterá à concorrência cônjuge/descendentes; c) havendo, concomitantemente, os dois tipos de bens, comuns e particulares, cada qual se submeterá, individualmente, à sua respectiva regra de regência, sempre observando, para cada bem do acervo, que haverá concorrência onde inexistir meação, mas, se esta for presente, aquela não ocorrerá (TJSP-10ª Câmara de Direito Privado; Ap. 0010885-03.2010.8.26.0009; rel. Des. Roberto Maia; j. 23-10-2012; v.u.).

Assim decidiu o Superior Tribunal de Justiça, em julgamento uniformizador da 2ª Seção, em face dos entendimentos divergentes da 3ª e da 4ª Turma. Prevaleceu, por larga maioria, vencida a Ministra Nancy Andrighi, a interpretação do artigo 1.829, I, do Código Civil, no sentido de que o cônjuge sobrevivente, casado no regime de comunhão parcial de bens, concorre com os descendentes do cônjuge falecido somente quando este tiver deixado bens particulares. Ou seja, a concorrência dar-se-á exclusivamente quanto aos bens particulares constantes do acervo hereditário do *de cujus*, e não sobre os bens comuns, que já outorgam ao viúvo o direito de meação (REsp 1.368.123/SP, rel. designado Min. Raul Araújo, j. em 22-4-2015, fonte www.stj.jus.br).

O Enunciado 270, da III Jornada de Direito Civil do CFJ, já havia aprovado tese nesse sentido, que mereceu prevalência conforme visto na guinada decisória do STJ:

> O art. 1.829, inc. I, só assegura ao cônjuge sobrevivente o direito de concorrência com os descendentes do autor da herança quando casados no regime da separação convencional de bens ou se casados nos regimes da comunhão parcial ou participação final nos aquestos, o falecido possuísse bens particulares, hipóteses em que a concorrência se restringe a tais bens, devendo os bens comuns (meação) ser partilhados exclusivamente entre os descendentes.

Veja-se que o mesmo entendimento tem lugar na atribuição da concorrência sucessória ao cônjuge sobrevivente casado no regime da participação final nos aquestos, muito embora não conste das ressalvas do artigo 1.829

do Código Civil. A similitude de efeitos desse regime com o da comunhão parcial, no que respeita à partilha dos bens pelo direito de meação sobre os aquestos, leva a classificá-lo de igual forma, para que não permita a concorrência sobre os bens comuns do autor da herança, mas apenas sobre os bens particulares, porque não integrantes da meação.

9.4. Cálculo das quotas

Sobre a quota da herança atribuível ao cônjuge, no concurso com descendentes, o artigo 1.832 do Código Civil dispõe que consistirá em "quinhão igual aos do que sucederem por cabeça, não podendo a sua quota ser inferior à quarta parte da herança, se for ascendente dos herdeiros com que concorrer".

O cálculo da quota de cada descendente faz-se por cabeça, considerando o direito próprio de cada um e não o valor da quota individual de outros herdeiros que eventualmente recebam por estirpe (direito de representação). Assim, concorrendo um herdeiro filho e dois outros herdeiros netos, estes por estirpe, a quota do cônjuge corresponderá àquela devida aos filhos. Mas se forem todos os filhos pré-mortos, serão chamados à sucessão os netos, computando-se, então, o valor da herança atribuível a cada um, por cabeça (art. 1.835 do CC; v. item 7 deste cap.).

O valor da quota do cônjuge será equivalente ao quinhão recebido pelo descendente por sucessão legítima. Não se inclui o que venha a receber por disposição testamentária da parte disponível da herança, pois a atribuição a este título faz-se por vontade do testador direcionada apenas em favor do herdeiro beneficiário.

Em face do que dispõe o artigo 1.832 do Código Civil, variam as quotas da herança atribuíveis ao cônjuge, conforme a ascendência dos filhos que disputam a herança. Sendo os herdeiros descendentes em comum, isto é, filhos do autor da herança e do cônjuge sobrevivente, basta dividir o valor pelo número de herdeiros – os descendentes e o cônjuge –, fazendo-se a partilha igualitária, por cabeça. Exemplo: 2 filhos e mais o cônjuge – 1/3 (33,33%) para cada um. Havendo mais de 3 descendentes por cabeça, garante-se ao cônjuge a participação de 1/4 da herança (25%), sendo os outros 3/4 (75%) atribuídos em igual proporção a cada descendente. Exemplo: 5 filhos, mais cônjuge – 3/4 para os filhos, ou seja, 75%, cabendo a cada filho 15%, e ao cônjuge 1/4, ou seja, 25% da herança. Sendo os herdeiros descendentes exclusivos do autor da herança (havidos de outra união), a divisão dos quinhões entre eles e o cônjuge será sempre igualitária, sem a reserva da quarta parte da herança ao cônjuge.

Mais complicado será o cálculo na hipótese de cônjuge concorrendo com descendentes de origem híbrida, isto é, um ou alguns havidos só pelo autor da herança e outros havidos em comum com o cônjuge. O Código não prevê solução específica neste caso, para que se aplique, ou não, a reserva de 1/4 da herança em favor do viúvo. Poder-se-ia pensar num cálculo proporcional, resguardando-se essa quota mínima ao cônjuge somente com relação aos descendentes dos quais seja ascendente, e fazendo-se a partilha igualitária com relação aos outros descendentes do autor da herança. Não será uma conta fácil de ser realizada, ante a variação de percentuais conforme o número de herdeiros descendentes e sua ascendência. Demais disso, percebe-se que, nessa partilha diferenciada pela origem dos descendentes, haverá distinção do valor das quotas recebidas por uma e por outra das categorias de filhos, em afronta ao princípio da igualdade previsto no artigo 1.834 do Código Civil e na própria Constituição Federal (art. 227, § 6º).

Para evitar essa situação evidentemente complexa e de questionável juridicidade, pode-se interpretar a disposição do citado artigo 1.832 em caráter restritivo, ou seja, de que o cônjuge somente terá assegurada a quarta parte da herança se for ascendente de todos os herdeiros com que concorrer. Assim, havendo outros herdeiros em concurso, ao cônjuge caberá quota igual a cada um dos descendentes, sem a reserva daquela fração mínima. Tal solução, além da manifesta simplificação da partilha, resguarda o direito de igualdade dos filhos na percepção de seus quinhões hereditários[15].

Esse é o entendimento da maioria dos autores, conforme analisa Flávio Tartuce, na obra Direito Civil, Sucessões, cap. 2.4 (12ª ed., ed. Gen-Forense, 2019, p. 184 e ss.), em resenha das diversas opiniões conflitantes. No mesmo sentido o Enunciado n. 527 das Jornadas de Direito Civil, superando a difi-

---

15 Tal é o parecer de Zeno Veloso, em crítica à falta de previsão legal, e ressalvando que a matéria é controversa, abrindo espaço a outras interpretações (Sucessão do cônjuge no novo Código Civil, artigo na *Revista Brasileira de Direito de Família*, Porto Alegre: Síntese/IBDFAM, n. 17, abril/maio de 2003, p. 146). O tema tem sido muito bem apreciado, em diversos escritos e palestras, pela Professora Giselda Maria Fernandes Novaes Hironaka, apontando as alternativas possíveis para efetivação da partilha na concorrência entre cônjuges e herdeiros filhos de híbrida origem, com fundamentada crítica a cada uma delas e concluindo que, por ausência de farol legislativo, bem difícil se mostra obter uma decisão conciliadora e pacificadora (*Comentários ao Código Civil*, coord. Antônio Junqueira Azevedo, Do Direito das Sucessões. Da sucessão legítima, São Paulo: Saraiva, 2003, p. 226 a 228).

culdade interpretativa que decorre da falta de previsão legal na situação de concorrência do cônjuge e do companheiro com filhos de origens diversas.

A questão veio a ser enfrentada em julgamentos do Superior Tribunal de Justiça, em caso de direito sucessório de companheira (igualado ao de cônjuge desde o julgamento do STF no RE 878694-MG), fixando que seu quinhão hereditário, quando concorre com filhos comuns e filhos exclusivos do autor da herança, deve ser igualitário, sem a garantia da quarte parte que somente subsiste quando todos os descendentes são comuns. Dessa forma, resta garantida a igualação dos direitos de herança dos filhos, não importa a sua origem, em conformidade com o disposto no artigo 227, § 6º, da Constituição Federal, e no artigo 1.834 do Código Civil (acórdãos da 3ª Turma, REsp n. 1.617.501 e 1.617.650, da relatoria do Min. Paulo de Tarso Sanseverino, v. u., em 11-6-2019, *DJe* de 1º-7-2019).

Os quadros seguintes mostram as diversas situações de cálculo das quotas da herança, na concorrência entre cônjuge e descendentes:

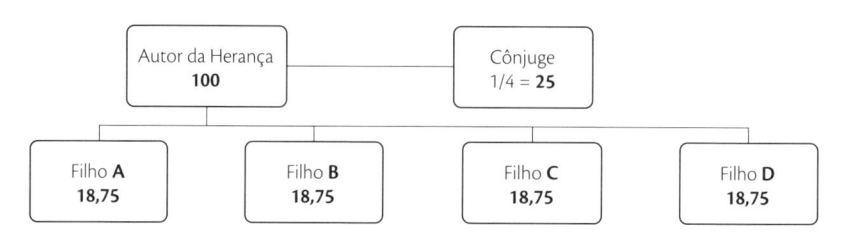

▶ Cônjuge concorrendo com filhos em comum (até 3) com o autor da herança – quota igual:

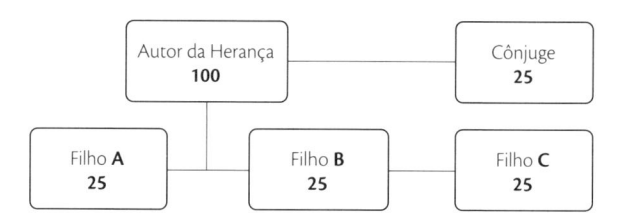

▶

```
                Autor da Herança ─────── Cônjuge
                      100                   25
        ┌──────────────┼──────────────┐
     Filho A        Filho B        Filho C
       25             25             25
```

▶ Cônjuge concorrendo com filhos em comum (mais de 3) com o autor da herança – 1/4:

▶

```
           Autor da Herança ─────── Cônjuge
                 100                1/4 = 25
     ┌───────────┬───────────┬───────────┐
  Filho A     Filho B     Filho C     Filho D
   18,75       18,75       18,75       18,75
```

Capítulo 2 **Sucessão Legítima**

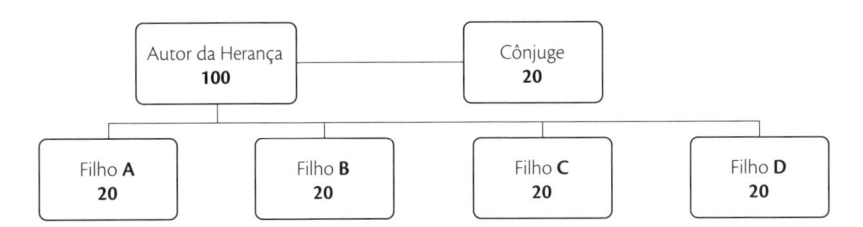

▶ Cônjuge concorrendo com filhos dos quais não seja ascendente (quota igual):

Autor da Herança 100		Cônjuge 20	
Filho A 20	Filho B 20	Filho C 20	Filho D 20

9.5. Concurso com ascendentes

A concorrência do cônjuge sobrevivente com ascendentes do autor da herança é prevista no artigo 1.829, inciso II, e regulada no artigo 1.837 do Código Civil: no concurso com ascendentes em primeiro grau (pais), ao cônjuge tocará 1/3 da herança; se houver um só ascendente, ou se maior for aquele grau (avós), ao cônjuge caberá 1/2 da herança.

Nota-se que a primeira parte do artigo 1.837 menciona a "ascendente" em primeiro grau, quando o correto seria "ascendentes", uma vez que possível a existência de pai e mãe sobrevivos, com os quais concorre o cônjuge, atribuindo-se a cada um a terça parte da herança. Se houver apenas um dos pais, então a herança será dividida meio a meio com o cônjuge, conforme regulado na segunda parte do mesmo artigo. A solução também é de divisão da herança por metade no concurso entre ascendentes de 2º grau (avós, ou acima), com o cônjuge, considerando-se a linhagem de cada um.

Assegura-se o direito de concorrência do cônjuge com ascendentes, independentemente do regime de bens adotado no casamento. Significa dizer que sua quota será sempre garantida, mesmo tendo direito de meação, em caso de ter sido casado com o autor da herança em regime comunitário de bens. De igual forma, o cônjuge será herdeiro concorrente ainda quando casado em regime de separação de bens, seja convencional ou obrigatória.

Foi como decidiu o Superior Tribunal de Justiça, ressaltando não caber estipulação contrária em pacto antenupcial:

> O Código Civil de 2002 trouxe importante inovação, erigindo o cônjuge como concorrente dos descendentes e dos ascendentes na sucessão legítima. Com isso, passou-se a privilegiar as pessoas que, apesar de não terem qualquer grau de parentesco, são o eixo central da família. 2 – Em

nenhum momento o legislador condicionou a concorrência entre ascendentes e cônjuge supérstite ao regime de bens adotado no casamento. 3 – Com a dissolução da sociedade conjugal operada pela morte de um dos cônjuges, o sobrevivente terá direito, além do seu quinhão na herança do *de cujus*, conforme o caso, à sua meação, agora sim regulado pelo regime de bens adotado no casamento. 4 – O artigo 1.655 do Código Civil impõe a nulidade da convenção ou cláusula do pacto antenupcial que contravenha disposição absoluta de lei (STJ – REsp 954.567/PE – 3ª Turma – rel. Min. Massami Uyeda – *DJ* 18-5-2011).

Segue-se ilustração gráfica das situações sem considerar o eventual direito de meação do cônjuge. Existindo esse direito, apura-se primeiro a meação, para o subsequente cálculo das quotas da herança.

▶ Cônjuge concorrendo com os pais – quota igual:

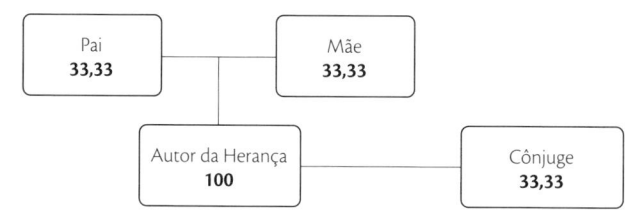

```
    Pai              Mãe
   33,33           33,33
     |_____|
             |
     Autor da Herança ————— Cônjuge
            100                33,33
```

▶ Cônjuge concorrendo com um dos pais – quota igual:

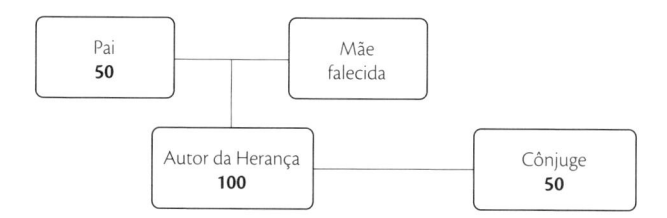

```
    Pai              Mãe
    50             falecida
     |_____|
             |
     Autor da Herança ————— Cônjuge
            100                 50
```

▶ Cônjuge concorrendo com avós paternos e avó materna:

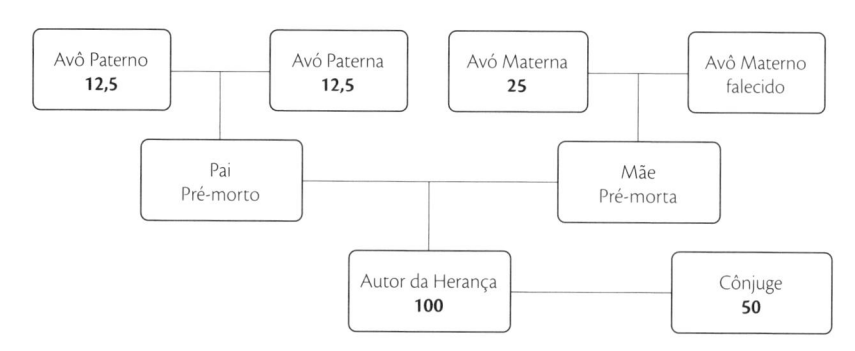

```
 Avô Paterno   Avó Paterna    Avó Materna   Avô Materno
    12,5          12,5            25          falecido
      |_____|                |_____|
            |                             |
          Pai                            Mãe
        Pré-morto                      Pré-morta
            |_____|
                          |
                  Autor da Herança ————— Cônjuge
                         100                 50
```

9.6. Cônjuge herdeiro único

Não havendo descendentes nem ascendentes do autor da herança, a sucessão legítima defere-se por inteiro ao cônjuge sobrevivente.

A previsão colhe-se dos artigos 1.829, inciso III, e 1.838, do Código Civil, em observância à ordem da vocação hereditária.

Como na hipótese da concorrência com ascendentes, também neste caso de ser o cônjuge herdeiro único, assegura-se o seu direito sucessório independentemente do regime de bens adotado no casamento. Se o regime era o da comunhão, o cônjuge receberá parte dos bens a título de meação e o restante, como herança. Se o regime não lhe permitir meação, o cônjuge receberá a totalidade do patrimônio como herança. Essa distinção tem reflexos no campo fiscal, uma vez que o imposto de transmissão *causa mortis* tem incidência apenas sobre a quota recebida como herança (v. cap. 9, itens 2 e 4).

A posição sucessória do cônjuge depende, como é curial, da subsistência da sociedade conjugal à data da abertura da sucessão. Desaparece o direito de herança nos casos de anterior separação judicial ou extrajudicial, divórcio, invalidade do casamento ou sua extinção pela ausência de cônjuge, conforme consta do artigo 1.830 do Código Civil.

9.7. Separação de fato

Nesse mesmo artigo 1.830, segunda parte, mantém-se o direito sucessório do cônjuge viúvo se não estava separado de fato há mais de dois anos, salvo prova, neste caso, de que a convivência se tornara impossível sem culpa do sobrevivente.

Não se justifica a subordinação do direito sucessório do cônjuge a determinado tempo de separação de fato, no caso, de dois anos. Parece exagerado esse prazo, bastando que se compare com o prazo de um ano previsto como suficiente para a separação judicial sem culpa (art. 1.572, § 1º, do CC, repisando o art. 5º, § 1º, da Lei n. 6.515/77), e também para reconhecimento de abandono do lar como causa da separação litigiosa (art. 1.573, inc. IV, do CC). Mesmo esses prazos resultaram vencidos pela inovação da EC n. 66, de 2010, que alterou o artigo 226, parágrafo 6º, da Constituição Federal, para permitir o divórcio direto e potestativo, sem prazo e sem discussão de culpa.

Demais disso, o dispositivo introduz a discussão de culpa no âmbito do direito sucessório para apuração da causa da separação de fato, o que se afigura inadmissível ante a necessidade de produção de provas, a exigir o ingresso das partes nas vias ordinárias em obstáculo ao regular prosseguimento do processo de inventário (questão de alta indagação – art. 984 do CPC/1973; art. 612 do CPC/2015, com nova redação: "O juiz decidirá todas as questões de direito desde que os fatos relevantes estejam provados por documento, só remetendo para as vias ordinárias as questões que dependerem de outras provas").

Ainda mais cresce o absurdo da situação criada pelo novo Código Civil quando se sabe que a separação de fato prescinde da discussão de culpa nos processos de separação judicial ou de divórcio, pois constitui fato objetivo por si só suficiente para o reconhecimento da falência da sociedade conjugal.

Estamos com Rolf Madaleno ao comentar que não faz sentido a exigência legal de dois longos anos de fatual separação (art. 1.830 do CC), para só depois deste lapso de tempo afastar da sucessão o cônjuge sobrevivente: "Ora, se não sobreviveu o casamento no plano fático, não há nexo em estendê-lo por dois anos no plano jurídico, apenas porque não foi tomada a iniciativa da separação judicial ou do divórcio".

Daí sua conclusão de que, uma vez suprimida a vida em comum, este seja o marco da incomunicabilidade dos bens e da exclusão da vocação hereditária do cônjuge que ficou viúvo tão somente no plano formal: "Não pode mais interessar ao direito, como em retrocesso faz o artigo 1.830 do Código Civil, tentar demonstrar que o sobrevivente não foi culpado pela separação de fato. Importa o fato da separação e não a sua causa, pois a autoria culposa não refaz os vínculos e nem restaura a coabitação, mote exclusivo da hígida comunicação de bens. A prova judicial de o cônjuge sobrevivente haver sido inocentemente abandonado pelo autor da herança ou sair pesquisando qualquer causa subjetiva da separação fatual, para caçar culpa de uma decisão unilateral, é mais uma vez, andar na contramão do direito familista brasileiro que desde a Lei do Divórcio de 1977 já havia vencido estes ranços culturais"[16].

Em adendo a essas considerações, tenha-se em mente que o cônjuge separado de fato pode constituir união estável com outra pessoa. A tanto permite o artigo 1.723, § 1º, do Código Civil, sem exigir prazo da separação

---

[16] A concorrência sucessória e o trânsito processual: a culpa mortuária, *RBDF* 29/144; O novo direito sucessório, *Revista Jurídica* n. 291, de janeiro de 2002, Nota Dez, p. 35 a 44.

de fato. Em tal hipótese, vindo a falecer o cônjuge separado de fato e unido a outrem, deixará cônjuge sobrevivente e companheiro, ambos com direito concorrente na herança, sob condições de prazo da separação de fato e de quem tenha sido a culpa. Imagine-se o enorme litígio a ser desenvolvido no processo de inventário, para definição de quem terá o direito à sucessão.

Para evitar tamanha confusão bastaria que o legislador simplesmente afastasse o direito à herança por parte do cônjuge que não estivesse convivendo com o outro à data do falecimento, demonstrada a separação de fato voluntária e definitiva por certo tempo, ou quando configurada sua união estável com terceiro, sem a necessidade de debates sobre a culpa deste ou daquele.

9.8. Usufruto

O Código Civil não mais contempla o direito de usufruto vidual do cônjuge sobrevivente sobre parte da herança, que era previsto no artigo 1.611, § 1º do código revogado, no casamento que não fosse no regime da comunhão de bens, ou seja, quando o viúvo não tivesse o direito de meação Também se previa o usufruto em favor do companheiro sobrevivente, quando vigorava a lei n. 8.971/94.

A extinção do usufruto sucessório por falta de previsão legal não impede, todavia, a outorga do de usufruto voluntário por meio de disposição testamentária sobre parte da herança, em favor do cônjuge sobrevivente ou de terceiro (legado de usufruto – art. 1.921 do CC), desde que respeitada a legítima dos herdeiros necessários (art. 1.846 do CC).

9.9. Habitação

O artigo 1.831 do Código Civil estabelece que, independentemente do regime de bens, o cônjuge sobrevivente, além da meação e de eventual quota na herança, terá também o direito real de habitação no imóvel destinado à residência da família, desde que seja o único bem daquela natureza a inventariar. Trata-se de direito vitalício, não condicionado ao estado de viuvez do beneficiário.

O cônjuge pode renunciar ao direito real de habitação nos autos do inventário ou por escritura pública, sem prejuízo de sua participação na herança (Enunciado 271 da III Jornada de Direito Civil do CFJ).

Conquanto de natureza real, o direito de habitação dispensa registro imobiliário, pois resulta de sucessão por laços familiares, achando-se ao abrigo do disposto no artigo 167, inc. I, 7, da Lei de Registros Públicos. Nesse sentido, acórdão do STJ, no REsp 74.729 (95/0047480-8)-SP, 4ª T., rel. Min. Sálvio de Figueiredo Teixeira, *DJU* de 2-3-98.

Veja-se que a atual disposição sobre o direito real de habitação ao cônjuge sobrevivente (e, bem assim, ao companheiro) tem maior amplitude que a prevista no Código anterior, porque é assegurado independentemente do regime de bens e sem estar condicionado ao estado de viuvez do beneficiário. Embora seja de lei, não nos parece que tenha sido adequado retirar a condição de viuvez, já que o cônjuge sobrevivente passa a manter o direito real de habitação mesmo que já tenha outra relação conjugal, por novo casamento ou união estável, o que levaria à ocupação do imóvel por outra pessoa.

Permanece a restrição já prevista no Código Civil de 1916 quanto à subsistência do direito de habitação no imóvel destinado à residência da família, desde que seja o único daquela natureza a inventariar. Entenda-se a restrição para evitar duplo direito de moradia. Mas, se a família dispunha de dois ou mais imóveis residenciais, permanece o direito de habitação, embora restrito ao imóvel principal ou que seja da escolha do beneficiário

Pode dar-se um direito de habitação parcial, quando decorra de direito sucessório sobre bem imóvel que pertencia só em parte ao autor da herança, em condomínio com terceiros? Em tal situação, se fosse admitido o direito de habitação, caberia ao cônjuge indenizar os demais condôminos pelo uso do bem comum. Trata-se de questão controvertida, pois é admissível argumentar que, em situações desse tipo, não subsiste o direito de habitação, por ser restrito ao imóvel que tenha sido de propriedade inteira do titular, sem atingir direitos de terceiros, que sejam condôminos do bem utilizado pelo cônjuge sobrevivente. Não seria possível, então, o exercício do direito de habitação somente sobre a parte deixada pelo falecido, salvo se o bem comportar divisão cômoda.

Assim tem decidido a jurisprudência, em respeito aos direitos de coproprietários do imóvel em que a viúva residia com o marido, ou seja, de preexistente condomínio. Entende-se que o direito de habitação tem como essência garantir a moradia do viúvo, ou da viúva, ainda que o bem seja atribuído a outros na partilha. O mesmo não ocorre quando o bem deixado pelo autor da herança esteja em condomínio formado anteriormente, pois nessa situação os condôminos, estranhos à sucessão, não estão obrigados a ceder seus direitos ao uso exclusivo do cônjuge sobrevivente. Decidiu nessa linha o Superior Tribunal de Justiça, ressaltando a limitação ao benefício legal da moradia nessas situações, conforme REsp n. 1.212.121-RJ, 4ª T.,

DJe 18/12/2013; e REsp 1.184.492-SE, 3ª T., Rel. Min. Nancy Andrighi, julgado em 1º-4-2014. A matéria restou pacificada nesses termos, em outros julgamentos e mereceu uniformizada em Embargos de Divergência na 2ª Seção do STJ, com origem no REsp n. 1520294/SP, da 3ª Turma, relatora a Min. Maria Isabel Gallotti, acentuando que "a copropriedade anterior à abertura da sucessão impede o reconhecimento do direito real de habitação, visto que de titularidade comum a terceiros estranhos à relação sucessória que ampararia o pretendido direito".

Por fim, cabe observar que o Código Civil de 2002 deixa de reproduzir importante benefício social que constava do § 3º do artigo 1.611 do Código anterior, acrescentado pela Lei n. 10.050, de 14 de novembro de 2000, dispondo que na falta do pai ou da mãe, subsistia o direito de habitação ao filho portador de deficiência que o impossibilitasse para o trabalho. Era preceito salutar que deveria subsistir no âmbito legal em benefício do herdeiro necessitado.

9.10. Aquestos – Súmula STF 377

Consideram-se aquestos os bens adquiridos pelos cônjuges na constância do casamento. No regime da comunhão universal, a regra é a comunicação de todos os bens, presentes e futuros. Na comunhão parcial, comunicam-se apenas os aquestos, desde que havidos onerosamente e não constituam sub-rogação de bens particulares. No regime da separação de bens, nada se comunica.

O Código Civil de 1916 estendia a comunicação de bens a regime que não fosse o da comunhão, ao dispor, no artigo 259, que "prevalecerão, no silêncio do contrato, os princípios dela, quanto à comunicação dos adquiridos na constância do casamento".

Daí se extraiu o entendimento consagrado na Súmula 377 do Supremo Tribunal Federal: "No regime da separação legal de bens comunicam-se os adquiridos na constância do casamento".

Washington de Barros Monteiro assinala divergências de opiniões sobre o alcance do citado dispositivo e adota como mais acertado o ponto de vista de que os bens adquiridos por mútuo esforço comunicam-se no regime da separação obrigatória, em virtude do estabelecimento de verdadeira sociedade de fato ou comunhão de interesses entre os cônjuges"[17].

---

17 *Direito de Família*, op. cit., p. 180 e 181.

A posição de Silvio Rodrigues, inicialmente, era de aplauso ao enunciado da Súmula 377, mas veio a ser alterada para recusa de sua aplicação, com proposta de que fosse revogada, uma vez que a comunicação de bens havidos pelos cônjuges no regime da separação obrigatória somente pode ser reconhecida quando o patrimônio seja resultante do esforço comum[18].

O Código Civil de 2002 nada refere sobre a comunicação dos aquestos no regime da separação legal de bens do casamento, no silêncio do contrato, uma vez que não reproduziu a norma do artigo 259 do Código revogado.

Não obstante a falta de trato específico da matéria na legislação civil, tem prevalecido na jurisprudência a tese de que continua aplicável o entendimento consagrado na Súmula 377 do STF, uma vez que esse entendimento pretoriano não foi expressamente revogado.

Decisões do Superior Tribunal de Justiça mostravam divergências entre suas Turmas de Direito Privado, sobre ser ou não necessária a prova do esforço comum para a comunicação dos aquestos na situação em exame (REsp 9.938-SP, rel. Min. Sálvio Figueiredo, *RSTJ* 39/414; idem: REsp 13.661-RJ, rel. Min. Sálvio Figueiredo, 24-11-92; em sentido contrário: REsp 208.640-RS, 3ª Turma, Min. Carlos Alberto Menezes Direito, 15-2-2001).

A questão restou pacificada nesse Tribunal por decisão majoritária, conforme tese n. 6 do STJ: "Na união estável de pessoa maior de setenta anos (artigo 1.641, II, do CC/02), impõe-se o regime da separação obrigatória, sendo possível a partilha de bens adquiridos na constância da relação, desde que comprovado o esforço comum" (Revista Consultor Jurídico, 12-02-2016, site www.conjur.com.br, consulta em 27-07-2019). No mesmo sentido a iterativa jurisprudência desse tribunal superior, como se registra: ERESP 1171820/PR, Segunda Seção, rel. Min. Raul Araújo, j. 26-8-2015, *DJe* 21-09-2015; REsp 1403419/MG, 3ª T., rel. Min. Ricardo Villas Boas Cueva, j. 11-11-2014, *DJe* 14-11-2014; REsp 646259/RS, 4ª T., rel. Min. Luiz Felipe Salomão, j. 22-6-2010, *DJe* 24-8-2010; REsp 1637695/MG, 4ª T., rel. Raul

---

18 *Direito de Família*, op. cit., p. 171 e nota 126; *Direito das Sucessões*, op. cit., p. 114. O saudoso autor faz expressa menção à mudança do entendimento que constava em sua obra até a 13. ed., lembrando que já vinha defendendo a nova posição desde artigo publicado em 1985, em *O Direito na década de 80*. Estudos Jurídicos em homenagem a Hely Lopes Meirelles, artigo A súmula n. 377 do Supremo Tribunal Federal: necessidade de sua revogação.

Araújo, j. 10-10-2019, *DJe* 24-10-2019; EREsp 1.623.858/MG, 2ª Seção, Rel. Min. Lázaro Guimarães, j. 23-5-2018, *DJe* 30-5-2018.

Não obstante esse domínio de entendimento pretoriano, cabe ponderar que a Súmula STF/377 não faz distinção de existência ou não do esforço comum na regra de comunicação dos aquestos, que assim haveria de subsistir sem condicionante como se dá no regime da comunhão de bens. Cabe ainda ponderar que se houver prova de esforço comum das partes a comunicação de bens estende-se mesmo no regime da separação absoluta, pelo princípio da vedação do enriquecimento ilícito do titular do bem.

Observa-se que a comunicação dos aquestos no regime da separação obrigatória é invocada como razão para a vedação da concorrência do cônjuge sobrevivente com os descendentes do autor da herança, na forma disposta no artigo 1.829 do Código Civil. Ou seja, o cônjuge deixa de concorrer na herança por já receber parcela dos bens havidos pelo outro, a título de meação nos aquestos. Sendo assim, supõe-se que tenha colaborado na formação dos bens adquiridos durante o casamento ou a união estável.

10. COMPANHEIRO. UNIÃO ESTÁVEL

O companheiro não foi incluído expressamente na ordem de vocação hereditária do artigo 1.829 do Código Civil. Seu direito de participar da herança constava do artigo 1.790, incisos I a IV, do mesmo Código, com pressupostos diversos daqueles previstos para a sucessão do cônjuge.

Essa distinção de direitos na herança pela forma da constituição da família veio a ser afastada por decisão do Supremo Tribunal Federal, com efeito de repercussão geral (RE 878.694-MG), declarando a inconstitucionalidade do artigo 1.790 e a igualação de direitos entre cônjuges e companheiros sobreviventes, para que num e noutro caso se apliquem as mesmas regras de sucessão.

Pela relevância e extensão do tema, a sucessão legítima na união estável será objeto de estudo no capítulo 3.

11. COLATERAIS

Na falta de descendentes, ascendentes, cônjuge ou companheiro, sucedem os parentes colaterais do falecido, até o 4º grau (art. 1.839 do CC). Há uma ordem de preferência: irmãos, sobrinhos, tios, primos, uma vez que os mais próximos excluem os mais remotos, salvo o direito de representação dos filhos de irmãos (art. 1.840 do CC).

Esse direito de representação, que é típico da sucessão de descendentes, aplica-se aos colaterais, mas apenas em favor dos filhos de irmãos do falecido, quando com irmãos concorrem (art. 1.853 do CC).

Ilustrem-se as diversas situações:

▶ Sucessão de colaterais e irmãos, por cabeça:

```
[Autor da Herança 100] — [Irmão A 50] — [Irmão B 50]
```

▶ Sucessão de colaterais de 3º grau – por cabeça:

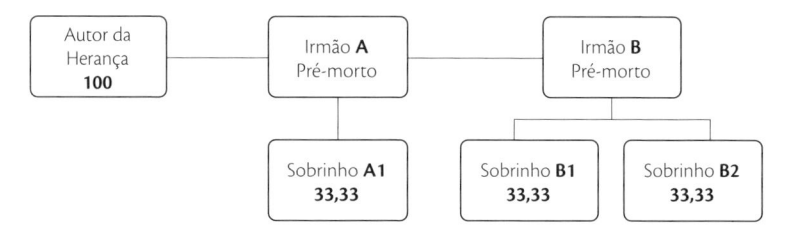

```
[Autor da Herança 100] — [Irmão A Pré-morto] — [Irmão B Pré-morto]
                              |                       |
                        [Sobrinho A1 33,33]    [Sobrinho B1 33,33]  [Sobrinho B2 33,33]
```

O gráfico ilustra a situação do quinhão da herança para dois irmãos, sendo um bilateral e o outro unilateral. Se houver mais de um irmão de cada categoria, por exemplo 2 bilaterais e 1 unilateral, somam-se em dobro os primeiros, alcançando o total de 5, e faz-se a divisão proporcional das cotas: 2/5 para cada herdeiro bilateral e 1/5 para o unilateral.

▶ Sucessão de colaterais por representação:

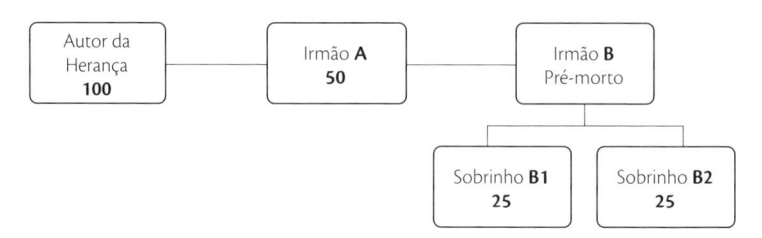

```
[Autor da Herança 100] — [Irmão A 50] — [Irmão B Pré-morto]
                                              |
                                    [Sobrinho B1 25]  [Sobrinho B2 25]
```

Concorrendo à herança irmãos bilaterais com irmãos unilaterais, a estes caberá metade do que cada um daqueles herdar (art. 1.841 do CC).

Capítulo 2   **Sucessão Legítima**

▶ Sucessão de colateral bilateral concorrendo com unilateral:

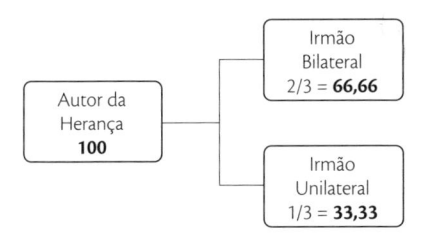

```
Autor da Herança  ┬── Irmão Bilateral    2/3 = 66,66
      100        └── Irmão Unilateral   1/3 = 33,33
```

Como se verifica, os irmãos bilaterais ou germanos, filhos do mesmo pai e da mesma mãe, têm vantagem na sucessão de irmão, uma vez que recebem quinhão dobrado em concorrência com irmãos unilaterais. Justifica-se a distinção pelo fato de o irmão unilateral ter a chance de haver direito hereditário adicional, da outra origem paterna ou materna. Havendo só irmãos bilaterais ou só unilaterais, desaparece a diferença, pois herdarão eles em partes iguais, por cabeça.

Embora sobrinhos e tios estejam no mesmo grau de parentesco (3º), em relação ao *de cujus*, aqueles têm preferência no chamamento à sucessão, nos termos do artigo 1.843 do Código Civil: "na falta de irmãos, herdarão os filhos destes e, não os havendo, os tios".

De observar, ainda, que o Código Civil prevê concorrência do companheiro com os colaterais, cabendo àquele 1/3 da herança, nos termos do artigo 1.790, inciso III, conforme se examinará no capítulo seguinte.

12. O MUNICÍPIO, O DISTRITO FEDERAL E A UNIÃO

O Poder Público deixou de ser incluído no rol de herdeiros constante do artigo 1.829 do Código Civil. No entanto, assiste-lhe o direito de haver bens vacantes, por falta de herdeiros habilitados (arts. 1.819 e 1.822 do CC).

Como dispõe o artigo 1.844 do mesmo Código, não sobrevivendo cônjuge ou companheiro, nem parente algum sucessível, ou tendo eles renunciado à herança, esta se devolve ao Município ou ao Distrito Federal, se localizada nas respectivas circunscrições, ou à União quando situada em território federal.

Dá-se, então, a denominada "herança jacente", que pode transformar-se em "vacante", passando os bens ao domínio público, na forma procedimental constante dos artigos 738 e seguintes do Código de Processo Civil (matéria do cap. 4 desta obra).

CAPÍTULO 3

Sucessão Legítima na União Estável

SUMÁRIO: **1.** União estável como entidade familiar. **2.** Requisitos para configuração da união estável. 2.1. Convivência. 2.2. Ausência de formalismo. 2.3. Unicidade de vínculo. 2.4. Duração: estabilidade. 2.5. Continuidade. 2.6. Publicidade. 2.7. Inexistência de impedimentos matrimoniais. 2.8. Elemento subjetivo: propósito de constituir família. **3.** Impedimentos decorrentes de união estável. **4.** União estável homoafetiva. **5.** Desfiguração da união estável. Concubinato. **6.** Namoro e união estável. **7.** Meação. 7.1. Meação no Código Civil. 7.2. Meação de bens em união estável de pessoa casada e separada de fato. **8.** Sucessão hereditária. 8.1. Direito de herança do companheiro. 8.2. Direito de habitação do companheiro. 8.3. Companheiro, antes casado e separado de fato. 8.4. Sucessão por testamento. **9.** Ações. 9.1. Declaratória de união estável e sua dissolução para fins de meação. 9.2. Declaratória de união estável e pedido de herança. 9.3. Inventário: abertura e habilitação. 9.4. Reserva de bens em inventário. 9.5. Conversão da união estável em casamento. **10.** Competência jurisdicional. **11.** O Ministério Público nas ações de reconhecimento da união estável.

1. UNIÃO ESTÁVEL COMO ENTIDADE FAMILIAR[1]

A Constituição Federal de 1988, no artigo 226, §§ 1º a 4º, consagrou ampla definição de família, como base da sociedade, garantindo-lhe proteção especial do Estado, independentemente do modo pelo qual tenha se originado a união.

Conforme disposto no referido preceito constitucional, podem ser classificadas três formas de família, em razão de sua origem:

a) pelo casamento (civil ou religioso com efeitos civis);

b) pela união estável entre homem e mulher;

c) pela comunidade formada por qualquer dos pais e seus descendentes.

Mas não se trata de enumeração taxativa (*numerus clausus*). A previsão constitucional de proteção à família atende à pluralidade de suas formas,

---

[1] Estudo específico do tema em *União estável – antes e depois do Novo Código Civil*, de Euclides de Oliveira, 6. ed., São Paulo: Método, 2003.

para a abrangência de outras espécies de união, como aquelas formadas por pessoas de mesmo sexo, desde que assentadas no mútuo afeto (uniões homoafetivas), desde que verificada a estabilidade da convivência familiar.

A ampliação do conceito de família para abranger a união estável traduz, por sua objetividade, a exigência de que seja duradoura, com certa permanência no tempo, a fim de que se configure como ente familiar. Resta implícita a noção de que união estável não é o mesmo que casamento, pois, se o fosse, não haveria sentido na possibilidade de conversão. Significa, de outro lado, que a união estável deva preencher os requisitos legais próprios do casamento civil para que possa nele transmudar-se.

Normas legislativas esparsas de há muito consagram direitos a "companheiros", em especial as leis previdenciárias, fiscais, de locação e de registros públicos, plantando a ideia comum de que se entende como tal a situação de pessoas que mantenham vida em comum sem as formalidades do casamento, embora com aparência de casados.

Nas leis especiais sobre união estável, encontravam-se conceitos mais precisos. A Lei n. 8.971/94, no artigo 1º, embora não tivesse utilizado a expressão "união estável", ao contemplar o direito a alimentos entre companheiros, exigia união comprovada de homem e mulher solteiros, separados judicialmente, divorciados ou viúvos, por mais de 5 anos (salvo se houvesse prole).

Sobreveio mudança conceitual com a Lei n. 9.278/96, ao omitir os requisitos de natureza pessoal, tempo mínimo de convivência e prole. Seu conceito de união estável extraía-se do artigo 1º, ao reconhecer, como entidade familiar, "a convivência duradoura, pública e contínua, de um homem e de uma mulher, estabelecida com objetivo de constituição de família"[2].

---

2   Já não se fala em "concubinato", nome tradicional, abrangente de todas as situações de união à margem do casamento. Num sentido amplo, "união estável" também seria forma de "concubinato"; "companheiros" ou "conviventes" seriam o mesmo que "concubinos". Porém, é bom distinguir. Alguns autores classificam o concubinato em "puro" e "impuro", para diferenciar as uniões de pessoas legalmente desimpedidas, das ligações de caráter adulterino. Nesses termos, a forma "pura" de concubinato se iguala à vida de "companheiros", em "união estável". Melhor será, no entanto, reservar, com exclusividade, estes novos termos, adotados na Constituição para a situação específica das pessoas que se enquadrem nos figurinos do artigo 1.723 do Código Civil. Resta o "concubinato", assim, para a outra hipótese, de ligação proibida, envolvendo pessoa casada ou ainda

Capítulo 3 Sucessão Legítima na União Estável

O Código Civil incluiu um título próprio para disciplina do instituto da união estável, em cinco artigos (1.723 a 1.727). Define união estável como a entidade familiar entre o homem e a mulher, configurada na convivência pública, contínua e duradoura, com o objetivo de constituição de família[3].

Comentando a evolução legislativa a respeito do tema, esclarece Rodrigo da Cunha Pereira: "Não foram mudanças substanciais. Grosso modo, podemos dizer que o Novo Código Civil, basicamente traduziu o atual 'espírito' jurisprudencial sobre as uniões estáveis e incorporou elementos da Lei n. 8.971/94 e, principalmente, da Lei n. 9.278/96"[4].

2. REQUISITOS PARA CONFIGURAÇÃO DA UNIÃO ESTÁVEL

Adotando a enumeração constante das disposições legais definidoras da união estável, podemos sintetizar os requisitos, para caracterizar a união estável e os pressupostos necessários ao seu reconhecimento como entidade familiar.

São elementos de ordem objetiva:

a) convivência;
b) ausência de formalismo;
c) unicidade de vínculo;
d) duração – estabilidade;
e) continuidade;
f) publicidade;
g) inexistência de impedimentos matrimoniais.

Não basta a presença de apenas um ou alguns desses requisitos. É preciso que todos se mostrem evidenciados, para que a união seja considerada

---

    não separada judicialmente, em união viciada por impedimento matrimonial na forma prevista no artigo 1.727 do mesmo Código.

3   Na verdade, o Código Civil cuida da união estável nos artigos 1.723 a 1.726, e prevê direitos a companheiros nos artigos 1.694 (alimentos) e 1.790 (sucessão). Quanto ao artigo 1.727, traz a conceituação legal de "concubinato", exatamente para diferenciá-lo da "união estável".

4   *Concubinato e união estável, de acordo com o Novo Código Civil*, 6. ed., Belo Horizonte: Del Rey, 2000, p. 54.

estável. A falta de um deles pode levar ao reconhecimento de mera união concubinária.

Os requisitos objetivos evidenciam a exteriorização da união entre os companheiros, por certo tempo e condições que levem ao reconhecimento social.

Acrescenta-se o elemento subjetivo, anímico, intencional, consistente no direcionamento da vontade das partes à formação de uma família.

Apartam-se da configuração de união estável os casos de simples namoro, ainda que por tempo prolongado, ou mesmo períodos de noivado, que antecedem ao objetivo maior de união à moda conjugal. Salvo se tais denominações forem usadas pelas partes como dissimulação de uma verdadeira e já estabelecida convivência mais sólida. Há quem apresente a companheira como amiga, afilhada, protegida, noiva, como se a displicência da denominação pudesse esconder a realidade da união socialmente reconhecida. Nem sempre é fácil distinguir tais situações. O exame mais apurado de cada um dos requisitos para tipificação da união estável é que permitirá deslinde judicial de eventual litígio sobre sua existência no plano jurídico.

A conceituação da união estável completa-se com a enumeração dos direitos e deveres dos conviventes, em igualdade de condições. Assim, a união estável pressupõe, para que seja reconhecida e para que se mantenha, lealdade, respeito e assistência, e os cuidados na guarda, sustento e educação dos filhos (art. 1.724 do CC).

2.1. Convivência

Conviver, do latim *cum vivere*, viver com, significa manter vida em comum, como decorrência da união que se estabelece entre pessoas interessadas na realização de um projeto de vida a dois. Importa comunhão de vida, situação símile ao de pessoas casadas. Também se amolda a convivência ao conceito de companhia, que deriva do latim *cum panis,* isto é, que partilha do mesmo pão servido na mesa comum. Em maior extensão, compreende-se a convivência como situação de uso da mesma cama e mesa, em vista da coabitação que lhe é imanente.

De convivência vem o adjetivo "conviventes", que a Lei n. 9.278/96 adotou para os participantes dessa espécie de família de fato, servindo de sinônimo a "companheiros", denominação usada na Lei n. 8.971/94 e reavivada no Código Civil, artigo 1.724 (dentre outros).

Capítulo 3 Sucessão Legítima na União Estável

O texto legal cinge-se à menção de convivência como requisito primeiro da união estável, mas não acrescenta o dever de coabitação dos companheiros, ou vida em comum no mesmo domicílio, que o ordenamento civil assenta como um dos deveres básicos dos casados (art. 1.566 do CC). Isto significa que os companheiros não ficam obrigados a manter a convivência, podem afastar-se a qualquer tempo, desconstituindo a união de cunho familiar independentemente de autorização judicial.

Mas o fato de não constituir quebra de dever o afastamento da moradia comum, por parte de um dos companheiros, não significa possa subsistir união estável sem real convivência entre eles. Mesmo porque o afastamento pode significar rompimento, causa de dissolução da união estável. Seria uma inadmissível contradição admitir-se união sem vida em comum, convivência de quem não está junto, companheiro que não faz companhia.

Excepcionalmente, pode configurar-se união estável de pessoas que não convivam sob o mesmo teto, preferindo manter moradias distintas, em locais diversos, como admitido para caracterização do concubinato pela Súmula 382 do Supremo Tribunal Federal. Muitas vezes se justifica esse *modus vivendi*, por contingências pessoais, razões de trabalho e outras circunstâncias impeditivas de residência una. Mas é sempre indispensável que, não obstante esse distanciamento físico dos companheiros, subsista entre eles efetiva convivência, isto é, encontros frequentes, prática de interesses comuns, viagens, participação em ambientes sociais e outras formas de entrosamento pessoal que possam significar uma união estável.

Não havendo essa *affectio societatis* nas relações de convivência esporádica, como se dá nas chamadas "relações abertas", em que os parceiros têm vidas e interesses próprios não atingidos pela eventualidade dos encontros amorosos, resta-lhes situação de meros amantes ou concubinos, exatamente por falta do requisito primeiro para constituição de uma união do tipo familiar.

2.2. Ausência de formalismo

A união estável é tipicamente livre na sua formação, pois independe de qualquer formalidade, bastando o fato em si, de optarem, homem e mulher, por estabelecer vida em comum. Bem o diz Antonio Carlos Mathias Coltro, assinalando que a união de fato se instaura "a partir do instante em que resolvem seus integrantes iniciar a convivência, como se fossem casados, renovando dia a dia tal conduta, e recheando-a de afinidade e afeição, com vistas à manutenção da intensidade"[5].

Na união estável basta o mútuo consenso dos conviventes, que se presume do seu comportamento convergente e da contínua renovação pela permanência. O consentimento para a convivência nem sempre se revela de imediato. Pode surgir aos poucos, por evolução do conhecimento inicial das partes e seu aperfeiçoamento com a decisão de se unirem com propósitos mais sérios. Não é o simples "ficar", passo original e fugaz de um relacionamento amoroso. Exige-se a repetição dos encontros e a intimidade crescente que, por vezes, evolui em namoro, podendo se direcionar, então, à solução da vida em conjunto quando não desejada a sua formalização por meio de casamento.

Nos aspectos formais, é substancial a diferença entre união estável e casamento. Neste exige-se solenidade própria mediante atos preparatórios de habilitação e o momento consumativo da celebração. Nada disso se aplica à união estável, salvo quando se pretenda convertê-la em casamento, mas, ainda assim, com diminuição do rigor formal por dispensa da atuação do celebrante.

Por ser informal, mais fácil se mostra a união estável que o casamento no momento de sua constituição e também na sua dissolução, que pode efetuar-se por mero consenso dos interessados, enquanto o casamento exige intervenção judicial para que se dissolva (separação judicial, para dissolução da sociedade conjugal; divórcio, para dissolução do casamento).

Essa aparente vantagem, no entanto, cede passo à dificuldade de prova que lhe é inerente, por falta de documento constitutivo da união estável. Assim, havendo litígio entre as partes no momento da dissolução, será exigido que se demonstre a efetiva convivência entre as partes, com delimitação temporal que lhe dê as características de ente familiar, a fim de que sejam reconhecidos os direitos patrimoniais e outros efeitos jurídicos dela decorrentes.

Embora não exigível instrumentação escrita, parece de todo recomendável que a constituição da união estável seja formalizada por meio de um contrato de convivência entre as partes, que servirá como marco de sua exis-

---

5   A união estável: um conceito?, in *Direito de Família – aspectos constitucionais, civis e processuais*, coord. de Thereza Arruda Alvim, 6. ed., São Paulo: Revista dos Tribunais, 2000, vol. 2, p. 37 e 114.

Capítulo 3 Sucessão Legítima na União Estável

tência além de propiciar regulamentação do regime de bens que venham a ser adquiridos no seu curso. Nesse sentido, o artigo 1.725 do Código Civil, sobre o regime da comunhão parcial de bens na união estável, ressalva que as partes poderão dispor em contrário, mediante a celebração de contrato escrito.

Os interessados ainda poderão, ao seu alvitre, solenizar o ato de união mediante reunião de familiares e amigos para comemorar o evento, até mesmo com troca de alianças e as bênçãos de um celebrante, em festa semelhante às bodas oficiais. O fato assim documentado em muito facilitará a prova do início da convivência e também o seu necessário intuito de constituir família, que é inerente ao conceito de união estável.

Por assemelhação com a figura do casamento, a união estável, na redação do artigo 226, § 3º, da Constituição Federal, tem reconhecimento quando decorra do relacionamento entre homem e mulher[6].

A exigência se repete no Código Civil, em seu artigo 1.723, apontando o requisito da heterossexualidade para configuração da união estável.

Por força dessas imposições normativas, não se enquadrava no modelo de união estável a união entre pessoas do mesmo sexo, chamada de parceria homossexual ou união homoafetiva. De se reconhecer, no entanto, que o fato constitui realidade social merecedora de resposta do sistema jurídico para o atendimento dos seus correlatos direitos (*ex facto oritur jus*). Independentemente de legislação própria, vieram a ser reconhecidos esses direitos de as pessoas unirem suas vidas, independentemente do gênero, para a formação do que se reconhece socialmente como família organizada, e não apenas para a atribuição patrimonial de bens havidos em conjunto[7].

---

6   Por entender como da essência do casamento a heterossexualidade, a doutrina classificava como ato inexistente a união que se oficialize entre pessoas do mesmo sexo. Nesse sentido, Caio Mário da Silva Pereira, lembrando a universalidade do conceito: "Embora nenhum texto o proclame, o matrimônio assenta no pressuposto fático da diversidade de sexos. Em todo o tempo. Em todas as civilizações. Em todos os sistemas jurídicos. É uma condição de tal modo evidente que dispensa a referência legislativa. Se falta a diversificação, por ausência de elementos identificadores, ou por ocultação da verdadeira condição pessoal do cônjuge, a cerimônia realizada nada mais é do que uma aparência de casamento. Mas casamento não é" (*Instituições de Direito Civil*, op. cit., p. 85).

7   Consultar, a esse propósito, Maria Berenice Dias, *União homossexual*: o preconceito, a Justiça, 2. ed., Porto Alegre: Livraria do Advogado, 2001.

Leva-se em conta o laço afetivo que sustenta os interesses nessa escolha de parceiros, levando a finalidades semelhantes às da definição de uma entidade familiar. Apesar da antiga resistência de certos setores da sociedade em acolher esse tratamento análogo ao dispensado às uniões entre homem e mulher, motivadas por preconceitos acolhidos no próprio texto legal, começam a despontar entendimentos favoráveis à fixação, também aí, da competência das varas de família, o que seria um reconhecimento do *status* de entidade familiar à união entre pessoas do mesmo sexo[8].

O Superior Tribunal de Justiça de há muito admitiu o direito de partilha entre pessoas do mesmo sexo ao julgar um Recurso Especial, decidindo que "o parceiro tem o direito de receber a metade do patrimônio adquirido pelo esforço comum, reconhecida a existência de sociedade de fato com os requisitos no art. 1.363 do CCB"[9].

A jurisprudência, secundando mais atualizados entendimentos doutrinários, foi muito além do mero partilhamento de bens na união homoafetiva e veio a reconhecer sua configuração no plano familiar, como efetiva união estável (v. item 4 deste cap.). Restou pacificada a questão em face da pioneira decisão do Supremo Tribunal Federal, na ADPF 132-RJ e ADIn 4277, rel. Min. Ayres Britto, a concluir pelo reconhecimento da união contínua, pública e duradoura entre pessoas do mesmo sexo como "entidade familiar", entendida esta como sinônimo perfeito de "família". Reconhecimento que é de ser feito segundo as mesmas regras e com as mesmas consequências da união estável heteroafetiva.

2.3. Unicidade de vínculo

Como é próprio da união formalizada pelo casamento, também na união estável exige-se que o vínculo entre os companheiros seja único, em vista do caráter monogâmico da relação. Havendo outra família em vigor pelo casamento, ou por união estável, não podem os seus membros participar de união extra, que seria de caráter adulterino ou desleal, por isso não configurada como entidade familiar.

---

[8] Maria Berenice Dias, op. cit., p. 130.
[9] REsp 148.897/MG, rel. Min. Ruy Rosado de Aguiar, Quarta Turma, j. 10-2-98, *DJU* 6-4-98, p. 132.

Capítulo 3 Sucessão Legítima na União Estável

A referência aos integrantes da união estável, tanto na Constituição como no Código Civil, é feita sempre no singular, de modo a restar claro o afastamento de uma segunda união paralela, simultânea, não reconhecível como entidade familiar por constituir poligamia.

A relação de convivência amorosa formada à margem de um casamento ou de uma união estável, caracteriza-se como proibida, porque adulterina, no primeiro caso, e desleal no segundo.

Importa lembrar que os impedimentos matrimoniais absolutos se aplicam à formação da união estável. A matéria tem trato específico no Código Civil, artigo 1.723, situando-se no rol dos impedimentos o fato de ser a pessoa casada, salvo se estiver separada judicialmente ou de fato (ver item 2.7). Mais ainda: união envolvendo pessoa impedida constitui mero concubinato, conforme definição do artigo 1.727 do mesmo Código.

Refoge ao modelo de união estável, portanto, a ligação adulterina de pessoa casada sem estar separada de fato do seu cônjuge. Ordinariamente, em tais casos, procura-se preservar do conhecimento público o amasiamento, em proteção ao lar conjugal, mas, ainda que houvesse alarde da situação, estaria presente a ilicitude da segunda união, anômala.

A questão foi apreciada pelo Supremo Tribunal Federal com a conclusão de que o concubinato paralelo ao casamento não configura união estável, em vista do impedimento matrimonial (RE 397762-8, da Bahia, rel. Min. Marco Aurélio, maioria, vencido o Min. Carlos Ayres Britto, 3-6-2008). O mesmo entendimento vem sendo aplicado pelo Superior Tribunal de Justiça e por tribunais estaduais. O fundamento é de que a proteção do Estado à união estável alcança apenas as situações legítimas e nestas não está incluído o concubinato, cuja definição consta do artigo 1.727, em confronto direto com o artigo 1.723 do Código Civil.

O mesmo se diga das uniões desleais, isto é, de pessoa que viva em união estável e mantenha uma outra simultânea ligação amorosa. Uma prejudica a outra, descaracterizando a estabilidade da segunda união, caso persista a primeira, ou implicando eventual dissolução desta, não só pelas razões expostas como pela quebra aos deveres de mútuo respeito.

Em suma, não é possível a simultaneidade de casamento e união estável, ou de mais de uma união estável, por configurar poligamia, muito embora a prática social revele certas situações da espécie que geram perplexidade e dúvidas na proteção aos direitos das pessoas envolvidas.

Ainda, cabe lembrar a possibilidade de união estável putativa, à semelhança do casamento putativo, mesmo em casos de nulidade ou de anulação da segunda união, quando haja boa-fé por parte de um ou de ambos os cônjuges, com reconhecimento de direitos (art. 1.561 do CC). A segunda, terceira ou múltipla união de boa-fé pode ocorrer em hipótese de desconhecimento, pelo companheiro inocente, da existência de casamento ou de anterior e paralela união estável por parte do outro. Subsistirão, em tais condições, os direitos assegurados por lei ao companheiro de boa-fé, desde que a união por ele mantida se caracterize como duradoura, contínua, pública e com propósito de constituição de família, enquanto não reconhecida ou declarada a nulidade. Cumpre ressalvar que são raras essas hipóteses, exatamente pelo caráter público de que deve se revestir a união estável, tornando difícil o reconhecimento de boa-fé de um segundo companheiro. Também se considere o requisito da continuidade da convivência, que pode ser quebrada pela relação amorosa com outrem. Quem sabe restem as possibilidades de uma vivência assim poligâmica sem que o outro saiba nas aventuras de caixeiros viajantes ou de marinheiros que se dediquem a um amor em cada praça ou porto de parada.

Com relação a casamento precedente, releva lembrar que cessa o impedimento matrimonial para união estável de pessoa casada se estiver separada de fato ou judicialmente. Conforme dispõe o Código Civil, no artigo 1.723, § 1º, está excluída dos impedimentos matrimoniais a situação de pessoa casada, mas separada judicialmente ou de fato. Para a separação judicial exige-se sentença com trânsito em julgado; para a separação de fato basta a comprovação da ruptura da vida em comum, ainda que sem alvará de separação de corpos. Também não se exige longo tempo de separação de fato, diversamente do prazo estatuído para fins de divórcio. Desde que rompida a vivência conjugal, poderão o homem ou a mulher unir-se estavelmente a outrem, para formar uma entidade familiar que se torne duradoura e preencha os demais requisitos de vida em comum.

2.4. Duração: estabilidade

União duradoura é o mesmo que estável, a significar permanência por tempo razoável, que seja suficiente para caracterizar o *intuitu familiae*.

A adjetivação da união como "estável" traduz ideia de que seja duradoura, sólida, com certa permanência no tempo, ainda que não definitiva. Por isso, a conceituação legal de união estável como "duradoura" não deixa de conter uma redundância. Uma vez que estabilidade pressupõe certa duração temporal, conclui-se que não existe união estável nos casos de relacionamento fugaz, passageiro, efêmero ou eventual.

Esse requisito para configuração da união estável é mais um dos aspectos que a distingue do casamento. Neste, basta o ato de celebração para que se perfeccione a união conjugal, gerando efeitos de imediato, sem que seja necessária a permanência no tempo. Num fácil exemplo, considere-se a hipótese de falecimento do cônjuge no dia seguinte às núpcias, em que estará garantido ao sobrevivente o direito sucessório, conforme a ordem da vocação hereditária. O mesmo não ocorre na união informal que não chegue a consolidar-se pela prematura morte de um dos partícipes, sem comprovação de que a união subsista há mais tempo com o declarado ânimo de constituir família.

O Código Civil não estabelece tempo mínimo de convivência. Apenas menciona, no artigo 1.723, a exigência de convivência duradoura, sem delimitação de prazo, que anteriormente se fixava em 5 anos (Lei n. 8.971/94, alterada pela Lei n. 9.278/96).

Era mesmo de rigor a dispensa desse prazo certo para que se reconhecesse a entidade familiar resultante da união estável. Primeiro, porque a Constituição, no artigo 226, § 3º, não prevê a condicionante temporal. Segundo, pela evidência de que a estabilidade da união tem que ser examinada caso a caso, pelas circunstâncias do modo de convivência e pela família que daí resulte, ainda que não dure muitos anos e mesmo que não haja filhos dessa união.

Para certos autores, no entanto, seria adequado exigir um prazo mínimo de convivência para evitar incertezas na configuração de uma relação amorosa como estável. Nesse sentido, sustenta Guilherme Calmon Nogueira da Gama que seria razoável se exigir pelo menos dois anos de vida em comum, por analogia com as disposições constitucionais e legais relativas ao tempo para concessão do divórcio. Sinaliza, também, com a tradição brasileira de fixar prazo para efeitos qualificados de determinadas realidades fáticas, como se verifica no usucapião como forma de aquisição de bens, assim defendendo a adoção de critério objetivo de tempo também para a admissão da união estável como ente familiar[10].

---

10 O companheirismo, uma espécie de família. 2. ed., São Paulo: Revista dos Tribunais, 2001, p. 200.

Compreende-se o argumento em prol de prazo fixo como sugestão *de lege ferenda,* mas ainda assim sem razão, em vista da dificuldade do engessamento temporal de uma relação amorosa que pode subsistir durante alguns meses ou anos, consolidando-se, na linguagem do poeta, como "infinita enquanto dure".

Não se quer dizer, com isso, que seja irrelevante o tempo de convivência. Apenas se ressalva que a lei não diz quanto tempo, mas um mínimo haverá de ser exigido para que se verifique a estabilidade da união. Caberá ao juiz resolver, caso a caso, pelo exame conjunto dos elementos de fato que caracterizem a convivência como de natureza familiar, na pendência de fatores diversos, como a formação de patrimônio comum (bens móveis ou imóveis), eventual existência de filhos, atividades em conjunto e outros que evidenciem o interesse dos companheiros na mantença de uma efetiva vida em comum.

2.5. Continuidade

A estabilidade da união exige que, além de duradoura, seja contínua, sem interrupções ou afastamentos temporários que lhe desnaturem a própria essência da vida em comum.

O caráter contínuo da relação atesta sua solidez pela permanência no tempo. Lapsos temporais, muitas vezes repetidos com idas e vindas, tornam a relação tipicamente instável, desnaturando sua configuração jurídica. Caso contrário, como bem observa Guilherme Calmon Nogueira da Gama, "haveria relações imaturas, instáveis, não construídas em terreno sedimentado", acarretando, ainda, "uma completa insegurança jurídica na sociedade no concernente às relações jurídicas mantidas entre os companheiros, e entre estes e terceiros", sabido que "a caracterização do companheirismo não interessa apenas aos partícipes da relação, mas também a todos aqueles que direta ou indiretamente mantenham contato com os companheiros"[11].

Comparativamente ao casamento, verifica-se que a união estável se fragiliza na sua constituição, perdendo substância no caso de romper-se o elo de convivência entre homem e mulher. Para os casados é diferente, pois a sociedade conjugal persiste mesmo em casos de ruptura da vida em comum, com separação de fato.

---

11 *O companheirismo,* op. cit., p. 168.

Não será qualquer separação, porém, a desnaturar a união estável. Rusgas e desavenças podem ocorrer em qualquer espécie de união, com ou sem casamento. Sendo de pequena duração e seguindo-se a reconciliação do casal, nem sempre se haverá de concluir que tenha havido descontinuidade prejudicial à subsistência da entidade familiar. Caberá ao Juiz decidir, de acordo com as circunstâncias peculiares de cada caso em que a questão venha a ser suscitada.

Mas, se o rompimento foi mais sério, perdurando por tempo que denote efetiva quebra da vida em comum, então se estará rompendo o elo próprio de uma união estável. Se já havia tempo suficiente para sua caracterização, a quebra da convivência será causa da dissolução, à semelhança do que se dá no casamento. Se não havia tempo bastante, que se pudesse qualificar como "duradouro", então sequer estaria configurada a união estável, ficando na pendência de uma eventual reconciliação, com o reinício da convivência, tanto para fins de duração como para sua futura continuidade.

2.6. Publicidade

Há de ser pública a convivência na união estável, isto é, de conhecimento e reconhecimento no meio familiar e social onde vivam os companheiros. Não é preciso que eles proclamem, festejem ou solenizem a vida em comum. Se o fizerem, tanto melhor, mas a formalização da união mostra-se dispensável na espécie, diferente do casamento, que é ato eminentemente solene e de pública celebração.

Ainda que iniciada a união sem alarde, é preciso que o *modus vivendi* dos companheiros se evidencie socialmente como se fossem marido e mulher. Seu comportamento deve ser apreciado nesse enfoque, como se casados fossem, ainda que se saiba que a união é informal.

Afastam-se da configuração legal de entidade familiar, portanto, as relações consistentes em encontros velados, às escondidas, só conhecidas no estrito ambiente doméstico, que sugerem, pela clandestinidade, segredo de vida em comum incompatível com a constituição de uma verdadeira família no meio social.

Relembra-se, neste passo, o ordenamento constitucional de proteção à família por ser a base da sociedade, o que significa uma inclusão do ente familiar na estrutura do meio em que se forma, fato esse incompatível com uniões de caráter puramente reservado.

Publicidade pode confundir-se com notoriedade da relação de convivência, mas não se exige tanto para caracterização da união estável. Basta que os companheiros não se mantenham misteriosos aos olhos do público, fazendo-se conhecer como tais ainda que dentro de um círculo menor de parentes ou amigos. A notoriedade, mais ampla que a mera publicidade, pode advir como consequência, mas não necessariamente para tipificar aquele tipo de convivência familiar.

Não obstante essas considerações sobre o caráter público da união estável, cumpre ressalvar excepcionais hipóteses em que a vida em comum dos companheiros possa subsistir em locais distantes, de difícil acesso, ou mesmo em locais habitados, porém longe de familiares, amigos ou conhecidos, quando a falta de ciência por parte de terceiros resulte, não da vontade das partes, e sim da impossibilidade prática de contato externo.

O caráter público da união pode dar-se, também, por sua formalização escrita, como em hipóteses de declaração em juízo ou por contrato escrito levado ao Registro de Títulos e Documentos, ou ainda por meio de disposição testamentária. Em tais situações, mesmo que a convivência em si não tenha as luzes da exibição pública, suficiente será a publicidade decorrente da declaração documental, apta a gerar efeitos com relação a terceiros.

2.7. Inexistência de impedimentos matrimoniais

A relação das causas de impedimentos matrimoniais consta do artigo 1.521 do Código Civil. São impedimentos absolutos, que tornam inválido o casamento por nulidade ou anulabilidade.

Os casos que antes eram considerados como de impedimentos relativos são tratados à parte, como causas de anulação do casamento. E os demais impedimentos, que eram de caráter meramente proibitório, são chamados de causas suspensivas do casamento, com possibilidade de sua dispensa por decisão judicial.

Aplicam-se à união estável os impedimentos absolutos, como prevê o artigo 1.723, § 1º, do Código Civil, exceto para a pessoa casada e separada judicialmente ou de fato.

A referência ao artigo 1.521 do Código abrange os casos de parentesco na linha reta, parentesco na linha colateral até o terceiro grau, afinidade na linha reta, parentesco por adoção, casamento anterior e prática de homicídio ou tentativa de homicídio contra um dos cônjuges.

Não se aplicam à união estável, como dispõe o § 2º do artigo 1.723, as causas suspensivas do artigo 1.523 (situação de viuvez, enquanto não realizado o inventário, ou antes dos 10 meses etc.).

Quanto aos impedimentos relativos, de que tratava o artigo 183, inc. IX a XII do Código Civil de 1916 (incapacidade nupcial, falta ou vícios de consentimento etc.), deixaram de ser considerados impedimentos matrimoniais no atual Código Civil, mas constituem causas de anulação do casamento, nos termos do seu artigo 1.550, de sorte que também poderão ser invocados como possíveis causas de anulação da união estável.

Não mais subsistem impedimentos matrimoniais para a pessoa com deficiência, em vista das disposições da Lei n. 13.146, de 6 de julho de 2016, alterando as situações de incapacidade civil constantes dos artigos 3º e 4º do Código Civil. Pela nova redação do artigo 4º, são considerados relativamente incapazes "aqueles que, por causa transitória ou permanente, não puderem exprimir sua vontade". Foi revogado o artigo 1.548, inciso I, do Código Civil, para resguardo do casamento de enfermo mental, e reafirmado, por inserção do § 2º ao artigo 1.550, que a pessoa com deficiência mental ou intelectual em idade núbil pode contrair matrimônio (e, da mesma forma, celebrar união estável), expressando sua vontade diretamente ou por meio de seu responsável ou curador.

Em se configurando impedimentos matrimoniais, as relações não eventuais entre duas pessoas constituem concubinato, conforme definição do artigo 1.727 do Código Civil.

Não se enquadra como união estável esse tipo de união extra matrimônio, por configurar ligação adulterina, a chamada *ménage a trois*, de pessoa casada, simultaneamente ao casamento, sem estar separada de fato do seu cônjuge. Tem primazia, em tal situação, a família constituída pelo casamento. A outra união seria de caráter concubinário, à margem da proteção legal mais ampla que se concede à união estável. A verdade é que, afora hipóteses excepcionais, em tais casos geralmente a vivência extramatrimonial é mantida com reservas, sob certo sigilo ou clandestinidade. Falta-lhe, pois, o indispensável reconhecimento social, até mesmo pelas discriminações que cercam esse tipo de amasiamento.

O mesmo se diga das uniões desleais, anteriormente mencionadas, que podem coexistir com anterior união estável, numa situação de poliamorismo. Preservada que seja a primeira união, as demais não podem subsistir porque desleais. Ou, conforme o caso, poderá ocorrer que a segunda união derrube a primeira, por quebra ao dever de "respeito e consideração mútuos" (art. 1.724 do CC). Extinta que seja a união estável por esse motivo, poderá ser a subsequente reconhecida, desde que venha a se manter com os requisitos legais da duração, publicidade e continuidade.

Também não se admite, nessa mesma linha conceitual, a união de caráter incestuoso, que seja mantida entre parentes próximos. Basta frisar que, além da proibição legal do casamento de tais pessoas, o relacionamento dessa espécie atenta contra o Direito Natural, princípios de moral pública e também interesses de ordem sanitária, que afetam os descendentes e, por via reflexa, os interesses sanitários de toda a comunidade.

Como escreve Guilherme Calmon Nogueira da Gama, "as uniões adulterinas ou incestuosas, não apenas sob o ponto de vista matrimonial, mas agora também sob a ótica da presença do companheirismo no Direito de Família, não merecem ser tratadas como espécies de família, justamente por contrariarem valores morais, adotados pela sociedade, reconhecidos juridicamente, neste caso específico sob a forma de impedimentos matrimoniais que também merecem pronta aplicação ao companheirismo. Assim, as hipóteses de 'concubinato adulterino' e 'concubinato desleal', nas expressões de Álvaro Villaça Azevedo, justamente por carecerem da característica de unicidade de vínculo, não estão abrangidas pelo companheirismo, podendo eventualmente se caracterizar como sociedades de fato para efeito de partilhamento de bens, desde que atendidos os requisitos necessários".

O eminente autor vai além, estendendo à união estável os demais impedimentos previstos em lei para o casamento, com a observação de que os de natureza relativa ensejam anulação da união estável e os meramente proibitórios lhe acarretam sanções patrimoniais para que se mantenha a separação dos bens dos companheiros. E acrescenta um impedimento adicional a que denomina "companheiril", relativo à deslealdade que obsta ao reconhecimento de uma segunda união da mesma espécie[12].

De Francisco José Cahali a opinião parelha com relação ao que entende ser tranquila doutrina e jurisprudência "no sentido de negar a proteção e

---

12 *O companheirismo*, op. cit., p. 163, 180, 188 e ss.

Capítulo 3 Sucessão Legítima na União Estável

efeitos enquanto entidade familiar às relações adulterinas e incestuosas (consideradas para alguns como concubinato impuro[13]), prestigiando os aspectos morais solidificados na sociedade". Quanto às relações incestuosas, o autor lembra que "também, se não principalmente, a família, enquanto alicerce de uma civilização evoluída, repousa seus princípios em valores morais, indicados pela sociedade, que desde antes (na prevalência do direito canônico), como ainda hoje, repudiam as relações de degradação, decorrente de uma nefasta promiscuidade no seio familiar. Tendo como modelo o casamento, evoluindo à qualidade de entidade familiar, é natural a preservação também para o instituto da união estável, dos valores morais que informam a família decorrente do matrimonio civil"[14].

Efetivamente, o Direito não protege o concubinato adulterino. Assim diz Rodrigo da Cunha Pereira: "A amante, amásia ou qualquer nomeação que se dê à pessoa que, paralelamente ao vínculo do casamento, mantém uma relação, uma segunda ou terceira..., ela será sempre a outra, ou o outro, que não tem lugar em uma sociedade monogâmica". Ressalva a situação em que "uma das partes concubinárias mantém o casamento, mas apenas em sua formalidade, ou seja, quando há uma separação de fato, há muito tempo. Embora exista uma certa polêmica entre autores, a situação é bem diferente da anterior. Aqui, na realidade, não existe mais o casamento, apenas uma aparência e um vínculo formal que não se sustenta em sua essência"[15].

---

[13] Cf. Maria Helena Diniz, *Curso de Direito Civil*, cit., p. 226; Carlos Alberto Bittar, *Curso de Direito Civil*, cit., p. 1.131; Jarbas Castelo Branco, *Ajuris*, 62:221.

[14] *União estável e alimentos entre companheiros*, op. cit., p. 60. Observa Cahali, porém, que o impedimento da adulterinidade cede passo no caso de união estável sendo um ou ambos os companheiros quando estejam *separados de fato*: "Efetivamente, a separação de fato põe termo ao regime de bens e aos deveres do casamento, dentre eles coabitação e fidelidade. Em assim sendo, tornam-se os cônjuges separados de fato desimpedidos para constituírem nova família da união estável" (p. 80). Essa interpretação constitui uma exceção ao sistema jurídico, pois, acrescenta Cahali, "tecnicamente, de um lado, a lei só contempla o encerramento dos deveres conjugais com a dissolução da sociedade conjugal, embora antecipe este efeito à separação de corpos judicialmente autorizada ou determinada, e, de outro, a união estável, nestas condições, embora caracterizada, não poderá ser convertida em casamento, não obstante tenha a Constituição recomendado à lei a facilitação da conversão" (p. 81).

[15] *Concubinato e união estável*, op. cit., p. 63 e 65.

Como anotado no item 2.3, a matéria foi objeto de julgamento pelo Supremo Tribunal Federal, no RE 397762-8, com reflexo em iguais decisões do Superior Tribunal de Justiça, concluindo pela desfiguração da união estável em relacionamento familiar paralelo em caso de pessoa casada e não separada de fato. Ressalve-se, contudo, o voto vencido do Min. Carlos Ayres Britto, sustentando que, por se tratar de uma segunda família, ainda que paralela ao casamento, há de merecer proteção jurídica do Estado dentro do mais amplo conceito extraído do artigo 226 da Constituição Federal.

2.8. Elemento subjetivo: propósito de constituir família

Além dos requisitos de ordem objetiva, a união estável exige o elemento anímico, intencional, consistente no propósito de formação da família, conforme expressamente consta de sua conceituação legal.

Esse propósito resulta de uma série de elementos comportamentais, presentes na exteriorização da convivência *more uxorio*, com a indispensável *affectio maritalis*, isto é, apresentação em público dos companheiros como se casados fossem e com afeição recíproca de um verdadeiro casal. São indícios veementes dessa situação de vida à moda conjugal a mantença de um lar comum, frequência conjunta a eventos familiares e sociais, eventual casamento religioso, existência de filhos havidos dessa união, mútua dependência econômica, empreendimentos em parceria, contas bancárias conjuntas etc.

Não se enquadra no modelo de entidade familiar a convivência de pessoas que, não obstante eventual relacionamento íntimo, seja direcionada a outros fins, como para estudos (república de estudantes), exercício de profissão conjunta (divisão de um imóvel para residência e escritório) ou simples intuitos econômicos, como a repartição física de bens utilizados em sistema de cooperação mútua.

Desse pensar compartilha a uníssona doutrina, anotada em obras de Francisco José Cahali, pondo em relevo, ao lado dos requisitos objetivos à caracterização da união como estável, a presença dos requisitos de ordem subjetiva, consistentes na união *more uxorio*, ou seja, com a intenção dos partícipes em manter convivência com a aparência de casados.

O ilustre autor traz à colação magistério de Edgard de Moura Bittencourt: "Realmente, sem recíproca afeição, mais ou menos duradoura, assistindo-se mutuamente e conjugando esforços em benefício de ambos – não há falar-se em efeitos jurídicos positivos, de forma a estabelecerem obrigações entre eles".

Complementa com preciosa citação de Mário de Aguiar Moura: "Na imitação do casamento, onde a vida em comum está entre os deveres fundamentais dos cônjuges, o concubinato responsável deve alimentar essa convivência", referindo-se à *comunhão de leito* e à *comunhão de mesa*, e trazendo antiga decisão (1940) do Tribunal de Apelação do Rio Grande do Sul, da qual se destaca: "Indispensável é que essa coabitação não seja determinada por motivos outros, como a domesticidade, e que, além disso, os coabitantes vivam com toda a aparência de casados 'more uxorio', o que 'envolve o pressuposto de se tratarem como se iguais fossem, com as deferências e considerações habituais entre esposos, reinando entre eles a franqueza e atenções 'mútuas', características da vida conjugal (C. Maximiliano, *Direito de sucessões*, n. I, p. 267)".

Nessa linha de pensamento, ressalta Francisco Cahali que, ao lado da comunhão de vida, é essencial que se verifique a intenção dos conviventes, identificada com a *affectio societatis*: "A vontade de unir-se sob a forma de concubinato é fundamental. É o elemento volitivo, sem o qual estaria descaracterizada a vida sob o mesmo teto como concubinato. Uma permanência sob coação ou contra a vontade desvirtua a união livre. Há alguns anos, para nosso direito, o concubinato era um simples fato do mundo, principalmente no âmbito civil e para os fins de reconhecimento de direitos patrimoniais aos concubinos. A partir do momento em que passou a ter efeitos jurídicos, se deu a jurisdicização, passando a vontade a ter posição relevante. Assim, como não há concubinato sem a declaração de uma vontade livre, não há concubinato sem a manifestação dela através dos procedimentos que lhe são peculiares. A 'affectio societatis' é essa vontade de manter a união livre"[16].

A comunhão de vida entre os companheiros traz similitude com a característica da sociedade conjugal originada do casamento, que está muito bem sinalizada com essa configuração no artigo 1.511 do Código Civil. Significa uma estreita convivência com troca de sentimentos e interesses de vida em conjunto, de cotidiana renovação, em somatória de componentes materiais e espirituais que se resumem no afeto inerente à entidade familiar. Enquadram-se nesse contexto a assistência emocional recíproca entre os conviventes, a colaboração nas

---

16 *União estável e alimentos entre companheiros*, São Paulo: Saraiva, 1996, p. 74 e 75.

empreitadas comuns, o esforço no mútuo sustento, o compartilhar de mesa e de leito, aqui se chegando à prazerosa entrega sexual em clima de carinho, atenção e gestos de amor, indispensáveis ao desenvolvimento digno da personalidade e do caráter das pessoas e à realização do sonho de uma feliz comunhão de vida.

Aparta-se desse modelo de união estável a convivência que não se revista de verdadeiro intuito de formar uma família, como se dá na chamada "relação aberta", que se caracteriza por um envolvimento amoroso e certo grau de companheirismo por interesse e conveniência sociais, mas sem o elo essencial de uma efetiva vida em comum entre os supostos amantes, dada a inexistência de um compromisso mais sério.

Menos ainda caberia elevar a estado de família a convivência em forma de namoro, ainda que seja sério e qualificado, por se tratar de compromisso afetivo que possibilita voo a um projeto de casamento ou de futura união estável, mas pendente, ainda, de sua consolidação para alcance do alvo maior.

Em suma, e como tem se posicionado a jurisprudência, é essencial à comprovação da união estável o elemento subjetivo, consistente no ânimo de constituir família, demonstrado por efetiva convivência à moda de casados. Veja-se, dentre muitos, acórdão do Tribunal de Justiça do Rio Grande do Sul, ressaltando os elementos de fato para reconhecimento da situação familiar: "União estável. Entidade familiar. Prova da *affectio maritalis*. Fica demonstrada a união estável quando o casal mantém prolongada vida em comum com ânimo de constituir família, havendo prova segura do relacionamento marital, em tudo assemelhando-se ao casamento, marcado por uma comunhão de vida e de interesses"[17].

3. IMPEDIMENTOS DECORRENTES DE UNIÃO ESTÁVEL

Sob ângulo inverso no exame de impedimentos matrimoniais, cabe afirmar que o casamento não está sujeito a impedimentos decorrentes da união estável, salvo aqueles advindos de parentesco por afinidade[18].

---

17 7ª Câm. Cível do Tribunal de Justiça do Rio Grande do Sul, Ap. Cível n. 70003620093, rel. Des. Sérgio Fernandes de Vasconcelos Chaves, j. 6-3-2002.

18 Bem por isso, na situação de pessoa que, em união estável, venha a contrair casamento com outrem, não se tipifica crime de bigamia, que se restringe ao casamento de pessoa casada (art. 235 do Código Penal).

O casamento celebrado em tais circunstâncias sobrepõe-se à união informal preestabelecida, causando natural prejuízo à subsistência dessa união pela quebra ao dever de lealdade entre os companheiros. Mas se o casamento for mantido em sigilo, subsistindo convivência com o companheiro de boa-fé, para este poderão ser ainda aplicados os efeitos da união estável considerada putativa, à semelhança do que se dá no casamento por força do que dispõe o artigo 1.561 do Código Civil.

Ainda nessa situação de companheiro que mantenha união estável e venha a se casar com terceiro, admite-se que este, por desconhecer a situação, possa pedir anulação do casamento invocando erro essencial sobre a pessoa do outro cônjuge, nos termos do artigo 1.557, inciso I, do Código Civil.

Quanto ao impedimento decorrente de afinidade entre um dos companheiros e parentes em linha reta do outro, o Código Civil ampliou esse conceito para reconhecer que cada cônjuge ou companheiro é aliado aos parentes do outro por aquele vínculo (art. 1.595). São os casos de sogro e de sogra com nora e genro, de enteado ou enteada com madrasta ou padrasto. E como, na linha reta, a afinidade não se extingue com a dissolução do casamento ou da união estável que a originou (§ 2º do mesmo artigo), conclui-se que subsiste esse impedimento matrimonial nos termos do artigo 1.521, inciso II, do Código Civil.

4. UNIÃO ESTÁVEL HOMOAFETIVA

O conceito de união estável trazido no artigo 1.723 do Código Civil, com base na redação do artigo 226, § 3º, da Constituição Federal, atém-se à regra da heterossexualidade dos parceiros. Verifica-se o teor restritivo da disposição, ao mencionar apenas "homem e mulher" como figurantes daquela espécie de entidade familiar.

Diante desses comandos normativos da legislação brasileira, poder-se-ia extrair conclusão negativa de conceituação de entidade familiar para a união de pessoas do mesmo sexo, por não se adequar ao figurino legal.

Mas não é a resposta para a situação de fato que se desenha e que se acha presente na ordem social. Bem ao contrário, outros aspectos devem ser considerados dentro de uma análise mais ampla do sistema jurídico nacional e dos princípios constitucionais que informam a igualdade de direitos das pessoas com a expressa vedação de tratamentos discriminatórios em razão de raça, idade, sexo e outras diferenças naturais.

O problema diz com o tratamento de certas classes sociais e de gênero, consideradas como sendo de minorias, como sucede com segmentos aparentemente desprotegidos, mas que devem receber, por respeito à dignidade das pessoas, por solidariedade humana e enfoque igualitário, o mesmo tratamento receptivo que o regulamento estabelece para as categorias majoritárias de pessoas no seio da sociedade.

Sobre a orientação de cunho sexual, lembre-se o verso do escritor inglês Lorde Alfred Bruce Douglas, ao final do século XIX, definindo a união dos iguais como "o amor que não ousa dizer seu nome". Ele foi amante do respeitado e conhecido escritor Oscar Wilde. Esse comportamento era caracterizado como crime, tanto que Wilde veio a ser condenado por sodomia, tal a repulsa do Estado e da sociedade da época ao seu comportamento pessoal tido como desviante da normalidade.

A esse propósito, cumpre anotar quanto evoluiu o trato social na esfera do direito familiar, desde a consagração da igualdade dos filhos sem distinção de sua origem, abolida a preconceituosa classificação dos "legítimos" e dos "ilegítimos", até a extensão dos direitos protetivos à união estável, como espécie de família paralela ao casamento.

Nesse contexto, e tendo em vista que não há vedação normativa para o reconhecimento da família a ser protegida pelo Estado, tendo-se como não exaustiva a enumeração constante do artigo 226 da Constituição Federal, surge o reclamo de direitos aos parceiros da união homoafetiva, expressão idealizada para afastar o antigo sentido discriminatório do "homossexualismo", conforme pensamento doutrinário lançado por Maria Berenice Dias[19].

Para a proteção jurídico-familiar dessa forma de relacionamento afetivo, o argumento é que devem ser observados os princípios constitucionais de respeito à dignidade das pessoas e de igualdade no tratamento, de modo a repelir discriminações odiosas e afrontantes à liberdade de agir do ser humano em sede de prática amorosa e sexual.

---

19 Militante do direito das famílias e doutrinadora de vanguarda. Atua no Instituto Brasileiro de Direito de Família e Sucessões – IBDFAM, como sua vice-presidente. Foi Desembargadora do Tribunal de Justiça do Rio Grande do Sul. Atualmente é advogada, escritora e palestrante. Assina importantes obras jurídicas: *União homoafetiva – o preconceito & a justiça*, 4. ed., São Paulo: Revista dos Tribunais, 2009; *Manual do Direito das Famílias*, 8. ed., São Paulo: Revista dos Tribunais, 2011. *Manual das Sucessões*, 4. ed., São Paulo, Revista dos Tribunais, 2015.

Capítulo 3 Sucessão Legítima na União Estável

Longa tem sido a evolução do tema, começando pelo entendimento de que a união fora dos padrões do casamento civil constituía mera sociedade de fato, a ensejar partilha dos bens pelo esforço na sua aquisição (Súmula 380 do STF). A matéria passou a ser debatida com maior vigor a partir da novidade constitucional da união estável como forma de família. A par da discussão em sede doutrinária, abriu-se a construção legislativa, com projetos de regulamentação da união entre pessoas do mesmo sexo. Em trâmite no Congresso Nacional, o PL n. 2.285, de 2007 ("Estatuto das Famílias", idealizado pelo IBDFAM), no sentido de que a célula familiar pode ser composta não só pelo casamento e pela união estável como por outras formas de comunhão de vida afetiva, incluindo os relacionamentos estáveis entre pessoas do mesmo gênero, com atribuição de efeitos pessoais e familiares aos seus partícipes. Com igual objetivo, o PLS n. 612/2011, da senadora Marta Suplicy (restaurando e atualizando o antigo projeto de "parceria sexual"), está para ser votado na Comissão, Justiça e Cidadania, em fase terminativa. O projeto reconhece como entidade familiar a "união estável entre duas pessoas, configurada na convivência pública, contínua e duradoura" entre casais do mesmo sexo, e para possibilitar a conversão dessa união em casamento bastará requerimento dos companheiros ao oficial do registro civil, no qual declarem que não têm impedimento para casar e indiquem o regime de bens que passam a adotar, dispensada a celebração.

No campo jurisprudencial, despontam julgamentos diversos e de variada espécie, a começar pelo reconhecimento de direitos previdenciários na união homoafetiva, pelo enquadramento da dependência em relação ao segurado (STJ, REsp 395904-RS, 6ª T., rel. Min. Hélio Quaglia Barbosa, DJ 6-2-2006).

O próprio Instituto Nacional de Seguridade Social, tratando da matéria, regulou, pela Instrução Normativa n. 25, de 7-6-2000, os procedimentos para concessão de benefício ao companheiro ou companheira homossexual, para cumprir determinação judicial proferida em ação civil pública.

De igual forma, o Conselho Nacional de Justiça (CNJ), na Resolução n. 39/2007, ao dispor sobre o reconhecimento de dependente econômico de servidor para fins de concessão de benefícios, considera como tais, ao lado do cônjuge, do companheiro, dos filhos, dos pais, dos portadores de necessidades especiais, também, o "companheiro de união homoafetiva".

Em julgamento oriundo do Tribunal de Justiça do Rio Grande do Sul, assentou-se que "a homossexualidade é um fato social que se perpetua através dos séculos, não podendo o judiciário se olvidar de prestar a tutela jurisdicional a uniões que, enlaçadas pelo afeto, assumem feição de família", porquanto "a união pelo amor é que caracteriza a entidade familiar e não apenas a diversidade de sexos" (Ap. Cível 70009550070, 7ª Câm. Cível do TJRS, j. em 17-11-2004).

O Supremo Tribunal Federal enfrentou alegação de inconstitucionalidade do artigo 1º da Lei n. 9.278/96, na sua definição de união estável restrita a homem e mulher. Na Medida Cautelar n. 3.300-DF, relatada pelo Ministro Celso de Mello, deu-se por prejudicado o pedido em vista da derrogação daquela norma legal pelo artigo 1.723 do Código Civil, que não fora objeto de impugnação no processo em tela. Não obstante o não conhecimento da ação, a relatoria deixou assente, em decisão monocrática, tratar-se de questão "relevantíssima". Citando doutrina e jurisprudência a respeito do assunto, o eminente Julgador assevera a "necessidade de se discutir o tema das uniões homoafetivas, inclusive para efeito de sua subsunção ao conceito de entidade familiar", apontando que a matéria que poderia ser ventilada em sede de eventual arguição de descumprimento de preceito fundamental (ADPF).

Concretizou-se o vaticínio. Por decisão pioneira do Supremo Tribunal Federal, na Ação Direta de Inconstitucionalidade (ADIn) n. 4.277 e na Arguição de Descumprimento de Preceito Fundamental (ADPF) n. 132 (julgamento conjunto, maio de 2011, pleno, v.u., rel. Min. Ayres Britto), foi reconhecida a união estável homoafetiva, à luz do preceito constitucional da proteção à família no seu mais largo espectro. Proclamou-se que o artigo 3º, IV, da Constituição Federal veda qualquer discriminação de ordem de raça, cor e sexo, razão pela qual ninguém deve ser discriminado em decorrência de uma preferência sexual. "O sexo das pessoas, salvo disposição contrária, não se presta para desigualação jurídica", explicitou Ayres Britto, acompanhado dos seus pares Luiz Fux, Ricardo Lewandowski, Joaquim Barbosa, Gilmar Mendes, Marco Aurélio, Celso de Mello, Cezar Peluso, Carmen Lúcia Antunes Rocha e Ellen Gracie. Foi ordenado que a decisão tivesse efeito vinculante na interpretação do dispositivo do Código Civil (art. 1.723), com visão ampliada do que seja entidade familiar do tipo união estável[20].

---

20   Ao afirmar que esse tipo de união detém perdurabilidade, o ministro afirmou que "trata-se,

Capítulo 3 Sucessão Legítima na União Estável

No Superior Tribunal de Justiça a questão tem sido tratada de igual forma, apontando, ainda, para a possibilidade de casamento de pessoas, sem distinção dos sexos. Veja-se o REsp 1.183.378/RS (2010/0036663-8), relator o Min. Luis Felipe Salomão, *sub ementa*: "Direito de família. Casamento civil entre pessoas do mesmo sexo (homoafetivo). Interpretação dos arts. 1.514, 1.521, 1.523, 1.535 e 1.565 do Código Civil de 2002. Inexistência de vedação expressa a que se habilitem para o casamento pessoas do mesmo sexo. Vedação implícita constitucionalmente inaceitável. Orientação principiológica conferida pelo STF no julgamento da ADPF n. 132-RJ e da ADIn n. 4.277" (v. maioria, j. 25-10-2011, www.stj.jus.br/revistaeletrônica).

Salientou, o julgado, que o *pluralismo familiar* engendrado pela Constituição impede que se pretenda afirmar que as famílias formadas por pares homoafetivos sejam menos dignas de proteção do Estado, se comparadas com aquelas apoiadas na tradição e formadas por casais heteroafetivos[21].

A matéria veio a ser reexaminada pelo Supremo Tribunal Federal no RE 646.721-RS, rel. Min. Marco Aurélio (julgamento conjunto com o RE

---

isto sim, de um voluntário navegar por um rio sem margens fixas e sem outra embocadura que não seja a experimentação de um novo a dois que se alonga tanto que se faz universal. E não compreender isso talvez comprometa por modo irremediável a própria capacidade de interpretar os institutos jurídicos há pouco invocados, pois – é Platão quem o diz –, 'quem não começa pelo amor nunca saberá o que é filosofia'. É a categoria do afeto como pré-condição do pensamento, o que levou Max Scheler a também ajuizar que 'O ser humano, antes de um ser pensante ou volitivo, é um ser amante'". O ministro ainda explicou que o sexo das pessoas, salvo disposição expressa em contrário da Constituição Federal, não é fator de desigualação jurídica, de modo que um tratamento discriminatório sem causa vai de encontro ao objetivo constitucional de "promover o bem de todos". Segundo o ministro, esse "bem de todos" só é alcançável por meio de uma eliminação do preconceito de sexo. Ayres Britto ainda cita o poeta Fernando Pessoa em seu voto: "O universo não é uma ideia minha./A ideia que eu tenho do universo é que é uma ideia minha". O magistrado também teceu consideração a respeito da ideia de alteridade ao afirmar: "se as pessoas de preferência heterossexual só podem se realizar ou ser felizes heterossexualmente, as de preferência homossexual seguem na mesma toada: só podem se realizar ou ser felizes homossexualmente" (portal eletrônico www.stf.jus.br).

21 Nessa linha os julgados mais recentes, muitos deles em primeiro grau, sem recursos. O Tribunal de Justiça de São Paulo oficializou esse procedimento, ao incluir, nas Normas de Serviço da Corregedoria, o registro civil da conversão da união estável em casamento e a habilitação para o casamento de pessoas do mesmo sexo.

878.694-MG), confirmando que devem ser aplicados os direitos sucessórios ao companheiro em união homoafetiva, por símile ao casamento, com adoção dos pressupostos e critérios gizados no artigo 1.829 do Código Civil (v. item 8.1 deste capítulo).

O reconhecimento dessa espécie de união estável entre pessoas do mesmo gênero, como forma de entidade familiar, envolve situação de fato que nem sempre se comprova com a facilidade de um casamento e, assim, demanda o exame de provas convincentes, em geral por documentos, escritura pública de convivência ou contrato escrito, atestação por testemunhas e quaisquer outros meios lícitos.

Vale como orientação a Instrução Normativa 25/2000, do INSS, ao estabelecer os procedimentos a serem adotados para a concessão de benefícios previdenciários ao companheiro ou companheira do mesmo sexo, indicando documentos comprobatórios: escritura de declaração de convivência e de dependência econômica, declaração de imposto de renda onde conste o companheiro como dependente, disposição em testamento no mesmo sentido, prova do mesmo domicílio, prova de encargos domésticos evidentes e existência de sociedade ou comunhão nos atos da vida civil, procuração ou fiança com recíproca outorga, conta bancária conjunta, registro em associação de classe onde conste o companheiro como dependente, anotação em livro ou registro de empregado, apólice de seguro favorecendo o companheiro como dependente, ficha de tratamento em instituição hospitalar onde se menciona a dependência do outro etc.

A enumeração contida na Instrução não é exaustiva e contempla uma série de condutas que, isoladamente ou em conjunto, comprovam aquela espécie de relacionamento afetivo, sem prejuízo de outros meios de evidência.

Assim sendo, uma vez comprovada a configuração da união estável entre pessoas de igual gênero, com sua facultativa conversão em casamento, assiste-lhes direito à proteção jurídica do Estado, em todos os seus campos de atuação, abrangendo, por isso mesmo, também os efeitos de caráter patrimonial e sucessório, quais sejam, o direito de meação nos bens adquiridos onerosamente durante a convivência, salvo contrato escrito dispondo em contrário, e o direito de participação na herança, nos termos dos artigos 1.725 e 1.829 do Código Civil (em substituição ao art. 1.790 – v. 8.1 – STF

– RE 878.694), além de proteção previdenciária e outros benefícios patrimoniais inerentes à entidade familiar[22].

5. DESFIGURAÇÃO DA UNIÃO ESTÁVEL. CONCUBINATO

A figura do concubinato passou a ter regramento específico no artigo 1.727 do Código Civil, diferenciando-se da união estável, conforme visto no exame dos impedimentos matrimoniais (item 2.7), Esse dispositivo afina-se com a vedação no artigo 1.723, § 1º, do Código Civil, referente a ligação adulterina, de pessoa casada e não separada judicialmente ou de fato.

Não raro procura-se preservar do conhecimento público o amasiamento, em proteção ao lar conjugal; ainda que houvesse alarde da situação, estaria presente a ilicitude da segunda união, em vista do impedimento legal. O mesmo se diga da união desleal, de pessoa que viva em união estável e mantenha simultânea ligação amorosa com terceiro. Uma prejudica a outra, descaracterizando a estabilidade da segunda união, caso persista a primeira, ou implicando eventual dissolução desta, não só pelas razões expostas como pela quebra aos deveres de mútuo respeito.

Como anotado, por força do § 1º do artigo 1.723 do Código Civil, não é possível união estável se houver impedimento matrimonial entre os parceiros, porém com importante ressalva: não se aplica o impedimento do inciso VI do artigo 1.521, relativo a pessoa casada, se ela se achar separada de fato ou judicialmente.

Cumpre relembrar a possibilidade de casamento putativo, mesmo em casos de nulidade ou de anulação da segunda união, quando haja boa-fé por parte de um ou de ambos os cônjuges, com reconhecimento de direitos, nos termos do artigo 1.561 do Código Civil. Da mesma forma, e por igual razão, pode haver união estável putativa, quando o partícipe de segunda união não saiba da existência de impedimento decorrente da anterior e simultânea união do seu companheiro; para o companheiro de boa-fé subsistirão os

---

22 É preciso levar em consideração a notável mudança dos paradigmas da vida em sociedade, como proclamou, de certa feita, o eminente Min. Sálvio de Figueiredo Teixeira, acentuando que "repudia-se a aplicação meramente formal de normas quando elas não guardam sintonia com a pujante realidade da sociedade contemporânea" (trecho de fundamentação de acórdão do STJ, publicado na *RT* 743/227).

direitos da união que lhe parecia estável, desde que duradoura, contínua, pública e com propósito de constituição de família, enquanto não reconhecida ou declarada a nulidade.

Observa-se na linguagem vulgar, ou mesmo na jurídica, o uso indiscriminado dos termos "concubinato" e "concubino" para designar toda e qualquer situação de união fora do casamento, abrangendo, portanto, o "companheiro" em união estável, também chamado de convivente.

Em estrita acepção jurídica, reserva-se a expressão companheiros para as pessoas unidas estavelmente, sob a aparência de casados e sem impedimentos decorrentes de outra união. Já o concubinato envolve ligação amorosa de casado e terceiro, em situação de adulterinidade, formando o chamado "triângulo amoroso", ou outras situações de convivência com impedimentos absolutos para o casamento.

O Código Civil sucintamente define concubinato como "relações não eventuais entre o homem e a mulher, impedidos de casar" (art. 1.727). Parece ter sido intuito do legislador extremar o concubinato da união estável, sem previsão de direitos que se restringem a esta espécie de entidade familiar.

A referência a "impedidos de casar", porém, importa demasia, por contradição com o disposto no artigo 1.723, parágrafo único, do Código Civil, que possibilita união estável de pessoas casadas desde que separadas judicialmente ou de fato.

Com muita propriedade, observa Rodrigo da Cunha Pereira que o comentado artigo 1.727, embora bem-intencionado em apartar a figura do concubinato, foi impreciso na redação: "em vez de usar a palavra 'adulterino' ou outra melhor, acabou utilizando 'impedidos de casar'. Tal expressão não traduz o espírito e o sentido desse artigo que quis, exatamente, diferenciar união estável e concubinato. Os separados judicialmente, por exemplo, são impedidos de se casar e, no entanto, são livres para estabelecer uma união estável. Essa expressão deveria ser modificada para traduzir com mais clareza o sentido e o espírito do referido dispositivo. Caso essa modificação não se opere, restará incoerente e contraditório com o § 1º do artigo 1.723, que trata como união estável os separados de fato que mantêm o vínculo do casamento. Ademais, uma vez caracterizado o concubinato, o que significaria isso em termos de consequências judiciais? Deveria ser tratado no campo do Direito das

Capítulo 3 Sucessão Legítima na União Estável

Obrigações? Daí decorre obrigação alimentar? A questão ficou em aberto, merecendo ser corrigida, repita-se..."[23].

A diferenciação entre união estável e concubinato já era feita pela jurisprudência, mesmo antes da legislação especial, ao conceder determinados direitos somente aos "companheiros", enquanto ditava normas restritivas ao concubinato.

Acórdão do Superior Tribunal de Justiça pinta a concubina como a mulher dos encontros velados, que se entrega aos amores de homem casado na constância do convívio com sua esposa legítima, situação imoral, que a sociedade não admite, e a lei nenhum amparo poderia dar. A "companheira", ao invés, é a que vive com homem solteiro, descasado ou viúvo, como se casados fossem legitimamente, por isso gozando da proteção que o Estado garante à entidade familiar[24].

O Código Civil, como visto, utiliza a denominação "companheiro" (arts. 1.724, 1.725, 1.726, 1.790), que se mostra mais adequada para indicar os partícipes da união estável, embora lhe falte apropriado substantivo com a mesma raiz. Há quem empregue o termo "companheirismo", bom e simpático, mas com duplo sentido, pelo significado analógico a coleguismo ou camaradagem[25]. Não soa a contento falar em "companheirice", que cheira a sestro ou mania. Já se aventou cunhar o neologismo "companheirato", sem chances de vingar por excessivamente grave e pernóstico. Sempre melhor e suficiente a denominação oficial – "união estável" – para definir a situação de vida dos companheiros, conforme a previsão constitucional e legal.

Ao lado do concubinato, e muito longe da união estável, restam as situações de relacionamento amoroso eventual, ou sem caráter de continuidade, assim como ligações clandestinas, mesmo entre pessoas desimpedidas

---

23 Da união estável, in *Direito de Família e o Novo Código Civil*, 2. ed., Belo Horizonte: Del Rey, p. 239.

24 RT 651/170.

25 Denominação adotada por Guilherme Calmon Nogueira da Gama, com exame das terminologias e justificação da adoção do vocábulo "companheirismo" por melhor distinção em relação ao casamento e "diante da busca de se atribuir prevalência do elemento anímico (afeto, sentimento nobre), indispensável para a constituição e manutenção de tal espécie de família", mesmo porque os seus partícipes são chamados de "companheiros" (*O Companheirismo*, op. cit., p. 125 e 133).

matrimonialmente. Qualificam-se à margem da lei, e as pessoas envolvidas são consideradas como simples "amantes", sem especial proteção jurídica no plano familiar.

6. NAMORO E UNIÃO ESTÁVEL

A distinção entre essas duas formas de relacionamento humano afetivo não apresenta dificuldade no plano jurídico. É clara a definição de união estável contida no artigo 1.723 do Código Civil: convivência pública, contínua e duradoura com a intenção de formar uma família. O problema reside apenas no plano de fato, a saber se as circunstâncias concretas permitem o encaixe do relacionamento como simples namoro ou como união apta a gerar uma família.

Sob essa ótica, o envolvimento amoroso apresenta uma verdadeira "escalada do afeto". Principia com o *aproach* de encontro eventual ou de um compromisso agendado, para progredir nas intimidades, atendendo à mútua empatia ou ao que se denomina "química das peles". Sempre foi assim, desde o *flerte* de antigamente, que depois se apelidou de *paquera,* até os modernosos tempos do *ficar,* tão ao gosto dos jovens frequentadores das baladas. Embora sejam incipientes e muitas vezes fugazes, esses encontros de começo de namoro já demonstram uma intenção remota de estreitamento do afeto, que pode vir a redundar numa união estável ou no solene casamento civil ou também religioso para mais afinada consagração.

Em uma situação de namoro consolidado, muitas vezes haverá dificuldade em distinguir se já estaria havendo um primeiro passo da união estável. É muito sutil a diferença entre uma coisa e outra nos namoros abertos e liberalizados que permitem frequência recíproca nas respectivas moradias, com possível intercurso sexual, além de viagens a dois e tranquilas demonstrações públicas de amor aconchegado.

A situação complica-se quando advém filho dessa relação, pois o fato, embora não seja categórico, é forte indicativo do propósito de constituir família.

Foi bem enfrentada a questão pelo Tribunal de Justiça de Minas Gerais, na Ap. Cível n. 1.0145.05.280647-1/001, em acórdão relatado pela Des. Maria Elza, salientando que um relacionamento afetivo, ainda que público, contínuo e duradouro não será união estável, caso não tenha o objetivo de constituir família. Será apenas e tão apenas um namoro. Assinala que esse traço distintivo é fundamental dado ao fato de que as formas modernas de relacionamento afetivo envolvem convivência pública, contínua, às vezes duradoura, com os parceiros, muitas vezes, dormindo juntos, mas com projetos paralelos de vida, em que cada uma das partes não abre mão de sua individualidade e liberdade pelo outro. Ou seja, como brilhantemente acentuado no aresto, "o que há é um EU e um OUTRO e não um NÓS", pois "não há nesse tipo de relacionamento qualquer objetivo de constituir família, pois para haver família o EU cede espaço para o NÓS".

Também se distinguem namoro e concubinato, ante a descrição típica constante do artigo 1.727 do Código Civil, que exige, para o concubinato, uma relação não eventual de pessoas com impedimentos matrimoniais, como ocorre nas ligações extraconjugais, adulterinas. Nesse caso, o concubino se coloca como o terceiro do triângulo amoroso, partícipe do *ménage à trois*. A continuidade desse trato afetivo de alto risco faz evoluir o namoro para o degrau mais elevado do concubinato, que refoge ao modelo de união estável descrito no artigo 1.723 do Código Civil.

A palavra "namoro" tem origem latina – *in amore* –, revelando força decorrente dessa ligação afetiva entre duas pessoas. Passa a ter a seriedade de um compromisso, uma vez que cada um dos enamorados torna-se um pouco responsável pelo outro (Saint Exupéry, sempre citado: "nós somos responsáveis por aqueles a quem cativamos"). Não obstante essa visão de cunho humanista e moral, a lei não traz disposição de obrigações decorrentes de namoro. Nada de direitos de meação, nem de herança ou de pensão alimentícia. Significa não ser verdadeiro o chiste de que "deu a mão, pagou pensão".

Apesar disso, podem surgem obrigações patrimoniais decorrentes de eventual conjugação de esforços dos namorados na aquisição de bens, quando ambos venham a contribuir, formando uma verdadeira sociedade de fato, a ensejar eventual partilha após o desfazimento do namoro. Também ocorrerá obrigação de indenizar nos casos de namoro mais evoluído, que se transmude em noivado, que depois se frustre por culpa de um deles. Não ao ponto da indenização dos antigos esponsais, mas obrigando ao dever reparatório de possíveis despesas com os aprestos para o casamento. Nem se fale, então, do mais sério efeito que o namoro produz quando a mulher engravide e venha a ter um filho, pois em tal caso os encargos de assistência e todos os demais direitos da filiação se realizam plenamente, não importa o título da união mantida pelos genitores.

Fala-se muito em contrato de namoro, para confirmar que o relacionamento seria meramente afetivo mas sem a qualificação jurídica da união estável, para evitar consequências de ordem patrimonial (especialmente alimentos e meação). A rigor não subsiste um contrato com objeto específico do namoro. Nem valeria por si, já que importa é o fato da convivência, que pode ou não se transmudar em união estável. Seria como rotular de água um recipiente com vinho. Vale é o produto real, o conteúdo constatado por provas do que seja aquela união.

O que se observa, na prática advocatícia, é uma forma um tanto mais sofisticada de contrato, em que as partes afirmam que desejam manter um relacionamento aberto, sem a finalidade de constituir família, e com independência de cada qual no plano pessoal e econômico. Ainda que esse contrato não baste para prova de namoro, servirá como admissão pelas partes de que estaria faltando peça essencial para a composição de uma união mais séria. Mas, ainda nesse caso, sempre haverá lugar para discutir a natureza jurídica do relacionamento e os seus efeitos jurídicos obrigatórios, diante da evidência fática a ser examinada e decidida em um processo judicial.

O contrato, como manifestação de vontade, tem valor jurídico, já que o objeto não é ilícito nem imoral. Mas não terá eficácia diante da prova que se produza em contrário, e que leve ao reconhecimento de uma união estável disfarçada de namoro.

Demais disso, é preciso considerar que a validade do contrato somente subsistiria no momento da celebração, por registrar uma situação real daquele momento. Não se perpetuaria no tempo, já que o evento amoroso pode evoluir de um dia para o outro, alterando substancialmente a qualificação do fato que serve de fundamento ao ato jurídico.

Em decisão recente, o Superior Tribunal de Justiça determinou que convivência com expectativa de formar futura família não configura união estável, embora fosse um "namoro qualificado" (REsp 1.454.643-RJ, rel. Min. Marco Aurélio Bellize, *DJe* de 10-3-2015). A distinção feita no acórdão bem reflete a definição legal da união estável, contida no artigo 1.723 do Código Civil, concluindo que o simples namoro não chega a tanto, ou seja, não completa os requisitos legais para o reconhecimento de uma união estável. Pode ser um namoro sério, de muitos anos, com fortes indícios de um maior comprometimento, mas ainda não apto a atingir o nível superior de uma entidade familiar.

A denominação de "namoro qualificado" não tem encaixe em qualquer previsão legal. No julgamento relatado, cuidava-se de período de coabitação de dois namorados que viajaram ao exterior para estudo, e como namorados, não hesitaram em residir conjuntamente, vindo depois a contrair casamento. Aquele período, entendeu-se, era ainda de namoro, e não de união estável como pretendido pela mulher. Utilizou-se a expressão "qualificado" para indicar as suas características especiais do relacionamento, a um meio passo de chegar a uma configuração maior, mas ainda sem o declarado propósito de constituir família. Também poderia se enquadrar como qualificado o namoro que se solenize pelo compromisso de noivado, fato este que, nos últimos tempos, parece estar deslizando nas ribanceiras do desuso.

As obrigações decorrentes de namoro assim sério e qualificado não são as mesmas da união estável, por isso que não geram direito a meação, assistência alimentar ou sucessão hereditária. Mas podem configurar responsabilidades de cunho patrimonial quando haja participação conjunta dos namorados na compra de determinados bens, que se tornam, então, comuns e passíveis de partilha, além das outras situações de obrigações assistenciais em caso de o namoro gerar filhos.

Relembre-se o dever de indenizar, também, no caso de rompimento unilateral do compromisso de casamento, não com a antiga obrigatoriedade dos esponsais (indenização pelo só fato da ruptura), mas quando ocasione prejuízos materiais ao outro (por exemplo, com os aprestos do casamento) ou danos de ordem moral (como no caso impiedoso de abandono da noiva à porta da igreja).

7. MEAÇÃO

O direito de meação nos bens do companheiro, assegurado pelas leis da união estável, alavancou a antiga construção jurisprudencial da partilha decorrente da sociedade de fato entre concubinos. Pelo entendimento consagrado na Súmula 380 do Supremo Tribunal Federal, a partilha se fazia na proporção da colaboração prestada na aquisição de bens pelo outro, durante a convivência. Nem sempre ocorria meação, portanto, mas eventual atribuição de percentual diferenciado, sempre na pendência da prova do esforço comum.

Com a ampliação do conceito de entidade familiar, aumentou-se a proteção jurídica dos companheiros para abranger o direito à meação sobre os bens adquiridos onerosamente durante a convivência, salvo estipulação contratual diversa.

A regulamentação desse direito teve sensível evolução legislativa, como se observa do exame dos sucessivos diplomas legais sobre a matéria.

A canhestra redação da Lei n. 8.971/94, no artigo 3º, somente se referia à meação *post mortem*, "quando os bens deixados pelo(a) autor(a) da herança resultarem de atividade em que haja colaboração do(a) companheiro(a), terá o sobrevivente direito à metade dos bens".

O legislador ficou aquém do que pretendia ou deveria ter dito. Ao fazer referência à meação após a morte do companheiro, omitiu-se a respeito da dissolução da sociedade de fato em vida, com a decorrente partilha dos bens, na forma prevista pela Súmula 380 do Supremo Tribunal Federal. Isso continuava possível, como antecipação necessária da partilha dos bens, desde que cessada a vida em comum, sem que fosse necessário, como é curial, aguardar o falecimento do ex-companheiro. Aqui se invoca, por manifesta analogia, a situação dos casados, que podem obter os direitos de meação não somente após o óbito do cônjuge, mas igualmente em vida, desde que operada a dissolução da sociedade conjugal por separação, divórcio ou nulidade do casamento.

De outra parte, verificava-se limitação do direito de meação pela exigência da prova da colaboração do companheiro, mesclando aspecto obrigacional ao convívio de afeto que caracteriza as relações familiares, nem sempre acompanhadas de igual participação laborativa das partes.

Com a edição da Lei n. 9.278/96, viu-se sanada a falha da lei anterior, com melhor explicitação do direito de meação entre os conviventes, conforme disposto em seu artigo 5º. Por ela, dava-se a efetiva comunicação dos bens entre os conviventes, sejam adquiridos individualmente ou em conjunto, instaurando-se condomínio em partes iguais, ou seja, metade para cada um.

A lei fazia referência a contrato escrito, tanto no *caput* como no § 2º do artigo 5º, o que significava expressa admissão dessa forma de estipulação dos conviventes quanto aos bens adquiridos na vida em comum e à forma de sua administração. É como se fora o pacto antenupcial dos casados, ainda que sem as mesmas formalidades de instrumento público e registro.

Não mais se falou em "esforço comum", de modo que a lei fazia presumir a colaboração dos companheiros na formação do patrimônio durante a vida em comum. No entanto, não se tratava de presunção absoluta, pois cedia passo a disposição contratual em contrário, além de ressalva quanto à exclusão de bens sub-rogados em produto da venda de anteriores.

7.1. Meação no Código Civil

Comunhão parcial de bens, este é o regime previsto no Código Civil para regência das relações patrimoniais na união estável, conforme estatui o artigo 1.725: "Na união estável, salvo contrato escrito entre os companheiros, aplica-se às relações patrimoniais, no que couber, o regime da comunhão parcial de bens".

Trata-se do regime legal, o mesmo previsto para o casamento e regulado nos artigos 1.658 a 1.666 do Código Civil. Ressalva-se a possibilidade de contrato escrito dispondo de forma diversa, para que outro regime seja observado em atenção à vontade das partes.

Comparando as normas do Código com o critério adotado na antiga Lei n. 9.278/96, artigo 5º, observa Rodrigo da Cunha Pereira que são semelhantes as disposições, mas não idênticas: "A diferença e inovação do disposto no novo Código Civil brasileiro é que ele não usa mais a expressão 'presunção' e, portanto, não deixa tão aberta a possibilidade de se provar o contrário como deixava o referido artigo 5º. Ele designa expressamente para a união estável o regime da comunhão parcial de bens, como, aliás, já se deduzia antes. A diferença trazida pela redação do novo Código Civil brasileiro é que ficaram igualadas, sem nenhuma distinção, as regras patrimoniais da união estável e as do casamento. Com isso, acabou mais essa diferença entre os dois institutos. Se antes havia alguma brecha para demonstrar que não houve esforço comum, com o novo Código Civil brasileiro isso ficou mais difícil, a não ser que as partes estabeleçam um contrato escrito, como autoriza o próprio artigo 1.725"[26].

Assim, na falta de contrato escrito, terá aplicação aos companheiros o regime da comunhão parcial de bens, abrangendo os que sobrevierem na constância do casamento, a título oneroso. São os chamados aquestos, que se tornam bens comuns, em distinção dos bens particulares que competem exclusivamente ao seu titular. Nesta categoria de bens particulares enqua-

---

26 Da união estável, in *Direito de Família e o Novo Código Civil*, op. cit., p. 239.

dram-se os adquiridos anteriormente ao início da união e os havidos depois com o produto da venda de bens próprios, assim como os adquiridos durante a união a título gratuito, por doação ou herança.

A relação dos bens comunicáveis no casamento consta dos artigos 1.659 e 1.662 do Código Civil, e a dos bens incomunicáveis está nos artigos 1.660 e 1.661, com analógica aplicação à união estável.

Outras normas dizem com a administração dos bens. Se forem comuns, o exercício da administração compete a qualquer dos companheiros (art. 1.663), embora se exija anuência de ambos para os atos, a título gratuito, que impliquem cessão do uso ou gozo dos bens comuns (art. 1.663, § 2º). Se forem bens particulares, a administração cabe ao companheiro proprietário, salvo se houve ajuste diverso em contrato escrito (art. 1.665).

As dívidas distinguem-se por sua origem e efeitos: as contraídas no exercício da administração dos bens comuns obrigam os bens comuns e particulares do cônjuge responsável e os do outro na razão do proveito que houver auferido (art. 1.663, § 1º); as dívidas contraídas por qualquer dos companheiros na administração de seus bens particulares e em benefício destes, não obrigam os bens comuns (art. 1.666). Outras obrigações contraídas por um dos companheiros para atender aos encargos da família, às despesas de administração e as decorrentes de imposição legal, responsabilizam os bens da comunhão (art. 1.664).

Afora essas disposições específicas sobre o regime da comunhão parcial de bens, subsistem as disposições gerais dos artigos 1.639 a 1.652 do Código Civil, eventualmente aplicáveis às relações patrimoniais entre companheiros no que couberem e dependendo do que se estipular no contrato escrito. Afasta-se a incidência dos artigos que tratam do pacto antenupcial, porque de distinta natureza do contrato escrito a que podem jungir-se os companheiros. Não é prevista a obrigatoriedade do regime da separação de bens para os companheiros em certas situações pessoais que obrigam os casados à adoção daquele regime (art. 1.641), o que não deixa de ser um privilégio para a união informal, a merecer correção por via de modificação legislativa ou orientação pretoriana. Ainda sem incidência analógica à união estável, por seu caráter restritivo e peculiar ao casamento, a exigência de autorização do companheiro para a alienação dos bens imóveis e outros atos gravosos ao patrimônio comum (art. 1.647), sempre lembrando, nesses casos, a proteção ao terceiro contratante que esteja imbuído de boa-fé.

Capítulo 3 Sucessão Legítima na União Estável

7.2. Meação de bens em união estável de pessoa casada e separada de fato

Admite-se união estável de pessoa casada, desde que separada de fato por tempo que denote efetiva cessação da vivência conjugal (art. 1.723, § 1º, do CC). A união de vida com terceiro, nessas circunstâncias, prolongando-se com características de estabilidade, dá origem a direitos exclusivos dos companheiros sobre os bens adquiridos por mútua colaboração, como presunção de fruto do trabalho conjunto.

Certo é que o regime de bens no casamento somente cessa com a dissolução da sociedade conjugal, que se dá com a morte, a ausência definitiva, a invalidade do casamento, a separação judicial ou o divórcio. O rigor da lei, nesse aspecto, levaria ao entendimento de que a simples separação de fato não teria efeito extintivo quanto ao regime de bens.

Os efeitos da separação judicial, nos termos do artigo 3º da Lei n. 6.515/77, que regia a separação e o divórcio, operavam-se a partir do trânsito em julgado da sentença ou da decisão da separação cautelar. No mesmo sentido, o artigo 8º da mesma lei, a significar efeito retroativo na distinção dos bens do casal, para fins de futuro partilhamento[27].

Pela mesma razão ontológica que inspirou esse dispositivo, possível afirmar que refogem à partilha os bens adquiridos individualmente, sem mútua colaboração, após longo tempo de separação de fato do casal, mesmo sem prévia medida cautelar.

Embora não conste estipulação de igual teor no Código Civil de 2002, pois o artigo 1.576 apenas refere que a separação judicial põe termo ao regime de bens, não se pode afirmar que a omissão legislativa tenha alterado o critério da retroação dos efeitos à data da separação de corpos do casal. Tanto assim que expressamente admitida, no seu artigo 1.723, § 1º, a constituição de união estável no caso de separação de fato, daí se iniciando, por força do artigo 1.726, o regime da comunhão parcial de bens entre os companheiros, salvo estipulação escrita em contrário. Ora, se configurada união

---

27 Teresa de Arruda Alvim (Entidade familiar e casamento formal: aspectos patrimoniais, RT 680/74) mostra que o artigo 8º da Lei n. 6.515/77 diz respeito tanto à cessação de deveres de ordem pessoal quanto à cessação do regime de bens, fazendo com que estes efeitos ocorram desde a separação de corpos.

estável de pessoa casada e separada de fato, com os efeitos que lhe são próprios, por certo se haverá como extinta a comunicação dos bens entre os cônjuges assim separados, ou haveria indébita concorrência com os direitos dos novos companheiros.

Para Ney de Mello Almada, separação de fato é a "situação resultante da quebra da coabitação, praticada por um dos cônjuges, ou por ambos, à revelia de intervenção judicial, e em caráter irreversível"[28].

O regime da comunhão pressupõe efetiva convivência do marido e da mulher, fazendo presumir a colaboração na aquisição dos bens. Diante da separação de fato, cada um passando a agir isoladamente na prática do esforço para aumento do patrimônio, não faz sentido, a não ser por puro rigor formal, exigir partilha dos bens dos separados de fato, especialmente quando já tenham constituído novas uniões.

Como assinala Sergio Gischkow Pereira, criticando a posição de resistência em admitir cesse a regra da comunhão após prolongada e indiscutível separação de fato, "se o essencial desapareceu, ou seja, o amor, o respeito, a vida em comum, o mútuo auxílio, que sentido de justiça há em privilegiar o secundário, que é o prisma puramente financeiro, patrimonial, material, econômico?"[29].

Essas lições foram bem lembradas em acórdão da 3ª Câmara de Direito Privado do Tribunal de Justiça de São Paulo, rel. Silvério Ribeiro, ressaltando: "(...) não coaduna com os princípios de Justiça efetuar a partilha de patrimônio auferido por apenas um dos cônjuges, sem a ajuda do consorte, em razão de separação de fato prolongada, situação que geraria enriquecimento ilícito àquele que de forma alguma não teria contribuído para a geração de riqueza. O fundamental no regime da comunhão de bens é o *animus societatis* e a mútua contribuição para a formação de um patrimônio comum. Portanto, sem a ideia de sociedade e sem a união de esforços do casal para a formação desse patrimônio, afigurar-se-ia injusto, ilícito e imoral proceder ao partilhamento de bens conseguidos por um só dos cônjuges, estando o outro afastado da luta para a aquisição dos mesmos"[30].

---

[28] Separação de fato, *RJTJESP* 135/10.
[29] Tendências modernas do Direito de Família, *RT* 628/30.
[30] TJSP, 8ª Câm. de Direito Privado, Ap. Cív. n. 6.994-4, rel. Cesar Lacerda, j. 11-2-1998, v.u., *JTJ* 213/17.

Capítulo 3 Sucessão Legítima na União Estável

Na mesma linha de entendimento: "Constatada a separação de fato de casal, ocorre a incomunicabilidade patrimonial dos bens adquiridos pelo esforço individual de cada cônjuge, sem a colaboração do outro. (...) No caso em tela, restou a salvo de controvérsias que a separação de fato do casal ocorreu há mais de vinte e cinco anos. Também incontroverso que a aquisição de um imóvel pelo apelante ocorreu em 1980, quando de há muito consumada tal separação de fato. Em tais circunstâncias, a jurisprudência tem reconhecido que, caracterizado o rompimento fático do vínculo, ocorre a incomunicabilidade patrimonial dos bens adquiridos pelo esforço individual de cada cônjuge, sem a colaboração do outro. Na espécie, adquirido o imóvel quando nada mais havia em comum entre o casal, é necessário temperamento ditado pelas circunstâncias, consoante adverte Yussef Said Cahali (cf. *Divórcio e Separação*, 5ª ed., 2ª tir., RT, 1986, p. 451, nota 808). O citado autor foi o relator de hipótese semelhante à presente, em que se decidiu pela exclusão de imóvel de partilha, diante da constatação de que ele fora adquirido por um dos cônjuges mais de vinte anos depois da separação de fato. E também a decisão trazida à colação nas razões de apelação fornece o norte para o deslinde da controvérsia" (cfr. *RJTJESP*, Lex, vol. 114/102, rel. Des. Alves Braga). Ponderou-se na ocasião que "(...) se o decurso de tempo gerou para os cônjuges o direito de postular a decretação da ruptura do vínculo conjugal, de fato desfeito pela longa separação e manifesta impossibilidade de reconciliação, não se há falar em comunhão de bens onde tudo se rompeu: dever de fidelidade, *affectio maritalis*, vida em comum, respeito mútuo, criação da prole. O regime de bens é imutável sim, mas, se o bem foi adquirido quando nada mais havia em comum entre o casal, repugna ao Direito e à Moral reconhecer comunhão apenas de bens e atribuir metade desse bem ao outro cônjuge"[31].

A casuística se estende a inúmeras situações que deixam patente o sentido do justo em não mais aplicar regras de comunhão de bens quando falte, entre os cônjuges separados de fato, aquele vínculo associativo inerente à constância da vida em comum.

---

31 TJSP, 1ª Câm. de Direito Privado, Ap. n. 53.656-4, rel. Laerte Nordi, j. 8-9-1998, v.u., *JTJ* 213/9.

Assim, em caso de bem recebido pela mulher por herança paterna, após vários anos de separação, entendeu-se não caber ao marido qualquer direito de meação sobre aquele quinhão hereditário[32].

Por igual razão, para fins de alvará de alienação de bem não mencionado no processo de divórcio, comprovada a aquisição pela mulher após separação de fato do casal, sem qualquer contribuição do marido, restou assente que não houve comunicação de referido bem, o que autoriza sua venda pela titular, pois "os bens adquiridos por um dos cônjuges, no período de comprovada separação de fato, não se comunicam, independentemente do regime"[33].

Mesmo em caso de bigamia, não obstante a nulidade do segundo casamento, admitiu-se meação exclusiva do bem pela segunda mulher, já que a primeira se achava separada de fato do marido há muitos anos, sem qualquer colaboração na aquisição do patrimônio em disputa. Na fundamentação do acórdão constou que "a lide deve ser solucionada não pelo dogma da moralidade do matrimônio, mas sim pelo direito das obrigações..." e decorrer da "juridicidade da coabitação e pela lógica do sentido familiar" inerente à segunda união, quando adquiridos os bens[34].

Do Superior Tribunal de Justiça colhem-se julgamentos nesse mesmo tom de incomunicabilidade dos bens em casos de longa separação de fato do casal, em resguardo ao princípio de que o casamento "para dar azo aos efeitos jurídicos do regime matrimonial estabelecido pressupõe coabitação. Sem convivência inexiste casamento gerando direitos e obrigações"[35].

---

32 TJSP, 3ª Câm. de Direito Privado, Ap. n. 041.784-4/1, rel. Enio Santarelli Zuliani, j. 11-8-1998, v.u., *RT* 760/232.

33 REsp n. 86.302-RS, 4ª Turma, rel. Min. Barros Monteiro, j. 17-6-1999, v.u., lembrando precedentes: REsp n. 60.820-1-RJ e REsp n. 127.077-ES, relatados pelo Min. Ruy Rosado de Aguiar.

34 Meação de patrimônio adquirido por um dos cônjuges durante a separação de fato, parecer na *Revista de Processo,* n. 70/166.

35 Mario Aguiar Moura, Separação de fato dos cônjuges e efeitos do regime de bens, *Repertório IOB de Jurisprudência* 12/91, p. 252. Sua conclusão: "Se qualquer dos cônjuges adquire bens, a título oneroso ou gratuito, os bens deverão pertencer-lhe com exclusividade, não entrando no elenco dos bens porventura comunicáveis, por terem sido adquiridos ao longo do casamento íntegro".

Capítulo 3 Sucessão Legítima na União Estável

Como bem pondera Tereza de Arruda Alvim, "a *ratio essendi* das regras relativas à comunhão de bens entre os cônjuges é a existência real e concreta da vida em comum", por isso que "carece de sentido, quer jurídico, quer moral, aplicar-se um regime de comunhão a um 'casal' que nem mais 'casal' é, ou era, por ausência absoluta de *affectio maritalis*...". Anota que "a doutrina e a jurisprudência mais atuais têm propendido, embora às vezes de forma não expressa, a estabelecer uma diferenciação nítida entre o casamento que existe formalmente e de fato (= casamento formalizado + vida em comum) e o casamento que não existe, senão formalmente"[36].

Trata-se de aplicar a justiça, dando-se adequada resposta aos casos concretos, como bem justifica a Juíza Maria Aracy Menezes da Costa, após lembrar as diversas tendências da jurisprudência, relativamente ao regime de bens na separação de fato. Ressalta que a regra quanto ao momento para cessação do regime de bens é a separação judicial. Mas subsiste a exceção da separação de fato que, não sendo eventual nem provisória, merece atenção do julgador, para que não se comuniquem os bens adquiridos durante esse tempo[37].

Em suma, ressalvado o entendimento pretérito, que via no casamento subsistência de todos os efeitos matrimoniais enquanto não ocorresse a sua efetiva dissolução[38], tem-se a concluir, na esteira dos precedentes e dos ensinamentos atuais, que não faz sentido perpetuar a regra da comunicabilidade dos bens diante de casamento que já se encontre desfeito na prática, pela separação de fato do casal, sob pena de indébito locupletamento do cônjuge que não deu colaboração ao ato aquisitivo do patrimônio acrescido.

---

36 *Entidade familiar...*, op. cit., v. nota 23.

37 O regime de bens na separação de fato, *Ajuris* 168/191. Para Eduardo de Oliveira Leite, invocando lições doutrinárias, os efeitos do casamento prosseguem até a separação ou o divórcio judicial, não gerando efeito algum a mera separação de fato (Aquisição de bens durante a separação de fato, *Revista de Direito Civil*, n. 59/139).

Há outras consequências do direito sucessório outorgado a companheiros, como na tipificação da herança jacente, de que trata o art. 1.591 do Código Civil de 1916. Agora, além da falta de cônjuge, herdeiro descendente, ascendente ou colateral, também se exige que o falecido não tenha deixado companheiro nas condições das leis da união estável.

38 REsp n. 34.714-6, 4ª Turma, rel. Min. Barros Monteiro, j. 25-4-1994.

Havendo união estável de pessoa casada, mas separada de fato, o direito de meação, considerando-se cessado o regime comunitário do casamento sem efetiva convivência, atribui-se exclusivamente ao companheiro presente à data da aquisição dos bens, por força do direito de meação no regime da comunhão parcial de bens.

8. SUCESSÃO HEREDITÁRIA

O Código Civil não inclui o companheiro no capítulo da ordem da vocação hereditária (art. 1.829), limitando-se a mencioná-lo nas disposições gerais do Direito das Sucessões, artigo 1.790. Por força desse dispositivo, o companheiro teria direito a participar da sucessão do outro quanto aos bens adquiridos onerosamente na vigência da união estável, mas não assim nos bens havidos antes, que seriam particulares. Essa participação sobre os bens comuns dava-se em concurso com os demais herdeiros, ou seja: concorrendo com descendentes do falecido, uma quota-parte igual à dos filhos comuns, ou metade do que receber cada um dos filhos; concorrendo com outros parentes sucessíveis (ascendentes ou colaterais), um terço da herança.

A disparidade dos textos dos artigos 1.790 e 1.829 do Código Civil foi objeto de acirrada crítica na doutrina, por significar um lamentável retrocesso no tratamento igualitário que antes era dispensado ao companheiro pelas leis de união estável (8.971/94 e 9.278/96). Foi limitada sua participação na herança, em descompasso com o tratamento mais benéfico dispensado ao cônjuge viúvo.

Considere-se, num exame abrangente da proteção jurídica dispensada à união estável, que no campo dos direitos a alimentos (art. 1.694, CC) e meação (art. 1.725 do CC), o companheiro é tratado em posição de igualdade com a pessoa casada; mas não havia a mesma equiparação no direito sucessório, diante do modo diferenciado da participação na herança prevista no citado artigo 1.790.

8.1. Direito de herança do(a) companheiro(a)

Ao visto, embora a qualidade de companheiro não figurasse no rol de herdeiros do artigo 1.829 do Código Civil, já se considerava partícipe da herança de forma concorrente com os descendentes e outros parentes sucessíveis do falecido, ou, na falta destes, como titular da totalidade do acervo hereditário havido onerosamente durante o tempo de convivência.

Ensejava críticas a inserção do tema em um só artigo do Código Civil, de permeio a "disposições gerais" no título referente à "Sucessão em geral", fora do seu natural e próprio contexto, que seria o capítulo da ordem da vocação hereditária, no título da "Sucessão legítima".

Observa Zeno Veloso que é estranhável esse critério adotado pelo legislador. Numa alusão à verdade acaciana, pondera que não devia o artigo 1.790 estar nas "disposições gerais", porque de disposições gerais não se trata: "O artigo 1.790 tinha de ficar no Capítulo que regula a ordem da vocação hereditária. Mas este é um problema menor. O artigo 1.790 merece censura e crítica severa porque é deficiente e falho, em substância. Significa um retrocesso evidente, representa um verdadeiro equívoco".

E ajunta reparo ao injustificável tratamento desigualitário, que deixa o companheiro em posição inferior com relação à que ostenta o cônjuge:

"Se a família, a base da sociedade, tem especial proteção do Estado; se a união estável é reconhecida como entidade familiar; se estão praticamente equiparadas as famílias matrimonializadas e as famílias que se criaram informalmente, com a convivência pública, contínua e duradoura entre homem e mulher, a discrepância entre a posição sucessória do cônjuge supérstite e a do companheiro sobrevivente, além de contrariar o sentimento e as aspirações sociais, fere e maltrata, na letra e no espírito, os fundamentos constitucionais"[39].

Além da inadequada inserção tópica, o assunto teve tratamento jurídico impróprio. Ao mesmo tempo em que restringe a participação sucessória do companheiro, de outra parte, incompreensivelmente acaba por favorecer o participante da união estável, em comparação com o cônjuge sobrevivente, no tocante aos bens havidos onerosamente durante a vida em comum.

Restritivamente, dispõe o artigo 1.790 do Código Civil que "a companheira ou o companheiro participará da sucessão do outro, quanto aos bens adquiridos onerosamente na vigência da união estável".

---

39 Do direito sucessório do companheiro, op. cit., p. 231. Ver, do mesmo autor: *Direito hereditário do cônjuge e do companheiro*, São Paulo: Saraiva, 2010. Entrevistado sobre o tema em ocasiões diversas, Zeno clamou que "o artigo 1.790 é injusto, inconsequente, absurdo e perdidamente inconstitucional", porque não se pode discriminar famílias, considerando-se o modo como elas foram constituídas (Site www.ibdfam.org.br).

A redação atende à igualdade dos gêneros, mencionando "a companheira ou o companheiro", embora nem sempre observada em outros textos, o que não impede a perfeita compreensão da abrangência maior do texto quando seja utilizado no masculino.

Nota-se a restrição de participação sucessória nos bens adquiridos onerosamente durante a convivência, o que afasta direito do companheiro sobre os demais bens, havidos pelo autor da herança antes da união ou a título gratuito (herança ou doação). Ora, sobre os bens comuns, porque adquiridos na vigência da união estável e onerosamente, o companheiro já tem o direito de meação pelo regime da comunhão parcial de bens, salvo contrato escrito (art. 1.725 do CC).

Por essas e outras razões a jurisprudência evoluiu no sentido de declarar inconstitucional o questionado artigo 1.790, em vista das discrepâncias acarretadas no tratamento diferenciado do companheiro. O reconhecimento da inconstitucionalidade, com a consequente igualação do companheiro ao cônjuge, para que se aplique a um e outro o mesmo sistema previsto no artigo 1.829 do Código Civil, deu-se no julgamento do RE 878.694-MG, pelo Supremo Tribunal Federal, firmando-se a tese por expressiva maioria e ordem de repercussão geral para incidência aos casos de inventário em trâmite, com partilha ainda não homologada.

Antes: artigo 1.790 do CC

Para exame da evolução havida com esse entendimento jurisprudencial, vale reprisar o texto do artigo 1.790, que estabelece um sistema de participação do companheiro com os demais herdeiros na linha sucessória, abrangendo inclusive os colaterais, nas seguintes proporções:

I – se concorrer com filhos comuns, receberá uma cota equivalente à de cada filho;

II – se concorrer com descendentes só do autor da herança, receberá metade do que couber a cada um;

III – se concorrer com outros parentes sucessíveis, terá direito a um terço da herança;

IV – se não houver parentes sucessíveis, receberá a totalidade da herança.

O inciso I do art. 1.790 contém imprecisão, ao mencionar "filhos comuns", querendo dizer "descendentes", já que é possível a concorrência com netos, por direito de representação ou por renúncia dos filhos.

Nesse caso de participação do companheiro com filhos comuns, era simples o cálculo do seu direito, pela partilha da herança entre todos os herdeiros, em iguais quotas.

Ficava mais complicada a atribuição dos quinhões no caso de haver herdeiros filhos só do autor da herança, de outra união. Nesse caso, o companheiro recebia somente a metade do que coubesse aos filhos do falecido, o que exigia difícil cálculo da partilha, à semelhança do observado com relação ao cônjuge concorrendo com filhos em comum e outros só do autor da herança (com o resguardo do direito à quarta parte dos bens cabíveis aos filhos comuns, conforme o art. 1.832 do CC).

A questão era tormentosa, pela falta de previsão legal da participação do companheiro nessa hipótese de filhos de híbrida origem, isto é, um ou alguns havidos da união do companheiro com o autor da herança, e outros exclusivos desta, por união com terceira pessoa.

Eram diversas as alternativas de solução, para suprir a omissão legislativa, conforme bem analisado em estudos da Professora Giselda Maria Fernandes Novaes Hironaka: a) atribuição ao companheiro de quota igual à de cada herdeiro, como se todos fossem comuns; b) atribuição de somente metade da quota ao companheiro, como se todos os descendentes fossem exclusivos do autor da herança; c) atribuição de quota e meia ao companheiro, considerando-se uma quota pelos filhos em comum e meia quota pelos demais; d) divisão da herança em duas sub-heranças, relativas aos filhos em comum e aos filhos exclusivos do autor da herança, com cálculos proporcionais das quotas cabentes ao companheiro em cada uma[40]. Uma variante de fórmula de cálculo, considerando-se que a lei manda atribuir ao companheiro sobrevivente cota igual à do filho comum e só meia quota do filho exclusivo do falecido, seria aplicar a média desses valores, chegando-se à quota de 0,75%, para tais situações de filhos de híbrida origem. Qualquer das soluções, no entanto, encontra óbice na falta de previsão legal.

Parecia adequado, em tais casos de concorrência do companheiro com filhos híbridos, interpretar o artigo 1.790 sob o mesmo critério adotado na hipótese de concorrência do cônjuge, regulada no artigo 1.832, ou seja, so-

---

40 *Comentários ao Código Civil*, op. cit., p. 60 a 64.

mente atribuir ao companheiro quota igual à dos descendentes quando forem todos comuns; se houvesse descendentes exclusivos do autor da herança, o companheiro não teria aquele direito à quota inteira, mas sim à metade do que coubesse a cada herdeiro.

O cálculo dos quinhões era simples: atribuir peso 1 ao companheiro e peso 2 a cada herdeiro. Depois, dividir o valor da herança pelo total para o encontro do peso 1. Para o herdeiro, multiplicar esse valor por 2. Assim: herança de 50, dois filhos – pesos 2 e 2; companheiro: peso 1; total: 5. Herança 50:5 = 10. Assim, para cada filho, 2 × 10 = 20; para o companheiro, 1 × 10 = 10.

No caso de 3 filhos exclusivos, obedecido o mesmo critério, teríamos: peso 2 para cada filho e mais 1 para o companheiro = 7; 50:7 = 7,1428; Assim: cada filho – 2 × 7,1428 = 14,2856; companheiro = 7,1428. Verificação das atribuições: a quota do companheiro era igual à metade da quota do herdeiro concorrente; e a soma das quotas era igual ao valor da herança (50).

Resultava em favor do companheiro a cumulação dos direitos de meação e do concurso na herança com os descendentes do falecido. Mas constituía desvantagem, em relação ao cônjuge, o direito de concorrência do companheiro com os ascendentes, pois recebia apenas 1/3, enquanto, se casado fosse, teria direito à metade da herança. E ainda maior o prejuízo do companheiro no concurso com os demais parentes sucessíveis, os colaterais até o quarto grau. Era evidente o retrocesso em face do sistema antigo, da Lei n. 8.971/94, em que o companheiro recebia toda a herança na falta de descendentes ou ascendentes. Pelo critério do Código Civil, o companheiro sobrevivente recebia apenas 1/3 de bens deixados pelo outro, enquanto o colateral, eventualmente um primo do falecido, ficava com 2/3 do patrimônio. Veja-se o quadro desse antigo sistema de atribuição da herança:

▶ Companheiro concorrendo com ascendentes – 1/3 da herança:

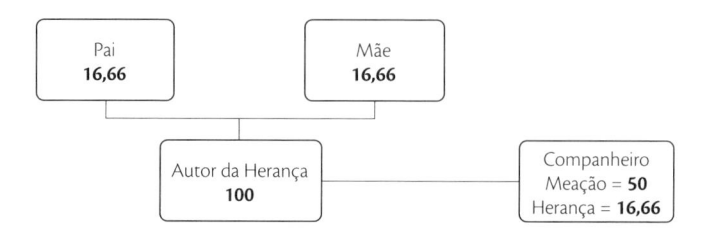

```
        ┌──────────┐      ┌──────────┐
        │   Pai    │      │   Mãe    │
        │  16,66   │      │  16,66   │
        └────┬─────┘      └────┬─────┘
             │                 │
             └────────┬────────┘
                      │
             ┌────────┴────────┐            ┌──────────────────┐
             │ Autor da Herança│────────────│   Companheiro    │
             │       100       │            │   Meação = 50    │
             └─────────────────┘            │ Herança = 16,66  │
                                            └──────────────────┘
```

Capítulo 3 Sucessão Legítima na União Estável

▶ Companheiro concorrendo com colaterais – 1/3 da herança:

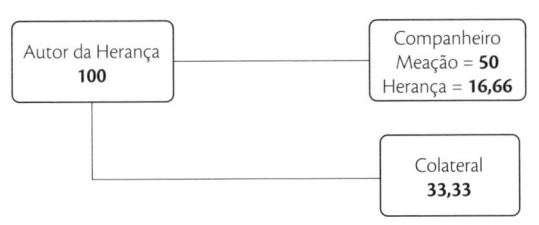

```
┌──────────────────┐         ┌──────────────────┐
│ Autor da Herança │─────────│ Companheiro      │
│       100        │         │ Meação = 50      │
└──────────────────┘         │ Herança = 16,66  │
         │                   └──────────────────┘
         │                   ┌──────────────────┐
         └───────────────────│    Colateral     │
                             │      33,33       │
                             └──────────────────┘
```

Por fim, ao companheiro tocava a totalidade da herança quando não havia qualquer parente sucessível, conforme dicção do artigo 1.790, inciso IV, do Código Civil, tal como se dá com o cônjuge sobrevivente, por força do artigo 1.828.

Pela literalidade do texto, em face do que dispõe o *caput* do citado artigo, esse direito do companheiro poderia estar restrito aos bens adquiridos onerosamente durante a convivência, e não aos bens particulares, os quais ficariam, então, como herança vacante. Mas não assim. A interpretação sistemática do artigo 1.790, feita em conjunto com a do artigo 1.844 do atual ordenamento, leva a conclusão diversa, ou seja, a de que a vacância dos bens somente será declarada na hipótese de não sobreviver cônjuge, ou companheiro, nem parente algum sucessível, ou tendo eles renunciado à herança. Nesse contexto, impõe-se concluir que o companheiro sobrevivente, na falta daqueles outros herdeiros, tem precedência ao ente público no direito à totalidade da herança, não importa a forma de sua aquisição.

Silvio Rodrigues, na obra atualizada por Zeno Veloso, apresenta a respeito dos direitos sucessórios dos companheiros ponderada crítica:

> Pode-se afirmar que o Código Civil tratou satisfatoriamente do assunto, aproveitando as conquistas e avanços já incorporados ao nosso direito positivo, prevendo outras situações, aproveitando as lições da doutrina e jurisprudência, conforme já foi examinado no volume 6 desta obra.
>
> No entanto, ao regular o direito sucessório entre companheiros, em vez de fazer as adaptações e consertos que a doutrina já propugnava, especialmente nos pontos em que o companheiro sobrevivente ficava numa situação mais vantajosa do que a viúva ou o viúvo, o Código Civil coloca os partícipes de união estável, na sucessão hereditária, numa posição de extrema inferioridade, comparada com o novo *status* sucessório dos cônjuges[41].

---

41 *Direito das Sucessões*, op. cit., p. 117.

Comentando esses dispositivos, assinala Nelson Nery Junior que "não está claro na lei como se dá a sucessão dos bens adquiridos a título gratuito pelo falecido na hipótese de ele não ter deixado parentes sucessíveis", por isso conclui que a herança deve ser atribuída na sua totalidade ao companheiro sobrevivente, antes que ao ente público destinatário da herança jacente.

A argumentação do ilustre jurista contém crítica à falta de técnica legislativa e sugere uma interpretação que favoreça os interesses do companheiro, em atenção ao que teria sido a real intenção do legislador:

> O CC 1.790 *caput,* sob cujos limites os incisos que se lhe seguem devem ser interpretados, somente confere direito de sucessão ao companheiro com relação *aos bens adquiridos onerosamente na vigência da união estável*, nada dispondo sobre os bens adquiridos gratuitamente durante esse mesmo período. É de se indagar se, em face da limitação do CC 1.790 *caput*, o legislador ordinário quis excluir o companheiro da sucessão desses bens, fazendo com que a sucessão deles fosse deferida à Fazenda. Parece-nos que não, por três motivos: a) o CC 1.844 manda que a herança seja devolvida ao ente público, apenas na hipótese de o *de cujus* não ter deixado cônjuge, companheiro ou parente sucessível; b) quando o companheiro não concorre com parente sucessível, a lei se apressa em mencionar que o companheiro terá direito *à totalidade da herança* (CC 1.790, IV), fugindo do comando do *caput*, ainda que sem muita técnica legislativa; c) a abertura de herança jacente dá-se quando não há herdeiro legítimo (CC 1.819) e, apesar de não constar do rol do CC 1.829, a qualidade sucessória do companheiro é de sucessor legítimo e não de testamentário[42].

Sob outro aspecto, apresentava-se vantajoso o direito sucessório do companheiro em relação ao do cônjuge viúvo, porque o artigo 1.790 previa concorrência nos bens havidos em comum, e para estes já se aplicava o direito de meação. Ou seja, cumulação, para o companheiro, dos direitos de meação e de herança, incidentes sobre os bens adquiridos onerosamente durante a convivência, sem qualquer ressalva.

---

42 Nelson Nery Junior e Rosa Maria de Andrade Nery, *Novo Código Civil e legislação extravagante anotados*, São Paulo: Revista dos Tribunais, 2002, p. 600, nota ao art. 1.790.

Capítulo 3 Sucessão Legítima na União Estável

Assim, se o autor da herança deixa um único bem adquirido onerosamente durante a convivência, um herdeiro filho e companheira, esta receberia 50% do bem pela meação e mais 25% pela concorrência na herança com o filho. Se o autor da herança fosse casado, nas mesmas condições, o cônjuge-viúvo teria direito apenas a 50% pela meação, restando igual porcentagem íntegra para o herdeiro filho.

Se não se admitia tratamento discriminatório, prejudicial ao companheiro em outros pontos, tampouco se mostrava compatível com o princípio isonômico esse benefício maior que o Código Civil concedia a quem não era casado, sem falar na diminuição que essa atribuição de bens ao companheiro, que já tem a meação, ocasiona aos sucessores descendentes ou ascendentes do autor da herança.

Subsistiam controvérsias sobre esse intrigante ponto do direito sucessório, ante decisões conflitantes dos tribunais e grande celeuma doutrinária.

Confiram-se, dentre outros, os seguintes julgados:

Companheiro concorrendo com descendentes comuns e exclusivos do falecido. Artigo 1.790, II, do Código Civil. Entendeu o Tribunal de Justiça de São Paulo que, por não haver previsão legal específica para essa hipótese, era descabida a atribuição de quotas iguais a todos, por prejudicar os direitos dos descendentes exclusivos. Mandou aplicar, por analogia, o artigo 1.790, II, do Código Civil, que preserva a igualdade de quinhões entre os filhos, atribuindo à companheira, além de sua meação, a metade do que couber a cada um deles (TJSP, AI 994.08.138700-0, 7ª Câmara de Direito Privado, rel. Des. Alvaro Passos, j. 24-3-2010).

Companheiro concorrendo com descendentes na parte comum dos bens. Artigo 1.790, *caput*, e inc. I, do Código Civil. O Superior Tribunal de Justiça afastou a tese de que a regra de concorrência do cônjuge sobre os bens comuns fosse mais favorável para a convivente que a norma do artigo 1.829, I, do Código Civil, que incidiria caso o falecido e sua companheira tivessem se casado pelo regime da comunhão parcial. Analisa as diversas linhas de interpretação do artigo 1.829, para concluir que "preserva-se o regime da comunhão parcial de bens, de acordo com o postulado da autodeterminação, ao contemplar o cônjuge sobrevivente com o direito à meação, além da concorrência hereditária sobre os bens comuns, mesmo que haja bens particulares, os quais, em qualquer hipótese, são partilhados apenas entre os descendentes (STJ, REsp 1.117.563, SP (2009/0009726-), 3ª T., rel. Min. Nancy Andrighi).

Companheiro concorrendo com colaterais. Artigos 1.790 e 1.829, III, do Código Civil. Ao Tribunal de Justiça de São Paulo pareceu que a inteligência do artigo 1.829, inciso III, do CC, aliado ao princípio constitucional que equipara o casamento à união estável, leva à não aplicação do artigo 1.790 do CC, assim negando a concorrência com colaterais e reconhecendo o direito da companheira à totalidade da herança (TJSP, AI 994.09.278232-6, Ac. 4374834; Guarulhos, 4ª Câmara de Direito Privado, rel. Natan Zelinschi de Arruda, j. 11-3-2010, *DJESP* 13-4-2010).

Por igual, a mesma Corte paulista entendeu inaplicável o artigo 1.790, III, do CC, por afronta aos princípios da igualdade e da dignidade da pessoa humana e leitura sistematizada do próprio Código Civil, com isso dando pela equiparação do companheiro ao cônjuge supérstite, na ordem hereditária (TJSP, AI 609.024.4/4, Ac. 3618121, São Paulo, 8ª Câmara de Direito Privado, rel. Caetano Lagrasta, j. 6-5-2009, *DJESP* 17-6-2009).

No mesmo sentido decidiu o Tribunal de Justiça do Paraná, em votação por maioria, proc. n. 10.472, do Órgão Especial (ADI n. 536.589-9/01, de Curitiba, rel. Sérgio Arenhart, in *DJ* de 3-8-2010).

Já o Tribunal de Justiça de São Paulo, por seu Órgão Especial, contrariando os julgamentos citados, em certa época negava a inconstitucionalidade do artigo 1.790 do Código Civil, concluindo que o prefalado dispositivo não violava preceitos e princípios da lei maior (proc. n. 0434423-72.2010.8.26.0000).

Também o Tribunal de Justiça do Rio Grande do Sul, por seu Órgão Especial, julgou improcedente a arguição de inconstitucionalidade do artigo 1.790, III, do Código Civil, mandando, assim, aplicar tal dispositivo legal e entender que os colaterais, assim como a companheira, herdam os bens deixados pelo falecido (TJRS, EI 70032516148, Porto Alegre, Quarto Grupo Cível, rel. Des. José Ataídes Siqueira Trindade, maioria, j. 11-12-2009, *DJERS* 4-1-2010, p. 58).

A questão foi levada à apreciação do Superior Tribunal de Justiça, que suscitou Incidente de Arguição de Inconstitucionalidade relativamente à aplicação dos incisos III e IV do artigo 1.790 do Código Civil. Salienta o relator, Min. Luis Felipe Salomão, que o mencionado artigo sobre o regime sucessório do companheiro tem despertado debates doutrinário e jurisprudencial de substancial envergadura. Cita lições de autores como Francisco Cahali, Giselda Hironaka e Zeno Veloso, além de precedentes de outros Tribunais, para criticar a redação do dispositivo quando refere, no *caput,* que "o companheiro concorre nos bens adquiridos onerosamente na vigência da união estável, enquanto, no inciso IV, diz que o companheiro tem direito à totalidade da herança", com possível ligação com a norma restritiva da participação somente nos bens comuns, de sorte que os bens particulares do *de cujus,* aqueles adquiridos por doação, herança ou antes da união, "não havendo parentes sucessíveis", teriam a sorte de herança vacante. Salienta que essa conclusão somente seria evitada se houvesse interpretação do inciso IV em total independência com a cabeça do artigo, solução que parece a mais justa, mas que carece de respaldo técnico adequado. Também faz reparos à concorrência do companheiro com os descendentes, sobre os bens comuns, em tratamento que seria mais benéfico que o reservado ao cônjuge no artigo 1.829. E analisa, por fim, as incongruências do inciso III do artigo 1.790 do Código Civil, por determinar a concorrência do companheiro com "outros parentes sucessíveis", o que abarca os ascendentes *ad infinitum* (art. 1.591) e os colaterais até o quarto grau (arts. 1.592 e 1.839). Daí a conclusão de que a matéria enseja exame mais aprofundado, pelo órgão competente desta Corte, mediante a arguição do incidente de inconstitucionalidade do artigo 1.790 do Código Civil e seus incisos (STJ, 4ª Turma, AI no REsp 1.135.354/PB (2009/0160051-5), rel. Min. Luis Felipe Salomão, j. 27-5-2011).

Hoje: artigo 1.829 do CC

Nessa linha evolutiva, a matéria chegou ao Supremo Tribunal Federal. No julgamento do RE 878.694-MG, relator o Min. Luís Roberto Barroso, depois de diversos adiamentos e algumas divergências, sobreveio decisão por expressiva maioria, com a declaração de inconstitucionalidade do guerreado artigo 1.790, em especial no seu inciso III, por estabelecer concorrência do cônjuge com outros parentes, incluindo os colaterais, de forma diferenciada da sucessão assegurada ao cônjuge no artigo 1.829 do Código Civil.

Na mesma sessão foi julgado em conjunto o RE 646.721-RS, rel. Min. Marco Aurélio, reconhecendo iguais direitos sucessórios ao companheiro em união homoafetiva.

Deu-se divergência parcial de votos por sustentar, a minoria, que a diferença de tratamento ditada pelo Código Civil com relação ao companheiro não ofendia a Constituição, porque o texto do artigo 226, § 3º, ao tratar da conversão da união estável em casamento, teria reconhecido uma hierarquia entre as duas entidades familiares.

Constou do voto condutor a observação de que a nova sistemática da sucessão do companheiro (igual à do cônjuge sobrevivente) teria aplicação sobre os inventários judiciais em que a sentença de partilha não tenha transitado em julgado e às partilhas extrajudiciais em que ainda não haja escritura pública. Preservam-se, desse modo, as partilhas já definitivamente homologadas, em que se tenha aplicado a regra de sucessão anterior.

Ficou assim redigida a ementa do julgamento, com incidência em outros casos de inventários pendentes, por sua repercussão geral: "No sistema constitucional vigente, é inconstitucional a diferenciação de regimes sucessórios entre cônjuges e companheiros, devendo ser aplicado, em ambos os casos, o regime estabelecido no artigo 1.829 do Código Civil".

A decisão da Suprema Corte ecoou favoravelmente nos diversos setores do mundo jurídico, com aplausos da doutrina majoritária e ampla aplicação nos meios judiciários em vista da repercussão geral do julgamento. Para Zeno Veloso, tabelião, professor de direito e reconhecido jurista, a discrepância entre a posição sucessória do cônjuge supérstite e a do companheiro sobrevivente, além de contrariar o sentimento e as aspirações sociais, feria e maltratava, na letra e no espírito, os fundamentos constitucionais. Daí ter se posicionado a favor da queda do artigo 1.790, por entender que o dispositivo era "injusto, inconsequente, absurdo e perdidamente inconstitucional" (entrevista ao IBDFAM-revista – www.ibdfam.org.br).

Para outros autores, no entanto, seguindo a linha do voto minoritário no RE 878.694 (do Min. Marco Aurélio), não havia razão para a igualação dos direitos sucessórios em planos familiares diferenciados. Mário Luiz Delgado, familiarista radicado em São Paulo e dirigente do IASP (Instituto dos Advogados de São Paulo), opina que, "ao proclamar o igualitarismo sucessório das entidades familiares, o STF simplesmente aniquilou a liberdade daqueles que optaram pela relação

Capítulo 3   Sucessão Legítima na União Estável

informal, exatamente porque não pretenderam se submeter ao regime formal do casamento". Deixa entender que teria havido a criação de uma espécie de "casamento forçado". E o dirigente nacional do IBDFAM (Instituto Brasileiro de Direito de Família), Rodrigo da Cunha Pereira, mostra a mesma posição crítica dos resultados do julgamento, ao indagar: "Com o estabelecimento da equiparação entre união estável e casamento, que alternativa restará à pessoa que não quiser se casar e preferir viver em regime de união estável?" A resposta poderia ser: quem não quiser assumir o risco, não se case, permaneça celibatário... (entrevistas na *Revista de Direito de Família* e no site do IBDFAM; capítulo em *Grandes Temas do Direito Civil nos 15 anos do Código Civil*, Editora IASP: SP, 2017, p. 395 – "As vicissitudes e paradoxos da União Estável no ordenamento jurídico Brasileiro").

A jurisprudência do Superior Tribunal de Justiça vem se amoldando ao entendimento acolhido no Supremo, reafirmando que no sistema constitucional do país é inconstitucional a distinção de regimes sucessórios entre cônjuges e companheiros, devendo ser aplicado a ambos o mesmo tratamento jurídico, ou seja, aquele previsto no artigo 1.829 do Código Civil. No REsp 1.332.773-MS, relatado pelo Min. Ricardo Villas Bôas Cueva, restou assente que "o tratamento diferenciado acerca da participação na herança do companheiro ou cônjuge falecido conferido pelo art. 1.790 do CC/2002 ofende frontalmente os princípios da igualdade, da proporcionalidade e da vedação do retrocesso" (3ª Turma, v.u., 27-6-2017). Os mesmos fundamentos serviram ao julgamento do REsp 1.337.420-RS, relator Min. Luis Felipe Salomão, lembrando que o sistema normativo em vigor admite outros modelos familiares além do casamento, e que a Constituição de 1988 abriu campo ao reconhecimento de um "polimorfismo familiar, cujos arranjos multifacetados foram reconhecidos como aptos a constituir esse núcleo doméstico chamado família, dignos da especial proteção do Estado, antes conferida unicamente àquela edificada a partir do casamento", assim concluindo que "não há espaço legítimo para o estabelecimento de regimes sucessórios distintos entre cônjuges e companheiros", tudo a recomendar a substituição do artigo 1.790 pelo artigo 1.829 numa e noutra dessas situações de sucessão hereditária (4ª Turma, v.u., 26-9-2017).

Em suma, o companheiro sobrevivente passa a ter seu direito sucessório com os mesmos pressupostos e critérios estabelecidos no artigo 1.829 para o cônjuge sobrevivente. Confira-se o cap. 2, item 9, retro, com as ilustrações gráficas de cálculos da concorrência sucessória do cônjuge, que servem igualmente à sucessão do companheiro.

Assim, o companheiro concorre com descendentes do autor da herança, conforme tenha sido o regime de bens adotado na união estável: se não foi no regime da comunhão universal ou da separação obrigatória de bens; ou se, no regime da comunhão parcial, o autor da herança não houver deixado bens particulares. E o valor do quinhão devido ao companheiro segue a mesma ordem de prioridades prevista nos incisos I a IV do artigo em exame. Terá direito à garantia mínima de ¼ da herança, se for ascendente dos herdeiros com que concorrer (art. 1.832 do CC). Aplicam-se ao companheiro, neste caso, as mesmas regras previstas para a concorrência do cônjuge com descendentes (v. cap. 2, item 9.4).

Na falta de descendentes, o companheiro tem concorrência garantida com os ascendentes do falecido, não importa qual tenha sido o regime de bens (arts. 1.836 e 1.837 do CC).

Se não houver descendentes nem ascendentes sobrevivos, o companheiro recebe a herança na sua totalidade, como terceiro na ordem sucessória (art. 1.838 do CC). Os colaterais somente receberão a herança se não houver cônjuge nem companheiro sobrevivente (art. 1.839 do CC). Aplicam-se ao companheiro, nesse caso, as mesmas regras previstas para a concorrência do cônjuge com descendentes (v. cap. 2, item 9.4).

Embora o julgamento do Supremo tenha se originado de um ponto específico (art. 1.790, inc. III – concorrência com colaterais), acabou por ter maior abrangência pela declaração de inconstitucionalidade de todo o artigo 1.790 do Código Civil, pois mandou aplicar ao companheiro as regras sucessórias do artigo 1.829, em plena equiparação aos direitos do cônjuge sobrevivente.

Restam questões paralelas de outros efeitos desse tratamento jurídico ao companheiro, com relação a certos direitos que são previstos ao cônjuge. Nesse sentido, foram interpostos embargos declaratórios no RE 878694 para que fosse explicitada a extensão do julgado. O Supremo rejeitou os embargos, sob o fundamento de que não houve omissão no cerne do julgamento, que dizia respeito à inconstitucionalidade do artigo 1.790 do CC, sem comportar, por isso, decisões mais alargadas, como a de considerar o companheiro herdeiro necessário. Note-se que não houve a negação desse direito, mas somente a abstenção do julgamento por versar sobre questão a ser apreciada em ação própria.

Em razão desse pronunciamento inconclusivo, subsiste divergência doutrinária sofre a extensão dos efeitos daquele acórdão. Para alguns autores, o companheiro não se encaixa na situação do artigo 1.845 do Código Civil, que

Capítulo 3 Sucessão Legítima na União Estável

nomeia os herdeiros necessários, em vista do teor restritivo do texto legal, e por não se confundirem as situações pessoais de cônjuge e de companheiro. Para outros, e dentre estes nos situamos, a consequência da equiparação para fins sucessórios, mandando aplicar ao companheiro a mesma ordem de vocação hereditária do cônjuge, prevista no artigo 1.829 do Código Civil, leva à conclusão da equiparação plena na esfera dos demais direitos inerentes à sucessão, abrangendo, portanto, o mesmo tratamento ao companheiro, sob pena de aplicação discriminatória da regra da sucessão legítima.

Diante dessa ampliação dos efeitos do relevante julgamento do STF, conclui--se que o companheiro deva ser tratado, também, em plano de igualdade com o cônjuge em outros temas relevantes de sua posição no direito hereditário, como na concorrência com ascendentes (art. 1.837 do CC), e bem assim para figurar como herdeiro necessário (acréscimo ao rol do art. 1.845 do CC) e com direito de habitação sobre o imóvel que servia à família (art. 1.831 do CC).

Por fim, o julgado do STF trouxe regra de modulação dos seus efeitos para aplicação imediata a todos os casos de partilha judicial ainda sem trânsito em julgado e aos inventários extrajudiciais pendentes de formalização da escritura. Cabe ressalvar, nesse ponto, a disposição de direito intertemporal do artigo 2.041 do Código Civil, no sentido de que "as disposições deste Código relativas à ordem da vocação hereditária (arts. 1.829 a 1.844) não se aplicam à sucessão aberta antes de sua vigência, prevalecendo o disposto na lei anterior (Lei n. 3.071, de 1º de janeiro de 1916)". Não podem ser alcançadas as partilhas baseadas no direito antigo, que se regem pela lei vigente ao tempo da abertura da sucessão, conforme dispõe o artigo 1.787 do Código Civil.

De reparar, ainda, que a mudança pretoriana na extensão dos direitos sucessórios ao companheiro pelos critérios do artigo 1.829 do Código Civil constitui um excesso em casos de testamento, quando o companheiro tenha sido contemplado com a parte disponível dos bens porque, na época, não teria a concorrência na herança sobre bens particulares; agora, o companheiro passa a ter esse direito hereditário concorrente que se soma à deixa testamentária, em um superávit que não havia sido previsto pelo testador.

Sobre a incidência do julgamento aos processos em tramitação, é importante ressalvar que somente podem ser atingidos os casos de partilha litigiosa, pois é curial que, tendo havido acordo das partes, deva ser preservada a sua manifestação de vontade, ainda que a homologação penda de alguma providência faltante na esfera fiscal ou por demora da atividade judiciária.

8.2. Direito de habitação do companheiro

O direito de habitação sobre o imóvel que servia de residência ao casal, previsto no artigo 1.831 do Código Civil, refere-se ao cônjuge sobrevivente, qualquer que seja o regime de bens (v. cap. 2, item 9, subitem "habitação").

Habitação distingue-se de usufruto, pois tem caráter mais restrito que este. Consiste em uso para moradia, não abrangente da percepção dos frutos, por isso que somente confere direito de habitar, gratuitamente, em imóvel residencial alheio. Quem habita não pode alugar nem emprestar a coisa, mas somente ocupá-la com sua família.

Não há previsão do mesmo direito, de elevado cunho social, ao companheiro sobrevivente, que assim é deixado inteiramente à míngua, nem mesmo podendo continuar a residir no imóvel que lhe servia de residência na união estável, quando não tinha direito à meação ou à participação na herança nas situações já analisadas.

Como se verifica, o direito sucessório do companheiro é flagrantemente discriminatório, em comparação com a posição reservada ao cônjuge, nada justificando essa diversidade de tratamento legislativo quando todo o sistema jurídico, à luz da Constituição, recomenda proteção jurídica à união estável como forma alternativa de entidade familiar, ao lado do casamento.

A solução, atendendo-se à regra da igualdade na proteção legal à entidade familiar, seja a constituída pelo casamento ou pela união estável, é a da equiparação no tratamento dos respectivos direitos hereditários, contemplando-se o companheiro supérstite da mesma forma que o viúvo.

É o que se conclui, definitivamente, da decisão do Supremo Tribunal Federal no RE 878.694-MG, acima comentada, com a necessária extensão de direitos sucessórios do cônjuge ao companheiro, em patente decisão de cunho isonômico: o que vale para um vale igualmente para o outro no plano da proteção familiar.

Já bem antes, o julgamento proferido pelo Superior Tribunal de Justiça, baseado em histórico do direito real de habitação, lembrando que o Código Civil de 1916, com a redação que lhe foi dada pelo Estatuto da Mulher Casada, conferia ao cônjuge sobrevivente direito real de habitação sobre o imóvel destinado à residência da família, desde que casado sob o regime da comunhão universal de bens, e que a Lei n. 9.278/96, no artigo 7º, parágrafo único, conferiu direito equivalente aos companheiros. Na sequência, o Código Civil de 2002 abandonou a postura restritiva do anterior, estendendo o benefício ao cônjuge sobrevivente, independentemente do regime de bens do casamento. Por fim, como anota o julgado, a Constituição Federal de 1988, no art. 226, § 3º, emprestou uma moldura normativa isonômica entre a união estável e o casamento, o que "conduz também o intérprete da norma a concluir pela derrogação parcial do § 2º do art. 1.611 do CC/1916, de modo a equiparar a situação do cônjuge e do companheiro no que respeita ao direito real de habitação" (REsp 821.660-DF, 3ª Turma, rel. Min. Sidnei Beneti, j. 14-6-2011, v.u.).

No mesmo tom, o direcionamento jurisprudencial de que *"o Código Civil de 2002 não revogou as disposições constantes da Lei n. 9.278/96, subsistindo a norma que confere o direito real de habitação ao companheiro sobrevivente diante da omissão do Código Civil em disciplinar tal matéria em relação aos conviventes em união estável, consoante o princípio da especialidade"* (STJ, AgRg no REsp 1.436.350/RS, Rel. Min. Paulo de Tarso Sanseverino, 3ª Turma, julgado em 12-4-2016, DJe 19-4-2016).

Com efeito, não bastasse a equiparação das entidades familiares com ou sem casamento, subsiste a previsão legal do direito de habitação em favor do companheiro, pela disposição do artigo 7º, parágrafo único, da Lei n. 9.278/96, acima citada. O argumento justifica-se em reforço à extensão analógica do mesmo direito assegurado ao cônjuge sobrevivente e porque o Código Civil, apesar de não prever aquele direito ao companheiro, também não o excluiu, deixando a questão em aberto para a exegese doutrinária e jurisprudencial.

8.3. Companheiro, antes casado e separado de fato

O direito sucessório do companheiro pressupõe a inexistência de cônjuge sobrevivente. Se o falecido era casado, subsiste o direito hereditário do cônjuge viúvo, em concurso com eventual parceiro de união extraconjugal, que, na verdade, seria união concubinária, assim ilícita, por adulterina. Nessa hipótese, prevalece o direito à herança por parte do cônjuge supérstite, conforme previsto na ordem da vocação hereditária (art. 1.829 do CC), exceto se extinta a sociedade conjugal pela separação judicial (a que se acrescentem divórcio e anulação do casamento), ou se ocorrer a separação de fato.

A possibilidade de reconhecimento de união estável envolvendo pessoa casada e separada de fato é prevista no artigo 1.723, § 1º, do Código Civil, como exceção à regra de sujeição da união estável aos impedimentos matrimoniais.

Ao cuidar do direito sucessório do cônjuge, o Código Civil, no artigo 1.830, retorna ao tema da separação de fato do casal, determinando que a herança somente será atribuída ao viúvo se não estava separado judicialmente nem separado de fato há mais de dois anos, salvo prova, neste caso, de que a convivência se tornara impossível sem culpa do sobrevivente.

Em tal hipótese, portanto, se o casado e separado de fato mantiver outra união caracterizada como estável, o direito de sucessão, no caso de sua morte, resolve-se pelo fator temporal e pela inexistência ou não de culpa na separação de fato: se inferior a dois anos, independentemente de análise da culpa, ou se superior a esse prazo, sem culpa do cônjuge sobrevivente, a ele se atribuirá a participação hereditária; se a separação de fato se deu há mais de dois anos, por reconhecida culpa do cônjuge sobrevivente, então a herança será atribuída ao companheiro sobrevivente da união estável. Na última hipótese, caso não haja união estável, a herança retorna aos sucessores legítimos segundo a ordem da vocação hereditária, já que negada a participação do cônjuge.

Essa discussão da culpa pela impossibilidade da vida em comum do casal, com reflexo no direito sucessório do cônjuge, afigura-se deslocada e imprópria à solução do seu direito hereditário. Exige o ingresso nas vias ordinárias, por constituir questão de alta indagação, pendente de adequada instrução probatória que se torna impossível nos estreitos lindes de um processo de inventário.

Como bem anota Giselda Maria Fernandes Novaes Hironaka, o moderno Direito de Família "tem procurado esquivar-se, cada vez mais, das cruéis exigências da prova da culpa de qualquer dos cônjuges, para abalizar a autorização de ruptura matrimonial. A tendência atual, sabe-se tão bem, é visualizar um Direito de Família novo, que tenha por objeto as relações de afeto, sob a ocorrência dos fenômenos da desbiologização e da despatrimonialização destas mesmas relações... E o legislador do Código, em matéria de Direito das Sucessões, surdo ao clamor da pós-modernidade, fala inescrupulosamente em *culpa*, e ainda pretende que a prova de sua ausência, para o efeito de se deferir a herança ao cônjuge, em concorrência com descendentes, por exemplo, fique a cargo do processo de inventário... e num tempo em que o outro cônjuge, eventualmente envolvido no episódio culposo, já estará falecido! Será que isso dará certo? Parece que teremos quase que mais uma causa de exclusão de herdeiro fora de seu *habitat* legislativo"[43].

Teria sido melhor que o legislador afastasse o direito à sucessão tão só pela comprovada separação de fato, sem perquirição de sua causa e nem de prazo, bastando que se comprovasse o caráter definitivo da separação.

As considerações valem por comparação com a situação de companheiro sobrevivente, que, em face do caráter informal da união, somente receberá a herança se mantida a convivência até a da morte do seu parceiro. Se ocorrida a dissolução da vida em comum anteriormente à abertura da sucessão, ainda que sem desate judicial, desaparece aquele direito sucessório.

8.4. Sucessão por testamento

Nada impede que o companheiro seja contemplado com direitos sucessórios por via testamentária, como herdeiro instituído ou legatário. Há que se resguardar, apenas, o direito dos herdeiros necessários à legítima (arts. 1.845 e 1.846 do CC), de modo que o testamento não ultrapasse a porção disponível.

É ampla a liberdade que a lei concede a uma pessoa para dispor dos seus bens por ato de última vontade (ressalvada a legítima) em favor de qualquer pessoa física ou jurídica, desde que observadas as formalidades para a disposição por testamento, nos modos ordinários (público, cerrado e particular) ou especial (marítimo, militar e aeronáutico), ou por codicilo (valores de pequena monta).

Observe-se a restrição do artigo 1.801 do Código Civil ao dispor que não podem ser nomeados herdeiros nem legatários: "(...) III – o concubino do testador casado, salvo se este, sem culpa sua, estiver separado de fato do cônjuge há mais de cinco anos".

A expressão concubino, de gênero abrangente, abarca tanto o homem quanto a mulher, e se mostra imprópria quando alude ao prazo de cinco anos de separação de fato. Essa referência temporal contradiz o disposto no artigo 1.723, § 1º, segunda parte, do Código Civil, que possibilita o reconhecimento de união estável de pessoa casada e separada judicialmente ou de fato, sem estipulação de prazo. Essa mesma impropriedade verifica-se no

---

43 *Direito sucessório brasileiro*: ontem, hoje e amanhã, op. cit., p. 74.

conceito de concubinato trazido no artigo 1.727, por referir relações não eventuais entre homem e mulher impedidos de casar, sem as ressalvas que constam do citado § 1º do artigo 1.723.

Configurada que seja a união estável com pessoa casada naquelas condições, não pode subsistir a vedação de outorga testamentária a seu favor.

Lembra-se o Enunciado 269 da III Jornada de Direito Civil do CJF, no sentido de que "a vedação do art. 1.801, inc. III, do Código Civil não se aplica à união estável, independentemente do período de separação de fato (art. 1.723, § 1º)".

Inadmissível a inserção da discussão da culpa pela separação de fato, por trazer ao âmago do inventário questão que somente interessaria ao Direito de Família, em caso de precedente separação judicial. Valem as mesmas observações feitas em tópico precedente sobre a atribuição de herança ao cônjuge separado de fato há mais de dois anos.

Quanto à disposição em favor de filho de concubino de pessoa casada, há jurisprudência consagrada na Súmula 447 do STF: "É válida a disposição testamentária em favor de filho adulterino do testador com sua concubina". O entendimento veio a ser acolhido no Código Civil, artigo 1.803: "É lícita a deixa ao filho do concubino, quando também o for do testador".

9. AÇÕES

O caráter tipicamente informal da união estável, embora também seja possível (e até recomendável) a sua documentação por contrato escrito, dá ensejo à propositura de ações judiciais entre companheiros, assim como a procedimentos cautelares para o reconhecimento da existência da união constitutiva de entidade familiar e de sua eventual dissolução, com seus efeitos jurídicos próprios (direitos pessoais e patrimoniais).

9.1. Declaratória de união estável e sua dissolução para fins de meação

Por prescindir de documentação própria, a união estável, tipicamente informal, decorrente de uma situação de fato, exige reconhecimento judicial quando não haja concordância das partes envolvidas.

Cumpre ao autor, na petição inicial de reconhecimento da união estável, expor os fatos que possibilitem o enquadramento da convivência naquela espécie de entidade familiar, com os requisitos exigidos na lei (v. item 2 deste cap.), e descrever os bens adquiridos a título oneroso durante a convivência, exibindo provas documentais de que disponha ou indicando os meios probatórios a serem utilizados no curso da demanda. Ao réu, além de contestar, será possível reconvir, objetivando inclusão de eventuais outros bens sujeitos à meação, que estejam em poder do autor ou titulados exclusivamente em seu nome.

Em caso de revelia, questiona-se a respeito da aplicação dos efeitos de presunção de veracidade, prevista no artigo 344 do CPC/2015. Entende pela negativa Flávio Luiz Yarshell, por considerar que a ação versa sobre matéria de estado da pessoa, com amplas repercussões – inclusive perante terceiros – e que, portanto, está inserida, quanto a esse aspecto, nas exceções estatuídas pelos artigos 302, inciso I, 320, inciso II, e 351 do citado diploma (correspondência nos artigos 341, I, 320, II, e 392 do CPC de 2015)[44].

Essa conclusão, igualmente válida para outras ações da mesma natureza, não se estende, porém, aos pedidos cumulativos, decorrentes do reconhecimento da união estável, ou seja, tanto meação quanto herança ou alimentos, pois nesses casos a falta de comparecimento ou a presença do réu sem contestar equivalerá à admissão de verdade dos fatos subjacentes àquelas pretensões.

A união estável, diversamente do que acontece no casamento, não exige procedimento judicial para sua dissolução. Conforme já visto, a dissolução se dá pelo simples rompimento da vida em comum, sem mais formalidades, embora seja possível o acertamento de direitos patrimoniais pendentes por acordo escrito, quando convenha às partes.

Na falta de acerto amigável entre as partes, faz-se o pedido de reconhecimento e dissolução da união estável, para reclamo de meação sobre os bens adquiridos durante a convivência, assim como de outros direitos relativos a alimentos, guarda de filhos e visitas. Se falecido o ex-companheiro, deve ser requerida a sua habilitação aos direitos sucessórios, no processo de inventário ou em ação própria com petição de herança (v. item 9.2).

Interesse haverá no pedido de dissolução judicial quando verificado o descumprimento de deveres por parte de um dos companheiros, tais os casos de deslealdade (infidelidade, união paralela etc.), falta de respeito e consideração, desassistência material ou moral, descuido na guarda, susten-

---

44 Tutela jurisdicional dos "conviventes" em matéria de alimentos, *Repertório de jurisprudência e doutrina sobre Direito de Família*, vol. 3, São Paulo: Revista dos Tribunais, 1996, p. 56.

to e educação dos filhos (art. 1.724 do CC), embora não seja preciso motivar o pedido. Como ocorre no divórcio, a dissolução da união estável é de caráter meramente potestativo; e a prévia separação de corpos será viável em tais situações, assim como o arrolamento de bens e outras medidas cautelares.

Símile à partilha de bens dos descasados, a pretensão patrimonial do companheiro, no pedido de meação, decorre da extinção da copropriedade naqueles bens comuns, ainda que titulados em nome do outro. Se a aquisição se deu em nome de ambos os companheiros, em quotas iguais ou com indicação de quotas diversas para cada qual, será dispensável o procedimento de partilha, vez que a propriedade nos bens já se acha formalizada.

O direito de meação decorre do disposto no artigo 1.725 do Código Civil, salvo se houver contrato escrito, dispondo em contrário. Geralmente figura a mulher no polo ativo da demanda, pela sua frequente inferioridade econômica em relação ao companheiro, mas pode muito bem dar-se o inverso, de vir o homem a pedir sua quota nos bens adquiridos só em nome da companheira. A igualdade de direitos entre companheiros, tal como se verifica entre os cônjuges, conduz a esse entendimento que já vinha sendo adotado pela jurisprudência mais sensível à realidade social: "O concubinário tem também o direito de pleitear a partilha dos bens do casal adquiridos com as economias de ambos durante a mancebia"[45].

9.2. Declaratória de união estável e pedido de herança

Nas mesmas condições em que se faculta o pedido de meação, em ação de reconhecimento da união estável, pode também ser reclamado direito hereditário, atendidos os pressupostos legais aplicáveis à data da abertura da sucessão.

Como visto, o Código Civil, no artigo 1.790, estabelecia distinções na posição sucessória do companheiro, em relação à do cônjuge, porém esse dispositivo foi declarado inconstitucional pela Suprema Corte no julgamento do RE 878.694 (v. item 8.1, retro), para aplicação do regime de sucessão previsto no artigo 1.829 para qualquer espécie de sobrevivente da entidade familiar.

O reconhecimento desses direitos pode ser obtido diretamente no processo de inventário, mediante a habilitação do companheiro sobrevivente,

---

[45] RT 569/191.

Capítulo 3 Sucessão Legítima na União Estável

desde que haja suficiente prova documental ou prévio reconhecimento da união estável. Os demais interessados serão intimados e, se houver concordância de todos, o Juiz poderá deferir o pedido. Havendo impugnação, caberá ao Juiz decidir de acordo com as provas exibidas no processo, ou remeter o interessado às vias ordinárias, quando as questões dependerem de outras provas (art. 612 do CPC/2015).

Nessa hipótese, portanto, o companheiro deverá propor ação própria, de reconhecimento da união estável até a data do óbito do autor da herança, para o pleito do direito sucessório. Ao mesmo tempo, poderá garantir o seu quinhão na herança mediante pedido de reserva de bens no inventário ou medida cautelar correspondente (v. item 8.4).

A ação de reconhecimento da união estável *post mortem* deve ser proposta contra os herdeiros do falecido e não contra o seu espólio, pois o interesse na preservação da herança é de todos os sucessores habilitados[46]. Contra eles, pois, é que se dirige a ação do ex-companheiro do autor da herança ante a necessidade de que todos sejam chamados a integrar a lide. Não basta a simples presença do espólio representado pelo inventariante, que nem sempre tem o mesmo procurador de todos os herdeiros, mas a questão não é pacífica. Para Ney de Mello Almada, "se morto estiver o concubino (ou a concubina), a ação deverá ser endereçada ao respectivo espólio"[47]. No mesmo sentido, acórdão da 6ª Câmara Civil do Tribunal de Justiça de São Paulo, reconhecendo legitimidade passiva do espólio em ação de concubina para reconhecimento de sociedade de fato e pleito de meação[48].

Cabe uma observação quanto aos efeitos sucessórios e o modo de proceder no caso de não haver outros herdeiros habilitados além do próprio companheiro sobrevivente. Antes das leis especiais sobre direitos dos companheiros na união estável, o concubino sobrevivente somente poderia reclamar a participação nos bens, a título de meação (Súmula 380 do STF), e não o direito à herança. Não havendo outros herdeiros sucessíveis, eram arrecadados os bens como herança jacente, com posterior declaração de he-

---

46 *RJTJESP* 41/52.
47 *Direito de Família*, São Paulo: Brasiliense, vol. I/95.
48 AgI n. 214.683-1, rel. Ernani de Paiva, *JTJ* 158/174; cita outros precedentes: *RJTJESP* 92/60; *RT* 557/164, 560/172 e 694/167.

rança vacante, para sua atribuição ao Município ou ao Distrito Federal onde localizados os bens. A situação é bem diversa no Código Civil de 2002, uma vez que o companheiro supérstite se habilita como coerdeiro dos bens do falecido. Ao propor a ação de reconhecimento da união estável e sua dissolução por morte do ex-companheiro, na falta de parentes sucessíveis, o companheiro sobrevivente estará se defrontando com interesses do Município ou de outro órgão público que seria adjudicatário dos bens da herança tida como jacente, depois vacante. Será de rigor, nesse caso, que a ação do companheiro seja proposta em face daquele ente público, a ser citado para os termos do pedido que lhe é conflitante.

9.3. Inventário: abertura e habilitação

Na qualidade de herdeiro, além do eventual direito a meação, o companheiro sobrevivente tem legitimidade para requerer a abertura de inventário ou habilitar-se no processo já instaurado. Concorrendo com outros interessados na herança, em face de seu direito sucessório, ostenta legitimidade para aquele fim (art. 616, I, do CPC, em expressa menção ao companheiro, colocando-o ao lado do cônjuge, na ordem prioritária de legitimidade concorrente para pedir a instauração do processo de inventário e partilha).

Como anotado, o companheiro poderá imitir-se na inventariança na posição que seria reservada ao cônjuge-viúvo, desde que estivesse convivendo com o outro ao tempo da morte deste (art. 617, I, do CPC).

Há de ser comprovada a situação de "companheiro" para o consectário reclamo de meação e de participação na herança. É possível que se proceda à comprovação nos próprios autos do inventário, sem necessidade de ação própria, quando haja elemento documental suficiente ou quando estejam de acordo os demais interessados, desde que sejam maiores e capazes.

Trata-se da necessidade de simplificar e economizar tempo e processo, uma vez que o juiz tem poderes para homologar o acordo feito entre os sucessores, seja com relação ao tempo de convivência ou à instauração de sociedade de fato de que tivesse participado o *de cujus*[49].

---

[49] Nesse sentido a jurisprudência (*RT* 563/265, 461/206, 610/104, 667/94), em consonância com a melhor doutrina (Wilson Bussada, *Inventários e partilhas interpretados pelos*

Capítulo 3 Sucessão Legítima na União Estável

Se não houver prova segura para o juiz decidir sobre o direito do companheiro, será este remetido às vias ordinárias para o possível ajuizamento de ação de reconhecimento da união estável. Ou seja, o suposto companheiro há de obter a declaração judicial dessa condição, para depois entrar no inventário ou de outro modo exercer seu direito à meação, ressalvado o direito à reserva de bens (de que se falará no próximo item).

Havia entendimento no sentido de que, sendo remetido às vias ordinárias para reclamo de meação, o companheiro fica "sem possibilidade alguma de influir no andamento do processo de partilha antes de judicialmente afirmado esse direito"[50].

Posição vencida, essa de cunho eminentemente discriminatório ao companheiro. Diversamente, a considerar o legítimo interesse do suposto herdeiro em razão da união estável, melhor se afigura garantir ao companheiro, mesmo enquanto pendente o reconhecimento judicial de sua situação, o direito de fiscalizar o desenvolvimento do inventário. Foi como julgou o TJSP: "Se a agravante formulou pedido de habilitação como herdeira única dos bens deixados pelo inventariado, com fundamento nas Leis n°s. 8.971/94 e 9.278/96, em razão da existência de união estável e de não haver ascendentes e nem descendentes, tem direito de acompanhar o desenvolvimento do processo, fiscalizando os atos da inventariante, impugnando aqueles contrários ou prejudiciais à conservação ou manutenção do acervo hereditário"[51].

A juntada da certidão de nascimento servirá para habilitação do filho herdeiro, mas não será prova suficiente da situação de companheiro, salvo se a situação for aceita pelos demais interessados na herança. Se houver recusa, o juiz decidirá à vista dos elementos documentais carreados ao processo (p. ex., sentença anterior reconhecendo a vida em comum, certidão de casamento religioso, prova de dependência para fins previdenciários ou fiscais etc.). Sendo insuficientes esses elementos, com necessidade de outras provas em matéria de alta indagação, a parte será remetida às vias ordinárias.

---

tribunais, Rio de Janeiro: Rio, vol. II, 1976, n. 1.635; Wilson Oliveira, *Inventários e partilhas*, São Paulo: Saraiva, 1979, n. 29.2, p. 304).

50   RJTJESP 48/207.

51   TJSP, 9ª Câmara de Direito Privado; AI 56.182-4/9, rel. Des. Ruiter Oliva; j. 23-9-1997, v.u., *Bol. AASP* n. 2.049, p. 111, e.

Com relação aos filhos do companheiro, também poderá ser contestada sua qualidade pelos outros interessados na herança, no prazo de 15 dias (art. 627, inc. III, do CPC). Se suficiente a prova documental, o juiz poderá decidir nos próprios autos do inventário. Mas, se for duvidosa, exigindo melhor investigação probatória, será caso de remessa das partes aos meios ordinários, sobrestando, até o julgamento da ação, a entrega do quinhão que na partilha couber ao herdeiro admitido (art. 627 do CPC). É situação semelhante à do herdeiro que se julgar preterido, que poderá demandar sua pretensão no inventário, antes da partilha; ouvidas as partes, em 15 dias, o juiz decidirá; se não acolher o pedido, remeterá o requerente para as vias ordinárias, mandando reservar, em poder do inventariante, o quinhão do herdeiro excluído, até que se decida o litígio (art. 628, §§ 1º e 2º, do CPC).

Não tendo havido reconhecimento voluntário dos filhos pelo genitor, indispensável será a declaração judicial do estado de filiação, em ação de investigação de paternidade, para subsequente habilitação no inventário. Note-se que é imprescritível a ação investigatória da filiação (art. 27 da Lei n. 8.069/90), mas não assim a de petição de herança (Súmula 149 do STF). O suposto herdeiro poderá garantir seu quinhão mediante pedido de reserva de bens no inventário ou por meio de ação cautelar.

Sumariando, mostra-se de rigor o reconhecimento judicial da sociedade de fato: a) por ação própria, se divergentes os herdeiros, ou b) por termo de acordo nos autos do inventário, caso transijam os interessados, seguindo-se sentença homologatória. Assim, reconhecido o direito de meação, apartar-se-á o seu correspondente valor, para que remanesça o cálculo do imposto apenas sobre a cota da herança, ou seja, a parte transmissível aos herdeiros.

Por fim, uma anotação de caráter fiscal: como ocorre com os demais herdeiros, o quinhão hereditário atribuído ao companheiro está sujeito ao imposto de transmissão *causa mortis*. É diferente da meação, na qual não há fato gerador do tributo, pois não há transmissão de herança do falecido ao companheiro sobrevivente, mas simples partilha decorrente da aquisição de bens em comum.

9.4. Reserva de bens em inventário

A reserva de bens em inventário, nos termos do artigo 628 do Código de Processo Civil, aplica-se aos casos de herdeiro preterido. Em vista dessa redação, firmou-se jurisprudência no sentido de que não era possível a suspensão do processo de inventário, nem reserva de bens a partilhar, para resguardo de meação resultante de união informal, ainda pendente de comprovação em ação própria[52].

Em sentido contrário, boa messe de julgados vinha concedendo a reserva de bens, em casos tais, ao argumento de que o patrimônio oriundo da relação concubinária se presumia construído pelo esforço comum[53].

Hamilton de Moraes Barros, ainda na vigência do Código de Processo Civil de 1973, entendia aplicável o disposto no artigo 1.001 daquele Código, não só ao herdeiro preterido, como também à concubina (*rectius* companheira) e ao filho natural ou adulterino, que ainda luta por provar essa qualidade[54].

Como decidiu uma das câmaras do Tribunal de Justiça de São Paulo, "não há por que excluir das disposições do art. 1.001, concubina que pleiteia parte da herança. Embora não sendo herdeira, reconhece a Súmula 380 do STF a partilha do patrimônio havido com o esforço comum. Se tal disposição não há de ser aplicada compulsoriamente, nada obsta que, por analogia e sob invocação do poder cautelar do Juiz (...), determine este a separação de bens. Tal medida, dado seu caráter cautelar, poderá ser reformulada a qualquer tempo e, enquanto persistir o *fumus boni juris* em favor do pedido da concubina, se manterá a separação dos bens que, em princípio, em nada prejudica os herdeiros que os terão garantidos, caso não se reconheça o direito da concubina a eles. Inversamente, se não se separar o quinhão, poderá ocorrer que, reconhecido o direito da concubina, não haja mais bens a lhe serem entregues"[55].

O intuito era o de proteger o concubino sobrevivente para evitar a frustração dos seus possíveis direitos de meação nos bens havidos durante a convivência com o autor da herança (*RF* 256/266, *JTJ* 153/177). Embora sem características de herança, a participação societária reconhecida em ação própria (Súmula 380 do STF) exige garantia de atendimento no proces-

---

52 É a lição de Yussef Said Cahali, em aresto da 3ª Câmara Cível deste Tribunal, publicado com a seguinte ementa: "O art. 1.001 do CPC refere-se a herdeiro excluído, e a concubina, no processo de inventário, apresenta-se como simples interveniente, além do que se trata de uma restrição de direito a ser imposta aos herdeiros legítimos, não sendo, portanto, recomendada sua interpretação extensiva ou aplicação analógica" (*RT* 605/62). Outros precedentes: *RJTJSP* 48/207, 81/281, 95/270, 99/174, 106/319, 116/295, 137/3347; *RT* 568/53, 605/62, 598/83, 603/76, 632/101.

53 *Bol. AASP* 1.784, p. 93.

54 *Comentários ao Código de Processo Civil*, 2. ed., Rio de Janeiro: Forense, p. 261-262.

55 TJSP, 8ª Câm., AI 47.412-1, rel. Rafael Granato, v.u., j. 16-5-1984, *RJTJESP* 90/370.

so de inventário, por meio da reserva de bens, que igualmente pode ser alcançada mediante ajuizamento de medida cautelar[56].

Persistem situações dessa espécie nas uniões adulterinas ou de curta duração, não agasalhadas pela legislação da união estável, mas em que as partes, por esforço conjunto, tenham adquirido bens que, embora registrados no nome de um só, estejam sujeitos à partilha em decorrência da sociedade de fato entre os parceiros. O mesmo se diga das uniões entre pessoas do mesmo sexo, com formação de patrimônio comum.

De outra parte, tendo havido comprovada união estável, ainda que pendente de reconhecimento em ação própria, o companheiro supérstite ostenta a qualidade de herdeiro, nos termos da legislação própria, de modo que lhe assiste inegável direito de pleitear reserva de bens, com fundamento nas disposições do artigo 628, § 2º, do Código de Processo Civil (cfr., ainda na vigência do CPC de 73, art. 1.001 – *RT* 710/404, *Bol. AASP* 1.881/3, 1.886/2) e na concorrência sucessória que o artigo 1.790 do Código Civil autoriza e que agora se dá à luz do artigo 1.829 do mesmo Código (RE 878.694 – v. item 8.1 deste capítulo).

9.5. Conversão da união estável em casamento

Ao dispor que a entidade familiar pode ser constituída pela união estável, a Constituição Federal, no artigo 226, § 6º, determina que a lei facilite sua conversão em casamento.

Trata-se de faculdade aberta aos companheiros, para o fim de solenizar e documentar sua união, por razões pessoais ou pelo desejo de tornar mais segura a vivência conjugal.

Na Lei n. 9.278/96, artigo 8º, previa-se que os conviventes poderiam, de comum acordo, requerer a conversão da união estável em casamento median-

---

[56] Em caso dessa natureza, decidido pela 1ª Câmara do TJSP (AgI 168.439-1/3, rel. Euclides de Oliveira, *RJTJSP* 137/347), o pedido de reserva fundava-se em xerox da inicial da ação proposta na esfera cível, na pendência de provas a serem aí exibidas, para reconhecimento da sociedade de fato e, pois, do pretenso direito à meação. Entendeu-se que, pretendendo a interessada garantia dos direitos pleiteados, deveria fazê-lo por meio de medida cautelar, com justificação, se necessária, para obtenção de liminar, a tanto não se equiparando a simples petição de cunho acautelatório nos autos do inventário. Outro caminho seria a formulação de protesto contra alienação de bens, para alertar a herdeira e terceiros dos riscos decorrentes da litigiosidade instaurada sobre o patrimônio abrangido na herança (*RJTJESP* 124/353).

Capítulo 3 Sucessão Legítima na União Estável

te requerimento ao oficial do Registro Civil da circunscrição do seu domicílio. Era uma forma facilitada, por dispensar o ato de celebração do casamento.

No Código Civil, artigo 1.726, o procedimento é outro, exigindo a formulação do pedido de conversão ao juiz, para subsequente assento no Registro Civil. Mostra-se inadequada a referência a "juiz", dando a ideia de que fosse um procedimento judicialiforme. Na verdade, como para o casamento civil, a conversão da união estável dá-se perante o oficial do Registro Civil, para as providências de publicação dos editais e, não havendo impugnação, a efetivação do registro da conversão. A decisão do juiz corregedor competente para registros públicos, com prévia manifestação do Ministério Público, somente ocorre para decidir a impugnação, como se dá nos processos de habilitação do casamento.

O assento da conversão da união estável em casamento será lavrado em Livro próprio do Cartório (Livro "B"), sem as formalidades da celebração, por não aplicáveis ao caso, anotando-se o regime de bens a ser adotado e nada constando sobre o tempo de duração da união estável, conforme regulamentação das corregedorias estaduais (em São Paulo, Provimento CG n. 41/2012).

Mesmo sem a conversão em casamento, admite-se o registro da união estável no Ofício de Registro Civil do domicílio dos interessados, com a faculdade de acréscimo do patronímico do companheiro, como permite o Provimento n. 37/2014 do Conselho Nacional de Justiça.

Essas providências registrais demonstram que há forte similitude entre as duas formas de constituição de família, e que a união estável, que resulta do fato da convivência, sendo tipicamente informal, pode revestir-se de determinadas formalidades que facilitam o seu reconhecimento, acarretam sua publicidade, garantem a satisfação dos direitos das partes e salvaguardam os direitos de terceiros. O mesmo se diga da possibilidade de adoção do sobrenome do companheiro, simplificado pela aplicação analógica do mesmo direito assegurado ao cônjuge (art. 1.565, § 1º, do CC), sem que exigíveis os requisitos do artigo 57 da Lei de Registros Públicos. São meios de fortalecimento dos laços familiares, aproximando a união estável da figura do casamento, ainda que não se opere a conversão oficial, embora continuem sendo institutos familiares de diversa configuração e com certos efeitos jurídicos próprios, como ocorre no direito sucessório.

10. COMPETÊNCIA JURISDICIONAL

Por ser, a família, a base da sociedade, conforme preceito constitucional (art. 226 da CF de 88), goza de especial proteção do Estado, mesmo que não formada pelo casamento. Sendo assim e tendo em vista os direitos dos companheiros a alimentos, sucessão, meação e herança, além de outros efeitos jurídicos decorrentes do ordenamento civil e previdenciário, alterou-se a questão da competência jurisdicional para apreciar e julgar as ações derivadas do antigo "concubinato", sob a nova roupagem da "união estável".

Assim sendo, somente em vara especializada de família e sucessões se deve discutir matéria relativa aos direitos decorrentes da "união estável", ou convivência de "companheiros", porque de família efetivamente se trata, seja para fins de prestação alimentícia, ou para efeitos sucessórios.

Nem haveria ofensa a normas de competência ditadas por lei de organização judiciária de cada estado da federação, para a atuação das varas de família nas "ações de estado", abrangendo gama bem mais vasta que as uniões sacramentadas pelo casamento.

Importa considerar, também, que as relações advindas de união fora do casamento não resultam somente em interesses patrimoniais (partilha dos bens). Muitas outras consequências podem resultar dessa união, com ou sem patrimônio comum, bastando que se lembre a problemática da criação e guarda dos filhos, da assistência alimentar, das discussões sobre herança etc.

Cumpre ponderar que, "por trás da disposição que define a matéria de competência do juízo da família, existe um comando maior que determina que 'a família tem especial proteção do Estado', residindo aí uma boa razão para que tais questões, em comarcas que possuam tais condições, sejam tratadas por um Juízo especializado, nas mesmas condições especiais criadas para o casamento, sob pena de se estar ferindo uma regra de isonomia expressamente consagrada na Constituição Federal"[57].

Assim já se entendia antes mesmo das leis de união estável, ao tempo do velho "concubinato". Depois, com o reconhecimento legal dos direitos pessoais e patrimoniais entre companheiros, virtualmente modificadas as disposições civis e processuais sobre a matéria, já não subsistem dúvidas quanto à competência das varas especializadas em família e sucessões para o processamento e julgamento das ações ajuizadas àquele título.

---

[57] Ricardo Penteado de Freitas Borges e Caetano Lagrasta Neto, União estável e juízo competente, *Revista da AMB*, ano I, fevereiro de 1990.

Capítulo 3 Sucessão Legítima na União Estável

O juiz de família acha-se preparado e aparelhado para o julgamento de semelhantes questões, não só pela especialização no trato da matéria, mas porque dispõe de melhor infraestrutura técnica, com serviços auxiliares de psicólogos e assistentes sociais.

De há muito os tribunais estaduais já se definiram nesse sentido. A título histórico, podem ser citados, dentre outros, o Tribunal de Justiça do Rio Grande do Sul (súmula no julgamento da Uniformização de Jurisprudência 591038070 – *RJTJRGS* 147/294), o de Minas Gerais (Resolução TJ 274/95, *DJM* de 17-2-95, com expressa referência às ações da Lei n. 8.971/94), o do Paraná (ac. publicado na *RT* 672/170) e o do Amazonas (Conflito de Competência 29500346-4, com menção ao Provimento 09/95, da Corregedoria Geral da Justiça). Também no Estado de São Paulo, a questão foi objeto de reexame pela Câmara Especial do Tribunal de Justiça, que antes dava pela competência das varas cíveis. Foi pioneiro o julgamento proferido no Conflito de Competência n. 27.763-0/9, relator Des. Dirceu de Mello (que veio a ser Presidente daquela Corte). Analisando o caso de separação de corpos entre antigos concubinos, após salientar que a situação das partes se enquadrava no amplo conceito de família dado pela Constituição Federal de 1988, conclui o aresto pela competência do juízo da vara de família, em confronto com a disputa instaurada com o juízo cível. Como salientado no acórdão "não se fere, com essa tomada de posição, o ordenamento em vigor", pois as causas de que se cuida se constituem nas "ações de estado" capituladas na competência das varas de família, pela lei de organização judiciária local.

Seguiram-se torrenciais acórdãos da Câmara Especial do Tribunal de Justiça de São Paulo, resolvendo conflitos de competência, em favor da vara de família e sucessões, em processos relativos a alimentos entre companheiros (Confl. 29.214-0/9, rel. Des. Denser de Sá, ac. publicado na *JTJ* 178/259), e em declaratória de direito à meação para fins sucessórios (Confl. 24.234-0/3, rel. Des. Dirceu de Mello). Neste processo, afirmou-se a competência do juízo do inventário, "porque atrai para si a universalidade das questões que envolvem o direito sucessório". E foi salientado que "as demandas referentes a concubinato são tratadas, agora, como sendo questões de estado, conforme recentes julgados desta C. Câmara. Esse novo enfoque sobre a natureza jurídica da união concubinária projeta efeitos no âmbito da competência interna. Aquilo que antes se constituía em relação meramente obrigacional – envolvendo direito patrimonial exclusivamente – hoje é relação de família – envolvendo, por consequência, direito sucessório".

Merece ser lembrado o parecer do Ministério Público de São Paulo, subscrito pelo Procurador de Justiça Nelson Nery Jr., no Conflito de Competência 29.726-0/5, pondo em realce que o direito positivo brasileiro "colocou pá de cal sobre a polêmica a respeito da natureza jurídica da união estável", de tal sorte que "os respeitáveis entendimentos em contrário, dizendo tratar-se de relação obrigacional, devem ceder diante do texto expresso da Constituição Federal e da Lei Federal reconhecendo a figura jurídica da união estável como pertencendo ao direito de família e das sucessões". Vale arrematar com as palavras do ilustre jurista: "A questão da relação jurídica oriunda de união estável passou a ser, portanto, questão de estado, de alimentos e de sucessões, submetidas à vara da família por força de disposição expressa do artigo 37 do Código Judiciário do Estado de São Paulo (Decreto-lei Complementar Estadual n. 3, de 27 de agosto de 1969). A propósito, o juízo especializado não é vara 'de casamentos', mas vara de 'família', da qual a união estável é uma das espécies. Manter-se o entendimento contrário é ignorar a evolução do direito e, principalmente, negar vigência a texto expresso da Constituição Federal de 1988 (art. 226) e de Lei Federal (8.971/94)".

A Lei n. 9.278/96, que era conhecida como estatuto da união estável, veio pacificar esse entendimento, ao estabelecer, no seu artigo 9º, que "toda a matéria relativa à união estável é de competência da Vara de Família, assegurado o segredo de justiça".

Tem-se a confirmação do posicionamento que já vinha sendo consagrado na jurisprudência, de modo que eventuais discussões paralelas sobre o texto em comento não alteram as conclusões de que, efetivamente, compete às varas de família o exame e julgamento das ações decorrentes da união estável, seja a hetero ou a homoafetiva.

Mesmo nos casos em que os interessados não vestem o figurino da união estável, enquadrando-se na figura do concubinato (art. 1.727 do CC), prevalece a competência jurisdicional das varas de família, em vista da similitude das situações no aspecto de relacionamento familiar. Muitos pedidos de reconhecimento de união estável mesclam períodos próximos de união concubinária ou constituem simples sequência da vida em comum que se iniciara, por exemplo, quando um dos parceiros ainda era casado. Tem-se aí, de início, simples união concubinária, adulterina, mas que, sobrevindo desimpedimento matrimonial por divórcio ou viuvez de um dos companheiros, prossegue em situação de verdadeira união estável. Como repartir competências para exame dos pedidos formulados num caso assim? A considerar, também, que a competência se fixa pelo pedido inicial e nesse momento de abertura do processo nem sempre resta clara a situação, se união estável ou mero concubinato. Ao juiz de família competirá analisar e decidir o pedido conjunto, que pode envolver partilha de bens adquiridos durante todo o tempo de vida em comum, mesmo antes de caracterizada a união estável.

Por arremate, anota-se que o Código Civil inclui a união estável no "Livro IV – Do Direito de Família" (arts. 1.723 e ss.), deixando patente que se trata de matéria de competência especializada das varas de família.

O mesmo se diga da união entre pessoas do mesmo sexo (homoafetiva), ante o reconhecimento de que constitui união estável, digna de proteção como entidade familiar.

11. O MINISTÉRIO PÚBLICO NAS AÇÕES DE RECONHECIMENTO DA UNIÃO ESTÁVEL

Nas antigas ações de dissolução da sociedade de fato para partilha dos bens, que eram propostas com base na Súmula 380 do Supremo Tribunal Federal, bem como nos pedidos de indenização por serviços prestados anteriormente à edição das leis sobre união estável, entendia-se dispensável a participação do Ministério Público, vez que não se tratava de ação de estado, nem havia interesse público que exigisse aquela intervenção, restrita às hipóteses elencadas no artigo 82 do Código de Processo Civil vigente à época. Essa disposição tem correspondência no artigo 178 do CPC de 2015, com alteração de redação, por prever que o Ministério Público seja intimado para, no prazo de 30 (trinta) dias, intervir como fiscal da ordem jurídica nas hipóteses previstas em lei ou na Constituição Federal e nos processos que envolvam (a) interesse de incapaz, (b) interesse público ou social, (c) litígios coletivos pela posse de terra rural ou urbana. Subsiste a regra geral de intervenção do Ministério Público nas hipóteses previstas em lei ou na Constituição Federal.

Em caso de mera discussão do direito de meação, decidiu a 4ª Câmara Cível do Tribunal de Justiça de São Paulo que "as partes são sui juris e disputam direitos patrimoniais, já que o que se pede é a meação em razão de sociedade de fato ou, alternativamente, indenização por serviços prestados. Não se cuida, à evidência, de direito de família". (RJTJSP 119/188; e mais: RT 674/120, 647/60, 686/82; RJTJSP 85/284, 135/291).

Em suma, não mais se questiona sobre a dispensa da intervenção do Ministério Público nas chamadas ações de família, que abrangem processos de divórcio, separação, guarda, visitação e filiação, além das ações de reconhecimento e de extinção da união estável (art. 693 do CPC), salvo quando houver interesse de incapaz (menor de 18 anos ou pessoa portadora de deficiência), quando será ouvido no curso do litígio e previamente à homologação de acordo.

Nas ações de alimentos, a intervenção daquele órgão decorre de expresso comando legal, conforme dispunha a Lei n. 5.478/68 nos artigos 9º e 11. A orientação que prevalece no âmbito do próprio órgão do Ministério Público é a da não intervenção em ações relativas à união estável (assim como em outros processos de família) quando as partes sejam todas maiores e capazes. No Ministério Público do Estado de São Paulo existe orientação normativa nesse sentido. Afirma-se a dispensa mesmo na hipótese de ação de alimentos entre companheiros, ao argumento de que a verba alimentar seria de natureza diversa daquela devida entre parentes, hipótese esta em que atua obrigatoriamente o Ministério Público[58].

Por razões ainda mais fortes, dispensa-se a atuação do Promotor em outras ações relacionadas ao inventário (pedido de abertura, habilitação, reserva de bens etc.), depois do reconhecimento judicial da união estável, sempre que os companheiros se qualifiquem como pessoas maiores e capazes.

---

[58] Despacho do Procurador Geral da Justiça do Estado de São Paulo, de 14-10-97, Protocolado n. 55.256/97, *DOE* de 15-10-97. No mesmo sentido, provimentos desse órgão, deixando a critério do Promotor de Justiça intervir em causas dessa natureza, em que não haja interesse de incapazes. Sobre a intervenção do Ministério Público no processo de inventário, ver adiante – cap. 7, item 14.

CAPÍTULO 4 — Herança Jacente e Herança Vacante

SUMÁRIO: **1.** Herança jacente – Conceito 1.1. Natureza jurídica da herança jacente. **2.** Arrecadação e demais atos processuais. **3.** Herança vacante – Conceito. 3.1. Destinação de herança vacante. 3.2. Usucapião de herança vacante. 3.3. Sentença de herança vacante. 3.4. Recurso da sentença da herança vacante. **4.** Bens vacantes e coisas vagas – Distinção. **5.** Esquema da herança jacente e vacante.

1. HERANÇA JACENTE – CONCEITO

Entende-se por herança jacente aquela cujos sucessores ainda não são conhecidos ou que não foi aceita pelas pessoas com direito à sucessão. A jacência constitui-se em fase provisória e temporária, de expectativa de surgimento de interessados na herança. Esgotadas as diligências e cumpridas as formalidades legais, sem a habilitação de sucessores, a herança jacente será considerada vacante, passando ao domínio do Município, do Distrito Federal ou da União Federal, conforme a localização dos bens.

A matéria é tratada nos artigos 1.819 a 1.823 e 1.844 do Código Civil, com procedimentos previstos nos artigos 1.142 e 1.158 do Código de Processo Civil (correspondência nos artigos 738 a 745 do Código de Processo Civil de 2015).

A herança jacente ocorre pela falta de herdeiros legítimos ou testamentários, seja na sucessão legítima, seja na testamentária, conforme dispõe o artigo 1.819 do Código Civil: "Falecendo alguém sem deixar testamento nem herdeiro legítimo notoriamente conhecido, os bens da herança, depois de arrecadados, ficarão sob a guarda e administração de um curador, até a sua entrega ao sucessor devidamente habilitado ou à declaração de sua vacância".

O dispositivo não entra em detalhes sobre a configuração da jacência da herança, limitando-se a traçar conceito genérico, o que, de certa forma é benéfico, no sentido de que o intérprete da lei tem a possibilidade de uma conceituação mais abrangente aos casos concretos.

No caso de haver herdeiros, mas todos renunciarem à herança, prevê o Código Civil, no artigo 1.823, que esta seja desde logo declarada vacante, dispensando-se, pois, as providências pertinentes ao processo de herança jacente.

São dois, portanto, os pressupostos básicos para o reconhecimento de herança jacente: a) inexistência de cônjuge, herdeiros legais ou instituídos, e legatários; ou b) renúncia da herança ou do legado. Dentre os herdeiros legais, acrescente-se o companheiro, em vista do artigo 1.790 do Código Civil. Mas podem ocorrer outros casos, não expressamente enumerados na lei. Serão considerados pelo intérprete, desde que enquadráveis no conceito expresso por Carlos Maximiliano: "não se conhecendo a quem cabe o espólio, declara-se jacente a herança".

Assim, lembram-se as seguintes hipóteses adicionais de jacência: arrecadação dos bens hereditários, enquanto se aguarda o nascimento do único herdeiro; instituição de herdeiro sob condição suspensiva, permanecendo jacente a herança até que se efetive a condição; nomeação de pessoa jurídica com direito à herança, ficando os bens à espera de formação ou constituição daquela entidade.

Observa Clóvis Beviláqua, em resumo: "havendo testamento, a herança será jacente, nos mesmos casos em que o é não havendo, acrescentando-se quando faltarem o herdeiro instituído e o testamenteiro, por não existirem ou por não terem aceito a herança e a testamentária"[1].

1.1. Natureza jurídica da herança jacente

Quanto à natureza da herança jacente, divergem os autores, entendendo que se cuida:

a) de pessoa jurídica;

b) de patrimônio ou acervo de bens.

A primeira teoria conflita com o direito positivo, pois o Código Civil não inclui a herança jacente no rol de pessoas jurídicas previsto nos artigos 41 a 44.

Na realidade, enquanto jacente, a herança é um patrimônio especial, ou seja, o acervo dos bens arrecadados, sob fiscalização de um curador nomeado pela autoridade judiciária, até que se habilitem os interessados com direito à participação na herança[2].

---

[1] *Código Civil comentado*, op. cit., art. 1.592.
[2] Washington de Barros Monteiro, op. cit., p. 54, e Orlando Gomes, *Sucessões*, op. cit., p. 75.

Capítulo 4   Herança Jacente e Herança Vacante

2. ARRECADAÇÃO E DEMAIS ATOS PROCESSUAIS

Nos casos em que a lei civil considera jacente a herança, o juiz em cuja comarca tiver domicílio o falecido, procederá de imediato à arrecadação de todos os seus bens (art. 738 do CPC).

A notícia do óbito, em tais casos, é dada pela autoridade policial ou por qualquer interessado, instaurando-se o procedimento de arrecadação dos bens, de ofício, ou por requerimento do Poder Público (beneficiário da herança que seja declarada vacante) ou do Ministério Público.

O primeiro passo é a nomeação de curador à herança a quem caberá a guarda, conservação e administração dos bens, até a entrega ao sucessor legalmente habilitado, ou a declaração de vacância (art. 739 do CPC).

Uma vez compromissado, o curador assume suas funções, com os mesmos direitos e deveres do depositário e do administrador (arts. art. 739 do CPC de 2015, com remissão aos arts. 159 a 161). Responde civilmente por seus atos e faz jus à remuneração que o juiz fixar, conforme a situação dos bens, o tempo de serviço e as dificuldades de sua execução.

Suas atribuições constam dos dispositivos citados:

I – representar a herança em juízo ou fora dele, com intervenção do Ministério Público [art. 739, § 1º, do CPC];

II – ter em boa guarda e conservação os bens arrecadados e promover a arrecadação de outros porventura existentes;

III – executar as medidas conservadoras dos direitos da herança;

IV – apresentar mensalmente ao juiz um balancete da receita e da despesa;

V – prestar contas ao final de sua gestão.

Pela relevância de suas funções, o curador deve ser criteriosamente escolhido, dentre pessoas que mereçam a confiança do juiz, e que tenham recursos para se dedicar com desprendimento, capacidade e organização, à administração eficiente dos bens, até que recebam destinação legal.

Em vista de ser, o Município, o destinatário final de herança vacante, a nomeação do curador deve ser feita na pessoa do procurador ou funcionário credenciado daquele ente público.

Nomeado curador, o juiz designará dia e hora para que proceda à arrecadação dos bens, por oficial de justiça e pelo escrivão. Deve ser intimado o representante da Fazenda Pública que tenha interesse na arrecadação em vista de possível conversão da herança jacente em vacante, com regular intervenção em todos os atos do processo.

Se não for possível essa diligência judicial, a arrecadação poderá ser feita por meio da autoridade policial, na presença de duas testemunhas, lavrando-se auto circunstanciado e nomeando-se depositário para guarda dos bens (art. 740 e parágrafos do CPC).

Tarefa importante na apuração de interessados na herança jacente será o exame, pelo juiz, de papéis, cartas, livros domésticos e outros documentos relacionados aos bens e a terceiros. Havendo bens em outra comarca, completa-se a arrecadação mediante carta precatória.

Não será feita a arrecadação ou, se iniciada, pode ser suspensa no caso de apresentarem-se para reclamar os bens determinadas pessoas com legitimidade para seu recebimento, como o cônjuge ou companheiro, algum herdeiro ou testamenteiro notoriamente conhecido, e não houve oposição motivada do curador, de qualquer interessado, do Ministério Público ou da Fazenda Pública titulada à percepção da herança vacante (art. 740, § 6º, do CPC).

Encerrada a arrecadação dos bens, serão expedidos editais, por três vezes, com intervalos de 30 dias, no órgão oficial e na imprensa da comarca, noticiando a instauração do processo e convocando os sucessores para que se habilitem, no prazo de seis meses contados da primeira publicação.

Importante inovação, prevista no artigo 1.741 do Código de Processo Civil, diz com a publicação de edital na rede mundial de computadores, no sítio do tribunal a que estiver vinculado o juízo e na plataforma de editais do Conselho Nacional de Justiça, onde permanecerá por 3 (três) meses. Abre-se, com tais providências, mais ampla divulgação da existência dos bens, ensejando que possíveis interessados venham a reclamar a herança.

Verificada a existência de sucessor ou de testamenteiro, será feita sua citação pessoal (art. 741, § 1º, do CPC), para possível intervenção no processo e eventual abertura de inventário em substituição à arrecadação da herança jacente.

Se o autor da herança era estrangeiro, deve ser feita a comunicação do fato à autoridade consular (art. 741, § 2º, do CPC/2015), assim possibilitando a divulgação perante outras pessoas residentes no país de origem do finado.

Capítulo 4 Herança Jacente e Herança Vacante

A habilitação de cônjuge, companheiro[3], herdeiro ou testamenteiro, uma vez deferida pelo juiz, resultará na conversão da arrecadação em inventário (art. 743, § 3º, do CPC). Se não houver habilitação, ou for improcedente, decorrido um ano da primeira publicação do edital, a herança jacente será convertida em herança vacante (art. 743, § 1º, do CPC).

Aos credores é assegurado o direito de pedir o pagamento das dívidas reconhecidas, nos limites das forças da herança (art. 1.821 do CC). Sua habilitação será processada em apenso, mediante distribuição por dependência, como nos processos de inventário (art. 642 do CPC de 2015), ressalvada a possibilidade de ação direta de cobrança ou execução (art. 741, § 4º, do CPC).

É possível a alienação de bens arrecadados, se houver conveniência, mediante autorização judicial (enumeração das hipóteses art. 742 do CPC, com os requisitos para cada espécie de bem). O processo obedecerá às disposições do art. 730 do Código de Processo Civil, com regular avaliação e venda em hasta pública. Não se procederá à alienação se se opuserem os interessados, e efetuarem adiantamento de importância para as despesas (art. 742, § 1º, do CPC). Determinados bens, com valor de afeição, assim como retratos, objetos de uso pessoal, livros e obras de arte, serão alienados depois de declarada a vacância da herança (art. 742, § 2º, do CPC).

O encerramento da herança jacente, não havendo cônjuge, herdeiro ou testamenteiro habilitado, nem habilitação pendente, dá-se um ano após a primeira publicação do edital de chamada de possíveis interessados. Então, por sentença, será a herança declarada vacante (art. 743 do CPC), aguardando-se o trânsito em julgado e o decurso do prazo de cinco anos (art. 1.822 do CC) para atribuição dos bens ao ente público (Município ou Distrito Federal onde localizados os bens; ou União, se localizados em território federal).

3. HERANÇA VACANTE – CONCEITO

São declarados vacantes os bens da herança jacente se, praticadas todas as diligências legais, não aparecerem herdeiros.

A contagem do termo inicial do prazo de um ano é feita da data da primeira publicação do edital (art. 1.820 do CC; art. 743 do CPC).

---

3 O direito sucessório do companheiro exige comprovação da união estável (ver cap. 3).

Distinguem-se, pois, a jacência e a vacância. A primeira é pressuposto ou fase preliminar do reconhecimento da última, embora não seja esta uma consequência necessária, já que a herança jacente pode encerrar-se para dar lugar ao inventário, caso se habilitem sucessores com direito aos bens arrecadados.

Assim, considera-se vacante a herança quando, realizadas todas as diligências, inclusive com publicação de editais, e passado um ano, não surgirem pessoas sucessíveis, deferindo-se os bens arrecadados ao ente público designado na lei.

No caso de renúncia de todos os chamados a suceder, a herança será desde logo tida como vacante, conforme prevê o artigo 1.823 do Código Civil.

3.1. Destinação de herança vacante

Aos termos do artigo 1.822 do Código Civil, a declaração de vacância da herança não prejudicará os herdeiros que legalmente se habilitarem; mas, decorridos cinco anos da abertura da sucessão, os bens arrecadados passarão ao domínio do Município ou do Distrito Federal, se localizados nas respectivas circunscrições, incorporando-se ao domínio da União quando situados em território federal.

O Código Civil excluiu a exigência de que os colaterais sejam notoriamente conhecidos. Dispõe o parágrafo único do artigo 1.822 que, "não se habilitando até a declaração de vacância, os colaterais ficarão excluídos da sucessão". Tal alteração foi adequada, uma vez que, pelo artigo 1.819 do mesmo Código, a exigência de que sejam notoriamente conhecidos os herdeiros legítimos do falecido para que a herança não seja declarada jacente vale não só para os colaterais, como também para os descendentes, ascendentes, cônjuge e companheiro, sem especificações ou distinções.

O ente público recebe de volta os bens da herança vacante, que originalmente lhe pertenciam. Não se trata de transmissão por herança e, por isso mesmo, o Poder Público deixou de figurar na ordem de vocação hereditária (art. 1.829 do CC). Trata-se de devolução da herança sem herdeiros, por falta de cônjuge, companheiro e qualquer parente sucessível, ou tendo eles renunciado à herança (art. 1.844 do CC).

A destinação dos bens da herança vacante era feita ao Estado. Passou ao Município, por força da Lei Federal n. 8.049, de 20 de junho de 1990, que veio a ser acolhida pelo art. 1.822 do Código Civil, atendendo critério da

Capítulo 4 Herança Jacente e Herança Vacante

localização dos bens: Município ou Distrito Federal, se localizados nas respectivas circunscrições, ou na União, quando situados em território federal.

Foi revogada, assim, a disposição do artigo 1.143 do Código de Processo Civil de 1973, que previa a incorporação da herança vacante ao domínio da União, do Estado ou do Distrito Federal.

Nas sucessões abertas antes da Lei n. 8.049/90, ainda que a sentença declaratória de vacância seja proferida depois, competem os bens ao Estado, uma vez que a capacidade para suceder é a do tempo da abertura da sucessão, regulando-se conforme a lei então em vigor (art. 1.787 do CC).

Mas a questão é tormentosa, tanto em doutrina como na jurisprudência, discutindo-se a respeito da natureza da sentença de vacância, se meramente declaratória ou se constitutiva.

Na primeira hipótese, aplicado o preceito da *saesina juris*, considera-se a transmissão à data do óbito do autor da herança. Então, a sentença declaratória de vacância teria efeitos *ex nunc*, propiciando a adjudicação dos bens ao Estado, em face da norma legal que vigia na época. Decidiu assim o Tribunal de Justiça de São Paulo (*JTJ* 160/237), com a confirmação do Superior Tribunal de Justiça l (REsp 61.885, j. em 12-9-95, 4ª Turma, rel. Min. Ruy Rosado de Aguiar), afirmando que, "se ao tempo da abertura da sucessão, a lei vigente atribuía ao Estado os bens da herança jacente, a ele deverão ser transferidos, ainda que a transmissão do domínio tenha ocorrido quando em vigor a Lei n. 8.049/90, que atribuiu ao município os bens de herança jacente".

Ao entendimento diverso, sendo o óbito anterior à Lei Federal n. 8.049, de 1990, e considerando-se como constitutiva de direito a posterior sentença de vacância, competiriam os bens ao novo ente público beneficiário, isto é, o Município. Foi como decidiu a 3ª Turma do Superior Tribunal de Justiça (contrariando a tese adotada pela 4ª Turma, acima citada), no REsp 63.976-0, j. em 8-8-95, rel. o Min. Costa Leite: "Não se aplica ao ente público a regra do artigo 1.572 do Código Civil e, conquanto o prazo de cinco anos do artigo 1.594 do mesmo Código corra da data da abertura da sucessão, é indispensável a declaração judicial de vacância, para que o bem se integre ao domínio público. Se o bem não se integrou ao domínio do Estado, sequer tendo transcorrido, no caso, aquele prazo, antes da modificação introduzida no artigo 1.594 pela Lei 8.049/90, é injustificável a exclusão do Município" (no mesmo sentido, REsp 19.015-SP, da 3ª Turma do STJ, j. em 9-2-93, rel. Min. Eduardo Ribeiro, confirmando ac. na Ap. 135.954-1, da 1ª Câmara do TJSP, rel. Des. Euclides de Oliveira).

Firmou-se essa tese no Superior Tribunal de Justiça, conforme julgamentos da 3ª e da 4ª Turmas, a proclamar que "a jurisprudência acolhe o entendimento no sentido de que o Município tem legitimidade para a sucessão do bem jacente, cuja declaração de vacância deu-se na vigência da lei que alterou dispositivo que, retirando o Estado-Membro, substituiu-o na ordem hereditária" (REsp 60.008-1/RJ, 3ª Turma, j. 29-8-95, rel. Min. Waldemar Zveiter; REsp 32.897-SP, 4ª Turma, j. 12-8-97, rel. Min. Cesar Asfor Rocha; REsp 164.196 (98.10195-RJ), 4ª T., j. 3-9-98, rel. Min. Barros Monteiro, v.u.; REsp 87.268 (96/0007573-5), 3ª T., j. 24-8-99, rel. Min. Eduardo Ribeiro, v.u., salientando que se trata de entendimento uniforme da 2ª Seção, desde o julgamento do REsp 71.551).

Como complicador adicional, veja-se que a declaração de vacância não implica domínio definitivo do Poder Público sobre os bens arrecadados. Ao invés, o domínio é resolúvel, podendo ser disputado pelos herdeiros que legalmente se habilitarem no prazo de cinco anos da abertura da sucessão (art. 1.822 do CC).

Adquirindo o Estado (antes da Lei n. 8.049/90) o domínio dos bens da herança vacante, obrigava-se a aplicá-los em fundações destinadas ao desenvolvimento do ensino universitário, como estatuído no Decreto-lei n. 8.207, de 22 de novembro de 1945 (art. 3º), com fiscalização pelo órgão do Ministério Público.

O Decreto n. 27.219-A, de 29 de janeiro de 1957, do Estado de São Paulo, dispunha que os bens da herança vacante seriam entregues ao patrimônio da Universidade de São Paulo. Entretanto, esse monopólio cessou com o advento do Decreto Estadual n. 23.296, de 1º de março de 1985, aí se determinando a distribuição do acervo vacante a uma das três universidades estaduais: Universidade de São Paulo (USP), Universidade Estadual de Campinas (UNICAMP) e Universidade Estadual Júlio de Mesquita Filho (UNESP), conforme as suas áreas de influência.

A arrecadação dos bens era procedida pela Procuradoria Geral do Estado, para entrega às respectivas universidades.

Observa-se falha nesse decreto, por não mencionar os bens situados fora do Estado de São Paulo e nele arrecadados, por competência decorrente do último domicílio do autor da herança (arts. 48 e 738 do CPC). Seriam atribuídos os bens a quais universidades? A se entender a prevalência residual do Decreto n. 27.219-A/57, seriam entregues à Universidade de São Paulo ou ao próprio Estado, para a atribuição que se entendesse pertinente.

Também subsistia dúvida quanto à partilha de bens eventualmente situados em mais de um município, como em caso de imóveis rurais de grande extensão, localizados em regiões de influência de mais de uma Universidade; da mesma forma, com relação a estabelecimentos com filiais. Tendo em vista que a divisão poderia ser prejudicial ao aproveitamento econômico da propriedade, seria mais adequado atribuir-se o bem de conformidade com o município onde localizada a sede do imóvel ou da empresa. Ou, diversamente, regular a outorga pelo último domicílio do autor da herança, consoante a regra geral de competência para processamento da arrecadação.

A aplicação dos bens fazia-se por meio de instituição de pessoa jurídica com essa finalidade específica, ou pela entrega a instituto universitário já existente, como era o caso no Estado de São Paulo. Se isso não fosse possível, por insuficiência dos recursos e inexistência de órgão próprio, dispunha o Decreto-lei Federal n. 8.207/45, no parágrafo único do artigo 3º, que se aplicaria o artigo 25 do Código Civil de 1916, isto é, "quando insuficientes para constituir a fundação, os bens serão convertidos em títulos da dívida pública, se outra coisa não dispuser o instituidor, até que, aumentados com os rendimentos ou novas doações, perfaçam capital bastante".

Observe-se que o Código Civil modificou essa disposição, estabelecendo, no artigo 63, que, quando insuficientes para constituir a fundação, os bens a ela destinados serão, se de outro modo não dispuser o instituidor, incorporados em outra fundação que se proponha a fim igual ou semelhante.

Em face da modificação do critério de destinação da herança vacante, como já visto, os bens arrecadados passam ao domínio dos Municípios e ao Distrito Federal, se aí estiverem situados, ou à União, se localizados em território federal (observado que a Constituição Federal de 1988 extinguiu os antigos territórios, que passaram a estados membros da Federação, exceto Fernando de Noronha, que passou a distrito do estado de Pernambuco).

Essa modificação de competências para recebimento da herança vacante tem inspiração de cunho municipalista e valoriza o lugar onde situado o bem. Não se questiona a justeza da destinação. Mas é bem de ver que a sistemática traz inúmeras dificuldades de ordem prática, como se dá na atribuição de bens situados em mais de um município. Seria caso de divisão equitativa dos bens, conforme a sua situação? Ou de outorga do bem ao município onde esteja localizada a sede da propriedade? Ajunte-se, também, o problema de acompanhamento dos processos de arrecadação por pequenas comunas, nem sempre contando com estrutura jurídica adequada, uma vez que teriam que se representar no processo por procuradores, de modo que, na falta dessa representação, poderá ocorrer perecimento ou desvio de bens da herança jacente.

3.2. Usucapião de herança vacante

Sob outro aspecto, subsiste controvérsia na definição do caráter público da herança sem herdeiros, se ocorre desde a abertura da sucessão ou somente após o reconhecimento judicial da vacância, quando haja disputa de domínio em ação de usucapião sobre os bens arrecadados.

Manifestou-se o Egrégio Supremo Tribunal Federal a respeito, no Recurso Extraordinário 92.352-7, referente à Ação Rescisória 256.587, em que era recorrente a Universidade de São Paulo. O recurso foi provido, com adoção da tese de que a transmissão do domínio e posse dos bens constitutivos da herança jacente se dá com a abertura da sucessão, e não pelo julgamento da vacância (*RTJ*, 101/267; *RJTJSP*, 76/251; *RT*, 510/111).

A decisão foi tomada por maioria de votos, vencido o relator, Ministro Décio Miranda, que não conhecia do recurso. Prevaleceu o entendimento do Ministro Moreira Alves, secundado pelos votos dos Ministros Cordeiro Guerra e Firmino Paz, estando assim redigida a ementa oficial (referindo dispositivo do CC de 1916):

> Para que os bens arrecadados passem ao domínio do Estado, como imperativamente estabelece o artigo 1.594 do Código Civil, é preciso apenas que, nos cinco anos que fluem da abertura da sucessão, a herança realmente seja vacante, quer a declaração de vacância se faça anteriormente aos cinco anos, quer se faça posteriormente a eles, e isso porque se trata de sentença que não é constitutiva da vacância, mas simplesmente declaratória dela. Transmitido ao término desse prazo de cinco anos, o imóvel ao Estado, tornou-se ele, a partir de então, insusceptível de ser usucapido.

Partiu-se do pressuposto da existência de uma sentença de vacância, com a retroação dos seus efeitos, desde que vencido o prazo prescricional de cinco anos para reclamação dos possíveis herdeiros.

No acórdão foram lembradas lições de Clóvis, Itabaiana de Oliveira e Carvalho Santos, no sentido de que a herança vacante só se incorpora ao domínio do Estado depois de decorridos cinco anos, contados da abertura da sucessão; antes de verificada essa condição, os bens a ela pertencentes não podem ser considerados bens do Estado, mas apenas sob a administração deste, computando-se o prazo prescricional de cinco anos, desde o momento do óbito. Não foi especificamente examinada, por refugir ao âmbito do recurso, a questão de saber se o artigo 1.572 do Código Civil de 1916 aplica-se ao Estado (o que retroagiria seu domínio à abertura da sucessão).

Bem diversa a situação de ação de usucapião abrangendo imóvel de pessoa falecida, sem a paralela instauração de inventário ou de arrecadação dos bens da herança jacente.

Não teria aplicação, em tal caso, o precedente do Supremo Tribunal Federal, conforme bem esclarecido na Apelação Cível 69.391, de São Paulo, julgada pela Terceira Câmara Civil deste Tribunal, tendo como relator o Desembargador Yussef Cahali. Considerou-se ineficaz a declaração incidente, feita indiscriminadamente, pela respeitável sentença de improcedência da usucapião, e afirmou-se a necessidade do processo adequado para a declaração do caráter jacente da herança, no sentido de se reconhecer que o bem deixado pelo *de cujus* está incorporado ao patrimônio do Estado – e, portanto, sem possibilidade de ser usucapido. Tal questão, como é curial, haveria de ser apreciada e decidida no contexto do processo de inventário ou arrecadação, instaurado com vistas à sentença de vacância e declaração de eficácia do caráter jacente da herança (*RJTJSP*, ed. LEX,105/254 e 259).

Esse julgamento foi objeto da Ação Rescisória 115.824-1, tida como improcedente pelo Primeiro Grupo de Câmaras Cíveis do Tribunal de Justiça, por apertada maioria.

Ao voto do relator, Desembargador Álvaro Lazzarini, seguiram-se declarações de votos vencedores, firmando a tese de que "só após a declaração da vacância da herança, que ocorre cinco anos após a abertura da sucessão, é que os bens passam ao domínio do Estado, como previsto no artigo 1.594 do Código Civil", sem que aplicável à espécie o disposto no artigo 1.572 do mesmo Código Civil então em vigor.

No pronunciamento do Desembargador Walter de Moraes, ressaltou-se que a aquisição da herança pelo Estado ocorre em duas etapas: na primeira, com a sentença declaratória, o Estado adquire um domínio resolúvel, porque pendente do prazo para reclamação da herança pelos herdeiros; na segunda, o Estado a adquire em caráter irresolúvel, uma vez decorrido o prazo de cinco anos, desde a abertura da sucessão, para outorga dos bens àqueles interessados.

Ficaram vencidos os votos de apoio à tese da *saesina juris*, isto é, de que a passagem ou a incorporação definitiva ao domínio público seriam fatos subsequentes à transmissão e à posse da herança que se dá desde a abertura da sucessão, aos herdeiros.

A essas duas correntes some-se uma terceira posição divergente, afirmando que a indisponibilidade dos bens se firma com a lavratura do auto de arrecadação da herança jacente. Então, já não se poderia falar em posse mansa e pacífica por parte de interessado em usucapir, vez que interrompido o curso do prazo prescricional pela assunção dos atos de administração pelo curador à herança.

A propósito, constou do voto vencedor declarado no Recurso Extraordinário 92.352, antes referido, que "feita a arrecadação, a posse legítima é do curador, que arrecadou, é do espólio", assim equiparando a arrecadação dos bens ao arresto ou sequestro, no sentido de tornar juridicamente indisponível a coisa.

Pode-se concluir, nessa linha de pensamento, que a sentença declaratória de vacância, embora não seja constitutiva, representa o marco da consolidação do domínio da herança pelo ente público, desde que decorridos os cinco anos da abertura da sucessão. Mas não se afasta a interrupção de prazos da prescrição aquisitiva por eventual possuidor, com a efetivação da arrecadação dos bens e sua administração pelo curador, que representa os interesses do futuro adjudicatário.

Decisões do Superior Tribunal de Justiça têm sido pela admissibilidade de usucapião sobre os bens da herança jacente, desde que completado o prazo aquisitivo antes da sentença de vacância. Até mesmo se entendeu que o exercente da posse, nessas condições, pode opor embargos de terceiro para obstar a arrecadação pelo Estado (REsp 73.458-SP, 4ª Turma, rel. Min. Ruy Rosado de Aguiar, j. 25-3-1996, com menção a precedentes dessa e da 3ª Turma), uma vez que prevalece a aquisição do domínio pela prescrição aquisitiva consumada antes da declaração de herança jacente.

3.3. Sentença de herança vacante

A sentença declaratória de vacância será proferida depois de um ano da primeira publicação do edital, desde que não haja herdeiro habilitado nem habilitação pendente. Os bens vacantes serão atribuídos ao Município ou ao Distrito Federal onde estejam situados, ou à União, quando situados em território federal (ente federativo extinto pela Constituição Federal de 1988). Mas essa atribuição não é definitiva. Mesmo após o trânsito em julgado da sentença, há de se esperar o prazo de cinco anos da abertura da sucessão, para eventual habilitação retardatária de herdeiros ou de credores da herança. Na verdade, não se trata de habilitação nos mesmos autos, e sim de ação direta contra a Fazenda, com petição da herança por quem se julgue com direito à sucessão. Têm legitimidade para ajuizar a ação o cônjuge, o companheiro, os herdeiros e os credores (art. 743, § 2º, do CPC).

A herança jacente é de ser convertida em vacante se o falecido não deixou cônjuge, nem herdeiros descendentes ou ascendentes, assim como herdeiros testamentários. Pela redação do artigo 1.592, inciso III, do Código Civil de 1916, incluía-se a condição de que não houvesse colateral sucessível, notoriamente conhecido. A notoriedade do colateral constituía requisito para que se afastasse o processo de herança jacente, motivando sua conversão em inventário. Mas a falta de notoriedade não obsta ao ingresso de parente colateral no processo de arrecadação da herança jacente, mediante habilitação como herdeiro, mesmo porque a sua manifestação de interesse já é suficiente para tornar notório que existe. Igualmente lhe é assegurado ajuizar ação direta para reclamo da herança no prazo quinquenal após a sentença de vacância, direito também estendido ao cônjuge sobrevivente, assim como ao companheiro em situação de união estável[4]. A questão restou solucionada no Código Civil de 2002, artigo 1.822, com a

---

4   Theotonio Negrão, em anotação ao artigo 1.594 do Código Civil de 1916, deixa de reproduzir o seu parágrafo único por entender que se acha implicitamente revogado pelo artigo 1.158 do Código de Processo Civil. Da mesma opinião Maria Helena Diniz, após mencionar precedentes em contrário, aduzindo, em favor dos colaterais que não sejam notoriamente conhecidos: "mas pelo Código de Processo Civil, art. 1.158, poderão reclamar seu direito por ação direta de petição de herança" (*Código Civil anotado*, Saraiva, 1. ed., 1995, p. 913).

previsão de que a declaração de vacância não prejudicará os herdeiros que legalmente se habilitarem dentro do prazo de 5 anos contados da abertura da sucessão, após o que os bens arrecadados passarão ao domínio do ente público beneficiário.

De outra parte, nota-se abreviação dos procedimentos para a declaração de herança vacante no caso de renúncia de todos os chamados a suceder. Em tal hipótese, prescreve o artigo 1.823 do Código Civil que a herança será desde logo declarada vacante.

Extrai-se a carta de adjudicação em favor do ente público beneficiário, após o trânsito em julgado da sentença, valendo como título para registro dos bens imóveis.

3.4. Recurso da sentença de herança vacante

Da sentença declaratória de herança vacante, uma vez que põe fim ao processo, cabe recurso de apelação. Têm legitimidade para recorrer os interessados na herança – cônjuge, companheiro, herdeiros, testamenteiro ou credores –, assim como o curador à herança e o representante do Ministério Público. Caso seja negada a vacância, pela procedência da habilitação de sucessores, abre-se também à Fazenda Pública a via recursal.

4. BENS VACANTES E COISAS VAGAS – DISTINÇÃO

Não se confundem bens "vagos" e bens "vacantes", embora sejam vocábulos de igual origem etimológica. Das "coisas vagas" tratam o Código de Processo Civil, nos artigos 746, §§ 1º e 2º, e o Código Civil, nos artigos 1.233 a 1.237.

O artigo 1.234 do Código Civil acrescenta que a recompensa conferida a quem restituir a coisa achada não poderá ser inferior a 5% do seu valor. O parágrafo único desse mesmo artigo também traz disposições sobre a determinação do montante da recompensa, considerando-se o esforço desenvolvido pelo descobridor para encontrar o dono, ou o legítimo possuidor, as possibilidades que teria este de encontrar a coisa e a situação econômica de ambos.

Pelo artigo 1.236 do Código Civil, foi acrescentado que a autoridade competente dará conhecimento da descoberta através da imprensa e de outros meios de informação, expedindo editais apenas se o seu valor os comportar.

E o seu artigo 1.237 dispõe que, se não se apresentar quem comprove a propriedade sobre a coisa, será esta vendida em hasta pública, devendo-se aguardar, porém, "sessenta dias da divulgação da notícia pela imprensa, ou edital" para ver se aparece alguém. Deverão ser deduzidas do preço as despesas, mais a recompensa do descobridor, e o remanescente pertencerá "ao Município em cuja circunscrição se deparou o objeto". O parágrafo único desse artigo dispõe que "sendo de diminuto valor, poderá o Município abandonar a coisa em favor de quem a achou".

Considera-se vaga, nesse contexto, a coisa alheia perdida. Quem a encontrar, não tem direito de apropriação, mas deve fazer a devolução do bem ao seu legítimo dono ou possuidor.

Não localizando o proprietário da coisa achada, cumpre ao inventor fazer a entrega à autoridade policial, para as providências de arrecadação.

O respectivo processo, que não guarda relação com a arrecadação de bens da herança jacente e nem com a arrecadação de bens de ausente (v. cap. 5), compete ao juízo cível, resolvendo-se pela devolução do bem ao dono ou possuidor, caso compareça; adjudicação ao inventor, se a coisa for abandonada por seu titular; ou, ainda, não reclamada a *res*, pela sua venda em hasta pública, entregando-se o saldo ao Estado, após deduzidas as despesas e a recompensa do inventor. É matéria situada no campo dos direitos reais, e não na esfera sucessória.

Também se consideram vagas as coisas abandonadas ou sem dono. Sendo imóvel, o bem vago sujeita-se a arrecadação e passará ao domínio do Estado ou do Distrito Federal onde situado (art. 1.276 do CC).

Pode ocorrer que, no curso do processo de arrecadação de coisas vagas, venha a apurar-se a morte do proprietário, afastada a situação de abandono. Não havendo herdeiros conhecidos, será caso de arrecadação dos bens da herança jacente, para eventual declaração de vacância. Surgindo herdeiros, o processo converter-se-á em inventário. Também pode dar-se apuração de ausência do titular dos bens, caso em que se fará a arrecadação visando à sucessão provisória (v. cap. 5).

5. ESQUEMA DA HERANÇA JACENTE E VACANTE

▶ Herança jacente e herança vacante

```
┌─────────────────────────────────────────────────────────────┐
│ Notícia de falecimento de pessoa, deixando bens, sem cônjuge,│
│           companheiro ou herdeiros conhecidos                │
└─────────────────────────────────────────────────────────────┘
                              │
┌─────────────────────────────────────────────────────────────┐
│       Nomeação de curador à herança, sob compromisso         │
└─────────────────────────────────────────────────────────────┘
                              │
┌─────────────────────────────────────────────────────────────┐
│           Intimação do Ministério Público e da Fazenda       │
└─────────────────────────────────────────────────────────────┘
                              │
┌─────────────────────────────────────────────────────────────┐
│  Auto de arrecadação e arrolamento dos bens (diligências necessárias) │
└─────────────────────────────────────────────────────────────┘
                              │
┌─────────────────────────────────────────────────────────────┐
│          Entrega dos bens ao curador (ou depositário)        │
└─────────────────────────────────────────────────────────────┘
                              │
┌─────────────────────────────────────────────────────────────┐
│       Citação dos sucessores por editais – prazo 6 meses     │
└─────────────────────────────────────────────────────────────┘
                              │
┌─────────────────────────────────────────────────────────────┐
│           Citação pessoal do sucessor em lugar certo         │
└─────────────────────────────────────────────────────────────┘
              │                               │
┌──────────────────────────┐   ┌──────────────────────────────┐
│ Habilitação de herdeiros,│   │ Comunicação ao Consulado se o│
│ cônjuge, companheiro ou  │   │    finado era estrangeiro    │
│  testamento (em apartado)│   │                              │
└──────────────────────────┘   └──────────────────────────────┘
              │                               │
┌──────────────────────────┐   ┌──────────────────────────────┐
│ Intervenção do Curador à │   │                              │
│ Herança, da Fazenda      │   │ Alienação dos bens (se for o │
│ Pública e do Ministério  │   │            caso)             │
│ Público                  │   │                              │
└──────────────────────────┘   └──────────────────────────────┘
              │                               │
┌─────────────────────────────────────────────────────────────┐
│              SENTENÇA – Recurso: Apelação                    │
└─────────────────────────────────────────────────────────────┘
              │                               │
┌──────────────────────────┐   ┌──────────────────────────────┐
│ Se procedente a          │   │ Se improcedente ou não havendo│
│ habilitação: conversão   │   │ a habilitação, passando 1 ano │
│ da Arrecadação em        │   │ do edital: DECLARAÇÃO DE      │
│ inventário               │   │ HERANÇA VACANTE               │
└──────────────────────────┘   └──────────────────────────────┘
              │                               │
┌──────────────────────────┐   ┌──────────────────────────────┐
│ Prossegue como inventário│   │  Adjudicação de bens à Fazenda│
│     (ou arrolamento)     │   │                              │
└──────────────────────────┘   └──────────────────────────────┘
                                              │
                               ┌──────────────────────────────┐
                               │ Ação direta de interessados  │
                               │       prazo de 5 anos        │
                               └──────────────────────────────┘
```

Obs.: Habilitação de crédito – processa-se em apenso, como nos inventários, ou por ação de cobrança (art. 741, § 4º, do CPC).

Se renunciarem todos os chamados a suceder, a herança será desde logo declarada vacante (art. 1.823 do CC).

CAPÍTULO
5

Ausência e Morte Presumida

SUMÁRIO: 1. Ausência e seus efeitos. **2.** Declaração judicial de ausência. **3.** Arrecadação de bens quando não apareçam sucessores. **4.** Sucessão provisória no processo de ausência. **5.** Processamento da sucessão provisória. **6.** Conversão da sucessão provisória em definitiva. **7.** Regresso do ausente após a sucessão definitiva. **8.** Declaração de morte pela Lei n. 6.015/73 e pelo Código Civil. **9.** Declaração de ausência, com presunção de morte, pelas Leis n. 6.683/79 e n. 9.140/95. **10.** Esquema do processo de ausência.

1. AUSÊNCIA E SEUS EFEITOS

Desaparecendo uma pessoa do seu domicílio sem dela haver notícia, e se não deixou representante ou procurador a quem caiba administrar-lhe os bens, o juiz, a requerimento de qualquer interessado ou do Ministério Público, declarará sua ausência e nomear-lhe-á curador. O mesmo ocorrerá quando o ausente deixar mandatário que não queira ou não possa exercer o mandato, ou não tenha suficientes poderes para fazê-lo.

A ausência, sua declaração judicial e seus efeitos patrimoniais para fins de sucessão, recebem disciplina na Parte Geral do Código Civil, artigos 6º e 22 a 39. Quanto ao procedimento de arrecadação dos bens do ausente, subsistem os artigos 1.159 a 1.169 do Código de Processo Civil de 1973, a que correspondem, com supressão de diversas disposições, os artigos 744 e 745 do CPC de 2015.

O que a lei visa, preferencialmente, na declaração de ausência, é à proteção do patrimônio do ausente e de seus eventuais sucessores.

Como ensina José Olympio de Castro Filho: "o desaparecimento de alguém do seu domicílio, sem deixar quem lhe administre os bens, cria para estes uma situação de abandono capaz de gerar graves consequências não só para o indivíduo como para a comunidade, nascendo daí o interesse do Estado em prover a sua conservação e segurança, não só no interesse do cidadão e seus herdeiros, sucessores ou credores, como no interesse público"[1].

---

1 *Comentários ao Código de Processo Civil*, 3. ed., Rio de Janeiro: Forense, vol. X, p. 176.

Orlando Gomes esclarece: "A ausência propriamente dita determina a paralisação de atividades que pode acarretar consequências danosas à pessoa desaparecida e a terceiros. Daí a necessidade de disciplinar a situação para dar solução aos problemas que cria"[2].

O Código Civil não traz disposição expressa nesse sentido, mas seu artigo 3º, inciso III, é abrangente, declarando como absolutamente incapazes as pessoas que, "mesmo por causa transitória, não puderem exprimir sua vontade", o que acontece com os ausentes.

Desenrola-se a declaração de ausência em três fases distintas no plano sucessório:

a) declaração por sentença e nomeação de curador para administração provisória dos bens do ausente;
b) sucessão provisória pelos herdeiros do ausente;
c) sucessão definitiva pela morte presumida do ausente.

Nesse intercurso pode ocorrer a cessação da transmissão sucessória pelo regresso do ausente, que terá direito a reaver os bens ou seu correspondente valor.

Presume-se a morte do ausente desde que convertida a sua sucessão provisória em definitiva, conforme previsto no artigo 6º, segunda parte, do Código Civil.

O Código Civil de 2002 não traz norma correspondente ao artigo 484 do Código Civil de 1916, mas mantém, em seu artigo 1.728, a regra de que os filhos menores continuarão sendo postos em tutela quando os pais forem falecidos, se julgados ausentes e quando tiverem decaído do poder familiar.

Como decorrência dessa presunção legal de morte do ausente, dissolve-se o seu casamento (art. 1.571, § 1º, do CC), e os seus filhos menores serão postos sob tutela, quando falecido ou igualmente ausente o outro genitor (art. 1.728, I, do CC).

2. DECLARAÇÃO JUDICIAL DE AUSÊNCIA

A declaração judicial de ausência exige comprovação por meio de elementos documentais e orais, em justificação prévia, para verificação do

---
2   *Direito de Família*, op. cit., p. 368.

efetivo desaparecimento de alguém do seu domicílio sem deixar representante a quem caiba administrar-lhe os bens ou deixando mandatário que não queira ou não possa exercer o encargo.

Julgando suficiente a prova, o juiz proferirá sentença declarando a ausência do requerido, ordenando a arrecadação dos bens e nomeando curador, na forma prevista no artigo 744 do Código de Processo Civil, à semelhança do procedimento estabelecido para a herança jacente.

A decisão judicial, conquanto sujeita a registro (arts. 29, VI, e 94 da Lei n. 6.015/73), é de cunho provisório. Constitui-se em juízo de admissibilidade da ação de declaração de ausência, para que esta possa se desenvolver com a arrecadação dos bens e o chamamento do ausente por editais, visando à abertura da sucessão provisória.

A jurisprudência vem admitindo que se declare a ausência mesmo sem bens para arrecadação, desde que subsistam interesses de ordem previdenciária (*RJTJSP*, 35/63 e 90/350), ou de outra natureza tida como relevante. Todavia, em tais hipóteses, haverá de ser adotado o rito ordinário, já que a declaração de ausência é "ação arrecadativa", em vista do seu propósito específico[3].

O Código Civil, no artigo 25, §§ 1º e 2º, determina quem pode ser nomeado curador do ausente, com os poderes e obrigações previstos no artigo 24, semelhantes aos poderes do tutor e do curador de órfãos. A preferência para o desempenho dessa função é do cônjuge, salvo se estiver separado judicialmente, ou de fato por mais de dois anos. Havendo companheiro, situa-se na mesma ordem preferencial de nomeação. Na falta do cônjuge ou de companheiro, a curadoria incumbe aos pais ou aos descendentes, nessa ordem, e observando-se, quanto aos últimos, a precedência dos mais próximos.

3. ARRECADAÇÃO DE BENS QUANDO NÃO APAREÇAM SUCESSORES

Se não comparecerem herdeiros ou interessados, os bens do ausente serão arrecadados (art. 1.160 do CC), observando-se, quanto à sua concretização, as normas prescritas para o processo da herança jacente (art. 738 do CPC).

---

3   Pontes de Miranda, *Comentários ao Código de Processo Civil*, Rio de Janeiro: Forense, 1977, vol. XVI/325, citado na *RJTJSP* 116/49.

Levada a efeito a arrecadação, os bens ficarão sob a guarda e administração do curador nomeado.

4. SUCESSÃO PROVISÓRIA NO PROCESSO DE AUSÊNCIA

Após ter-se compromissado o curador e entrado no exercício de suas funções, o juiz mandará publicar editais chamando o ausente para entrar na posse dos bens arrecadados. Inovações procedimentais constam do artigo 745 do Código de Processo Civil de 2015, para que os editais sejam publicados na rede mundial de computadores, no sítio do tribunal a que estiver vinculado e na plataforma de editais do Conselho Nacional de Justiça, com permanência de 1 (um) ano, ou, não havendo sítio, no órgão oficial e na imprensa da comarca, durante 1 (um) ano, reproduzida de 2 (dois) em 2 (dois) meses, anunciando a arrecadação e chamando o ausente a entrar na posse de seus bens.

Passado um ano da publicação do primeiro edital, sem notícias do ausente ou de seus representantes, os interessados poderão requerer a abertura da sucessão provisória (art. 745, § 1º, do CPC de 2015).

5. PROCESSAMENTO DA SUCESSÃO PROVISÓRIA

No requerimento de abertura da sucessão provisória deve ser solicitada a citação pessoal dos herdeiros presentes e do curador e, por editais, a dos ausentes, para oferecerem artigos de habilitação (art. 745, § 2º, do CPC).

O artigo 27 do Código Civil repete o conteúdo da norma processual, especificando que, para abrir provisoriamente a sucessão, somente se consideram interessados o cônjuge não separado judicialmente; os herdeiros presumidos, legítimos ou testamentários; os que tiverem sobre os bens do ausente direito dependente de sua morte; e os credores de obrigações vencidas e não pagas. Observa-se a falta de menção ao companheiro, que igualmente se legitima a requerer a sucessão em casos de união estável reconhecida.

Vencidos esses trâmites, o juiz, por sentença, confirmará a declaração de ausência, julgará as habilitações e determinará a abertura da sucessão provisória. A sentença só produzirá efeito seis meses depois de publicada pela imprensa, ou "180 dias", na dicção do artigo 28 do Código Civil. Logo que passe em julgado a decisão, proceder-se-á à abertura do testamento se houver, e ao inventário e partilha dos bens, como se o ausente fosse falecido.

Findo o prazo para abertura da sucessão provisória, e não havendo interessados, cumpre ao Ministério Público requerê-la ao juízo competente (§ 1º do art. 28 do CC).

A sentença que declara a ausência deverá ser registrada no Registro Civil de Pessoas Naturais (Lei de Registros Públicos, arts. 29, inc. VI, e 94).

Comentando o disposto na lei registrária sobre quem deva fazer esse registro, bem observa Walter Ceneviva:

> O assento deve declarar o nome do "promotor do processo", que é o autor do pedido apresentado em juízo. A denominação é de infelicidade técnica, pois não se confunde o papel de requerente com o de "promotor" do processo. Todavia, tocando ao hermeneuta tirar do texto rendimento que o torne útil ao fim a que se destina, entende-se a expressão como designando a pessoa que, dotada de legitimidade para deduzir a pretensão, pede ao juiz que declare a ausência do desaparecido[4].

Em garantia aos direitos de terceiros, cumpre aos herdeiros, imitidos na posse dos bens do ausente, prestar caução de os restituir. Essa garantia visa preservar os direitos do ausente para a hipótese de seu regresso. Mantém-se a regra no Código Civil, porém suavizada pela dispensa da garantia para posse nos bens do ausente por seus ascendentes, descendentes ou cônjuge, uma vez provada a sua qualidade de herdeiros (art. 30 e seu § 2º da LRP).

Cessa a sucessão provisória pelo comparecimento do ausente, de seu procurador ou de quem o represente, enquanto não vencido o prazo para conversão da sucessão em definitiva.

6. CONVERSÃO DA SUCESSÃO PROVISÓRIA EM DEFINITIVA

Converter-se-á em definitiva a sucessão provisória quando houver certeza da morte do ausente, ou dez anos depois de passada em julgado a sentença de abertura da sucessão provisória, ou quando o ausente contar com 80 anos de idade e houverem decorrido cinco anos das últimas notícias suas (arts. 37 e 38 do CC). Mais sucinto, o Código de Processo Civil de 2015 limita-se a dizer que, uma vez presentes os requisitos legais, poderá ser reque-

---

4 *Leis dos Registros Públicos comentada*, São Paulo: Saraiva, 1991, p. 163.

rida a conversão da sucessão provisória em definitiva, com isso dispensando a repetição das normas cuidadas nos dispositivos do Código Civil acima citados.

A conversão da sucessão em definitiva dá-se por sentença, a requerimento dos interessados nos próprios autos da sucessão provisória.

Não havendo esse requerimento e persistindo a ausência da pessoa, os bens serão arrecadados como herança vacante, passando ao domínio do Município, do Distrito Federal onde se localizem, ou da União se situados em território federal. Assim dispõe o Código Civil, no artigo 39, parágrafo único, em consonância com as normas do direito sucessório que tratam da herança vacante (arts. 1.819 e 1.844).

7. REGRESSO DO AUSENTE APÓS A SUCESSÃO DEFINITIVA

Embora definitiva a sucessão do ausente, caso ele regresse nos dez anos seguintes à abertura da sucessão definitiva, terá direito aos bens existentes no estado em que se acharem, aos sub-rogados no lugar deles, ou ao preço dos bens alienados (art. 39 do CC). Como anota Pontes de Miranda, trata-se, "com tal terminologia, de algo suspenso, em que sucessão definitiva está em vez de sucessão pré-definitiva, diante da qual não mais há qualquer direito do ausente que apareça (depois de dez anos seguintes à abertura da sucessão dita, no art. 1.168 do CPC, definitiva)".

Ainda nas palavras do insigne autor:

> Se o ausente aparece nos dez anos seguintes à abertura de sucessão definitiva, não importa o trânsito em julgado da sentença de partilha ou de adjudicação, porque a lei permite pedir ao juiz a entrega dos bens existentes no estado em que se acharem, os sub-rogados a eles, ou o preço que os herdeiros e demais interessados houverem recebido pelos alienados depois daquele tempo. De algum modo com isso se cria uma situação difícil se os herdeiros e interessados, que receberam os bens, dispuseram deles e das quantias e não estão em possibilidade de prestar[5].

---

5 *Comentários ao Código de Processo Civil*, op. cit., t. XVI/351-352, 1977. Nota-se erro de redação no artigo 1.168 da lei processual, por referir "aquela", em vez de "aquele", quando alude ao ausente.

O procedimento de restituição dos bens será em vias próprias, autuando-se em apenso aos autos da sucessão. Devem ser citados os sucessores provisórios ou definitivos, o órgão do Ministério Público e o representante da Fazenda Pública. Havendo contestação, seguir-se-á o procedimento ordinário.

Note-se que a devolução dos bens ao interessado está limitada ao decurso de prazo não superior a dez anos desde a sentença de sucessão definitiva. Depois disso, não mais caberá o referido direito em face da prescrição aquisitiva por parte de eventual possuidor dos bens. O Código de Processo Civil atual não menciona prazo para o reclamo de bens pelo ausente; limita-se a explicitar o procedimento: "regressando o ausente ou algum de seus descendentes ou ascendentes para requerer ao juiz a entrega de bens, serão citados para contestar o pedido os sucessores provisórios ou definitivos, o Ministério Público e o representante da Fazenda Pública, seguindo-se o procedimento comum" (art. 745, § 4º).

Os efeitos da declaração de ausência projetam-se além dos direitos de sucessão, atingindo a dissolução do casamento, pela presunção de morte ditada no artigo 1.571, § 1º, do Código Civil, antes mencionada. E ainda subsistem efeitos da ausência também no campo previdenciário, como se verifica da Lei n. 8.213/91, artigo 78, mediante a concessão de pensão provisória aos dependentes da pessoa declarada ausente.

8. DECLARAÇÃO DE MORTE PELA LEI N. 6.015/73 E PELO CÓDIGO CIVIL

A existência da pessoa natural termina com a morte. Assim reza o art. 6º do Código Civil, consagrando o entendimento de que a personalidade, iniciada com o nascimento, só se extingue com a perda da própria vida (v. cap. 1, item 3). Específica também que se presume a morte quanto aos ausentes, nos casos em que a lei autoriza a abertura da sucessão definitiva, pressupondo-se a declaração judicial da ausência.

É possível a declaração judicial de morte nos casos de desaparecimento de uma pessoa em virtude de presunção veemente de seu óbito, em acontecimentos nos quais se evidencie a sua presença, como em desastres, incêndios, inundações, naufrágios ou catástrofes.

Contém dispositivo a respeito a Lei n. 6.015, de 31 de dezembro de 1973 (Registros Públicos), no artigo 88:

Poderão os juízes togados admitir justificação para assento de óbito de pessoas desaparecidas em naufrágio, inundação, incêndio, terremoto ou qualquer catástrofe, quando estiver provada a sua presença no local do desastre e não for possível encontrar-se o cadáver para exame.

O parágrafo único desse artigo admite também a justificação no caso de desaparecimento em campanha, provados a impossibilidade de ter sido feito o registro e os fatos que convençam da ocorrência do óbito.

No processo de declaração de morte, o juiz deverá tomar certas cautelas, tais como citação de possíveis interessados, por edital, e regular colheita de provas. Ouvido o Ministério Público e na pendência de lastro probatório, sobrevirá sentença declarando a morte do desaparecido, com ordem de registro do óbito.

O Código Civil trata da declaração judicial de morte no artigo 7º, estipulando que pode ser reconhecida a morte de uma pessoa, mesmo sem a decretação da ausência:

I – se for extremamente provável a morte de quem estava em perigo de vida;

II – se alguém, desaparecido em campanha ou feito prisioneiro, não for encontrado até dois anos após o término da guerra.

A declaração da morte presumida, nesses casos, somente poderá ser requerida depois de esgotadas as buscas e averiguações, devendo a sentença fixar a data provável do falecimento.

Como se verifica, a previsão do inciso I, *supra*, contém mais amplitude que o artigo 88 da Lei dos Registros Públicos, possibilitando o enquadramento de situações de evidente perigo de vida, inclusive em acidentes graves, que façam presumir a extrema possibilidade de morte da pessoa. Quanto ao desaparecimento ou prisão em campanha, a morte se presume desde que a pessoa não seja localizada no prazo de dois anos após o fim da guerra.

Descabe falar em morte civil, como a prevista, no antigo direito romano, ao cidadão que perdia o *status libertatis*, deixando de ser pessoa para transformar-se em *res*, como se defunto fora.

Restam em nosso direito positivo apenas resquícios da morte civil, como no caso do artigo 1.816, referente à exclusão da herança por indignidade: por serem pessoais os efeitos da exclusão, os descendentes do herdeiro excluído sucedem, "como se ele morto fosse"[6].

---

[6] Washington de Barros Monteiro, *Curso de Direito Civil, Parte Geral*, 3. ed., São Paulo: Saraiva, p. 74.

Capítulo 5   Ausência e Morte Presumida

9. DECLARAÇÃO DE AUSÊNCIA, COM PRESUNÇÃO DE MORTE, PELAS LEIS N. 6.683/79 E N. 9.140/95

A Lei n. 6.683, de 28 de agosto de 1979, dispõe sobre a anistia a todos quantos, no período compreendido entre 2 de setembro de 1961 e 15 de agosto de 1979, cometeram crimes políticos ou conexos com estes, crimes eleitorais, aos que tiveram seus direitos políticos suspensos, aos servidores da Administração direta e indireta, de Fundações vinculadas ao Poder Público, aos servidores dos Poderes Legislativo e Judiciário, aos militares e aos dirigentes e representantes sindicais, punidos com fundamento em Atos Institucionais e Complementares.

Seu artigo 6º regula a declaração de ausência de pessoa que, envolvida em atividades políticas, esteja, até a data de vigência da mesma lei, desaparecida do seu domicílio, sem que dela haja notícias por mais de 1 (um) ano. Poderão requerê-la o cônjuge, qualquer parente, ou afim na linha reta ou na colateral, ou o Ministério Público.

O requerente, exibindo prova de sua legitimidade, oferecerá, na petição, rol de no mínimo 3 (três) testemunhas, e eventuais documentos que comprovem o desaparecimento (§ 1º do art. 6º).

Será realizada audiência, com a presença do Ministério Público, nos 10 (dez) dias seguintes ao da apresentação do requerimento; e a sentença será proferida após o término da instrução, no prazo máximo de 5 (cinco) dias. Dessa sentença, se concessiva do pedido, não caberá qualquer recurso (§ 2º do art. 6º).

No caso de os documentos apresentados já constituírem prova suficiente do desaparecimento, após ser ouvido o Ministério Público em 24 (vinte e quatro) horas, o juiz proferirá sentença, no prazo de 5 (cinco) dias e independentemente de audiência, não cabendo dessa, se concessiva, qualquer recurso (§ 3º do art. 6º).

A sentença que declarar a ausência, depois de averbada no registro civil, gera a presunção de morte do desaparecido, para os fins de dissolução do casamento e de abertura de sucessão definitiva (§ 4º do art. 6º).

O Decreto n. 84.143, de 31 de outubro de 1979, que regulamentou a Lei n. 6.683/79, artigo 6º, diz que poderão pleitear os benefícios correspondentes, previstos na legislação específica, os dependentes de servidor falecido ou presumidamente morto, que, se vivo fosse, teria direito à reversão ou retorno ao serviço ativo, aposentadoria, transferência para a reserva ou reforma.

Versando sobre os mesmos fatos de pessoas desaparecidas em razão de atividades políticas, no período cuidado na Lei n. 6.683/79, sobreveio a Lei n. 9.140, de 4 de dezembro de 1995, dando oficial reconhecimento da morte dessas pessoas, para todos os efeitos legais. São expressamente nomeados os desaparecidos, em lista anexa ao diploma legal.

Nos termos do artigo 3º dessa lei, o cônjuge, o companheiro, o descendente, ascendente ou colateral até 3º grau de pessoa nominada na lista, pode requerer ao oficial do registro civil de seu domicílio a lavratura do assento de óbito, instruindo o pedido com o texto da lei e de seus anexos.

Seu artigo 4º determina a criação de Comissão Especial para proceder ao reconhecimento de pessoas desaparecidas que não constem da lista oficial. Será de sua competência apreciar pedidos de interessados no reconhecimento administrativo da morte dessas pessoas. Sua decisão, se positiva, instruirá os correspondentes pedidos de registro de óbito.

A lei estipula, ainda, indenização aos dependentes e parentes dos desaparecidos, em valores correspondentes à sua expectativa de vida (R$ 3.000,00 por ano, com o teto de R$ 100.000,00).

Seu texto veio a ser modificado pela Lei n. 10.875, de 1º de junho de 2004, facilitando o reconhecimento de pessoas que tenham falecido nas situações previstas em seu artigo 4º, para o fim de recebimento de indenização.

A ação de declaração de morte de pessoas desaparecidas é de competência da Justiça Estadual, por versar sobre questão de estado e envolver matéria registrária. Será da Justiça Federal, contudo, quando relativa a desaparecidos políticos e se contiver pedido de indenização, a cargo da União Federal.

Capítulo 5   Ausência e Morte Presumida

10. ESQUEMA DO PROCESSO DE AUSÊNCIA

▶ Bens de ausente – Declaração, arrecadação e sucessão

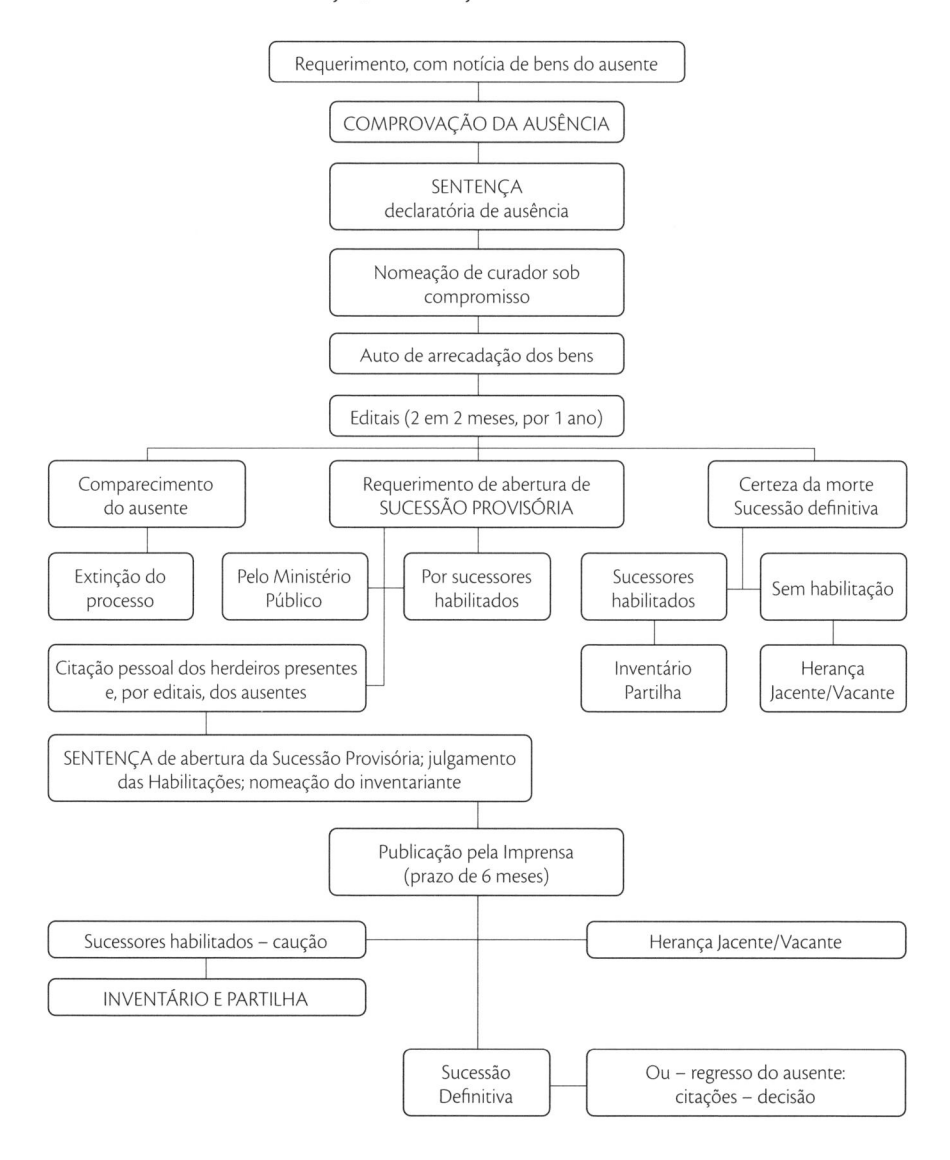

```
Requerimento, com notícia de bens do ausente
                    │
        COMPROVAÇÃO DA AUSÊNCIA
                    │
              SENTENÇA
         declaratória de ausência
                    │
         Nomeação de curador sob
              compromisso
                    │
         Auto de arrecadação dos bens
                    │
         Editais (2 em 2 meses, por 1 ano)
        ┌───────────┼─────────────────┐
  Comparecimento   Requerimento de abertura de   Certeza da morte
    do ausente        SUCESSÃO PROVISÓRIA        Sucessão definitiva
        │                   │                          │
  Extinção do    Pelo Ministério   Por sucessores   Sucessores      Sem habilitação
    processo        Público          habilitados    habilitados
                                                        │                │
                                                   Inventário         Herança
                                                    Partilha        Jacente/Vacante

Citação pessoal dos herdeiros presentes
e, por editais, dos ausentes

SENTENÇA de abertura da Sucessão Provisória; julgamento
das Habilitações; nomeação do inventariante
                    │
         Publicação pela Imprensa
            (prazo de 6 meses)
        ┌───────────────────────────┐
Sucessores habilitados – caução        Herança Jacente/Vacante

INVENTÁRIO E PARTILHA
                    │
              Sucessão        Ou – regresso do ausente:
              Definitiva         citações – decisão
```

CAPÍTULO 6 | Sucessão Testamentária

SUMÁRIO: 1. Sucessão testamentária. **2.** Conceito e requisitos do testamento. 2.1. Capacidade testamentária ativa. 2.2. Capacidade testamentária passiva. 2.3. Proibição de testamento conjuntivo. **3.** Espécies de testamento: 3.1. Testamento público, 3.2. Testamento cerrado, 3.3. Testamento particular, 3.4. Testamento marítimo, 3.5. Testamento aeronáutico, 3.6. Testamento militar, 3.7. Testamento nuncupativo militar. 3.8. Testamento vital. 3.9. Testemunhas testamentárias. **4.** Disposições testamentárias. 4.1. Interpretação dos testamentos. 4.2. Vínculos instituídos por testamento. 4.3. Sub-rogação de vínculos instituídos por testamento. 4.4. Extinção de vínculos e de usufruto instituídos por testamento. 4.5. Competência para sub-rogação e extinção de vínculos. **5.** Codicilos. **6.** Apresentação, publicação e registro dos testamentos e codicilos. 6.1. Registro de testamento cerrado. 6.2. Registro de testamento público. 6.3. Registro de testamento particular. 6.4. Testamentos especiais e codicilo. **7.** Legados. **8.** Caducidade, revogação, rompimento, redução das disposições testamentárias. 8.1. Caducidade dos legados. 8.2. Revogação dos testamentos e codicilos. 8.3. Rompimento do testamento. 8.4. Redução das disposições testamentárias. **9.** Direito de acrescer. **10.** Substituições testamentárias. Fideicomisso. 10.1. Fideicomisso – Conceito. **11.** Anulação de testamento. **12.** O testamenteiro. 12.1. Direitos e obrigações do testamenteiro. Execução dos testamentos. 12.2. Prêmio do testamenteiro. **13.** Esquemas dos testamentos

1. SUCESSÃO TESTAMENTÁRIA

São duas as vertentes pelas quais a herança se transmite, tão logo aberta a sucessão: a legítima e a testamentária.

A disposição vem no texto de abertura do livro V do Código Civil brasileiro, Direito das Sucessões, artigo 1.784. Repete-se no artigo 1.786, com o esclarecimento de que a sucessão se dá por lei ou por disposição de última vontade.

A sucessão legítima obedece à ordem de vocação hereditária disposta na lei, situando-se nesse quadro os parentes do falecido (descendentes, ascendentes e colaterais), o cônjuge ou o companheiro, observadas as regras de prioridade e de concorrência estabelecidas nos artigos 1.790 e 1.829 a 1.844 do Código Civil.

Já a sucessão testamentária se dá por disposição de vontade do testador, mediante instrumento próprio, que seria o testamento ou o codicilo, pelas formas rigidamente dispostas nos artigos 1.862 a 1.896 do mesmo Código.

Quando se aplica a sucessão por esta ou aquela via? A resposta colhe-se do artigo 1.788 do Código Civil, deixando saber que tem primazia a vontade do testador. Com efeito, a sucessão legítima é de caráter subsidiário, ou seja, aplica-se na falta de testamento válido ou sobre os bens que não forem compreendidos no testamento. Por igual, aplica-se a sucessão legítima quando o testamento caducar, isto é, não mais subsistir seu objeto na forma disposta, ou se falecido o beneficiário antes do testador (art. 1.939 do CC), e também quando for declarada a nulidade do testamento.

Mas a sucessão testamentária não é inteiramente livre. Tem um limite, sempre que haja herdeiros necessários, pois nesse caso o testador somente poderá dispor da metade da herança. Tal a regra do artigo 1.789 do Código Civil, complementada no artigo 1.845, com a enumeração dos herdeiros necessários: descendentes, ascendentes e cônjuge. Note-se a inclusão do cônjuge nesse rol de herdeiros privilegiados, novidade em face do Código revogado, que apenas contemplava como tais os descendentes e os ascendentes[1].

Para essa categoria especial de herdeiros, o Código reserva a metade dos bens da herança, que constitui a legítima. Diz-se legítima porque reservada aos herdeiros necessários e, assim, indisponível por testamento (art. 1.846 do CC). Se houver disposição que exceda a parte disponível, deve ser reduzida aos limites dela, em conformidade com o disposto no artigo 1.967 do Código Civil. Veja-se que, em tal situação, o testamento não é nulo por inteiro, mas apenas na parte excedente por invadir a legítima dos herdeiros necessários.

A contrario sensu, se não houver herdeiros necessários ou se vierem a ser excluídos da herança por renúncia, indignidade ou deserdação, subsiste a

---

1 A valorização do cônjuge no plano sucessório, em vista de sua inclusão na categoria de herdeiro necessário, tem aplicação não somente quando chamado a suceder na falta de descendentes e de ascendentes, mas também na concorrência com estes herdeiros, na forma regulada pelos artigos 1.829, 1.832 e 1.836 do Código Civil. Não se contemplava igual privilégio ao companheiro, embora também concorresse na herança com os descendentes e outros parentes sucessíveis, nos termos do revogado artigo 1.790 do Código Civil. Significa dizer que, pela regra antiga, não havendo descendentes ou ascendentes, o testador podia direcionar sua herança a terceiro, em detrimento de seu parceiro na união estável. Sobre o tema, ver o cap. 2, item 9, e o cap. 3, item 8.1., p. 162 a 173; também, para uma pesquisa histórica da evolução doutrinária, consultar Euclides de Oliveira, *Direito de herança*, São Paulo: Saraiva, 2005.

disposição testamentária na sua inteireza, ante sua prevalência em relação à sucessão legítima.

2. CONCEITO E REQUISITOS DO TESTAMENTO

Originário do latim, o vocábulo "testamento" tem acepções diversas, conforme seja visto sob ângulo objetivo ou subjetivo[2].

Entende-se por testamento, do ponto de vista objetivo ou externo, o ato solene pelo qual o testador formaliza por documento escrito e solene sua vontade de transmitir os seus bens para depois de sua morte, com a indicação dos herdeiros e legatários.

Pela mesma via instrumental, o testador pode efetuar outras disposições relativas ao seu patrimônio e a outros bens jurídicos ainda que de caráter não patrimonial. Mencionem-se, como exemplos, a nomeação de tutor, o reconhecimento de filho, o perdão do indigno, a deserdação, recomendações de ordem moral etc.

Sob esse aspecto, trata-se de um instrumento viabilizador do ato jurídico, também chamado de cártula ou cédula testamentária. Ao lado do testamento, a lei prevê, também, o codicilo, com menor rigor formal, destinado a disposições de valor reduzido.

Outra acepção de testamento, do ponto de vista subjetivo, diz respeito ao seu conteúdo, isto é, ao conjunto de disposições expressas por meio do instrumento escrito para serem cumpridas *post mortem*.

O Código Civil de 1916, no seu artigo 1.626, trazia uma definição de testamento, ao considerá-lo como o "ato revogável pelo qual alguém, de conformidade com a lei, dispõe, no todo ou em parte, do seu patrimônio para depois de sua morte".

Esse conceito levantava críticas da doutrina pelo fato de não mencionar outras características do ato jurídico de testar, limitando-se a dizer que se

---

2   *Testamentum*, em latim, significa declaração de última vontade. A palavra apresenta variações diversas como *testamen*, para testemunho e *testis,* para testemunha, ou seja, aquele que atesta. Nas línguas românicas segue-se a mesma denominação: *testamento*, em espanhol e italiano, *testament*, em francês, também *testament,* em inglês, mas neste com a expressão menos formal – *will* –, no sentido de vontade (*last will* – última vontade).

trata de "ato revogável", e também por estreitar o conteúdo do testamento como se fosse unicamente destinado às disposições patrimoniais.

Já o Código Civil de 2002, nos artigos 1.857 e 1.858, em vez de definir o que seja testamento, limita-se a dispor sobre o seu conteúdo e salientar que se trata de ato personalíssimo, que pode ser mudado a qualquer tempo.

Assim é que o artigo 1.857 prescreve que "toda pessoa capaz pode dispor, por testamento, da totalidade dos seus bens, ou de parte deles, para depois de sua morte".

Essa liberdade testamentária sofre restrição quanto à legítima dos herdeiros necessários, conforme anota o § 1º do artigo citado, repisando norma contida nos artigos 1.789 e 1.845 do mesmo Código, comentados em tópico anterior.

De outro lado, o § 2º do artigo 1.857 alarga o conteúdo do testamento para abranger disposições de caráter não patrimonial, mesmo que o testador a elas tenha se limitado.

Com efeito, o testamento não se limita a disposições patrimoniais, de destinação dos bens a herdeiros instituídos ou legatários. Pode conter múltiplas disposições, seja para deserdar herdeiros necessários, impor restrições à utilização dos bens (vínculos), instituir fundação, ou para contemplar direitos de natureza não patrimonial, como nomeação de tutor, reconhecimento de filhos, perdão do indigno, recomendações de ordem moral e outros.

Trata-se de "ato personalíssimo", por isso mesmo sujeito a mudanças por vontade exclusiva do testador. Significa tratar-se de ato "revogável", conforme é de sua natureza e como explicitado nas disposições de capítulo próprio, artigos 1.969 e seguintes (conforme também constava do Código revogado, arts. 1.746 e ss.).

Eis, portanto, as marcantes características do testamento:
- unilateral, porque depende unicamente da vontade do testador;
- personalíssimo, por não admitir atuação ou intervenção de terceiro nos atos de disposição;
- revogável, uma vez que o testador pode tornar sem efeito o ato, no todo ou em parte, a qualquer tempo;
- formal ou solene, porque exige modelo próprio, dentre as espécies previstas na lei, com verdadeiro ritual na sua elaboração (instrumento escrito, testemunhas etc.);
- de eficácia contida, pois somente se aplica após a morte do testador.

Capítulo 6   Sucessão Testamentária

Em suma, tendo em vista o modo de elaboração, seu conteúdo e características, o testamento pode ser conceituado como um ato jurídico personalíssimo, unilateral, gratuito, revogável, solene e de eficácia contida, pelo qual o testador dispõe dos seus bens ou faz outras disposições para valerem após a sua morte[3].

2.1. Capacidade testamentária ativa

A capacidade civil da pessoa é pressuposto essencial para validade do testamento, regra esta que tem igual aplicação aos demais atos jurídicos. Mas no testamento a exigência é de maior rigor, por tratar-se, como já visto, de ato personalíssimo, que não admite prática por terceiro, ainda que seja representante legal do testador.

A referência a "pessoa capaz", contida no artigo 1.857 do Código Civil, tem ressonância nos artigos 1.860 e 1.861, sob o título "da capacidade de testar". Deixando de lado a casuística empregada no Código Civil de 1916 (que descrevia os incapazes de testar), o Código vigente afirma, genericamente, no artigo 1.860, que, "além dos incapazes, não podem testar os que, no ato de fazê-lo, não tiverem pleno discernimento". O mesmo dispositivo traz uma exceção à incapacidade relativa, ao estatuir que "podem testar os maiores de 16 anos" (art. 1.860, par. ún.).

A interpretação dessa norma conduz ao exame dos artigos 3º e 4º do Código Civil, com as modificações da Lei n. 13.146, de 6 de julho de 2015. Referem-se às pessoas absolutamente incapazes, que não podem exercer pessoalmente os atos da vida civil, e às pessoas relativamente incapazes, que se acham impedidas de praticar certos atos ou são condicionadas à forma de os exercer. Assim sendo, as pessoas enquadradas nesses artigos são incapazes de testar, salvo, como já exposto, se forem maiores de 16 anos.

---

3   A conceituação colhe-se de Washington de Barros Monteiro, bem abrangente: "testamento é negócio jurídico unilateral e gratuito, de natureza solene, essencialmente revogável, pelo qual alguém dispõe dos bens para depois de sua morte, ou determina a própria vontade sobre a situação dos filhos e outros atos de última vontade, que não poderão, porém, influir na legítima dos herdeiros necessários" (*Curso de Direito Civil*, p. 124). Por símile, a conclusão de Maria Helena Diniz, citando José Lopes de Oliveira (deste, *Sucessões*, p. 87), para dizer que testamento é "ato personalíssimo, unilateral, gratuito, solene e revogável, pelo qual alguém, segundo norma de direito, dispõe, no todo ou em parte, de seu patrimônio para depois de sua morte, ou determina providências de caráter pessoal ou familiar" (*Curso de Direito Civil*, vol. 6, p. 179).

Da mesma forma, a incapacidade alcança aqueles que, no ato de testar, "não tiverem pleno discernimento", ainda que sejam normalmente capazes. Significa dizer que, no momento da prática, as pessoas não estejam "em seu juízo perfeito", como rezava o artigo 1.627, inciso III, do Código revogado. A disposição tem caráter aberto a situações de pessoas que, no momento da celebração, padeçam de algum distúrbio temporário ou momentâneo, como nas hipóteses de embriaguez, intoxicação por drogas, mal súbito, sujeição a comando hipnótico ou qualquer outra forma de desvio ou de submissão de sua vontade.

Quanto aos maiores de 16 e menores de 18 anos, embora qualificados como relativamente incapazes, possuem plena capacidade testamentária, independentemente de assistência de seu responsável legal (pais, tutor ou curador). A incapacidade prevista na lei é absoluta, tornando inválido o ato praticado nessa condição. Aliás, a participação de terceiro na elaboração do testamento viria na contramão do caráter personalíssimo do ato, sendo causa de sua nulidade por representar possível influência na disposição de vontade do testador[4].

Note-se que há limite mínimo de idade, mas não limite máximo para a feitura de testamento. Basta que se verifique a capacidade de discernimento e de livre exposição de vontade pelo testador idoso. Ressalvam-se, por certo, os casos de demência senil e outras formas de doença mental inerentes a uma vida longeva, mas que hão de ser apreciadas e comprovadas caso a caso.

A aferição de incapacidade mental do testador prescinde de sua prévia interdição e é feita no momento em que se pratica o ato de testar. Importante é que se comprove, por perícia e outros meios hábeis de convencimento, que o outorgante não goza de pleno discernimento para dispor livremente dos seus bens.

De outra parte, se a pessoa é plenamente capaz no ato de testar, válido será o documento, assim não atingido por eventual incapacidade superveniente. Dispõe nesse sentido o artigo 1.861 do Código Civil e acrescenta,

---

4 Cabe lembrar, neste passo, que fica excluído da herança, por indignidade, quem por violência ou meio fraudulento inibir ou obstar o autor da herança de dispor livremente de seus bens por ato de última vontade (art. 1.814, inc. III, do CC).

para não pairar dúvida sobre a situação inversa, que o testamento feito por incapaz não se valida com a superveniência da capacidade. Nesta última hipótese, o ato só valerá se for expressamente ratificado por outro testamento elaborado pela pessoa que, então, seja plenamente capaz.

2.2. Capacidade testamentária passiva

Dispõe o Código Civil, no artigo 1.798, que "legitimam-se a suceder as pessoas nascidas ou já concebidas no momento da abertura da sucessão". São beneficiárias da herança, portanto, as pessoas existentes nesse momento transmissivo dos direitos hereditários, que se dá com a morte do titular dos bens. Por igual, beneficiam-se os nascituros, cujos direitos são resguardados desde a concepção (art. 2º do CC).

A disposição é válida tanto para a sucessão legítima quanto para a sucessão testamentária, mas aqui com maior largueza, nos termos do artigo 1.799 do Código Civil, para incluir:

a) a prole eventual, consistente nos filhos, ainda não concebidos, de pessoas sobrevivas indicadas pelo testador,
b) as pessoas jurídicas existentes à data da abertura da sucessão,
c) as pessoas jurídicas a serem instituídas sob a forma de fundação (art. 62 do CC).

Por esse elenco de caráter exaustivo verifica-se que a disposição de vontade por testamento não pode beneficiar coisas, animais ou entidades não representadas por pessoa jurídica. Possível, não obstante, destinação indireta, mediante legado com encargo a ser cumprido em favor de coisas ou de animais.

Também se admite disposição em favor de ente imaterial, que venha a bem de pessoa subentendida na vontade do testador, como na hipótese de legado ao "santo do lugar" ou às "almas do purgatório". Disposições desse jaez poderiam ser interpretadas como sendo em favor da respectiva autoridade religiosa (diocese ou paróquia) encarregada da administração daquele culto[5].

---

5 Seria válida a disposição em favor da alma? O Código Civil de Portugal, artigo 2.224, responde que sim, ao admitir que o testador designe os bens que devem ser utilizados para aquela finalidade ou quando seja possível determinar a quantia necessária para tal efeito. Mas esclarece que a disposição a favor da alma constitui encargo que recai sobre o herdeiro ou legatário.

Como visto, a disposição em benefício de seres irracionais, como no caso de animais de estimação, pode ser feita não por outorga direta, mas por destinação do bem a uma pessoa física ou jurídica que ficasse com o encargo de cuidar daqueles animais. Ou seja, na verdade estaria sendo feita uma disposição testamentária onerosa, mas, ainda assim, tendo como efetiva beneficiária uma pessoa. Doutra sorte, se a outorga for direta e exclusiva a um animal, nula será por faltar legitimidade passiva ao suposto herdeiro ou legatário[6].

No que tange aos filhos ainda não concebidos, a disposição somente será válida:

a) se as pessoas indicadas sobreviverem ao testador,

b) se o herdeiro esperado for concebido no prazo de dois anos da data da abertura da sucessão.

O prazo para a apuração de prole eventual constitui novidade no Código Civil e supre a dúvida que subsistia na vigência do Código anterior, quando não se previa tempo para o surgimento dos filhos futuros. Agora, a questão tornou-se clara, uma vez que o artigo 1.800 do Código vigente estabelece regras explícitas sobre a nomeação de curador para os bens da herança, enquanto não vier o filho esperado, e sobre a extinção da reserva dos bens se a concepção não ocorrer no mencionado prazo de dois anos, quando caberá a herança aos herdeiros legítimos (salvo hipótese de substituição de beneficiário por previsão no testamento).

Semelhante ao que dispunha o Código revogado, o atual contém rol taxativo das pessoas que não podem ser nomeadas herdeiras ou legatárias:

a) aquele que, a rogo, escreveu o testamento, nem o seu cônjuge ou companheiro, ou os seus ascendentes e irmãos;

---

6   Quando se noticia testamento em favor de um bichano de estimação ou de outros seres irracionais, o que significa é isto: destinação a certa pessoa, física ou jurídica, com o encargo de cuidar do animal. Marcelo Paiva, em crônica no jornal *O Estado de S. Paulo*, caderno 2, 29-12-2012, comenta que Ernest Hemingway, ganhador do Prêmio Nobel de 1954, atribuiu bens da sua herança em favor de seus gatos de estimação e dos seus descendentes, que hoje somam cerca de 50 felinos. A gataria continua ocupando a antiga casa do escritor, hoje transformada em museu, em Key West, extremo sul da Flórida, Estados Unidos (os animais foram estrelas de livros como *Hemingways's Cats*, Pineaple Press, USA) e recebem apoio oficial e de entidades filantrópicas.

b) as testemunhas do testamento;

c) o concubino do testador casado, salvo se este, sem culpa sua, estiver separado de fato do cônjuge há mais de cinco anos;

d) o tabelião ou outra autoridade perante quem se fizer, assim como o que fizer ou aprovar o testamento.

A inclusão do companheiro nesse rol justifica-se pela afinidade decorrente da união estável, com prática equiparação, nesse aspecto, ao casamento.

Por igual e com repetição do que dizia o Código anterior, a menção ao "concubino do testador casado". Mas titubeia o legislador civil ao mencionar, como acima reproduzido, que fica ressalvada a hipótese de achar-se o cônjuge separado de fato, sem culpa sua, há mais de cinco anos. Há contradição desse dispositivo (art. 1.801, inciso III, segunda parte) com a conceituação legal de união estável, que pode ser reconhecida mesmo no caso de impedimento matrimonial decorrente do casamento de um dos companheiros, desde que se ache separado judicialmente ou de fato (art. 1.723, § 1º). Como não se estabelece prazo algum para a separação de fato nessa hipótese, a união com outra pessoa pode caracterizar a estabilidade prevista no artigo 1.723, com os direitos a ela inerentes, mesmo no plano sucessório, sem a necessidade da longa espera por cinco anos e, muito menos, da apuração de culpa ou não do cônjuge agora em vivência com outra pessoa. Situação dessa espécie já não seria mero concubinato, com definição própria no artigo 1.727 do Código Civil, e sim, como se afirmou, verdadeira união estável, de modo que não haveria qualquer impedimento a nomear-se o companheiro como herdeiro ou legatário por via de testamento[7].

Ainda que vedada a disposição em favor de concubino, com as observações *supra*, o Código admite como lícita a deixa ao filho havido dessa união concubinária. Tal a regra inserta no artigo 1.803 do Código Civil, em consonância com o entendimento jurisprudencial de há muito consolidado na Súmula 447 do Supremo Tribunal Federal.

Cabe observar, por fim, a preocupação do legislador com as fraudes na disposição testamentária, ao dispor que é nula (e não simplesmente anulável)

---

7   Ainda mais avulta a incongruência do prazo de cinco anos previsto no artigo 1.801, inc. III, do Código Civil, em face do seu artigo 1.830, que admite a subsistência de direitos sucessórios do cônjuge separado de fato há menos de dois anos ou há mais tempo, se provar que não teve culpa da separação.

a cláusula que favoreça pessoas não legitimadas a suceder, ainda que simulada sob a forma de contrato oneroso ou feita mediante interposta pessoa. A previsão está no artigo 1.802 do Código Civil e se reforça com o parágrafo único desse artigo, no presumir como interpostas pessoas os ascendentes, os descendentes, os irmãos e o cônjuge ou o companheiro do não legitimado a suceder.

2.3. Proibição de testamento conjuntivo

Por se tratar de ato unilateral, personalíssimo, o testamento não pode ser outorgado por modo conjuntivo, seja simultâneo, recíproco ou correspectivo (art. 1.863 do CC). Tal seria o testamento em conjunto, de mão comum, ou mancomunado, porque feito de comum acordo e num só instrumento, por duas ou mais pessoas[8].

É proibido o testamento conjuntivo por ser espécie de pacto sucessório (*pacta corvina*), batendo de frente com a regra de que é nulo o contrato versando sobre herança de pessoa viva (art. 426 do CC, repisando quanto dispunha o art. 1.089 do Código de 1916). Demais disso, o testamento feito dessa forma conjunta atenta contra um dos caracteres do ato, que é a sua revogabilidade, já que o acerto de vontades num mesmo documento impediria quebra do acordo por um só dos partícipes.

Ressalve-se a admissibilidade, em outros países, de testar sob forma conjuntiva ou sob modalidade diversa das enunciadas em nosso Código. Os respectivos atos, quando trazidos a inventário ajuizado no Brasil, serão examinados de acordo com a legislação do país de origem, para efeitos de validade e eficácia, mas a lei garante, em favor do cônjuge ou dos filhos brasileiros, a precedência do sistema pátrio, quando lhes seja mais favorável que a lei pessoal do *de cujus* (art. 10 e § 1º da LICC; atual LINDB).

São três os modos de testamento conjuntivo, que se distinguem pelos efeitos da disposição de vontade, mas todos equiparados como procedimentos ilícitos:

---

8 De igual forma, o Código Civil da Argentina, artigo 3.618, dispõe que "um testamento não pode ser feito no mesmo ato, por duas ou mais pessoas, seja em favor de terceiro, seja a título de disposição recíproca e mútua". Esse dispositivo constitui fiel reprodução do artigo 968 do Código Civil da França. Diversamente, o Código Civil da Alemanha (BGB), artigo 2.265, admite o testamento mancomunado, mas somente quando praticado entre cônjuges.

a) simultâneo, que se dá quando os testadores, num só ato, dispõem conjuntamente em favor de outra pessoa (ex.: A e B determinam que seus bens serão atribuídos a C);
b) recíproco, pelo qual os testadores se instituem um ao outro, em mútuo benefício, para que os respectivos bens fiquem para aquele que sobreviver (ex.: A dispõe que seus bens ficarão para B, e B igualmente estabelece que, vindo a morrer primeiro, seus bens tocarão a A);
c) correspectivo, a ocorrer quando os testadores efetuam disposições em retribuição de outras correspondentes (ex.: A deixa um veículo como legado a B, e este responde com estipulação de outro bem em favor de A).

Cabe observar, ainda, que a proibição legal de testamentos conjuntivos somente tem aplicação aos atos unos, ou seja, praticados no mesmo instrumento.

O que se proíbe, portanto, não é a disposição recíproca em instrumentos separados e sim a utilização de instrumento único de testamento por duas ou mais pessoas. Nada obsta, portanto, a disposição de cunho recíproco feita pelos testadores, em testamentos individuais, mesmo que seja combinado entre os testadores, e ainda que lavrados na mesma data e no mesmo Tabelionato, ou em correspondentes instrumentos particulares.

Assim, nada impede disposições desse jaez, desde que efetuadas em apartado pelos interessados em atribuir seus bens a terceiro, escolhido de comum acordo, ou para contemplar a si próprios de modo recíproco ou correspectivo. Cada instrumento conservará sua individualidade com as características inerentes ao ato de testar, valendo como testamentos autônomos, desde que satisfeitos os requisitos legais de ordem substancial e formal, incluindo-se, naturalmente, a possibilidade de sua revogação por iniciativa unilateral do testador.

3. ESPÉCIES DE TESTAMENTO

Testamento é ato solene de manifestação de vontade, exigindo forma própria de celebração, sob pena de invalidade.

O Código Civil (arts. 1.862 e ss.) estabelece formas ordinárias e formas especiais de testamento.

A formalidade, já se viu, é da essência do testamento como ato jurídico. Varia seu rigor, conforme seja a espécie de testamento, mas a regra geral é de que o ato se instrumentalize por escrito (salvo o caso muito raro de testamento militar nuncupativo – art. 1.896 do CC) e conte com certo número de testemunhas (exceto no também inusitado testamento particular feito em circunstâncias excepcionais – art. 1.879 do CC).

Não se admitem testamentos fora dos padrões rigidamente estabelecidos no Código Civil, artigos 1.862 a 1.896, incluído, de permeio, o codicilo. Bem por isso não vale o testamento feito de viva voz, chamado de nuncupativo (salvo o testamento especial militar), que o direito pátrio previa e que outras legislações ainda conservam, para declaração de última vontade de pessoa gravemente enferma ou em risco de vida[9].

O Código Civil mantém a classificação dos testamentos em ordinários e especiais, tal como dispunha o ordenamento anterior. Mas o sistema avança em muitos pontos, seja por introduzir o testamento aeronáutico, seja por simplificar as demais formas de testar, com a redução do número de testemunhas e certa facilitação na elaboração dos atos.

São testamentos ordinários, nos termos do artigo 1.862 do Código Civil: o público, o cerrado e o particular. Denominam-se ordinários porque são feitos em situações normais ou comuns do cotidiano civil, aliás, melhor seria que se chamassem testamentos comuns, em contraponto aos especiais.

São especiais os testamentos indicados no artigo 1.886 do mesmo Código: o marítimo, o aeronáutico e o militar, com subespécie de testamento nuncupativo militar. Denominam-se especiais porque realizados em situações que fogem à normalidade da existência, como no curso de viagens ou

---

9   Na *Consolidação das Leis Civis*, obra notável de Augusto Teixeira de Freitas, o testamento nuncupativo era previsto no rol das formas ordinárias (art. 1.053, inc. I). Consistia em declaração de viva voz pelo testador, ao tempo da morte, com a presença de no mínimo seis testemunhas. Exigia-se que o outorgante estivesse em risco de vida, pois o testamento ficava "de nenhum vigor" se o testador convalescesse da enfermidade (arts. 1.061 e 1.062 da Consolidação – texto em fac-símile na coleção *História do Direito Brasileiro*). Na mesma obra, em rodapé 1 ao artigo 1.053, anota-se que, além das quatro espécies enumeradas na Consolidação (testamento público, cerrado, particular e nuncupativo), outras se admitiam, como o testamento marítimo, o testamento rural, o testamento *ad pias causas*, o testamento de pai para filho, o testamento em tempo de peste, e mais o testamento consular e o testamento de mão-comum. Acrescentem-se, ainda, a "alforria fideicomissária" (forma de libertação de escravos), o codicilo (para disposições de menor valor) e a "carta de consciência" (art. 1.083 da Consolidação).

no ambiente militar, que impossibilitam o acesso às vias ordinárias. Seriam, assim, testamentos extraordinários, por contraponto aos ordinários[10].

Além disso, é previsto o codicilo, não como forma de testamento, mas como instrumento especial simplificado de disposição sobre valores de pequena monta e para nomear ou substituir testamenteiro (art. 1.881 do CC).

3.1. Testamento público

Considera-se testamento público aquele escrito por oficial público, em seu livro de notas, de acordo com o ditado ou as declarações do testador, em presença de duas testemunhas, levando as assinaturas do testador, das testemunhas e do oficial.

A solenidade do ato (escritura pública) exige o emprego do idioma nacional, diversamente dos testamentos cerrado e particular, que permitem o idioma estrangeiro.

Os requisitos para a validade do testamento público acham-se descritos nos artigos 1.864 a 1.867 do Código Civil. A lavratura do ato é feita pelo tabelião ou seu substituto legal, em livro de notas, com o registro da declaração de vontade do testador, que pode oferecer apontamentos, notas ou minuta do texto.

Segue-se a leitura em voz alta, pelo tabelião ou pelo testador, na presença de duas testemunhas, com final assinatura do documento por todos. Extrai-se certidão da escritura para entrega ao testador e outros interessados.

Observa-se a simplificação, em relação ao Código revogado, quanto ao número de testemunhas, reduzido de cinco para duas. Ainda, em lugar do livro de notas, o parágrafo único do artigo 1.864 permite que o testamento público seja escriturado por meios mecânicos. Sintoma da modernização tecnológica.

Permite-se ao analfabeto testar por instrumento público, devendo o tabelião declarar essa circunstância e colher a assinatura de uma das tes-

---

10 Severa crítica faz Silvio Rodrigues às formas especiais de testar. Comenta que "a admissão de tais testamentos é altamente inconveniente, por prescindir de formalidades importantes que revestem os testamentos ordinários", de modo que "não se justifica, nos tempos modernos", uma vez que a pessoa dispõe de toda uma existência para testar pelos modos ordinários e não pode ser privilegiada para, de última hora, elaborar testamento mais facilitado (*Direito Civil – Direito das Sucessões*, p. 170).

temunhas, a rogo do testador (art. 1.865 do CC). Da mesma forma poderá testar aquele que não estiver em condições de assinar em vista de deficiência física ou de moléstia incapacitante (desde que mentalmente hígido).

Ao surdo também se permite elaborar testamento público, devendo efetuar a leitura do texto em face das testemunhas; se não souber ler, designará quem possa fazê-lo em seu lugar.

Ainda, reserva-se ao cego essa forma de testar, com o requisito de que o testamento seja lido duas vezes, em voz alta, pelo oficial e por uma das testemunhas designada pelo testador (art. 1.867 do CC).

A vantagem do testamento público está na segurança de sua elaboração por pessoa do ramo, supostamente preparada, que é o oficial do Tabelionato. Ademais, resguarda-se a inteireza do documento por constar de livro público, possibilitando a obtenção de cópias a qualquer tempo.

Mas há desvantagens nesse modo de testar, seja pelo custo do serviço, variável de acordo com as taxas ou emolumentos vigentes no lugar, como pelo fato da publicidade, tornando a vontade do testador passível de conhecimento por terceiro.

3.2. Testamento cerrado

Diz-se cerrado, o testamento, porque é fechado em envelope cosido e com lacre, somente podendo ser aberto após a morte do testador, em audiência presidida pelo juiz competente, para verificação de sua regularidade formal (art. 735 do CPC), relativa a vício externo que o torne suspeito de nulidade ou falsidade. Em vista de ser fechado ao conhecimento público antes da audiência de abertura, esse tipo de testamento é também chamado de secreto, sigiloso ou místico.

Seus requisitos formais encontram-se nos artigos 1.868 a 1.875 do Código Civil, com destaque para o fato de ser escrito pelo testador ou por outra pessoa a seu rogo, assinado pelo testador, devendo ser por este entregue ao oficial para auto de aprovação, colhendo-se as assinaturas do tabelião, do testador e das testemunhas, e para que seja cerrado em envelope próprio, constituindo documento a ser entregue ao interessado.

Houve simplificação na exigência de apenas duas testemunhas, em vez das cinco previstas no Código Civil de 1916.

O testamento cerrado poderá vir a ser escrito mecanicamente, se o seu subscritor numerar e autenticar todas as páginas com a sua assinatura (par. ún. do art. 1.868 do CC).

Importante modificação trazida pelo atual Código Civil diz com a assinatura do testamento cerrado pelo testador. Não mais se admite a assinatura a rogo, muito embora continue possível que o próprio tabelião ou terceiro escreva o testamento a rogo do testador.

O testamento pode ser escrito em língua nacional ou estrangeira. Não é feita a sua leitura perante as testemunhas, uma vez que se trata de forma sigilosa de declaração de última vontade. Basta que as testemunhas estejam presentes para confirmar a elaboração do testamento e o auto de aprovação pelo oficial (aqui no idioma nacional, em vista da natureza do ato notarial).

A lei não permite feitura de testamento cerrado por analfabeto ou por cego (art. 1.872 do CC), mas, em que pese a deficiência visual deste, poderia ter havido permissão para escrita do testamento no sistema *braille* (assim como se permite em idioma estrangeiro), desde que o testador estivesse a tanto habilitado.

Ao surdo-mudo admite-se fazer testamento cerrado, mas com formalidades especiais: deve escrever e assinar o documento e, no ato de entrega ao oficial perante as duas testemunhas, escrever na face externa do papel ou envoltório que aquele é o seu testamento, cuja aprovação lhe pede (art. 1.873 do CC).

Uma vez aprovado pelo oficial, o testamento cerrado será posto em envelope, com a devida costura e lacre. O documento é entregue ao testador ou à pessoa que ele designar. Apenas o auto de aprovação é lançado no livro do tabelião, com nota do lugar e da data em que foi elaborado o testamento (art. 1.874 do CC).

Vindo a falecer o testador, o inventariante, algum herdeiro ou legatário, ou qualquer pessoa interessada, requererá em juízo a abertura e o registro do testamento (arts. 1.875 do CC e 1.125 do CPC).

Na audiência de abertura do testamento, cumpre ao juiz verificar a inteireza formal do documento, em especial se não sofreu qualquer violação e se não apresenta vício externo que o torne eivado de nulidade ou suspeito de falsidade. A abertura ou quebra de lacre efetuada anteriormente pelo testador, ou por outrem com o seu consentimento, constitui violação ao sigilo do testamento, havendo-se como revogado. No caso de ter sido aberto ou dilacerado por terceiro, o juiz avaliará se houve nulidade ou falsidade, o ato de abertura previsto no artigo 1.125 do Código de Processo Civil. O dispositivo menciona que o juiz, ao receber a cédula testamentária, verifique se está intacta. Não consta essa exigência expressa no artigo 735 do Código de Processo Civil de 2015, embora se subentenda, porque a norma manda ao juiz verificar possível vício externo que torne o testamento suspeito de nulidade ou falsidade, e, na sequência, proceder à abertura do instrumento.

Há vantagens no testamento cerrado: gera segurança, por submeter-se a auto de aprovação pelo oficial público e de abertura pelo juiz; e mantém o sigilo das disposições enquanto não houver o procedimento oficial de abertura, segundo os interesses do testador, como sucede, por exemplo, em casos de atribuição de bens a terceiros que não sejam os herdeiros legítimos, ou nos casos de deserdação e, ainda, quando contempla o reconhecimento de filhos havidos fora do casamento.

Mas há desvantagens nessa forma de testar, em vista do custo financeiro da submissão do testamento à aprovação do notário e pela insegurança na guarda do documento, que é deixado em mãos do testador e fica sujeito a eventual extravio, perda ou inutilização.

3.3. Testamento particular

Testamento particular, segundo o Código Civil, é aquele escrito e assinado pelo testador, de próprio punho ou mediante processo mecânico, lido perante três testemunhas, devendo ser publicado em juízo após a morte do seu autor, com a citação dos herdeiros legítimos, para confirmação judicial (arts. 1.876 a 1.880).

O Código Civil reduziu de cinco para três o número de testemunhas no testamento particular (art. 1.876, §§ 1º e 2º) e admite sua validade até mesmo sem testemunhas, quando ocorrerem circunstâncias excepcionais declaradas na cédula (art. 1.879).

O testamento particular é também chamado hológrafo (do grego: *holos*: inteiro; *graphein*: escrever), porque escrito pelo seu autor.

Resta facilitada a feitura do testamento particular pelo atual Código Civil, em vista da dispensa de certas formalidades. O instrumento pode ser datilografado ou digitado, uma vez que o artigo 1.876 dispõe expressamente que o testamento particular pode ser escrito de próprio punho ou mediante processo mecânico. Se escrito de próprio punho, deve ser lido e assinado por quem o escreveu, na presença de pelo menos três testemunhas, que o devem subscrever, para que tenha validade (§ 1º desse artigo); se elaborado por processo mecânico, não poderá conter rasuras ou espaços em branco, devendo ser assinado pelo testador, depois de o ter lido na presença de pelo menos três testemunhas (antes eram previstas cinco), que o subscreverão (§ 2º do mesmo artigo)[11].

Sua guarda compete ao testador ou à pessoa a quem ele fizer a entrega do documento. Não há intervenção notarial, mas nada impede que o escrito seja levado a registro no Cartório de Títulos e Documentos, para preservação e publicidade.

Outra importante inovação do Código vigente reside na possibilidade de ser lavrado testamento particular sem testemunhas. A hipótese é reservada a circunstâncias excepcionais declaradas na cédula, a serem examinadas pelo juiz para, a seu critério, confirmar o testamento (art. 1.879 do CC). Seriam excepcionais aquelas situações imprevisíveis que fogem por inteiro à normalidade e ocasionam grave risco de vida à pessoa, impedindo o acesso aos regulares meios de testar pela absoluta falta de quem possa testemunhar o ato.

A validade do testamento particular depende de sua confirmação em juízo, após a morte do testador, quando serão tomados os depoimentos das testemunhas. Será necessário que as testemunhas confirmem a leitura do testamento perante elas e reconheçam as próprias assinaturas, assim como a do testador (art. 1.878 do CC). A publicação em juízo pode ser requerida por herdeiro, legatário, pelo testamenteiro e pelo terceiro detentor do testamento, se impossibilitado de entregá-lo algum dos outros legitimados para requerê-la (art. 737 do CPC). Acrescentem-se, como partes legitimadas para essa provi-

---

11 Já ao tempo do Código Civil de 1916 predominava o entendimento de que a previsão legal de escrita pessoal do testamento não significava que devesse ser manuscrito. Assim, poderia o disponente utilizar-se de outros meios, como a datilografia e a digitação, agindo pessoalmente ou com auxílio de terceiro, sob ordem sua, comprovando-se a circunstância, no procedimento confirmatório, através das testemunhas instrumentárias. A datilografia tem a "vantagem de tornar o documento mais legível do que quando é usada de forma manuscrita, vantagem essa que aumenta a margem de segurança de que a real vontade do testador será cumprida" (Carlos Eduardo Thompson Flores Lens, Considerações sobre o testamento particular datilografado, *RT* 620/33).

dência, o cônjuge e o companheiro do falecido, já que a eles igualmente compete pleitear a abertura do inventário.

Apesar desse rigor na confirmação da autenticidade do testamento particular, o Código inova e facilita ao dispor que, se faltarem algumas testemunhas, por morte ou ausência, bastará o depoimento de apenas uma testemunha que reconheça a inteireza do ato (art. 1.878, par. ún., do CC).

Por se tratar de documento particular, o testamento pode ser escrito em língua estrangeira, desde que as testemunhas a compreendam (art. 1.880). Nesse caso, far-se-á a tradução do documento por pessoa autorizada (tradutor juramentado) para instruir o original no ato de apresentação do testamento em juízo.

Constituem vantagens dessa forma de testar: a facilidade na elaboração e o custo nenhum ou reduzido.

Figuram como desvantagens: a insegurança por eventuais falhas na elaboração ou na redação das cláusulas pelo testador, caso não contem com a orientação de um profissional; e a exigência de futura confirmação em juízo, com a inquirição de testemunhas, que nem sempre sobrevivem ao próprio autor do testamento[12].

3.4. Testamento marítimo

Testamento marítimo é aquele feito a bordo de navios nacionais, de guerra ou mercantes, lavrado pelo comandante ante duas testemunhas.

Seu procedimento consta dos artigos 1.888 a 1.990 do Código Civil, com ligeiras alterações em relação ao sistema do Código anterior, em especial pela introdução do testamento aeronáutico (art. 1.889, a ser estudado em tópico seguinte). Também não mais se fala em "viagem de alto-mar", uma vez que o passageiro pode estar em percurso fluvial ou lacustre, desde que, em razão de distanciamento do ponto terrestre, ache-se impedido de acesso aos meios ordinários de testar.

A esse propósito, dispõe o artigo 1.892 do Código Civil que só vale o testamento marítimo quando feito no curso de uma viagem e desde que o

---

[12] Para obviar esse inconveniente da falta de testemunhas para confirmação, recomendável se mostra que o testamento particular seja elaborado por pessoas mais jovens e saudáveis e, ainda, que se utilizem mais de três testemunhas instrumentárias, de modo a assegurar que pelo menos uma delas possa estar presente no momento da confirmação judicial.

navio não esteja atracado em porto onde o testador pudesse desembarcar e elaborar testamento na forma ordinária.

Lavra-se o testamento marítimo perante o comandante do navio, em presença de duas testemunhas. Pode adotar a forma do testamento público ou do cerrado. Seu registro é feito no diário de bordo e o documento fica sob a guarda do comandante, que o entregará às autoridades administrativas, mediante recibo, no primeiro porto nacional, para subsequentes providências de seu cumprimento pelos interessados (arts. 1.888 e 1.890 do CC).

A eficácia dessa espécie de testamento está condicionada à morte do testador na viagem ou nos três meses subsequentes ao seu desembarque, onde pudesse ter feito outro testamento na forma ordinária. Não ocorrendo esse fato, considera-se caduco o testamento, devendo ser por outro substituído, a juízo do interessado (art. 1.891 do CC).

Por certo que a previsão dessa forma especial de testar não impede que a pessoa se valha do testamento particular, redigindo suas disposições de vontade na presença de três testemunhas, nada difícil numa viagem a bordo de navio. A segurança será maior porque não sujeita ao referido prazo de caducidade do ato.

3.5. Testamento aeronáutico

A evolução dos meios de transporte, com o crescente uso da aviação comercial e também das aeronaves para fins militares, levou o legislador a introduzir este novo modo especial de testar, semelhante ao previsto para viagens marítimas[13].

O artigo 1.889 do Código Civil menciona a possibilidade do testamento aeronáutico para quem estiver em viagem a bordo de aeronave militar ou comercial. A disposição de vontade é feita perante pessoa designada pelo comandante, observados os mesmos procedimentos do testamento marítimo (arts. 1.888 a 1.892 do CC).

Imagina-se que seja de mínima serventia esse modo de testar, especialmente se motivado por riscos da viagem, pois em caso de acidente aéreo talvez não sobrevivessem as testemunhas e nem se localizasse a própria cédula, a não ser que fosse guardada na "caixa preta" do avião. Mas sempre

---

13 Explica-se a falta de sua previsão no Código Civil de 1916 porque era, então, diminuta a importância da aviação como instrumento de transporte, não viesse a se tornar realidade o fantástico sonho concretizado pelo gênio de Alberto Santos Dumont.

haverá a possibilidade de uso para quem se sinta em risco de vida, como no caso de sofrer um mal súbito e, então, acautele-se com a disposição de seus bens para a hipótese da morte iminente[14].

Presume-se, embora o Código não mencione, que o passageiro esteja em efetiva viagem aérea, pois não seria admissível testar dessa forma quando o avião ainda se ache ao abrigo de aeroporto, facultando-se ao interessado desembarcar e testar na forma ordinária. Também não se permite o testamento aeronáutico na mesa de embarque do aeroporto (*check-in*), embora pareça até fascinante a ideia de um formulário especial à disposição de algum passageiro agoniado...

Outra falha reside na falta de menção a aeronave nacional, enquanto para o testamento marítimo a lei restringe o testamento especial à viagem em barco brasileiro. Mas, numa ou noutra hipótese, se o comandante for estrangeiro e não entender português, restará prejudicada a elaboração de testamento por aquela forma.

A caducidade do testamento aeronáutico ocorrerá da mesma forma que a prevista para o marítimo, ou seja, sempre que o testador não morrer na viagem ou nos noventa dias subsequentes ao seu desembarque em terra (art. 1.891 do CC). Pressupõe-se, naturalmente, o pouso regular da aeronave no seu ponto de destino e em lugar seguro. Em casos de aterrissagem forçada ou de queda, mesmo sem vítimas, ter-se-á por prorrogada a eficácia do testamento enquanto não houver condição bastante para que o testador se utilize de outro modo para dispor de sua vontade.

Outra situação interessante ocorre quando a aeronave onde elaborado o testamento faça pouso em um navio (porta-avião), e neste permaneça o testador. De nada adiantaria, então, substituir o testamento aeronáutico por um outro, marítimo, já que ambos são especiais. Melhor que se entenda prolongado o prazo de eficácia do primeiro testamento, até o efetivo desembarque do passageiro em terra, pois só assim estaria apto a providenciar um testamento na forma ordinária. O mesmo se diga de viagens espaciais em que a nave permaneça acoplada à estação em órbita, não havendo outro remédio a não ser a natural espera pelo retorno à doce e azul terra de origem.

---

14 Se o legislador quisesse realmente facilitar esta espécie de testamento deveria ter previsto sua elaboração no *check-in*, antes do embarque, sob a supervisão de pessoal autorizado no aeroporto e com testemunhas da terra...

3.6. Testamento militar

Pelo nome, parece que se trata de instrumento exclusivo e próprio de todo militar. Não. O testamento assim nominado é aquele feito por militares e demais pessoas a serviço das Forças Armadas, em efetivas circunstâncias de guerra.

Logo se vê que não basta a qualidade profissional do testador ou do seu assemelhado. É preciso que esteja em campanha, dentro ou fora do país, em praça sitiada ou com as comunicações interrompidas, de tal sorte que não possa valer-se dos modos ordinários de testar.

O Código Civil trata da matéria nos artigos 1.893 a 1.896, reproduzindo preceitos do Código revogado, com alterações ligeiras, como na referência a "Forças Armadas" em lugar de "Exército", que constava de modo restritivo no texto anterior.

São diversos os procedimentos, conforme as circunstâncias pessoais e do lugar.

Assim, e desde que não haja tabelião ou seu substituto legal (difícil de encontrar-se em zona de guerra), a declaração de última vontade será feita perante duas ou três testemunhas, se o testador não puder, ou não souber assinar, assinando em seu lugar uma delas.

Estando o testador a serviço de corpo destacado, o testamento será escrito pelo respectivo comandante. Supõe-se, naturalmente, que o testador não saiba escrever ou não possa fazê-lo em vista dos afazeres bélicos. Se estiver em tratamento hospitalar, a escrita do testamento incumbirá ao oficial de saúde ou ao diretor do estabelecimento (§§ 1º e 2º do art. 1.893 do CC). Sempre supondo, por certo, aquela situação incapacitante do militar gravemente enfermo ou ferido.

Sabendo e podendo escrever, o testador poderá fazer o testamento de próprio punho, na presença de duas testemunhas, contanto que o date e assine por extenso (exigência rigorosa, esta, quando bastaria a data numérica desde que se comprove verdadeira). O testamento poderá ser aberto ou cerrado, devendo ser entregue pelo testador ao auditor ou oficial de patente que lhe faça as vezes, sempre na presença das testemunhas. Recebido o testamento, o auditor fará nele consignar o lugar, dia, mês e ano em que foi apresentado, assinando a nota junto com as testemunhas (art. 1.894 do CC).

Caduca, o testamento militar, salvo na hipótese da solenidade prevista no artigo anterior, se o testador se livrar dos riscos da guerra, permanecendo em lugar seguro por mais de 90 dias, podendo aí testar na forma ordinária (art. 1.895 do CC).

3.7. Testamento nuncupativo militar

O Código Civil mantém a vetusta e inusitada figura do testamento militar nuncupativo, reservada aos militares empenhados em combate, ou feridos (art. 1.896 do CC). Nessa circunstância, o testamento poderá ser feito oralmente, com a declaração de última vontade a duas testemunhas. Mas perde efeito essa forma de disposição testamentária se o testador não morrer na guerra ou convalescer do ferimento[15].

3.8. Testamento vital

Pode uma pessoa fazer testamento para ser aplicado ainda no seu tempo de vida? Ao rigor da lei não, já que o testamento é tipicamente um ato para ter eficácia *post mortem*. Mas admite-se uma declaração de vontade, impropriamente chamada de "testamento vital", com disposições sobre cuidados pessoais e de vida digna do testador, especialmente em casos de moléstia grave, incapacidade mental e risco de morte.

Realiza-se por instrumento escrito, público (escritura) ou particular, com diretivas antecipadas, subscrito por pessoa capaz, para que seja levado em conta por familiares, médicos e atendentes, quando o subscritor já não possa expressar sua vontade.

---

15 Felizmente, o Brasil não tem enfrentado situações de guerra, externa ou interna. Daí não haver utilização dessa modalidade extravagante de testar, que obviamente está sujeita a muitas dúvidas e dificuldades de comprovação, seja pela possibilidade de falsa declaração de testemunhas ou pelo fato de virem a falecer nas mesmas condições de forte risco de vida inerentes à atividade bélica. Quem sabe em outras plagas de mais aguerrida estirpe o modelo testamentário militar tenha alguma serventia prática. Aparece em memorável cena no filme estrangeiro "Lendas da Paixão", quando um dos heróis se vê gravemente atingido em meio à luta e faz entrega de um anel precioso ao colega de farda, com a recomendação de que repasse a joia a um terceiro. Mas cá entre nós, seria nula a outorga do bravo guerreiro, pois seu ato não foi acompanhado pelas duas testemunhas exigidas no Código.

As instruções contidas nesse documento valem como ato pessoal e unilateral de vontade e são revogáveis a qualquer tempo por outro documento firmado pelo próprio interessado (como se dá na revogação dos testamentos). Seu intuito é o de preservar os interesses de quem se ache em uma condição terminal, sob um estado permanente de inconsciência ou um dano cerebral irreversível, com perda da consciência e da capacidade de tomar decisões e expressar seus propósitos.

Trata-se de situação sem específica previsão legal, mas válida como ato jurídico, desde que observadas as formalidades mínimas de sua elaboração e autenticidade, de preferência mediante instrumento escrito e na presença de testemunhas (como se fora um testamento particular).

A declaração de vontade pode incluir a outorga de procuração para cuidados de saúde, conhecida como "mandato duradouro", com determinações específicas de atos a serem praticados pelos médicos nomeados.

O Conselho Federal de Medicina, por meio da Resolução CFM n. 1.995, de 31 de agosto de 2012, baixou orientação normativa aos médicos e hospitais sobre "diretivas antecipadas de vontade" dos pacientes. Define como tal o conjunto de desejos, prévia e expressamente manifestados pelo paciente, sobre cuidados e tratamentos que quer, ou não, receber no momento em que estiver incapacitado de expressar, livre e autonomamente, sua vontade. Essas diretivas devem ser observadas pelos médicos nas decisões sobre cuidados e tratamentos de pacientes que se encontram incapazes de comunicar-se ou de expressar de maneira livre e independente suas vontades. Ressalva-se que os profissionais médicos encarregados da assistência ao doente podem não cumprir certas condutas dispostas nas diretivas de vontade do paciente ou de seu representante designado, quando, em sua análise, estiverem em desacordo com os preceitos ditados por normas legais ou pelo Código de Ética Médica.

3.9. Testemunhas testamentárias

Como ato solene por excelência, o testamento exige forma escrita, salvo a raríssima hipótese do mencionado testamento militar nuncupativo. É também da essência do testamento a presença de testemunhas, sob pena de invalidação do ato. Constitui exceção e novidade, em relação ao sistema anterior, o testamento particular celebrado em circunstâncias excepcionais declaradas na cédula, sem testemunhas, que pode ser confirmado, a critério do juiz (art. 1.879 do CC). Também prescinde de testemunhas o codicilo, bastando que se formalize por escrito (art. 1.881 do CC).

Não é reproduzida, no Código vigente, a disposição contida no Código Civil de 1916 sobre as pessoas que não podiam servir como testemunhas instrumentárias. Ante a omissão, aplicam-se aos testamentos as normas de admissão das testemunhas para os negócios jurídicos em geral, previstas no artigo 228 do Código Civil, bem como os impedimentos previstos no artigo 405 do Código de Processo Civil[16].

Eram impedidos de prestar testemunho, nos termos do art. 228 do Código Civil (que veio a sofrer alterações, conforme se analisa adiante):

> I – os menores de 16 anos;
>
> II – os que, por enfermidade ou retardamento mental, não tiverem discernimento para a prática dos atos da vida civil;
>
> III – os cegos e surdos, quando a ciência do fato que se quer provar depende dos sentidos que lhes faltam;
>
> IV – o interessado no litígio, o amigo íntimo ou o inimigo capital das partes;
>
> V – os cônjuges, os ascendentes, os descendentes e os colaterais, até o terceiro grau de alguma das partes, por consanguinidade ou afinidade.

Os três primeiros casos abrangem situações de incapacidade, que afetam igualmente a capacidade para fazer testamento. Os demais itens são de natureza processual, como dispõe o artigo 405 do Código de Processo Civil, mas podem aplicar-se também aos atos da vida civil, por falta de legitimação em vista do caráter suspeito daquelas pessoas por razão de amizade, inimizade ou de parentesco com o testador ou com os beneficiários da cédula testamentária.

Faltou, no inciso V, menção ao companheiro, quando era recomendável que constasse ao lado do cônjuge, já que um e outro integram entidade familiar. Mas sua situação pode merecer enquadro no inciso IV, por evidenciar amizade íntima com as partes envolvidas no ato jurídico.

Quanto aos herdeiros instituídos, seus cônjuges e parentes próximos, que o Código anterior incluía no rol dos impedidos de testemunhar, persiste o impedimento em face do que dispõe o artigo 1.801, inciso II, do Código Civil em vigor. Com efeito, tais pessoas não podem ser beneficiárias da he-

---

16 Silvio Rodrigues, op. cit., p. 177.

rança quando sejam testemunhas do testamento, o que significa, na prática, impedimento para servir ao ato, sob pena de nulidade.

O Código de Processo Civil altera a relação das pessoas impedidas ou suspeitas de depor como testemunhas, nomeando, no artigo 447, inciso I, o interdito por enfermidade ou deficiência mental (em vez de interdito por demência), e, no inciso II, substituindo a referência a "debilidade mental" por pessoa acometida por "enfermidade ou retardamento mental".

Trata-se de atualização na classificação das pessoas incapazes, que veio a ser substancialmente alterada pela Lei n. 13.146, de 6 de julho de 2015, chamada de Estatuto da Pessoa Deficiente, com normas que objetivam o reconhecimento dos seus direitos de cidadania e possibilitem a sua inclusão social.

Assim, nos termos do artigo 228 do Código Civil, em sua atual redação, foram revogados os seus incisos II e III, tem-se a concluir que não são impedidas de servir como testemunha as pessoas portadoras de deficiência, em que se enquadravam as "pessoas com enfermidade ou retardamento mental", bem como os "cegos e surdos". Enfim, restou assente, pela disposição do § 2º do artigo 228, que "a pessoa com deficiência poderá testemunhar em igualdade de condições com as demais pessoas, sendo-lhe assegurados todos os recursos de tecnologia assistida".

4. DISPOSIÇÕES TESTAMENTÁRIAS

Como analisado na conceituação do testamento como ato de última vontade (item 1), faculta-se ao testador deixar disposições sobre seus bens, instituindo herdeiros ou legatários, seja de forma pura e simples ou mediante determinadas circunstâncias de condição, encargo ou causa.

Igualmente, admite-se o testamento para disposições de caráter não patrimonial, mesmo que limitado só a elas, como previsto no artigo 1.857, § 2º, do Código Civil.

Outras espécies de cláusulas testamentárias, adiante analisadas, dizem respeito à imposição de determinadas restrições, consistentes em ônus ou vínculos sobre bens outorgados.

4.1. Interpretação dos testamentos

Sobre a interpretação das disposições constantes do testamento, veja-se o artigo 1.899 do Código Civil: "Quando a cláusula testamentária for suscetível de interpretações diferentes, prevalecerá a que melhor assegure a observância da vontade do testador".

Em tal caso, a expressão usada no testamento deve interpretar-se *naturaliter*, e não *civiliter*, ou seja, não literalmente ou no sentido técnico-jurídico, mas naquele que presumivelmente estaria na mente do testador. Assim, diante de disposições testamentárias conflitantes ou obscuras, a exegese é pessoal, em busca da prevalência da *voluntas testatoris*, firme à exortação de Baldo, para que não se ande *per apices verborum ad subvertendam defunctorum voluntatem*.

Mas, como ensina Orlando Gomes, "não se consente que o intérprete leve a pesquisa da intenção do testador ao ponto de construí-la, ainda que vários elementos presuntivos possam conduzir a descobrir uma vontade que não foi, todavia, declarada. Há de estar expressa no testamento, somente se admitindo investigação *aliunde*, para esclarecê-la"[17]. Significa dizer: todas as disposições devem emergir diretamente do próprio ato *causa mortis*. Só então se admite a interpretação subjetiva. Não por circunstâncias estranhas, ou pela só presunção do que estaria em mente do testador.

Em decisão relativa à extinção de cláusulas restritivas de alienação imposta em testamento, observou o ilustre juiz Francisco de Paula Sena Rebouças (processo n. 194/83, da 5ª Vara de Família e Sucessões – São Paulo) que "não é pacífica a doutrina de Dias Ferreira e Cunha Gonçalves sobre a impossibilidade do juiz interpretar o testamento com elementos estranhos ao seu contexto, valendo-se v.g., de documentos e testemunhas (cf. Código Civil Português Anotado, 1898, art. 1.761, e Tratado de Direito Civil, vol. 9, t. 2, p. 789, *apud* Silvio Rodrigues, Direito Civil Aplicado, 1983, vol. 2, ps. 232/235, e Silvio Rodrigues, Direito Civil, 11ª ed., 1983, vol. 7, p. 131)".

Anota lição de Washington de Barros Monteiro, de que o primeiro cuidado na interpretação da verba testamentária deve ser "a meticulosa reconstrução do ato volitivo, a porfiada pesquisa da vontade do testador, em todos os seus reflexos (*Sucessões*, 1983, p. 144)".

Do mesmo decisório a lembrança de que Orlando Gomes publicou um parecer, no qual, para interpretar um testamento teve de partir de dados

---

[17] *Sucessões*, 11. ed., ver. e atual. por Humberto Theodoro Júnior, Rio de Janeiro: Forense, p. 139.

históricos antecedentes que expressamente alinhou (*Questões de Direito Civil*, 1976, § 45, p. 329):

> "Na sua doutrina, esclarece que a proibição se limita a transformar disposição explícita em outra de sentido contrário, ou integrar a vontade testamentária, com elementos de fora da cédula". Conclui: "permitido no entanto, utilizar dados estranhos ao seu texto, que possam ajudar a descobrir o sentido verdadeiro de uma verba controvertida", e, "justificada a dúvida deve o intérprete valer-se de todos os elementos, intrínsecos ou extrínsecos, para encontrar a vontade real do declarante. Um dos modos aconselhados para o desempenho eficaz do papel do intérprete é imaginar-se na pele do testador e se colocar em seu lugar ao testar; descobrindo suas afeições, penetrando seus desígnios, determinando seus motivos e dando o devido peso a seus hábitos, como recomendava Luiz Teixeira (Orlando Gomes, *Sucessões*, 1981, p. 155/156)".

São critérios norteadores da observância da vontade expressa pelo testador, para que se cumpra com fidelidade e inteireza, assim resumidos na jurisprudência do Superior Tribunal de Justiça: (a) naquelas hipóteses em que o texto escrito ensejar várias interpretações, deverá prevalecer a que melhor assegure a observância da vontade do testador; (b) na busca pela real vontade do testador, deve ser adotada a solução que confira maior eficácia e utilidade à cláusula escrita; (c) para poder aferir a real vontade do testador, torna-se necessário apreciar o conjunto das disposições testamentárias, e não determinada cláusula que, isoladamente, ofereça dúvida; e (d) a interpretação buscada deve ser pesquisada no próprio testamento, isto é, a solução deve emergir do próprio texto do instrumento[18].

4.2. Vínculos instituídos por testamento

Além das cláusulas gerais, que dizem respeito aos bens objeto do documento, podem constar do testamento cláusulas instituidoras de vínculos[19].

---

18 Ver, dentre outros, REsp 1.532.544/RJ, rel. Min. Marco Buzzi, j. 8-11-2016. Estudo do tema por Euclides de Oliveira, com citações doutrinárias e vasto repertório de julgados: A interpretação do testamento na atual jurisprudência do Superior Tribunal de Justiça. In *Direito Civil, Diálogos entre a doutrina e a jurisprudência*, coord. Luiz Felipe Salomão e Flávio Tartuce. São Paulo: Gen-Atlas, 2021, v. 2, p. 789.

19 Ver Pedro Lino de Carvalho Júnior, Das cláusulas restritivas da legítima, *Revista Síntese Direito de Família*, n. 69, p. 215.

Destaques para:
a) cláusula de usufruto (arts. 1.390 a 1.393 do CC);
b) cláusula de fideicomisso (arts. 1.951 a 1.960 do CC);
c) cláusula de inalienabilidade (arts. 1.848 e 1.911 do CC);
d) cláusula de incomunicabilidade (arts. 1.848 e 1.911 do CC);
e) cláusula de impenhorabilidade (art. 649, I, do CPC e art. 1.848 do CC);
f) cláusula de conversão dos bens da legítima em outras espécies (art. 1.848 do CC);
g) cláusula confiando os bens à livre administração da mulher herdeira (art. 1.848 do CC).

As cláusulas de inalienabilidade, incomunicabilidade e impenhorabilidade, que impedem ou dificultam a disponibilidade dos bens pelos herdeiros, perdem amplitude no atual Código Civil. Salvo se houver justa causa, declarada no testamento, não pode o testador determinar aqueles gravames sobre os bens da legítima. E também não lhe é permitido estabelecer a conversão dos bens da legítima em outros de espécie diversa (art. 1.848, *caput*, e § 1º do CC). E o § 2º do mesmo artigo dispõe que, mediante autorização judicial e havendo justa causa, podem ser alienados os bens gravados, convertendo-se o produto em outros bens, que ficarão sub-rogados nos ônus dos primeiros.

A justa causa, seja para impor, seja para cancelar os vínculos, deve ser explicitada e comprovada. Pode ser contestada em ação judicial própria para declaração de sua invalidade.

Sobre a aplicação de cláusulas sem a menção de justa causa, na vigência do Código anterior, o Código atual, no artigo 2.042, estabelece o prazo de um ano após sua vigência para que o testamento seja aditado para declarar a justa causa de cláusula imposta à legítima, sob pena de não subsistir a restrição.

Questiona-se a respeito da possibilidade de imposição de vínculos sobre direitos possessórios. Entendeu de forma positiva o Tribunal de Justiça de São Paulo, 4ª Câmara Civil, rel. Des. Ney Almada, reconhecendo a eficácia das cláusulas de inalienabilidade, impenhorabilidade e incomunicabilidade impostas pelo testador à herança de sua filha, sobre direitos possessórios incidentes em imóveis não incluídos na esfera dominial do *de cujus*:

> Pouco releva não façam parte da órbita de propriedade do autor da herança: a posse constitui direito patrimonial por excelência, que pode eventu-

Capítulo 6 Sucessão Testamentária

almente transformar-se em domínio, tanto pela adjudicação compulsória ou medida de efeitos análogos, quanto o usucapião (AI 99.791-1, da Comarca de São Paulo, v.u., j. em 24-3-88).

4.3. Sub-rogação de vínculos instituídos por testamento

Se um imóvel está gravado com cláusulas de inalienabilidade, incomunicabilidade ou impenhorabilidade, esses vínculos poderão passar para outro, liberando-se aquele bem.

O Código Civil prevê a sub-rogação nos casos de desapropriação de bens clausulados, ou de sua alienação, por conveniência econômica do donatário ou do herdeiro, mediante autorização judicial, o produto da venda converter-se-á em outros bens, sobre os quais incidirão as restrições apostas aos primeiros (art. 1.911, par. ún., do CC).

A matéria também está regulamentada de modo mais amplo pelo Decreto-lei n. 6.777, de 8 de agosto de 1994, possibilitando a sub-rogação de vínculos em outras situações, na pendência de autorização judicial.

No Código Civil consta expressa estipulação no mesmo sentido, conforme § 2º do artigo 1.848: "Mediante autorização judicial e havendo justa causa, podem ser alienados os bens gravados, convertendo-se o produto em outros bens, que ficarão sub-rogados nos ônus dos primeiros".

Para a sub-rogação de vínculos é preciso motivação séria e comprovada. A determinação far-se-á por decisão judicial, transferindo-se os vínculos sobre outro bem, na mesma proporção da vinculação original.

Há possibilidade de passagem dos vínculos de imóveis para depósitos em dinheiro, como se pode ver em acórdãos publicados nas *RT* 526/57, 527/94, 524/61 e outros.

O procedimento é o de jurisdição voluntária, conforme previsão do artigo 725, inc. II, do CPC, e demanda avaliação dos bens para a correta transferência dos vínculos.

Theotonio Negrão, no seu *Código de Processo Civil*, em rodapé ao referido artigo, anota que não foi revogado o Decreto-lei n. 6.777, de 8-8-44, que dispõe sobre a sub-rogação de imóveis gravados ou inalienáveis. Mas observa que o juiz não fica jungido ao critério de estrita legalidade, pode prescindir de hasta pública, se esta não lhe parecer conveniente (*RT* 508/104), ou se houver transferência do vínculo para outro imóvel (*RT* 489/69), assim como pode determinar que o produto da venda seja depositado em caderneta de poupança (*Bol. AASP* 1.036/204, em. 14)[20].

Outros julgados, dispensando hasta pública desde que assegurada a integridade da sub-rogação, e permitindo aplicações em conta de poupança, ou em títulos do Tesouro, podem ser vistos na *RJTJSP*, 48/33 e 72/141.

Havendo oposição de outros titulares do domínio, ou do órgão do Ministério Público, e não comprovada a real conveniência da transação, o pedido há de ser indeferido, em resguardo aos interesses do próprio autor (*RJTJSP* 66/53).

4.4. Extinção de vínculos e de usufruto instituídos por testamento

Os vínculos impostos em testamento extinguem-se uma vez cessada sua eficácia, mediante declaração por sentença judicial, em procedimento de jurisdição voluntária, com intervenção do Ministério Público. A matéria é tratada no Código de Processo Civil, com os seguintes destaques: artigo 720: inclusão da Defensoria Pública para início do procedimento; artigo 721: intimação do Ministério Público somente nos casos em que atue por força do artigo 178; prazo de manifestação – 15 dias.

A extinção de usufruto e de fideicomisso tem diretrizes no artigo 725, inciso VI, do mesmo Código, com a explicitação de que se sujeita ao procedimento de jurisdição voluntária quando não decorrer da morte do usufrutuário, do termo da sua duração ou da consolidação, e, no caso de fideicomisso, quando decorrer de renúncia ou quando ocorrer antes do evento que caracterizar a condição resolutória.

A extinção do usufruto operada em razão de morte do usufrutuário (art. 1.410, I, do CC) prescinde de declaração judicial, como é de correntio entendimento. Foi como decidiu o juiz Gilberto Valente da Silva, quando juiz da 1ª Vara de Registros Públicos de São Paulo:

> Extinguindo-se o usufruto com a morte do usufrutuário (art. 739 do CC), pode o oficial averbar o seu cancelamento à vista de requerimento instruído com a prova do falecimento do usufrutuário, cabendo-lhe apenas verificar se houve o recolhimento do imposto de transmissão. Nesse sentido, acórdão da 5ª Câmara Cível do Tribunal de Justiça do Rio de Janeiro, cuja ementa é a seguinte:

---

20 *Código de Processo Civil*, 41. ed., São Paulo: Saraiva, 2009, nota ao art. 1.112.

Capítulo 6 Sucessão Testamentária

Cancelamento – Extinção decorrente de morte do usufrutuário. Averbação no Registro de Imóveis. Dispensa judicial. Inteligência do artigo 1.112 do CPC (anterior): apenas determina a disciplina processual dos pedidos de extinção de usufruto, nos casos em que haja necessidade de sentença para extingui-lo. A extinção do usufruto pela morte do usufrutuário ou pelo termo da cessação de sua duração decorre de acontecimentos físicos, o mais das vezes independentes de verificação judicial, de forma que se comprovam por simples certidão de óbito ou pelo simples decurso do tempo[21].

A propósito da vigência de cláusulas restritivas de alienação impostas em testamento ou doação, juntamente com reserva de usufruto, admite-se a possibilidade de extinção também conjunta. Assim decidiu o magistrado Francisco de Paula Sena Rebouças em caso já mencionado em tópico anterior (v., neste item, "Interpretação dos Testamentos"), negando exegese ampliativa à imposição de vínculos e trazendo à colação precedentes jurisprudenciais:

> ... nos dias de hoje, as cláusulas restritivas da propriedade somente devem prevalecer *ut verba sonnant*. Não merecem interpretação ampliativa. Consequentemente conclui-se que, extinto primeiro o usufruto, com as restrições que o garantiam, não há mais lugar para as últimas, como bem lembra a atual lição de Washington de Barros Monteiro, que já reproduzia a antiga de Clóvis Beviláqua (*RJTJSP*, vol. 42/72). E a jurisprudência do Supremo Tribunal Federal, que admite a sobrevivência da cláusula restritiva (inalienabilidade) à extinção do usufruto, exige que isto decorra translúcido, como vontade a ser observada (*RTJ*, vol. 49/208, cit. no voto do Des. Tomaz Rodrigues, na *RJTJESP*, vol. 42/74). Em suma quando o contrário não decorra límpido da disposição da última vontade ou da escritura de doação, as cláusulas de inalienabilidade, impenhorabilidade e incomunicabilidade devem ter seu prazo de vigência limitado ao tempo do usufruto[22].

Nos termos do artigo 1.911 do Código Civil, a cláusula de inalienabilidade, imposta aos bens por ato de liberalidade, implica impenhorabilidade e incomunicabilidade.

---

21 Ap. Cível 11.420, publicada na *Revista de Direito Imobiliário*, vol. 7, p. 90.
22 Em sentido contrário, pela não extinção da cláusula de inalienabilidade, a 1ª Câmara do TJSP, por maioria, rel. Álvaro Lazzarini, com declaração de voto vencido do Des. Euclides de Oliveira, nos EI 173.742, *JTJ* 151/110.

Seu parágrafo único dispõe que "no caso de desapropriação de bens clausulados, ou de sua alienação, por conveniência econômica do donatário ou do herdeiro, mediante autorização judicial, o produto da venda converter-se-á em outros bens, sobre os quais incidirão as restrições apostas aos primeiros".

Viu-se consagrado na atual legislação, portanto, o conteúdo da Súmula 49 do Supremo Tribunal Federal, no sentido de que "a cláusula de inalienabilidade inclui a incomunicabilidade dos bens".

Diferente das disposições do Código anterior, o Código Civil vigente admite mais largamente a alienação judicial do bem vinculado, desde que se comprove conveniência econômica do herdeiro.

Mas a regra comporta exceções. Conforme tem proclamado o Superior Tribunal de Justiça, essa restrição à propriedade deve ser interpretada com temperamento, pois sua finalidade seria a de preservar o patrimônio a que se dirige, servindo de base econômica à entidade familiar e aos seus pósteros. Todavia, "não pode ser tão austeramente aplicada a ponto de se prestar a ser fator de lesividade de legítimos interesses, desde que o seu abrandamento decorra de real conveniência ou manifesta vantagem para quem ela visa proteger, associado ao intuito de resguardar outros princípios que o sistema da legislação civil encerra"[23].

4.5. Competência para sub-rogação e extinção de vínculos

Quanto à competência para ações da espécie, controverte-se a respeito da adoção do foro do domicílio dos interessados (*RJTJSP* 40/246 e 116/415), do juízo do inventário (*RT* 489/82, 639/78; *RJTJSP* 41/41) ou, ainda, do foro da situação do imóvel (*RJTJSP* 37/145).

---

23 Na mesma linha, sentença do juiz Sebastião Amorim, autorizando o levantamento de dinheiro vinculado para atender despesas com intervenção cirúrgica em pessoa gravemente enferma (RT 531/274). Julgamentos do STJ: REsp 34.744-SP, 4ª Turma, rel. Min. Cesar Asfor Rocha, j. 15-10-96, com menção a precedentes do mesmo Tribunal. Ainda, apreciando a matéria à luz do CC/1916, art. 1.676, e do CC/2002, art. 1.848, para assentar que o ato de doação de bem do patrimônio dos pais aos filhos "configura adiantamento de legítima e, com a morte dos doadores, passa a ser legítima propriamente dita", razão pela qual há de se cancelar as cláusulas que restringem aquele bem (REsp 1.631.278-PR, 3ª T., rel. min. Paulo de Tarso Sanseverino, v.u., *DJe* 29-3-2019).

A melhor solução está em distinguir: se o inventário ainda não foi ultimado, caberá ao respectivo juízo apreciar o pedido de sub-rogação ou de extinção dos vínculos; se já findo aquele processo, não subsiste motivo para vinculação jurisdicional, deixando-se a critério das partes optar pelo foro de seu domicílio, ou da situação do imóvel, conforme lhes pareça mais conveniente. Esta é a opção mais conforme com critérios de economia e praticidade do processo.

Por se cuidar de pedido autônomo e tendo em vista a natureza terminativa da sentença, o recurso cabível é o de apelação.

5. CODICILOS

A expressão codicilo é um diminutivo de código (*codex* – *codicillus*), a significar disposição de pequeno porte, sem a classificação legal como espécie de testamento, por não ter a mesma abrangência de conteúdo e ser de produção mais simples.

Seus requisitos formais (bem poucos) e a sua finalidade constam dos artigos 1.881 a 1.885 do Código Civil, reproduzindo iguais disposições do Código anterior, estabelecendo que toda pessoa capaz de fazer testamento poderá, mediante escrito particular, com data e assinatura, lançar disposições especiais sobre o seu enterro, esmolas de pouca monta a certas e determinadas pessoas, ou indeterminadamente, aos pobres de certo lugar, podendo também legar móveis, roupas ou joias, desde que sejam de pouco valor, de seu uso pessoal, valendo estes atos, salvo direito de terceiro, como codicilos, deixe, ou não, testamento o autor.

Por esse mesmo modo poderão também ser nomeados ou substituídos os testamenteiros, revogando-se os atos desta espécie por atos iguais. Havendo testamento posterior, de qualquer natureza, considera-se o codicilo revogado se não for confirmado ou modificado pelo aludido testamento (arts. 1.883 e 1.884 do CC).

O documento escrito, simples bilhete ou folha de papel, pode ser deixado em aberto ou posto em um envoltório lacrado, na forma cerrada, hipótese em que somente será conhecido mediante apresentação em juízo, após a morte do testador (art. 1.885 do CC, com reporte ao modo de abertura do testamento cerrado).

Não há necessidade de testemunhas para validade do codicilo, mas nada impede que haja atestação de pessoas presentes ao ato, em seguro reforço de sua autenticidade.

A revogação ou a alteração do codicilo faz-se por outro instrumento da mesma espécie ou por testamento posterior, de qualquer natureza, se este os não confirmar ou modificar (art. 1.884 do CC). A dúvida é saber se o codicilo revoga anterior disposição por testamento. Como regra, não, dada a hierarquia maior do modo testamentário. Mas pode prevalecer o singelo codicilo para disposição de bens de pequeno valor que não constem do testamento, bem como para substituir o testamenteiro.

6. APRESENTAÇÃO, PUBLICAÇÃO E REGISTRO DOS TESTAMENTOS E CODICILOS

Sujeita-se o testamento a formalidades processuais para que se reconheça sua validade e se determine seu cumprimento, após o óbito do testador (art. 735 do CPC). O pedido deve ser formulado por aquele que detenha o testamento, ou por qualquer interessado. Omitindo-se, o detentor poderá ser compelido judicialmente à exibição, sob pena de busca e apreensão do documento, se requerida por interessado.

Há previsões específicas no Código Civil relativamente à abertura e registro do testamento cerrado (art. 1.875), à publicação, confirmação e registro do testamento particular (arts. 1.877 e 1.878) e à abertura do codicilo cerrado (art. 1.885), conforme visto em tópicos precedentes.

Assim, o testamento cerrado precisa ser aberto em juízo para que se verifique se está intacto e se não apresenta vício externo que o torne suspeito de nulidade ou falsidade. O testamento público demanda exibição do respectivo traslado ou certidão, para que o juiz ordene o seu cumprimento. E o testamento particular precisa de confirmação, com ouvida judicial das testemunhas instrumentárias (pelo menos uma). As mesmas regras valem para os testamentos especiais e para o codicilo.

A distribuição dos pedidos de abertura, registro e confirmação de testamento faz-se ao juiz competente para o processo de inventário, em vara especializada, se houver (v. cap. 7, itens 3 e 4). A competência se fixa pelo local do último domicílio do falecido (arts. 1.785 e 1.796 do CC; art. 48 do CPC).

Capítulo 6 Sucessão Testamentária

Primeiro, registra-se o testamento. Depois, abre-se o inventário, para que dele conste, em primeiras declarações, a existência do testamento com a juntada de certidão (fornecida pelo cartório do juízo onde determinado o registro) e reprodução das disposições a serem cumpridas (arts. 618 e 620, I, do CPC). Fica vinculado o Juízo primeiro acionado, por prevenção. Caso tenha havido inversão na ordem de instauração dos processos, ficará suspenso o inventário até que se registre o testamento.

Ao juiz do inventário faculta-se oficiar aos Cartórios de Notas para obter informação sobre a existência de testamento. A mesma providência pode ser requerida por qualquer herdeiro interessado. Havendo o Registro Central de Testamentos Públicos, deverá prestar aquela informação, por requisição judicial no processo de inventário ou a pedido do interessado[24].

Com relação ao testamento cerrado, há maior rigor formal, pela necessidade de abertura do envelope pelo juiz do foro do último domicílio do autor da herança (competente para o inventário), a fim de verificar se o documento está intacto e se não apresenta vício externo que o torne suspeito de nulidade ou falsidade.

O testamento público demanda exibição do respectivo traslado ou certidão, para que o juiz ordene o seu cumprimento.

O testamento particular enseja publicação, intimação dos herdeiros, do testamenteiro e dos demais interessados, para a audiência de confirmação pelas testemunhas instrumentárias (pelo menos uma, se as demais forem falecidas ou ausentes)[25].

Intervirá no processo o órgão do Ministério Público, como fiscal da lei e legitimado a verificar os requisitos formais do testamento e do codicilo.

---

24 No Estado de São Paulo foi instituído o Registro Central de Testamentos Públicos, a cargo do Colégio Notarial, que se encarrega de prestar aquela informação, por requisição judicial no processo de inventário ou a pedido do interessado deferido pelo Juiz Corregedor Permanente da Comarca (Provimento n. 06/94, da Corregedoria Geral da Justiça do Estado de São Paulo).

25 O artigo 1.133 do Código de Processo Civil de 1973 (sem previsão no CPC de 2015) refere o mínimo de três testemunhas contestes, mas prevalece o disposto no artigo 1.878 do Código Civil, que reduziu a exigência para uma testemunha, se faltarem as demais por morte ou ausência. Há que ser alterado o texto da lei processual, que ainda segue a trilha do revogado Código Civil de 1916.

Observe-se, por fim, o registro do testamento, com reconhecimento judicial de sua inteireza do ponto de vista externo e formal, não significa reconhecimento da plena validade para o cumprimento de suas disposições. Ainda que formalmente em ordem, o testamento pode ser invalidado por outros motivos que invalidam os atos jurídicos em geral, em especial a incapacidade do testador e o induzimento de sua vontade no ato de disposição, mediante o ajuizamento de ação ordinária de nulidade ou de anulação[26].

6.1. Registro de testamento cerrado

As formalidades para abertura e verificação da regularidade do testamento cerrado, para fins de sua publicidade e registro, constam dos artigos 735 e seguintes do Código de Processo Civil. O interessado deve apresentar o testamento ao juiz competente para o processo de inventário, que é o do último domicílio do falecido. Em audiência designada, o juiz verifica se o testamento está intacto, ou seja, se o envelope com o documento não foi violado, por quebra do lacre ou dilaceração. Determina, então, que o escrivão proceda à abertura e leia o testamento, em presença de quem o entregou. Lavra-se, em seguida, o ato de abertura que deve ser assinado pelo apresentante e deve conter os dados essenciais – data e o lugar em que o testamento foi aberto; nome do apresentante e como houve ele o testamento; data e lugar do falecimento do testador; qualquer circunstância digna de nota encontrada no invólucro ou no interior do testamento.

---

[26] Bem observa Gustavo René Nicolau que o artigo 169 do Código Civil traz a previsão genérica de que os negócios nulos não se convalidam com o decurso do tempo. E acrescenta: "Entretanto, o artigo 1.859 concede o prazo de cinco anos (contados do registro processual feito após a morte do testador) para 'impugnar a validade do testamento'. Como se sabe, a nulidade opera justamente no plano da validade do negócio jurídico e o artigo não se restringiu à hipótese de nulidade relativa. Ao que parece, o dispositivo abre exceção à regra prevista na parte geral do Código". No que se refere aos vícios de erro, dolo ou coação, geradores de anulabilidade do negócio jurídico, anota o mesmo autor que o artigo 1.909 do Código Civil segue a orientação geral do artigo 178, concedendo o prazo de quatro anos para propor ação anulatória de testamento, mas ressalva que, neste caso, "o prazo começa a ser contato do conhecimento do vício (e não da realização do negócio, como ocorre com o erro e o dolo na parte geral)", e se o testamento for viciado pela coação, "o termo inicial do prazo será o dia em que ela cessar" (*Direito Civil – Sucessões*, p. 113).

Capítulo 6 Sucessão Testamentária

O Código Civil contém referências de cunho processual, no artigo 1.875, dispondo, em forma resumida, que falecido o testador, o testamento será apresentado ao juiz, que o abrirá e o fará registrar, ordenando seja cumprido, se não achar vício externo que o torne eivado de nulidade ou suspeito de falsidade.

É essencial a ouvida do Ministério Público, para manifestar-se a respeito da regularidade do testamento. Em seguida, não havendo vícios insanáveis, o juiz mandará registrar, arquivar e cumprir o testamento. O registro e arquivamento serão levados a efeito na serventia judicial.

Feito o registro, o testamenteiro nomeado na cédula, ou nomeado pelo juiz, será intimado para assinar, em 5 dias, o termo de testamentaria. O escrivão extrairá cópia autêntica do testamento, para ser juntada aos autos do inventário ou, não havendo herdeiros habilitados, aos autos da arrecadação de herança. O Código de Processo Civil, sem bisar disposições específicas do código revogado, simplifica os termos, mas sem alteração de ordem substancial. Deixa de mencionar a providência de verificação, pelo juiz, da inteireza do testamento, limitando-se a dizer, no artigo 735, que o juiz examinará o testamento cerrado e, não achando vício externo que o torne suspeito de nulidade ou falsidade, o abrirá e mandará que seja lido pelo escrivão, na presença do interessado, lavrando-se, em seguida, o termo de abertura, com o nome do apresentante, data e lugar de falecimento do testador e especificação das respectivas provas, relativas aos documentos e dados apresentados, além de eventual circunstância digna de nota. Ouvido o Ministério Público, o juiz decidirá e, não havendo dúvidas a serem esclarecidas, nem vício que demande declaração de nulidade, o juiz mandará registrar, arquivar e cumprir o testamento, intimando o testamenteiro para assinatura do competente termo. Não se reproduz, no novo Código, a exigência de extração de carta autêntica do testamento para juntada aos autos do inventário, a significar que o testamenteiro possa providenciar diretamente as cópias necessárias e devidamente autenticadas para aquele fim.

6.2. Registro de testamento público

Qualquer interessado, exibindo o traslado ou certidão do testamento feito por escritura pública, poderá requerer ao juiz que determine o seu registro e cumprimento. O processo segue os mesmos passos procedimentais do testamento cerrado (art. 736 do CPC, com reporte ao art. 735), ressalvando-se, naturalmente, a inexistência do ato de abertura, já que o documento é público.

221

Caso o detentor do testamento não o exiba em juízo para os fins legais, o juiz poderá determinar que assim o faça ou requisitar o testamento, até por meio de busca e apreensão, para que se cumpram as formalidades legais. Qualquer interessado na herança, assim como o testamenteiro e o Ministério Público podem tomar essa iniciativa. Normas nesse sentido constavam do Código de Processo Civil de 1973, mas não são repisadas no Código de 2015.

6.3. Registro de testamento particular

Compete ao herdeiro, ao legatário ou ao testamenteiro, depois do falecimento do testador, requerer que se publique em juízo o testamento particular, inquirindo-se as testemunhas que lhe ouviram a leitura e o assinaram. A petição deverá ser instruída com a cédula do testamento.

O procedimento é previsto no artigo 737 do Código de Processo Civil, que acrescenta, dentre os legitimados a requerer o registro, o terceiro detentor do testamento, se impossibilitado de entregá-lo a algum dos outros legitimados para requerê-lo.

Nota-se que um dos riscos do testamento particular é exatamente esse, o de extraviar-se ou ser omitido por algum herdeiro que, tendo posse do documento, negue-se a exibi-lo em juízo. Sem a confirmação, o testamento não poderá ser executado e cumprido.

A ouvida das testemunhas em juízo destina-se a comprovar a inteireza da declaração de última vontade, a saber se o testador efetivamente elaborou o testamento, de próprio punho ou por meio mecânico, mas sob sua vista e determinação. Também essencial que se demonstre a leitura do testamento às testemunhas e as assinaturas colhidas no ato.

Devem ser intimados para a audiência os demais interessados, ou seja, os herdeiros e os legatários. A lei não menciona a intimação do cônjuge ou do companheiro viúvo, mas sua presença é exigível em vista do patente interesse, não só na possível meação, mas em eventual concorrência na herança nos termos dos artigos 1.829 e 1.790 do Código Civil. As pessoas não encontradas na comarca serão intimadas por edital, da mesma forma prevista na citação de herdeiros no inventário. Igualmente necessária a intimação do Ministério Público, uma vez que terá vista dos autos para manifestação sobre o testamento e sua autenticidade.

Dispõe o Código Civil, no artigo 1.878, que as testemunhas serão ouvidas sobre o fato da disposição, ou, ao menos, sobre a sua leitura perante elas. Se reconhecerem as próprias assinaturas, assim como a do testador, o testamento será confirmado. O parágrafo único desse artigo prevê que, se faltarem testemunhas por morte ou ausência, bastará o depoimento de uma testemunha para que se confirme o testamento, desde que o juiz entenda suficiente a prova de sua veracidade.

José Olympio de Castro Filho entende possível o suprimento da prova testemunhal pela perícia:

> ... E a autenticidade, ou seja, a certeza de que o instrumento emanou de quem é o mesmo atribuído, independe, rigorosamente, em muitos casos, de confirmação por testemunhas, já que pode ser comprovada por prova pericial grafológica. Ora, se a perícia confirmar que as assinaturas do testador e das testemunhas instrumentais são verdadeiras, razão alguma existirá para deixar de ser cumprido o testamento, que é ato de vontade não das testemunhas, mas do testador[27].

No entanto, mesmo provada a autenticidade material do documento, é possível a existência de vícios de vontade, como em hipóteses de incapacidade mental do testador, coação, desconhecimento do texto pelas testemunhas etc. Daí a prevalência da norma legal quanto à necessária confirmação do testamento por parte das testemunhas instrumentárias.

Uma vez confirmado o testamento, por sentença, seguem-se as providências de registro, arquivamento em cartório e intimação do testamenteiro para assinatura de termo. Cópia autêntica será expedida para juntada aos autos do inventário e regular cumprimento das disposições de última vontade.

6.4. Testamentos especiais e codicilo

Aplicam-se as mesmas disposições procedimentais aos demais modos de testamento – marítimo, marítimo, militar, aeronáutico e nuncupativo –, atendidas as peculiaridades de cada um e, também, a situação em que se celebre para que o ato tenha validade.

---

27 *Comentários ao Código de Processo Civil*, 3. ed., Rio de Janeiro: Forense, vol. X, p. 138.

Note-se que o testamento nuncupativo, por ser oral ou de viva voz, prescinde de documentação escrita, bastando a comunicação ao juiz e a ouvida das testemunhas.

Para o codicilo, que se efetua por mera declaração escrita, sem necessidade de testemunha, valem as regras de registro mediante a apresentação do documento ao juiz para o exame de sua autenticidade, intimando-se os interessados para manifestação e decisão.

7. LEGADOS

Dentre as disposições testamentárias, destaca-se a nomeação, pelo testador, de herdeiros ou legatários para sucessão nos bens da herança.

Assim se distinguem os beneficiários do testamento:

- ✓ Herdeiro instituído: aquele que sucede na herança "a título universal", isto é, recebe os bens como um todo ou parte ideal sobre toda a herança.
- ✓ Legatário: o que sucede "a título singular", isto é, recebe uma porção certa e determinada dos bens a que se denomina legado.

O legado constitui parte certa da herança deixada pelo testador em favor de uma ou várias pessoas. Quando se atribui a quem já seja herdeiro legítimo, chama-se "pré-legado" ou "legado precípuo" (art. 1.968, § 2º, do CC).

O artigo 1.912 do Código Civil dispõe que é ineficaz o legado de coisa certa que não pertença ao testador no momento da abertura da sucessão. Válido será, no entanto, se a coisa legada, que não pertencia ao testador, vier a integrar o seu patrimônio até o momento da abertura da sucessão, considerando-se como se fosse sua ao tempo em que ele fez o testamento. Também se admite disposição sobre coisa alheia no chamado "sublegado", que envolve um encargo, no qual o testador ordena ao herdeiro ou legatário que entregue coisa de sua propriedade a outrem (art. 1.913 do CC).

A nomeação de herdeiro ou legatário pode ser feita: a) pura e simplesmente, b) sob condição, c) sob certo fim ou modo, e d) sob certo motivo (art. 1.897 do CC).

Não se admite disposição testamentária a favor de herdeiro com designação de tempo, salvo no caso de fideicomisso (arts. 1.898 e 1.951 do CC) e nas hipóteses de legado temporário, como pode ocorrer na instituição de usufruto (art. 1.921 do CC).

Capítulo 6   Sucessão Testamentária

Várias as espécies de legados, previstas no ordenamento civil, além das já referidas quanto à nomeação de seus herdeiros ou legatários:

- legado de coisa comum, que valerá somente na parte que pertencer ao testador (art. 1.914 do CC),
- legado de coisa fungível, que valerá ainda que a coisa não exista entre os bens deixados pelo testador (art. 1.915 do CC),
- legado de coisa singularizada, que só valerá se existir entre os bens do testador (art. 1.916 do CC),
- legado de crédito ou de quitação de dívida (art. 1.918 do CC),
- legado de alimentos, destinado ao sustento, cura, vestuário e casa do legatário, enquanto viver, além da educação, se for menor (art. 1.920 do CC),
- legado de usufruto, que pode ser temporário ou vitalício (assim se entendendo se não houver fixação de tempo (art. 1.921 do CC),
- legado em dinheiro (art. 1.925 do CC),
- legado de renda vitalícia ou pensão periódica (art. 1.926 do CC),
- legado alternativo, com opção deixada ao legatário (art. 1.931 do CC), ou com a presunção de opção pelo herdeiro (art. 1.932 do CC).

8. CADUCIDADE, REVOGAÇÃO, ROMPIMENTO, REDUÇÃO DAS DISPOSIÇÕES TESTAMENTÁRIAS

8.1. Caducidade dos legados

Conforme o conceito clássico, caducidade é a ineficácia, por causa ulterior, da disposição originariamente válida. A caducidade dos legados tem seus motivos relacionados no artigo 1.939 do Código Civil, abrangendo os casos de modificação substancial da coisa legada, alienação do bem, perecimento ou evicção sem culpa do herdeiro ou legatário. Também ocorre se o legatário for excluído da sucessão, por indignidade, e se o legatário falecer antes do testador.

Em todas essas hipóteses, por falta do legado ou por impossibilidade de sua transmissão ao beneficiário, a disposição torna-se inoperante, por caducidade.

Quando o legado abranger duas ou mais coisas alternativamente, e alguma delas perecer, subsistirá quanto às restantes. Perecendo parte de uma, valerá o legado quanto ao seu remanescente (art. 1.940 do CC).

Sobre os testamentos especiais, observar o seguinte:

– O testamento marítimo ou aeronáutico caducará se o testador não morrer na viagem, nem nos 90 (noventa) dias subsequentes ao seu desembarque em terra, onde possa fazer na forma ordinária, outro testamento (art. 1.891 do CC).

– O testamento militar caduca, desde que, depois dele, o testador esteja, por 90 (noventa) dias seguidos, em lugar onde possa testar de forma ordinária, salvo se esse testamento apresentar as solenidades prescritas no parágrafo único do artigo 1.894 do Código Civil (art. 1.895 do CC).

Quanto ao testamento nuncupativo militar, ele caduca e não terá efeito se o testador não morrer na guerra, ou convalescer do ferimento (art. 1.896, par. ún., do CC).

8.2. Revogação dos testamentos e codicilos

A revogação dos testamentos e codicilos operar-se-á pelo mesmo modo e forma por que podem ser feitos (art. 1.969 do CC). Importa dizer que testamento somente se revoga por outro testamento, embora não seja elaborado pela mesma forma.

A revogação pode ser parcial ou total (art. 1.970 do CC), conforme abranja todas ou somente parte das disposições do documento anterior. Diz-se expressa, quando declarada formalmente, ou tácita, quando resultar de disposição incompatível com a constante do testamento revogado.

No que diz respeito ao testamento cerrado, poderá a revogação operar-se tacitamente, nos termos do artigo 1.972 do Código Civil, se o testador abrir ou dilacerar o documento, ou se este for aberto ou dilacerado com o seu consentimento.

Os codicilos revogam-se por atos iguais, ou seja, por outro codicilo, e também se, havendo testamento posterior, de qualquer natureza, este os não confirmar ou modificar (art. 1.884 do CC).

Em regra, o codicilo não pode revogar o testamento, mas poderá alterá-lo naquilo que for próprio de disposição codicilar, ou seja, para disposições de pequeno valor e ainda para nomeação ou substituição de testamenteiro.

8.3. Rompimento do testamento

Diferente da revogação, o rompimento dá-se por um motivo alheio à disposição de vontade do testador, porque a lei presume que ele não teria testado se soubesse daquele fato inerente à sua sucessão hereditária.

Assim, sobrevindo descendente sucessível ao testador, que não o tinha, ou não o conhecia, quando testou, rompe-se o testamento em todas as suas disposições, se esse descendente sobreviver ao testador (art. 1.973 do CC). Rompe-se, igualmente, o testamento feito na ignorância de existirem outros herdeiros necessários (art. 1.974 do CC).

Mas não haverá rompimento se o testador dispuser de sua metade, não contemplando os herdeiros necessários, de cuja existência saiba, ou deserdando-os, nessa parte, sem menção de causa legal (art. 1.975 do CC). Em caso de investigação de paternidade em vida do testador, o conhecimento de suposto filho que venha a ser reconhecido por decisão judicial não afeta o testamento feito em favor de outro filho, no que diz respeito à parte disponível dos bens (*RT* 897/309).

Como se verifica, o rompimento do testamento não se confunde com a revogação, porque se dá por força da lei, e não por declaração de vontade do testador, e também pela sua diferente motivação, relacionada à superveniência de descendente sucessível ou de herdeiro necessário que não seja conhecido do testador.

8.4. Redução das disposições testamentárias

Em vez de revogadas, as disposições testamentárias podem ser reduzidas sempre que excederem a metade disponível.

Em tais hipóteses, serão proporcionalmente reduzidas as quotas dos herdeiros até onde bastem, e, não bastando, também os legados, na proporção do seu valor.

A matéria é regida pelos artigos 1.966 a 1.968 do Código Civil, com especiais disposições relativas a legado de bem imóvel.

A finalidade da redução é garantir a legítima dos herdeiros necessários. Na existência destes, o testador só poderá dispor da metade dos bens, como estipula o artigo 1.789 do Código Civil.

Não se confunde a redução com a colação de bens em caso de doações feitas por ascendente e descendente, uma vez que, nesta, a conferência se dá sobre o total dos bens doados, a fim de igualar a legítima dos herdeiros necessários, conforme dispõem os artigos 2.002 e seguintes do Código Civil (v. cap. 8, item 13).

9. DIREITO DE ACRESCER

O artigo 1.941 do Código Civil dispõe sobre o direito de acrescer, estabelecendo que "quando vários herdeiros, pela mesma disposição testamentária, forem conjuntamente chamados à herança em quinhões não determinados, e qualquer deles não puder ou não quiser aceitá-la, a sua parte acrescerá à dos coerdeiros, salvo o direito do substituto".

O direito de acrescer também ocorre nas seguintes situações: morte de um dos herdeiros nomeados antes do testador, renúncia da herança ou legado, exclusão da herança por indignidade ou deserdação, não ocorrência da condição (art. 1.943 do CC).

Em qualquer desses casos, o quinhão do herdeiro faltante acrescerá aos demais, salvo se nomeado substituto no testamento, para haver aquela parte da herança.

A mesma regra aplica-se aos colegatários, quando nomeados conjuntamente sobre uma só coisa, determinada e certa, ou quando não se possa dividir o objeto legado sem risco de desvalorização (art. 1.942 do CC).

Não se verificando o direito de acrescer entre coerdeiros, porque falte o requisito da disposição conjunta, então a quota vaga será transmitida aos herdeiros legítimos, salvo o direito de eventual substituto. Diferente a solução no caso de não haver direito de acrescer entre colegatários: a quota do que faltar acresce ao herdeiro, ou legatário, incumbido de satisfazer esse legado, ou a todos os herdeiros, proporcionalmente aos seus quinhões, se o legado se deduziu da herança (arts. 1.943, par. ún. e 1.944, par. ún., do CC). Em se tratando de legado de usufruto conjunto, a parte do que faltar acresce aos colegatários. Mas, se não houver conjunção entre estes ou se a disposição for de legado em parte certa para cada um, então as quotas dos que faltarem consolidar-se-ão na propriedade, em face da extinção do usufruto, favorecendo os herdeiros (art. 1.946 e seu par. ún. do CC).

Note-se que a solução para o legado de usufruto é diversa da prevista na instituição do usufruto *inter vivos* favorecendo dois ou mais indivíduos. Neste, conforme prevê o artigo 1.411 do Código Civil, a presunção é de que não existe o direito de acrescer, tanto que o usufruto extinguir-se-á somente na parte em relação a cada uma das pessoas que falecerem, salvo se, por estipulação expressa, o quinhão dessas couber ao sobrevivente.

10. SUBSTITUIÇÕES TESTAMENTÁRIAS. FIDEICOMISSO

Ao testador é dado indicar um ou mais substitutos para o herdeiro ou legatário nomeado, no caso de um ou outro não querer ou não poder aceitar a herança ou o legado. Isso ocorre nos casos de sua morte antes do testador, renúncia da herança ou do legado, exclusão da herança por indignidade ou deserdação, não ocorrência da condição ou não cumprimento do encargo previsto no testamento.

Caberá ao substituto, em tais casos, receber a quota vaga da herança ou do legado, no lugar do beneficiário faltante.

O Código Civil trata do assunto nos artigos 1.947 a 1.960, prevendo três espécies de substituição testamentária:

a) substituição simples ou vulgar, que pode ser singular ou coletiva, conforme sejam nomeadas uma ou mais pessoas para recebimento da quota vaga (exemplo: legado em favor de A, ou, na sua falta, de B, ou de B e C);

b) substituição recíproca, quando os substitutos sejam os próprios herdeiros ou legatários nomeados para certos bens ou conjuntamente (exemplo: legado de uma casa em favor de A e de outra em favor de B, sendo que cada um substituirá o outro que faltar);

c) substituição fideicomissária, mediante a instituição do fideicomisso (exemplo: legado de um imóvel em favor de A, para que, depois de sua morte, certo tempo ou condição, transmita-se a propriedade do bem para B).

A substituição pode ainda ser "compendiosa", quando contenha várias disposições, abrangendo, além do fideicomisso, também substituição simples ou recíproca do fiduciário ou do fideicomissário (ex: legado de imóvel para A, para que depois de sua morte se transmita a B ou, na sua falta, para C).

10.1. Fideicomisso – Conceito

Pode o testador instituir herdeiros ou legatários por meio de fideicomisso, impondo a um deles, o gravado ou fiduciário, a obrigação de, por sua morte, a certo tempo, ou sob certa condição, transmitir ao outro, que se qualifica de fideicomissário, a herança ou legado.

Trata-se de uma das formas de substituição por disposição testamentária, regulada nos artigos 1.951 a 1.960 do Código Civil.

Constituem seus elementos básicos, na lição de Orlando Gomes[28]:
a) dupla vocação de herdeiros ou legatários;
b) ordem sucessiva;
c) ônus de conservar para restituir.

O Código Civil trouxe substancial alteração à substituição fideicomissária, restringindo o âmbito de sua aplicação. Mantém-se a possibilidade de o testador "instituir herdeiros ou legatários, estabelecendo que, por ocasião de sua morte, a herança ou o legado se transmita ao fiduciário, resolvendo-se o direito deste, por sua morte, a certo tempo ou sob certa condição, em favor de outrem, que se qualifica fideicomissário" (art. 1.951).

Mas essa substituição fideicomissária somente se permite, nos termos do artigo 1.952 do mesmo Código, em favor dos não concebidos ao tempo da morte do testador.

Importa dizer que o fideicomisso fica restrito ao favorecimento de prole eventual do próprio testador ou de terceiro. Se já houver nascido o fideicomissário ao tempo da morte do testador, adquirirá a propriedade dos bens fideicometidos, convertendo-se em usufruto o direito do fiduciário (art. 1.952).

É prevista, portanto, a conversão do fideicomisso em usufruto, desde o nascimento do fideicomissário. A lei não diz qual o tempo de duração do usufruto, de modo que, pela regra geral de sua instituição, presume-se vitalício, salvo se houver estipulação de prazo no testamento (art. 1.921 do CC).

O fiduciário é titular de propriedade restrita e resolúvel, uma vez que lhe incumbe conservar a herança ou a coisa legada, para transmiti-la ao fideicomissário.

Caduca o fideicomisso nos casos de renúncia do fideicomissário (art. 1.955 do CC) ou de sua morte antes do fiduciário ou antes de realizar-se a condição resolutória do direito deste último (art. 1.958 do CC).

---

28 *Sucessões*, op. cit., p. 197.

Mas também podem ser causas de caducidade a incapacidade do fideicomissário, sua exclusão da sucessão e o perecimento da coisa gravada, sem culpa do fiduciário.

Ocorrendo renúncia da herança pelo fiduciário, salvo disposição em contrário do testador, defere-se ao fideicomissário o poder de aceitar (art. 1.953 do CC).

É expressamente vedado o fideicomisso de segundo grau (art. 1.959 do CC). Ou seja, a transmissão sucessiva somente se admite a favor do fideicomissário, ou de seu substituto, o qual deve receber os bens fideicometidos sem a obrigação de restituí-los, ou de transmiti-los a terceiros. Bem por isso é nula a cláusula que estabeleça usufruto em relação aos bens da herança do fideicomissário.

A extinção do fideicomisso, com a transmissão dos bens ao fideicomissário, pode ser requerida ao mesmo juiz do inventário, processando-se em autos apensados. Basta que se comprove o motivo: morte do fiduciário, decorrência de certo prazo ou satisfação da condição prevista no testamento. Mas haverá necessidade de abertura de inventário, em caso de falecimento do fiduciário, se ele deixou outros bens além da propriedade em fidúcia.

O mesmo se diga no caso de morte do fideicomissário antes do fiduciário, quando se consolida a favor deste a propriedade. Em uma e outra dessas situações, haverá necessidade de recolhimento da quota remanescente do imposto *causa mortis* (50%, para complementação de igual quota recolhida na transmissão inicial ao fiduciário – v. cap. 9).

11. ANULAÇÃO DE TESTAMENTO

Como todo ato jurídico, pode o testamento ser anulado em virtude de vícios e defeitos existentes quando de sua elaboração. Classificam-se as nulidades em absolutas e relativas, tornando sem efeito o ato eivado de falha na sua elaboração ou no seu conteúdo. O testamento é nulo absolutamente quando:

a) feito pelas pessoas incapazes de testar (art. 1.860 do CC) ou em favor de quem não possua capacidade para adquirir por testamento, como aqueles não concebidos até a morte do testador, salvo os casos de atribuição da herança a prole eventual e de fideicomisso (art. 1.799, inc. I, do CC);

b) for ilícito, ou impossível o seu objeto[29];

c) não se revestir de forma ou solenidade que a lei considere essencial (art. 1.887 do CC);

d) a lei taxativamente declará-lo nulo ou lhe negar efeitos (como nos casos do art. 1.863 do CC: testamento conjuntivo).

Ainda, nos termos do artigo 1.900 do Código Civil, nula é a disposição testamentária nas seguintes circunstâncias:

I – que institua herdeiro, ou legatário, sob a condição captatória de que este disponha, também por testamento, em benefício do testador, ou de terceiro (preceito de ordem pública, objetivando afastar contratos que tenham por objeto herança de pessoa viva – art. 426 do CC);

II – que se refira a pessoa incerta, cuja identidade se não possa averiguar (a nulidade deixa de operar se, embora incerta, a pessoa seja determinável – art. 1.901, inc. I, do CC);

III – que favoreça pessoa incerta, cometendo a determinação de sua identidade a terceiro (a sucessão testamentária é *intuitu personae*, de sorte que se trata de ato praticado unilateralmente pelo testador, sem que seja possível deixar ao critério de terceira pessoa determinar quem deva ser o beneficiário; salvo a exceção lembrada no inciso anterior);

IV – que deixe a arbítrio do herdeiro, ou de outrem, fixar o valor do legado (constitui exceção o disposto no art. 1.901, inc. II, do CC, que faculta deixar a critério de outrem a fixação do valor do legado instituído como remuneração de serviços prestados ao testador);

V – que favoreça as pessoas a que se referem os arts. 1.801 e 1.802.

O artigo 1.912 do Código Civil afirma ser ineficaz o legado de coisa certa que não pertença ao testador no momento da abertura da sucessão.

---

29 Em parecer publicado na *RT* 621/62, Bruno de Mendonça Lima Júnior analisa interessante caso de testamento com nulidade de objeto, por conter ilicitude da condição para o recebimento da deixa pela União Federal. Salienta ser válida a outorga em favor do ente público. "Mas, ao pretender efetuar o pagamento de uma parte da dívida externa e cometer tal pagamento a pessoas jurídicas estrangeiras (que fixarão forma e condições do pagamento), o testamento fica eivado de nulidade, pois estabelece condição *ilícita e impossível*".

Capítulo 6 **Sucessão Testamentária**

Consta do artigo 1.801 do Código Civil o rol dos que não podem ser nomeados herdeiros nem legatários:

I – a pessoa que, a seu rogo, escreveu o testamento, nem seu cônjuge ou companheiro, ou os seus descendentes e irmãos;

II – as testemunhas do testamento;

III – o concubino do testador casado, salvo se este, sem culpa sua, estiver separado de fato do cônjuge há mais de cinco anos;

IV – o tabelião, civil ou militar, ou o comandante ou escrivão, perante quem se fizer, assim como o que fizer ou aprovar o testamento.

Reza o artigo 1.802 do Código Civil que são nulas as disposições testamentárias em favor de "pessoas não legitimadas a suceder", ainda quando simuladas sob a forma de contrato oneroso, ou feitas mediante interpostas pessoas, presumindo-se estas os ascendentes, descendentes, irmãos, o cônjuge e o companheiro do não legitimado a suceder.

Enseja lembrança, ainda, o artigo 1.814 do Código Civil, que estabelece os casos de exclusão da sucessão por indignidade (v. cap. 1, item 6), com natural prejuízo às disposições testamentárias em favor de pessoas consideradas legalmente indignas, desde que se comprove a causa em ação própria.

São testamentos relativamente nulos (anuláveis) os eivados de erro, dolo, coação, simulação ou fraude (arts. 138 a 165 do CC).

A essa disposição geral acrescente-se o disposto no artigo 1.909 do Código Civil, a dizer que são anuláveis as cláusulas testamentárias inquinadas de erro, dolo ou coação. Seu parágrafo único estabelece em quatro anos o prazo extintivo do direito de anular a disposição, contado de quando o interessado tiver conhecimento do vício. Como consequência da ineficácia de uma disposição testamentária, são também ineficazes as outras que, sem aquela, não teriam sido determinadas pelo testador (art. 1.910 do CC).

Esclarece Orlando de Souza que

... também é anulável o testamento, só, porém, na instituição, e não nos legados cabíveis na metade dos bens do testador (quota disponível):

a) quando nele forem deserdados herdeiros necessários, sem declaração de causa;

b) quando nele forem deserdados herdeiros necessários, mas a declaração de causa não for legal;

233

c) quando nele forem deserdados herdeiros necessários, com declaração de causa legal, e esta não for provada[30].

As nulidades absolutas podem ser alegadas por qualquer interessado ou pelo Ministério Público, quando lhe couber intervir no processo (art. 168, *caput*, do CC), ou por incursão nas vias ordinárias.

O juiz deve pronunciá-las quando conhecer do ato ou dos seus efeitos e as encontrar provadas, não lhe sendo permitido supri-las, ainda que a requerimento das partes (art. 168, par. ún., do CC).

Por fim, a observação de que as nulidades relativas só produzem efeitos após sentença judicial, não se pronunciam de ofício, dependem de provocação dos interessados e aproveitam somente aos que as alegarem, salvo casos de solidariedade ou indivisibilidade (arts. 177 e 173 do CC). Já as nulidades absolutas, como antes afirmado, podem ser alegadas por qualquer interessado ou pelo Ministério Público, que obrigatoriamente intervém nos processos envolvendo testamento, mediante ação ordinária com aquele fim.

12. O TESTAMENTEIRO[31]

Testamenteiro é a pessoa nomeada pelo testador ou pelo juiz para velar pelo cumprimento das disposições testamentárias.

Ao complexo de atribuições a serem desempenhadas pelo testamenteiro dá-se o nome de testamentaria.

A nomeação do testamenteiro geralmente é feita no próprio testamento, mas se não foi feita pelo testador, competirá o encargo a um dos cônjuges (antigo "cabeça de casal") e, em falta deste, ao herdeiro nomeado pelo juiz (art. 1.984 do CC). A nomeação pode, ainda, ser feita por meio de codicilo (art. 1.883 do CC).

Podem ser nomeados pelo testador um ou mais testamenteiros, conjuntos ou separados, para dar cumprimento das disposições de última vontade (art. 1.976 do CC).

---

30 *Prática dos testamentos*, p. 172 e 173. Ressalta o autor que, ao herdeiro instituído, ou àquele a quem aproveite a deserdação, incumbe provar a veracidade da causa alegada pelo testador; a falta de prova da causa invocada para a deserdação torna nula a instituição e nulas as disposições que prejudiquem a legítima do deserdado.

31 Sobre o tema, ver obra de Pontes de Miranda – *Tratado de Direito Privado*, t. 60, São Paulo: Revista dos Tribunais, 2012, com anotações de doutrina e de jurisprudência feitas por Euclides de Oliveira.

Não havendo cônjuge ou herdeiros necessários, o testador pode conceder ao testamenteiro a posse e administração da herança ou parte dela (art. 1.977 do CC).

Qualquer dos herdeiros pode, entretanto, requerer partilha imediata, ou devolução da herança, habilitando o testamenteiro com os meios necessários para o cumprimento dos legados, ou dando caução de prestá-los (par. ún. do art. 1.977 do CC).

Sendo a herança totalmente distribuída em legados, o testamenteiro exercerá as funções de inventariante (art. 1.990 do CC).

12.1. Direitos e obrigações do testamenteiro. Execução dos testamentos

Compete ao testamenteiro requerer o inventário e cumprir o testamento, desde que tenha a posse e administração dos bens, conforme determina o artigo 1.978 do Código Civil.

O testamenteiro, ou qualquer interessado, poderá requerer, podendo também o juiz ordenar, de ofício, que o detentor do testamento o leve a registro (art. 1.979 do CC).

No prazo marcado pelo testador, o testamenteiro é obrigado a cumprir as disposições testamentárias e dar contas do que recebeu e despendeu, continuando a sua responsabilidade enquanto durar a execução do testamento, sendo ineficaz qualquer disposição que o eximir da obrigação de prestar contas (art. 1.980 do CC). Disposições sobre execução dos testamentos, incumbências do testamenteiro, prêmio ao testamenteiro e hipóteses de remoção ou de demissão do encargo, que constavam dos artigos 1.135 a 1.141 do CPC de 1973, não foram reproduzidas no Código de 2015.

As atribuições do testamenteiro são aquelas determinadas pelo testador e as demais catalogadas na lei, nos termos do artigo 1.982 do Código Civil. A enumeração consta do artigo 1.137 do CPC 1973:

I – cumprir as obrigações do testamento;

II – propugnar pela validade do testamento (obrigação também inscrita no art. 1.981 do CC);

III – defender a posse dos bens da herança;

IV – requerer ao juiz que lhe conceda os meios necessários para cumprir as disposições testamentárias.

Nos termos do artigo 1.983 do Código Civil, o testamenteiro, quando o testador não lhe concedeu prazo maior, terá de cumprir o testamento e prestar contas no lapso de 180 (cento e oitenta) dias, contados da data da aceitação da testamentaria, podendo haver a prorrogação se houver motivo suficiente (art. 1.983).

Não se transmite aos herdeiros do testamenteiro e nem é delegável o encargo de testamentaria, mas ele pode fazer-se representar em juízo ou fora dele, mediante procurador, desde que com poderes especiais (art. 1.985 do CC).

Havendo mais de um testamenteiro simultaneamente nomeado, que tenha aceitado o cargo, poderá cada qual exercê-lo em falta do outro, ficando, entretanto, todos solidariamente obrigados a dar conta dos bens que lhes foram confiados, salvo se cada um tiver, pelo testamento, funções especificadas e a elas se limitar (art. 1.986 do CC).

Em suma, e sob outros aspectos, o testamenteiro tem legitimidade concorrente para requerer o inventário (art. 616, V, do CPC); deve ser citado para o processo (art. 626 do CPC, com a inclusão do companheiro no que se refere à citação); não pode adquirir bens da herança, mesmo em hasta pública (art. 497, inc. I, do CC); tem direito a um prêmio (vintena) pelo exercício do cargo (art. 1.987 do CC); tem direito de ser nomeado inventariante, se lhe foi confiada a administração do espólio ou toda a herança estiver distribuída em legados (art. 617, inc. V, do CPC); sofre pena criminal agravada se cometer o crime de apropriação indébita na qualidade de testamenteiro (art. 168, § 1º, inc. II, do Código Penal); tem direito a ser indenizado pelas despesas que fizer no interesse do testamento.

Dá-se a remoção do testamenteiro, por decisão judicial, até mesmo de ofício (por semelhança com o disposto sobre remoção do inventariante), com a perda do prêmio, quando forem glosadas despesas por ilegais ou em discordância com o testamento, e quando o testamenteiro não cumprir as disposições testamentárias.

12.2. Prêmio do testamenteiro

Denomina-se prêmio, antiga vintena[32], a remuneração devida ao testamenteiro pelo exercício do encargo, conforme as disposições dos artigos 1.987 a 1.990 do Código Civil. O valor pode ser determinado no testamen-

---

32 A denominação "vintena" deve-se ao fato de que o prêmio correspondia, outrora, a 1/20 do que era apurado como valor da herança.

to e, não havendo estipulação, será fixado pelo juiz, entre 1% e 5% do montante da herança líquida.

Entende-se por herança líquida a parte transmissível aos herdeiros depois de abatidos os encargos fiscais e as dívidas do espólio. A meação é naturalmente excluída, pois não se confunde com a herança.

O arbitramento do prêmio far-se-á por apreciação equitativa do juiz, levando em conta a natureza e a importância da causa, o trabalho realizado pelo testamenteiro, o tempo exigido para o seu serviço, assim como o lugar de execução das tarefas e o grau de zelo do profissional, segundo os critérios estabelecidos para a fixação de honorários advocatícios.

O percentual incide sobre o real valor da herança, assim considerado o constante dos lançamentos fiscais, com a devida atualização monetária ou, se necessário, mediante regular avaliação dos bens.

Entendeu o Superior Tribunal de Justiça, à luz do que dispunha o Código de Processo Civil de 1973, no artigo 1.138 (sem reprodução no Código vigente), que o prêmio "tem como base de cálculo o total da herança líquida, ainda que haja herdeiros necessários, e não apenas a metade disponível, ou os bens de que dispôs em testamento o *de cujus*. Pelo pagamento, entretanto, não responderão as legítimas dos herdeiros necessários, deduzindo-se o prêmio da metade disponível" (*RSTJ* 66/395).

Esse entendimento veio a merecer guarida no atual Código Civil, artigo 1.987, parágrafo único: "o prêmio arbitrado será pago à conta da parte disponível, quando houver herdeiro necessário".

O pagamento do prêmio constitui obrigação do espólio. Decorre do serviço prestado pelo testamenteiro em favor do autor da herança, porque diretamente relacionado ao cumprimento das disposições de última vontade (art. 1.976 do CC).

Sua satisfação deve ocorrer no momento da partilha, mediante depósito do valor estipulado em favor do testamenteiro. Se não for possível o pagamento nesse ato, deverá ser determinada a reserva de bens para futuro pagamento. Se o testamenteiro for casado sob regime de comunhão de bens, com herdeiro ou legatário do testador, não terá direito ao prêmio, salvo se preferir receber o prêmio em vez da herança ou do legado.

Sendo testamenteiro o cônjuge viúvo, com direito a meação, o prêmio poderá ser pago mediante adjudicação dos bens do espólio, no valor correspondente àquele direito.

No caso de afastamento do testamenteiro, a seu pedido, ou por remoção, o valor do prêmio reverte ao monte da herança para atribuição ao substituto nomeado para o desempenho do encargo.

13. ESQUEMAS DOS TESTAMENTOS

▶ Registro de testamento cerrado e público

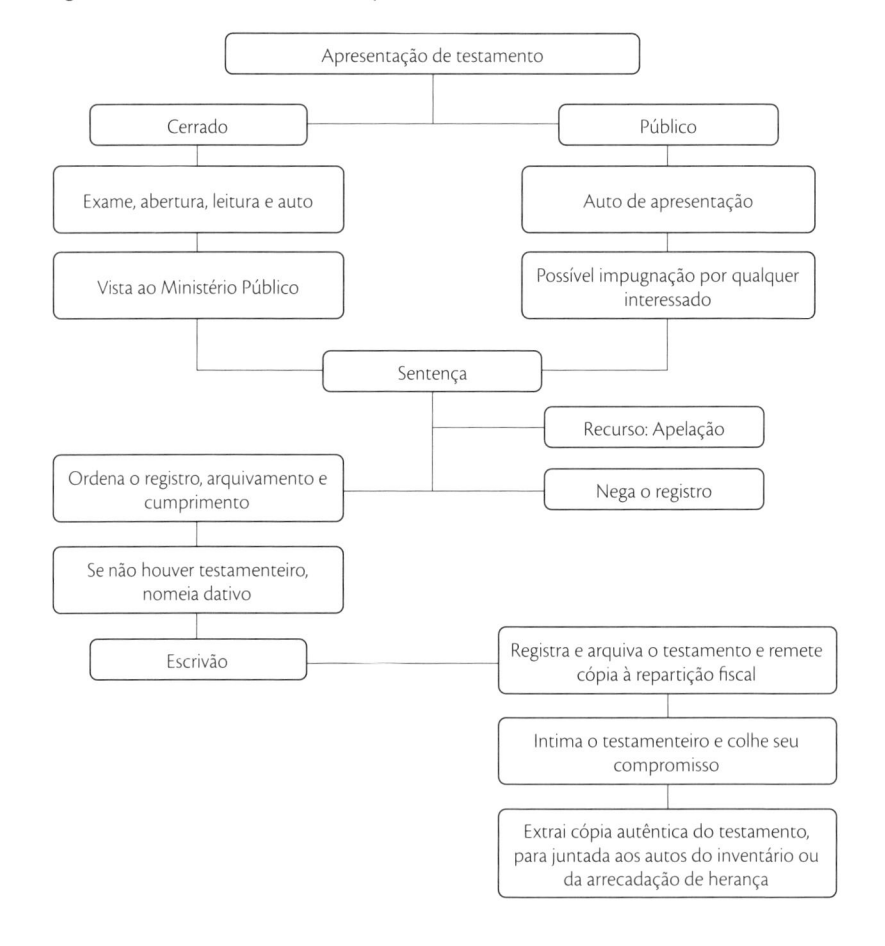

```
                    Apresentação de testamento
                    ┌──────────┴──────────┐
                 Cerrado                Público
                    │                      │
        Exame, abertura,            Auto de apresentação
        leitura e auto                     │
                    │              Possível impugnação por
        Vista ao Ministério Público   qualquer interessado
                    │                      │
                    └───── Sentença ───────┘
                                │
                                ├──── Recurso: Apelação
                                │
                                ├──── Nega o registro
                                │
        Ordena o registro, arquivamento e cumprimento
                    │
        Se não houver testamenteiro, nomeia dativo
                    │
                Escrivão ──── Registra e arquiva o testamento e
                              remete cópia à repartição fiscal
                                        │
                              Intima o testamenteiro e colhe
                              seu compromisso
                                        │
                              Extrai cópia autêntica do testamento,
                              para juntada aos autos do inventário
                              ou da arrecadação de herança
```

Obs.:
Distribuição ao mesmo juízo do inventário e autuação própria.

Capítulo 6 Sucessão Testamentária

▶ **Confirmação e registro de testamento particular**

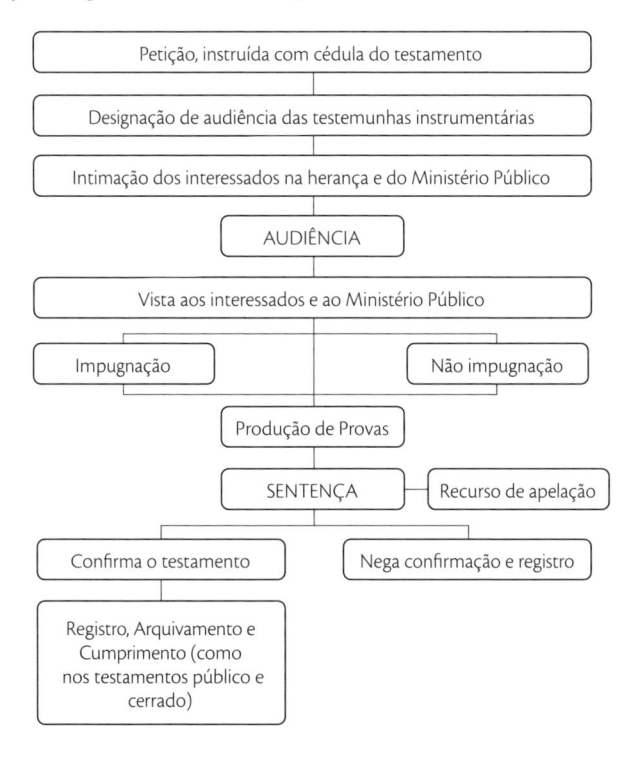

```
        ┌─────────────────────────────────────────────┐
        │  Petição, instruída com cédula do testamento │
        └─────────────────────────────────────────────┘
                             │
        ┌─────────────────────────────────────────────────┐
        │ Designação de audiência das testemunhas instrumentárias │
        └─────────────────────────────────────────────────┘
                             │
        ┌──────────────────────────────────────────────────────┐
        │ Intimação dos interessados na herança e do Ministério Público │
        └──────────────────────────────────────────────────────┘
                             │
                      ┌─────────────┐
                      │  AUDIÊNCIA  │
                      └─────────────┘
                             │
        ┌──────────────────────────────────────────┐
        │ Vista aos interessados e ao Ministério Público │
        └──────────────────────────────────────────┘
                     │                    │
             ┌──────────────┐      ┌──────────────┐
             │  Impugnação  │      │ Não impugnação│
             └──────────────┘      └──────────────┘
                     │
             ┌──────────────────┐
             │ Produção de Provas│
             └──────────────────┘
                     │
             ┌─────────────┐      ┌──────────────────┐
             │  SENTENÇA   │──────│ Recurso de apelação│
             └─────────────┘      └──────────────────┘
                  │         │
     ┌──────────────────┐  ┌──────────────────────┐
     │Confirma o testamento│ │Nega confirmação e registro│
     └──────────────────┘  └──────────────────────┘
              │
     ┌─────────────────────┐
     │ Registro, Arquivamento e│
     │ Cumprimento (como    │
     │ nos testamentos público e│
     │      cerrado)        │
     └─────────────────────┘
```

Distribuição ao mesmo juízo do inventário e autuação própria.

Igual procedimento para os registros de testamentos marítimo, militar e nuncupativo, e de codicilo (art. 737, § 3º, do CPC) embora com dispensa neste último, de confirmação testemunhal se não houve impugnação.

239

CAPÍTULO 7 | Inventário Judicial – Aspectos Gerais

SUMÁRIO: 1. Conceito e formas de inventário judicial. 1.1. Alvará. Conceito e finalidade. **2.** Partilha. Sobrepartilha. 2.1. Sobrepartilha. **3.** Distribuição, registro e causas. 3.1. Distribuição e registro. 3.2. Custas. 3.3. Valor da causa. 3.4. Base de cálculo das custas: monte-mor ou herança. **4.** Competência. **5.** Inventário conjunto – Cumulação de inventários. **6.** Inventário negativo. **7.** Bens que não se inventariam. **8.** Ações referentes à herança. 8.1. Petição de herança. **9.** Ações contra o espólio. **10.** Questões de alta indagação. **11.** Prazos de início e término do inventário. **12.** Férias forenses. **13.** Disposições comuns. Tutela provisória. **14.** Intervenção do Ministério Público.

1. CONCEITO E FORMAS DE INVENTÁRIO JUDICIAL

É pelo procedimento do inventário e partilha que se formaliza a transmissão dos bens do *de cujus* aos seus sucessores, muito embora, de fato, a transmissão se dê no ato de abertura da sucessão, com a morte do autor da herança.

A matéria é cuidada no Código Civil, artigos 1.991 a 2.027, com a estipulação da forma judicial do inventário, onde serão descritos com individuação e clareza todos os bens da herança, assim como os alheios nela encontrados. Segue-se a partilha entre o meeiro e os sucessores legítimos ou testamentários, que pode ser feita amigavelmente, com homologação judicial ou, se não houver acordo entre as partes, por decisão do juiz. Também é possível fazer o inventário e partilha extrajudicial, desde que não haja testamento e todos os interessados sejam capazes e concordes (art. 610 do CPC/2015 – v. cap. 14).

As disposições relativas ao inventário e partilha judicial no Código Civil principiam com a regra de que a administração da herança compete ao inventariante. Estende-se em normas relativas a bens sonegados, pagamento das dívidas, colação, partilha, garantia dos quinhões hereditários e anulação da partilha.

No Código de Processo Civil, a matéria é tratada como forma de procedimento especial, no Livro I (Do Processo de Conhecimento e Do Cumprimento de Sentença), Título III, Capítulo VI – Do Inventário e da Partilha – arts. 610 a 673.

Embora possa efetuar-se a partilha por acordo de todos os interessados, a regra é a contenciosidade em face do possível litígio entre os interessados na herança, tanto na primeira fase, de declaração ou arrolamento dos bens, quanto nas subsequentes, de habilitação dos herdeiros, avaliação dos bens e partilha dos quinhões, exigindo julgamento e não simples homologação judicial, com reflexos, pois, na conceituação da coisa julgada (arts. 656 a 658 do CPC).

A possibilidade de acertamento voluntário da partilha é restrita ao arrolamento sumário (art. 659 do CPC) e ao inventário extrajudicial, embora também admissível por conversão no processo de inventário litigioso em amigável. Para tanto, conforme já anotado, exige-se a capacidade das partes e a transigência expressa, já que o procedimento, nessas circunstâncias, torna-se bem próximo do administrativo, satisfazendo-se com simples ato homologatório do juízo. Havendo menores ou incapazes, o acordo das partes dependerá da manifestação do Ministério Público, como órgão fiscalizador.

A palavra inventário significa ato ou efeito de inventariar, e é empregada no sentido de relacionar, registrar, catalogar, descrever, enumerar coisas, arrolar para fins de partilha. Deriva do latim *inventarium*, de *invenire*, isto é, achar, encontrar.

Pode referir-se, também, a rol de coisas ou pessoas, prestação de contas, parte do balanço de bens de uma sociedade, e outras acepções paralelas à ação de relacionar bens. Com o mesmo sentido de descrição de bens, emprega-se o termo inventário em disposições diversas relacionadas a outros institutos do ordenamento civil. Exemplos: o dever do usufrutuário, antes de assumir o usufruto, de inventariar os bens que receber (art. 1.400 do CC); igual dever do fiduciário, de proceder ao inventário dos bens gravados (art. 1.953, par. ún., do CC); inventário a que estão sujeitos os tutores e curadores (art. 1.756 do CC); inventário dos bens da herança jacente (art. 1.819 do CC); inventário na separação judicial, para fins de partilha (art. 731, I, do CPC).

No estrito sentido sucessório, inventariar significa relacionar, registrar, catalogar, enumerar, arrolar, sempre com relação aos bens deixados por alguém em virtude de seu falecimento, compreendendo, também, a avaliação desses bens.

Como prevê o artigo 1.784 do Código Civil, a sucessão pode ser legítima ou testamentária. Legítima é a que deriva de disposição legal, e testamentária aquela que provém de disposição de última vontade do falecido.

Capítulo 7 Inventário Judicial – Aspectos Gerais

Quando morre uma pessoa deixando bens, abre-se sua sucessão e procede-se ao inventário, para regular apuração dos bens deixados, com a finalidade de que passem a pertencer legalmente aos seus sucessores.

Antes da Lei n. 11.441, de 4 de janeiro de 2007, que introduziu o inventário extrajudicial por escritura pública, alterando o Código de Processo Civil da época, o procedimento era sempre judicial e obrigatório para a atribuição legal dos bens aos sucessores do falecido, mesmo em caso de partilha extrajudicial.

Em outros países é também reconhecida a autonomia da partilha amigável extrajudicial, desde que celebrada por partes maiores e capazes. Assim, no Direito português, o inventário judicial pode ser obrigatório ou facultativo. "Procede-se a inventário obrigatório, sempre que a lei exija aceitação da beneficiária de herança, e ainda nos casos em que algum dos herdeiros não possa, por motivo de ausência ou de incapacidade permanente, outorgar em partilha judicial. Procede-se a inventário facultativo quando os interessados não estejam de acordo em fazer a partilha extrajudicialmente"[1].

Em vista das alterações procedidas na legislação brasileira, tem-se regra semelhante, de multiplicidade de procedimentos, com a observação de que o inventário é sempre obrigatório, o que varia é a forma de sua realização, já que o inventário extrajudicial é de caráter facultativo, dependendo da qualidade dos herdeiros e de sua opção pela via mais adequada (v. cap. 14, 1.5).

Em suma, conforme as disposições processuais citadas, três são as espécies de inventário judicial: o inventário regular, na forma tradicional e solene, e as formas simplificadas de arrolamento sumário e de arrolamento comum, utilizáveis por interessados maiores e capazes, ou para pequenas heranças, respectivamente. Essas espécies serão examinadas nos capítulos seguintes.

1.1. Alvará. Conceito e finalidade

Ao lado dos procedimentos de inventário, arrolamento sumário e arrolamento comum, tem-se o pedido de alvará judicial, com a finalidade de facilitar o levantamento de pequenas quantias deixadas pelo falecido, tais como

---

1 Helder Martins Leitão, *Do inventário*, 3. ed., Porto: Elcla, 1990, p. 29.

importâncias depositadas em conta bancária, saldo de créditos e outros valores de menor monta.

São os valores referidos na Lei n. 6.858, de 24 de novembro de 1980: depósitos derivados do Fundo de Garantia do Tempo de Serviço e do Fundo de Participação PIS-PASEP, não recebidos em vida pelos seus respectivos titulares, cadernetas de poupança, restituição de tributos, saldos bancários e investimentos de pequeno valor. O levantamento pode ser feito administrativamente, pelos dependentes do falecido, desde que não haja outros bens sujeitos a inventário. Mas, se o falecido não deixou dependentes habilitados perante a Previdência Social, o levantamento daqueles depósitos caberá aos sucessores, mediante outorga de alvará judicial.

Também se utiliza o alvará para levantamento de outras importâncias, venda de bens, outorga de escrituras com relação a imóveis vendidos em vida pelo autor da herança e outras providências incidentes ao processo de inventário (v. cap. 15).

2. PARTILHA. SOBREPARTILHA

Os termos inventário e partilha, embora usados com sentido processual abrangente, possuem conteúdos diversos, desenvolvendo-se no mesmo processo, de forma sucessiva.

Primeiro se descrevem os bens (inventário), depois os bens são atribuídos aos sucessores (partilha). Assim, a partilha é complemento necessário e lógico do inventário, para que se realize a distribuição dos bens da herança, por direitos de meação e de sucessão legítima ou testamentária. Como ensina Orlando de Souza, "a prova evidente de que, no sentido jurídico o vocábulo inventário não compreende a partilha, está em que há inventários sem partilha", sendo exemplos disso: "a) quando os herdeiros são capazes e não se interessam na partilha dos bens; b) quando no inventário há um só herdeiro; c) quando as dívidas passivas absorvem o valor do '*monte-mor*', ou o conjunto dos bens da herança"[2].

Mas é o inventário o procedimento genérico, que tem por fim chegar à partilha dos bens do falecido, seja pela via judicial ou pela via extrajudicial. Consiste em relacionar os bens do *de cujus* e descrevê-los.

A partilha vem a reboque, na complementação do inventário, quando os

---

2 *Inventários e partilhas*, op. cit., p. 18.

bens são distribuídos entre os sucessores do falecido, adjudicando-se as respectivas quotas da herança.

As partilhas podem ser judiciais, extrajudiciais e amigáveis.

São judiciais as partilhas realizadas por deliberação do juiz do inventário, sempre que haja herdeiros menores e incapazes ou em virtude de não haver acordo entre os sucessores, nos termos do artigo 2.016 do Código Civil.

As partilhas amigáveis podem ser feitas por ato *inter vivos*, constituindo forma de doação, ou *post mortem*, por acordo entre os interessados na herança.

A partilha por ato *inter vivos* dá-se quando o ascendente distribui os bens a seus filhos, por ato entre vivos (doação) ou de última vontade (testamento), desde que não prejudique a legítima dos herdeiros necessários (art. 2.018 do CC). Trata-se de antecipação da herança, ato de doação ou de outorga dos bens pelo seu titular.

As partilhas amigáveis *post mortem* são aquelas feitas por acordo entre os sucessores maiores e capazes, podendo ser realizadas por escritura pública, por termo nos autos do inventário, ou por escrito particular homologado pelo juiz (art. 2.015 do CC).

Note-se que o Código Civil, artigo 2.014, possibilita também ao testador direcionar a partilha *post mortem*, indicando os bens e valores que devem compor os quinhões hereditários, deliberando ele próprio a partilha, que prevalecerá, salvo se o valor dos bens não corresponder às quotas estabelecidas.

A partilha extrajudicial é aquela feita por escritura pública, para ser trazida aos autos do inventário judicial ou do arrolamento. Também constitui parte final da escritura pública de inventário, quando não houver testamento e as partes forem capazes e concordes, sendo uma espécie de partilha amigável *post mortem*.

2.1. Sobrepartilha

Se forem apurados outros bens do falecido, após ultimada a partilha, será feita a sobrepartilha, ou seja, uma nova descrição e atribuição de bens nos autos do mesmo processo de inventário, mediante a recondução do inventariante ao cargo e aproveitando-se a representação das partes para as intimações de acompanhamento da sobrepartilha.

A indicação dos bens sujeitos a sobrepartilha consta dos artigos 2.021 e 2.022 do Código Civil, com repetição com mais clara descrição no artigo 669 do Código de Processo Civil, apontando: os sonegados; os bens da herança que se descobrirem depois da partilha; os litigiosos, assim como os de liquidação difícil ou morosa; e os situados em lugar remoto da sede do juízo onde se processa o inventário.

Observar-se-á na sobrepartilha dos bens o processo de inventário e partilha, correndo nos autos do inventário do autor da herança (art. 670 do CPC). Ou seja, com a sobrepartilha, reabre-se o processo de inventário, com nova declaração de bens, citações, recolhimentos fiscais e demais fases até final atribuição do acervo hereditário e a extração de novo formal de partilha ou, sendo herdeiro único, de carta de adjudicação.

Ressalte-se a possibilidade de sobrepartilha extrajudicial, por meio de escritura pública, desde que todos os herdeiros sejam capazes e concordes, ainda que referente a anterior inventário e partilha judicial, uma vez atendidos os requisitos do artigo 610, § 1º, do Código de Processo Civil.

3. DISTRIBUIÇÃO, REGISTRO E CUSTAS

3.1. Distribuição e registro

Como todos os processos, o inventário e o arrolamento estão sujeitos a distribuição e registro, para tramitação na vara competente, que pode ser a especializada em sucessões, dependendo da organização judiciária local.

A matéria é cuidada nos artigos 284 a 290 do Código de Processo Civil. Faz-se a distribuição pelo sistema regular de sorteio manual ou eletrônico, mediante critérios técnicos ordenados pela autoridade judiciária. Na comarca de São Paulo, utilizavam-se tabelas elaboradas de acordo com a data de óbito do autor da herança. Atualmente, a distribuição de inventários, arrolamentos e alvarás é feita às varas de família e sucessões do foro do último domicílio do autor da herança ou da situação dos bens, ou do lugar em que ocorreu o óbito, conforme regras de competência jurisdicional (art. 48 do CPC). Procede-se da mesma forma nos processos de arrecadação de herança jacente, bens de ausentes e vagos, registro e cumprimento dos testamentos ou codicilos, observando-se a competência exclusiva das varas especializadas, onde houver, de acordo com a organização judiciária local (em São Paulo, a competência para essas ações é reservada às varas de família do foro central – Normas de Serviço da Corregedoria-Geral da Justiça).

Instruída com procuração dos interessados e certidão de óbito do autor da herança, a petição inicial é encaminhada ao distribuidor, com o prévio recolhimento das custas, ou sua oportuna satisfação perante o serventuário (conforme dispuserem as leis locais).

A distribuição pode ser feita simultaneamente entre juízes e ofícios (se não houver correspondência entre eles), somente entre juízes (se a cada juiz corresponde um ofício), ou entre ofícios (se a um juiz corresponde mais de um).

A preocupação do legislador é de que a distribuição se faça de modo equitativo, visando à igualdade de tarefas, vez que para tanto é necessário que se respeite a classe dos feitos. Em comarcas onde não há juízos privativos de família e sucessões, classificam-se os processos de inventários, arrolamentos, testamentos, outros da mesma natureza ou conexos, em itens próprios, exatamente para que se ajustem ao princípio de igualdade na divisão das tarefas judicantes.

Faz-se por dependência a distribuição dos processos que se relacionam com o inventário, por conexão ou continência (art. 286 do CPC). Em tais casos, a competência é fixada pelo processo principal. Não obstante, o novo processo deve passar pelo distribuidor, para anotação e encaminhamento. São hipóteses comuns, em matéria sucessória: prestação de contas, remoção de inventariante, sonegação de bens, habilitação de créditos, declaratória da situação de companheiro para petição de herança etc.

Também se distribui por dependência, apensando-se ao anterior, o inventário dos bens do cônjuge supérstite, falecido antes da partilha dos bens do pré-morto. As duas heranças serão cumulativamente inventariadas e partilhadas, com nomeação de um só inventariante para os dois processos, desde que comuns os herdeiros, bem como no caso de falecimento de um dos herdeiros no curso do inventário em determinadas condições (art. 672 do CPC).

Se houver testamento, será distribuído ao mesmo juízo competente para o inventário e terá processamento autônomo, para que aí se determine o registro. Cumprida essa fase, será juntada certidão autêntica do testamento aos autos do inventário, conforme visto no capítulo anterior. A distribuição do testamento pode preceder a abertura do inventário ou ser feita logo depois, hipótese em que o processamento deste ficará sustado até que seja juntada certidão autêntica do testamento registrado.

Ocorrendo o falecimento de herdeiros no curso do processo de inventário em que foi admitido, e não possuindo outros bens além do seu quinhão na herança, proceder-se-á ao inventário cumulativo dos bens, mediante a atribuição direta dos bens que cabiam ao herdeiro falecido, aos seus próprios sucessores, em operação semelhante à sucessão por estirpe. Ressalva-se atribuição diversa em razão de disposição testamentária a ser cumprida. Se o herdeiro falecido no curso do inventário deixou outros bens além do seu quinhão na herança, será obrigatória a abertura de seu inventário, com distribuição e processamento autônomo, aí se descrevendo a quota a cujo recebimento se habilitara e o restante do seu patrimônio a partilhar.

Requerimentos de alvará no curso dos processos, quando formulados por inventariante, herdeiro ou sucessor, serão juntados aos autos de inventário ou arrolamento; quando formulados por terceiros, serão distribuídos por dependência, registrados, autuados e processados em apenso. No caso de alvarás autônomos ou independentes será livre a distribuição (v. cap. 15).

3.2. Custas

No ajuizamento de ação de inventário, para o regular desenvolvimento do processo, torna-se devido o custeio de despesas. Trata-se de encargo da parte interessada ou da que vier a ser condenada, como efeito da sucumbência.

São as denominadas custas dos serviços forenses ou taxa judiciária. A legislação sobre a matéria compete, de forma concorrente, à União, aos Estados e ao Distrito Federal, conforme prevê a Constituição da República, em seu artigo 24, inciso IV.

Apuram-se as custas de acordo com o valor da causa. Sua satisfação é de rigor, na distribuição ou no curso do processo, conforme dispuser a lei local. Constitui o "preparo", sem o qual o feito não prosseguirá, e a distribuição poderá ser cancelada se não houver recolhimento no prazo de 15 dias (art. 290 do CPC de 2015).

As custas e outros encargos relativos ao andamento do processo, como a indenização de viagem, diária de testemunha e remuneração do assistente técnico, constituem as "despesas processuais" (art. 84 do CPC), mencionando também a remuneração do assistente técnico. Seu pagamento incumbe à parte que realiza ou requer a prática do ato (art. 82 do CPC), com posterior ressarcimento pelo vencido, juntamente com a verba honorária. O serventuário poderá exigir depósito prévio de certas despesas necessárias, relativas a citações, intimações, expedições postais etc., mediante recibo, com especificação das parcelas, e posterior ajuste a final.

São dispensados do pagamento dos atos judiciais, na esfera cível, os beneficiários de assistência judiciária, assim como o Ministério Público, nos atos de ofício. Da mesma forma as Fazendas Públicas e respectivas autarquias, com ressalva de oportuno reembolso das despesas à parte vencedora.

Em casos de redistribuição do feito, por incompetência do juízo, não haverá restituição das custas. O mesmo se dá quando extinto o processo por decreto de carência, abandono, desistência ou transação. Provindo o feito de juízo de outro Estado, caberá ao interessado efetuar novo recolhimento das custas.

O cálculo das custas para o preparo de recurso de apelação independe de remessa dos autos ao contador, devendo ser feito pelo próprio interessado, ou, se houver determinação das autoridades judiciárias locais, por informação do ofício de justiça, fazendo constar da intimação da sentença o valor do preparo recursal.

Os processos findos não poderão ser arquivados sem a integral satisfação das custas, cumprindo ao escrivão certificar a respeito, ou intimar as partes para o recolhimento devido. Na falta de pagamento, o escrivão providenciará certidão para inscrição da dívida a ser executada pela repartição fiscal.

A atribuição de valor aos bens inventariados, embora deixada a critério do requerente, não pode ser aleatória ou arbitrária. Sujeita-se à impugnação dos demais interessados, inclusive credores e Fazenda Pública. Em tais casos, procede-se à avaliação judicial (art. 630 do CPC). Com relação aos bens imóveis, o valor será o que servir de base ao lançamento do imposto sobre a propriedade predial e territorial urbana (IPTU), ou sobre a propriedade territorial rural (ITR), salvo se a lei estadual fixar outros critérios, como os de valores de mercado, por lançamento administrativo, servindo de referência para o imposto de transmissão dos bens. Os documentos fiscais devem, por isso, instruir o processo.

Na ocasião do cálculo do imposto *causa mortis*, em seguida às últimas declarações, no inventário, o contador apura as custas do processo, de acordo com o valor do monte-mor, fazendo dedução da parcela já inicialmente satisfeita.

Quanto ao arrolamento, não há cálculo do imposto na esfera judicial. O seu recolhimento deve ser feito diretamente pelo interessado, juntando a guia aos autos, ou diligenciando na esfera administrativa (art. 662 do CPC). Cabe ao inventariante atribuir o valor dos bens do espólio, para fins de partilha e base de cálculo das custas processuais. Não haverá avaliação, a não ser que requerida por credores, para reserva de bens (art. 663, parágrafo único, do CPC). E não serão conhecidas ou apreciadas questões relativas ao lançamento, ao pagamento, ou à quitação de taxas judiciárias. Ressalva-se ao Fisco, se apurar em processo administrativo valor diverso do estimado, exigir a eventual diferença, pelos meios adequados ao lançamento dos créditos em geral (v. cap. 12, item 6).

Variam as disposições sobre custas, de acordo com a legislação estadual. No Estado de São Paulo vigora a Lei de Custas n. 11.608, de 29 de dezembro de 2003, com alterações da Lei n. 15.855, de 2 de julho de 2015 e da Lei n. 17.785, de 3 de outubro de 2023. Para outros estados, consultar as leis próprias nos *sites* dos respectivos Tribunais. A lei paulista estabelece as seguintes taxações básicas, em percentuais sobre o valor da causa ou em unidades fiscais (UFESP´s):

a) o valor da taxa judiciária: na distribuição – 1,5% do valor da causa; na apelação, no recurso adesivo e nos embargos infringentes – 4%; na execução de título judicial e no cumprimento de sentença – 2%; no agravo de instrumento – 15 UFESP´s.

b) há um valor mínimo da taxa, estipulado em 5 UFESPs (Unidade Fiscal do Estado de São Paulo), e um máximo de 3.000 UFESPs[3];

c) a taxa tem como fato gerador a prestação de serviços públicos de natureza forense, abrangendo todos os atos processuais, inclusive os relativos aos serviços do distribuidor, contador, partidor, hastas públicas, secretaria dos tribunais, bem como despesas com registros, intimações e publicações na imprensa oficial;

d) a taxa judiciária não inclui outras despesas, a serem satisfeitas pelas partes, tais como publicações de editais, porte de remessa e retorno dos autos nos recursos, correio, comissão de leiloeiros, expedição de certidão, cartas de sentença, de arrematação, de adjudicação ou de remição, reprodução de peças do processo, remuneração de peritos,

---

3   Verificar o valor da UFESP no *site*: www.fazenda.sp.gov.br.

Capítulo 7 Inventário Judicial – Aspectos Gerais

indenização de viagem e diária de testemunha, consultas de andamento de processos por via eletrônica, diligências de oficial de justiça (salvo em relação a mandados expedidos de ofício, requeridos pelo Ministério Público, por beneficiário de assistência judiciária, ou em processos com recolhimento diferido da taxa);

e) em caso de agravo de instrumento, o preparo é de 10 UFESPs (dispensado no procedimento eletrônico).

Para os inventários e arrolamentos, assim como para a partilha em processos de separação judicial e de divórcio, a lei paulista estabelece um regime próprio de custas, atendendo a uma tabela progressiva, com determinação de que se efetue o recolhimento antes da adjudicação ou da homologação da partilha:

a) até R$ 50.000,00 – 10 UFESPs,
b) de R$ 50.001,00 até R$ 500.000,00 – 100 UFESPs,
c) de R$ 500.001,00 até R$ 2.000.000,00 – 300 UFESPs,
d) de R$ 2.000.001,00 até R$ 5.000.000,00 – 1.000 UFESPs,
e) acima de R$ 5.000.000,00 – 3.000 UFESPs.

Os referidos valores básicos abrangem o total dos bens que integram o monte-mor, conforme consta, de forma expressa, na lei especial comentada, embora se questione a sua incidência sobre o valor da meação.

3.3. Valor da causa

O valor da causa, em processo de inventário, corresponde ao valor total dos bens inventariados, constituindo o monte-mor. Mas, como a declaração dos bens só é feita depois, na inicial o requerente do inventário fará a estimativa do valor para fim de recolhimento das custas. Posteriormente, declarado o valor efetivo dos bens e ocorrendo diferença do valor dado na inicial, far-se-á a complementação do recolhimento. Essa apuração normalmente se faz por ocasião do cálculo do imposto *causa mortis*.

Ocorrendo sobrepartilha, será necessária a atribuição de valor aos respectivos bens, com o correspondente acerto das custas.

3.4. Base de cálculo das custas: monte-mor ou herança

Dependendo do que conste da legislação de cada Estado, pode haver dúvida no tocante à base de cálculo das custas, que há de coincidir com o valor da causa. No Estado de São Paulo, como já anotado, a nova lei de custas foi categórica em determinar que se inclua, no monte-mor, o importe correspondente à meação. Exatamente nesse ponto é que se levantava dúvida, na vigência da antiga lei de custas, por lhe faltar previsão daquele teor. É bom anotar que a alteração agora surgida na nova lei pode ser questionada por confundir os conceitos de meação (valor que já pertencia ao cônjuge antes do óbito do autor da herança, se adotado o regime da comunhão de bens) e de herança (valor que cabia ao falecido e transmite-se aos herdeiros).

Anota Washington de Barros Monteiro que "herança não é outra coisa senão o que deixou o *de cujus*, depois de satisfeitos seus credores". Seguindo, em comentários sobre a legítima e a porção disponível, ensina que "se casado o testador pelo regime de comunhão universal de bens, divide-se o monte líquido em duas metades, uma para o falecido e outra para o cônjuge sobrevivente", para ainda deixar assinalado que os bens adquiridos por um dos cônjuges "se sujeitam a inventário por morte do outro, e se incluem na aferição da legítima e da quota disponível"[4].

Embora inconfundível meação com herança, exige-se no inventário a declaração de todos os bens, na totalidade dos seus valores, para fim da partilha (arts. 651 e 652 do CPC/2015). Por outras palavras, não se considera apenas a herança propriamente dita, que se transmite aos sucessores, mas o valor total dos bens que compõem o monte-mor. Como expressa Hamilton de Moraes e Barros, "somados todos os bens do espólio, teremos achado o monte-mor"[5]. Desse valor total é que se abaterão as dívidas passivas e despesas, para encontro do monte líquido, ou partível, da qual se extrairá a meação, restando a outra metade, deixada pelo cônjuge morto, para a atribuição dos quinhões aos herdeiros.

O Código Tributário Nacional (art. 131, inc. III) contempla a responsabilidade do sucessor e do cônjuge-meeiro pelos tributos devidos pelo *de cujus* até a data da partilha ou adjudicação, com limite no montante do quinhão ou da meação, tendo em conta, pois, o conjunto dos bens do espólio.

Em suma, tem-se por monte-mor, no direito das sucessões, "o total do valor dos bens que constituem o espólio, antes de deduzidas as despesas e

---

4 *Curso de Direito Civil, Sucessões*, 4. ed., São Paulo: Saraiva, vol. 6, p. 20.
5 *Comentários ao Código de Processo Civil*, Rio de Janeiro: Forense, vol. XI, p. 251.

os encargos da herança"⁶, ou o "acervo mostrado em sua totalidade, segundo a arrecadação"⁷.

Em processo de inventário com homologação de cálculo, assim entendeu, de há muito, o Egrégio Tribunal de Justiça do Estado de São Paulo, por votação unânime da 1ª Câmara Cível, relator Octávio Stucchi, lembrando que, por força da legislação específica, as custas, na hipótese em exame, são calculadas de acordo com o valor do monte-mor, isto é, o conjunto de bens de uma herança, tudo que pertencia ao *de cujus*. "Poderia ensejar dúvida, quanto à abrangência unicamente dos bens transmitidos, com exceção da meação, já pertencente ao cônjuge supérstite. Essa dúvida, porém, não aflora se a menção é ao monte-mor. O próprio vernáculo é decisivo: mor é forma sincopada de maior. Assim, o monte maior jamais poderá ser a parte transmissível, que é a relação de todos os bens, sem exclusão de um só. Logo, o valor para a taxação não pode ser representado pela metade. Por outro lado, a lei colocou lado a lado, para o mesmo fim, o valor do 'monte-mor' e o valor dos bens arrecadados, numa evidente afirmação da globalidade" (TJSP, 6ª Câm. Direito Privado, AI 18.104-1/São Paulo, rel. Sebastião Amorim, j. em 3-11-81).

No mesmo sentido, acórdão publicado na *RJTJESP* 75/201, seguido de boa messe de julgados do Tribunal de Justiça de São Paulo, a demonstrar a força desse entendimento: AI 091.425-4/5-00, 4ª Câm., rel. Silva Rico, v.u., 2-9-98; AI 78.748-4/3, 10ª Câm., rel. G. Pinheiro Franco, v.u., 19-5-98; AI 78.773-4/7, 5ª Câm., rel. Christiano Kuntz, v.u, 26-3-98; AI 114.266-4/4, 6ª Câm., rel. Octavio Helene, v.u., 17-6-99; AI 116.117-4/0, 7ª Câm., rel. Júlio Vidal, v.u., 5-5-99.

Em sentido contrário, porém, o Tribunal de Justiça de São Paulo tem inúmeros julgamentos no sentido de que a incidência das custas em processo de inventário deve ocorrer apenas sobre o valor da herança, porque este é o objeto específico da transmissão de bens *causa mortis*.

O argumento é de que a meação não constitui patrimônio do defunto e, por isso, não entra no conceito de herança nem de monte-mor, pela simples razão prática de formar, com aquele patrimônio, composição *pro indiviso*, conforme constou de aresto da antiga 2ª Câmara Cível do Egr.

---

6   *Enciclopédia Saraiva de Direito*, vol. 53.
7   De Plácido e Silva, *Vocabulário jurídico*, 29. ed., Rio de Janeiro: Forense, 2012.

Tribunal de Justiça de São Paulo, em voto da lavra do Des. Walter de Moraes, no AI 158.430-1.

Referido julgamento mereceu citado no AI 158.108-4/6-00-SP, da 2ª Câmara de Direito Privado do Egr. Tribunal de Justiça de São Paulo, rel. Cezar Peluso, maioria, j. 22-8-2000. Com sólida fundamentação, registrando o magistério de ilustres juristas, como Lacerda de Almeida, Clóvis Beviláqua, Carlos Maximiliano e Carvalho Santos, sinaliza o julgado que:

> ... a meação do cônjuge sobrevivente, que de modo e em sentido algum pode reputar-se parte da herança, nada tem, a rigor, com o inventário ou arrolamento, de cuja causa não participa como patrimônio considerável, senão para o só efeito de, em atividade jurisdicional de todo em todo secundária, permitir a identificação da porção disponível, quando seja o caso, e do monte partível, este sim, alvo de divisão entre os herdeiros.

O acórdão lembra que "já não é pouco o que se paga, como taxa judiciária, com base só nas coisas que eram do defunto", para concluir, em síntese: "A taxa judiciária, nos inventários e arrolamentos, não é calculada sobre o monte-mor, quando neste se compreenda meação do cônjuge supérstite, a qual, não constituindo patrimônio do defunto, não entra no conceito de herança"[8].

Na mesma linha, decisão da Turma Especial da Seção de Direito Privado daquele Tribunal, em Incidente de Uniformização de Jurisprudência no AI 139.700-4/0-01-SP, rel. Cezar Peluso, j. em 1º-12-2000, por maioria, firmando-se a seguinte ementa:

> Nos processos de inventário e arrolamento, a base de cálculo da taxa judiciária não inclui o valor da meação do cônjuge sobrevivente, que tenha sido casado com o falecido pelo regime da comunhão universal ou parcial de bens.

Também assim decidiu a 1ª Câmara de Direito Privado do mesmo Tribunal no julgamento do AI 205.785-4/0-Pirassununga, rel. Des. Elliot Akel, em 7-8-2001, votação unânime:

> Inventário. Taxa judiciária. Recolhimento sobre o valor total do monte-mor, incluindo-se a meação do cônjuge supérstite. Inadmissibilidade. Meação

---

[8] Ac. publicado no *Bol. da AASP* n. 2.189, p. 1.641, *JTJ* 239/255.

que integra o patrimônio da mulher por direito próprio e não por direito sucessório.

Salientou o relator que não havia entendimento jurisprudencial pacífico a respeito do tema, porém lhe parecia que melhor se ajusta ao princípio de que o valor da causa deve corresponder ao benefício patrimonial objetivado no inventário, o entendimento de que "não pode ser considerado, para esse fim, o valor que constituiu a meação do cônjuge sobrevivente".

E acrescenta:

> Se a meação já integra o patrimônio do cônjuge supérstite, por direito próprio, e não por direito sucessório, vantagem patrimonial alguma para ele decorre do inventário e da subsequente partilha, que tem caráter meramente declaratório. Bem por isso, a taxa judiciária não pode ser calculada, nos inventários e arrolamentos, sobre a meação do cônjuge supérstite, porque o montante de tal meação não integra o valor da causa.

Essa tese de exclusão do valor da meação para o cálculo das custas atende ao princípio de que o processo de inventário tem por objeto próprio a transmissão dos bens da herança aos sucessores legítimos e testamentários (art. 1.784 do CC).

Realmente, a transmissão sucessória é unicamente da herança e não da meação, pois o direito à metade dos bens preexiste ao falecimento de um dos cônjuges e, por isso, independe da sucessão hereditária, com a qual não se confunde.

Conquanto no inventário também se inclua o valor da meação, o seu fim não é o de transmitir esse direito, que já existia e subsiste a qualquer tempo, mas sim o de apurar os bens deixados pelo falecido, ou seja, sua cota nos bens em comunhão, passando a constituir a herança que se transfere por sucessão legítima ou por disposição de vontade, às pessoas qualificadas como herdeiras.

O tema é manifestamente polêmico, ensejando deduções a favor ou contra a incidência das custas sobre a meação, no inventário[9].

---

9   A demonstrar essa controvérsia, a posição doutrinária adotada pelo coautor desta obra, Euclides de Oliveira, no sentido de que as custas incidem apenas sobre a herança, enquanto o parceiro Sebastião Amorim defende a incidência das custas sobre o monte-mor,

Confira-se decisão do Superior Tribunal de Justiça, com reporte a precedentes do mesmo Tribunal e do Supremo Tribunal Federal no sentido de que a taxa judiciária e as custas judiciais são espécies tributárias resultantes de "prestação de serviço público específico e divisível e que têm como base de cálculo o valor da atividade estatal referida diretamente ao contribuinte". Cita a ADIn 1.772-MC, STF, Pleno, rel. Min. Carlos Velloso, j. 15-4-1998, *DJ* de 8-9-2000), e conclui que deve ser afastada da base de cálculo da taxa judiciária a meação do cônjuge supérstite, com a ementa:

> Em processo de inventário, a toda evidência, a meação do cônjuge supérstite não é abarcada pelo serviço público prestado, destinado essencialmente a partilhar a herança deixada pelo *de cujus*. Tampouco pode ser considerada proveito econômico, porquanto pertencente, por direito próprio e não sucessório, ao cônjuge viúvo (REsp n. 898.294-RS, STJ, 4ª T., rel. Min. Luis Felipe Salomão).

Esse entendimento tem sido confirmado no Superior Tribunal de Justiça, como se verifica do REsp 1.598.301-SP, assentando que "a meação do cônjuge supérstite, em processo de inventário, não é abarcada pelo serviço público prestado, destinado essencialmente a partilhar a herança deixada pelo *de cujus*. Tampouco pode ser considerada proveito econômico, porquanto pertencente, por direito próprio e não sucessório, ao cônjuge viúvo" (4ª T., rel. Min. Luis Felipe Salomão, j. em 2016, citando precedentes: AgRg no AResp n. 79.384/SP, Rel. Min. Paulo de Tarso Sanseverino, *DJe* de 29/2/2012; ADI 1772 MC, Re. Min. CARLOS VELLOSO, Tribunal Pleno, julgado em 15/04/1998, *DJ* 08-09-2000; Resp n. 898.294/RS, Rel. Min.Luis Felipe Salomão, *DJe* de 20/6/2011; REsp n. 469.613/SP, Rel. Min. Teori Albino Zavascki, *DJ* de 25/5/2006).

Não obstante, continuam as divergências na interpretação da base de cálculo das custas, pelo inconformismo da Fazenda estadual e tendo em vista disposições variáveis das leis estaduais de custas, com previsões de que a apuração se faça pelo total dos bens declarados, e não singelamente, como deveria ser, pelo estrito valor da herança propriamente dita.

---

conforme anteriores julgamentos por ele subscritos quando integrava a 6ª Câmara do Tribunal de Justiça de São Paulo.

4. COMPETÊNCIA

Sobre a competência internacional, dispõe o Código de Processo Civil, no artigo 23, incisos I e II, que compete à autoridade judiciária brasileira, com exclusão de qualquer outra, "conhecer de ações relativas a imóvel situado no Brasil" e, em matéria de sucessão hereditária, "proceder à confirmação do testamento particular e ao inventário e partilha dos bens situados no Brasil, ainda que o autor da herança seja de nacionalidade estrangeira ou tenha domicílio fora do território nacional".

Portanto, sendo o falecido brasileiro ou estrangeiro, não importa o local de sua residência ou domicílio, nem onde tenha ocorrido o seu óbito ocorrido, uma vez que tenha deixado bens situados no Brasil, o foro competente é sempre o da justiça brasileira.

Por interpretação inversa, se o falecido deixar bens fora do Brasil, o foro competente para o processamento do inventário e partilha, quanto a esses bens, escapará à jurisdição brasileira, competindo ao país onde se situem.

Conforme ensina Celso Agrícola Barbi, ao comentar o artigo 89, inc. II, do Código de Processo Civil, "o interesse do legislador se limita aos bens aqui situados, de modo que se houver outros situados fora do país, o inventário relativo a esses escapa à jurisdição brasileira. E, naturalmente, serão inventariados e partilhados em outro país"[10].

A pluralidade dos juízos sucessórios, que já se adotava nas anteriores leis processuais, foi ressaltada em julgado da Suprema Corte: "Partilhados os bens deixados em herança no estrangeiro segundo a lei sucessória da situação, descabe à Justiça brasileira computá-los na cota hereditária a ser partilhada no país, em detrimento do princípio da pluralidade dos juízos sucessórios, consagrado pelo artigo 89, II, do CPC" (RE 99.230-8/RS, 1ª Turma, j. 22-5-84, rel. Min. Rafael Mayer, *DJU* de 29-6-84, p. 10.751, *RTJ* 110/750).

Se aberto no juízo de outro país o inventário e partilha de bens situados no Brasil, a sentença não terá validade no Brasil perante a justiça brasileira, nem induzirá litispendência (art. 24 do CPC), ressalvadas disposições em contrário de tratados internacionais e acordos bilaterais em vigor no Brasil.

Embora não se admita declarar, no inventário aberto no Brasil, bens situados no exterior, pode-se imputar o referido pagamento de quota hereditária feita em outro país, no inventário dos bens deixados no território na-

---

10 *Comentários ao Código de Processo Civil*, Forense: Rio, vol. I, t. II, p. 401.

cional, para consideração da legítima devida aos herdeiros necessários. Nesse sentido, acórdão do Tribunal de Justiça de São Paulo:

> INVENTÁRIO – Autora da herança, que possui bens no Brasil e no Exterior. Na partilha, segundo o direito brasileiro, cumpre considerar o valor dos bens situados lá fora, para cômputo da legítima das herdeiras necessárias. Art. 89, II, do Código de Processo Civil. Se a autora da herança possui bens no Brasil e no Exterior, na partilha realizada segundo o direito brasileiro, será força considerar o valor do patrimônio alienígena para cômputo da legítima das herdeiras necessárias, sem que isso implique violação do art. 89, II, do Código de Processo Civil (TJSP – 4ª Câm. Direito Privado – AI 369.085.4/3-00/SP – Rel. Des. CARLOS BIASOTTI – *DOESP* 24-2-2005 – v.u., acolhendo parecer subscrito por Euclides de Oliveira; publicado na *Revista Brasileira de Direito de Família*, n. 29, de abr.-maio/2005, p. 223/234; site www.ibdfam.org.br.

Sobre o tema da imputação de bens inventariados em outro país e seu diferencial da colação, ver considerações no cap. 8, item 13, parte final.

Na regulamentação da competência interna, estabelece o Código de Processo Civil, no artigo 48, a primazia do foro do domicílio do autor da herança, no Brasil, para os processos de inventário, a partilha, a arrecadação, o cumprimento de disposições de última vontade, a impugnação ou anulação de partilha extrajudicial e todas as ações em que o espólio for réu, ainda que o óbito tenha ocorrido no estrangeiro.

O parágrafo único do mesmo artigo cuida da competência residual de foro, baseada na espécie de bens, afirmando que a competência se fixará pelo foro da situação dos bens imóveis e que, havendo bens imóveis em foros diferentes, pela situação de qualquer deles; não havendo bens imóveis, será competente o foro do local de qualquer dos bens do espólio.

Mais sintético, por não especificar as diversas situações, o Código Civil, artigo 1.785, dita a regra geral de que "a sucessão abre-se no lugar do último domicílio do falecido".

Predomina a tese de que a competência prevista na lei é relativa, de sorte que "a mera discrepância oriunda de certidão de óbito quanto ao domicílio do autor da herança não é motivo suficiente para que, como óbice para o interesse do inventariante e herdeiros, se recuse o processamento do arrolamento de bens na comarca em que moram" (*RT* 638/75)[11].

---

11   Assim proclamou o antigo Tribunal Federal de Recursos, na Súmula 58: "Não é absoluta

Em regra, pela *vis attractiva* do inventário, as ações propostas contra o espólio devem correr onde o mesmo se processa (v. item 9). No entanto, observa-se que a norma legal visa regular a competência de foro, e não a de juízo. Por isso, como anota José da Silva Pacheco, "não significa que haja atração do juízo do inventário para todas as ações ali referidas, mas simplesmente que essas ações, como as de inventário e partilha devem ser ajuizadas no foro do domicílio do *de cujus*". Desse modo, segundo o mesmo autor, "há que distinguir sobre a matéria: a) as ações que devam ser processadas e julgadas pelo mesmo juízo do inventário por serem da sua competência originária ou por conexão; b) as ações da competência do foro do domicílio do falecido, que também o é para o inventário, sem necessidade de ser do mesmo juízo"[12].

A respeito da competência em casos de ações reais imobiliárias movidas contra o espólio, Celso Agrícola Barbi, em comentários ao artigo 95 do então vigente Código de Processo Civil, disserta com inegável propriedade:

> Como o Código, na parte final do artigo 95, considera improrrogável a competência do foro da situação do imóvel para as ações ali enumeradas, é discutível se no caso de elas serem propostas contra o espólio a competência é do foro deste ou da situação dos bens... Considerando que o princípio mais correto é o de que somente as ações que interferem com o direito sucessório devem ser atraídas ao foro do espólio e tendo em vista o caráter de competência funcional das ações mencionadas na parte final do artigo 95, é de se concluir que a norma acerca destas tem superioridade sobre a do artigo 96. Desse modo, não são atraídas pelo foro do espólio as causas constantes na parte final do artigo 95, as quais são de competência do foro da situação do imóvel, ainda que o espólio seja o réu[13].

Esse entendimento considera que a regra de competência firmada no ordenamento processual, quanto à competência para as ações em que o espólio seja réu, sofre limitações em face de normas próprias para o foro da situação da coisa em ações de direito real, bem como a possibilidade de opção pelo foro do domicílio ou de eleição.

---

a competência definida no art. 96 do Código de Processo Civil, relativamente à abertura de inventário, ainda que existente interesse de menor, podendo a ação ser ajuizada em foro diverso do domicílio do inventariado". Mais jurisprudência, ver Theotonio Negrão, *Código de Processo Civil*, op. cit., nota ao art. 96.

12 *Inventários e partilhas*, 6. ed., Rio de Janeiro: Forense, p. 381 e 382.
13 *Comentários ao Código de Processo Civil*, op. cit., p. 434.

A competência para processamento de inventários e de ações correlatas depende de regulamentação local, pelas leis de organização judiciária de cada Estado. Observada a regra processual da competência do foro pelo último domicílio do autor da herança, faz-se a distribuição entre as varas próprias, onde houver especialização.

5. INVENTÁRIO CONJUNTO – CUMULAÇÃO DE INVENTÁRIOS

Há situações que comportam a realização de inventários conjuntos, como denominados no Código de Processo Civil de 1973, ou a cumulação de inventários, como prevê o vigente Código. Assim se procedia nos casos de (a) falecimento do cônjuge meeiro supérstite antes da partilha dos bens do pré-morto, com os mesmos herdeiros, e (b) falecimento de algum herdeiro na pendência do inventário em que foi admitido, não possuindo outros bens além do seu quinhão na herança.

Com esse fundamento, já se admitiu o inventário conjunto mesmo em hipótese de autor da herança com filhos de dois matrimônios: "O fato de haver filhos do primeiro casamento, e do segundo, não impede que o processo de inventário se faça de acordo com o artigo 1.043 do Código de Processo Civil, se a viúva do *de cujus* vem a falecer, deixando bens a inventariar" (*RT* 495/81).

O Código de Processo Civil de 2015, artigos 672 e 673, menciona hipóteses semelhantes, em que se permite a cumulação de inventários, facilitando o procedimento, já que haverá um só inventariante para os dois inventários; o segundo processo distribui-se por dependência ao primeiro, ficando em apenso, para processamento único.

Essa cumulação processual de inventários de pessoas diversas admite-se nas seguintes situações: I – identidade de pessoas entre as quais devam ser repartidos os bens; II – heranças deixadas pelos dois cônjuges ou companheiros; III – dependência da uma das partilhas em relação à outra.

Trata-se de cumulação facultativa, a requerimento das partes, já que possível esperar o encerramento do primeiro inventário para a subsequente abertura do segundo.

As hipóteses enumeradas na lei processual são distintas, cada qual ensejando que se requeira o processamento cumulado de dois ou mais inventários. Na primeira, cuida-se de identidade de herdeiros, ainda que diversos os autores da herança. Na segunda, de heranças deixadas por cônjuges ou

Capítulo 7 Inventário Judicial – Aspectos Gerais

companheiros, não só em caso de comoriência, como em mortes sucessivas, desde que o primeiro processo já não esteja em fase final de partilha. Na terceira hipótese, leva-se em conta a dependência de uma das partilhas em relação à outra, como ocorre na morte de um dos herdeiros na pendência do inventário dos bens da pessoa em que viria a suceder.

Em vista da unificação do processo de inventário, a partilha deverá ser igualmente uma, ou seja, nos mesmos autos e no mesmo instrumento, embora os pagamentos e a atribuição dos bens se façam de forma sequencial e distinta para os herdeiros de cada um dos autores da herança. E único será, igualmente, o formal de partilha para fins registrários. Em caso de haver um só herdeiro, a seu favor se extrairá o instrumento próprio, que é a carta de adjudicação.

Sobre a distribuição de inventários conjuntos ou cumulados, *vide* item 3 do presente capítulo.

6. INVENTÁRIO NEGATIVO

Em situações excepcionais, ainda que sem específica previsão legal, admite-se o inventário negativo, isto é, sem bens a declarar. Sua finalidade é exatamente essa, a de comprovar a inexistência de bens a inventariar, objetivando o acertamento de determinada situação pessoal ou patrimonial do viúvo ou de terceiro. Assim tem entendido a doutrina, com tranquilo suporte na jurisprudência (*RT* 488/97 e 639/79).

Segundo Dionyzio da Gama, referido por Orlando de Souza[14], "o inventário negativo se torna, em certos casos, de suma importância, constituindo mesmo uma necessidade imperiosa, pois evita a imposição de certas penas com que o Código Civil castiga a infração de algumas disposições, entre as quais as constantes dos artigos 225, 226, 228, 238, § 1º, e 1.587" (referências ao CC de 1916; no CC de 2002, correspondência nos arts. 1.523, I, 1.641, I, e 1.792).

A hipótese mais comum, sujeita aos dois primeiros artigos citados, é a do viúvo que tenha filho do cônjuge falecido, não devendo casar antes de fazer inventário dos bens do casal e dar partilha aos herdeiros, sob pena de sujeitar-se ao regime da separação obrigatória. Então, se quiser casar-se noutro regime de bens, deverá instaurar processo de inventário negativo, para

---

14 *Inventários e partilhas*, 10. ed., Rio de Janeiro: Forense, p. 26.

comprovar que não se sujeita àquela causa suspensiva de casamento. Na mesma posição fica o divorciado, enquanto não homologada ou decidida a partilha dos bens do casal (art. 1.523, III, do CC). O parágrafo único do citado artigo 1.523, permite aos nubentes solicitar ao juiz que não lhes sejam aplicadas as causas suspensivas do casamento, provando-se a inexistência de prejuízo para o herdeiro. Uma das formas de efetuar essa prova será exatamente o inventário negativo, ainda que se lhe empreste outro nome, como justificativa ou pedido de escusa da causa suspensiva.

Pode interessar, ainda, a comprovação judicial da inexistência (ou da insuficiência) dos bens quando o falecido deixe dívidas. O inventário negativo servirá, então, para demonstrar a falta de recursos do espólio para responder por encargos superiores às forças da herança (art. 1.792 do CC).

Situação análoga, de inventário sem bens a partilhar, ocorre na hipótese de o falecido deixar apenas obrigações por cumprir, como a de outorga de escritura a compromissários compradores de imóveis vendidos e quitados anteriormente à abertura da sucessão. O procedimento judicial servirá de meio para que se nomeie inventariante a fim de dar cumprimento a essa obrigação deixada pelo espólio.

Exaure-se o processo de inventário negativo com a declaração e a verificação da inexistência de bens, encerrando-se com sentença homologatória, desde que, citados os herdeiros, não haja impugnação, pedido de colação ou eventual alegação de bens sonegados.

7. BENS QUE NÃO SE INVENTARIAM

Se os bens estiverem na posse de um ou alguns dos herdeiros ou de terceiros, e já tendo se passado o prazo prescritivo, em virtude de usucapião em favor dos possuidores, há obstáculo à partilha. Para que sejam partilhados, é preciso que os bens, primeiramente, sejam reivindicados pelos herdeiros.

O artigo 2.013 do Código Civil dispõe que "o herdeiro pode sempre requerer a partilha, ainda que o testador o proíba, cabendo igual faculdade aos seus cessionários e credores". Mas não se trata de prazo aberto, imprescritível.

Observar que o Código Civil reduz de 20 para 15 anos o prazo para usucapião extraordinário (art. 1.238), a eximir, portanto, o bem assim possuído durante esse tempo, de ser declarado à partilha (v. cap. 10, item 1).

Capítulo 7 Inventário Judicial – Aspectos Gerais

É a lição de Clóvis Beviláqua, ressalvando-se a menção de prazos maiores, que vigiam à época de seus escritos: "A ação para pedir a partilha da herança, *familiae erciscundae*, procede do estado de indivisão, em que se acham os herdeiros. Diz-se imprescritível esta ação, porque dura enquanto subsiste a comunhão. Quando, porém, desaparece, de fato, a comunhão, porque alguns herdeiros se acham na posse de certos bens do espólio, durante 30 anos (desde a morte do *de cujus*) extingue-se a ação de partilha. O decurso de 30 anos faz cessar, de direito, a comunhão que, de fato, não existia"[15].

Outra situação de exclusão da partilha diz respeito ao bem de família convencional. O Código Civil amplia o conceito de bem de família havido na legislação anterior, prevendo sua instituição sobre imóvel residencial urbano ou rural e sobre valores mobiliários, cuja renda será aplicada na conservação do imóvel e no sustento da família (art. 1.712). Com sua instituição, que se faz por escritura pública ou testamento, o bem de família fica isento de execução por dívidas posteriores (salvo impostos do prédio e despesas de condomínio) e se torna inalienável, de modo que não sujeito a partilha (art. 1.715, *caput*). Assim, falecendo um dos cônjuges, o bem de família continua sob a administração do outro, salvo se for requerida sua extinção (art. 1.721, par. ún.). Também se extingue o bem de família se ocorrer a morte de ambos os cônjuges e forem maiores os filhos, desde que não sujeitos a curatela (art. 1.722). Nessas hipóteses, o bem desvinculado de sua finalidade familiar sujeita-se a regular declaração em inventário para fins de partilha.

Não há previsão de inalienabilidade para o bem de família legal, assim considerado o imóvel que serve de residência à entidade familiar. A Lei n. 8.009, de 29 de março de 1990, apenas lhe assegura a impenhorabilidade em resguardo a certas espécies de dívidas. Sendo assim, parece-nos que, diversamente do exposto em anterior edição desta obra, o bem de família legal não se exime de inclusão em inventário no caso de falecimento de seu titular, muito embora continue com as características de bem protegido

---

15 *Código Civil comentado*, op. cit., 5. ed., vol. VI, p. 264. Note-se que o comentário do insigne jurista, ao referir prazo de 30 anos, foi anterior à redução para 20 anos decorrente da modificação trazida pela Lei n. 2.437, de 7-3-1955, ao artigo 550 do Código Civil de 1916, e da nova redução para 15 anos (art. 1.238 do CC atual).

contra dívidas, enquanto de uso residencial e familiar dos sucessores do falecido.

Não constituem bens de herança os valores decorrentes do direito securitário e previdenciário. A hipótese mais comum é a do seguro de vida, que se paga aos beneficiários indicados, ou, na falta de indicação, ao cônjuge ou companheiro sobrevivo e aos herdeiros legítimos.

Na esfera da previdência privada, a pensão ou valor de benefício constitui, claramente, valor de natureza jurídica diversa da que decorre da sucessão hereditária, como igualmente se dá na previdência oficial (INSS e outros órgãos previdenciários), que é destinada à proteção dos dependentes do segurado falecido.

Ensejam especial análise as aplicações financeiras com natureza mista de investimento e de seguro previdenciário, sob as formas conhecidas por PGBL (Plano Gerador de Benefício Livre) e VBGL (Vida Gerador de Benefício Livre). Note-se a diferença entre o VGBL e o seguro de vida típico, seja quanto ao montante do que foi depositado pelo contribuinte, seja quanto ao prêmio final a ser pago pela instituição financeira. Diversamente do seguro, cuja indenização é de montante preestabelecido e depende de evento futuro e incerto (morte), o VGBL tem seu ressarcimento atrelado aos valores efetivamente depositados e pode ser devido após o decurso de certo prazo, ou pela morte do aplicador, conforme se estipule no contrato.

O resgate dos recursos aplicados em VGBL pode ser feito mesmo no período de diferimento, ainda que sujeito a determinados descontos de despesas de administração e dos encargos fiscais. Sua característica, nesse aspecto, muito se aproxima de outras aplicações financeiras, como a conta poupança e fundos de investimento, guardadas as respectivas peculiaridades de renda e de deduções.

Embora o VGBL também tenha como fato gerador do pagamento do benefício a sobrevivência do participante (ou "segurado") e, guarde, nessa ótica, analogia com seguro e previdência, apresenta outras características próprias que o aproximam do tradicional investimento financeiro, até porque muitas vezes decorre de mudanças na forma de aplicação ou de emprego de recursos acumulados por outras formas e até mesmo pela venda de bens pessoais (exemplo da venda de um imóvel para aplicação financeira em véspera do óbito do autor da herança, com possível intuito de fraude a certos herdeiros, porque não indicados como beneficiários). Em tais situações, pode-se pleitear que os valores correspondentes à apli-

Capítulo 7 Inventário Judicial – Aspectos Gerais

cação sejam levados à partilha, por se tratar de bem comum, dada a sua natureza de típico produto e ativo financeiro, especialmente quando resultem de transferência de outras aplicações correntes em estabelecimentos bancários. Não fosse assim e muitos desvios seriam aplicados em detrimento à partilha em processos de separação ou de inventário, pela singela troca de rótulo nos montantes de aplicações financeiras ou nas aplicações decorrentes da venda de certos bens.

Vale dizer que os fundos de previdência privada, não obstante as proteções fiscais que atraem o público investidor, constituem produto financeiro de médio ou de longo prazo, integrante do patrimônio do seu titular. Nesse sentido o Tribunal de Justiça de São Paulo julgou que "a previdência privada nada mais é que acúmulo de capital, acúmulo de dinheiro que passa a ser administrado por pessoa jurídica especialmente criada ou contratada para esse fim, mediante remuneração e promessa de boa rentabilidade do capital amealhado" (AI 435.220-4/6-00, rel. Des. José Roberto Lino Machado; no mesmo sentido, AI 302.675.4/6-00, da Comarca de São Paulo, rel. Des. Munhoz Soares, de 26-8-2004; no mesmo sentido, ordenando penhora sobre crédito decorrente do pagamento de resgate de VGBL: AI 7147283-8, rel. Des. Gilberto dos Santos, j. 28-6-2007; AI 7.192.476-8, rel. Des. Roberto Bedaque, j. 13-11-2007).

Mas a dúvida remanesce em vista das peculiaridades desse tipo de aplicação financeira, com submissão às regras gerais da lei do seguro, por atos normativos da Superintendência de Seguros Privados (SUSEP), como dispõe o artigo 73 da Lei Complementar n. 109/2001. Veja-se, também, o artigo 79 da Lei n. 11.196, de 21 de novembro de 2005, que possibilita aos beneficiários de planos e seguros de que trata o artigo 76 a opção pelo resgate das quotas ou pelo recebimento de benefício de caráter continuado previsto em contrato, independentemente da abertura de inventário ou procedimento semelhante. Nesse mix de aplicação financeira com previdência privada, situam-se também determinados fundos de investimentos vinculados a planos previdenciários, com estipulações contratuais de ordem facultativa, à escolha do interessado e de acordo com as graduações de rendimentos de tais aplicações.

Assim, tem valia à espécie, no que couber, a disposição normativa do Código Civil sobre seguro de pessoas, em especial o art. 794, que afasta os valores de seguro do montante que integra a herança. É bem de ver, no entanto, que a mesma seção do ordenamento Civil prevê, no artigo 792, que, na falta de beneficiário indicado, o seguro deve ser pago ao cônjuge e aos herdeiros do segurado, *obedecida a ordem da vocação hereditária*. E o artigo 791 do mesmo Código permite a *substituição do beneficiário por ato entre vivos ou de última vontade*, o que significa a incidência do testamento em sobreposição aos termos estipulados no contrato de seguro.

Em suma, são três as hipóteses sucessivas e alternativas de pagamento do montante do VGBL, ao seu termo: primeira, ao(s) beneficiário(s) indicado(s) pelo segurado no contrato; segunda, ao beneficiário indicado em testamento, suprindo a falta de anterior indicação ou sobrepondo-se a ela; terceira, na falta de indicação de beneficiário, ao cônjuge sobrevivente e aos herdeiros do segurado, obedecida a ordem da sucessão.

De regra, o pagamento do valor se faz diretamente a esses beneficiários, pelas instituições financeiras onde efetuadas as aplicações, independentemente da sua inclusão no processo de inventário, ou de alvará judicial. Basta a comprovação documental da qualidade do beneficiário indicado no contrato. Mas pode haver impugnação de herdeiro interessado, por alegar que se trate de um expediente para desvio do bem sujeito a partilha, invocando atitude fraudulenta do beneficiário, cabendo ao juiz do inventário, então, decidir sobre a efetiva natureza jurídica do dinheiro investido sob a capa de VGBL, a definir se deve ou não integrar o monte da herança.

De retorno à jurisprudência sobre esse intrigante tema, anotam-se julgados no sentido de que o PGBL (variante do VGBL), quando observada a sua natureza securitária, não pode ser incluído na partilha, pois não integra a herança. Conferir precedentes do STJ: REsp n. 1.204.319-SP, 4ª T., rel. Min. Luiz Felipe Salomão; REsp 1.132.925-SP e EDcl no AgrREsp n. 947.006-SP, rel. Min. Lázaro Guimarães; REsp 1767467-DF, rel. Min. Paulo de Tarso Sanseverino; REsp 1698774-RS, rel. Min. Nancy Andrighi.

Também não se sujeitam a inventário e partilha certos bens, em vista de sua natureza: os bens doados a marido e mulher, uma vez que subsistirá na totalidade a doação para o cônjuge sobrevivo (art. 551, par. ún., do CC); parte das contas conjuntas que os bancos abrem para duas ou mais pessoas, podendo qualquer delas fazer o saque da sua quota condominial; os bens mencionados na Lei n. 6.858, de 24 de novembro de 1980, tais como Fundo de Garantia do Tempo de Serviço e do Fundo de Participação PIS-PASEP, seguros e outros valores, que, pela sua natureza, cabem aos dependentes do falecido e são levantados na esfera administrativa (v. cap. 15 – alvarás judiciais).

8. AÇÕES REFERENTES À HERANÇA

Por ações relativas à herança devem ser entendidas aquelas cuja pretensão diz respeito ao direito das sucessões, aos direitos hereditários, à partilha, ao testamento e matérias correlatas.

Consideram-se como tais as ações de Registro de Testamento, Nulidade de Testamento, Nulidade de Partilha, Prestação de Contas do Inventariante e do Testamenteiro, Deserdação, Petição de Herança, Petição de Fideicomisso, Querela de Doação Inoficiosa, Caução a Herdeiro, Fraude de Legítima, Sonegação de Bens, Extinção de Fideicomisso e outras que se relacionem com matéria sucessória do âmbito do inventário.

Seu processamento dá-se em vias judiciais próprias, mas sujeitas à *vis atractiva* do processo principal, em vista do princípio da universalidade do juízo de inventário, julgando-se em vias próprias por serem de alta indagação e demandarem a produção de provas que não cabem nos estreitos limites daquele processo.

8.1. Petição de herança

O Código Civil contém capítulo específico sobre petição de herança, a partir do artigo 1.824, dispondo que o herdeiro do falecido pode demandar o reconhecimento de seu direito sucessório, para obter a restituição da herança, ou de parte dela, contra a pessoa que, na qualidade de herdeiro, ou mesmo sem título, a possua. Ainda que exercida por um só dos herdeiros, a ação de petição de herança poderá compreender todos os bens hereditários (art. 1.825 do CC).

O possuidor da herança está obrigado a restituir os bens do acervo, e sua responsabilidade será fixada segundo a sua posse, observado o disposto nos artigos 1.214 a 1.222 do Código Civil. A responsabilidade do possuidor, a partir da citação, será aferida pelas regras concernentes à posse de má-fé e à mora (art. 1.826, *caput* e par. ún., do CC).

Reza o artigo 1.827 do mesmo Código que "o herdeiro pode demandar os bens da herança, mesmo em poder de terceiros, sem prejuízo da responsabilidade do possuidor originário pelo valor dos bens alienados".

Outras disposições do Código Civil dizem com a validade dos atos praticados pelo herdeiro aparente (arts. 1.827, par. ún., e 1.828), matéria vista no cap. 2, item 5.

A demanda do herdeiro em torno da herança pode dar-se em diferentes circunstâncias: a) contra terceiro estranho à sucessão *causa mortis*; b) contra herdeiro aparente, ou seja, quem sucedeu ao *de cujus* sem ter real direito à herança; e c) referindo-se a uma parte da herança possuída por quem, realmente, devia suceder ao *de cujus*, mas o fez em excesso, ou seja, com exclusão do autor da petição de herança.

Essa casuística foi bem anotada por Humberto Theodoro Júnior, ressaltando, que no primeiro caso, a ação será de reivindicação, "em tudo igual à ação que seria proposta pelo autor da herança, se ainda vivo fosse"; nos demais casos, estará tipificada a ação de petição de herança, "pela pretensão do autor de ser reconhecido como sucessor hereditário do *de cujus*, com direito à herança em poder de outrem, no todo ou em parte"[16].

Ao magistério de Caio Mário da Silva Pereira, a petição de herança "é uma ação real universal, quer o promovente postule a totalidade da herança se for o único da sua classe, quer uma parte dela, se a sua pretensão é restrita a ser incluído como sucessor, entre os demais herdeiros"[17].

A ação de petição de herança tem por objeto não só o reconhecimento judicial da qualidade ou condição de herdeiros, mas a sua integral satisfação, mediante o exercício dos seus legítimos direitos sobre a herança injustamente em poder de outrem.

A legitimação ativa para essa espécie de ação é reservada ao sucessor, cujo direito à herança esteja sendo negado ou lesado. Mas o ajuizamento pode ocorrer por iniciativa de outros interessados, como o inventariante, o síndico de massa falida do morto ou do herdeiro, o curador da herança ou do herdeiro, o curador dos bens do ausente, como representantes de entes personalizados, assim capacitados *ad causam*.

Também pode habilitar-se no inventário quem tenha sido companheiro do *de cujus*, para haver sua participação na herança (v. cap. 3). A correspondente ação será processada no juízo especializado de Sucessões, distribuindo-se por dependência ao inventário, caso já aberto o processo pelos herdeiros. Como visto no capítulo 3, a situação jurídica de companheiros tem

---

16 A petição de herança encarada principalmente dentro do prisma do Direito Processual Civil, in *RT*, 581/10.
17 *Instituições de Direito Civil*, 2. ed., vol. VI/53, n. 436.

conotação familiar (art. 226, § 3º, da CF/88), e acarreta ao sobrevivo direitos sucessórios, com prática alteração da ordem da vocação hereditária. Ressalvam-se, na esteira de anterior entendimento firmado na jurisprudência, os casos de pedidos de meação decorrentes de sociedade de fato por concubinato, sem a roupagem da união estável: exigem prévio reconhecimento de seu direito patrimonial em ação própria, para subsequente reclamo da correspondente quota na herança, perante o juízo do inventário.

No polo passivo da ação de petição de herança coloca-se o usurpador dos bens, ou seja, quem os possua, no todo ou em parte, sem o correspondente título hereditário; ou, ainda, aquele que, embora com direito à participação na herança, negue essa mesma qualidade a outrem com igual título. Assim, respondem à ação petitória as pessoas investidas na posse do acervo hereditário, tais como a viúva meeira, herdeiros, legatários, credores, cessionários etc.

Possível a cumulação de ações, desde que compatíveis os pedidos, adequado o rito processual e observada a competência jurisdicional, conforme os requisitos previstos no artigo 292 do Código de Processo Civil. Como exemplos, a *petitio hereditatis* pode ser proposta juntamente com ação anulatória de título, investigação de paternidade, declaratória da condição de companheiro e reclamo da meação.

É prescritível o direito à ação de petição de herança (Súmula 149 do STF). A contagem do prazo de 10 anos (art. 205 do CC) inicia-se da data da abertura da sucessão, salvo caso de suspensão por se referir a herdeiro incapaz.

9. AÇÕES CONTRA O ESPÓLIO

Ações contra o espólio são aquelas em que este figura como réu, esteja ou não a *causa petendi* ligada diretamente ao direito sucessório. Sua representação dá-se na pessoa do inventariante (art. 75, VII, do CPC).

Podem configurar como tais as ações de despejo, cobrança, consignação em pagamento, bem como outras ações endereçadas contra o espólio, nas relações comuns entre particulares ou entre os particulares e a Administração. Em tais casos, as ações serão propostas no foro do domicílio do *de cujus*, ou, supletivamente, da situação dos bens (e, não mais, do local do óbito, que era indicado no CPC revogado), conforme as regras do art. 48 do CPC vigente. Essa é a competência de foro, mas sem vinculação ao juízo do inventário, por não se tratar de ação relativa à herança, de modo que pode ser distribuída livremente ao juiz competente, de acordo com a matéria e a organização judiciária local.

Em ação de investigação de paternidade movida contra herdeiros do suposto pai, já falecido, discutiu-se a ocorrência de prevenção da Vara onde tramitava o processo de inventário, dado que seria réu o espólio, nos termos do artigo 96 do Código de Processo Civil. Decidiu pela negativa o então Juiz titular da 6ª Vara de Família e Sucessões da Capital, Evilásio Lustosa Goulart. Em sentença confirmada por votação unânime da Câmara Especial do Tribunal de Justiça (AI 2.549-0-SP, 9-6-83, rel. Carmo Pinto), sustentou aquele magistrado que o espólio "na acepção jurídica de massa de bens, deixada pelo *de cujus*, e que constitui os bens da herança, não tem legitimidade para figurar, por meio do inventariante, como réu da Ação de Investigação de Paternidade", concluindo:

> E não a tem precisamente porque as atribuições que a lei comete ao inventariante do espólio – limitadas à representação dos herdeiros nas ações alusivas aos direitos compreendidos na sucessão – não podem se estender para abranger, também, os efeitos da investigatória de paternidade, que, por envolver o reconhecimento de um estado de família, produz reflexos que repercutem fora e além da esfera de administração da herança, reservada ao inventariante.

Com efeito, tem predominância o entendimento de que a ação investigatória de paternidade *post mortem* deve ser dirigida aos herdeiros do falecido, correndo em procedimento próprio, sem liame direto com o processo de inventário, muito embora se faculte a intervenção do interessado neste processo, para cautelarmente requerer a reserva de bens, ou tutela provisória em garantia de seu quinhão na herança.

A legitimação processual do espólio dá-se, também, nas ações em que seja ele o autor, sempre representado pelo inventariante, em defesa dos interesses do acervo hereditário.

10. QUESTÕES DE ALTA INDAGAÇÃO

Atendendo à regra do juízo universal do inventário, é de sua competência decidir todas as questões de direito e também as questões de fato, quando provadas suficientemente. A remessa às vias ordinárias é restrita às questões que o Código anterior (CPC de 1973, art. 984) mencionava como sendo de "alta indagação". O Código de 2015 não repete essa expressão, mas dispõe, com o mesmo intuito de definir os limites do inventário, no artigo 612, que o juiz decidirá

Capítulo 7 Inventário Judicial – Aspectos Gerais

todas as questões de direito, desde que os fatos relevantes estejam provados por documento, só remetendo para as vias ordinárias as questões que dependerem de outras provas. Como se verifica, o texto atém-se ao critério da natureza das provas, para definir que sejam remetidas às vias próprias apenas as questões que exijam investigação mais profunda.

Assim, em questões exclusivamente de direito ou que possam ser examinadas pelas provas que instruem o pedido, o juiz deve dar a solução adequada, por mais complexa que seja, em vista da sua competência para toda a matéria relativa ao inventário.

Muito se questiona sobre o que seria a "questão de alta indagação" mencionada na doutrina e referida na legislação anterior, por parecer, ao primeiro lance, que poderia abarcar matéria de difícil decisão ou de alta indagação jurídica. Mas não é disso que se cuida, porque ao juiz é dado decidir o direito, em qualquer situação (*jura novit curia*). Na verdade, conforme acentuado em acórdão do Tribunal de Justiça de São Paulo, a indagação mais aprofundada "é aquela que exige um procedimento comum, vale dizer um processo de cognição completa e plena e não a dificuldade da aplicação do Direito" (TJSP-1ª Câm. Cív., AI 107.422-1-SP, rel. Des. Roque Komatsu, *Bol. AASP* n. 1.567, p. 311).

Como exemplo, o professor Kazuo Watanabe aponta o caso de uma disputa sobre a qualidade de herdeiro em processo de inventário, concluindo que será decidida se o magistrado dispuser de elementos bastantes para o estabelecimento do juízo de certeza; no entanto, "à falta de suporte probatório suficiente para o convencimento, fica configurada matéria de alta indagação, devendo o juiz remeter a parte para os meios ordinários"[18].

De igual forma, Hamilton de Moraes e Barros:

> Alta indagação não é, assim, uma intrincada, difícil e debatida questão de direito. É fato incerto que depende de prova aliunde, isto é, de prova a vir de fora do processo, a ser colhida em outro feito... Como exemplos de questões de alta indagação surgidas em inventário, poderíamos lembrar a admissão do herdeiro, que envolvesse a investigação de paternidade ou maternidade; o problema da venda de bens a filhos, o problema da anulação do testamento (não da sua nulidade, ou da sua inexistência, que podem ser evidentes), já que a anulação é objeto de uma ação proposta para tal fim; o

---

18 *Da cognição no Processo Civil*, São Paulo: Revista dos Tribunais, 1987, p. 89, 20.3.

problema dos bens no regime de separação, quando se trata de saber se vieram antes, ou depois do casamento etc.[19]

Outras questões dessa natureza podem ser lembradas, como a declaração de falsidade de escritura de imóvel relacionado no inventário, o pedido de exclusão de herdeiro e o reclamo de nulidade de alienação de determinado bem.

Assim, em hipótese de incidente de falsidade instaurado em inventário, já se decidiu que o juízo sucessório é manifestamente incompetente para sua apreciação, dada a natureza declaratória da pretensão, "impondo-se a redistribuição a uma das Varas Cíveis" (*RT* 640/92).

Com a redação trazida pelo Código em vigor, no referido artigo 612, a matéria restou esclarecida pela distinção relativa às provas que instruem o pedido no inventário, restringindo-se a remessa do interessado à ação própria somente quando houver necessidade de outras provas, como sucede nos casos de perícia técnica, ouvida de testemunhas e outras que não sejam meramente documentais.

11. PRAZOS DE INÍCIO E TÉRMINO DO INVENTÁRIO

Dispõe o Código de Processo Civil, no artigo 611, que o inventário tem prazos de dois meses para abertura (distribuição, se judicial) e de 12 meses para encerramento.

No Código Civil, artigo 1.796, apenas se prevê o prazo de abertura do inventário, com menção a 30 dias, sem a estipulação de prazo finalizador. Nem era preciso, em vista do caráter processual da matéria.

Mas é de ver que esses prazos não são rígidos nem fatais. É comum o atraso na abertura do inventário. Diversas as razões, como o trauma decorrente da perda de um ente familiar, dificuldades financeiras, problemas na contratação de advogado ou a necessidade de diligências para localização dos bens e sua documentação.

Qual a consequência da não abertura do inventário no prazo legal? A inércia do responsável, que é a pessoa que detém a posse e a administração dos bens do espólio pode ensejar a atuação de outro interessado na herança,

---

19 *Comentários ao Código de Processo Civil*, op. cit., p. 157.

que tenha legitimidade concorrente, isto é, do cônjuge sobrevivente (ou companheiro), qualquer herdeiro, legatário, testamenteiro, cessionário, credor do herdeiro, síndico da falência do herdeiro, bem como o Ministério Público, quando haja herdeiro incapaz, e a Fazenda Pública, em vista do seu interesse fiscal (art. 616 do CPC).

Se nenhuma dessas pessoas requerer a instauração do inventário, o juiz poderá determinar, de ofício, que se abra o processo? O Código de Processo Civil anterior continha resposta positiva, mas o atual não prevê e está certo. Afigura-se inútil essa atuação suplementar do poder público em matéria que compete a particulares ou a outros órgãos oficiais, como a Fazenda, por ter interesse no imposto. Sem falar que, diante da inércia dos interessados, o juiz teria que nomear inventariante judicial, ou dativo, com dificuldades práticas na busca dos bens sujeitos ao inventário e nos recolhimentos fiscais exigidos.

Requerimento fora de prazo não implica indeferimento de abertura do inventário pelo juiz, mesmo porque se trata de procedimento obrigatório, de ser cumprido a qualquer tempo, sem prazo fatal[20].

E o atraso na abertura do processo de inventário, quando superior a 60 (sessenta) dias (ou dois meses), acarreta acréscimo e imposição de multa sobre o valor do imposto devido, além de correção monetária e juros de mora, conforme disponha a lei estadual do imposto sobre a transmissão *causa mortis* – ITCMD (ver cap. 9).

Cumpre observar que os prazos processuais para abertura e encerramento de inventário, estabelecidos no artigo 611 do Código de Processo Civil, tiveram suspensão temporária por força da lei especial n. 14.010, de 10 de junho de 2020, no período de pandemia da coronavírus (Covid-19), ficando em aberto até o dia 30 de outubro de 2020, com a finalidade de evitar as imposições fiscais pelo atraso nos procedimentos de inventário.

Uma vez instaurado o processo de inventário, segue-se a declaração dos bens, com os demais passos de impugnações, avaliação e outros incidentes, até final

---

20 "O prazo fixado no CPC 983 não é próprio e seu transcurso não impede que seja formulado o requerimento de abertura do inventário, posteriormente. Aqueles que tinham o dever legal de pedir a abertura do inventário e não o fizeram, podem, eventualmente, sofrer o ônus de suportar multa fiscal pelo atraso no requerimento" (Nelson Nery Junior e Rosa Maria Andrade Nery – *Código de Processo Civil*, São Paulo: Revista dos Tribunais, 1. ed., 1994, nota ao art. 987:1).

partilha. Não se admite a extinção do processo por abandono ou inércia do inventariante (v. *JTJ* 227/77), já que a indébita paralisação dos trâmites processuais demanda ordem judicial de regular prosseguimento, se necessário com remoção do inventariante e sua substituição por outro interessado na herança ou por inventariante dativo. Ressalva-se, naturalmente, a hipótese de não haver outros interessados no prosseguimento do feito ou de comprovada inexistência de bens a inventariar, caso em que a ação restará prejudicada pela perda do objeto, podendo, até mesmo, em casos de falta de herdeiros, ser convertida em herança jacente.

12. FÉRIAS FORENSES

Nos períodos de férias forenses e nos feriados, não se praticarão atos processuais, conforme prevê o artigo 214 do Código de Processo Civil, excetuados os atos previstos no artigo 212, § 2º, que se referem a citações, intimações e penhoras. E o seu artigo 215 menciona os processos que devem ter curso regular nas férias, sem mencionar os inventários e arrolamentos.

Note-se que houve restrição dos períodos de férias forenses, desde que extintas as férias coletivas nos juízos e tribunais de segundo grau, por força do artigo 93, inciso XII, da Constituição Federal, com a redação da Emenda Constitucional n. 45, de 8 de dezembro de 2004, assim dispondo: "A atividade jurisdicional será ininterrupta, sendo vedado férias coletivas nos juízos e tribunais de segundo grau, funcionando, nos dias em que não houver expediente forense normal, juízes em plantão permanente".

Enquanto subsistam os antigos períodos de férias forenses (ou caso ainda venham a ser mantidos ou restabelecidos como "recesso"), não teriam curso os processos de inventários e arrolamentos, pois são de jurisdição contenciosa, não constantes do rol de exceções do citado artigo 214 da lei processual.

Sobre a relatividade da proibição de curso de certos processos nos períodos de férias, invoca-se antigo parecer do então magistrado Cezar Peluso (depois Ministro do Supremo Tribunal Federal), quando assessor da Corregedoria-Geral da Justiça do Estado de São Paulo, afirmando que eventual inobservância do preceito não conduz a reconhecimento de nulidade, quando os processos de inventários e arrolamentos tramitarem durante as férias forenses, mediante acordo explícito dos interessados maiores, manifestado através de patrono ou patronos com poderes bastantes, como sugere, com evidente economia para as partes e prestígio para a justiça, o advogado proponente (cf.

art. 249, § 1º, do CPC da época). Conclui-se, portanto, nada obstar que, nesse caso, corram os processos de inventário e arrolamento, durante as férias forenses. "Não é de esquecer que, posto sejam estes qualificados entre os processos de jurisdição contenciosa, os requerimentos de alvarás podem ser definidos como atos de jurisdição voluntária, nada impedindo, em consequência, que, anuindo os interessados, tenham curso em meio às férias, nos precisos termos do artigo 174, inciso I, primeira parte, do Código de Processo Civil"[21].

Diante da referida extinção das férias coletivas por força da EC n. 45/2004, entendem-se revogadas outras disposições normativas sobre férias coletivas da magistratura, notadamente as leis de organização judiciária de cada Estado. E, como a atividade jurisdicional deve ser ininterrupta, salvo nos tribunais superiores, todos os processos, incluindo-se os de inventário e conexos, devem ter curso regular em qualquer época do calendário forense, ressalvados os períodos de suspensão pelo chamado "recesso forense", que se dá nos finais de ano, desde a véspera do Natal até determinados dias do mês de janeiro, como vem vigorando por regulamentação administrativa dos tribunais (em São Paulo, comunicados da presidência do Tribunal de Justiça estabelecem suspensão do expediente forense no período de 20 de dezembro até 6 de janeiro, e subsequente prorrogação do vencimento de prazos processuais até o dia 20 de janeiro de cada ano. Naqueles dias de recesso, com a inatividade forçada dos serviços regulares, somente atua o juiz de plantão, para o atendimento de casos urgentes e a concessão de medidas inadiáveis.

Admite-se, também, que fique suspenso o andamento dos processos para fins de correições ordinárias ou extraordinárias, por determinação do órgão corregedor e atendendo à necessidade de fiscalização periódica, embora não possa o juiz descurar do atendimento a situações de urgência em cada processo.

13. DISPOSIÇÕES COMUNS. TUTELA PROVISÓRIA

Os artigos 668 a 673 do Código de Processo Civil estabelecem regras comuns ao inventário e partilha, que serão objeto de apreciação nos demais capítulos deste livro, para sistematização da matéria.

---

21 *Diário da Justiça do Estado de São Paulo*, 27-12-79; RP 17/217.

Certas disposições assumem características de medidas cautelares incidentais, agora chamadas de "tutela provisória", como nos casos de reserva de bens a herdeiros ou a credores do espólio (arts. 628 e 643, par. ún., do CPC). Cessa a eficácia dessas medidas, de acordo com o artigo 668, *se a ação não for proposta em trinta (30) dias, contados da data em que da decisão foi intimado o impugnante, o herdeiro excluído ou o credor não admitido; ou se o juiz declarar extinto o processo de inventário com ou sem resolução de mérito.*

Como anotado, o Código vigente substitui a "medida cautelar" pela denominada "tutela provisória", com disposições nos artigos 294 a 311, com duas espécies básicas:

a) tutela de urgência, cautelar ou antecipada, podendo ser concedida em caráter antecedente ou incidental, quando houver elementos que demonstrem a probabilidade do direito e o perigo de dano ou risco ao resultado útil do processo (arts. 294 e 300);

b) a tutela de evidência, que pode ser concedida independentemente da demonstração de perigo ou de risco ao resultado útil do processo, quando haja caracterizado abuso de direito de defesa, ou propósito protelatório da parte, e prova documental suficiente, com a possível concessão de liminar (art. 311). Verifica-se que são providências de ordem acautelatória do direito, que podem ser utilizadas no inventário para proteção de interesses jurídicos relevantes de interessados na herança, como ocorre na habilitação de herdeiros, quando o seu reconhecimento depende de ação investigatória, de admissão de companheiro para fins de meação ou de participação na herança, também dependente de apuração nas vias ordinárias. Sobre pedido de reserva de bens por companheiro, visando direito de meação e/ou herança, consultar cap. 3, item 8.4.

Outras disposições comuns aos processos de inventário e de arrolamento já foram examinadas em itens precedentes, como a sobrepartilha de bens (arts. 669 e 670 do CPC), a nomeação de curador especial ao ausente e ao incapaz (art. 671 do CPC) e a cumulação de inventários para unificação das partilhas (arts. 672 e 673 do CPC).

14. INTERVENÇÃO DO MINISTÉRIO PÚBLICO

Qualifica-se o Ministério Público, no vigente sistema constitucional (arts. 127 a 130 da CF/88), como instituição permanente, essencial à atividade jurisdicional do Estado.

Capítulo 7 Inventário Judicial – Aspectos Gerais

Incumbe-lhe a defesa da ordem jurídica, do regime democrático e dos interesses sociais e individuais indisponíveis.

O Ministério Público da União é representado por seus Procuradores, e os Ministérios Públicos dos Estados, pelos Promotores de Justiça, Criminais ou Cíveis e dos Procuradores de Justiça. Suas relevantes funções institucionais constam de extenso rol no artigo 129 da Carta Constitucional.

Assim é que, na esfera penal, o Promotor de Justiça atua basicamente como órgão acusatório, cabendo-lhe promover, privativamente, a ação penal pública.

Na esfera cível, o Promotor assume posição de órgão fiscal da lei (*custos legis*), a fim de velar pelo interesse público, de incapazes ou de certas instituições (família, fundações, registros públicos etc.), e exerce outras atividades inerentes ao zelo pelo efetivo respeito dos Poderes Públicos e dos serviços de relevância pública aos direitos assegurados na Constituição, promovendo as medidas necessárias à sua garantia. Cabe-lhe, igualmente, promover o inquérito civil e a ação civil pública, para a proteção do patrimônio público e social, do meio ambiente e de outros interesses difusos e coletivos.

De sua organização e atribuições cuidam a Lei Orgânica do Ministério Público (Lei n. 8.625, de 12-2-93) e normas locais, em cada Estado da Federação. Sua intervenção é necessária em vista da natureza de certas causas, conforme o interesse público e pela presença de interessados ausentes ou incapazes. Sua falta acarreta nulidade do processo, como prevê a lei, embora sanável pela superveniente atuação do órgão fiscalizador (art. 279 do CPC). Precedente do Superior Tribunal de Justiça: "É nula a sentença, por falta de intervenção do Ministério Público, em processo movido contra espólio em que há interesse de incapazes" (*RTJ* 93/1151).

A intervenção do Ministério Público tem largo trato nos artigos 176 a 181 do Código de Processo Civil, com a previsão de sua obrigatória intimação para intervir, no prazo de 30 dias, como fiscal da ordem jurídica nas hipóteses previstas na lei ou na Constituição, em especial nos processos que envolvam: I – interesse público ou social, II – interesse de incapaz, III – litígios coletivos pela posse de terra rural ou urbana.

Não se confunde a presença fiscalizadora do Ministério Público com a representação material dos incapazes, afeta aos seus responsáveis legais – pai, tutor ou curador. Ou seja, havendo incapaz num dos polos da relação jurídico-processual, a intervenção da Promotoria é obrigatória, independentemente da representação exercida pelo responsável legal, por meio de advogado ou de curador especial.

Trata-se de fiscalizar o exato cumprimento da lei, sem necessária vinculação aos interesses da parte. Está o Ministério Público no feito para zelar pela indisponibilidade dos direitos do incapaz, suprir eventuais deficiências de sua defesa, até mesmo requerer a instauração do inventário em que haja herdeiros incapazes (art. 616, VII, do CPC), produzir provas, recorrer da decisão judicial e participar ativamente de todo o processo. Age sempre com independência, podendo livremente opinar, já que a tutela da incapacidade interessa à ordem pública (*RT* 503/87), havendo desvinculação dos interesses postos em juízo, ou vinculação apenas em relação à lei e ao interesse público (*RT* 464/272, 573/131)[22].

No âmbito do direito sucessório, múltiplas se revelam as situações em que intervém o Ministério Público, por suas Promotorias especializadas (cível e família), abrangendo as antigas denominações de curadorias de família, de resíduos (testamentos), de fundações e outras[23].

A Promotoria de Justiça Cível e de Família atua em processos com incapazes, testamento, interesses de fundações e registros públicos. Mas cessou sua intervenção como representante de réus ausentes (antiga Curadoria de Ausentes). Para estes, deve atuar a Defensoria Pública.

Não oficiará simultaneamente no mesmo processo mais de um órgão do Ministério Público, já que uno e indivisível. Suas atribuições, ainda que por diversos fundamentos, são exercidas cumulativamente por um só Promotor.

Sumariando, compete ao Ministério Público, nesses casos:
– intervir em todas as fases dos processos de inventário, arrolamento, alvarás e ações conexas, sempre que houver interesses de incapazes ou ausentes;
– requerer a abertura e promover o andamento desses processos, quando haja omissão dos interessados;
– intervir nas arrecadações de bens de ausente, bem como nos processos de herança jacente e vacante;
– intervir nas escrituras relativas à alienação de bens de incapazes;

---

22 Silva Lopes, José Fernando, *O Ministério Público e o Processo Civil*, São Paulo: Saraiva, 1976, p. 49-51. Mazzei, Rodrigo, A participação do Ministério Público no inventário *causa mortis*: atuação multifacetada. In: **Revista do Ministério Público do Estado do Rio de Janeiro**, n. 85, p. 153-180, jul./set. 2022.

23 Foram substituídas as tradicionais denominações de "Curador" por Promotor de Justiça Cível, Promotor de Justiça de Família e outras próprias do ofício.

Capítulo 7 Inventário Judicial – Aspectos Gerais

- fiscalizar a conveniente aplicação dos bens de incapazes;
- intervir nos pedidos de abertura, registro e confirmação de testamentos e nos correspondentes processos de inventário;
- promover a execução de sentenças contra testamenteiros;
- intervir nos processos de extinção ou sub-rogação de vínculos, e nos pedidos de extinção de usufruto;
- intervir nos processos em que haja interesses de fundações, seja no polo ativo ou no passivo, além da promoção de medidas a seu favor na esfera administrativa ou judicial;
- intervir nos processos de reconhecimento de entidade familiar decorrente da união estável, para fins de direito a alimentos, meação ou herança, quando houver interessado incapaz (v. cap. 3, item 10).

No que respeita à forma de intervenção no processo, observa-se que o Ministério Público, agindo como fiscal da lei, terá vista depois das partes, e deve ser intimado pessoalmente de todos os atos. Poderá juntar documentos e certidões, produzir provas e requerer quaisquer medidas ou diligências necessárias ao descobrimento da verdade (art. 179, I e II, do CPC).

Quanto aos prazos para manifestação do Ministério Público, o Código de Processo Civil menciona que seja de 30 dias de sua intimação (art. 178) e que nos demais casos se contem em dobro (art. 180). Essas disposições se aplicam tanto quando o Ministério Público seja parte, uma vez que tem competência concorrente para requerer a abertura do inventário, como quando funcione como fiscal da lei[24].

É ampla a legitimidade recursal do Ministério Público, em vista da preservação do interesse público imanente aos processos em que lhe cabe intervir. Nesse tom a jurisprudência cristalizada na Súmula 99 do Superior Tribunal de Justiça: "O Ministério Público tem legitimidade para recorrer no processo em que oficiou, como fiscal da lei, ainda que não haja recurso da parte".

Observa-se, por fim, que a previsão do Código de Processo Civil anterior para participação do Ministério Público também nas causas que envolvam

---

24 V. Theotonio Negrão, *Código de Processo Civil e legislação processual em vigor*, 33. ed., Saraiva, nota ao art. 188:10, indicando jurisprudência: *RTJ* 106/217, 106/1036, *RJTJSP* 36/59, 40/37, 82/196, *RT* 578/253, 474/87, *Bol. AASP* 858/216; ou contra, entendendo que quando o MP é fiscal da lei, não tem prazo em dobro para recorrer: *RT* 489/86, 497/198, 547/83, *RJTJSP* 39/109, *RP* 5/298, *Amagis* 6/171, *Bol. AASP* 918/96.

disposições de última vontade (art. 82, inc. III) não foi reproduzida no Código de 2015, mas deve ser observada diante da exigência de sua intervenção nos processos de registro de testamento, conforme consta do artigo 735, § 2º, do mesmo ordenamento.

CAPÍTULO 8
Inventário Judicial – Processamento

SUMÁRIO: **1.** Noções gerais. 1.1. Espécies de inventário judicial. **2.** Fases do inventário judicial. **3.** Pedido de abertura. Documentos. 3.1. Legitimidade e prazo. **4.** O inventariante. 4.1. Inventariante judicial. Inventariante dativo. 4.2. O administrador provisório. 4.3. Compromisso do inventariante. 4.4. Atribuições do inventariante. 4.5. Prestação de contas. 4.6. Remoção e destituição do inventariante. 4.7. Recurso da decisão que nomeia, remove ou destitui inventariante. **5.** Representação legal. Incapazes. Curador. Procurador. 5.1. Procurador. **6.** Primeiras declarações. **7.** Sonegados. **8.** Citações. **9.** Impugnações. 9.1. Julgamento. 9.2. Pedido para participar do inventário. 9.3. Informações do Fisco. **10.** Avaliações. **11.** Últimas declarações. **12.** Impostos. Certidões negativas fiscais. **13.** Colação de bens. 13.1. Casos de dispensa de colação. **14.** Créditos e débitos. **15.** Esquemas do inventário.

1. NOÇÕES GERAIS

Como se sabe, é por meio do inventário que se apuram os haveres da pessoa morta, o patrimônio que deixou, constituído de bens, direitos e obrigações para efetuar a partilha da herança aos sucessores legítimos e testamentários. Inventariar, no sentido jurídico da palavra, significa apurar, arrecadar e nomear bens deixados pelo falecido.

O inventário deixou de ser processo exclusivamente judicial. Deu-se, a inovação, com a Lei n. 11.441, de 4 de janeiro de 2007, que introduziu o inventário extrajudicial (ou administrativo), feito por escritura pública, quando as partes sejam maiores e capazes, estejam de acordo com a partilha e não haja testamento (ver cap. 14).

O processo judicial de inventário e partilha tem caráter contencioso, em que são interessados o cônjuge supérstite, ou o companheiro, herdeiros, sucessores por testamento (herdeiros e legatários), os contemplados em codicilos, o Ministério Público (quando houver incapazes, ausentes ou interesses de Fundação), o testamenteiro, a Fazenda Pública, credores, bem como outras pessoas jurídicas e naturais que, de qualquer forma, possam ter direitos com relação ao espólio.

1.1. Espécies de inventário judicial

Conforme disposições do Código de Processo Civil, há três ritos distintos de inventário judicial:

1) INVENTÁRIO COMUM: o inventário propriamente dito, com todas as fases procedimentais desde as primeiras até as últimas declarações e a realização da partilha (arts. 610 a 658); aplica-se aos casos de falta de acordo entre os interessados ou quando há incapazes e o valor da herança supere o limite estabelecido para o rito de arrolamento; é de utilização residual, portanto, quando não caibam os procedimentos mais simples;

2) ARROLAMENTO SUMÁRIO: modo simplificado de inventário e partilha, quando todos os interessados, maiores e capazes, estejam de acordo e não optem pelo inventário extrajudicial (arts. 659 a 663; v. cap. 12);

3) ARROLAMENTO COMUM: modo simplificado de inventário, mediante apresentação da declaração dos bens e de plano de partilha, reservado para casos de menor valor não excedente a 1.000 salários mínimos (arts. 664 e 665; v. cap. 13).

Em certos casos, pela natureza dos bens ou pelo seu pequeno valor, a lei dispensa o processo de inventário ou de arrolamento, permitindo o levantamento administrativo de valores deixados pelo falecido, como se dá no pagamento de importâncias previstas na Lei n. 6.858, de 24 de novembro de 1980 (art. 666 do CPC), ou exigindo, em situações de dúvidas quanto aos beneficiários, a simples outorga de alvará judicial (v. cap. 15).

O presente capítulo cuida do procedimento especial contencioso do Inventário Judicial, na sua forma geral e solene, conforme disposto nos artigos 610 a 658 do CPC.

2. FASES DO INVENTÁRIO JUDICIAL

No processo de inventário judicial realiza-se uma série de atos, que se inicia com o pedido de abertura, prossegue com a declaração de bens, termina com a partilha, mas com passos incidentais que podem ser assim resumidos:

a) pedido de abertura do inventário, com a comunicação do falecimento do autor da herança, juntando-se procuração do requerente e certidão de óbito;

Capítulo 8 Inventário Judicial – Processamento

b) nomeação do inventariante, para que preste compromisso e dê andamento ao inventário;

c) apresentação das primeiras declarações, com a descrição dos bens, direitos, créditos, dívidas e obrigações do espólio, atribuição de valores e nomeação dos interessados – cônjuge ou companheiro, herdeiros, legatários, cessionários, bem como certidão autêntica do testamento, se houver;

d) citação dos interessados (salvo se já representados nos autos), da Fazenda Pública e do Ministério Público (se houver incapazes ou ausentes, ou interesses de Fundação);

e) avaliação dos bens, que poderá ser dispensada, quando se tratar de bens imóveis, caso sejam os valores comprovados com lançamentos fiscais, e desde que não haja impugnação;

f) últimas declarações;

g) cálculo do imposto de transmissão *causa mortis*, homologação e recolhimento, com verificação da Fazenda;

h) pedido de quinhões, deliberação de partilha, esboço e auto de partilha; quando houver herdeiro único, auto de adjudicação;

i) juntada das negativas fiscais do espólio e dos bens da herança;

j) sentença de partilha ou do auto de adjudicação;

k) expedição do formal de partilha ou da carta de adjudicação (após o trânsito em julgado).

A série de atos processuais poderá sofrer modificações em caso de haver testamento, com exigência do seu prévio registro por sentença e a juntada da certidão autêntica fornecida pelo Cartório da vara. Também poderão ocorrer incidentes no inventário, ou em processos paralelos, em razão de pedidos de alvarás para alienação de bens ou para outorga de escrituras, prestação de contas, colação de bens doados a herdeiros, ação de sonegados, petições de herança, habilitações de créditos, remoção de inventariante e ações relativas à herança.

Tais questões poderão retardar o andamento normal do inventário, por exigirem decisões incidentais. Também ocorrerão atrasos na hipótese de omissão das partes na juntada de documentos essenciais, ou quando haja divergência dos interessados sobre os bens e a forma de partilha.

3. PEDIDO DE ABERTURA. DOCUMENTOS

Aquele que se ache na posse e na administração dos bens da herança, conforme dispõem os artigos 615 e 616 do Código de Processo Civil, deve requerer em juízo a abertura do inventário, comunicando o falecimento do autor da herança e solicitando a nomeação de inventariante. O pedido deve estar acompanhado dos documentos essenciais, ao menos a procuração *ad judicia* e a certidão de óbito do autor da herança.

Poderá desde logo anexar, também, outros documentos comprobatórios do seu interesse processual, bem como dos direitos e deveres do espólio: no caso de haver testamento, o instrumento respectivo; certidão de casamento do viúvo meeiro, certidões de nascimento ou RG e CPF dos herdeiros, escrituras dos bens imóveis e outros de interesse no inventário. Mas esses documentos podem vir depois, com as primeiras declarações.

Embora se presumam verdadeiras as declarações do inventariante, compromissado, faz-se necessária a exibição dos documentos para evitar dúvidas ou reclamações de terceiro interessado e, também, para conferência dos dados, visando prevenir erros na partilha. No caso de impugnação às declarações, a comprovação documental é de rigor, para a subsequente decisão judicial.

Ademais, poderá o juiz, sempre que entender necessário e usando da sua faculdade de dirigir o processo, determinar que os documentos sejam exibidos em cartório para seu exame e das partes, nos termos dos artigos 370, 396, 421 e 618 do Código de Processo Civil.

Ao despachar a petição de abertura, ou depois de mandar efetuar a distribuição, autuação e registro, o juiz nomeará inventariante, que prestará compromisso de bem e fielmente desempenhar o encargo, dentro do prazo de 5 (cinco) dias (art. 617, parágrafo único, do CPC).

Sobre a representação legal do inventariante e dos herdeiros e a constituição de procurador, ver o item 5 deste capítulo.

3.1. Legitimidade e prazo

Incumbe a quem estiver na posse e administração dos bens do espólio requerer o inventário e a partilha dos bens, no prazo de dois meses a contar da abertura da sucessão. Não se trata de prazo fatal, pode ser excedido, embora o atraso acarrete efeitos fiscais (multa – v. cap. 9, item 2) e também haja risco de abertura de inventário por outrem, que não esteja na posse dos bens

Capítulo 8 Inventário Judicial – Processamento

(alteração da ordem de preferência prevista nos arts. 615 e 616 do CPC).

Também podem requerer o inventário, por legitimidade concorrente (art. 616 do CPC):

I – o cônjuge ou o companheiro supérstite;

II – o herdeiro;

III – o legatário;

IV – o testamenteiro;

V – o cessionário do herdeiro ou do legatário;

VI – o credor do herdeiro, do legatário ou do autor da herança;

VII – o Ministério Público, havendo herdeiros incapazes;

VIII – a Fazenda Pública, quando tiver interesse.

Vencido o prazo para requerimento de abertura do inventário, qualquer uma dessas pessoas com legitimidade concorrente pode tomar aquela providência sem que seja necessário observar a ordem estabelecida na lei.

O Código de Processo Civil não mais prevê a abertura do inventário pelo síndico da falência do herdeiro, do legatário, do autor da herança ou do cônjuge sobrevivente; e também desapareceu a previsão de portaria judicial para instauração do inventário, já que se trata de interesse patrimonial adstrito à provocação das partes que tenham direito à herança.

4. O INVENTARIANTE

O inventariante é a pessoa que tem por função administrar os bens do espólio, como seu representante legal (arts. 75, VII, e 618, I, do CPC; art. 1.991 do CC).

Só pode exercer esse *munus* a pessoa capaz ou a pessoa incapaz por seu representante legal, que não tenham, de algum modo, interesses contrários aos do espólio (como, por exemplo, o herdeiro que seja devedor do espólio)[1].

Qualificam-se para o exercício dessa função, mediante nomeação do juiz do inventário, as pessoas enumeradas no artigo 617 do Código de Processo

---

1   Herdeiro menor não pode ser inventariante (*RT* 490/102). Mas nada obsta que, à falta de outros interessados na herança, possa ser investido no cargo o representante legal do incapaz. É preciso verificar se não tem interesses colidentes com o representado, ou seja, se não está pleiteando direitos próprios.

Civil, notando-se a inclusão do companheiro, ao lado do cônjuge e a possibilidade de nomeação de herdeiro menor, que atuará por meio de seu representante legal. O rol constante da lei atende a uma ordem de prioridade na nomeação:

I – o cônjuge ou companheiro sobrevivente, desde que estivesse convivendo com o outro ao tempo da morte deste;

II – o herdeiro que se achar na posse e administração do espólio, se não houver cônjuge ou companheiro sobrevivente ou estes não puderem ser nomeados;

III – qualquer herdeiro, nenhum estando na posse e administração do espólio;

IV – o herdeiro menor, por seu representante legal;

V – o testamenteiro, se lhe tiver sido confiada a administração do espólio ou se toda a herança estiver distribuída em legados;

VI – o cessionário do herdeiro ou do legatário;

VII – o inventariante judicial, se houver;

VIII – pessoa estranha idônea, quando não houver inventariante judicial.

A menção ao herdeiro menor soluciona antiga pendência jurisprudencial, deixando claro o seu direito em vista da qualidade para reclamar a herança, por meio do seu representante. O mesmo se diga do herdeiro incapaz, também com a devida representação. Quanto ao cessionário, não poderia mesmo ser alijado do desempenho da função de inventariante uma vez que assume a posição do cedente, tanto que lhe é dado igualmente requerer a abertura do inventário.

Compete ao juiz nomear inventariante, observando a preferência das pessoas mencionadas. Só nomeará herdeiro se não houver cônjuge ou companheiro sobrevivente ou se este não aceitar a nomeação, ou ainda, se houver algum outro motivo que impeça a sua nomeação.

A situação do companheiro sobrevivente, agora resguardada na lei, já tinha aceitação jurisprudencial para a inventariança, por lhe assistir direito à meação (no regime da comunhão de bens) e pela sua participação na herança em concurso com descendentes e ascendentes, ou como sucessor universal na falta desses herdeiros, conforme disposto no artigo 1.829 do Código Civil (aplicável aos companheiros em lugar o art. 1.790, conforme julgado no RE 878.694).

Se todos os interessados concordarem e forem capazes, poderá haver nomeação judicial da pessoa indicada por eles, desde que seja habilitada legalmente à inventariança e apresente idoneidade para o exercício do encargo.

4.1. Inventariante judicial. Inventariante dativo

O inventariante judicial é figura praticamente em desuso, sendo referido no Código de Processo Civil, mas sem regulamentação específica de sua atividade, pois depende das leis locais de organização judiciária.

Na falta ou impedimento das pessoas com direito à inventariança, o juiz nomeará pessoa estranha idônea, para servir como inventariante. É chamado de "dativo", embora não exerça trabalho gratuito, podendo ter a remuneração fixada pelo juiz.

Note-se que essa espécie de inventariante assume os direitos e deveres do encargo para fins de impulsionar o processo de inventário, mas não é o representante legal do espólio em juízo, uma vez que, em tal hipótese, sucessores do falecido serão autores ou réus nas ações em que o espólio for parte (art. 75, § 1º, do CPC). Mas não serão apenas os sucessores do falecido a serem intimados, pois também são interessados o cônjuge e o companheiro sobreviventes, além dos cessionários de direitos hereditários e credores do espólio ou dos sucessores.

4.2. O administrador provisório

Antes de aberto o inventário, e mesmo depois, enquanto o inventariante não prestar compromisso, os bens da herança ficam aos cuidados do administrador provisório, que o direito antigo apelidava de "cabeça de casal", por referir-se ao cônjuge responsável pela conservação dos bens da família.

Dispõe a esse respeito o artigo 613 do Código de Processo Civil, delimitando a atuação do administrador provisório até que o inventariante preste compromisso. Cabe-lhe representar ativa e passivamente o espólio e trazer ao acervo os frutos que desde a abertura da sucessão percebeu. Assiste-lhe direito ao reembolso das despesas necessárias e úteis que fez e obriga-se a ressarcir o dano a que, por dolo ou culpa, der causa (art. 614 do CPC), em vista de sua responsabilidade como administrador de bens alheios.

O Código Civil, no artigo 1.797, estabelece uma ordem de preferência para o exercício da administração da herança até o compromisso do inventariante:

    I – ao cônjuge ou companheiro, se com o outro convivia ao tempo da abertura da sucessão;

    II – ao herdeiro que estiver na posse e administração dos bens e, se houver mais de um nessas condições, ao mais velho;

    III – ao testamenteiro;

    IV – à pessoa de confiança do juiz, na falta ou escusa das pessoas indicadas nos incisos antecedentes, ou quando tiverem de ser afastadas por motivo grave levado ao conhecimento do juiz.

Trata-se de ordem preferencial, a ser atendida para o desempenho da função, que se efetua independentemente de nomeação judicial, atendendo à necessidade de gerir os bens do espólio, evitando que fiquem acéfalos, até que se regularize a administração pelo inventariante a ser designado no processo de inventário.

Na falta de pessoa habilitada, ou se houver motivo grave que leve ao afastamento do administrador, caberá ao juiz decidir pela nomeação de pessoa de sua confiança para o desempenho da função.

4.3. Compromisso do inventariante

Uma vez nomeado, o inventariante será intimado a firmar compromisso de bem e fielmente desempenhar o encargo. No prazo de cinco dias, assinalado no parágrafo único do artigo 617 do Código Processual Civil, deverá comparecer a cartório para assinar o termo de compromisso, pessoalmente ou por procurador com poderes especiais.

Essa formalidade é dispensada nos processos de arrolamento, conforme dispõem os artigos 660 e 664 do mesmo código, a fim de facilitar os trâmites burocráticos dessa modalidade simplificada de inventário. Com efeito, trata-se de exigência desnecessária, e que também deveria ser dispensada no inventário comum. O compromisso, na verdade, resulta do próprio comparecimento do inventariante a juízo, aceitando a investidura e assumindo suas funções no processo, como se verifica de despachos judiciais que assim determinam.

4.4. Atribuições do inventariante

Conforme visto, a principal atribuição do inventariante consiste na representação legal do espólio, como dispõe o art. 75, inciso VII, repisado no artigo 618, inciso I, do Código de Processo Civil.

Capítulo 8   Inventário Judicial – Processamento

Assim, o espólio, que consiste na universalidade dos bens da herança recolhida no processo de inventário, é representado pelo inventariante, a pessoa encarregada de administrar os bens da herança e com legitimação para atuar em seu nome, ativa e passivamente, em juízo ou fora dele. Relembra-se, no entanto, que, se o inventariante for dativo, não lhe caberá a representação judicial do espólio, pois, nesse caso, todos os herdeiros e sucessores do falecido serão autores ou réus nas ações em que o espólio for parte. Observa Pontes de Miranda que, "se o inventariante não o é dativo, é parte, de ofício, ou parte, por ofício". E, mais especificamente, mencionando a disposição do Código anterior: "O artigo 12, inciso V, não eliminou a qualidade de parte dos herdeiros; criou, conforme a tradição, um *plus*: o estado processual do inventariante, quando não dativo. Trata-se de construção legal, no plano processual com o conteúdo de direito material"[2].

Na função de administrador, o inventariante tem outros deveres específicos, previstos no art. 618 do Código de Processo Civil, destacando-se: cuidar dos bens do espólio com toda a diligência como se seus fossem; prestar as primeiras e últimas declarações pessoalmente ou por procurador com poderes especiais; exibir em cartório, a qualquer tempo, para exame das partes, os documentos relativos ao espólio; juntar aos autos certidão do testamento, se houver; trazer à colação os bens recebidos pelo herdeiro ausente, renunciante ou excluído; prestar contas de sua gestão ao deixar o cargo ou sempre que o juiz lhe determinar; requerer declaração de insolvência.

Ao apresentar a declaração de bens e de herdeiros, o inventariante responde por todos os seus termos, tanto civil quanto criminalmente, em caso de falsidade ou dolo. Incumbe-lhe, ainda, o ônus processual das exibições de documentos, como acima anotado, porque, sendo "administrador de massa patrimonial, no seu encargo se inscrevem o dever de informar e o de documentar. Os interessados têm o direito de ver e examinar documentos relativos ao espólio. Nada impede – antes tudo aconselha – que essa exibição seja amigável, cordial, em termos de cavalheiros"[3].

---

2   Pontes de Miranda, *Comentários ao Código de Processo Civil*, Rio de Janeiro: Forense, t. I/328 e 329.
3   Hamilton de Moraes e Barros, op. cit., vol. IX/179.

Desse teor a jurisprudência, ressalvando que, "embora as declarações prestadas pelo inventariante gozem de presunção de verdade, incumbe-lhe exibir em cartório, para exame das partes, quando solicitado, os documentos relativos ao espólio"[4].

Incumbe, ainda, ao inventariante, nos termos do artigo 619, incisos I a IV, do Código de Processo Civil, importantes atividades gerenciais, incluindo atos de disposição de bens, mas, nesse caso, somente após ouvidos os interessados e com autorização do juiz: alienar bens de qualquer espécie, transigir em juízo ou fora dele, pagar dívidas do espólio e fazer despesas necessárias com a conservação e o melhoramento dos bens do espólio. Cumpre ressalvar que certos atos de alienação podem e devem ser praticados de imediato, sob pena de perecimento de bens, como ocorre na administração de um estabelecimento comercial ou na atividade agropecuária, em que a compra e venda de produtos constituem atos específicos e inadiáveis. Nessas situações, será suficiente a outorga geral do juiz para que o inventariante pratique esses atos, abrangendo pagamentos e vendas, mas sempre sujeito à fiscalização dos demais herdeiros e à regular prestação de contas dos seus atos.

Os poderes do inventariante, como administrador de bens em condomínio, sofrem limitações, dentro do que determina a lei e pela obrigação de prestar contas ao final do inventário ou sempre que haja determinação judicial. Por todo esse contexto, pode-se dizer, mesmo, que o inventariante assume, na realidade, muito mais deveres e obrigações do que direitos.

4.5. Prestação de contas

Uma das obrigações do inventariante, como administrador dos bens do espólio, é a de prestar contas de sua gestão, ao deixar o encargo, ou sempre que o juiz lhe determinar (art. 618, inc. VII, do CPC). O seu descumprimento, ou a rejeição das contas prestadas, sujeita o inventariante a ser substituído, por remoção, até mesmo de ofício, conforme as previsões contidas no artigo 622, V, do mesmo código, além da possível responsabilidade indenizatória pelos danos causados aos demais interessados na herança.

De regra, a prestação de contas corre em apenso aos autos do inventário, como processo incidental (art. 553 do CPC). Mas nada obsta que,

---

4   *Jurisprudência Brasileira*, Inventário e Partilha, 16/269.

Capítulo 8 Inventário Judicial – Processamento

em situações de menor complexidade, como nos levantamentos de dinheiro, venda de bens e atendimento a despesas do espólio, seja feita a comprovação diretamente nos autos do próprio inventário.

Havendo acordo dos interessados, serão as contas aprovadas; se houver discordância, com instauração de litígio, o juiz julgará de acordo com os documentos apresentados, mas poderá remeter as partes às vias ordinárias, se forem exigidas outras provas, atendendo-se às regras dos artigos 550 a 553 do Código de Processo Civil.

O uso das vias próprias, em ação de prestação de contas que exija maior investigação probatória, não afasta a competência do juízo do inventário, diante da regra de sua universalidade (art. 612 do CPC).

Importante que a prestação de contas em apenso ao inventário seja apresentada com planilhas e regular instrução documental. O Código anterior exigia a forma mercantil, com a especificação das receitas, das despesas e do saldo, com os documentos justificativos. Abandonando esse rigor técnico, o Código de 2015, ao tratar das contas do réu, no artigo 551, menciona a necessidade de que seja observada a "forma adequada", com especificação das receitas, despesas e investimentos, se houver. E determina que, no caso de haver impugnação específica e fundamentada, o juiz dará prazo razoável para que o réu apresente os documentos justificativos dos lançamentos, para verificação dos resultados.

Qualquer que seja a forma de apresentação, como ressaltado em acórdão do Tribunal de Justiça de São Paulo, "devem as contas retratar fielmente a sequência de operações de recebimento e de despesas, pela ordem cronológica da sua ocorrência, demonstrando-se, coluna por coluna, as receitas e pagamentos e a indicação do saldo" (*RT* 717/157, *JTJ* 171/209).

Constitui procedimento usual a remessa dos autos das prestações de contas ao exame do contador judicial, para verificação de sua regularidade, seguindo-se os trâmites de eventual instrução complementar, com perícia contábil, se necessária, e decisão do juiz.

A rejeição das contas resultará na condenação do inventariante a pagar o saldo, sob pena de remoção e de sequestro dos bens sob sua guarda, além da glosa de eventual pagamento a que teria direito.

Encerrado o inventário e prestadas as contas, cessam as funções do inventariante. Porém, mesmo fora do inventário, como adverte Orlando de Souza, "têm os interessados ação contra o ex-inventariante, em defesa de seus direitos, no caso de ter ele ocultado ou escondido bens do inventariado ou os frutos percebidos depois da abertura da sucessão, os quais devem ser objeto de sobrepartilha"[5]. Versando o pedido sobre administração dos bens ou rendimentos durante o curso do inventário, sujeita-se o inventariante à regular prestação de contas para efetuar o rateio dos quinhões devidos ao meeiro e aos sucessores habilitados, ainda no curso do processo e também depois de sua conclusão do processo, dado que nesse momento estará deixando o encargo, mas sem eximir-se da verificação judicial de seus atos[6].

4.6. Remoção e destituição do inventariante

Os casos de remoção envolvem atitudes culposas ou dolosas do inventariante, conforme estabelece o artigo 622 do Código de Processo Civil, com a seguinte enumeração, sem caráter exaustivo, já que podem surgir outras hipóteses de má gerência do espólio ou de irregularidades no andamento do inventário:

> I – falta de declarações: se não prestar, no prazo legal, as primeiras e as últimas declarações;
>
> II – falta de impulso ao processo: se não der ao inventário andamento regular, se suscitar dúvidas infundadas ou praticar atos meramente protelatórios;
>
> III – falta de cuidados com os bens: se, por culpa sua, bens do espólio se deteriorarem, forem dilapidados ou sofrerem dano;
>
> IV – falta de defesa: se não defender o espólio nas ações em que for citado, deixar de cobrar dívidas ativas ou não promover as medidas necessárias para evitar o perecimento de direitos;
>
> V – omissão em prestar contas: se não prestar contas ou se as que prestar não forem julgadas boas;
>
> VI – sonegação de bens: se sonegar, ocultar ou desviar bens do espólio.

A remoção do inventariante pode ser decretada pelo juiz a requerimento de qualquer interessado no inventário ou por ato de ofício (*caput* do art. 622 do CPC), sempre que nos autos se evidenciar a falta de regular atuação do inventariante nomeado. Essa remoção *ex officio* mostra-se cabí-

---

5 *Inventários e partilhas*, 10. ed., Rio de janeiro: Forense, p. 94.
6 Vejam-se julgados insertos na *RT* 213/308, *RF* 151/298 e *RJTJSP* 84/121.

Capítulo 8 Inventário Judicial – Processamento

vel especialmente quando houver interesses de incapazes ou de herdeiros ausentes (*RJTJESP* 132/309, *RTJ* 109/751).

O pedido de remoção pode ser feito a qualquer tempo, no curso do inventário, desde que ocorra qualquer das situações enumeradas na lei, que revelam incúria, desídia ou má gestão dos bens por parte do inventariante.

Além dessas causas, outras podem ocorrer, ensejando a tomada de providências do juiz para afastamento e substituição do inventariante. Tem a jurisprudência entendido que não é exaustiva a enumeração legal, "nada impedindo que outras causas que denotem deslealdade, improbidade, ou outros vícios, sejam válidas para a remoção do inventariante" (*RTJ* 94/378, *RP* 25/318).

Requerida a remoção, em apenso aos autos do inventário, o inventariante será intimado para manifestar-se e produzir provas, no prazo de 5 (cinco) dias. Decorrido o prazo, com defesa ou sem ela, o juiz decidirá. Se remover o inventariante, o juiz deverá nomear outro, observando a ordem de prioridade para o exercício dessa função processual (arts. 624 e 617 do CPC).

O inventariante removido deve proceder à imediata entrega dos bens ao substituto nomeado pelo juiz. Caso não o faça, será compelido por meio de mandado de busca e apreensão, ou de imissão de posse, conforme se tratar de bem móvel ou imóvel, além de sujeitar-se a condenação na multa de até 3% do montante dos bens inventariados (art. 625 do CPC).

Em caso de indébita paralisação do processo por falta de impulso ou por insuficiência documental, não se admite arquivamento definitivo do processo, cabendo ao juiz dar-lhe comando diretivo às providências cabíveis, como a remoção e a substituição do inventariante relapso. É indispensável que a demora se deva a culpa do inventariante (v. *RT* 479/97), conforme seja apurado no incidente de remoção.

Leva-se em conta a peculiaridade do processo de inventário, cujo andamento não pode ficar ao alvedrio dos interesses das partes, nem se sujeitar à inércia das providências que lhes cabem. Significa dizer que o juiz tem não apenas a faculdade, mas o dever, de destituir o inventariante desidioso, para dar ao processo a devida tramitação[7].

---

[7] TJSP, 3ª Câm., Ap 31.176-1, rel. Des. Jurandyr Nilsson, j. em 7-6-83, *RT* 587/106; na mesma linha, TJ de Rondônia, Câm. Cível, Ap 99.00203-9, rel. Des. Sebastião T. Chaves, *RT* 768/367; *RT* 502/89, 504/129, 598/82.

A remoção é espécie do gênero destituição, que tem maior largueza, podendo ocorrer sem que haja ato culposo ou doloso do inventariante; basta que se configure impedimento legal ou falta de legitimação para o exercício daquele encargo. É possível a reclamação contra a nomeação de inventariante, no prazo de 15 dias após as citações, como previsto no artigo 627, inciso II, do Código de Processo Civil.

Tanto a remoção como a destituição implicam perda do cargo de inventariante; no entanto, a remoção é determinada em face de uma falta, no exercício do cargo, com relação ao processo de inventário, enquanto a destituição é determinada em face de fato externo ao processo.

No dizer de Pontes de Miranda, "a remoção de inventariante é a eficácia sentencial que retira o cargo ao inventariante, por haver esse incorrido em falta, no exercício do cargo. Não abrange todos os casos de destituição, porque essa pode ocorrer por ato fora do exercício, como consequência, por exemplo, de condenação criminal"[8].

Por fim, pode dar-se a destituição do inventariante e sua substituição por pessoa idônea e estranha ao feito quando houver flagrante dissenso entre as partes, em litígio tamanho que prejudique o regular andamento do processo. Trata-se de medida extrema, somente aplicável em situações de conflitos provocados também pelo inventariante, que assim demonstre não ter condições de bem desempenhar as suas funções. Se ele apenas se defende de acusações indevidas de outros herdeiros, não haverá motivo para que seja afastado.

A nomeação de substituto, quando não haja herdeiro em condições de assumir esse encargo, recairá no inventariante judicial, onde houver, ou em pessoa de confiança do juiz (inventariante dativo), que se posicione acima dos interesses em conflito (art. 617, inc. VIII, do CPC), possibilitando o regular curso do processo e sua ultimação com a partilha dos bens[9].

4.7. Recurso da decisão que nomeia, remove ou destitui inventariante

A decisão que nomeia inventariante, por ser tipicamente interlocutória, desafia recurso de agravo de instrumento.

---

8   *Comentários ao Código de Processo Civil*, Rio de Janeiro: Forense, t. XIV, p. 1.977.
9   Vide STF-*RTJ* 71/881, STF-*RT* 478/231, TJSP-*JTJ* 192/205, *JTJ* 219/228.

Também cabe a mesma espécie de recurso da decisão que remove ou destitui o inventariante, porque atacada matéria de natureza incidental, não se constituindo em segmento processual autônomo, apesar do processamento em apenso (art. 623, par. ún., do CPC). A decisão proferida nesse pedido não é de natureza terminativa do feito, mas caracteriza-se como interlocutória, tanto que o artigo 625 do Código dispõe sobre o imediato cumprimento da ordem de remoção do inventariante, com entrega dos bens ao substituto, o que inocorreria se de apelação fosse o recurso, uma vez que não há disposição que lhe confira efeito meramente devolutivo, à ordem do artigo 1.012 do mesmo Código[10].

Embora não mencionando qual seria o recurso adequado, mas julgando o mérito do agravo de instrumento, *ipso facto* admitindo-o, julgados na *RT* 550/205, 550/98, 514/100. Ou, reconhecendo o dissídio jurisprudencial e recebendo o recurso de apelação: *RT* 587/73.

Essa diversidade de posições jurisprudenciais foi bem anotada por Theotonio Negrão[11]. Mas são francamente minoritárias as decisões em favor do cabimento da apelação, por considerarem como sentença o ato do juiz que encerra o incidente de remoção do inventariante, que se processa em apartado (*RT* 493/95, 518/94; *RJTJSP* 35/131, 39/97, 64/112; *RP* 3/344). Entendeu o Superior Tribunal de Justiça que, havendo desencontros quanto à interpretação da norma processual a respeito do tema, cabe aplicar o princípio da fungibilidade, aceitando-se um recurso pelo outro (Resp 76.573, rel. Costa Leite, j. em 12-12-95, *Bol. AASP* 1.955, p. 47).

5. REPRESENTAÇÃO LEGAL. INCAPAZES. CURADOR. PROCURADOR

A representação legal de pessoas é tratada nos artigos 115 a 120 do Código Civil, com disposições sobre a sua instituição por lei ou pelo inte-

---

10 Nesse sentido a lição de Pontes de Miranda (*Comentários...*, tomo XIV, Rio de Janeiro: Forense, p. 100, n. 11), seguida por Hamilton de Moraes e Barros (*Comentários...*, Rio de Janeiro: Forense, vol. IX, p. 196), José da Silva Pacheco (*Inventários e partilhas*, Rio de Janeiro: Forense, p. 395, ns. 281 e 400/401), e outros. Na jurisprudência, confiram-se: *RT* 474/69; *RJTJESP* 35/131 e 64/112; *Repertório de Jurisprudência do Código de Processo Civil*, de Edson Prata, vol. 16, ns. 5 e 4.127 a 4.137.

11 *Código de Processo Civil e legislação processual em vigor*, op. cit., notas ao artigo 997 do CPC. Veja-se, também, artigo do juiz Antonio Carlos Mathias Coltro, na *RP* 28/104.

ressado e os efeitos de seu exercício em relação ao representado, conforme previsto em normas específicas, seja para a representação legal, seja para a voluntária.

Nos termos do artigo 116 do Código Civil, "a manifestação de vontade pelo representante, nos limites de seus poderes, produz efeitos em relação ao representado".

Verificando-se no processo a presença de incapaz sem representante legal, ou com interesses colidentes com os de seu representante, o juiz lhe nomeará curador especial (art. 1.692 do CC). Assim prevê o artigo 72 do Código de Processo Civil, dispondo, também, sobre a nomeação de curador ao réu preso, revel, bem como ao réu revel citado por edital ou com hora certa, enquanto não constituir advogado, acrescentando que a curatela especial será exercida pela Defensoria Pública, nos termos da lei.

Nas comarcas onde houver representante judicial de incapazes ou de ausentes, a este competirá o desempenho daquela função, que antes era exercida pelo Ministério Público, e hoje pertence à esfera de atuação da Defensoria Pública. Na falta desse órgão, nomeia-se advogado dativo para o desempenho da curadoria.

Com específica previsão para os processos de inventário e de arrolamento, o artigo 671 do Código de Processo Civil dispõe sobre a representação de ausente por curador especial e, da mesma forma, ao incapaz, se concorrer na partilha com o seu representante, havendo colisão de interesses.

Quanto aos nascituros, estabelece o artigo 1.779 do Código Civil que terá curador se o pai falecer, estando a mulher grávida, e não tendo o poder familiar. E acrescenta, no parágrafo único, que, "se a mulher estiver interdita, seu curador será o do nascituro".

O menor relativamente incapaz (de 16 a 18 anos de idade) outorga procuração ao advogado por instrumento público, assistido pelo seu representante legal. Embora existam julgados em contrário, permitindo a procuração por instrumento particular, afigura-se de rigor a outorga por escritura pública em vista do disposto no artigo 654 do Código Civil, sobre a necessária capacidade para aquele ato.

O menor absolutamente incapaz (abaixo de 16 anos) "não participa da procuração outorgada pelo seu representante legal. Em consequência, nada impede que o mencionado mandado seja dado por instrumento particular" (STF-RE 86.168-SP, j. em 27-5-89)[12].

O artigo 178, inciso II, do Código de Processo determina que compete ao Ministério Público intervir nas causas em que há interesses de incapazes, sob pena de nulidade do processo (v. cap. 7, 14).

Sobre os requisitos e os limites da incapacidade das pessoas, cumpre anotar importantes alterações trazidas pela Lei n. 13.146, de 6 de julho de 2015, microssistema jurídico de proteção à pessoa com deficiência, com normas que lhe assegurem e promovam em condições de igualdade o exercício dos direitos e das liberdades fundamentais, visando à sua inclusão social e ao exercício da cidadania. Considera-se deficiente aquele que tem "impedimento de longo prazo de natureza física, mental, intelectual ou sensorial, o qual, em interação com uma ou mais barreiras, pode obstruir sua participação plena e efetiva na sociedade em igualdade de condições com as demais pessoas". Nos termos do artigo 84 da mencionada lei, a pessoa com deficiência tem assegurado o direito ao exercício de sua capacidade legal em igualdade de condições com as demais pessoas, e quando necessário, será submetida à curatela, conforme a lei. E o artigo 85 ressalva que a curatela afetará tão somente os atos relacionados aos direitos de natureza patrimonial e negocial da pessoa declarada incapaz.

5.1. Procurador

Devem constituir procurador, para abertura do inventário e para qualquer intervenção no processo, os interessados diretos na herança, ou seja, o viúvo meeiro e os sucessores habilitados (herdeiros e legatários), assim como o testamenteiro e os credores do espólio[13].

Dispensável a outorga de procuração pelo cônjuge do herdeiro, ante a situação de benefício aos sucessores que percebem a herança. Em certos

---

12 No mesmo sentido: *RJTJSP* 56/132, 61/219, 63/214, 69/165; *RT* 367/136, 425/84, 438/135, 500/90, 530/204; 551/72; 561/91, 573/196; na Doutrina: Clóvis Beviláqua, *Código Civil*, v. 26; Celso Agrícola Barbi, *Comentários ao Código de Processo Civil*, vol. I, tomo I/242.

13 Dispensável o reconhecimento de firma na procuração para o foro em geral, desde a modificação trazida pelo artigo 38 do Código de Processo Civil de 1973, com repique no artigo 105 do Código de 2015, mencionando a exigência de poderes especiais para determinados fins. Mas a firma reconhecida continua sendo exigível para outras espécies de mandato por instrumento particular, conforme a lei específica para cada caso.

casos, todavia, em que haja ato de disposição dos bens, como na renúncia translativa (em favor de terceiro), desistência, cessão de direitos, alienação de bens do espólio e, ainda, na partilha diferenciada (em que não se atende à proporção na atribuição dos quinhões da herança), torna-se necessário o comparecimento do cônjuge do herdeiro e dos outros interessados, assentindo com instrumento procuratório, para que se valide o ato de alienação.

A herança é considerada bem imóvel, enquanto não partilhada (arts. 88 e 1.791 do CC). Daí não se admitir venda de quinhão hereditário sem anuência do cônjuge, mesmo que se trate de casamento diverso do regime de comunhão dos bens (arts. 1.647, inc. I, do CC). Observe-se, porém, que a regra não incide ao caso de renúncia pura e simples, pois, não havendo recebimento da herança, descabe falar em ato de alienação que exija outorga uxória.

As despesas com honorários do procurador competem aos herdeiros e demais interessados no processo de inventário, desde que se trate de contratação conjunta, para representação por mandatário único.

Se necessária a contratação de advogados diversos, em vista de litígio instaurado nos autos do inventário, responderá cada parte pelos honorários do seu patrono. Confira-se, a propósito, julgado do Supremo Tribunal Federal, assim ementado:

> Evidenciando-se divergência entre a meeira e a herdeira, e não concordando esta com a contratação de advogado escolhido por aquela, não deve a última suportar o ônus com os honorários daquele causídico, já que teria – como teve – de contratar outro advogado para a defesa de seus interesses (RE 110.432-5-RJ, 2ª T., rel. Min. Aldir Passarinho, *DJU* de 19-2-88, p. 2.475).

Quando se tratar de assistência judiciária prestada pelo Estado, por meio da Defensoria Pública, não há exigência de outorga de procuração. Assim já dispunha a Lei n. 1.060, de 5 de fevereiro de 1950, no artigo 16, parágrafo único, e o Código de Processo Civil traz norma expressa no mesmo sentido de dispensar procuração do Defensor Público (art. 287, inc. II).

6. PRIMEIRAS DECLARAÇÕES

A declaração de bens é obrigação do inventariante, a ser cumprida no prazo de 20 dias após ter prestado compromisso, nos termos do artigo 620 do Código de Processo Civil. São as "primeiras declarações", sobre as quais devem manifestar-se os demais interessados na herança, no prazo de 15 dias depois de concluídas as citações (art. 627 do CPC). Pode haver retificação ou complementação dos bens descritos, no curso do inventário, que se encerra com as "últimas declarações" (art. 636 do CPC).

Igual dever de declarar bens compete aos demais interessados – herdeiros, legatários ou cessionários, e bem assim ao cônjuge supérstite, com direito a meação –, desde que tenham em seu poder bens deixados pelo autor da herança, eventualmente desconhecidos do inventariante.

As primeiras declarações deverão ser precisas, de modo a não deixar dúvidas que possam vir a dificultar o processamento do inventário e posterior partilha.

Assim, incumbe ao inventariante declarar, nos termos do citado artigo 620 do Código de Processo Civil:

I – Qualificação do autor da herança: o nome, estado, idade e domicílio do autor da herança, dia e lugar em que faleceu e bem ainda se deixou testamento;

II – Qualificação dos interessados na herança: o nome, estado, idade e residência dos herdeiros, do cônjuge e do companheiro, seus endereços eletrônicos e o regime de bens do casamento ou da união estável;

III – Qualidade e parentesco: a qualidade dos herdeiros e o grau de seu parentesco com o inventariado;

IV – Descrição dos bens: a relação completa e individualizada de todos os bens do espólio, inclusive os que devem ser conferidos à colação, e dos bens alheios que nele forem encontrados, descrevendo-se:

a) Imóveis – com suas especificações, nomeadamente local em que se encontram, extensão da área, limites, confrontações, benfeitorias, origem dos títulos, números das transcrições aquisitivas e ônus que os gravam;

b) Móveis – com os sinais característicos;

c) Semoventes – seu número, espécie, marcas e sinais distintivos;

d) Valores: dinheiro, as joias, os objetos de ouro e prata, e as pedras preciosas, declarando-se-lhes especificamente a qualidade, o peso e a importância;

e) Títulos e ações – os títulos da dívida pública, bem como as ações, cotas e títulos de sociedade, mencionando-se-lhes o número, o valor e a data;

f) Dívidas – dívidas ativas e passivas, indicando-se-lhes as datas, títulos, origem da obrigação, bem como os nomes dos credores e dos devedores;

g) Direitos e ações;

h) Valor – de cada um dos bens do espólio.

O § 1º do artigo 620 dispõe que o juiz determinará que se proceda ao balanço do estabelecimento, se o autor da herança era empresário individual, e à apuração de haveres, se o autor da herança era sócio de sociedade não anônima.

As declarações podem ser feitas mediante termo nos autos do inventário, ou, de forma mais prática e usual, por petição firmada por procurador das partes com poderes especiais, à qual o termo se reporta, conforme permite o § 2º do mesmo artigo 620.

Quanto aos bens alheios que forem encontrados em bens do espólio, devem ser relacionados para que possam ser destacados da partilha, em atenção aos direitos de terceiros.

No que diz respeito ao balanço do estabelecimento e à apuração de haveres de empresas, efetua-se mediante perícia por técnico nomeado pelo juiz (art. 630, parágrafo único, do CPC).

Nas sociedades por quotas de responsabilidade limitada, a juntada do balanço do ano precedente ao da abertura da sucessão pode suprir a avaliação judicial, salvo se houver impugnação fundamentada de algum herdeiro ou da Fazenda Pública.

No caso de sociedade simples, os herdeiros do cônjuge ou do companheiro de sócio não podem exigir desde logo a parte que lhes couber na quota social, mas podem concorrer à divisão periódica dos lucros, até que se liquide a sociedade (art. 1.027 do CC). Se falece um sócio, faz-se a liquidação da sua quota, para atribuição aos sucessores, salvo se o contrato dispuser diferentemente, se os sócios remanescentes optarem pela dissolução da sociedade ou se houver acordo deles com os herdeiros, para a substituição do sócio falecido (art. 1.028 do CC). Trata-se de providência acautelatória dos direitos dos demais sócios, em decorrência da *affectio societatis,* que não obriga à aceitação de outros quotistas.

Ainda, em sociedade por quotas, pode haver cláusula contratual prevendo que, no caso de morte de sócio, a sociedade continue com os sócios remanescentes, atribuindo-se aos herdeiros do falecido o quinhão correspondente aos seus haveres à data do óbito, da mesma forma como se faculta a admissão dos herdeiros do sócio morto em substituição a este, se houver consenso, como acima referido; do contrário, caberá aos sucessores tão somente recolher os haveres que o sócio falecido deixou na sociedade[14].

Quando se tratar de sociedade anônima, basta a atribuição de valor às ações pela cotação oficial da Bolsa, na época em que foi aberta a sucessão. Se não houver essa cotação, ou for impugnada, pode realizar-se a avaliação pericial das ações.

Tem grande importância, para efeito de adequada partilha, a atribuição do justo valor dos bens, evitando impugnações que demandem a realização de perícia contábil, sempre demorada e custosa. Além disso, são relevantes os efeitos fiscais dos valores declarados, não só para o cálculo do imposto *causa mortis* incidente na transmissão da herança (v. cap. 9), como pela incidência do imposto de renda sobre o lucro na transmissão dos bens, que resulta da diferença entre o valor constante da declaração de bens do *de cujus* e o valor dado no inventário; ou entre este e o que vier a ser apurado em futura alienação dos bens (v. item 10 do presente capítulo).

7. SONEGADOS

A falta ao dever de declarar os bens sujeitos a inventário e partilha constitui sonegação, que, no dizer de Orlando Gomes, "é a ocultação dolosa de bens do espólio. Ocorre tanto se não descritos bens pelo inventariante com o propósito de subtraí-los à partilha como se não trazidos à colação pelo donatário"[15].

A matéria é tratada no Código Civil, artigos 1.992 a 1.996, e no Código de Processo Civil, art. 621. Consideram-se sonegados os bens:
a) não descritos no inventário, quando estejam em poder do herdeiro ou, com ciência sua, no de outrem;
b) omitidos pelo herdeiro que os tenha recebido em doação, quando sujeitos a colação;
c) não restituídos pelo herdeiro, quando os tenha em seu poder.

A sonegação pode abranger bens móveis ou imóveis. Comumente são sonegados bens da primeira espécie, por ser difícil, em certos casos, a

---

14 Foi como decidiu o TJSP, 8ª Câm., Ap. Cível 974.933-4/9-00, rel. Des. Aldo Magalhães, j. 14-4-99, v.u., *AASP* 2.132, p. 240-e.
15 *Sucessões*, op. cit., p. 279.

comprovação de sua propriedade. Servem de exemplos: retirada de depósitos bancários do falecido pelo cotitular de conta conjunta, recebimento de créditos deixados pelo autor da herança, ocultação de bens de valor (joias, quadros, objetos de arte). Também os imóveis podem ser objeto de sonegação, especialmente em casos de aquisição por instrumento particular (compromisso de compra e venda), simples posse (documentos de cessão de posse) e outras situações que comportem desvio ou omissão dos referidos bens.

A arguição de sonegação ao inventariante só pode ser feita, nos termos do artigo 1.996 do Código Civil, depois de encerrada a descrição dos bens, com declaração de não existirem outros bens a inventariar; ou ao herdeiro, depois de declarar no inventário que os não possui. Mas não se exige que essa negativa conste somente das últimas declarações. É bem possível que a sonegação já se evidencie antes, quando o inventariante, mesmo instado a declarar determinado bem, recuse-se a fazê-lo ou alegue sua inexistência.

Também nada impede que se alegue sonegação após encerrado o inventário e mesmo ultimada a partilha, desde que o herdeiro interessado venha a obter informação da ocultação dolosa. Ressalva-se a ocorrência de prescrição aquisitiva.

O instituto dos sonegados "tem por escopo garantir a exatidão de inventário e a perfeita igualdade da partilha", como assinala Washington de Barros Monteiro, lembrando as palavras de Laurent (*Principes de Droit Civil*, 22/1.289): "inventário inexato e infiel não é senão um farrapo de papel feito para enganar as partes interessadas, quando o fim da lei consiste precisamente na salvaguarda de seus interesses"[16].

A sanção que deriva da sonegação de bens poderá ser considerada em função da pessoa do sonegador, e de conformidade com a natureza da infração, conforme assinala Antonio Macedo de Campos, apontando seus aspectos civis e criminais, bem como as responsabilidades do inventariante, do herdeiro, do cessionário e do testamenteiro, sujeitos à pena de sonegados[17].

Ao sonegador aplica-se a pena de sonegados, que consiste na perda do direito sucessório que lhe cabia sobre os bens não declarados. Trata-se de

---

16 *Curso de Direito Civil, Sucessões*, op. cit., p. 278.
17 *Manual dos inventários e partilhas*, Sugestões Literárias, 1. ed., 1976, p. 113-114.

penalidade civil, de cunho patrimonial. Não incide sobre todo o direito à herança, mas apenas sobre aqueles bens que foram objeto de sonegação. O sonegador continua participando da transmissão sucessória sobre os demais bens inventariados.

Além dessa pena, se o sonegador for o próprio inventariante, sujeita-se a remoção, conforme dispõe o artigo 622, VI, do Código de Processo Civil.

Não há previsão legal de aplicação da pena de sonegados ao viúvo meeiro, de modo que não perderá, ainda que sonegue bens, o direito à meação. Mas, se for inventariante, poderá ser removido. E perderá o direito à herança sobre o bem sonegado, na falta de descendentes ou ascendentes, assim como o direito real de habitação previsto no artigo (art. 1.831), além do direito sucessório concorrente com descendentes (conforme o regime de bens) e ascendentes do falecido.

A sonegação pode ser arguida nos próprios autos do inventário. Havendo apresentação do bem, serão aditadas as declarações, para o regular seguimento do processo. Mas se persistir a recusa, a controvérsia haverá de ser resolvida em vias próprias, por meio da ação de sonegados.

A existência de bens não levados ao inventário, quando de conhecimento de todos os herdeiros, não significa desídia do inventariante por não ter efetuado a declaração. Será indispensável, então, a sua intimação para que se justifique ou declare os bens tidos como sonegados, uma vez que a recusa ou a omissão após a interpelação é que caracteriza o propósito malicioso de ocultar[18].

Indispensável a prefiguração do dolo, para imposição da pena de sonegados. Significa ter agido o sonegador de forma consciente, demonstrando má-fé e malícia no seu procedimento. Na apreciação do agir doloso, prescinde-se de comprovação, pois "sonegar não quer dizer outra coisa senão ocultar dolosamente, ou seja, com intenção de prejudicar os demais interessados. A má-fé, presente em toda sonegação, é-lhe ínsita e imanente. Comprovada a sonegação, cominam-se ao sonegador as penalidades; como diz Astolfo Rezende, a ele competirá provar que não agiu com malícia, com intenção fraudulenta, e que procedeu por motivo atendível e escusável"[19].

---

18 TJSP, Ap. Cível 200.058, 1ª Câm., rel. Des. Guimarães e Souza, j. 23-11-93, *JTJ* 153/102.
19 Washington de Barros Monteiro, op. cit., p. 275. "O dolo da sonegação existe *in re ipsa*, no próprio ato de ocultar, desviar ou omitir" (*RT* 798/98).

8. CITAÇÕES

As citações dos interessados na herança são feitas depois de apresentadas as primeiras declarações do inventário, conforme estabelece o artigo 626 do Código de Processo Civil. São citados o cônjuge, o companheiro, os herdeiros e os legatários. Na menção a herdeiros, compreendem-se também os cessionários da herança, uma vez que assumem a posição daqueles sucessores. São intimados a Fazenda Pública, o Ministério Público, se houver herdeiro incapaz ou ausente, e o testamenteiro, se houver testamento.

A citação dos interessados deve ser efetuada pelo correio, na forma ditada pelo art. 247. E complementa-se com a citação edital, nos termos do inciso III do art. 259, quando for necessária a citação de interessados incertos ou desconhecidos (como ocorre na situação de herdeiros ausentes, de paradeiro ignorado).

O comparecimento espontâneo do interessado supre a citação, o que é bastante comum no inventário, em vista do interesse dos herdeiros em apressar os trâmites do processo rumo à almejada partilha dos bens; quanto aos incapazes, devem ser citados nas pessoas de seus representantes legais.

Quando a lei estabelece que deve ser citada para o inventário a Fazenda Pública, refere-se à Fazenda Estadual, por seu interesse no recolhimento do imposto de transmissão *causa mortis*[20]. Mas também será citada a Fazenda Municipal, em caso de renúncia translativa onerosa, ou partilha diferenciada com reposição em dinheiro, pela incidência do imposto de transmissão de bens *inter vivos* (v. cap. 9).

A citação do herdeiro dispensa o chamamento do seu cônjuge ou companheiro, assim como basta a outorga unilateral de procuração pelo herdeiro, uma vez que o inventário tem por fim o recebimento de bens por sucessão *causa mortis*. Ressalva-se a necessidade de citação, nesses casos, se houver alienação ou disposição de bens, tais como se dá na renúncia à herança, e na

---

20 Theotonio Negrão, *Código de Processo Civil*, op. cit., nota ao art. 999:3, esclarece: "A despeito de modificada a primitiva redação dos artigos 999, 1.002, 1.007 e 1.008, onde se substituiu a expressão 'Fazenda Pública', é a Fazenda Estadual que deve ser citada para o inventário e intervir no arrolamento. Note-se, porém, que o inventário pode ser requerido por qualquer pessoa de direito público interessada".

partilha diferenciada dos bens, quando exigível a outorga uxória nos regimes de casamento ou de união estável que não sejam o da separação absoluta dos bens (v. item 5 deste cap.).

Já se decidiu que "a mulher de herdeiro, casada em comunhão de bens, tem legitimidade para participar de inventário, para fiscalizar e evitar atos abdicativos do herdeiro, que possam prejudicar a consorte" (*RJTJSP* 51/222). Trata-se de participação facultativa, pois "na partilha não se exige o concurso do cônjuge do herdeiro, por lhe faltar título hereditário. Se houver comunicação dos bens herdados, tratar-se-á de relação não hereditária, apenas dizendo respeito à sociedade conjugal" (*RT* 639/67).

9. IMPUGNAÇÕES

A resposta dos interessados na herança, quando citados, dá-se por meio de impugnação às primeiras declarações, no prazo de 15 dias, como dispõe o artigo 627 do Código de Processo Civil.

Na impugnação, o herdeiro descontente pode arguir erros e omissões na declaração dos bens, ou reclamar contra a nomeação do inventariante, pedindo sua destituição e substituição, ou contestar a qualidade de algum herdeiro, alegando não ostentar titulação hábil para figurar no rol de sucessores, ou por eventual exclusão da herança por indignidade ou deserdação.

Como se nota, a lei não fala em contestação, denominação utilizada nos processos de rito comum, salvo ao mencionar a forma de impugnar a qualidade do herdeiro. Mas a resposta tem o mesmo sentido de objeção, não ao pedido de abertura do inventário, e sim ao texto das primeiras declarações de herdeiros e de bens.

9.1. Julgamento

Se o juiz, ouvidos os interessados, e colhidas as provas, julgar procedente a impugnação por erros e sonegação de bens, mandará retificar as declarações prestadas. Acolhendo a reclamação contra a nomeação de inventariante, nomeará outro apto ao exercício do encargo, dentro da preferência legal. Se verificar que a questão sobre a qualidade de herdeiro constitui matéria pendente de provas que não a documental, remeterá as partes para as vias ordinárias e sobrestará, até o julgamento final da ação a ser proposta, a entrega do quinhão que couber na partilha ao herdeiro admitido (art. 627, §§ 1º, 2º e 3º, do CPC).

9.2. Pedido para participar do inventário

Quem se julgar preterido poderá demandar a sua admissão no inventário, enquanto não efetivada a partilha. As partes serão ouvidas em 15 (quinze) dias, seguindo-se decisão. Se o juiz não acolher o pedido por entender necessária a produção de outras provas que não sejam a documental, remeterá o requerente para os meios ordinários, mandando reservar, em poder do inventariante, o quinhão do herdeiro excluído, até que o litígio seja decidido (art. 628 do CPC).

O dispositivo menciona a reserva de bens ao "herdeiro excluído", com limitação que não se coaduna com a referência do *caput* do mesmo artigo, que não contém a mesma restrição para o pedido de admissão no inventário. Assim, igualmente aproveita ao legatário, a eventual cessionário de direitos hereditários e ao companheiro que pretenda o reconhecimento da união estável com o autor da herança.

A reserva de bens destina-se a garantir o pagamento do quinhão do interessado, logo que se decida o litígio. Portanto não será partilhado o valor assim reservado, ficando, se o caso, para possível sobrepartilha aos sucessores, se o pedido do terceiro for julgado improcedente.

Situações dessa natureza são comuns em casos de pedidos de inclusão de herdeiro e de companheiro, quando a prova da filiação ou da união estável deva ser realizada em vias judiciais próprias, para a definição de seus direitos sucessórios.

9.3. Informações do Fisco

Cumpre à Fazenda Pública, no prazo de 15 dias, informar ao juízo, de acordo com o que consta de seu cadastro imobiliário, o valor dos bens de raiz contidos nas primeiras declarações (art. 629 do CPC).

Essa providência é necessária em caso de omissão ou atribuição de irreal valor aos bens, pelo inventariante, a quem incumbe, prioritariamente, juntar os lançamentos fiscais dos bens declarados à herança. Cabe agravo de instrumento da decisão que julga procedente ou improcedente a impugnação, uma vez que a decisão não põe fim ao processo.

10. AVALIAÇÕES

As avaliações dos bens serão procedidas de conformidade com as regras dos artigos 630 a 638 do Código de Processo Civil, logo que vencido o prazo para impugnações às primeiras declarações.

A apuração dos valores realiza-se no interesse dos sucessores, para possibilitar uma partilha equânime dos bens, com influência, também, no cálculo do imposto sobre a transmissão da herança (*causa mortis*), bem como do imposto de renda sobre o lucro imobiliário.

Para esse fim, o juiz nomeia perito, se não houver na comarca avaliador judicial: para bens societários, atuará perito contador; para imóveis, perito com qualificação técnica de engenheiro; para outros bens, como joias, quadros, obras de arte, técnico especializado nas respectivas áreas de atuação profissional.

Não há previsão, nesses casos, da indicação de assistentes técnicos pelas partes, embora possa ser admitida pelo juiz, por subsidiária aplicação do artigo 465 do Código de Processo Civil, para solucionar dúvidas quanto aos valores pesquisados. Sobre esse tema, veja-se acórdão publicado na *RJTJESP* 75/201, com ressalvas: "Nada impedirá aos herdeiros, porém, de se socorrerem dos meios técnicos necessários e diligências outras, visando ao objetivo daquela impugnação que se contém nos artigos 1.009 e 1.010 do Código de Processo Civil. Tais sejam, nesse caso, a matéria da divergência, seu peso e seriedade, ao juiz, *bonus pater familias*, incumbirá determinar que se repita a avaliação".

Uma vez compromissado, o perito providenciará o laudo de avaliação, atendendo às regras da perícia judicial. O laudo deve conter a descrição dos bens, com os seus característicos, e a indicação do estado em que se encontram, para atribuição do correspondente valor, por métodos de pesquisa comprovada. Se o imóvel for suscetível de cômoda divisão, como ocorre em determinados imóveis, ou em títulos acionários, o perito o avaliará em suas partes, sugerindo os possíveis desmembramentos para facilitação da partilha.

São dispensados de avaliação os títulos da dívida pública, ações das sociedades e títulos negociáveis em bolsa, bastando se comprove a cotação oficial do dia, por certidão ou publicação no órgão oficial.

Bens situados fora da comarca são avaliados por precatória, salvo se forem de pequeno valor ou perfeitamente conhecidos do perito nomeado (art. 632 do CPC).

Sendo as partes capazes, não se procederá à avaliação se a Fazenda Pública, intimada, concordar expressamente com o valor atribuído aos bens (art. 633 do CPC).

Concordando os herdeiros com os valores atribuídos pela Fazenda Pública, a avaliação cingir-se-á aos demais bens. Dispensa-se, também, a avaliação dos imóveis, quando comprovados os valores pelos respectivos lançamentos fiscais ou valores de referência, segundo os critérios ditados pela Fazenda Pública (*RT* 492/104, *RJTJESP* 34/143, 37/145, 89/307).

Uma vez entregue o laudo, o juiz mandará que as partes se manifestem sobre ele, no prazo de 15 (quinze) dias (art. 635 do CPC). Se a impugnação versar sobre o valor dado pelo perito, o juiz deverá decidir de plano, levando em consideração os elementos do processo. Se julgar procedente a impugnação, determinará que o perito retifique a avaliação, observando conforme critérios ditados na decisão.

Observe-se que a jurisprudência só tem exigido avaliação para salvaguarda de interesses fiscais (*RT* 584/278 e 610/266) ou para alcançar a igualdade na partilha (*RT* 541/76 e 590/235). A avaliação é meio, e não fim em si mesmo. Assim, "se a partilha se fez atribuindo-se quinhões a todos os herdeiros em todos os bens do espólio, atendido de forma absoluta o princípio da igualdade, desnecessária a avaliação de determinado imóvel visando à sua outorga total a menores, dadas as inconveniências do condomínio, eis que, qualquer que seja seu resultado, não permitirá maior igualdade, e a proteção dos menores não pode chegar ao ponto de prejudicar o pai e, além disso, inevitável a situação condominial, só fazendo a avaliação onerar desnecessariamente o espólio" (*RT* 642/21, *RT* 643/67).

As despesas com a avaliação devem ser divididas entre todos os interessados. O fato de um dos herdeiros ter requerido a medida pode justificar a imposição ao mesmo do adiantamento dos salários periciais "não o seu pagamento definitivo" (*RJTJSP* 100/308).

Sobre as consequências da estimativa de valor no campo fiscal, lembra-se a incidência do imposto de renda sobre o lucro imobiliário, quando os bens havidos por herança venham a ser alienados por valor superior ao da aquisição no inventário.

Embora possível atribuição diferenciada de valores aos bens e direitos declarados no inventário, alterou-se o panorama fiscal em face da Lei n. 9.532, de 10 de dezembro de 1997, que mandou incidir imposto de renda à taxa de 15% sobre qualquer hipótese de lucro na transmissão dos bens, não só em posterior alienação pelos herdeiros, mas, igualmente, no curso do inventário, quando o valor atribuído seja maior que o declarado pelo autor da herança, ou superior ao custo de aquisição, caso não efetuada declaração de rendimentos. Assim, tornou-se mais ampla a incidência tributária, tendo lugar no processo de inventário, sobre a diferença apurada na forma acima, ou mais tarde, se não houve diferença na declaração, mas o bem venha a ser alienado por preço maior do que o da transmissão hereditária (v. cap. 9, item 6).

11. ÚLTIMAS DECLARAÇÕES

Como se mencionou de princípio, o inventário começa com o pedido de abertura e a apresentação das primeiras declarações, e se encerra, depois de afastadas impugnações e conhecido o valor dos bens, com a fase das últimas declarações (art. 636 do CPC).

Nessas declarações finais, que a lei manda tomar por termo, embora se trate de providência dispensável diante da responsabilidade já assumida pelo inventariante compromissado, podem ser feitos aditamentos, emendas e correções nas primeiras. Ou seja, o inventariante tem a oportunidade de oferecer complementação na descrição dos bens, incluir outros que, por alguma falha, tenha omitido, retificar as primeiras declarações, esclarecer pontos que estejam obscuros, e fornecer elementos que possam, de alguma forma, facilitar a partilha dos bens.

Mas se nada houver a aditar ou corrigir, basta que o inventariante peticione de forma sucinta, dizendo nada mais ter a declarar, apenas confirmando as declarações anteriores.

O inventariante, por cautela, deverá protestar por trazer ao inventário, a qualquer tempo, declaração da existência de outros bens eventualmente omitidos sem sua culpa, ou qualquer outro esclarecimento para possibilitar e facilitar a atribuição dos bens inventariados. Compete-lhe, ainda, mencionar bens litigiosos ou de difícil localização, que devem ficar para posterior fase de sobrepartilha.

As partes serão ouvidas sobre as últimas declarações, no prazo de 15 dias (art. 637 do CPC).

Se houver impugnação, o juiz decidirá sobre os bens descritos para que se prossiga com a fase de elaboração de cálculo e recolhimento do imposto *causa mortis,* providência fiscal que precede a partilha dos bens.

12. IMPOSTOS. CERTIDÕES NEGATIVAS FISCAIS

Os impostos sobre transmissão de bens *causa mortis* e *intervivos,* por sua relevância e complexidade, ensejam estudo em apartado, constituindo matéria tratada no capítulo 9.

Com relação aos demais tributos incidentes sobre os bens do espólio (imposto territorial e predial, taxas de águas e esgotos, INSS) e suas rendas (imposto de renda), exige-se prova de quitação, como condição para julgamento da partilha (art. 654 do CPC). Mas a existência de dívida para com a Fazenda Pública não impede o julgamento, desde que haja garantia suficiente em bens do espólio, como ressalva o parágrafo único desse artigo.

A exigência das certidões negativas fiscais é específica para o processo de inventário (art. 654 do CPC). No arrolamento sumário, a prova de pagamento dos tributos é feita após a homologação de partilha ou adjudicação, como condição para expedição do respectivo formal, ou de eventuais alvarás por ele abrangidos (art. 659, § 2º, do CPC – v. cap. 12).

A obtenção das certidões negativas nem sempre é fácil, como no caso da existência de bens imóveis em diversos municípios, fazendo ultrapassar o prazo legal de abertura e de encerramento do processo. Admite-se, naturalmente, o ingresso do pedido de inventário sem aquelas provas, reservando-se a apresentação para depois, para evitar atraso na tramitação do feito.

Para efeito do julgamento de partilha ou de adjudicação, relativamente aos bens do espólio ou às suas rendas, a Receita Federal deve prestar informações que forem solicitadas pelo juízo do inventário, dentro do prazo de 30 dias, sob pena de responsabilidade do funcionário encarregado. Para tanto, é preciso que o falecido tenha sido cadastrado na repartição fiscal. Na falta do cadastro da pessoa física, o inventariante deverá providenciar a inscrição em nome do espólio. Cumpre-lhe, também, efetuar as declarações anuais de rendimentos, a cada ano, desde a abertura da sucessão até o encerramento da partilha.

Assim, deve ser juntada a certidão negativa de tributos federais, que se obtém por requerimento à Delegacia da Receita Federal. Poderá fazê-lo o

Capítulo 8 Inventário Judicial - Processamento

próprio interessado, diretamente, inclusive por consulta ao endereçamento eletrônico da repartição fiscal, via internet[21].

As demais certidões, quando não juntadas em prazo hábil, costumam ter sua apresentação diferida para a fase do registro do formal de partilha, mediante expressa ressalva a constar da sentença homologatória. Não há permissivo legal, mas esse entendimento em nada prejudica o Fisco e visa atender à conveniência das partes e à agilização dos atos processuais.

Como anotado pelo saudoso Professor Silvio Rodrigues, foi gritante o intuito do legislador em simplificar e desburocratizar: "Entendo mesmo, partindo desse espírito que norteou a lei, que, desde que se reservem bens para o pagamento daqueles tributos, o juiz pode homologar a partilha mesmo sem aquelas certidões, que serão apresentadas ao depois"[22]. Sem insurgência aos termos da lei, dá-se uma simples alteração do momento de exibição das certidões, uma vez que indispensáveis à formalização da partilha no Registro de Imóveis.

Esse entendimento, porém, nem sempre é acolhido pelos juízos especializados de sucessões, dependendo de autorização específica, diante da exigência legal das certidões. Acrescente-se o entendimento de que não cabe ao Registro de Imóveis fiscalizar os recolhimentos de impostos, uma vez que as negativas devem instruir os autos do inventário, como requisito para o julgamento, conforme disposições do Código Tributário Nacional (art. 192) e do Código de Processo Civil, nos artigos acima citados.

Assim entendeu a 6ª Câmara Civil do Tribunal de Justiça de São Paulo, relator Gonçalves Santana, interpretando norma da legislação estadual invocada pelo recorrente: "O artigo 44 do Dec.-Lei Estadual n. 203, de 25-3-70, ao qual se apega o apte., não se aplica aos processos de inventários ou arrolamentos. A dispensa a que se refere somente se aplica aos registros de transmissões imobiliárias quando os contratantes se responsabilizam, expressamente, por eventuais débitos tributários. Para o julgamento da partilha é indispensável a certidão negativa dos impostos, conforme artigo 1.026 do

---

21 A certidão obtida pela internet produzirá os mesmos efeitos da certidão negativa emitida por qualquer das unidades da Procuradoria Geral da Fazenda Nacional, conforme Portaria n. 414, de 15-7-98, desse órgão. Ver Precedente do TJSP, 8ª Câm., AI 105.464-4/7, rel. César Lacerda, j. 17-3-99, *Bol. AASP* 2.144, p. 1.282-1. Procurar no *site* da Receita Federal: www.fazenda.gov.br.

22 *Direito Civil*, op. cit., p. 290.

Código de Processo Civil e artigo 192 do CTN" (*RJTJSP* 30/159, 84/287, 98/304; *RT* 575/135; *JTJ* 155/144).

Note-se que o inventariante está obrigado a declarar as dívidas do inventariado, pelo título e origem (art. 620, IV, *f*, do CPC de 2015), e providenciar a quitação, no caso de débitos fiscais, para legitimar-se à partilha dos bens.

Poderá o juiz, caso não sejam apresentadas certidões negativas, determinar a expedição de ofícios às Fazendas Públicas, autarquias e outros órgãos interessados (conforme o caso), para que comuniquem os débitos do inventariado, assegurando-se, assim, o pagamento até a partilha[23].

De qualquer forma, ressalte-se que, mesmo faltantes as negativas, não haveria prejuízo ao Fisco, dada a assunção dos débitos fiscais relativos aos imóveis, por seus respectivos adquirentes (arts. 130 e 131 do CTN; arts. 677 e 1.137, par. ún., do CC/16; *RT* 415/120)[24].

13. COLAÇÃO DE BENS

O mestre Itabaiana de Oliveira define colação como sendo "o ato pelo qual os herdeiros descendentes, concorrendo à sucessão do ascendente comum, são obrigados a conferir, sob pena de sonegados, as doações e os dotes que dele em vida receberam, a fim de serem igualadas as respectivas legítimas"[25].

Não se objetiva aumentar a parte disponível, mas tão somente igualar as legítimas dos herdeiros (art. 2.003 do CC), isto é, trazer para o acervo da herança os valores recebidos pelos herdeiros, como dote ou doação, para subsequente partilha em igualdade de condições, a todos os interessados. Daí a *collatio bonorum*, fundada na equidade, e, ainda, "na vontade presumida do *de cujus*, no sentido de manter entre os filhos perfeita igualdade de tratamento"[26].

Assinalando que vige no direito sucessório moderno o princípio da igualdade dos quinhões, assinala Caio Mário da Silva Pereira que "quando

---

23 Aliomar Baleeiro, *Direito Tributário brasileiro*, 4. ed., Rio de Janeiro: Forense, 1972, p. 428.
24 Em caso de débito fiscal garantido por penhora, ver *JTJ* 155/145, com voto vencido.
25 *Tratado do direito das sucessões*, vol. 3, p. 824.
26 Cunha Gonçalves, *Tratado de Direito Civil*, op. cit., 10/696.

o ascendente beneficia um descendente, seja com uma doação, seja com a constituição de um dote, seja com a provisão de fundos com que pagar suas dívidas, estará rompendo aquela *par conditio*, e desfalcando o monte em detrimento dos demais, mesmo que não haja ultrapassado a metade disponível dos herdeiros. Presume-se que a liberalidade teve caráter de antecipação de seu quinhão, salvo declaração expressa em contrário, da parte do doador"[27].

Trazer à colação é o mesmo que conferir os bens havidos do ascendente comum pelos descendentes que concorrem à sua sucessão. Trata-se de obrigação legal (art. 2.003 do CC), com ressalva dos casos de dispensa, enumerados em artigos seguintes (v. item próximo).

A matéria tem liame com as disposições sobre o direito dos herdeiros necessários à metade dos bens. É o resguardo à legítima, de que trata o artigo 1.846 do Código Civil. Calcula-se a legítima somando à metade dos bens do testador a importância das liberalidades por ele feitas aos descendentes, e que ficam sujeitas à colação.

Silvio Rodrigues bem resume a forma de cálculo: "Morto o *de cujus*, pagas as despesas de funeral e as dívidas do finado, divide-se o seu patrimônio em duas partes iguais: uma delas constitui a quota disponível. À outra, adicionam-se as doações e os dotes recebidos do *de cujus* pelos seus descendentes, e que estes não tenham sido dispensados de conferir, e ter-se-á a legítima dos herdeiros necessários"[28].

O Código Civil dispõe sobre colação nos artigos 2.002 a 2.012, principiando por dizer que a obrigação de conferir o valor das doações recebidas em vida compete aos descendentes que concorrerem à sucessão do ascendente comum. Não há menção ao dever de colação pelo cônjuge sobrevivente, muito embora se cuide de herdeiro necessário, com direito a participação na herança em concorrência com os descendentes, conforme os artigos 1.829, inc. I, e 1.845 do mesmo Código.

---

27 *Instituições de Direito Civil*, op. cit., p. 300, 1974. Para aprofundar no tema: Nelson Pinto Ferreira, *Da colação no Direito Civil brasileiro e no Direito Civil comparado*, São Paulo: Juarez de Oliveira, 2002; Euclides de Oliveira, *Código Civil comentado*, v. XX, coord. Álvaro Villaça Azevedo, São Paulo: Atlas, 2004, p. 106-174.

28 *Direito Civil*, vol. 7, *Direito das Sucessões*, op. cit., atualizada por Zeno Veloso; de acordo com o novo Código Civil (Lei n. 10.406, de 10-1-2002), p. 125.

O artigo 2.003 do Código Civil, ao proclamar que a colação tem por fim igualar as legítimas, faz expressa menção aos descendentes e ao cônjuge sobrevivente. A mesma referência se contém no parágrafo único desse artigo, estipulando que a falta de bens suficientes para igualar as legítimas dos descendentes e do cônjuge deve ser suprida pela conferência dos bens doados em espécie ou, quando deles já não disponha o donatário, pelo valor ao tempo da liberalidade.

Considere-se que a doação de um cônjuge a outro tem o mesmo efeito que a doação de ascendentes a descendentes, por importar adiantamento do que lhes cabe por herança, conforme estatui o artigo 544 do Código Civil, que só refere a doação dos pais aos filhos.

Estendem-se essas disposições igualmente ao companheiro sobrevivente, em vista da igualação dos seus direitos sucessórios aos do cônjuge, por aplicação do regime sucessório do artigo 1.829 do Código Civil (acórdão do STF no RE 878.694-MG – ver cap. 3, 8.1).

De outra parte, se a colação se aplica aos descendentes, conclui-se que obriga também ao cônjuge sobrevivente (ou ao companheiro), quando concorrer no direito de herança com os descendentes, a fim de propiciar a efetiva igualação das legítimas.

Para efeito de cumprimento do dever de colação, é irrelevante o fato de o herdeiro ter nascido antes ou após a doação dos bens feita pelo autor da herança. Como ressaltado em acórdão do Superior Tribunal de Justiça, "o que deve prevalecer é a ideia de que a doação feita de ascendente para descendente, por si só, não é considerada inválida ou ineficaz pelo ordenamento jurídico, mas impõe ao donatário obrigação protraída no tempo de, à época do óbito do doador, trazer o patrimônio recebido à colação, a fim de igualar as legítimas, caso não seja aquele o único herdeiro necessário". O caso envolvia, também, doação aos cônjuges dos herdeiros donatários, e por essa razão foi colacionada apenas a fração de 25%, que tocava a estes (STJ-3ª Turma, REsp 1.298.864-SP, rel. Min. Marco Aurélio Bellizze, v.u., j. 19-5-2015).

As normas procedimentais sobre colação acham-se nos artigos 639 a 641 do Código de Processo Civil, determinado que, no prazo para falar sobre as primeiras declarações, o herdeiro obrigado à colação conferirá por termo nos autos, ou por petição a que se reportará o termo, os bens que recebeu ou, se já os não possuir, trar-lhes-á o valor. E o parágrafo único do artigo 639 estipula que "os bens que devem ser conferidos na partilha, assim como as acessões e benfeitorias que o donatário fez, calcular-se-ão pelo valor que tiverem ao tempo da abertura da sucessão".

É mantido o princípio da entrega do próprio bem recebido, só cabendo a conferência do valor na falta do bem. E o valor será o da data da abertura da sucessão, ponto relevante, pois altera o critério do Código Civil, artigo 2.004, que determina que "o valor de colação dos bens doados será aquele, certo ou estimativo, que lhes atribuir o ato de liberalidade".

Trata-se de matéria de alta controvérsia em vista da contradição entre as disposições legais sobre o valor a ser considerado na colação. De um lado, o Código Civil de 2002 repete o que dizia o Código Civil de 1916 no seu artigo 1.792, mencionando o valor do bem na data da doação. De outro lado, o Código de Processo Civil de 2015, no artigo 639, reproduz o Código de 1973, art. 1.014, mencionando que o valor da colação deve ser o da data da abertura da sucessão.

Veja-se o *imbroglio* criado pelos textos divergentes, trazendo dificuldades ao intérprete pela variação de critérios de cálculo. Por se tratar de matéria de ordem substancial, bastava que fosse regulada no Código Civil, mas intromete-se a questão na lei processual, que, por ser mais nova, haveria de prevalecer em superação da divergência. Outra solução, que nos parece mais consentânea com as regras da sucessão hereditária, seria a de considerar como aplicável, em cada caso, a lei mais nova em vigor na data da abertura da sucessão, atendendo à regra geral do artigo 1.787 do Código Civil.

Outra alteração decorrente do Código de Processo Civil, no citado artigo 639, parágrafo único, diz respeito à colação de acessões e benfeitorias que o donatário fez, considerando o valor na data da abertura da sucessão. Também aí ocorre divergência com o disposto no Código Civil, artigo 2.004, § 2º, que limita a colação aos valor dos bens doados, sem abrangência das benfeitorias acrescidas, as quais pertencerão ao herdeiro donatário. Verifica-se a dubiedade pelo conflito das leis, a resolver-se pela prevalência da lei nova, ou, como afirmado acima, pela aplicação da disposição legal mais nova vigente à data da abertura da sucessão. É criticável a posição adotada pelo legislador no ordenamento processual, adentrando na seara do direito material para semear discórdia. De outro lado, competem ao donatário os rendimentos e lucros dos bens havidos por doação, assim como os danos e perdas que eles sofrerem, como dispõe a parte final do dispositivo do Código Civil acima citado, sem modificação na lei processual. Ora, se o donatário responde pelas perdas ocasionadas ao bem, por que razão haveria de repor em colação as acessões e benfeitorias nele realizadas?

Ainda que tenha renunciado à herança, não se exime, o herdeiro, de repor a parte inoficiosa, com relação às liberalidades que obteve do doador. É o que estatui o artigo 640 do Código de Processo Civil, permitindo, em seu § 1º, que o donatário escolha, dentre os bens doados, tantos quantos bastem para perfazer a legítima e a metade disponível, entrando na partilha o excedente, para ser dividido entre os demais herdeiros.

A mesma disposição se contém no artigo 2.008 do Código Civil, estabelecendo que "aquele que renunciou a herança ou dela foi excluído, deve, não obstante, conferir as doações recebidas, para o fim de repor o que exceder o disponível". E o § 3º do artigo 2.007 do Código Civil dá o conceito de parte inoficiosa, a ser reposta em colação, como sendo "a parte da doação feita a herdeiros necessários que exceder a legítima e mais a quota disponível".

Trata-se de excesso na legítima que compete ao herdeiro, assim sujeito à conferência do que recebeu a maior. Exemplo: Na herança de R$ 100.000,00, atribuível a dois herdeiros filhos, um deles não pode ter recebido em doação mais que R$ 75.000,00 (50% da disponível e 25% da legítima). Se recebeu mais que isso, sujeita-se à redução do excesso.

Se o herdeiro negar o recebimento dos bens, ou a obrigação de os conferir, procede-se à instrução, com colheita de provas, salvo se a matéria for de alta indagação, quando as partes serão remetidas às vias ordinárias (art. 641 do CPC).

Julgada improcedente a recusa, o herdeiro será intimado a fazer a conferência, no prazo de 15 dias, sob pena de sequestro dos bens (art. 641, § 1º, do CPC).

Situa-se como afim da colação o instituto da "imputação". Orlando Gomes ensina que "pela imputação, o herdeiro necessário único deve imputar à sua legítima as doações recebidas do autor da herança, que não tenham sido dispensadas". Mas distingue as duas figuras, ao destacar, citando Coviello, que "a colação tem por escopo manter a igualdade ou ao menos a proporcionalidade entre os vários coerdeiros, importando reciprocidade, enquanto a imputação *ex se* tem por fim impedir o herdeiro necessário de pedir a redução das doações feitas aos outros, se antes ele próprio não calcula na sua legítima o que recebeu por doação"[29]. Seria uma espécie de antecipação voluntária da colação. Mais considerações sobre imputação e sua aplicação sobre valores de bens partilhados no exterior, v. cap. 7, item 4.

---

29 *Novas questões de Direito Civil*, 2. ed., São Paulo: Saraiva, p. 286.

O Código Civil contém referência à imputação ao cuidar da dispensa de colação das doações que o doador determinar que saiam de sua parte disponível. Seu artigo 2.005, parágrafo único, presume imputada na parte disponível a liberalidade feita a descendente que, ao tempo do ato, não seria chamado à sucessão na qualidade de herdeiro necessário.

A hipótese mais comum é a de doação feita por avô a neto, enquanto vivos os filhos do doador. O neto não seria chamado à sucessão, mas pode vir a se tornar herdeiro em caso de morte do seu pai antes do doador. Nesse caso, não se sujeita a colação, em vista da imputação do valor da doação na parte disponível. Seria diferente a situação de netos que sucedem por representação dos pais falecidos, pois devem trazer à colação os bens que os pais teriam de conferir (art. 2.009 do CC).

13.1. Casos de dispensa de colação

Como regra tem-se por compulsória a colação. Além da hipótese de imputação prevista no artigo 2.005, o Código Civil traz regra genérica de que os casos de dispensa dependem de outorga expressa do doador, em testamento ou no próprio título de liberalidade (art. 2.006 do CC).

A "dispensa de colação", a que alude o Código, representa linguagem equívoca, segundo Pontes de Miranda, pois "não se pré-exclui o dever de colacionar. O que se permite é que se explicite ter-se posto na metade disponível aquilo que excede a cota do herdeiro necessário, ou que lhe foi doado, ou dado em dote, em vida do *de cujus*. Não há dispensa; há inclusão no quanto disponível do que teria de ser colacionado"[30].

Essa posição doutrinária mais reforça o entendimento de que a dispensa há de ser consignada, às expressas, no ato de liberalidade, como proclama, aliás Carlos Maximiliano, com a costumeira segurança: "A dispensa da colação há de ser expressa. Não basta a presumida, nem a virtual"[31].

Acrescenta Caio Mário da Silva Pereira: "Não vale a dispensa se consignada em documento à parte, ainda que do próprio punho do defunto, e menos ainda se manifestada oralmente"[32].

---

30 *Tratado de Direito privado*, vol. 55, p. 312.
31 *Direito das sucessões*, vol. III/409, § 1.585.
32 *Instituições*, op. cit., p. 303. Iguais as lições de Washington de Barros Monteiro (op. cit., p. 285), Orlando Gomes (op. cit., p. 268) e Clóvis Beviláqua (*Código Civil*, vol. 6/122).

São dispensados de colação, nos termos do artigo 2010 do Código Civil, certos gastos com descendentes do doador, enquanto menores, com sua educação, estudos, sustento, vestuário, tratamento de enfermidade, enxoval e despesas de casamento e sua defesa em processo-crime.

Também não são colacionáveis, como prevê o artigo 2011, as doações remuneratórias de serviços feitos ao ascendente, em vista do seu caráter retribuitório.

A enumeração de gastos justifica-se por seu caráter assistencial e pelo dever jurídico de sua prestação pelo ascendente. Cumpre observar, naturalmente, o limite próprio para os encargos de subsistência dentro do padrão aplicável ao homem médio. Não são abarcados os gastos com despesas de viagens ou lazer, fornecimento de moradia, pagamento de aluguel e outras de natureza voluptuária. Nota-se impropriedade da referência a menores nos casos de despesas de casamento e livramento em processo-crime, pois em tais situações o descendente já teria, em regra, atingido a maioridade. Com relação a menor, abrangem-se procedimentos relativos a infrações sujeitas a medidas protetivas e de reeducação previstas no Estatuto da Criança e do Adolescente (Lei n. 8.069, de 13-07-1990). Sobre despesas com processo-crime, o Código Civil não mais prevê a restrição contida no anterior, que limitava a dispensa de colação aos casos de absolvição do réu. De outro lado, não há menção a dispensa de colação na doação feita a descendentes portadores de deficiência, hipótese esta que merece estendida por analogia em face das disposições protetivas da Lei n. 13.146, de 6-7-2015 (Estatuto da pessoa com deficiência).

Quanto às doações remuneratórias, será preciso que o beneficiário comprove a prestação dos serviços ao ascendente e que o seu limite seja compatível com a remuneração envolvida. Havendo impugnação de outros interessados, o juiz decidirá incidentalmente no inventário ou remeterá as partes às vias ordinárias, conforme previsão genérica do artigo 612 do Código de Processo Civil.

Se a doação foi feita por ambos os cônjuges, entende-se que cada qual dispôs a respeito de sua meação nos bens. Por isso é que a conferência dos bens se fará por metade, no inventário de cada um deles (art. 2.012 do CC).

Por fim, uma observação quanto à possibilidade de fraude à legítima por meio da transmissão disfarçada de bens a certos herdeiros na forma societária. Configura-se ato abusivo a constituição de sociedade com atribuição de quotas ou ações em favor de herdeiros sem o efetivo ingresso de capital por parte deles. Exemplo: o pai constitui uma sociedade comercial com dois dos seus três filhos, e somente ele faz aportes reais ao patrimônio da entidade. Manifesto será o prejuízo do herdeiro excluído, quando da participação na herança do genitor, pois receberá apenas seu quinhão proporcional, enquanto os demais filhos acumularão seus quinhões hereditários com as quotas antes auferidas na sociedade aparente. Será cabível, em tais circunstâncias, desconsiderar a personalidade jurídica da sociedade, para que se reintegrasse o herdeiro prejudicado na plenitude dos seus direitos legitimários na herança[33].

14. CRÉDITOS E DÉBITOS

Os créditos deixados pelo falecido constituem bens da herança. Como tais, sujeitam-se a regular declaração para fins de inventário e partilha.

Cumpre ao inventariante, como representante legal do espólio, promover a cobrança dos créditos declarados, seja por procedimento comum ou por meio de execução, dependendo da natureza do título. Caso a ação tenha sido iniciada em vida, pelo titular do crédito, ocorrendo a morte, dar-se-á a substituição processual pelo espólio ou pelos sucessores do falecido (v. arts. 110, 313, 687 e 692 do CPC).

Também devem ser declaradas as dívidas do espólio, a serem satisfeitas e abatidas do monte-mor para apuração do monte líquido. Veja-se que o Código Civil, no artigo 1.796, estabelece que a abertura do inventário do patrimônio hereditário se destina à liquidação e, quando for o caso, à partilha da herança. Por liquidação, entenda-se o pagamento das dívidas a cargo do espólio, após o que, havendo sobra de valores, terá lugar a sua partilha aos herdeiros.

Sobre os débitos do espólio e correspondentes direitos dos credores dispõem os artigos 1.997 a 2.001 do Código Civil, com correspondência nos artigos 642 a 646 do Código de Processo Civil.

Devem constar das declarações de bens as dívidas deixadas pelo falecido. Por elas responde a herança, enquanto não efetuada a partilha. Depois de partilhados os bens, cada herdeiro responderá pelas dívidas do espólio na proporção da herança que lhe coube (art. 1.997, *caput*, do CC).

A responsabilidade da herança e dos próprios herdeiros nos limites do quinhão recebido compreende inclusive as obrigações alimentares a cargo do falecido, conforme dispõe o artigo 1.700 do Código Civil.

---

33 V. artigo de Rolf Madaleno, *A disregard* na sucessão legítima, RT 753/741.

Na sucessão testamentária, pode dar-se que um estranho venha a responder pelo encargo alimentar do autor da herança em favor de outrem, desde que seu quinhão ou legado forneça suporte econômico para atendimento da obrigação[34].

Necessário atentar para a distinção entre credor do espólio e credor do herdeiro. A responsabilidade de toda a herança dá-se apenas no primeiro caso, de dívida do espólio. Por suas dívidas pessoais responde cada herdeiro com seu quinhão na herança ou com bens próprios.

O pagamento da dívida do espólio compete a todos os interessados na herança. Se um deles efetuar o pagamento, poderá agir regressivamente contra os demais. Em tal hipótese, a parte de eventual herdeiro insolvente dividir-se-á em proporção entre os demais, como dispõe o artigo 1.999 do Código Civil.

Havendo concorrência entre credor do espólio e credor de herdeiros, tem preferência aquele, relativamente aos bens da herança, que para esse fim haverão de ser discriminados do patrimônio do devedor (art. 2.000 do CC)[35].

Pode dar-se que um dos herdeiros seja devedor ao espólio. Duas as soluções, nesse caso, conforme consta do artigo 2.001 do Código Civil: faz-se a partilha da dívida entre todos os herdeiros, ficando cada um dos credores com direito a haver sua quota-parte; ou, por consenso da maioria, imputa-se o débito inteiramente no quinhão do devedor.

O pagamento das dívidas do espólio pode ser exigido pelos credores mediante habilitação no processo do inventário. Assim, poderão os credores do espólio, antes da partilha, requerer ao juízo do inventário o pagamento das dívidas vencidas e exigíveis. A petição, acompanhada da prova literal da dívida, distribuir-se-á por dependência e será autuada em apenso aos autos do processo de inventário.

Se as partes concordarem com o pedido, o juiz, ao declarar habilitado o credor, determinará que seja feita a separação de dinheiro ou, em sua falta, de bens suficientes para possibilitar o pagamento.

---

34 Sobre a transmissão da obrigação a alimentar aos herdeiros, com mais aprofundada análise dos dispositivos em comento, ver *Separação e divórcio*, de Euclides de Oliveira e Sebastião Amorim, 6. ed., São Paulo: LEUD, 2001, p. 170 a 172.

35 Nesse sentido: AI 148.639-4, TJSP, 6ª Câm. de Direito Privado, rel. Ernani de Paiva, j. em 13-4-2000, em *JTJ* 230/232.

Capítulo 8 Inventário Judicial – Processamento

Uma vez separados os bens, tantos quantos forem necessários para o pagamento dos credores habilitados, ordenará o juiz a alienação dos mesmos em praça ou leilão, aplicando-se, no que forem pertinentes, as regras dos artigos 904 e 905 do Código de Processo Civil. Requerendo o credor que, em vez de dinheiro, lhe sejam adjudicados, para o seu pagamento, os bens já reservados, o juiz deferir-lhe-á o pedido, desde que haja concordância de todos os interessados. No entanto, se o crédito estiver fundamentado em documento hábil, e a impugnação não se referir a quitação, o juiz mandará que se reservem bens suficientes para pagar o credor, permanecendo em mãos do inventariante (art. 643, par. ún., do CPC).

Note-se que a habilitação no inventário é um dos caminhos de que dispõe o credor; poderá ele optar por outras vias, como a ação ordinária de cobrança, ou o processo de execução contra devedor solvente, conforme o título em que se lastrear seu crédito; em tais casos obterá garantias através de penhora averbada com destaque nos autos pertinentes ao direito e na ação correspondente à penhora, a fim de que esta venha a ser efetivada nos bens que vierem a ser adjudicados ou couberem ao executado (art. 860 do CPC, em redação diversa mas com o mesmo sentido na penhora "no rosto dos autos", que era prevista no art. 674 do Código anterior).

Também aos herdeiros é lícito, ao separarem bens para o pagamento de dívidas, autorizar que o inventariante os nomeie à penhora no processo em que o espólio for executado (art. 646 do CPC).

Quanto à Fazenda Pública, não está sujeita a habilitação de créditos em inventário, nos termos dos artigos 187 e 189 do Código Tributário Nacional; dispõe ela de via executiva especial, regulada pela Lei n. 6.830, de 22 de setembro de 1980.

O credor de dívida líquida e certa, não vencida, tem oportunidade de requerer sua habilitação no inventário, conforme prevê o artigo 644 do Código de Processo Civil. A solução, como na hipótese anterior, dependerá da manifestação das partes interessadas: se houver concordância, o juiz considerará habilitado o crédito, e ordenará a correspondente reserva de bens; havendo impugnação, indeferir-se-á a habilitação, só restando ao credor aguardar que a dívida se torne exigível, para as providências de cobrança, execução ou nova habilitação.

Da decisão que julga a habilitação de crédito, cabe recurso de apelação, por envolver questão de mérito, em processo de autuação própria. Não havendo erro grosseiro na interposição de um recurso por outro, pode acolher-se o agravo como apelação, dentro do princípio da fungibilidade (*RJTJSP* 43/200).

15. ESQUEMAS DO INVENTÁRIO

▶ Inventário – Processamento

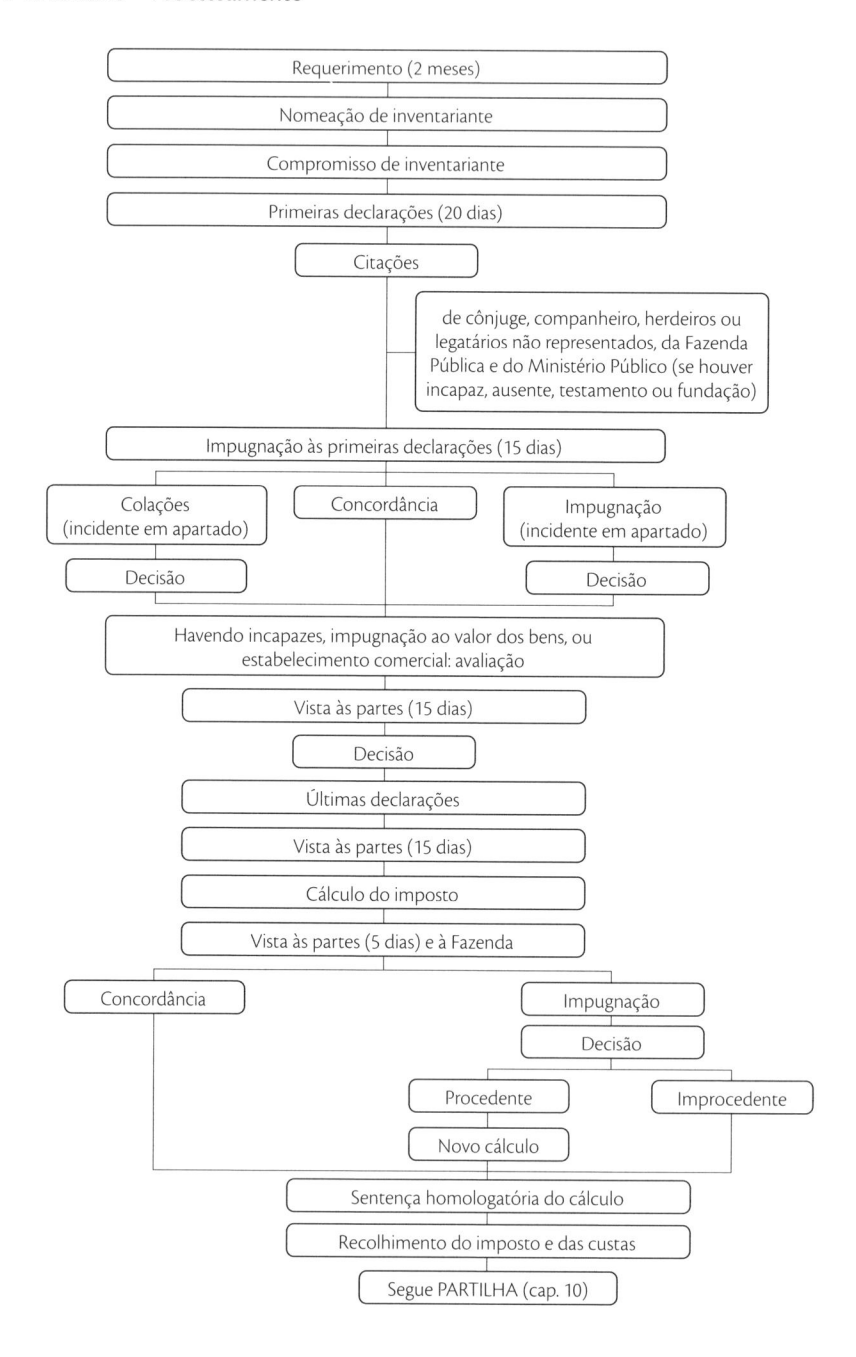

```
Requerimento (2 meses)
         │
Nomeação de inventariante
         │
Compromisso de inventariante
         │
Primeiras declarações (20 dias)
         │
      Citações
         │
         └── de cônjuge, companheiro, herdeiros ou
             legatários não representados, da Fazenda
             Pública e do Ministério Público (se houver
             incapaz, ausente, testamento ou fundação)
         │
Impugnação às primeiras declarações (15 dias)
    ┌────────────┼────────────┐
Colações    Concordância   Impugnação
(incidente em                (incidente em
 apartado)                    apartado)
    │                            │
 Decisão                      Decisão
    └────────────┬───────────────┘
                 │
Havendo incapazes, impugnação ao valor dos bens, ou
       estabelecimento comercial: avaliação
                 │
         Vista às partes (15 dias)
                 │
              Decisão
                 │
          Últimas declarações
                 │
         Vista às partes (15 dias)
                 │
           Cálculo do imposto
                 │
      Vista às partes (5 dias) e à Fazenda
    ┌────────────┴────────────┐
Concordância              Impugnação
                              │
                           Decisão
                         ┌────┴────┐
                    Procedente  Improcedente
                         │
                    Novo cálculo
    └────────────┬────────────┘
                 │
   Sentença homologatória do cálculo
                 │
   Recolhimento do imposto e das custas
                 │
          Segue PARTILHA (cap. 10)
```

Capítulo 8 **Inventário Judicial – Processamento**

● Remoção de inventariante

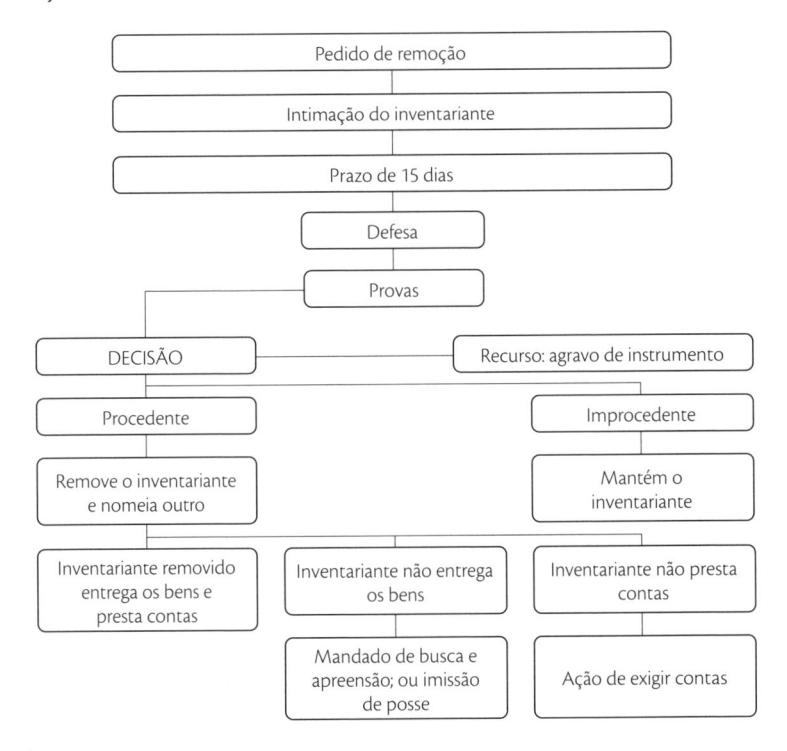

```
Pedido de remoção
        │
Intimação do inventariante
        │
   Prazo de 15 dias
        │
      Defesa
        │
      Provas
       ╱ ╲
  DECISÃO ─── Recurso: agravo de instrumento
   ╱     ╲
Procedente  Improcedente
   │           │
Remove o       Mantém o
inventariante  inventariante
e nomeia outro
```

- Procedente:
  - Inventariante removido entrega os bens e presta contas
  - Inventariante não entrega os bens → Mandado de busca e apreensão; ou imissão de posse
- Improcedente (Mantém):
  - Inventariante não presta contas → Ação de exigir contas

Obs.:
O incidente corre em apenso aos autos do inventário.
A reclamação contra nomeação de inventariante corre nos próprios autos do inventário.

● Arguição de erros e omissões nas primeiras declarações

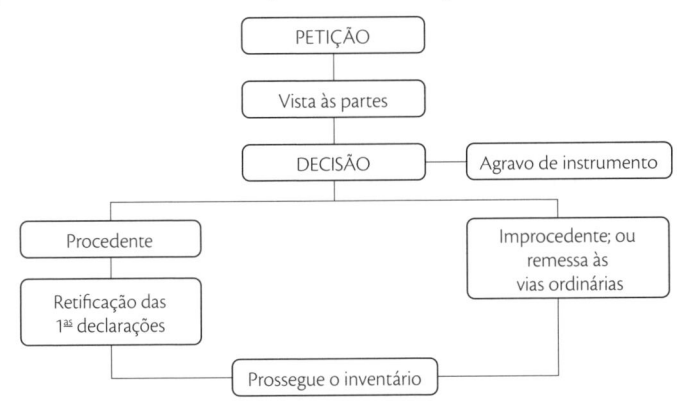

```
        PETIÇÃO
           │
     Vista às partes
           │
       DECISÃO ─── Agravo de instrumento
        ╱    ╲
  Procedente   Improcedente; ou
       │      remessa às
  Retificação  vias ordinárias
  das 1ªˢ declarações
           │
   Prossegue o inventário
```

Obs.: A alegação deve ser feita por petição nos próprios autos do inventário.

CAPÍTULO 9 | Imposto sobre a Transmissão de Bens

SUMÁRIO: 1. Os impostos sobre transmissão e suas espécies. 1.1. Legislação sobre o imposto de transmissão. **2.** Imposto *causa mortis*. Conceito e origens. Fato gerador. 2.1. Lei Estadual paulista n. 10.705/2000, alterada pela Lei n. 10.992/2001. 2.1.1. Herança: Isenções. 2.1.2. Alíquota e base de cálculo. 2.1.3. Doação. 2.1.4. Declaração eletrônica e intervenção da Fazenda. 2.1.5. Responsabilidade pelo recolhimento. 2.1.6. Base de cálculo, prazo e penalidades. 2.2. Leis de outros Estados sobre o Imposto de Transmissão *Causa Mortis* e Doações. 2.3. Imposto progressivo. Constitucionalidade. 2.4. Vigência e aplicação do imposto: cada lei no seu tempo. **3.** Imposto *inter vivos*. Conceito e fato gerador. 3.1. Alíquota do ITBI. 3.2. Relação do ITBI com o processo de inventário. **4.** Cálculo do imposto no inventário. 4.1. Base de cálculo do imposto *causa mortis*. 4.2. Imposto em caso de renúncia à herança. 4.3. Imposto em caso de renúncia à meação. 4.4. Procedimento do cálculo no inventário. 4.5. Recurso da sentença de cálculo. 4.6. Imóveis situados em outros Estados. **5.** Cálculo e recolhimento do imposto nos arrolamentos. **6.** Imposto de Renda sobre lucros na sucessão.

1. OS IMPOSTOS SOBRE TRANSMISSÃO E SUAS ESPÉCIES

Desde a Emenda Constitucional n. 18, de 1965, os impostos de transmissão da propriedade imobiliária foram fundidos num só, embora com distinção das duas espécies tradicionais: o *inter vivos* (incidente sobre compra e venda, doação, cessão de direitos etc.) e o *causa mortis* (relativo a herança e legados). A competência para sua instituição era dos Estados e do Distrito Federal, nos termos do artigo 23, inciso I, da Constituição Federal de 1967.

Com a Carta de 1988, restabeleceu-se a dualidade dessa espécie de tributos, com a repartição de competências entre os Estados e os Municípios, conforme a causa da transmissão dos bens.

Assim é que: a) os impostos sobre transmissão *causa mortis* e doação, de quaisquer bens ou direitos, cabem ao Estado e ao Distrito Federal (art. 155, I, *a*, da CF/88); b) os impostos sobre transmissão *inter vivos*, a qualquer título, por ato oneroso, de bens imóveis, por natureza ou acessão física, e de direitos reais sobre imóveis, exceto os de garantia, bem como cessão de direitos a sua aquisição, competem aos Municípios (art. 156, II, da CF/88)[1].

Na sucessão hereditária, portanto, a previsão de incidência fiscal é para todos os bens ou direitos, abrangendo bens imóveis e móveis.

A distinção entre bens móveis e imóveis deve ser feita em consonância com as regras dos artigos 79 a 84 do Código Civil. Além dos imóveis por natureza, abrangendo o solo com sua superfície e acessórios, compreendem-se também aqueles resultantes de acessão física (plantações, edificações) ou intelectual (exploração industrial, aformoseamento ou comodidade) e, ainda, os bens imóveis por destinação legal (direitos reais sobre imóveis, apólices da dívida pública com cláusula de inalienabilidade e o direito à sucessão aberta).

1.1. Legislação sobre o imposto de transmissão

As normas gerais relativas ao imposto sobre transmissão de bens imóveis e de direitos a eles relativos acham-se no Código Tributário Nacional (Lei n. 5.172, de 25-10-66), artigos 35 a 42, com definição do fato gerador, casos de não incidência, base de cálculo do imposto, fixação de alíquota, competência do Estado da situação do imóvel transmitido e extensão do conceito de contribuinte a "qualquer das partes na operação tributária".

Regulamentação legal específica se vê em cada Estado da Federação, definindo incidências do imposto, alíquota, formas e prazos de arrecadação, penalidades etc.

Vigorou no Estado de São Paulo, até 31 de dezembro de 2000, a Lei Estadual n. 9.591, de 30 de dezembro de 1966, com as alterações da Lei n. 3.199, de 23 de dezembro de 1981, regulando o imposto sobre a transmissão de bens imóveis, na esteira do que dispunham a Emenda n. 18, de 1965 e a Constituição de 1967. Em vista da data em que foi editada, essa lei ainda tratava das duas espécies de transmissão de bens, *causa mortis* e *inter vivos*. Tornou-se obsoleta na parte relativa à transmissão por ato *inter vivos* desde que atribuída ao Município essa espécie de tributo. Demais disso, a mencionada lei regulava, no âmbito da sucessão hereditária, apenas a transmissão

---

[1] Sobre a disciplina constitucional e legal em matéria tributária, consultar Vittorio Cassone, *Direito Tributário*, 11. ed., São Paulo: Atlas, 1999.

de bens imóveis, sem cuidar da tributação sobre a transmissão dos bens móveis, com omissão dessa renda tributária que lhe foi outorgada pela Constituição de 1988.

Com a edição da Lei Estadual Paulista n. 10.705, de 28 de dezembro de 2000, em vigor desde 1º de janeiro de 2001, revogada a legislação anterior, adotou-se mais ampla base de incidência do chamado ITCMD – Imposto sobre Transmissão *Causa Mortis* e Doação, abarcando a transmissão de bens móveis e imóveis.

Nem bem se havia assimilado a radical modificação trazida por esse diploma legal, foi editada nova legislação sobre a matéria, com relevantes mudanças. Trata-se da Lei bandeirante n. 10.992, de 21 de dezembro de 2001, que altera dispositivos da Lei n. 10.705/2000 em pontos essenciais, como os relativos a limites de isenção, alíquota e forma de recolhimento do imposto.

Outros Estados da Federação igualmente cuidaram de sua legislação tributária a fim de proceder à sua atualização, tendo em vista a incidência do imposto de transmissão de bens *causa mortis* e por doação (ITCMD, ou ITCD), abrangendo tanto imóveis quanto móveis e outros direitos, em consonância com a previsão constitucional.

O imposto sobre a transmissão *inter vivos* (ITBI), de competência dos Municípios, abrange as alienações a título oneroso, como a compra e venda, permuta, cessão de direitos hereditários, partilha diferenciada com reposição de valores, de bens imóveis e de direitos reais sobre imóveis (exceto os de garantia), bem como cessão de direitos a sua aquisição.

No município de São Paulo, esse imposto é regulado pela Lei n. 11.154, de 30 de dezembro de 1991, com modificações da Lei n. 13.107, de 29 de dezembro de 2000, da Lei n. 13.402, de 5 de agosto de 2002, e da Lei n. 16.098, de 29 de dezembro de 2014, que elevou a alíquota do imposto de 2% para 3%. Seu artigo 2º, inciso VI, inclui na incidência do imposto o valor dos imóveis que, na partilha, forem atribuídos ao cônjuge supérstite ou a qualquer herdeiro acima da respectiva meação ou quinhão. E o inciso X do mesmo artigo abarca a cessão de direitos à sucessão.

2. IMPOSTO *CAUSA MORTIS*. CONCEITO E ORIGENS. FATO GERADOR

O imposto *causa mortis* tem essa denominação por incidir sobre a transmissão do domínio e da posse dos bens "em razão da morte", ou seja, pela abertura da sucessão aos herdeiros legítimos e testamentários. Dá-se, pois, com o óbito do autor da herança, aplicando-se o imposto pela alíquota vigente e conforme o valor atribuído aos bens nessa ocasião.

Antigo "selo de herança" (Alvará de 1809), depois chamado de "imposto de herança e legados", tem aplicação específica ao direito sucessório, com previsão de cálculo e recolhimento no processo de inventário (arts. 1.012 e 1.013 do CPC, a que correspondem os arts. 637 e 638 do CPC de 2015).

Seu campo de incidência abrange a sucessão legítima ou testamentária por morte do autor da herança e, também, a sucessão provisória do ausente, nos termos da lei civil.

Note-se que o tributo não é apenas *causa mortis*, mas também se aplica à transmissão de bens por doação, por isso a sigla ITCMD. A doação dá-se por ato *inter vivos* e pode ocorrer também no processo de inventário, por atos de alienação gratuita do direito à herança, como na cessão de direitos hereditários, na renúncia imprópria, de caráter translativo, e na partilha diferenciada, em que se atribui ao cônjuge sobrevivente ou a qualquer dos herdeiros quinhão maior do que o devido, sem que efetuada reposição (havendo reposição, a alienação seria onerosa, com incidência do imposto *inter vivos*, municipal).

Fato gerador[2]

Constitui fato gerador do imposto sobre a transmissão *causa mortis* e doação (ITCMD) a transmissão de qualquer bem ou direito havido:

a) por sucessão legítima ou testamentária, inclusive a sucessão provisória,

b) por doação, com ou sem encargo.

Ocorrem tantos fatos geradores quantos sejam os herdeiros, legatários ou donatários, na proporção dos respectivos valores.

O imposto *causa mortis* tem incidência específica sobre a herança. Por herança, entende-se a parte dos bens do falecido que é transmitida aos sucessores legítimos ou testamentários, tanto nos casos de morte como de ausência (sucessão provisória). Não se considera o total dos bens (monte-mor),

---

2 Fato gerador é denominação genérica, utilizada no Código Tributário Nacional (art. 113) para as hipóteses abstratas ou concretas de incidência tributária. Alguns doutrinadores preferem termos distintos: hipótese de incidência tributária e fato imponível, conforme haja previsão legal de incidência do tributo ou se dê a sua efetiva imposição.

se houver cônjuge ou companheiro sobrevivente com direito a meação, uma vez que a meação decorre do regime de bens no casamento ou da união estável, não constitui transmissão por via hereditária e por isso não se sujeita à incidência do imposto em tela.

Compreende-se na transmissão por direito sucessório qualquer forma de atribuição aos herdeiros, ainda que sujeita a gravames. Da mesma forma, tributa-se a transmissão por substituição testamentária, mesmo no fideicomisso.

Note-se que a transmissão hereditária da propriedade ou domínio útil de bem imóvel ou direito a ele relativo gera imposto em favor do Estado onde situado o bem. Já o bem móvel, o título e o direito em geral, inclusive os que se acharem em outro Estado, ficam sujeitos ao recolhimento de imposto no Estado onde se processar o inventário ou onde tiver domicílio o doador.

Na sucessão provisória, que se dá nos casos de arrecadação de bens de ausente (v. cap. 5), assegura-se a restituição do imposto recolhido no caso de aparecimento da pessoa.

2.1. Lei Estadual paulista n. 10.705/2000, alterada pela Lei n. 10.992/2001

Os impostos[3] sobre transmissão de bens *causa mortis* e doação sofreram substanciais modificações no Estado de São Paulo com as Lei n. 10.705/2000, em vigor desde 1º de janeiro de 2001, e n. 10.992/2001, em vigor desde 1º de janeiro de 2002.

---

3   A nova legislação paulista veio a lume com visível demora em face das modificações constitucionais relativas ao imposto em pauta (quando outros Estados da Federação de há muito se adaptaram ao vigente sistema). Tem o propósito de maior justiça fiscal, seja pela isenção total ou parcial do tributo às pequenas heranças, ou pela extensão da cobrança do imposto à transmissão de bens móveis, alcançando situações de fortuna que antes não eram tributadas. Com relação aos bens móveis, no entanto, permanece em vão de escape para certos bens que pertençam ao autor da herança, mas não titulados em seu nome. Eventualmente, não serão declarados no inventário, tais os adornos de residências, ações e títulos ao portador e mesmo contas conjuntas que possibilitem ao cotitular o levantamento independente da formalização judicial da transmissão *causa mortis*. O mesmo se diga de doações de bens sem formalização escrita, quando superiores ao piso legal tributável. É bom estar alerta, no entanto, para os graves efeitos dessa prática sonegatória. O recebimento de bens por vias transversas pode ensejar outros meios legais de apuração da responsabilidade fiscal e penal do adquirente (cruzamento de dados com a Receita Federal, quebra de sigilo bancário etc.), pelo injustificado acréscimo ao seu patrimônio e rendimentos.

Sua regulamentação consta do Decreto estadual n. 46.655, de 1º de abril de 2002. Foram reduzidos os limites de isenção e deu-se retorno ao sistema da legislação mais antiga, com o estabelecimento da alíquota única de 4% sobre o valor dos bens transmitidos.

2.1.1. Herança: Isenções

A lei paulista, artigo 6º, prevê a isenção do pagamento do imposto de transmissão *causa mortis* nos casos:

a) de imóvel residencial cujo valor não ultrapasse 5.000 UFESPs (Unidade Fiscal do Estado de São Paulo), desde que os familiares beneficiados nele residam e não tenham outro imóvel;

b) de imóvel cujo valor não ultrapasse 2.500 UFESPs, desde que seja o único transmitido;

c) de bens móveis que guarneçam os imóveis acima referidos, no valor de até 1.500 UFESPs;

d) de depósitos bancários em aplicações financeiras de até 1.000 UFESPs.

Também se isentam do imposto as verbas salariais, previdenciárias, de caráter alimentar e as relativas ao FGTS, bem como na extinção do usufruto, quando o nu-proprietário tiver sido o instituidor. Acrescenta-se mais um caso de isenção (§ 2º do citado artigo 6º) para as transmissões a entidades destinadas à promoção dos direitos humanos, da cultura ou à preservação do meio ambiente, o que vem beneficiar as denominadas ONGs (Organizações Não Governamentais) criadas com esses objetivos sociais.

Note-se que houve um sensível rebaixamento nos valores de isenção, em confronto com o limite anterior, que era de 7.500 UFESPs.

Além disso, para fins de isenção, considera-se o valor total do bem declarado no inventário e não apenas a parte transmitida por herança. Assim, embora a meação esteja imune ao tributo, o seu valor é considerado para efeito do cálculo do limite da isenção fiscal (questão controversa, v. cap. 7, item 3).

Em gravame ao contribuinte, cessa o critério de cálculo do imposto por faixas, que vigorava no texto anterior, quando se fazia a aplicação das alíquotas apenas sobre a parte excedente aos limites de isenção; pela nova sistemática, o bem que tiver valor maior que o da isenção é tributado sobre o seu valor total.

Na isenção concedida a imóvel residencial, a lei põe a condição de que "os familiares beneficiados nele residam e não tenham outro imóvel". Não se considera, portanto, o fato de o imóvel ter servido de residência ao autor da herança, mas sim a circunstância de nele residirem os sucessores.

Questão intrigante se coloca na hipótese de estar morando no imóvel a viúva, ou um dos herdeiros-filhos, enquanto outros ocupem diversa moradia. Pela interpretação literal do texto da lei, poder-se-ia chegar ao absurdo de excluir a isenção do imposto, ou de aplicá-la somente aos herdeiros residentes no imóvel transmitido. Não há de ser assim, contudo, por prevalência de uma interpretação mais ampla e de acordo com a *mens legis*, que se direciona em aliviar a carga tributária dos sucessores em atendimento à natureza residencial do imóvel deixado à família do falecido, bastando que seja ocupado por qualquer um dos familiares que estejam na ordem da vocação hereditária. Compreendem-se como tais os sucessores legítimos, que são os descendentes, os ascendentes e os colaterais, bem como o cônjuge (ainda que só pelo direito concorrente de herança ou pelo direito de habitação) ou o companheiro sobrevivente (pelo direito concorrente na herança).

Outro aspecto duvidoso no texto da lei diz com o requisito de os sucessores não possuírem outro imóvel. E se, havendo dois ou mais herdeiros, um deles não possuir, mas os outros forem titulares de outro imóvel? A isenção caberia, com certeza, para o herdeiro sem outro bem, mas poderia ser negada com relação aos demais. Seria preciso que a lei explicitasse, nesse caso, a forma de cobrança proporcional do tributo. Como não o fez, entende-se que a isenção subsiste, bastando que um dos familiares beneficiados, residente no imóvel, não tenha outro bem dessa natureza.

Quanto à transmissão de imóvel cujo valor não ultrapasse 2.500 UFESPs, a nova lei estabelece como requisito que seja "o único transmitido". Decai a isenção, portanto, se o autor da herança deixou outro bem imóvel de qualquer natureza, ainda que a soma do valor dos bens se encaixe no limite de isenção. O critério é ilógico, mas é o que consta da lei, nesse aspecto a merecer censura por considerar, ao lado do valor, o número de bens transmitidos, sem atentar para a hipótese de sua reduzida expressão econômica.

2.1.2. Alíquota e base de cálculo

Desaparece o critério de alíquotas progressivas, que trazia dificuldades de cálculo na transmissão da herança a múltiplos herdeiros com quinhões diferenciados, pois cada quinhão transmitido constituía um fato gerador, a exigir contas específicas para cada herdeiro ou legatário.

Retorna-se, como já anotado, à alíquota única de 4% sobre o valor fixado para a base de cálculo. Para os bens de valor excedente aos limites previstos no artigo 6º, não se considera a isenção, o que significa sério gravame aos sucessores de bens nesse patamar, uma vez que a sistemática anterior mandava aplicar o imposto somente sobre o excesso.

O valor da base de cálculo é considerado na data da abertura da sucessão, que se dá com o óbito do autor da herança. Para os imóveis, vale o lançamento fiscal. Para outros bens, pode ser exigida avaliação, caso seja impugnado o valor atribuído pelo inventariante. Em qualquer caso, faz-se a atualização pela variação da UFESP, até a data do recolhimento do imposto.

2.1.3. Doação

Incide também o imposto na transmissão por doação de bens móveis ou imóveis, observados os limites de isenção.

A doação de bens imóveis ou móveis, típico ato *inter vivos*, pode ocorrer também em transmissão sucessória, no âmbito do processo de inventário, por meio da cessão gratuita de direitos hereditários ou de meação, fazendo incidir o correspondente imposto de transmissão. O mesmo se diga da chamada "partilha diferenciada", em que determinado herdeiro é beneficiado com cota superior à que lhe seria devida por herança, sem reposição pecuniária aos demais herdeiros.

Diversamente, ocorrendo cessão de bem imóvel ou de direito a ele relativo, a título oneroso, ou havendo reposição na partilha diferenciada, assim como na hipótese de permuta de bens, o imposto será outro (o ITBI), de competência do Município (CF/88, art. 156).

Não incide o imposto *causa mortis* em caso de renúncia pura e simples de herança ou legado, que se formaliza por escritura pública ou termo nos autos (art. 1.805 do CC). Por ser de cunho abdicativo, a renúncia não gera transmissão do bem ao herdeiro renunciante, razão de escapar ao correspondente tributo. Mas o imposto naturalmente incidirá na transmissão operada em favor do herdeiro que se habilitar em lugar do renunciante.

A situação difere da chamada renúncia imprópria, translativa, feita em favor de terceira pessoa, que na verdade significa uma cessão de direitos, fazendo incidir não só o imposto *causa mortis* pela transmissão da herança ao renunciante-cedente, como também o imposto *inter vivos*, pela transmissão da herança ao beneficiário indicado.

Nos processos de inventário, a doação pode ocorrer sempre que houver cessão total ou parcial da herança, ou também da meação, a título gratuito, bem como na renúncia imprópria, feita em favor de outrem, por ser equivalente à cessão.

A lei em comento estabelece isenções para certos casos de doação (art. 6º, inc. II):

a) cujo valor não ultrapasse 2.500 UFESPs;
b) de bem imóvel para construção de moradia vinculada a programa de habitação popular; e
c) de bem imóvel doado por particular para o Poder Público.

Como antes consignado para a transmissão *causa mortis*, também na doação se estabelece mais um caso de isenção (§ 2º do artigo 6º) em favor de entidades destinadas à promoção dos direitos humanos, da cultura ou à preservação do meio ambiente.

Para o caso de doações sucessivas entre as mesmas pessoas, o artigo 9º, § 3º, da lei paulista determina que seja considerado o valor total das transmissões a esse título no mesmo ano civil, recalculando-se o imposto a cada nova operação, com abatimento das importâncias recolhidas anteriormente. Com isso, evita-se a possibilidade de fraude, antes não prevista, de doações picadas, em que se considerava o limite de isenção para cada um dos atos. Mas como a lei fala em "ano civil", ainda se pode imaginar hipótese de fuga ao tributo no caso de se bipartir uma doação de alto valor em duas operações, ao final de um ano e no início de outro, para obter, em cada qual, a isenção pretendida.

2.1.4. Declaração eletrônica e intervenção da Fazenda

Cabe ao contribuinte fazer a Declaração do ITCMD para comprovação da isenção ou apuração do valor a ser recolhido.

A declaração é feita por via eletrônica, mediante preenchimento de formulário encontrado no site da Fazenda estadual na internet[4]. O documento,

---

4 Endereço: www.pfe.fazenda.sp.gov.br.

assim obtido, servirá para o recolhimento do imposto pelo sistema bancário, devendo ser encaminhado à repartição fiscal do Estado (órgão da Secretaria da Fazenda), juntamente com cópias das peças essenciais dos autos do inventário (xerocópias das primeiras declarações, dos lançamentos fiscais e de outros documentos pertinentes).

O procedimento pelo meio eletrônico, especialmente se efetuado o recolhimento do imposto também por esse meio (na pendência de existir serviço bancário específico), facilita o trabalho do contribuinte modernizando a prática processual, embora possa causar dificuldade para um grande número de pessoas que não disponham de acesso às vias internáuticas (situação que vem rareando em vista da modernização dos equipamentos e da introdução dos processos judiciais eletrônicos).

Maior dificuldade ainda se origina da obrigação de encaminhar os papéis à repartição fazendária, quando, pela sistemática anterior, bastava a juntada da guia de recolhimento aos autos do processo de inventário ou de arrolamento.

Tem-se observado, em certos casos, indébita exigência da Procuradoria Fiscal para que sejam encaminhados os autos originais do processo pelo advogado do inventariante, para exame e verificação do imposto a pagar, ou dos casos de isenção.

De qualquer forma, excessos à parte nas burocracias do Fisco, importa lembrar que esses procedimentos não afetam a necessária participação da Fazenda no processo judicial de inventário, para o qual é intimada e sujeita a prazos de intervenção (art. 626 do CPC). O mesmo se diga, e ainda com maior razão, nos processos de arrolamento, que têm rito sumário ou especial, fluindo independentemente de citação da Fazenda. Sua intimação somente é exigida depois da sentença de partilha, para verificação do atendimento dos encargos fiscais pelo espólio (arts. 659 e 662 do CPC)[5].

---

5   É questionável a constitucionalidade dos dispositivos das leis paulistas sobre ITCMD, que condicionam o recolhimento do imposto *causa mortis* à prévia aprovação ("de acordo") do órgão da Procuradoria do Estado. Ademais é patente o confronto dessas exigências com o rito de cálculo do imposto previsto nos artigos 637 e 638 do Código de Processo Civil. Também não se sustenta a atuação do fisco estadual nos processos de arrolamento, em contradição com a dispensa dessa intervenção prevista no artigo 662 do mesmo Código. A Fazenda Estadual vem mitigando essas formalidades, com a implan-

2.1.5. Responsabilidade pelo recolhimento

São contribuintes do ITCMD os beneficiários da transmissão dos bens, ou seja, o herdeiro, o legatário, o donatário ou o cessionário. Mas a Lei estadual paulista estabelece que, nos casos de impossibilidade de exigência do cumprimento da obrigação principal pelo contribuinte, subsiste responsabilidade solidária de outras pessoas nos atos em que intervierem ou pelas omissões de que forem responsáveis, enumerando como tais: o tabelião, o escrivão e demais serventuários do ofício em razão dos atos tributáveis praticados por eles ou perante eles; as pessoas jurídicas envolvidas na prática do ato de transmissão; o doador ou o cedente de bem ou direito, qualquer pessoa física ou jurídica que detiver o bem transmitido ou estiver na sua posse; os pais, pelos tributos devidos por filhos menores; o inventariante, pelos tributos devidos pelo espólio etc.

2.1.6. Base de cálculo, prazo e penalidades

A base de cálculo do imposto é o valor venal do bem ou direito transmitido, expresso e atualizado em UFESPs (Unidade Fiscal do Estado de São Paulo). Considera-se valor venal o valor de mercado na data da abertura da sucessão ou da doação.

Nos processos de inventário, a apuração do valor é feita por avaliação judicial, mas esta pode ser dispensada se o valor declarado pelo inventariante for aceito pelos demais interessados e pela Fazenda Estadual, que intervém nos autos por meio do seu Procurador. Em se cuidando de bem imóvel, o valor de base de cálculo não pode ser inferior ao que constar do lançamento fiscal (IPTU, se for imóvel urbano, ou valor de referência (VR) lançado pela municipalidade para fins de alienação do bem; para o inventário de bens imóveis rurais adota-se o valor do imposto territorial rural (ITR), ou o valor de mercado constante de avaliações periódicas da Secretaria da Agricultura estadual.

Comporta ressalva o inventário simplificado, que se processa por Arrolamento sumário (art. 659 do CPC), com dispensa da avaliação dos bens

tação da guia eletrônica para recolhimento do ITCMD e dispensa de aprovação do Posto Fiscal, ressalvada a possibilidade de exigência posterior de eventual diferença no valor recolhido.

para efeitos fiscais. Prevalece a declaração do inventariante, sem intervenção da Fazenda, que é apenas cientificada, podendo, se discordar do valor, instaurar procedimento administrativo de arbitramento da base de cálculo, para fins de lançamento e notificação do contribuinte na esfera, sem interferir no arrolamento (art. 662 do CPC). A discussão de supostas diferenças pagas a menor deverá ser resolvida na esfera administrativa (STJ-2ª T., REsp n. 927.530-SP, rel. Min. Castro Meira, j. 12-6-2007, v.u).

Quanto aos prazos, o artigo 17 da lei estadual estabelece que o imposto será pago até 30 dias após a decisão homologatória do cálculo ou do despacho que determinar seu pagamento. Esse prazo não poderá exceder a 180 dias da data da abertura da sucessão, sob pena de sujeitar-se ao acréscimo de juros pela taxa do Sistema Especial para Liquidação e Custódia (SELIC) e de multa à ordem de 0,33% por dia, até o limite de 20%. Mas o juiz pode prorrogar o prazo de recolhimento sem essas penalidades, atendendo a requerimento do inventariante e desde que haja motivo justificado para o atraso (art. 17, § 1º, da lei paulista). A justificação é necessária, para que se demonstre não ter havido atraso pela inércia do inventariante. Por exemplo, se houver atraso por demoras burocráticas do cartório ou pela espera da manifestação da Fazenda no exame do cálculo do imposto[6].

Note-se a incongruência do sistema de prazos para aplicação de multa e juros, quando a regra básica é de recolhimento do imposto no prazo de 30 dias a partir da decisão de homologação e da ordem judicial para recolhimento. Assim, não cabe exigência daqueles acréscimos antes da ocorrência desse fato gerador, que depende da atuação do juiz do processo.

É prevista penalidade fiscal também para o atraso na abertura do inventário, conforme prazos estipulados no artigo 611 do Código de Processo Civil: multa de 10% se o processo não for requerido em até 2 meses contados da abertura da sucessão (morte do autor da herança), ou 20% se o atraso exceder a 180 dias[7] como dispõe o artigo 21 da lei estadual.

De outra parte, um benefício fiscal para estimular o contribuinte: havendo o recolhimento do imposto no prazo de 90 dias a contar da abertura da

---

[6] A demora na efetivação do lançamento por responsabilidade exclusiva da autoridade administrativa não enseja a cobrança de juros e multa (TJRS-1º Grupo Cível, El. 70017891151-Ijuí-RS, rel. Des. Luiz Felipe Silveira Difini, j. 4-5-2007, v.u.).

[7] A validade dessa cobrança, ainda ao tempo da legislação anterior, foi proclamada pelo STF na Súmula 542: "Não é inconstitucional a multa instituída pelo Estado-membro, como sanção pelo retardamento do início ou da ultimação do inventário".

sucessão, será concedido desconto de 5% sobre o valor apurado (§ 2º do mesmo artigo).

Faculta-se o parcelamento do imposto *causa mortis* em até 12 prestações mensais, a critério da Procuradoria Fiscal, se não houver no monte importância suficiente em dinheiro ou título para o pagamento imediato. Há que se levar em conta, porém, a restrição processual da homologação da partilha ou da expedição do correspondente formal enquanto não comprovada a integral quitação do débito perante o Fisco (arts. 654 e 659, § 2º, do CPC).

2.2. Leis de outros Estados sobre o Imposto de Transmissão *Causa Mortis* e Doações

Segue análise resumida dos dispositivos legais das diversas unidades da Federação brasileira. Ressalve-se a possibilidade de modificação legislativa, do que é farto o cenário nacional. Logo, é conveniente que se faça a pesquisa periódica nos sítios eletrônicos das fazendas estaduais, para atualização dos dados e verificação das leis locais, decretos regulamentadores, portarias e outras medidas de controle fiscal.

ACRE – Lei Complementar n. 112 de 30 de dezembro de 2002

Alíquotas: Nas transmissões *causa mortis*: 4%; nas doações: 2%.

Isenção nos casos de: I – a aquisição, por transmissão *causa mortis*, do imóvel avaliado em até quinhentos salários mínimos, destinado exclusivamente a moradia do cônjuge supérstite ou herdeiro, desde que outro não possua; II – a aquisição, por transmissão *causa mortis* de imóvel rural com área não superior ao módulo rural da região, de cuja exploração do solo dependa o sustento da família do herdeiro ou do cônjuge supérstite, desde que outro não possua; III – a doação de imóvel rural com o objetivo de implantar programa da reforma agrária; IV – a doação de aparelhos, móveis e utensílios de uso doméstico e de vestuário e sua transmissão *causa mortis*; V – a importância deixada ao testamenteiro, a título de prêmio ou remuneração, até o limite legal de cinco por cento do valor da herança; VI – a extinção do usufruto, quando o nu-proprietário tiver sido o instituidor; VII – as verbas: a) devidas pelo empregador ao empregado falecido; b) devidas por Institutos de Seguro Social ao *de cujus*; c) depositadas em contas individuais do FGTS em nome do *de cujus*; d) relativas a contas de PIS/PASEP em nome do *de cujus*; VIII – a doação de bem imóvel para construção de moradia vinculada a programa de habitação popular; IX – a doação de bem imóvel por particular para o Poder Público.

ALAGOAS – Lei n. 5.077 de 12 de junho de 1989; Decreto n. 10.306, de 24 de fevereiro de 2011

Alíquotas: 2% (dois por cento), nas transmissões e/ou doações feitas entre parentes consanguíneos até o 2º grau; 4% (quatro por cento), nas demais hipóteses.

Isenção: proventos e pensões atribuídos aos herdeiros; peças e obras de arte a museus e instituições de fins culturais, sem fins lucrativos, situados no Estado.

AMAPÁ – Lei n. 0194, de 29 de dezembro de 1994

Alíquota: nas transmissões *causa mortis*: 4%; nas doações de quaisquer bens e direitos, 2%.

Isenção: I – transmissões por sucessão, de prédio, de residência a cônjuge e filhos do servidor público estadual falecido, quando esta seja a única propriedade do espólio, desde que comprovem não possuírem, individualmente, em sua totalidade outro imóvel; II – transmissões hereditárias de prédio de residência que constitua o único bem de espólio, até o limite de 2.000 (duas mil) UPF-AP (Unidade Padrão Fiscal – Amapá), desde que à sucessão concorram apenas o cônjuge ou filhos do *de cujus* e que fique comprovado não possuírem outro imóvel; III – as transmissões, por sucessão, de propriedade ou domínio útil de bem imóvel e de direitos reais sobre imóveis como originário dos quilombos, assim definidos por resolução do Conselho de Cultura Estadual, desde que à sucessão concorram apenas o cônjuge ou filhos do *de cujus*.

AMAZONAS – Lei Complementar n. 19, de 29 de dezembro de 1997

Alíquota: 2%.

Isenção: I – atos que fazem cessar entre os proprietários a indivisibilidade dos bens comuns; os frutos e rendimentos acrescidos à herança após a abertura da sucessão, exceto aqueles decorrentes de contrato com instituições financeiras cujo início se dê antes da abertura da sucessão e estejam sujeitos a termo que ocorra após a morte do autor da herança; III – transmissão *causa mortis* de: a) imóvel, rural ou urbano, cujo valor não ultrapasse R$ 100.000,00 (cem mil reais) e o(s) beneficiado(s) não possua(m) outro imóvel; b) roupa e utensílio agrícola de uso manual, bem como móvel e aparelho de uso doméstico que guarneçam as residências familiares; IV – a transmissão por doação: a) a Estado estrangeiro, de imóvel exclusivamente destinado a uso de sua missão diplomática ou consular; b) de bem imóvel doado pelo Poder Público a particular no âmbito de programa habitacional destinado a pessoas de baixa renda, para implantar políticas de reforma agrária, de moradia ou decorrentes de calamidade pública; c) de roupa, utensílio agrícola de uso manual, móvel e aparelho de uso doméstico que guarneçam as residências familiares; V – as transmissões cujo tributo tenha valor inferior a R$ 50,00 (cinquenta reais).

BAHIA – Lei n. 4.826 de 27 de janeiro de 1989

Alíquotas: I – nas transmissões *causa mortis*, tabela progressiva, conforme a espécie de transmissão e pelo valor da herança a partir de 500 OTNs (Obrigações do Tesouro Nacional): na linha reta, cônjuges e irmãos: 4% a 10%; entre tios, sobrinhos, avós, netos e primos irmãos – 8, 10 e 15%; grau acima e não parentes: 15, 20 e 25%; nas doações de quaisquer bens ou direitos: 2%.

Isenção: I – as transmissões, por sucessão, de prédio de residência a cônjuge e filhos do servidor público estadual, falecido, quando esta seja a única propriedade do espólio, desde que comprovem não possuírem, individualmente, em sua totalidade outro imóvel; II – as transmissões hereditárias de prédio de residência que constitua o único bem do espólio, até o limite de 2.000 (duas mil) UPF-BA (Unidade Padrão Fiscal-Bahia), desde que à sucessão concorram apenas o cônjuge ou filhos do *de cujus* e que fique comprovado não possuírem outro imóvel; III – as transmissões por sucessão de propriedade ou domínio útil de bem imóvel, direitos reais sobre imóveis, direitos, títulos e créditos de valor inferior ao inicial constante da tabela de alíquotas anexa; IV – as transmissões, por doação, de propriedade de bens imóveis entre empresas públicas estaduais, bem como as transmissões, por doação, de propriedade dos referidos imóveis ou de suas parcelas para os primeiros adquirentes pessoas físicas, beneficiários de programas estaduais de moradia para população de baixa renda.

CEARÁ – Lei n. 13.417/2003

Alíquotas progressivas, de acordo com a Ufirce (unidade fiscal do estado do Ceará): a) 1 – até 5.000, 2%; 2 – acima de 5.000 e até 15.000, 4%; 3 – acima de 15.000 e até 40.000, 6%; 4 – acima de 40.000, 8%; b) nas transmissões por doação: 1 – até 25.000 Ufirces, 2%; 2 – acima de 25.000, 4%.

Isenção: I – nas transmissões *causa mortis*: a) de bem imóvel urbano, desde que constitua o único bem imóvel a ser partilhado e que a sua avaliação seja igual ou inferior a 20.000 (vinte mil) Ufirces; b) de imóvel rural de área não superior a três módulos rurais, assim caracterizados na forma de legislação pertinente, desde que feitas a quem não seja proprietário de imóvel de qualquer natureza; c) em que o valor total do acervo hereditário seja igual ou inferior a 3.000 Ufirces; d) de créditos oriundos de vencimento, salário, remuneração, honorário profissional, direitos trabalhistas, inclusive Fundo de Garantia por Tempo de Serviço – FGTS, Programa de Integração Social – PIS, e Programa de Formação do Patrimônio do Servidor Público – PASEP, e benefícios da previdência oficial ou privada, não recebidos em vida pelo autor da herança, limitada a isenção ao valor equivalente a 5.000 (cinco mil) Ufirces; II – as transmissões *causa mortis* ou por doação: a) de imóveis estabelecidos em núcleos oficiais ou reconhecidos pelo Governo, em atendimento à política de redistribuição de terras, desde que feitas a colono que não seja proprietário de imóvel de qualquer natureza; b) de bens e direitos a associações comunitárias e a entidades de moradores de bairros, favelas e similares, atendidas as condições estabelecidas no art. 4º.

GOIÁS – Código Tributário Estadual – Lei n. 11.651/1991 – artigos 72 a 89

Alíquotas progressivas: I – de 2%, quando a base de cálculo for igual ou inferior a R$ 25.000,00; II – de 3%, quando a base de cálculo for superior a R$ 25.000,00 e inferior a R$ 110.000,00; III – de 4%, quando a base de cálculo for igual ou superior a R$ 110.000,00.

Isenção: I – o herdeiro, o legatário ou o donatário que houver sido aquinhoado com um bem imóvel: a) urbano, edificado, destinado à moradia própria ou de sua família, desde que, cumulativamente: 1. o beneficiário não possua outro imóvel residencial; 2. a doação, a legação ou a participação na herança limite-se a esse bem; 3. o valor do bem seja igual ou inferior a R$ 25.000,00; b) rural, cuja área não ultrapasse o módulo da região; I – o herdeiro, legatário, donatário ou beneficiário que receber quinhão, legado, parte, ou direito, cujo valor seja igual ou inferior a R$ 20.000,00; II – o donatário de imóvel rural, doado pelo Poder Público com o objetivo de implantar programa de reforma agrária; III – o donatário de lote urbanizado, doado pelo Poder Público, para edificação de unidade habitacional destinada a sua própria moradia; IV – o herdeiro, o legatário ou o donatário, quando o valor do bem ou direito transmitido ou doado for igual ou inferior a R$ 1.500,00 (um mil e quinhentos reais); V – a extinção de usufruto relativo a

Capítulo 9 Imposto sobre a Transmissão de Bens

bem móvel, título e crédito, bem como direito a ele relativo, quando houver sido tributada a transmissão da nua propriedade.

MARANHÃO – Lei n. 7.799 de 19 de dezembro de 2002

Alíquotas progressivas: I – de 2%: a) nas doações de quaisquer bens ou direitos; b) nas instituições de usufruto. II – de 4% nas demais hipóteses de incidência.

Isenção: I – transmissão de bem imóvel urbano, desde que constitua o único bem a ser partilhado e que a sua avaliação seja igual ou inferior a trinta e duas vezes o valor do salário mínimo vigente no Estado à época da transmissão; II – de bem imóvel rural, desde que constitua o único bem a ser partilhado e que a sua avaliação seja igual ou inferior a vinte e uma vezes o valor do salário mínimo vigente no Estado à época da transmissão; III – de bens e/ou direitos, transmitidos por doação, cujo valor recebido por donatário não ultrapasse o equivalente a vinte e uma vezes o valor do salário mínimo vigente no Estado à época da transmissão; IV – de bens de herança ou do monte-mor, cujo valor total não ultrapasse a trinta e duas vezes o valor do salário mínimo vigente no Estado, na sucessão *causa mortis*. Parágrafo único. O reconhecimento da isenção será verificado em processo, mediante requerimento do interessado à área de tributação.

BRASÍLIA, DISTRITO FEDERAL – Lei n. 3.804, de 8-2-2006 e Decreto n. 16.116, de 2-12-1994

O Imposto sobre a Transmissão *Causa Mortis* e Doações de Quaisquer Bens ou Direitos – ITCD – tem a alíquota de 4% do valor da herança.

MATO GROSSO – Lei n. 7.850, de 18-12-2002

O Imposto sobre Transmissão *Causa Mortis* e Doação (ITCD), tem as alíquotas que variam de acordo com um escalonamento baseado em tabelas da "Unidade Fiscal do Estado" (UPFMT), sendo na transmissão *causa mortis*:

I – até 500 UPFMT – isenção;

II – acima de 500 e até 2.250 UPFMT – 2%;

III – acima de 2.250 UPFMT – 4%.

Nas doações, as alíquotas são:

I – até 200 UPFMT – isenção;

II – acima de 200 e até 900 UPFMT – 2%;

III – acima de 900 UPFMT – 4%.

MATO GROSSO DO SUL – Lei n. 1.810, de 22-12-1997

O imposto é o ITCD, previsto no Código Tributário Estadual, em seu artigo 129, com as seguintes alíquotas:

I – 4% nos casos de transmissão *causa mortis*, e

II – 2% mas hipóteses de doação de quaisquer bens ou direitos.

MINAS GERAIS – Lei n. 14.941, de 29-12-2003, regulamentada pelo Decreto n. 43.981, de 3-3-2005

O ITCMD tem a alíquota variável em razão do fato gerador e da base de cálculo, sendo 2% e 4% para doações e 3% a 6% para *causa mortis*. Os casos de isenção do imposto estão descritos no art. 3º da referida lei estadual.

PARÁ – Lei n. 5.529, de 5-1-1989, alterada pelas Leis n. 6.282/98 e n. 6.428/2001

O Imposto sobre Transmissão *Causa Mortis* e Doação – ITCD, está sujeito à alíquota de 4% sobre o valor venal dos bens ou direitos ou o valor do título ou crédito, transmitido ou doado, na data do ato da transmissão ou doação.

PARAÍBA – Lei n. 5.123 de 27-1-1989

O Imposto sobre a Transmissão *Causa Mortis* e Doação de Quaisquer Bens ou Direitos – ITCD – tem a alíquota de 4% (quatro por cento) nas transmissões e doações.

PARANÁ – Lei n. 8.927, de 28-12-1988, alterada pela Lei n. 10.064, de 12-7-2002

A alíquota do imposto de transmissão *causa mortis* é de 4% sobre o valor venal dos bens, mediante avaliação da Fazenda.

Consta que o ITCMD corresponde a somente 0,6% da receita bruta estadual, mas sua arrecadação é onerosa, pois depende de cerca de 30% da máquina administrativa. Foi proposta a isenção total para valores até R$ 50.000,00, pois seria irrisória a perda de receita e aumentaria muito a possibilidade de os funcionários se dedicarem mais aos outros tributos.

PERNAMBUCO – Lei n. 10.260, de 27-1-1989, alterada pela Lei n. 11.920, de 29-12-2000

O Imposto sobre a Transmissão *Causa Mortis* e Doação de Quaisquer Bens ou Direitos – ICD, tem a alíquota de 5% (cinco por cento), relativamente aos fatos geradores ocorridos a partir de janeiro de 2001, e a base de cálculo do imposto é o valor venal dos bens, direitos e créditos, no momento da ocorrência do fato gerador, segundo estimativa fiscal.

Capítulo 9 Imposto sobre a Transmissão de Bens

PIAUÍ – Lei Ordinária n. 6.043, de 30-12-2010
Alíquota: 4%.

Isenção: I – transmissão *causa mortis*: a) de imóvel urbano residencial, desde que sua avaliação seja igual ou inferior a 15.000 Unidades Fiscais de Referência do Piauí, e que este seja o único bem objeto da partilha; b) de imóvel rural, cuja área não ultrapasse o módulo rural da região, e desde que o beneficiário não seja proprietário de outro imóvel e não receba mais do que um imóvel por ocasião da transmissão; c) cuja soma dos valores venais da totalidade do quinhão hereditário, excetuados os bens relacionados na alínea "d" deste inciso, seja igual ou inferior a 1.000 UFR-PI; d) de roupa e utensílio agrícola de uso manual, bem como móvel e aparelho de uso doméstico que guarneçam as residências familiares, cujo valor total seja igual ou inferior a 1.000 UFR-PI; e) de valores correspondentes a vencimento, salário, remuneração, honorário profissional, direitos trabalhistas, inclusive Fundo de Garantia por Tempo de Serviço – FGTS, Programa de Integração Social – PIS e Programa de Formação do Patrimônio do Servidor Público – PASEP, benefícios da previdência oficial ou privada, não recebidos em vida pelo autor da herança, cuja soma total dos referidos valores transmitidos, individual ou conjuntamente considerados, seja igual ou inferior a 3.000 (três mil) UFR-PI; II – a transmissão por doação: a) cuja soma dos valores venais da totalidade dos bens e direitos doados seja igual ou inferior a 1.000 UFR-PI; b) de bem imóvel doado pelo Poder Público a particular no âmbito de programa habitacional destinado a pessoas de baixa renda, para implantar programa de reforma agrária ou em decorrência de calamidade pública; c) de roupa, utensílio agrícola de uso manual, móvel e aparelho de uso doméstico que guarneçam as residências familiares, cujo valor total seja igual ou inferior a 1.000 UFR-PI.

RIO DE JANEIRO – Lei n. 1.427 de 13 de fevereiro de 1989
Alíquota: 4%.

Isenção: I – a aquisição do domínio direto, por doação; II – a aquisição, por doação, por Estado estrangeiro, de imóvel exclusivamente destinado a uso de sua missão diplomática ou consular; III – a extinção do usufruto, do uso e da habitação, em decorrência de sucessão *causa mortis*, de um único imóvel desde que o herdeiro ou legatário não seja proprietário de outro imóvel e tenha renda mensal igual ou inferior a 5 (cinco) salários mínimos; IV – a transmissão dos bens ao cônjuge, em virtude da comunicação decorrente do regime de bens do casamento; V – a consolidação da propriedade na pessoa do fiduciário; VI – a transmissão, por doação, de imóvel para residência própria, por uma única vez, a qualquer título, quando feita a ex-combatentes da Segunda Guerra Mundial, assim considerados os que participaram das operações bélicas, como integrantes do Exército, da Aeronáutica, da Marinha de Guerra e da Marinha Mercante do Brasil; VII – a transmissão *causa mortis* de valores não recebidos em vida pelo *de cujus*, correspondentes a remuneração, rendimentos de aposentadoria e pensão, honorários, PIS, PASEP, FGTS, mencionados na Lei Federal n. 6.858, de 24-11-80, independentemente do reconhecimento previsto no artigo 29, desta Lei; e VIII – a transmissão *causa mortis* de bens e direitos integrantes de monte-mor cujo valor total seja inferior a 5.000 UFIRs (unidade fiscal de referência do estado do Rio de Janeiro), vigente à data da avaliação, judicial ou administrativo; IX – a doação, em dinheiro, de valor que não ultrapasse a quantia equivalente a 1.200 (um mil e duzentos) UFIRs-RJ por ano; X – a transmissão, por doação, de imóvel destinado à construção de habitações de interesse social e, quando ocupados por comunidades de baixa renda, seja objeto de regularização fundiária e urbanística; XI – a doação, pelo Poder Público a particular, de bem imóvel inserido no âmbito de programa habitacional destinado a pessoas de baixa renda ou em decorrência de calamidade pública; XII – a transmissão *causa mortis* de imóvel de residência cujo valor não ultrapassar 25.800 (vinte e cinco mil e oitocentos) UFIRs-RJ, desde que os herdeiros beneficiados nele residam e não possuam outro imóvel.

RIO GRANDE DO NORTE – Lei n. 5.887, de 15-2-1989

O Imposto sobre Transmissão *Causa Mortis* e Doação de Quaisquer Bens e Direitos – ITCD –, tem a alíquota de 4% para quaisquer transmissões e doações. A base de cálculo do imposto é o valor venal dos bens, direitos e créditos, no momento da ocorrência do fato gerador, segundo estimativa fiscal.

RIO GRANDE DO SUL – Lei n. 8.821/89, regulamentada pelo Decreto n. 33.156/89

O imposto tem a sigla ITCD, estabelecendo que a alíquota, nos atos *inter vivos*, é progressiva, de 3% até 8%, e nas transmissões *causa mortis*, progressiva de 1% até 8%.

RONDÔNIA – Lei n. 959, de 28-12-2000

O Imposto sobre a Transmissão *Causa Mortis* e Doação de Quaisquer Bens ou Direitos – ITCD, tem as seguintes alíquotas: I – de 2%, quando a base de cálculo for igual ou inferior a 1.250 UPFs; II – de 3%, quando a base de cálculo for superior a 1.250 e inferior a 6.170 UPFs; III – de 4%, quando a base de cálculo for igual ou superior a 6.170 UPFs.

RORAIMA – Lei n. 059, de 28 de dezembro de 1993

Alíquota: 4% (quatro por cento).

Isenção: I – a doação a Estado Estrangeiro, de imóvel exclusivamente destinado a uso de sua missão diplomática ou consular; II – os legados e doações feitos a ex-combatentes da Segunda Guerra Mundial, ex-guardas territoriais do ex-Território Federal de Roraima ou a seus filhos menores ou incapazes, quando o imóvel tiver sido comprovadamente adquirido para residência própria, desde que não possua outros imóveis e a isenção ocorra uma única vez; III – a doação a funcionário público estadual, de imóvel para o seu próprio uso e de sua prole, desde que não possua nenhum outro; IV – qualquer benefício a empregado, em dinheiro ou imóveis, que se destine a residência do empregado e sua prole, por mera liberalidade do empregador, desde que o donatário não possua outro imóvel; V – a propriedade rural de área não superior a 60 hectares, quando for adquirida em virtude de legado, herança ou doação, por trabalhador rural que não possua outro imóvel urbano ou rural; VI – os imóveis legados ou doados, quando vinculados a programas habitacionais de promoção social ou desenvolvimento comunitário de âmbito federal, estadual ou municipal, destinados a pessoas de baixa renda que comprovadamente não possuam outro imóvel; e VII – a herança, legado ou doação, cujo valor seja inferior a 50 UFERRS (unidade fiscal do estado de Roraima).

SANTA CATARINA – Lei n. 13.136, de 25-11-2004

Imposto sobre Transmissão *Causa Mortis* e Doação de Quaisquer Bens ou Direitos – ITCMD – atende a alíquotas progressivas: I – 1% sobre a parcela da base de cálculo igual ou inferior a R$ 20.000,00; II –3% sobre a parcela da base de cálculo que exceder a R$ 20.000,00 e for igual ou inferior a R$ 50.000,00; III – 5% sobre a parcela da base de cálculo que exceder a R$ 50.000,00 e for igual ou inferior a R$ 150.000,00; IV – 7% sobre a parcela da base de cálculo que exceder a R$ 150.000,00; e V – 8% sobre a base de cálculo, quando: a) o sucessor for: 1. parente colateral; ou 2. herdeiro testamentário ou legatário, que não tiver relação de parentesco com o *de cujus*; b) o donatário ou o cessionário: 1. for parente colateral; ou 2. não tiver relação de parentesco com o doador ou o cedente.

SERGIPE – Lei n. 2.704, de 7-3-1989

A alíquota do Imposto de Transmissão *Causa Mortis* e Doação de quaisquer Bens ou Direitos – ITD – é de 4% (quatro por cento), e a base de cálculo do imposto é o valor venal dos bens, títulos, créditos ou direitos à época da ocorrência do fato gerador, resultante da homologação judicial, mediante avaliação feita pela Secretaria de Estado de Economia e Finanças, ressalvado ao contribuinte o direito de requerer avaliação contraditória administrativa ou judicial.

TOCANTINS – Lei n. 1.287, de 28-12-2001

O imposto é o ITCD, com alíquotas que variam de acordo com a base de cálculo dos bens tributáveis: I – 2% quando a base de cálculo for igual ou até R$ 20.000,00; II – 3% quando a base de cálculo for superior a R$ 20.000,00 e até R$ 100.000,00; III – 4% quando a base de cálculo for superior a R$ 100.000,00.

2.3. Imposto progressivo. Constitucionalidade

Algumas leis estaduais, como visto, estabelecem alíquotas diferenciadas para os valores excedentes aos limites de isenção, atendendo-se a critério de progressividade no cálculo do imposto.

A Constituição Federal prevê a possibilidade de instituição desse regime progressivo para o imposto de renda (art. 153, § 2º, inc. I) e para o Imposto Predial e Territorial Urbano (IPTU – art. 156, § 1º, incs. I e II, com redação trazida pela Emenda Constitucional n. 29, de 19-9-2000; e art. 182, § 4º, inc. II), embora sem vedação expressa com relação aos demais tributos.

Mas o Supremo Tribunal Federal julgou inadmissível a incidência progressiva do Imposto sobre Transmissão de Bens Imóveis (ITBI), prevista em anterior legislação do Município de São Paulo, ao argumento de que feria princípio isonômico:

> Capacidade contributiva – Imposto de Transmissão *inter vivos*. A variação do preço do negócio jurídico atende ao instituto da capacidade contributiva. Adoção de alíquotas diversas representa duplicidade contrária ao texto constitucional. Precedente: RE 234.105-3, SP, rel. Min. Carlos Veloso, Pleno, j. em 8-4-99 (RE 247.309-0-SP, da 2ª Turma do STF, rel. Min. Marco Aurélio, j. em 17-8-99, v.u., publicado no *DJU* de 29-10-99, p. 25; *RJ-IOB* 1/14250).

Não obstante a relevância do precedente jurisprudencial relativo a outro imposto, faz-se necessário um exame mais aprofundado de sua aplicação ao imposto estadual sobre herança e doação, levando-se em conta a forma como foi instituído, em graduação de valores que visa beneficiar os contribuintes de menor potencial econômico.

Com efeito, a isenção e as alíquotas diferenciadas trazem benefício ao contribuinte, relativamente às heranças e doações de menor valor ou pela redução da alíquota na proporção do valor do bem transmitido. Quem recebe menos pode gozar de isenção ou de pagamento reduzido.

Demais disso, não se vislumbra violação ao princípio da igualdade, pois a diferença dos cálculos é de aplicação geral, atende aos interesses de todos, na medida em que somente incide a alíquota máxima para os valores excedentes aos limites da escala inferior. Ou seja, todos os contribuintes se beneficiam igualmente dos favores fiscais incidentes na tabela progressiva.

Ainda com maior peso, tenha-se em mente o princípio republicano da "capacidade contributiva", expresso no artigo 145, § 1º, da Constituição Federal: "Sempre que possível, os impostos terão caráter pessoal e serão graduados segundo a capacidade econômica do contribuinte". Em comento a esse dispositivo fundante de nosso sistema tributário, anota o Prof. Roque Antonio Carrazza que, em geral, todos os impostos devem ser progressivos, porque "é graças à progressividade que eles conseguem atender ao princípio da capacidade contributiva"[8].

Nessa linha o posicionamento jurisprudencial, afirmando a constitucionalidade do imposto progressivo na transmissão de bens *causa mortis*, como decidiu o Plenário do SupremoTribunal Federal no RE 562.045, por votação majoritária expressiva (apenas dois votos vencidos). Cuidava-se do ITCD instituído no Estado do Rio Grande do Sul, similar à progressividade cobrada em outros Estados. O mesmo entendimento foi aplicado a outros nove recursos sobre o mesmo tema (*site* www.stf.jus.br, notícia publicada em 6-2-2013).

2.4. Vigência e aplicação do imposto: cada lei no seu tempo

Cada uma das leis estaduais sobre o imposto *causa mortis* e doação tem sua vigência condicionada à data da abertura da sucessão ou da celebração do ato de liberalidade[9].

---

8   *Curso de Direito Constitucional Tributário*, 7. ed., São Paulo: Malheiros, 1995, p. 60 e 61.
9   A questão da vigência da Lei Paulista n. 10.705/2000 foi enfrentada pelo Judiciário em vista

É com a abertura da sucessão, em seguida ao óbito do autor da herança, que se dá a transmissão dos bens aos sucessores, conforme o direito de *saisine* (art. 1.784 do CC). Esse é o fato gerador do imposto de transmissão, ainda que o seu cálculo e o recolhimento se operem mais tarde, com a abertura e o processamento do inventário.

Sendo assim, aplica-se a lei fiscal vigente naquela data, em atenção ao princípio *tempus regit actum*, sem que possível a incidência retroativa da lei nova aos processos em curso que se refiram a transmissão operada na vigência de outra lei.

Mesmo as disposições benéficas ao contribuinte regulam-se por esse princípio, que atendem a expressas disposições do Código Tributário Nacional, artigos 105 e 144.

Significa estarem sujeitas a diferentes normas legais as transmissões de bens por herança ou por doação, conforme o ato transmissivo se dê na vigência de uma ou de outra dessas normas tipificadoras do tributo.

Tomando-se, por exemplo, a legislação do Estado de São Paulo na aplicação do imposto sobre a transmissão de bens por herança (e também por doação, feitas as necessárias adaptações de tempo e valor), observam-se as seguintes regras de vigência:

a) nas sucessões abertas até 31 de dezembro de 2000, aplica-se a Lei n. 9.591/66, com incidência do imposto *causa mortis* de 4% apenas sobre bens imóveis, sem qualquer isenção;

b) nas sucessões abertas de 1º de janeiro a 31 de dezembro de 2001, aplica-se a Lei n. 10.075/2000, com alíquotas progressivas de 2,5%

---

dos processos de inventário em curso que se referiam a sucessões abertas anteriormente, na vigência da lei revogada. Não obstante cuidar-se de tema controvertido, tem merecido prevalência o entendimento de que a esses casos anteriores não se aplicam os dispositivos da lei nova, ainda mesmo os de caráter benéfico (isenções e alíquotas reduzidas). Como um dos primeiros julgamentos, cita-se acórdão do Tribunal de Justiça de São Paulo, 1ª Câmara de Direito Privado, no AI 199.560.4/8, j. em 22-5-2001, v.u., rel. Des. Guimarães e Souza, com análise doutrinária e jurisprudencial, firmando a seguinte ementa: "Recurso. Agravo de Instrumento. Interposição contra ato judicial que indeferiu pedido da inventariante no sentido de não haver imposto *causa mortis* a recolher em face de Lei Estadual. Descabimento. 'O imposto de transmissão *causa mortis* é devido pela alíquota vigente ao tempo da abertura da sucessão'. Súmula 112 do STF, Edição da Lei Estadual n. 10.705/2000 que não modifica sua incidência porque regida pela legislação à época da abertura da sucessão".

e 4%, atendidos os limites de isenção, mas com incidência sobre quaisquer bens, imóveis ou móveis;

c) nas sucessões abertas a partir de 1º de janeiro de 2002, o imposto é devido nos termos da Lei n. 10.992/2001, com a alíquota de 4% sobre o valor de todos os bens transmitidos por herança, obedecidos os limites de isenção.

3. IMPOSTO *INTER VIVOS*. CONCEITO E FATO GERADOR

O imposto *inter vivos* incide sobre a transmissão, a qualquer título, por ato oneroso, de bens imóveis, por natureza ou acessão física, e de direitos reais sobre imóveis, exceto os de garantia, bem como cessão de direitos para a sua aquisição.

Como expresso na denominação, o tributo diz respeito a negócios entre pessoas vivas, nisso se distinguindo do imposto *causa mortis*, relativo às transferências de caráter sucessório.

Por abranger apenas a transmissão a título oneroso, o imposto *inter vivos* não se aplica aos atos de transmissão por doação, que dão origem a imposto de competência estadual (o ITCMD, analisado em item anterior).

Era chamado de *sisa*, denominação oriunda do francês antigo *assise*, servindo originariamente como tributo sobre compras e vendas, em especial de bens imóveis.

Seu fato gerador – a transferência de propriedade ou domínio útil a título oneroso – compreende os casos de compra e venda, dação em pagamento, permuta, aquisição por usucapião, cessão de direitos sobre imóveis (inclusive direitos hereditários), partilha diferenciada com reposição de dinheiro referente a imóveis, adjudicação, arrematação, remissão etc.

Exclui-se da incidência fiscal a transmissão de bens ou direitos incorporados ao patrimônio de pessoa jurídica em realização de capital. O mesmo se dá na transmissão de bens ou direitos decorrentes de fusão, incorporação, cisão ou extinção de pessoa jurídica. Mas o imposto é devido, nesses casos, se a atividade preponderante do adquirente for a compra e venda desses bens ou direitos, locação de bens imóveis ou arrendamento mercantil (art. 156, § 2º, I, da CF/88).

Na sistemática anterior, este imposto cabia aos Estados e abrangia também as doações de bens imóveis. Com o advento da Constituição Federal de 1988, passou à competência do Município da situação do bem (art. 156, II). Sua regulamentação, base de incidência, alíquota e forma de recolhimento, variam de acordo com a legislação própria de cada município, atendidos os princípios postos na Constituição Federal e no Código Tributário Nacional (Lei n. 5.172, de 25-10-1966).

3.1. Alíquota do ITBI

No Município de São Paulo, o imposto *inter vivos* é tratado na Lei n. 11.154, de 30 de dezembro de 1991. Seu texto sofreu diversas alterações, com destaque para a Lei municipal n. 16.098, de 29 de dezembro de 2014, que elevou em cinquenta por cento a alíquota do tributo, que era de 2%, passando a 3%. Sua denominação – imposto sobre a transmissão de bens imóveis *inter vivos* – dá origem à sigla ITBI.

Pelo que dispõe o texto legal vigorante em São Paulo, capital, as alíquotas são as seguintes: 0,5% nas transmissões compreendidas no Sistema Financeiro de Habitação, até determinado valor; de 3% nas demais transmissões, conforme o valor do bem.

No texto primitivo da lei havia uma escala progressiva de tributação, variando de 2 a 6% sobre o valor dos bens transmitidos, o que veio a ser considerado inconstitucional, ao entendimento de que seria ofensivo à capacidade contributiva, que já se considera na variação do preço do negócio jurídico[10].

A modificação adveio com a Lei municipal n. 13.107, de 29 de dezembro de 2000, para abolir o regime de alíquotas progressivas.

Note-se que a majoração da alíquota do imposto sobre o valor da transmissão, atendido o chamado "valor de referência" fixado pela municipalidade, passou a vigorar em 30 de dezembro de 2014, data da publicação da Lei n. 16.098, acima citada.

A base de cálculo do imposto é o valor venal dos bens ou direitos transmitidos, conforme constar da escritura ou do instrumento particular de transmissão ou cessão. Esse valor não poderá ser menor que o valor utilizado, no exercício, para base de cálculo do imposto sobre a propriedade predial e territorial urbana, atualizado monetariamente, de acordo com a variação dos índices oficiais, correspondente ao período de 1º de janeiro à data em que for lavrada a escritura ou instrumento particular.

---

10 V. precedentes do STF citados no item 2.2.5 deste capítulo.

No caso de instituição de direitos reais de usufruto, uso ou habitação, será de 1/3 o correspondente valor e de 2/3 o valor da nua-propriedade.

O prazo para recolhimento do imposto no inventário é de 10 dias contados da sentença homologatória do cálculo. O atraso acarreta a correção monetária do débito, multa e juros moratórios de 1% (um por cento) ao mês.

3.2. Relação do ITBI com o processo de inventário

Compreende-se na incidência do imposto *inter vivos* o valor dos imóveis que, na partilha, forem atribuídos ao cônjuge supérstite, a qualquer herdeiro, legatário ou cessionário, acima da respectiva meação ou quinhão. Havendo torna, ou reposição em dinheiro, pela atribuição de determinado bem acima do quinhão devido ao herdeiro, caracteriza-se a transmissão onerosa, e sobre esse valor incidirá o ITBI, de competência do Município. Caso contrário, ou seja, se não houver reposição da diferença, a hipótese será de doação, com sujeição ao ITCMD, de competência do Estado. Os cálculos serão feitos nos próprios autos do inventário, aí se comprovando a efetivação do recolhimento.

Se efetuada a partilha amigável por escritura pública, far-se-á nesse ato o recolhimento do imposto de transmissão pelo tabelionato.

É igualmente tributável a cessão de direitos à sucessão aberta, abrangidas as cessões celebradas por escritura pública (com recolhimento no ato) e a renúncia translativa, em que o herdeiro atribui seu quinhão a outrem. A respeito, relembra-se a anotação de que não é devido o imposto em caso de "renúncia pura e simples", em que não chega a haver transmissão do acervo hereditário ao herdeiro renunciante, seja por declaração expressa no início do processo de inventário, como ainda em renúncia tardia.

4. CÁLCULO DO IMPOSTO NO INVENTÁRIO

Dispõe o art. 637 do Código de Processo Civil que, em seguida às últimas declarações, proceder-se-á ao cálculo do imposto.

Trata-se de fase de liquidação, *intermezzo* fiscal entre o inventário propriamente dito e a finalização do processo com a partilha dos bens. Anota Orlando de Souza que o objetivo não é apenas a determinação do valor do imposto; constitui-se o cálculo em um "conjunto de operações matemáticas necessárias à apuração das despesas judiciais, custas do processo do inventário e dos impostos a serem deduzidos do monte-mor, os limites da legítima, o valor dos bens trazidos à colação e a determinação da meação do cônjuge sobrevivente"[11].

4.1. Base de cálculo do imposto *causa mortis*

A base de cálculo do ITCMD é o valor venal do bem ou direito transmitido, conforme disponham as respectivas leis estaduais (v. item 2).

Nos processos de inventário, a apuração do valor faz-se por avaliação judicial, com a observação de que esta pode ser dispensada se o valor declarado pelo inventariante for aceito pelos demais interessados e pela Fazenda Estadual, que intervém nos autos por meio do seu Procurador. Em se cuidando de bem imóvel, o valor de base de cálculo não pode ser inferior ao que constar do lançamento fiscal (IPTU, se for imóvel urbano, ou valor de referência, onde houver; ou ITR, se rural, e o lançamento do valor de mercado atribuído pela Secretaria da Agricultura).

Comporta ressalva o inventário simplificado, por arrolamento sumário (art. 659 do CPC), sem intervenção da Fazenda no curso do processo, ressalvada a sua intervenção na esfera administrativa para exigência do valor do tributo.

O imposto não incide sobre a totalidade do patrimônio inventariado, ou seja, o monte-mor, mas apenas sobre a herança transmitida aos herdeiros e legatários. Assim, havendo cônjuge meeiro sobrevivo (com direito à comunhão de bens), será apartado o valor da meação, a qual não decorre de transmissão de bens e sim do regime de comunhão no casamento. A outra metade deixada pelo inventariado é que fica sujeita ao tributo, por ser transmitida aos herdeiros. Veja-se, a respeito, o capítulo 7, item 3, referente à conceituação de monte-mor e suas implicações no cálculo do imposto e das custas.

Cuidando-se de bem compromissado à venda pelo autor da herança, o imposto há de ser calculado sobre o crédito existente, ou seja, o valor a ser transmitido aos herdeiros (preço a receber). Tem lugar o entendimento consagrado pelo Supremo Tribunal Federal na citada Súmula 590, que manda calcular o imposto de transmissão *causa mortis* sobre o saldo credor da promessa de compra e venda de imóvel, no momento da abertura da sucessão do promitente vendedor.

Pela mesma razão, em raciocínio *a contrario sensu*, tendo havido aquisição de bem mediante compromisso de compra e venda pelo autor da herança,

---

11 *Inventário e partilhas*, op. cit., p. 154.

servirão de base para o cálculo do tributo apenas as parcelas já pagas até a data do óbito. Não obstante, é de ser lembrada disposição da lei paulista no sentido de que "não serão abatidas do valor base para o cálculo do imposto quaisquer dívidas que onerem o imóvel transmitido, nem as dívidas do espólio" (art. 21 da Lei n. 9.591/66, reiterado pelo art. 12 da Lei n. 10.705/2000). A aplicação literal desse dispositivo levaria ao absurdo de apurar imposto sobre o valor total de imóvel compromissado à venda ao *de cujus,* com pagamento apenas de parte do preço, quando, na realidade, o que se está transmitindo aos herdeiros é o imóvel com a dívida pendente, que será satisfeita pelos próprios herdeiros após a abertura da sucessão. Se não houve efetiva transmissão do valor total do bem, mas apenas a transmissão proporcional ao valor pago, este haverá de servir como base de cálculo do imposto, que se justifica como a efetiva herança recebida na via sucessória.

Convém lembrar, no entanto, que subsistem divergências, em doutrina e na jurisprudência, quanto à dedução das dívidas passivas do falecido, despesas e honorários de advogado, para encontro do monte líquido tributável. Responde o espólio pelas dívidas, segundo dispõem taxativamente os artigos 1.997 do Código Civil e 796 do Código de Processo Civil, aduzindo que, realizada a partilha, cada herdeiro arca com os débitos na proporção da parte que na herança lhe coube. A enumeração de tais dívidas extrai-se do privilégio creditício previsto no artigo 965 do Código Civil. Ainda, encontram-se referências no artigo 1.722 do mesmo Código, ao abatimento das dívidas e das despesas do funeral, para o cálculo da metade disponível dos bens, reservada aos herdeiros necessários. E os artigos 1.847 e 1.998 do Código Civil dispõem que as despesas funerárias, haja ou não herdeiros legítimos, sairão do monte da herança.

Já decidiu a Suprema Corte pelo abatimento dessas despesas, para efeitos fiscais (*RT* 622/231); no mesmo sentido o Tribunal de Justiça de São Paulo (*RT* 393/196), e também sobre a isenção do imposto na verba honorária satisfeita pelo inventariante (Súmula 115 do STF). São Paulo decidiu que: "O ITCMD deve incidir sobre patrimônio líquido transmitido e não sobre a integralidade do monte-mor, deduzindo-se o passivo da herança. Inteligência dos arts. 1.792 e 1.997 do CC. Precedentes. Existência de direito líquido e certo. (TJSP, Ap. 1023527-72.2018.8.26.0053, 3ª Câmara de Direito Público, rel. Des. Marrey Uint, v.u., j. 12-2-2019, *DJE* 19-2-2019).

Mas é de ver que as disposições da legislação civil e processual não se referem especificamente ao abatimento para o cálculo do imposto *causa mortis.*

De outra parte, desde o advento do Código Tributário Nacional (Lei n. 5.172/66), estabeleceu-se como fato gerador do tributo a transmissão dos bens imóveis e, como base de cálculo, o valor venal dos mesmos bens, já não mais se falando em "imposto sobre herança".

Tendo em vista que a competência para instituição do imposto foi reservada aos Estados Membros e ao Distrito Federal (art. 23, I, da CF/88 de 1967, e 155, I, *a*, da Constituição vigente), deve ser consultada a respectiva legislação, no tocante a alíquota, forma de cálculo, incidências, isenções, recolhimentos etc.

Disso resulta a controvérsia instaurada sobre o abatimento das dívidas na apuração da herança líquida a tributar, ante a mencionada disposição da lei paulista em desconsiderar, no cálculo do tributo, as dívidas que onerem o imóvel transmitido e as do espólio.

Relativamente às despesas do processo e honorários advocatícios, em que pese o enunciado da Súmula 115, prevalece o entendimento de que não se enquadram como dívida da herança, e sim como encargos de responsabilidade *pro rata* do viúvo meeiro e dos sucessores, por isso não dedutíveis para efeito da apuração da herança líquida tributável.

4.2. Imposto em caso de renúncia à herança

Em caso de renúncia pura e simples da herança, também chamada de renúncia própria ou abdicativa (v. cap. 1, item 7), não é devido o imposto de transmissão *causa mortis* relativamente ao renunciante, pela simples razão de que não se operou qualquer transmissão de bens a ele. A tributação incidirá, naturalmente, sobre a transmissão que vier a se dar em favor de outrem, ou seja, o herdeiro que vier a receber o quinhão renunciado.

Também não é devido, nessa hipótese de renúncia, o imposto de transmissão *inter vivos*, pois o herdeiro renunciante simplesmente abdica do seu direito, sem transmiti-lo voluntariamente a quem quer que seja[12].

A renúncia nada mais é do que a demissão da qualidade de herdeiro, pelo repúdio à herança. Por isso não produz efeito de transmitir bens; a su-

---

12 Ver *RT* 471/186, 519/112, 521/134, *RJTJSP* 58/210, 94/267. Do STJ, no RE 20.183-8, j. em 1º-12-93, 1ª Turma, rel. Min. Humberto Gomes de Barros: "Se todos os filhos do autor da herança renunciam a seus respectivos quinhões, beneficiando a viúva, que era a herdeira subsequente, é incorreto dizer que a renúncia foi antecedida por aceitação tácita da herança. Não incidência do imposto de transmissão".

cessão dá-se em favor de outros herdeiros sucessíveis, como se o renunciante não existisse ou não tivesse direito à sucessão.

Diversa a solução, porém, no caso de renúncia imprópria, ou translativa (v. cap. 1, item 8), em que o herdeiro determina a transmissão do seu quinhão hereditário a outra pessoa. O que se dá, nesse procedimento, é uma cessão de direitos hereditários, seja a título gratuito ou oneroso. Por decorrência, incidem dois impostos: o de transmissão *causa mortis*, pela inicial aceitação da herança pelo herdeiro; o de transmissão *inter vivos*, na subsequente fase de cessão dos direitos a outrem.

Considere-se que são irrevogáveis os atos de aceitação ou de renúncia da herança (art. 1.812 do CC).

A renúncia pode dar-se a qualquer tempo, antes da partilha, resultando na simples transmissão legítima dos bens aos demais herdeiros, com exclusiva incidência do imposto *causa mortis*, mas é recomendável que a renúncia seja apresentada logo após a abertura do inventário, com as primeiras declarações, para que não se confunda com desistência tributável.

Em suma, podem ocorrer três situações diversas:

a) renúncia pura e simples, ou abdicativa;
b) renúncia tardia, por desistência;
c) renúncia translativa, em favor de terceiro, equivalente a cessão de direitos hereditários.

Nos dois primeiros casos, só incide o imposto *causa mortis* pela transmissão da herança aos herdeiros remanescentes (excluído o renunciante). No último, além do imposto *causa mortis* pela inicial transmissão dos bens ao herdeiro, incidirá ainda o imposto *inter vivos* pela subsequente transmissão do seu direito ao sucessor indicado como beneficiário da renúncia (e que não esteja na linha sucessória normal).

4.3. Imposto em caso de renúncia à meação

A meação devida ao cônjuge viúvo (dependendo do regime de bens adotado no casamento) não se sujeita ao imposto *causa mortis*. Não se cuida de transmissão de bens, mas de mera atribuição de parcela resultante da comunhão preexistente ao óbito do autor da herança.

Por aí se vê a distinção entre o monte-mor, que é o total da herança inventariada, e o monte tributável, restrito à parte transmissível aos herdeiros e legatários (v. cap. 7, item 3), isto é, a herança.

Possível a renúncia da meação? Sim, pois ao cônjuge viúvo pode interessar que sua parte nos bens seja atribuída aos herdeiros, com ou sem reserva de usufruto. Trata-se, em verdade, de cessão de direitos à meação, muito semelhante à renúncia translativa, de que se cuidou no item precedente. Faz-se por escritura pública, mas também se admite sua formalização por termo judicial, nos autos do inventário, por analogia com a renúncia da herança. Não haverá, nessa transmissão, incidência de imposto *causa mortis*, mas apenas do *inter vivos*.

Também não há imposto de transmissão sobre direitos decorrentes da união estável, com reconhecimento judicial do direito à meação (nos autos do inventário ou em ação própria) ou do concubinato, envolvendo sociedade de fato[13].

Nesse caso, à semelhança da meação regular, não há falar-se em transmissão de bens do falecido ao concubino (por decorrência da sociedade de fato), ou ao companheiro (pelo regime condominial ou comunitário da união estável), de modo que não incide tributação.

Advirta-se, no entanto, sobre a possibilidade de impugnação da Fazenda para que não se reconheça a meação nesses casos, mas simples doação ou munificência por parte dos herdeiros, com a decorrente incidência do imposto *inter vivos*. Hipótese desse teor mereceu deslinde favorável ao Fisco em acórdão da 4ª Câmara Civil do Tribunal de Justiça de São Paulo, datado de 23 de dezembro de 1963, publicado na *Revista dos Tribunais* 358/182. Ocorreu ter havido atribuição de bens à companheira do falecido, na fase de partilha, além dos seus haveres na sociedade em comum, daí se concluindo pela configuração de mera liberalidade dos herdeiros na outorga de parte de seus quinhões, com decorrente imposição tributária.

Por isso que, repisando, mostra-se de rigor o reconhecimento judicial da sociedade de fato em união concubinária ou comunhão parcial de bens, em união estável, por ação própria, se divergentes os herdeiros, ou por termo de acordo nos autos do inventário, caso transijam os interessados, seguindo-se sentença homologatória. Consolidado o direito de meação, apartar-se-á o seu correspondente valor, para que remanesça o cálculo do imposto apenas sobre a cota da herança, ou seja, a parte transmissível aos herdeiros.

---

13 Sobre os direitos sucessórios na união estável, v. cap. 3; e, de Euclides de Oliveira – *União Estável*, 6. ed., São Paulo: Método, 2002.

4.4. Procedimento do cálculo no inventário

Cumprida a fase das últimas declarações, segue-se o cálculo do imposto *causa mortis* no prazo de 15 dias (art. 637 do CPC de 2015). As partes serão intimadas para manifestação em 5 dias. Também deve ser colhida a manifestação da Fazenda do Estado, pelo interesse fiscal.

Enumerados os valores dos bens, separa-se eventual meação e aplica-se a alíquota do imposto *causa mortis* sobre a parte transmitida aos sucessores. Faz-se, também, o cálculo das custas, para conhecimento de eventual diferença a recolher, deduzidas as custas iniciais (v. cap. 7, item 3).

Havendo imóveis situados em vários Estados, o imposto será calculado separadamente e recolhido em cada um deles, em razão da competência tributária pela localização dos bens, cumprindo-se por meio de carta precatória.

O mesmo se diga da transmissão onerosa de bens imóveis, por cessão de direitos, em que o imposto (ITBI) é devido ao município onde o bem esteja localizado.

A intimação da Fazenda será feita mediante publicação pela imprensa oficial ou por remessa dos autos à sua Procuradoria Fiscal. Será também intimada a Fazenda Municipal, se houver cálculo de imposto de transmissão *inter vivos*[14].

Ocorrendo impugnação, será apreciado pelo juízo, com possível remessa dos autos ao contador para conferência. As partes serão novamente intimadas para manifestação. A seguir, o juiz julgará o cálculo do imposto, daí fluindo o prazo de recolhimento da quantia devida, caso não tenha sido antes efetuado o recolhimento à Fazenda, ou mediante o depósito de eventual saldo devedor pela diferença apurada.

Esse rosário de atos procedimentais vem se simplificando, na prática forense, com o recolhimento do imposto por guia eletrônica utilizada pelos órgãos fiscais. Preenchida a guia, automaticamente são apurados os valores devidos com eventuais acréscimos se houver excesso nos prazos. A Fazenda

---

14 Tem variado o procedimento no Estado de São Paulo. Pelas Normas de Serviço da Corregedoria Geral da Justiça, havia determinação de que a Fazenda fosse intimada pessoalmente, com remessa dos autos do processo de inventário à Procuradoria do Estado. Mas o dispositivo foi alterado, para constar que basta a intimação da Fazenda pela imprensa. Na regulamentação da Lei Estadual n. 10.705/2000 passou a ser exigida a remessa de cópias do processo à repartição fiscal, para exame do cálculo do imposto, o que nos parece um excesso diante das normas constantes do Código de Processo Civil (v. item 2.3.4 deste cap.).

poderá manifestar-se no processo ou exigir complementação dos encargos pelo inventariante, sempre resguardando o seu direito de oportunas cobranças na via administrativa ou judicial.

Em casos de arrolamento sumário ou comum, não se apreciam questões relativas ao lançamento, ao pagamento ou à quitação de tributos sobre a transmissão dos bens, deixando que se realizem na via administrativa, conforme disposto nos artigos 662 e 664, § 4º, do Código de Processo Civil (v. item 5 deste capítulo; e os caps. 12 e 13).

4.5. Recurso da sentença de cálculo

A sentença proferida no cálculo do imposto põe fim à fase do inventário dos bens, ensejando abertura de nova fase com o subsequente processo de partilha. Nesse contexto, o julgamento reveste-se de caráter definitivo, a ensejar recurso de apelação (arts. 1.009 e 203, § 1º, do CPC).

Esse entendimento decorre da distinção necessária das duas fases processuais específicas: a do inventário e a da partilha. O inventário propriamente dito termina com o cálculo do imposto, sendo até possível prescindir-se da partilha, caso os bens já tenham sido atribuídos às partes, ou alienados a terceiros por força de alvarás, com divisão amigável do produto entre os interessados. Vem depois, uma vez satisfeito o imposto de transmissão, a finalização do processo com a partilha dos bens. Pesa, ainda, o argumento de que a sentença relativa ao cálculo é definitiva para a Fazenda Pública, fazendo cessar sua intervenção fiscalizadora, desde que recolhido o tributo[15].

Mas a questão não é pacífica. Entendem outros que a homologação do cálculo é mera decisão interlocutória, visto que o inventário tem por objeto a herança, só terminando com a efetiva partilha dos bens. O recurso adequado, então, seria o agravo de instrumento[16].

---

15 Nesse sentido, indicando a apelação como recurso adequado, forte contingente doutrinário: Pontes de Miranda, *Comentários ao Código de Processo Civil*, op. cit., 1978, p. 145; Hamilton de Moraes e Barros, *Comentários ao Código de Processo Civil*, Forense, op. cit., p. 225; Orlando de Souza, *Inventários e Partilhas*, Forense, 1981, p. 167. Na jurisprudência, confira-se *RT* 544/283.

16 Wilson de Oliveira, *Inventários e partilhas*, op. cit., p. 118; José da Silva Pacheco, *Inventários e partilhas na sucessão legítima e testamentária*, Forense, 1980, p. 476; Moniz de Aragão, *Comentários ao Código de Processo Civil*, Forense, volume 2, p. 41, n. 31.

Capítulo 9 Imposto sobre a Transmissão de Bens

Prevalece este último entendimento na jurisprudência, conforme anota Theotonio Negrão, em rodapé ao artigo 1.013, § 2º, do Código em vigor, mencionando fontes de acórdãos: *RTJ* 87/295; *RJTJSP* 31/177; *RP* 5/276[17].

Outros precedentes são lembrados em aresto da 5ª Câmara Civil do Tribunal de Justiça de São Paulo, não conhecendo do apelo, por inadequado e, dando como pertinente o agravo de instrumento. Fundamenta o relator Felizardo Calil: "A sentença homologatória do cálculo de imposto, em inventário, evidentemente não extingue o processo, mas, apenas, no curso do processo, resolve questão incidente. É de ser havida, assim, entre as decisões interlocutórias, tal como definidas no artigo 162, § 2º, às quais é reservada a solução de incidentes que não ponham termo à relação processual, que não sejam terminativas" (*RJTJESP* 85/217, referindo Moniz de Aragão, op. cit.).

Mesmo dentro da sistemática do direito anterior, manifestava-se dominante a jurisprudência em considerar o agravo como o recurso cabível na espécie (*RJTJESP* 31/178; *RT* 366/145, 379/181, 383/144, 384/151, 388/211, 391/217, 400/196, 403/196, 413/198, 414/175, 416/175, 448/123; *RTJ* 87/295).

O Código de Processo Civil, ao dispor, no artigo 1.015, sobre as diversas hipóteses de cabimento do agravo de instrumento, não menciona o cálculo do imposto, porém especifica, em parágrafo único, que também cabe agravo de instrumento de decisões interlocutórias em liquidação de sentença ou de cumprimento de sentença, no processo de execução e no processo de inventário. Essa referência vem confirmar o entendimento de que seria mesmo esse o recurso cabível contra sentença homologatória de cálculo do imposto, que não deixa de ser uma forma de liquidação da dívida fiscal na transmissão dos bens da herança.

4.6. Imóveis situados em outros Estados

Por ser de competência estadual, o imposto *causa mortis* atende ao critério do território onde se localizam os bens.

Assim, havendo imóveis situados em outros Estados, o juízo do inventário determinará expedição de carta precatória para apuração do valor dos bens, ouvida a Fazenda, e subsequentes cálculo e recolhimento do imposto devido.

Em alguns Estados exige-se avaliação dos bens. De regra, basta a juntada dos lançamentos fiscais dos bens imóveis para conhecimento do valor venal

---

17 *Código de Processo Civil e legislação processual em vigor*, op. cit., nota ao art. 1.013:2.

ou por lançamento administrativo (Imposto Predial e Territorial Urbano – IPTU –, ou pelo valor de referência adotado pelo município do lugar do imóvel). Vale a mesma regra para imóveis rurais, onde o valor do ITR (Imposto Territorial Rural) pode ser superado pela atribuição de valores de mercado por órgãos da Secretaria da Agricultura.

O pagamento do imposto deve ser feito no Estado onde situado o bem, em cumprimento de carta precatória, ou por providência direta do inventariante, bastando que junte aos autos do processo de inventário a correspondente guia de recolhimento e a certidão negativa fiscal.

5. CÁLCULO E RECOLHIMENTO DO IMPOSTO NOS ARROLAMENTOS

Diferente do inventário, nos processos de arrolamento não se efetua o cálculo do imposto pelo contador, nem se apreciam questões relativas ao seu valor. Tais providências ficam reservadas à esfera administrativa, cabendo à Fazenda o lançamento do imposto e a cobrança de eventuais diferenças em relação ao valor estimado nos autos.

A matéria é tratada nos arts. 659, § 2º, e 662, §§ 1º e 2º, do Código de Processo Civil, com precisão em ordenar que, transitando em julgado a sentença de homologação da partilha, seja expedido o formal ou a carta de adjudicação, intimando-se o fisco para lançamento administrativo do imposto de transmissão e de outros tributos porventura incidentes. Bem por isso, o imposto não é calculado nem recolhido no curso do arrolamento, mas sim por lançamento administrativo pelo órgão fiscal, sem vinculação com os valores dos bens do espólio atribuídos pelos herdeiros.

A mesma regra estabelecida para o arrolamento sumário vale também para o arrolamento comum, por força do art. 664, § 4º, do Código de Processo Civil, embora faça reporte, por equívoco, à aplicação do disposto no art. 672, quando quer referir-se ao art. 662 do mesmo código. Incorre em aparente contradição o § 5º do art. 664, ao condicionar o julgamento da partilha à prova de quitação dos tributos relativos aos bens do espólio e às suas rendas, porém essa quitação não se refere ao recolhimento do ITCMD, e sim a outros encargos fiscais, pela exigência das certidões negativas de tributos incidentes sobre os bens (IPTU, ITR) e do imposto de renda do espólio.

Ao inventariante cumpre atribuir o valor dos bens, de acordo com os lançamentos fiscais relativos ao ano do óbito do autor da herança, juntando os respectivos comprovantes com a declaração de bens.

Instruído o processo de arrolamento com as negativas fiscais e o plano ou auto de partilha, o juiz proferirá sentença homologatória ou de julgamento da partilha (conforme tenha sido amigável ou não). O imposto *causa mortis* já terá sido recolhido, mas, se não foi, o juiz ordenará que se efetue no prazo legal, com a juntada da correspondente guia aos autos. Após o trânsito em julgado da sentença, serão extraídos os formais de partilha (ou carta de adjudicação, em caso de herdeiro único).

O assunto será mais bem examinado no capítulo 12, item 7.

6. IMPOSTO DE RENDA SOBRE LUCROS NA SUCESSÃO

Sobre o lucro apurado na transmissão dos bens e direitos do espólio incide o imposto de renda, a título de ganhos de capital, em alíquotas progressivas, conforme a diferença apurada.

A matéria é tratada na Lei n. 9.532, de 10 de dezembro de 1997, artigo 23, com alterações das Leis n. 11.196, de 21 de novembro de 2005, artigos 38 a 40 (hipóteses de isenção e fatores de redução do ganho de capital), e 13.259, de 16 de março de 2016, estabelecendo as seguintes alíquotas:

I – 15% sobre a parcela dos ganhos até R$ 5.000.000,00;

II – 17,5% sobre a parcela dos ganhos que exceder R$ 5.000.000,00 e não ultrapassar R$ 10.000.000,00;

III – 20% sobre a parcela dos ganhos que exceder R$ 10.000.000,00 e não ultrapassar R$ 30.000.000,00; e

IV – 22,5% sobre a parcela dos ganhos que ultrapassar R$ 30.000.000,00.

Os fatores de redução previstos no artigo 40 da Lei n. 11.196/2005, constam de tabelas específicas da Receita Federal, com a aplicação de fórmulas próprias para o cálculo do imposto. Na hipótese de imóveis adquiridos até 31 de dezembro de 1995, o fator de redução será aplicado a partir de 1º de janeiro de 1996.

A regulamentação do imposto consta de decretos e de instruções normativas da Receita Federal sobre ganhos de capital na alienação de bens e sobre declarações de rendimentos do espólio. Recomenda-se conferir a legislação específica e observar as instruções atualizadas sobre a matéria no sítio eletrônico www.receita.fazenda.gov.br.

A instrução normativa da Declaração de Imposto de Renda da Pessoa Física referente ao exercício de 2019 (ano base de 2018), estabelece que estão sujeitas à apuração do ganho de capital as operações que importem transferência de propriedade de bens e direitos, por sucessão *causa mortis*, a herdeiros e legatários, quando a transferência dos referidos bens e direitos for efetuada por valor de mercado, desde que este seja superior ao valor de aquisição pelo autor da herança, constante de sua última declaração de rendas.

Ressalta o tributarista Antonio Herance Filho que "as disposições referidas aplicam-se, também, aos bens ou direitos atribuídos a cada cônjuge, na hipótese de dissolução da sociedade conjugal"[18]. O mesmo pode se dar na dissolução da união estável, em vista dos ganhos na apuração do valor da meação. Na partilha decorrente de processos dessa natureza, as partes podem ajustar os valores para que resultem em divisões igualitárias, assim objetivando a não incidência do imposto de transmissão, mas, com tal providência, sujeitam-se às "garras do leão" em relação ao imposto de renda que possa recair sobre o valor maior que vier a ser apurado em relação ao valor de origem de cada bem. Ainda, na hipótese de a propriedade ser havida parte por meação e parte por herança, torna-se necessário conhecer as datas de aquisição de cada parte do bem para fins de apuração do ganho de capital numa alienação futura.

Para apuração do fato gerador do imposto de renda, na transferência de direito de propriedade por sucessão nos casos de herança, legado ou por doação em adiantamento de legítima, os bens e direitos serão considerados pelo valor constante da declaração de bens do *de cujus* ou do doador. Se não houve anterior apresentação de declaração de rendimentos, por não se enquadrar, o contribuinte, na obrigatoriedade estabelecida pela legislação tributária, a avaliação poderá ser feita em função do custo de aquisição do bem ou direito. Faz-se a estimativa do valor dos bens imóveis pelo respectivo lançamento fiscal. Se houver coincidência com o valor apresentado na declaração de rendimentos do *de cujus*, nada haverá que recolher no curso do inventário.

Para melhor compreensão, um exemplo de transmissão de imóvel por herança: se o falecido deixou um bem no valor de R$ 100.000,00, como constava em sua declaração de rendimentos, mas o valor venal, apurado e declarado à data da abertura da sucessão para fins da partilha, é de R$ 150.000,00, cabe ao inventariante recolher o imposto sobre a diferença, de R$ 50.000,00, conforme a alíquota correspondente e observados os critérios de cálculo da tabela da Receita Federal. Se, na hipótese do mesmo bem, o valor venal for igual ao da declaração de rendimentos, não haverá imposto a

---

18 Antonio Herance Filho, *Escrituras Públicas – Separação, divórcio, inventário e partilha consensual,* São Paulo: Revista dos Tribunais, 2007, p. 153.

recolher nessa fase, mas o valor base será considerado em caso de futura alienação do bem, incidindo sobre a diferença que então vier a ser apurada.

A declaração anual de rendimento do espólio compete ao inventariante, até que se efetue a partilha dos bens, quando será feita a declaração final, de encerramento do espólio. Depois da partilha, caberá ao herdeiro, legatário ou meeiro, incluir em sua própria declaração os bens ou direitos havidos por herança, pelo valor da transmissão. Na apuração de ganho de capital pela posterior alienação desses bens ou direitos, será considerado como custo de aquisição o valor constante da partilha.

A lei prevê situações de isenção do imposto: a) quando o valor do imóvel não exceder a R$ 440.000,00, o herdeiro seja o proprietário do único bem dessa natureza, e não tenha realizado operação de compra e venda de imóveis nos últimos cinco anos (art. 23 da Lei n. 9.250/1995); b) no caso de aquisição de outro imóvel residencial no país, no prazo de até 180 dias da assinatura do contrato, dentro do limite do valor do imóvel havido na herança (art. 39 da Lei n.11.196/2005, alterando o art. 22 da Lei n. 9.250). As isenções podem ser utilizadas somente uma vez a cada 5 anos.

São dedutíveis na apuração do lucro os gastos com comissão de corretagem, escritura de venda e de registro imobiliário. O valor original de aquisição de imóvel pode ser acrescido das benfeitorias realizadas, desde que constem da declaração anual de bens para fins do ajuste do imposto de renda, devendo o contribuinte guardar os comprovantes para eventual exigência do Fisco. Cabe a isenção do imposto no caso de quitação total ou parcial de débito decorrente da aquisição de imóvel residencial anterior à transmissão hereditária, conforme entendeu o STJ no AREsp n. 1612183/RS (rel. Min. Napoleão Nunes Maia Filho, *DJe* 10-5-2019).

São responsáveis pelo recolhimento do imposto o inventariante e os demais interessados na sucessão, no limite dos respectivos quinhões, ou seja:

I – o espólio, pelos tributos devidos pelo autor da herança até a data da abertura da sucessão;

II – o sucessor a qualquer título e o cônjuge meeiro, pelos tributos dos rendimentos de bens inventariados até a data da partilha ou adjudicação, limitada essa responsabilidade ao montante do quinhão hereditário ou meação;

III – o inventariante, pelo cumprimento das obrigações tributárias do espólio resultantes dos atos praticados com excesso de poderes ou infração de lei.

A responsabilidade tributária deve ser interpretada em consonância com o princípio geral de que a herança responde pelas dívidas do falecido, enquanto não se ultima o inventário; feita a partilha, só respondem os herdeiros, na proporção dos respectivos quinhões na herança (art. 1.997 do CC).

O ilustre advogado Luiz Carlos de Camargo, que milita na seara do direito de família e sucessões, prestou valiosa colaboração aos autores na análise deste tópico do direito tributário e sucessório, fornecendo subsídios de ordem prática e anotando precedente jurisprudencial do Superior Tribunal de Justiça, 2ª Turma, no REsp 1042739, relatado pelo Min. Castro Meira, que afastou a cobrança fiscal porque lastreada em critérios de simples portaria administrativa, sem o devido suporte legal, assim afirmando: "O lucro imobiliário, diferença entre valor de compra e o de venda de um imóvel, não pode ser tributado pelo IR se o imóvel foi recebido por herança".

O caso era de um herdeiro de imóvel, que, ao vendê-lo, foi taxado pelo imposto de renda. Ele recorreu à Justiça, mas o TRF da 2ª região entendeu que, com base na portaria n. 80 de 1979 do Ministério da Fazenda, o fato de o imóvel ter sido adquirido por herança não evitaria que o tributo incidisse na venda deste. Destacou-se que o lucro imobiliário, definido no Decreto-lei nº 1.641, de 1978, era evento gerador de imposto, e que a Portaria nº 80 apenas definia que o valor para o cálculo era o da aquisição do imóvel por quem deixou a herança. No acórdão do recurso especial, o entendimento foi modificado, sob a argumentação de que a referida portaria teria tratado de matéria sujeita a reserva legal, citando precedentes no mesmo sentido de afastar a cobrança do imposto: EREsp 23999/RJ, Rel. Min. Milton Luiz Pereira, DJ 12.09.1957, e REsp 57415/RJ. Rel. Min. Humberto Gomes de Barros, DJ 10.04.1995.

Trata-se de matéria hoje consolidada em vista do tratamento legal específico que prevê a tributação no lucro da transmissão sucessória. Ainda suscita controvérsias, no entanto, por haver, em muitos casos, um aumento considerável de valor nos bens por mera decorrência do fenômeno inflacionário, sem uma efetiva valorização que signifique lucro tributável.

Sobre a fase de avaliação dos bens, com as consequências fiscais ora analisadas, v. capítulo 8, item 10.

CAPÍTULO 10
Partilha

> **SUMÁRIO: 1.** Noções. 1.1. Requerimento e deliberação sobre a partilha. **2.** Formas de partilha – Julgamento. 2.1. Partilha amigável. 2.2. Usufruto. 2.3. Partilha judicial. 2.4. Sentença. 2.5. Formal de partilha ou Carta de adjudicação. 2.6. Recurso. **3.** Emenda da partilha, anulação, nulidade e rescisão. 3.1. Erro de fato e inexatidões materiais. 3.2. Anulação da partilha amigável. 3.3. Rescisão da partilha. 3.4. Nulidade da partilha. **4.** Garantia dos quinhões hereditários. **5.** Sobrepartilha. **6.** Substituição processual do espólio. 7. Partilha no divórcio e na dissolução da união estável. **8.** Esquema da partilha.

1. NOÇÕES

Terminada a fase do inventário dos bens do autor da herança, que vai das primeiras às últimas declarações, chega-se ao final buscado por todos os interessados na herança, que é coroamento do processo com a partilha dos bens às pessoas habilitadas na meação e na sucessão do acervo hereditário. Partilhar significa atribuir os quinhões, dar a cada um o que é seu.

Na lição de Washington de Barros Monteiro, "partilha é a repartição dos bens da herança ou a distribuição do acervo hereditário entre os herdeiros. No direito romano, ela era translativa de propriedade; o herdeiro tornava-se proprietário do quinhão respectivo no momento da partilha, como se nesse instante o tivesse adquirido aos demais coerdeiros. Perante a nossa lei, porém, ela é simplesmente declarativa e não atributiva de direitos. O herdeiro adquire a propriedade, não em virtude da partilha, mas por força da abertura da sucessão. O próprio *de cujus*, por ficção, investe seu sucessor no domínio e posse da herança"[1].

A disciplina da matéria se contém nos artigos 2.013 a 2.027 do Código Civil, com disposições sobre as formas de partilha, a garantia dos quinhões hereditários e a anulação da partilha. As normas procedimentais acham-se no Código de Processo Civil, artigos 647 a 658, com menção às diversas fases em que se desenrola a partilha: pedido de quinhões, deliberação do

---

1 *Curso de Direito Civil*, op. cit., 34. ed., p. 263.

juiz, esboço de partilha, prazo para declaração, auto de partilha, julgamento, trânsito em julgado, extração do formal de partilha ou da carta de adjudicação, emenda, anulação e rescisão da partilha.

O procedimento é simplificado na hipótese de partilha amigável, a ser homologada pelo juiz, desde que as partes sejam capazes e transijam, seja ao final do processo de inventário (porque só então se chegou a acordo), ou pelo processo de arrolamento sumário, de que trata o artigo 659 do Código de Processo Civil, quando a partilha se simplifica em vista da acordância de todos os interessados, quando sejam maiores e capazes. É prevista, ainda, simplificação procedimental para o arrolamento comum de bens de valor não excedente a 1.000 salários mínimos, como dispõe o artigo 664 do mesmo Código.

1.1. Requerimento e deliberação sobre a partilha

O herdeiro pode sempre requerer a partilha, ainda que o testador o proíba. Cabe igual faculdade aos seus cessionários e credores (art. 2.013 do CC). É de se ressaltar, no entanto, o prazo prescricional previsto no artigo 1.238 do Código Civil para que o possuidor obste à partilha do bem mediante invocação da prescrição aquisitiva (v. cap. 7, item 7).

Cumpridas as providências relativas ao pagamento das dívidas do espólio e à reserva de bens (art. 642 e parágrafos do CPC de 2015), o juiz facultará às partes que, no prazo de 15 dias, formulem o pedido de quinhão (art. 647); em seguida proferirá decisão de deliberação da partilha, resolvendo os pedidos das partes e designando os bens que devam constituir o quinhão de cada herdeiro e legatário; explicitando: o juiz dirá quem são os sucessores, quais os respectivos quinhões, resolverá os pedidos das partes e dará solução a todos os incidentes que tenham surgido no transcorrer dessa fase final do processo.

Na sucessão testamentária, a forma de partilha pode ter sido determinada pelo autor da herança, mediante composição dos quinhões hereditários, conforme permissão do artigo 2.014 do Código Civil, em consonância com a partilha por ato de última vontade, prevista no artigo 2.018 do mesmo Código.

2. FORMAS DE PARTILHA – JULGAMENTO

A partilha pode ser feita judicialmente (na ação de inventário ou de arrolamento), ou extrajudicialmente (por escritura pública). Não se fala, aqui, do inventário e partilha extrajudicial, prevista no artigo 610, § 1º, do Código de Processo Civil (originário da Lei n. 11.441/2007), mas apenas da partilha que seja realizada por escritura pública, trazida aos autos do inventário judicial para homologação.

Partilha judicial é aquela realizada no processo de inventário ou de arrolamento comum, por requerimento das partes e deliberação do juiz, sempre que haja herdeiros menores ou incapazes, ou por não haver acordo entre os herdeiros, conforme dispõe a lei processual. O Código Civil, em seu artigo 2.016, repete o preceito de que será sempre judicial a partilha, se os herdeiros divergirem, assim como se algum deles for incapaz.

A partilha amigável resulta de acordo entre interessados maiores e capazes (art. 2.015 do CC), ao final do inventário ou no arrolamento sumário, quando as partes não tenham optado pela via extrajudicial, submetendo-se à homologação do juiz do inventário.

Sobre o inventário e partilha extrajudicial, consultar o capítulo 14.

2.1. Partilha amigável

A partilha amigável pode ser feita por ato *inter vivos* ou *post mortem*.

A partilha por ato *inter vivos*, ou partilha em vida, é aquela feita pelo autor da herança, como declaração de vontade, por escritura ou testamento, dispondo sobre a divisão dos seus bens, contanto que não prejudique a legítima dos herdeiros necessários. É o que dispõe o art. 2.018 do Código Civil: "É válida a partilha feita por ascendente, por ato entre vivos ou de última vontade, contanto que não prejudique a legítima dos herdeiros necessários".

Trata-se de ato privativo do seu titular essa atribuição dos bens à partilha, independentemente da participação ou da vontade dos herdeiros, pois não pode ser objeto de contrato a herança de pessoa viva (art. 426 do CC).

Em parecer sobre "o regime jurídico da partilha em vida", conclui Arnoldo Wald, com farta citação doutrinária e jurisprudencial, que os bens assim partilhados não estão sujeitos a inventário, "pois a partilha em vida é inventário antecipado", nem são trazidos à colação no momento da morte do hereditando, podendo haver, quando muito, a redução dos quinhões no caso de não ter sido atendida a legítima de algum herdeiro (*RT* 622/7 a 15).

Mas, ainda no ato de doação, ou por disposição em testamento, pode se dar a dispensa de colação, se o testador expressamente determinar que as outorgas são feitas da parte disponível de seus bens; se, houver excesso, no entanto, será inválido, ocasionando a redução da doação ao limite da parte disponível. As partilhas amigáveis *post mortem* ocorrem no curso do inventário ou do arrolamento, pela forma prevista no artigo 2.015 do Código Civil, desde que os herdeiros sejam capazes. Podem ser feitas por escritura pública, termo nos autos, ou escrito particular, homologado pelo juiz (arts. 1.029 e 1.031 do CPC de 1973; arts. 657 e 659 do CPC de 2015).

2.2. Usufruto

Admite-se a instituição de usufruto em partilha amigável, por petição e termo nos autos do inventário judicial, no arrolamento ou em escritura pública de inventário e partilha.

Trata-se de usufruto convencional, e não do usufruto vidual, *ex lege*, que era previsto no Código Civil de 1916 e foi extinto pelo Código vigente (v. cap. 2, item 9.8).

Entende-se que "o usufruto é destacável da nua propriedade, como direito autônomo. Tanto a viúva meeira como os herdeiros possuem partes ideais no todo. Portanto, nada obsta a que se concretizem essas partes pela forma avençada na partilha" (*RT* 606/106, 541/118, *RJTJESP* 37/31).

Hipótese bastante comum é a do cônjuge viúvo, com direito à meação nos bens da herança, concorrendo com herdeiros filhos. Atribui-se ao viúvo o direito de usufruto sobre determinados bens e faz-se a partilha da nua propriedade aos herdeiros. Cumpre ressalvar, no entanto, que o valor do usufruto corresponde a uma fração do valor dos bens, que no Estado de São Paulo, por força da Lei n.10.775/2000, seria de 1/3. Sobre a diferença entre esse terço e o valor da meação, pelas cotas atribuídas aos herdeiros, incidirá o imposto de transmissão, que pode ser o ITCMD no caso de liberalidade, ou o ITBI se houver pagamento ou reposição do valor.

Questão similar foi apreciada pelo Conselho Superior da Magistratura do Estado de São Paulo, em procedimento de dúvida inversa apreciada pelo Conselho Superior da Magistratura do Estado de São Paulo, em procedimento de dúvida inversa, com reporte a precedente no sentido de que "até a partilha, com efeito, a meação e a herança são partes ideais e, como já estabelecido pelo E. Tribunal de Justiça, nada obsta a que tais partilhas se definam como sendo o usufruto e a nua-propriedade, sem que tal implique em doação, pois, diversamente, não passa de simples atribuição de partes ideais" (*RJTJESP* 65/236; Ap. Cível 2. 595-0, j. em 1º-8-83; Ap. Cível 8.597-0/1, *DOJ* de 21-10-88).

O Superior Tribunal de Justiça expressou o mesmo entendimento, apreciando caso de arrolamento em que viúva meeira e herdeiros efetuaram partilha amigável, pela qual cada filho receberia parte ideal dos imóveis deixados pelo *de cujus*, enquanto a viúva receberia apenas o usufruto vitalício dos mesmos. O pedido fora indeferido pelo juiz e pelo Tribunal de Justiça de São Paulo, mas a decisão veio a ser reformada em sede de recurso especial, em extenso voto do relator, Min. Sálvio de Figueiredo Teixeira, reportando-se a precedentes e citando doutrina (inclusive trechos desta obra), para concluir que "não há vedação jurídica em se efetivar a renúncia *in favorem* e em se instituir usufruto nos autos de arrolamento, o que se justifica até mesmo para evitar as quase infindáveis discussões que surgem na partilha dos bens". Destacou-se, a respeito do usufruto, não haver razão para obstar sua implementação nos autos do inventário: "partindo da validade da renúncia, os bens passam incontinenti ao domínio dos herdeiros, que já haviam recebido a cota do pai quando de sua morte, pelo *droit de saisine*. Sendo portanto proprietários, não subsiste qualquer empecilho para gravarem os bens com usufruto vitalício em favor de sua mãe, assinalando que a escritura pública exigida resta substituída pelo termo nos autos, o qual, como se viu, dá segurança e formalidade ao ato" (REsp 88.681-96/0010531- 6-SP, 4ª T., v. u., j. 30-4-98).

2.3. Partilha judicial

Não havendo acordo entre os herdeiros, ou se algum deles for incapaz, a partilha será judicial (art. 2.016 do CC).

Formulado o pedido de quinhões pelos herdeiros, o juiz dará o despacho de deliberação da partilha, resolvendo os pedidos das partes e designando bens que devam constituir o quinhão de cada herdeiro ou legatário[2].

É da tradição de nosso direito processual o estabelecimento de regras para a deliberação sobre a partilha, que persistem no atual sistema jurídico[3]:

1. maior igualdade possível, seja quanto ao valor, seja quanto à natureza e qualidade dos bens;

---

[2] Quer nos parecer que o despacho de deliberação da partilha, por seu teor decisório, seja passível de recurso, por agravo de instrumento. A questão é controvertida. Pela admissão do agravo, v. *RJTJSP* 50/252 e *RO* 6/320. Contra, entendendo ser irrecorrível o despacho, porque meramente ordinatório, v. *RJTJSP* 31/172, 103/153, *RT* 479/79, 506/123. Nesta hipótese, a questão ficará em aberto para eventual recurso da posterior sentença de partilha.

[3] Hamilton de Moraes e Barros, *Comentários ao Código de Processo Civil*, op. cit., p. 247.

2. prevenção de litígios futuros;
3. maior comodidade dos coerdeiros.

A regra de igualdade na partilha consta do Código Civil, artigo 2.017: "No partilhar os bens, observar-se-á, quanto ao seu valor, natureza e qualidade, a maior igualdade possível".

Não significa que os herdeiros devam ficar com uma parte ideal em todos os bens. Partilha judicial, na realidade, é aquela em que, não se podendo chegar a um acordo, sobrevém decisão do juiz, estabelecendo a divisão dos bens e as partes que cabem a cada herdeiro da forma que lhe pareça mais justa e cômoda.

Orlando de Souza, citando Itabaiana de Oliveira, registra esse entendimento[4]:

> A igualdade nas partilhas não assenta em que todos os herdeiros tirem uma parte aritmética e ideal em cada uma das propriedades da herança, pois, assim, o juiz, no pressuposto de ter desfeito ou extinto o litígio, criaria ou aumentaria a comunhão, que é a *discordiarum nutrix*. São justamente esses os ensinamentos de Menezes (obra cit., § 82 e nota), Valasco (obra cit., cap. 22, 19), e Ramalho ("Inst. Orf.", nota 885). Ainda, na lição de Ramalho, não é completa a partilha em que todos os herdeiros levam uma quota-parte em cada uma das propriedades da herança; porque, sendo assim feita, fica tudo indiviso, como estava, produzindo inquietações entre os herdeiros no uso comum; aconselhando (nota 87) que se deve dar aos órfãos, de preferência, bens de raiz e, dentre estes os mais rendosos e os que mais dificilmente se deteriorem.

Assim decidiu a 6ª Câmara Civil do Egrégio Tribunal de Justiça de S. Paulo:

> A atribuição de uma parte ideal, em cada um dos bens imóveis, não é partilha tal como determinam os preceitos do Código Civil e do Código de Processo Civil. De há muito, doutrina e jurisprudência vêm assinalando que a melhor exegese do artigo 1.775 da lei civil, no tocante ao princípio de igualdade, não consiste em atribuir a cada herdeiro parte ideal em cada bem do espólio. A comunhão dos bens, entre os herdeiros, é a *discordiarum nutrix*, segundo Itabaiana (RT 440/93; JTJ 151/71).

Com efeito, partilha judicial não significa a necessária distribuição de todos os bens em mero fracionamento. Observados os princípios de igualdade e de comodidade dos herdeiros, deve-se evitar, tanto quanto possível, a

---

4   *Inventários e partilhas*, op. cit., p. 177. A regra da igualdade afasta a partilha leonina ou fraudulenta. E derruba o malicioso aforisma de "quem parte e reparte e não fica com a melhor parte, é tolo ou não entende da arte".

subsistência de condomínio, a que Washington de Barros Monteiro denomina de "sementeira de demandas, atritos e dissensões"[5].

As mesmas observações valem para o estabelecimento da meação devida ao cônjuge supérstite ou ao companheiro (v. cap. 3). Ressalte-se que a meação não é herança, mas parte do acervo patrimonial já pertencente ao meeiro. Bem afirma Hamilton de Moraes e Barros: "Trata-se, tão somente, de separar o que já lhe pertencia, isto é, a parte que tinha na sociedade conjugal desfeita com a morte do outro cônjuge. A metade ideal que o cônjuge tem no patrimônio comum do casal vai ser agora metade concreta, traduzida na propriedade plena e exclusiva dos bens que, na partilha, lhe foram atribuídos"[6].

Ao deliberar sobre a partilha, o juiz designa os bens que deverão constituir a meação e os que devam integrar o quinhão de cada herdeiro, legatário ou cessionário, sempre que possível evitando o condomínio incômodo.

A indivisão somente persistirá quando desejada pelos interessados, ou em casos de impossibilidade física, se o número e valor das propriedades forem inferiores ao de herdeiros, ou quando "um dos bens do espólio não couber por inteiro num dos quinhões ou na própria meação, ou, cabendo, seja antieconômica ou ruinosa sua retalhação"[7].

Ao teor do artigo 2.019 do Código Civil, os bens insuscetíveis de divisão cômoda, que não couberem na meação do cônjuge sobrevivente ou no quinhão de um só herdeiro, serão vendidos judicialmente, partilhando-se o valor apurado, a não ser que haja acordo para serem adjudicados a todos. Dessa forma, evita-se a persistência do condomínio sobre esses bens.

O cônjuge sobrevivente ou um ou mais herdeiros podem requerer que lhes seja adjudicado o bem, repondo aos outros, em dinheiro, a diferença, após a avaliação.

Sendo a adjudicação requerida por mais de um herdeiro, observar-se-á o processo da licitação, vencendo o que der o maior lanço.

A disposição aplica-se aos casos de existência de herdeiros incapazes ou ausentes, bem como às situações de divergências entre interessados maiores e capazes; mas se forem todos capazes e estiverem de acordo, será dispensável a venda

---

5   *Sucessões*, op. cit., p. 269.
6   *Comentários ao Código de Processo Civil*, op. cit., vol. 9/318.
7   Mesmo autor, op. cit., p. 310.

judicial, bastando que decidam sobre a venda e a divisão do produto, ou a adjudicação do imóvel a um dos herdeiros, com reposição em dinheiro aos demais.

Esses critérios de partilha são regulados exclusivamente pelo juízo do inventário. Descabe sua apreciação à ocasião do registro imobiliário. "Nada tem com eles o juiz de registros, que se deve ater apenas à regularidade formal dos títulos levados à apreciação do Oficial, quando este suscite dúvida". Decidiu dessa forma o Conselho Superior da Magistratura de São Paulo, lembrando precedente (AC 104-0, j. 29-12-80, na *Revista de Direito Imobiliário*, do IRIB, vol. 8/98), e concluindo: "A não ser assim, afrontar-se-ia a própria preclusão emergente da homologação, sem recurso, da partilha. Esta, a rigor, é julgada boa por sentença e só se pode desconstituir nos casos expressamente previstos em lei" (Ap. Cível n. 5.544-0, *DOJ* de 3-9-86).

Formulados os pedidos de quinhões, segue-se o despacho de deliberação da partilha, a ser observado e cumprido pelo partidor. Estabelece o artigo 651 do Código de Processo Civil, de forma didática, a seguinte ordem de feitura do esboço da partilha:

> I – dívidas atendidas;
>
> II – meação do cônjuge[8];
>
> III – meação disponível;
>
> IV – quinhões hereditários, a começar pelo coerdeiro mais velho.

O esboço constitui uma preparação da partilha definitiva, por isso que também se denomina "plano de partilha", sobre o qual se manifestarão as partes, no prazo comum de 15 dias. Resolvidas eventuais reclamações, será a partilha lançada nos autos (art. 652 do CPC).

O conteúdo da partilha é especificado de forma igualmente clara, no artigo 653 do Código, abrangendo o auto de orçamento e a folha de pagamento, com os seguintes dados:

I – Auto de orçamento, que mencionará:
a) os nomes do autor da herança, do inventariante, do cônjuge supérstite, dos herdeiros, dos legatários e dos credores admitidos;
b) o ativo, o passivo e o líquido partível, com as necessárias especificações;
c) o valor de cada quinhão.

II – Folha de pagamento para cada parte, declarando a quota a pagar-

---

8   Ou do companheiro em união estável (v. cap. 3).

lhe, a razão do pagamento, a relação dos bens que compõem o quinhão, as características que os individualizam e os ônus que os gravam.

O auto de partilha, assim elaborado, levará as assinaturas do juiz e do escrivão (art. 653, parágrafo único, do CPC).

2.4. Sentença

Para que seja julgada por sentença a partilha, é necessário que estejam satisfeitos os encargos fiscais, mediante a comprovação do pagamento do imposto de transmissão a título de morte (ITCMD) e juntada de certidão negativa de dívida para com a Fazenda Pública (art. 654 do CPC)[9].

Ressalva-se que a existência de dívida fiscal não impedirá o julgamento da partilha, conforme dispõe o parágrafo único do artigo 654, desde que o pagamento esteja devidamente garantido, o que se dá pela subsistência de bens que suportem eventual execução.

Note-se que a partilha judicial é julgada por sentença, enquanto a partilha amigável, feita por escritura pública, escrito particular ou por termo nos autos, é homologada pelo juiz (arts. 657 e 659 do CPC), desde que esteja em ordem. Havendo alguma irregularidade na partilha, o juiz determinará que se emende. Note-se que a homologação prescinde de análise do mérito do conteúdo da partilha, por cuidar-se de mera confirmação do acordo celebrado pelas partes.

2.5. Formal de Partilha ou Carta de Adjudicação

Transitando em julgado a sentença, o herdeiro receberá os bens constitutivos do seu quinhão na herança, através de um documento denominado formal de partilha, ou carta de sentença, do qual constarão as cópias das peças essenciais:

I – termo de inventariante e título de herdeiros;

II – avaliação dos bens que constituíram o quinhão do herdeiro;

III – o pagamento do quinhão hereditário;

IV – quitação dos impostos;

V – sentença.

---

9   Sobre as negativas fiscais, v. cap. 8, item 12.

É o que dispõe o artigo 655 do Código de Processo Civil, ao definir esse título judicial e finalizador do inventário, que será levado a cumprimento pelos interessados, valendo também para fins de registro imobiliário. O parágrafo único desse artigo possibilita a substituição do formal por uma certidão do pagamento do quinhão hereditário quando este não exceder cinco vezes o salário mínimo vigente na sede do juízo; o documento conterá a transcrição da sentença de partilha transitada em julgado.

Em caso de atribuição de toda a herança a um só interessado (caso de herdeiro único ou de cessionário de todos os bens), não se cuida de partilha, por isso que não cabe expedir formal e sim uma carta de adjudicação. Esse instrumento conterá as peças principais do processo e servirá como prova da herança transmitida e, havendo imóveis, de documento para o registro.

A expedição do formal e da carta de adjudicação pode ser providenciada no cartório judicial onde tramitou o inventário, mediante a extração das cópias necessárias para a formalização do instrumento.

Alternativamente, a critério das partes, pode ser requerida a formação de carta de sentença extrajudicial, por tabelionato de notas. É um procedimento mais rápido que o judicial, mas tem os custos do serviço. Indicam-se as seguintes peças básicas de folhas dos autos do Inventário para esse fim: petição de abertura do inventário, certidão de óbito do autor da herança, procurações das partes, documentos das partes, nomeação de inventariante, primeiras e últimas declarações de bens e de herdeiros, documentos dos bens declarados, decisões do juiz sobre incidentes do processo, recolhimento do ITCMD, manifestação da Fazenda Estadual sobre o recolhimento fiscal, termos de renúncia da herança ou de cessão de direitos hereditários, se houver, manifestação do Ministério Público (em caso de herdeiros menores ou incapazes, ou havendo testamento), cópia do testamento, se houver, certidões negativas fiscais, plano de partilha e/ou auto de partilha judicial, sentença de partilha ou de adjudicação (herdeiro único), certidão de trânsito em julgado da sentença, eventual recurso e decisão definitiva.

2.6. Recurso

O recurso cabível da sentença que julga a partilha é o de apelação, pelo seu caráter terminativo, com encerramento do processo de inventário (art. 1.009 do CPC), ainda que subsistam bens deixados para sobrepartilha.

Havendo omissão, contradição ou obscuridade, podem ser interpostos embargos de declaração, com suspensão do prazo para a apelação (art. 1.022 do CPC).

Em caso de decisão interlocutória proferida no curso do inventário, cabe o recurso de agravo de instrumento (art. 1.015, parágrafo único, do CPC).

3. EMENDA DA PARTILHA, ANULAÇÃO, NULIDADE E RESCISÃO

A sentença de partilha com trânsito em julgado pode ser modificada para emendas, retificações e correção de erros materiais, ou ser invalidada por meio de ação de anulação, ação de nulidade ou ação rescisória.

3.1. Erro de fato e inexatidões materiais

Mesmo depois de passar em julgado a sentença, a partilha pode ser emendada nos autos do inventário, desde que todas as partes concordem, quando tenha havido erro de fato na descrição dos bens. Ao juiz é dado proceder de ofício ou a requerimento da parte, para corrigir, a qualquer tempo, as inexatidões materiais da decisão (art. 656 do CPC).

Trata-se de providência necessária ao aperfeiçoamento do ato judicial e seu cumprimento, sendo bastante comum nos casos de erro na qualificação dos herdeiros e na descrição dos bens partilhados. Na falta de oportuna correção, pode dar-se a impossibilidade do cumprimento da partilha, especialmente na esfera do registro de imóveis, que exige perfeita adequação da descrição do bem com o fólio registrário, para o devido encadeamento da transmissão sucessória.

Procede-se mediante simples pedido de retificação dos dados, para fins de aditamento do auto de partilha ou da carta de adjudicação, se já expedidos.

3.2. Anulação da partilha amigável

Conforme dispõe o artigo 657 do Código de Processo Civil, a partilha amigável, lavrada em instrumento público, reduzida a termo nos autos de inventário ou constante de escrito particular homologado pelo juiz, pode ser anulada por dolo, coação, erro essencial ou intervenção de incapaz. O dispositivo manda observar o artigo 966, § 4º, do mesmo Código, que afasta do campo da ação rescisória as atos homologatórios de disposição de direitos, determinando que estão sujeitos à anulação, nos termos da lei.

O prazo da ação anulatória de partilha extingue-se em 1 ano, conforme dispõe o parágrafo único do artigo 657, é decadencial e conta-se:

I – no caso de coação, do dia em que ela cessou;

II – no caso de erro ou dolo, do dia em que se realizou o ato;

III – no caso de intervenção de incapaz, do dia em que cessar a incapacidade.

Também nesse tom o artigo 2.027 do Código Civil, dispondo que "a partilha, uma vez feita e julgada, só é anulável pelos vícios e defeitos que invalidam, em geral, os negócios jurídicos", especificando, em seu parágrafo único, que "extingue-se em um ano o direito de anular a partilha".

A ação anulatória da partilha segue o rito ordinário, processando-se no mesmo juízo do inventário de origem.

3.3. Rescisão de partilha

A partilha julgada por sentença é rescindível, como dispõe o artigo 658 do Código de Processo Civil:

I – nos casos do artigo 657;

II – se feita com preterição das formalidades legais; e

III – se preteriu herdeiro ou incluiu quem não o seja.

A ação rescisória tem previsão no artigo 966 do mesmo Código, abrangendo hipóteses de sentença proferida por força de prevaricação, concussão ou corrupção do juiz, impedimento ou incompetência, dolo, coação, simulação ou colusão entre as partes, ofensa a coisa julgada, violação manifesta da lei, prova falsa, prova nova e fundamento em erro de fato verificável do exame dos autos.

A ação tem o prazo extintivo de dois anos e processa-se perante o Tribunal competente, que, se julgar procedente o pedido, proferirá novo julgamento (arts. 974 e 975 do CPC de 2015).

A casuística do artigo 658 do Código de Processo Civil, ao mencionar que a partilha julgada por sentença é rescindível em determinadas hipóteses, abarca, em seu inciso I, situações que seriam objeto de ação anulatória, por referir o artigo 657, que dispõe sobre casos de anulação da partilha homologada com vícios de vontade ou intervenção de incapaz.

Note-se que o artigo 966 do mesmo Código, ao delimitar a ação rescisória para os casos de decisão de mérito, expressamente exclui, no seu § 4º, os atos de disposição de direitos homologados pelo juiz, bem como os atos homologatórios praticados no curso da execução, explicitando que ficam sujeitos a anulação, nos termos da lei.

Capítulo 10 **Partilha**

A esse propósito, a hermenêutica proposta por José Carlos Barbosa Moreira, assinalando que o dispositivo em verdade não se refere à ação rescisória de sentença:

> Trata, sim, de casos em que independentemente da rescisória, pode promover-se a desconstituição dos atos judiciais. A palavra "rescindidos" está aí, por "anulados": a impropriedade terminológica já fora apontada pela doutrina, em relação ao Código anterior, e tem outros antecedentes, como o texto do artigo 255 do Regulamento 737, que falava em "ação rescisória do contrato".

Assinala que a ação visa à anulação de atos praticados no processo, "aos quais ou não precisa seguir-se decisão alguma, ou se segue decisão homologatória, que lhes imprime eficácia sentencial, que os equipara, nos efeitos, ao julgamento da lide". Conclui: "A ação dirige-se ao conteúdo (ato homologado), como que atravessando, sem precisar desfazê-lo antes, o continente (sentença de homologação)"[10].

No mesmo sentido a lição de Hamilton Moraes e Barros, ainda ao tempo do Código revogado, mas com a mesma atualidade, distinguindo as espécies de ação:

> A ação para anular sentenças homologatórias de partilha ou de divisões, em que não houve contestação, é a anulatória, ou ação de anulação, e não a ação rescisória propriamente dita. A competência para as ações de anulação de partilha amigável é do juiz de primeira instância[11].

Assim, reserva-se, a ação rescisória, aos casos próprios de ataque à sentença de mérito, com impugnação ao seu conteúdo decisório, em situações como as de partilha contenciosa, direcionamento de quinhões em disputa, exclusão de herdeiros etc. Então, é de ação rescisória que se cuida, perante o grau de jurisdição superior, e dentro do prazo de dois anos (*RJTJSP* 70/124, 73/116; *RTJ* 113/273).

Têm legitimidade para propositura da ação, seja anulatória ou rescisória, não só os herdeiros, como outros interessados na herança, tais como o cônjuge supérstite, cessionários e, também, o cônjuge de herdeiro, se não representado no processo e prejudicado em sua parte ideal.

---

10 *Comentários ao Código de Processo Civil*, 1. ed., Rio de Janeiro: Forense, p. 137 e 138; *RT* 482/194; *RTJ* 113/281.

11 *Comentários ao Código de Processo Civil*, op. cit., p. 262.

3.4. Nulidade da partilha

Além das hipóteses legais de anulação e de rescisão da sentença de partilha, é também possível a decretação de sua nulidade, nas situações que comportem a invalidação do negócio jurídico (art. 166 do CC), especialmente por erro de forma, falta de solenidade especial, ilicitude de objeto e falta de citação de interessado para os termos do processo de inventário.

A esse propósito, distinguem-se três situações, conforme expõe Orlando de Souza, relembrando antigo julgado do Supremo Tribunal Federal:

a) a anulação, pela ocorrência de vícios e defeitos que invalidam, em geral, os atos jurídicos;

b) a rescisória, no caso de violação de direito expresso e outras hipóteses previstas na lei;

c) a ação de nulidade, que antes era trintenária (depois vintenária e hoje decenária) para os que, alheios ao processo de partilha, dela não participaram direta ou obliquamente[12].

Pontes de Miranda ressalva, com relação a incapazes: "A anulabilidade por incapacidade somente concerne à incapacidade relativa... A ação de nulidade da partilha amigável em que figurou pessoa absolutamente incapaz é imprescritível"[13].

O Tribunal de Justiça do Estado do Rio de Janeiro, por maioria de votos da 6ª Câmara Cível, na Apelação 9.047, em acórdão publicado na *RT* 543/211, decidiu que "o artigo 1.030 do Código de Processo Civil não se aplica a herdeiro que não participou do inventário e para quem a decisão é *res inter alios acta*, cabendo-lhe propor ação de nulidade da partilha, pressuposto da de petição de herança, e que prescreve em 20 anos" (prazo do Código anterior; atual prazo de 10 anos – art. 205 do CC de 2002; no mesmo sentido, antigos julgados na *RT* 175/627, 243/143 e 376/212).

Em síntese, podem ser formuladas as seguintes situações:

a) para a ação anulatória de partilha, quando houve sentença meramente homologatória de partilha amigável, o prazo é de um ano (art. 657 do CPC);

---

12 *Inventários e partilhas*, op. cit., p. 225. Observar que, pelo novo Código Civil, o prazo prescricional máximo cai para 10 anos; e o prazo de usucapião extraordinário reduz-se de 20 para 15 anos (art. 1.238).

13 *Comentários ao Código de Processo Civil*, op. cit., Tomo XIV, p. 272/273.

b) para a ação rescisória, quando proferida sentença de mérito em partilha judicial, o prazo é de dois anos (arts. 658 e 975 do CPC);
c) para a ação de nulidade da partilha promovida por terceiro, que não tenha sido chamado a participar direta ou indiretamente do processo, aplica-se o prazo prescricional, que é de 10 anos (art. 205 do CC), com possível cumulação do pedido de petição de herança.

Observe-se que a procedência da ação de petição de herança importa em nulidade da partilha, consoante acórdão do STF (*RTJ* 52/193); uma vez anulado o ato, restituem-se as partes ao estado em que antes dele se encontravam e, não sendo possível restituí-las, serão indenizadas com o equivalente, conforme preceitua o artigo 182 do Código Civil[14].

4. GARANTIA DOS QUINHÕES HEREDITÁRIOS

Uma vez julgada a partilha, o direito de cada um dos herdeiros fica circunscrito aos bens do seu quinhão, conforme determina o artigo 2.023 do Código Civil. A lei procura garantir o direito dos herdeiros, circunscrevendo-o à parte que lhe coube na divisão dos bens.

No caso de evicção dos bens aquinhoados, os herdeiros ficam reciprocamente obrigados a indenizar uns aos outros (art. 2.024 do CC). Essa obrigação mútua cessa se houver convenção em contrário, ou dando-se a evicção por culpa do evicto ou por fato que ocorra posteriormente à partilha (art. 2.025 do CC).

Por fim, estipula o artigo 2.026 do Código Civil que cabe indenização ao evicto pelos coerdeiros na proporção de suas quotas hereditárias.

5. SOBREPARTILHA

Os bens que não tenham sido partilhados no processo de inventário deverão ser sobrepartilhados nos mesmos autos, em ato processual sucessivo.

A sobrepartilha nada mais é que um complemento da partilha anteriormente feita, em virtude de terem sido omitidos bens que deveriam ser atribuídos aos sucessores.

---

14 Sobre o assunto, vale conferir: Arnoldo Wald, *Direito das sucessões*, 4. ed., São Paulo: Revista dos Tribunais, p. 203/208; Orlando Gomes, *Sucessões*, Rio de Janeiro: Forense, op. cit., p. 297; Humberto Theodoro Júnior, Partilha, Nulidade, Anulabilidade e Rescindibilidade, *Revista de Processo* 45/218.

Nos termos do artigo 669 do Código de Processo Civil, ficam sujeitos à sobrepartilha os bens:

I – sonegados;

II – da herança descobertos após a partilha;

III – litigiosos, assim como os de liquidação difícil ou morosa;

IV – situados em lugar remoto da sede do juízo onde se processa o inventário.

O parágrafo único desse artigo estipula que os bens litigiosos e os que se acharem em lugar remoto serão reservados à sobrepartilha sob a guarda e administração do mesmo inventariante ou de outro, a consentimento da maioria dos herdeiros.

Os artigos 2.021 e 2.022 do Código Civil dispõem de forma semelhante, reservando para a sobrepartilha os bens remotos do lugar do inventário, litigiosos, ou de liquidação morosa, ou difícil, assim como os bens sonegados e quaisquer outros bens da herança de que se tiver ciência após a partilha.

A sobrepartilha processa-se nos mesmos autos, conforme já anotado, e na mesma forma exigida para o inventário e a partilha (art. 670 do CPC). Subsiste a representação processual das partes e a atuação do inventariante em exercício (salvo se requerida a sua substituição). Repetem-se as fases procedimentais do inventário, com recolhimento das custas, declaração dos bens, juntada de documentos, citação da Fazenda e do Ministério Público (se houver interesses de incapaz), eventual avaliação, cálculo e recolhimento do imposto *causa mortis*, juntada de negativas fiscais e auto de partilha ou, se houver herdeiro único, auto de adjudicação.

Se as partes forem maiores e capazes e acordes quanto aos termos da sobrepartilha, podem optar pelo rito simplificado do arrolamento sumário (v. cap. 12) ou, ainda, pela utilização da via extrajudicial, da escritura pública (cap. 14).

6. SUBSTITUIÇÃO PROCESSUAL DO ESPÓLIO

Ultimado o inventário, com o trânsito em julgado da sentença de partilha, o espólio será substituído, nas ações que estiverem em desenvolvimento, pelo herdeiro a quem couber a coisa ou o direito objeto da causa. Cessa o estado de indivisão dos bens que caracteriza o condomínio na herança. E o direito de cada herdeiro fica circunscrito aos bens do seu quinhão (art. 2.023 do CC), que pode consistir em bens certos e diferenciados ou em parte ideal em determinados bens, nos termos da partilha.

Da mesma forma, desaparece a figura do inventariante, por exaurida sua função[15]. Mas nada impede a atuação do inventariante e sua recondução para eventual sobrepartilha de bens ou retificação da partilha (como acima comentado), prestação de contas de sua administração e, também, para o cumprimento de obrigações deixadas pelo espólio.

Pode dar-se, também, a reabertura do inventário para o cumprimento de determinadas obrigações deixadas pelo espólio, como sucede nos requerimentos de alvarás para formalizar a transmissão de bens prometidos à venda pelo autor da herança.

Sobre o processamento de alvarás, com ou sem inventário, v. capítulo 15, itens 1 a 4, nas distintas formas de alvará incidental, alvará em apenso e alvará independente.

7. PARTILHA NO DIVÓRCIO E NA DISSOLUÇÃO DA UNIÃO ESTÁVEL

A partilha de bens em processos de direito de família segue as mesmas regras gerais do inventário. Pode ser consensual ou litigiosa. Dá-se entre os cônjuges ou companheiros, para definir direitos de meação, atendendo ao regime de bens adotado no casamento. A matéria é tratada nos artigos 731 a 733 do Código de Processo Civil.

Nada impede, que, nesse procedimento, seja ajustada a outorga de determinados bens por doação aos filhos do casal. A estipulação é válida e se formaliza, posteriormente, pela escritura pública de doação de bem imóvel, ou pelo instrumento de entrega de bens móveis. Se houver recusa no cumprimento dessa obrigação pactuada no divórcio, o juiz pode determinar que se lavre auto de adjudicação em favor do beneficiário, com homologação para cumprimento pelo registro de imóveis ou outros órgãos competentes, dependendo da natureza dos bens. Assim entendeu o Tribunal de Justiça de São Paulo: "A doação dos pais aos filhos, no acordo de separação judicial, prescinde de formalização por escritura pública, servindo as cópias extraídas dos autos como título para o registro de imóveis" (RT 613/261, JTJ 259/374). Assim também o Superior Tribunal de Justiça, ao decidir que, embora não exista a promessa de doação, torna-se válida e eficaz quando feita como condição do negócio jurídico (3ª T., rel. Min.

---

15 A respeito, confira-se Celso Agrícola Barbi, *Comentários ao Código de Processo Civil*, 1. ed., Rio de Janeiro: Forense, 1975, tomo I, p. 256, e acórdão na RT 552/210.

Nancy Andrighi, DJ 20.11.2008; na mesma linha, julgado na RSTJ 119/377, e STJ, 4ª T, Resp 883232, AgRg, rel. Min. Raul Araújo, DJ 26.2.2013; e mais precedentes citados por Theotônio Negrão e outros, em Novo Código de Processo Civil, 2017, SP:Saraiva, notas 731:5b e 731:5c).

Nos casos de homologação de divórcio e separação consensuais, as partes devem instruir a inicial com a as disposições relativas à descrição e à partilha dos bens comuns. Se houver partilha diferenciada de valores, devem ser recolhidos os impostos de transmissão (ITCMD, para as doações, ou ITBI para as transmissões onerosas).

Se não houver consenso quanto aos bens, o divórcio pode ser decretado sem a partilha, conforme dispõe o artigo 1.581 do Código Civil (repetição no artigo 731, parágrafo único, do CPC). Nesse caso, os bens serão partilhados na fase sucessiva do divórcio, na forma estabelecida para o inventário nos artigos 647 a 658 do Código de Processo Civil: formulação do pedido de meação, decisão judicial, esboço da partilha, orçamento dos bens e pagamentos do valor de cada quinhão.

As disposições relativas ao divórcio aplicam-se, também, a processos de separação judicial ou consensual. Embora o artigo 226, § 6º, da Constituição Federal, com a Emenda n. 66/2010, faculte o divórcio direto e potestativo, sem mencionar a antiga situação da conversão da separação em divórcio, o Código de Processo Civil mantém os artigos sobre a separação judicial ou consensual, resquícios do antigo desquite. É de reconhecer, no entanto, que o processo de separação praticamente caiu em desuso pela facilitação do processo de divórcio e tem sofrido restrições na seara jurisprudencial.

Sendo as partes maiores e capazes, e não havendo nascituro ou filhos incapazes, o divórcio e a separação consensuais podem realizar-se extrajudicialmente, por escritura pública de competência do Tabelionato de Notas (art. 733 do CPC, decorrente das inovações introduzidas pela Lei n. 11.441, de 4.1.1977). O ato é administrativo, prescinde de homologação judicial e serve de título hábil para o registro imobiliário e outros, como levantamento de dinheiro em instituições financeiras, transferência de veículos, alterações contratuais etc.

As disposições sobre partilha no divórcio aplicam-se, no que couber, ao processo de homologação da extinção consensual de união estável, com partilha de bens, seja na forma litigiosa, seja na consensual (art. 732 do CPC).

Sobre as formalidades da escritura de partilha extrajudicial, ver: cap. 14, com anotações sobre o procedimento administrativo de inventário que se aplicam à partilha no divórcio; a regulamentação do Conselho Nacional de Justiça, na Resolução n. 35, de 24.4.2007; e as normas de serviço das Corregedorias de Justiça estaduais.

Capítulo 10 **Partilha**

8. ESQUEMA DA PARTILHA

▶ Partilha

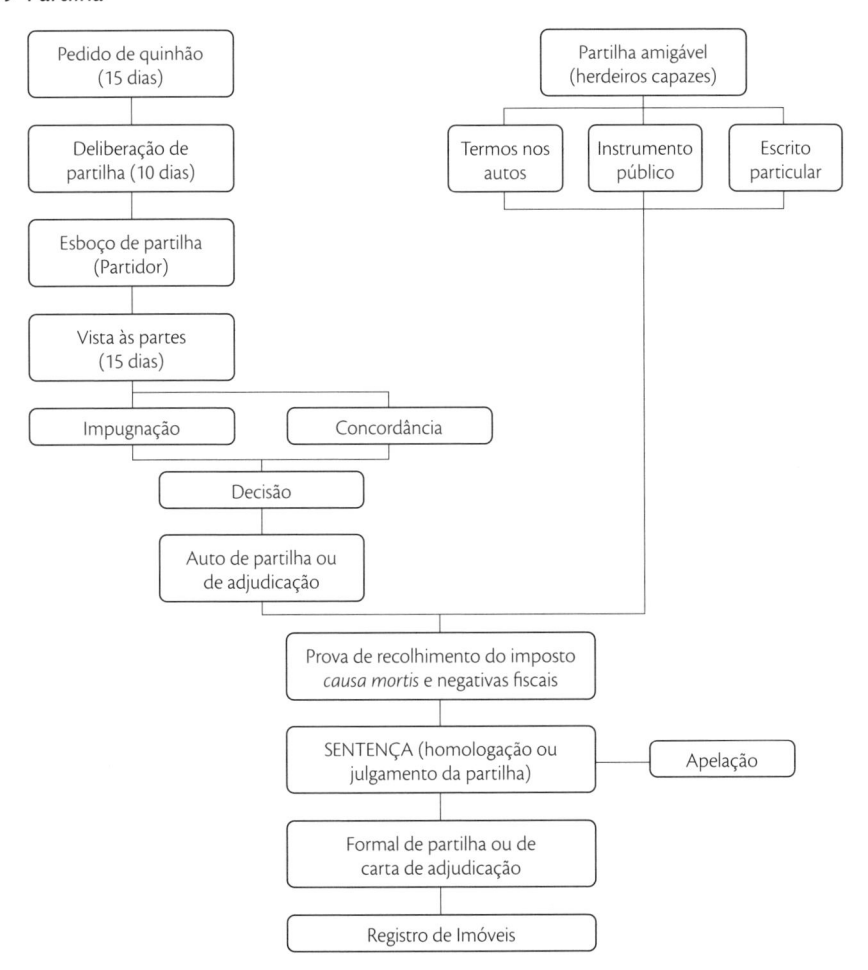

```
Pedido de quinhão
(15 dias)
        │
Deliberação de
partilha (10 dias)
        │
Esboço de partilha
(Partidor)
        │
Vista às partes
(15 dias)
     ┌──┴──────────┐
Impugnação    Concordância
     └──┬──────────┘
      Decisão
        │
Auto de partilha ou
de adjudicação
```

```
Partilha amigável
(herdeiros capazes)
  ┌──────┬──────────┬──────────┐
Termos nos  Instrumento  Escrito
  autos      público    particular
```

```
Prova de recolhimento do imposto
causa mortis e negativas fiscais
        │
SENTENÇA (homologação ou  ────  Apelação
julgamento da partilha)
        │
Formal de partilha ou de
carta de adjudicação
        │
Registro de Imóveis
```

Obs.:
Havendo herdeiro único ou legatário, lavra-se auto de adjudicação e extrai-se a respectiva carta.

383

CAPÍTULO
11

Arrolamento – Generalidades

SUMÁRIO: 1. Conceito de arrolamento. **2.** Modalidades de arrolamento. **3.** Normas subsidiárias do arrolamento. **4.** Arrolamento cautelar.

1. CONCEITO DE ARROLAMENTO

O arrolamento é forma simplificada de inventário e partilha, que se efetiva pela redução dos atos procedimentais e abreviação dos prazos. Enseja rapidez e economia do processo de inventário e atende às regras dos artigos 659 a 665 do Código de Processo Civil.

Obedece à forma judicial, em face dos interesses de terceiros na liquidação da herança, mas pode também se efetuar, em casos especiais, pela via extrajudicial, se todos os interessados forem maiores e capazes e se não houver testamento (art. 610, § 1º, do CPC).

2. MODALIDADES DE ARROLAMENTO

É tradicional no direito processual brasileiro a admissão do arrolamento para os casos de heranças de pequeno valor. Alguns Estados já admitiam essa forma sumária de procedimento, ainda antes da unificação das leis processuais, operada em 1939.

A inovação maior deu-se com a Lei n. 7.019, de 31 de agosto de 1982, que deu contornos mais ágeis ao arrolamento, alterando o Código de Processo Civil de 1973, então em vigor. Teve origem em projeto de iniciativa do Programa Nacional de Desburocratização[1], promovendo várias alterações nos arrolamentos, com a eliminação de termos, e a máxima concentração dos atos procedimentais, de forma a permitir até mesmo o julgamento imediato da partilha, desde que a inicial esteja regularmente instruída.

São duas as espécies de arrolamento, mantidas no Código de Processo Civil atual, com requisitos próprios:

a) arrolamento sumário – partes maiores e capazes, que estejam de acordo em fazer a partilha amigável, qualquer que seja o seu valor;

---

1 Decreto n. 83.740, de 18-7-79.

b) arrolamento comum – valor da herança não superior a 1.000 salários mínimos, ainda que haja herdeiros incapazes ou ausentes.

Revela-se proveitosa a alteração do critério de valor do arrolamento com base em salários mínimos, substituindo a referência a ORTNs, que constava do Código revogado e causava dificuldades decorrentes da extinção daquele tipo de obrigação reajustável, com variações temporais de impossível aferição correta.

3. NORMAS SUBSIDIÁRIAS DO ARROLAMENTO

Como forma simplificada de inventariar e partilhar bens, o arrolamento permite mais rápida tramitação em face da redução e da concentração dos atos processuais. Obedece a disposições específicas, mas, naquilo que for omisso, sujeita-se às normas subsidiárias do inventário (art. 667 do CPC) e, de resto, às regras gerais da lei processual. É o que se dá, por exemplo, na aplicação das normas de competência, de prazo para instauração do processo, de representação processual dos interessados, nas ações incidentais, nas habilitações de crédito, na sobrepartilha, nos inventários conjuntos ou cumulados etc.

4. ARROLAMENTO CAUTELAR

Não confundir o arrolamento, que é próprio do direito sucessório, com a medida cautelar de arrolamento de bens, que o Código de Processo Civil trata como requerimento de tutela provisória, nas modalidades de tutela de urgência e tutela de evidência (arts. 294 a 311 do CPC), observando-se que a tutela de urgência de natureza cautelar pode ser efetivada mediante arrolamento de bens (art. 301 do CPC).

A cautelar de arrolamento, como tutela de urgência, destina-se evitar o extravio ou a dissipação de bens, assegurando o reconhecimento de determinada situação, para que não seja modificada em prejuízo do requerente. Em casos como de partilha de bens de sociedade em dissolução, de separação ou de divórcio, cabe essa providência de arrolamento, como reclamo de liminar, funcionando como arrecadação prévia, para a justa e oportuna divisão dos bens a ser efetuada na ação principal, que poderá ser, então, o processo de arrolamento de bens, que tem finalidade distinta, qual seja, a de formalizar a transmissão dos bens aos sucessores legítimos ou testamentários, como uma forma simplificada de inventário.

CAPÍTULO 12 | Arrolamento Sumário

SUMÁRIO: **1.** Conceito e requisitos do arrolamento sumário. **2.** Fases processuais. **3.** Eliminação de termos. **4.** Dispensa de avaliação. **5.** Credores do espólio – Decisão sobre avaliação. 5.1 Recurso. **6.** Taxa judiciária – Valor da causa. **7.** Imposto de transmissão. **8.** Partilha amigável. **9.** Homologação da partilha – Formal. **10.** Esquema do arrolamento sumário.

1. CONCEITO E REQUISITOS DE ARROLAMENTO SUMÁRIO

O arrolamento sumário, tratado nos artigos 659 a 663 do Código de Processo Civil, é forma abreviada de inventário e partilha quando houver concordância de todos os herdeiros, desde que maiores e capazes, não importa o valor dos bens nem a sua natureza. Basta que os interessados (meeiros, herdeiros e legatários) elejam essa espécie de procedimento, constituindo procurador e apresentando para homologação a partilha amigável, por instrumento público ou particular (art. 2.015 do CC). Serve, também, para homologar pedido de adjudicação, em caso de herdeiro único (§ 1º do art. 659 do CPC).

Havendo herdeiro declarado ausente, a forma sumária de procedimento será vedada. O mesmo se diga de herdeiros incapazes, ainda que representados por seus responsáveis legais. Nessas hipóteses, será de rigor o processo de inventário (ou de arrolamento simples, na herança de pequeno valor), embora possível a subsequente conversão em arrolamento, se verificada a presença e a plena capacidade das partes no curso do processo[1].

E se houver testamento? Prevalecem os mesmos requisitos observáveis na sucessão legítima. Ou seja, desde que os interessados sejam capazes e transijam, poderão propor a partilha amigável através do arrolamento sumário, naturalmente sob a fiscalização do testamenteiro e do representante do Ministério Público.

Para que se alcance a desejada rapidez na prestação jurisdicional, é indispensável que esteja completa a representação processual de todos os interessados, e que a inicial seja instruída com a certidão de óbito do autor da herança.

---

1   Também se exige o rito do inventário quando algum herdeiro discorde da declaração de bens, pedindo colação (JTJ 151/94).

Com relação a herdeiros casados, deverão estar representados os cônjuges em vista do caráter negocial da partilha amigável, se a divisão dos bens não for igualitária abrangendo as mesmas frações de bens móveis ou imóveis.

Cumpre observar que o arrolamento sumário perdeu relevância no seu aspecto prático, uma vez que, estando presentes as condições para sua realização, caberá a opção por outra via, que é a extrajudicial, mediante escritura pública, conforme prevê o artigo 610, parágrafos 1º e 2º, do Código de Processo Civil. Este novo modelo facilita a celebração do inventário, dispensando os trâmites burocráticos da via judicial (v. cap. 14). Resta aos interessados a decisão de escolha do melhor caminho a seguir, considerando também os custos inerentes a cada forma de procedimento.

2. FASES PROCESSUAIS

O artigo 660 do Código de Processo Civil dita os passos do arrolamento sumário, expondo que, na petição inicial, independentemente da lavratura de termos de qualquer espécie, os herdeiros:

I – requererão ao juiz a nomeação do inventariante que designarem;

II – declararão os títulos dos herdeiros e os bens do espólio (art. 630 do CPC);

III – atribuirão o valor dos bens do espólio, para fins de partilha.

No mesmo ato, ou em petição subsequente, faz-se a apresentação do instrumento de partilha amigável, com a declaração completa dos bens e sua atribuição ao cônjuge ou companheiro e aos sucessores habilitados.

Estando o pedido em ordem e regularmente instruído com as certidões negativas fiscais, a partilha será homologada de plano pelo juiz (art. 659 do CPC), sem necessidade de avaliação dos bens e de outros procedimentos usuais no inventário comum (art. 661 do CPC).

Havendo interessado único (herdeiro ou cessionário de todos os bens), bastará o pedido de adjudicação, para que se lavre a correspondente carta como título transmissivo da herança.

A petição de arrolamento deve expor com clareza e precisão todos os elementos que seriam objeto das primeiras declarações no inventário, com a qualificação completa dos herdeiros, a descrição dos bens com sua perfeita caracterização e atribuição dos valores, além da indicação das dívidas ativas e passivas do espólio.

Como anota Hamilton de Moraes e Barros, "cumpre aos advogados bem atentarem na natureza da inicial do arrolamento, fazendo-a desde logo com-

Capítulo 12   **Arrolamento Sumário**

pleta e precisa, apta a produzir os efeitos jurídicos e a ter os préstimos processuais que a lei lhe reservou"[2].

Do contrário, estariam sendo frustrados os objetivos de celeridade desse especial rito procedimental.

Dispensa-se a intervenção da Fazenda, que não intervém no arrolamento sumário, em vista da homologação imediata da partilha. Mas, deve ser cientificada da sentença homologatória, mediante publicação pela imprensa, em vista do seu interesse no recolhimento do imposto *causa mortis*. O Fisco poderá exigir eventual diferença na via administrativa, mediante lançamento complementar, já que não fica adstrito aos valores dos bens do espólio atribuídos pelos herdeiros (art. 662 do CPC).

Transitando em julgado a sentença homologatória, será cumprida mediante a expedição de formal de partilha ou de carta de adjudicação, bem como dos alvarás referentes aos bens e às respectivas rendas. A Fazenda somente então será intimada para fins de lançamento administrativo do imposto de transmissão dos bens e de outros tributos porventura incidentes (arts. 659, § 2º, e 662 do CPC).

Não subsiste, diante da clareza do texto legal, o entendimento divergente, baseado no antigo regime legal do inventário, de que a Fazenda "é parte na relação jurídica processual, pois tem legítimo interesse no pedido e na causa de pedir", podendo fiscalizar o recolhimento das taxas e tributos, impugnar valores e exigir avaliação[3].

Esse argumento se inspirava no sistema tradicional do inventário regular, sem atentar para as relevantes mudanças advindas da introdução do rito abreviado dos arrolamentos (o sumário e o comum), na forma adotada pela legislação processual.

Em síntese, desenvolve-se o arrolamento sumário nas seguintes etapas:

a) requerimento inicial, com a notícia do óbito e sua comprovação (certidão de óbito), indicação de inventariante, declaração de herdeiros e de bens, atribuição de valor aos bens e apresentação da partilha amigável (que pode vir com a inicial ou em petição seguinte);

b) representação de todos os interessados, documentações pessoais e dos bens, recolhimento das custas processuais;

---

2   *Comentários ao Código de Processo Civil*, op. cit., p. 268.
3   Gil Costa Alvarenga, O processo de inventário e as inovações da Lei n. 7.019, de 31 de agosto de 1982, *Rev. de Direito da Procuradoria Geral*, Rio, 37/84.

c) prova de quitação dos tributos relativos aos bens do espólio e suas rendas mediante o recolhimento do imposto *causa mortis* e a apresentação de certidões negativas referentes aos imóveis e ao imposto de renda;
d) nomeação de inventariante, pelo juiz, dispensando-se termo do compromisso;
e) intervenção do Ministério Público, se houver testamento a cumprir;
f) eventual reserva de bens em favor de credores habilitados;
g) sentença de homologação da partilha (ou da adjudicação);
h) expedição de formal de partilha ou da carta de adjudicação (se houver herdeiro único) e dos alvarás para cumprimento de disposições sobre bens e rendas do espólio;
i) intimação da Fazenda para providências fiscais na órbita administrativa.

Note-se a rapidez dos trâmites processuais, todos na só dependência da atuação consensual dos interessados no arrolamento sumário, sem paradas de ordem fiscal, uma vez que a Fazenda só é cientificada ao final para a verificação de eventuais diferenças de imposto. Bem por isso não se procede à avaliação dos bens, a não ser para reserva se houver requerimento de credores (arts. 661 e 663 do CPC). E não se discutem no curso do arrolamento questões relativas ao lançamento, ao pagamento ou à quitação das taxas judiciárias e do imposto de transmissão dos bens para nenhuma finalidade (art. 662 do CPC).

3. ELIMINAÇÃO DE TERMOS

É expressa a dispensa de lavratura de termos de qualquer espécie, nesta forma de procedimento. Assim, diversamente do que ocorre no inventário, não se lavram, no arrolamento, os termos das declarações iniciais e o de partilha. Também se desobriga o inventariante (melhor seria dizer o "arrolante") de prestar compromisso nos autos.

Cuida-se de providência desburocratizante, uma vez que os termos constituem mera reprodução ou ratificação das declarações iniciais, sem qualquer utilidade prática. Apenas se lamenta que a medida não tenha se estendido também aos inventários. Como bem observou Boris Padron Kauffmann, já nos idos de 1980, a lei deveria estender-se, nos seus aspectos desburocratizantes, igualmente aos processos de inventário, com eliminação dos termos desnecessários, "entre os quais o de compromisso do inventariante, uma vez que a responsabilidade daquele que exerce o *munus* decorre, não do formal compromisso, mas da nomeação e exercício do cargo"[4].

Assim, bem agem os juízes das varas especializadas em Sucessões, ao estabelecerem, dentre outras providências de racionalização dos processos, que as petições de primeiras e últimas declarações, seus aditamentos ou ratificações em inventários e arrolamentos, sejam recebidas como os próprios termos respectivos, dispensada a burocracia da ratificação em cartório. A mesma solução haveria que ser ditada também nos processos comuns de inventário.

Ressalvam-se casos de específica exigência legal de termos, não por mera formalidade, mas por constituírem pressupostos de validade dos atos, como na partilha amigável por termo nos autos (art. 2.015 do CC), e na renúncia à herança (art. 1.806 do CC).

4. DISPENSA DE AVALIAÇÃO

Ao fazer a declaração de bens, o inventariante deve atribuir os respectivos valores para fins de partilha.

Como anotado, o artigo 661 do Código de Processo Civil estabelece como regra a dispensa da avaliação dos bens, salvo quando seja necessário efetuar reserva em favor de credores.

Essa foi uma das inovações importantes para ativar o desfecho do processo de arrolamento, dispensando-se a intervenção da Fazenda, que poderia impugnar a estimativa dos bens imóveis, tornando necessária a avaliação judicial. Era esse o sistema antigo, que decorria do interesse fiscal, relativamente ao imposto *causa mortis*, ou da eventual reposição, pela desconformidade de quinhões na partilha. Reserva-se à Fazenda a via administrativa para o lançamento e o recolhimento do imposto, conforme já visto e válido especialmente para a cobrança do imposto de transmissão.

Embora fique a critério do inventariante a estimativa do valor dos imóveis, a mesma não pode ser inferior ao constante nos correspondentes lançamentos fiscais relativos à data da abertura da sucessão. Veja-se acórdão unânime do Tribunal de Justiça de São Paulo, 5ª Câmara Civil, relator Felizardo Calil, mandando considerar o valor fiscal do imóvel, em arrolamento, para fins de cálculo do imposto: "O valor dos bens, para fins de imposto, não

---

4   Arrolamento, artigo in *Informativo da Associação Internacional do Direito de Família e das Sucessões*, n. 3.

pode ser arbitrário, como querem os agravantes. O seu cálculo terá como base o valor venal fixado pela Prefeitura Municipal de São Paulo (fl. 14), à falta de outros elementos do Estado" (*RTJESP* 87/281).

Vale ressalvar, no entanto, a adoção de outros critérios para aferição do valor dos bens, como o denominado "valor venal de referência" indicado pela Municipalidade, no caso de imóveis urbanos, ou por lançamentos do órgão estadual da agricultura, no caso de imóveis rurais (v. cap. 9).

5. CREDORES DO ESPÓLIO – DECISÃO SOBRE AVALIAÇÃO

Ao disposto no citado artigo 663 da lei processual, "a existência de credores do espólio não impedirá a homologação da partilha ou da adjudicação, se forem reservados bens suficientes para o pagamento da dívida".

Nessa hipótese será exigida a avaliação, para que se faça a reserva de bens, quando o juiz tenha elementos para assim determinar, conforme conste da petição do inventariante ou de processo de habilitação de crédito (art. 642 do CPC – v. cap. 8, item 14).

Se a indicação dos credores do espólio constar das declarações iniciais, o próprio inventariante indicará os bens a serem reservados. Serão intimados os credores, podendo impugnar a estimativa dos bens separados, hipótese em que o juiz nomeará avaliador. Apresentado o laudo, serão as partes intimadas para manifestação em 15 dias e o juiz decidirá fixando os valores dos bens (art. 635 do CPC) e sua reserva.

Os demais bens serão objeto de regular partilha, enquanto os bens reservados somente após a satisfação dos respectivos créditos, sujeitando-se a sobrepartilha de eventual saldo.

5.1. Recurso

Da decisão sobre a avaliação, uma vez que não põe termo ao processo, cabe recurso de agravo de instrumento.

6. TAXA JUDICIÁRIA – VALOR DA CAUSA

Já se viu que a lei exclui do arrolamento a apreciação de questões relativas ao lançamento, ao pagamento ou à quitação de taxas judiciárias e de tributos incidentes sobre a transmissão da propriedade dos bens do espólio (art. 662 do CPC). Assim, a taxa, que compreende as custas processuais, é calculada com base no valor atribuído pelos herdeiros, cabendo ao fisco, se apurar em processo administrativo valor diverso do estimado, exigir a eventual diferença pelos meios adequados ao lançamento de créditos tributários em geral.

O recolhimento das custas é de ser providenciado pelo requerente do inventário, mediante guias próprias, em alíquotas ou valores estipulados conforme o valor da causa. A matéria compete à legislação de cada estado. Vigora, em São Paulo, a Lei n. 11.608, de 29 de dezembro de 2003, com indicação de uma tabela de valores crescentes, de acordo com o acervo hereditário (monte-mor). Confira-se, a esse respeito, o cap. 7, item 3.

Se houver diferença no valor a recolher, o juiz determinará a complementação, cumprindo ao inventariante efetuar o recolhimento do importe devido para que se prossiga com a homologação da partilha ou da adjudicação dos bens. A situação pode ocorrer por erro no valor declarado inicialmente, ou por possível aditamento de bens, motivando, então, o conserto para atendimento dos interesses fiscais decorrentes da transmissão sucessória.

7. IMPOSTO DE TRANSMISSÃO

O imposto de transmissão dos bens via arrolamento sumário não exige avaliação e nem o cálculo do tributo, providências que são exclusivas do inventário (arts. 630 a 668 do CPC). É apurado pela declaração inicial de bens constitutivos da herança e complementa-se com a emissão de guia própria para o recolhimento do tributo. Esta foi uma significativa alteração no rito procedimental, como visto em linhas anteriores, aliviando o processo dessa etapa burocrática, uma vez que a Fazenda não fica adstrita ao valor recolhido no inventário e poderá efetuar o lançamento administrativo de eventual diferença (art. 662, § 2º, do CPC), conforme dispuser a legislação tributária de cada estado (v. cap. 9).

Não mais se efetivando o cálculo do imposto no arrolamento, tem-se que o recolhimento deve ocorrer logo após a apresentação da declaração de bens e do plano de partilha, atendidas as determinações judiciais para a sequência do processo e observadas as regras gerais do tempo para abertura do inventário (dois meses – art. 611 do CPC) e os prazos ditados pelas leis estaduais sobre o tributo na transmissão de bens *causa mortis*.

A mudança de sistemática fiscal relativa ao imposto surpreendeu, de início, os órgãos fazendários, não só pela falta de regulamentação legal específica, como por alegada carência de estrutura físico-funcional das repartições no atendimento aos interessados. Assim, tem ocorrido certa dificuldade na aplicação da norma que dispensou o cálculo do imposto no arrolamento, observando-se, em certas causas, a cautela judicial de ordenar verificação dos cálculos pelo contador e até mesmo a prévia intimação da Fazenda para manifestar-se.

Resolveu-se a questão, no Estado de São Paulo, por entendimentos com a repartição fazendária, ensejando regulamentação normativa da Corregedoria Geral da Justiça. O sistema adotado estabelecia o visamento das guias do recolhimento do imposto, em cartório, pela Fazenda; excepcionalmente, poderia ser admitida a aposição do "visto" na própria repartição fiscal, à qual, então, o interessado deveria levar o formal de partilha expedido.

Implantado novo sistema de arrecadação de tributos na órbita estadual, a rede bancária se incumbiu de recolher a totalidade de tais verbas. Resultou desnecessário, pois, o sistema de verificação e visto que a repartição fiscal instituíra, e que fora, por seu interesse, acolhido em normas de serviço das corregedorias estaduais da Justiça.

Atualmente, faz-se o lançamento do imposto mediante declaração eletrônica, pelo *site* da Fazenda, para o subsequente recolhimento em banco; embora contrariando os passos da lei processual (arts. 637 e 659 do CPC), esse procedimento favorece o exercício da ação fiscal nos inventários e nos arrolamentos (v. cap. 9).

Por ser de natureza local, como visto, a matéria é solucionada de forma própria pelas diversas legislações estaduais. Assim é que, por exemplo, no Estado do Paraná, disciplinou-se pela Instrução SEFI-765/82, da Secretaria das Finanças, com estabelecimento do prazo de 30 dias para recolhimento do imposto, a partir da homologação ou do julgamento do arrolamento ou da partilha amigável, afastada a discussão dos valores para efeitos fiscais no curso do processo (*RT* 587/167).

A Fazenda Pública não é citada, como já exposto, mas apenas intimada da sentença de partilha ou de adjudicação, em vista do seu interesse no ato de fiscalização[5]. O processo seguirá os seus normais trâmites, independentes do prazo fazendário, com a expedição do formal de partilha ou da carta de adjudicação.

Note-se que os interesses da Fazenda ficam sempre garantidos, já que, por eventuais débitos na transmissão sucessória, respondem os bens da herança, mesmo que sejam alienados a terceiro (arts. 130 e 131 do CTN).

Lembra-se o entendimento jurisprudencial, baseado nas disposições da legislação anterior, de que, mesmo em arrolamento, é necessário o prévio

---

5 Theotonio Negrão, op. cit., nota ao artigo 1.034: 1a e 3.

recolhimento do imposto *causa mortis*, conforme exigido pelo artigo 192 do Código Tributário Nacional (*RT* 601/92). O argumento é que, embora a Fazenda não tenha vista dos autos durante o processo de arrolamento, o mesmo não pode ser sentenciado antes do recolhimento do imposto, que se faz por autolançamento, ressalvando-se à Fazenda proceder às correções cabíveis, na esfera administrativa (*RT* 665/77).

Comentando o excesso de "fiscalização tributária" no processo de arrolamento, observa Vittorio Cassone que a exigência de comprovação das quitações fiscais não se coaduna com o espírito e a finalidade das últimas alterações processuais, de cunho desburocratizante. E acrescenta que não haveria necessidade de preocupação na medida em que a Administração Pública já dispõe de outros meios para acautelar-se quanto ao recolhimento de tributos, tanto mais quando a Lei dos Registros Públicos (Lei n. 6.015/73), em seu artigo 289, defere aos oficiais de registro a incumbência de "fazer rigorosa fiscalização do pagamento dos impostos devidos por força dos atos que lhes forem apresentados em razão do ofício"[6].

Apreciando os termos da evolução legislativa nesse campo, o Superior Tribunal de Justiça reafirmou posição no sentido de que o arrolamento dispensa cálculo judicial do imposto, reservando-se para a via administrativa a discussão dos correspondentes valores, mas não exime a comprovação dos recolhimentos para a outorga dos formais de partilha ou de alvarás para transmissão dos bens[7]. Em julgado mais recente, assentou o mesmo Tribunal que o artigo 659, § 6º, do Código de Processo Civil, traz uma significativa mudança ao deixar de condicionar a entrega dos formais de partilha à prévia quitação dos tributos relativos à transmissão dos bens aos sucessores. Esclarece, no entanto, que esse procedimento em nada altera a condição estabelecida no artigo 192 do Código Tributário Nacional, de modo que, no arrolamento sumário, "o magistrado deve exigir

---

6   *Direito Tributário*, 10. ed., São Paulo: Atlas, p. 322.
7   REsp 36.909-SP, 4ª Turma, rel. Min. Sálvio de Figueiredo Teixeira, j. em 12-11-96. REsp 1704359-DF, 1ª Turma, rel. Min. Gurgel de Faria, j. 28-08-2018, *DJe* 02-10-2018, respectivamente. Na mesma linha, o STJ firmou a compreensão de que "não há como exigir o ITCMD antes do reconhecimento judicial dos direitos dos sucessores, seja no arrolamento sumário ou no comum, tendo em vista as características peculiares da transmissão *causa mortis*" (REsp n. 1.771.623-DF, 2ª T., rel. Min. Herman Benjamin. Cita precedentes: REsp 1.660.491-RS, 2ª T., rel. Min. Herman Benjamin, *DJe* 16-6-2017; AgRg no AREsp 270.270-SP, 1ª T., rel. Min. Regina Helena Costa, *DJe* 31.8.2015).

a comprovação de quitação dos tributos relativos aos bens do espólio e às suas rendas para homologar a partilha e, na sequência, com o trânsito em julgado, expedir os títulos de transferência de domínio e encerrar o processo, independentemente do pagamento do imposto de transmissão".

Note-se que, além do imposto *causa mortis* (ITCMD), incidente sobre o valor dos bens transmitidos aos herdeiros, poderá ser exigido o imposto de transmissão *inter vivos* (ITBI), de competência do Município, nos casos de reposição em pecúnia por desconformidade de quinhões na partilha, cessões de direitos hereditários, desistência da herança, ou renúncia translativa (v. cap. 9).

Por derradeiro, cabe anotar que o sistema de recolhimento do imposto no arrolamento é bem diverso do adotado no processo de inventário (examinado no cap. 8), por força do disposto nos artigos 637, 638 e 654 do Código de Processo Civil, com as distintas fases de cálculo, homologação e recolhimento do tributo, precedendo a sentença de partilha (v. cap. 9).

8. PARTILHA AMIGÁVEL

Como disposto no comentado artigo 659 do Código de Processo Civil, a partilha amigável deve ser apresentada, sempre que possível, de plano, junto com a inicial. Pode realizar-se por três formas: termo nos autos, escritura pública ou escrito particular (art. 2.015 do CC).

Havendo testamento, será necessário prévio registro, em autos próprios, fazendo-se a partilha de conformidade com as disposições testamentárias, com intervenção do Ministério Público.

Em qualquer dessas modalidades, exige-se que a partilha amigável contenha todos os requisitos da partilha judicial celebrada em processo de inventário, segundo as normas dos artigos 651 a 653 do Código de Processo Civil. Apenas se resume a celebração, com dispensa de esboço e auto específicos. Mas é essencial que a partilha contenha:

a) os dados completos do autor da herança, do inventariante, do cônjuge supérstite ou companheiro, dos herdeiros, dos legatários, de eventuais cessionários e dos credores admitidos;
b) o ativo, o passivo, e o líquido partível, com as necessárias especificações;
c) o valor de cada quinhão;
d) a folha de pagamento de cada parte, declarando a quota a pagar-lhe,

a razão do pagamento, a relação dos bens que lhe compõem o quinhão, as características que os individualizam (situação, confrontantes e origem) e os ônus que os gravam.

Sem tais formalidades, a partilha não poderá ser homologada, ou terá problemas na fase de registro, exigindo providências de retificação ou aditamento nos autos do processo de inventário.

Em casos de beneficiário único (viúvo meeiro, companheiro, herdeiro, legatário ou cessionário dos bens), bastará pedido de adjudicação, com lavratura do respectivo auto, para subsequente homologação judicial.

9. HOMOLOGAÇÃO DA PARTILHA – FORMAL

A regra do arrolamento sumário é que a partilha amigável seja homologada de plano pelo juiz (art. 659 do CPC). Não se trata de julgamento, mas de simples sentença homologatória, por não haver contenciosidade. O pressuposto é de que haja plena concordância entre as partes capazes. Preserva-se, não obstante, o livre convencimento do juízo na apreciação dos aspectos formais da partilha e, ainda, no exame dos demais requisitos legais para sua eficácia e validade.

A homologação, referida na lei como "de plano", dá ideia de decisão imediata ou a jato. Seria o ideal, mas nem sempre haverá lugar para tamanha presteza. Depende da regularidade das declarações e da própria partilha amigável, como da juntada de procurações de todos interessados, certidão de óbito, quitações fiscais e outros documentos pertinentes.

Como ato final, decorrido o prazo de recurso da sentença homologatória e comprovado o pagamento dos tributos, o cartório expedirá o formal de partilha (ou carta de adjudicação, em caso de beneficiário único), instruído com certidões ou cópia "xerox" das peças essenciais do processo, entrega aos beneficiários da herança, intimando-se o fisco para suas providências administrativas.

O formal de partilha (ou a carta de adjudicação) é providência do cartório judicial, a ser cumprida logo que o inventariante indique as peças necessárias e providencie as correspondentes cópias autenticadas, segundo as normas das corregedorias de justiça dos Estados. É também possível a extração do formal ou da carta pelos tabelionatos de notas, com autoridade para autenticar as cópias, se houver permissão da corregedoria da justiça, como ocorre no Estado de São Paulo. A providência é rápida, ajuda na presteza do serviço e alivia o cartório judicial de mais essa tarefa burocrática.

10. ESQUEMA DO ARROLAMENTO SUMÁRIO

▶ Arrolamento Sumário

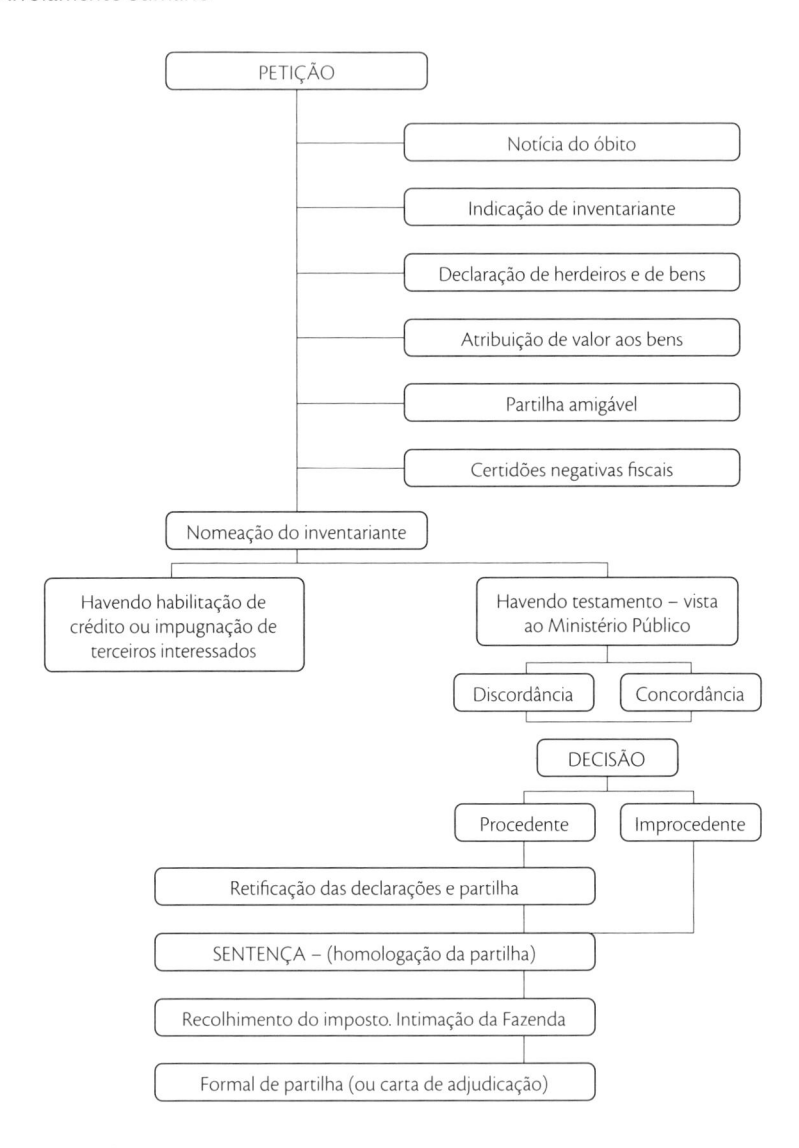

```
                          ┌─────────────┐
                          │   PETIÇÃO   │
                          └──────┬──────┘
                  ├──────── Notícia do óbito
                  ├──────── Indicação de inventariante
                  ├──────── Declaração de herdeiros e de bens
                  ├──────── Atribuição de valor aos bens
                  ├──────── Partilha amigável
                  ├──────── Certidões negativas fiscais
                          │
                  Nomeação do inventariante
                 ┌────────┴────────┐
      Havendo habilitação de      Havendo testamento – vista
      crédito ou impugnação de    ao Ministério Público
      terceiros interessados      
                               ┌──────┴──────┐
                         Discordância   Concordância
                                    │
                               ┌────┴────┐
                               │ DECISÃO │
                               └────┬────┘
                            ┌───────┴───────┐
                        Procedente     Improcedente
                            │
                Retificação das declarações e partilha
                            │
                SENTENÇA – (homologação da partilha)
                            │
                Recolhimento do imposto. Intimação da Fazenda
                            │
                Formal de partilha (ou carta de adjudicação)
```

Obs.:

Pressupostos do arrolamento sumário: partes capazes e acordo de partilha.

Havendo herdeiro único, ou legatário, lavra-se auto de adjudicação, com extração da respectiva carta.

CAPÍTULO
13 Arrolamento Comum

SUMÁRIO: **1.** Conceito e requisitos. **2.** Fases processuais. **3.** Plano de partilha. **4.** Avaliação dos bens. **5.** Julgamento da partilha. **6.** Esquema.

1. CONCEITO E REQUISITOS

O arrolamento comum ou simples, previsto no artigo 664 do Código de Processo Civil, é forma simplificada de inventário de bens de pequeno valor, até o limite de 1.000 salários mínimos, entendendo-se que aplicável o seu valor nacional e não os valores estaduais que são variáveis e servem a outros fins.

No Código revogado (CPC de 1973), a limitação de valor era de 2.000 ORTNs (Obrigação Reajustável do Tesouro Nacional), título esse que veio a ser extinto, dificultando, assim, a apuração de qual seria o teto para instaurar processo de arrolamento. Com a adoção do novo parâmetro em salários mínimos, a questão ficou resolvida, tornando fácil apontar o que constitui herança de pequeno valor para fins processuais[1].

O arrolamento comum difere do arrolamento sumário, porque neste é condição básica a concordância de partes capazes, enquanto no arrolamento basta o reduzido valor dos bens. Sua adoção é possível, ainda que não representados todos os herdeiros, e mesmo que haja testamento, ou herdeiros incapazes ou ausentes, hipótese em que intervirá o Ministério Público.

2. FASES PROCESSUAIS

Constitui fase inicial o requerimento de abertura do arrolamento, com notícia do óbito, juntada da respectiva certidão e de procuração, assim como o pagamento das custas iniciais.

---

1 Em edições anteriores desta obra já se indicava a impropriedade da utilização da ORTN como base do valor para arrolamento e a necessidade de critério mais racional com base no salário mínimo.

A seguir, vem o despacho judicial de nomeação do inventariante, que deve apresentar as declarações de bens, com os respectivos valores e o plano de partilha. Se requerido e necessário, o juiz determinará a avaliação dos bens (art. 664 e § 1º do CPC).

O juiz poderá designar audiência para deliberar sobre a partilha, decidindo as reclamações e mandando pagar as dívidas não impugnadas (art. 664, § 2º, do CPC). Na prática é rara essa providência judicial, pois a deliberação pode ser tomada sem necessidade de audiência, a não ser que haja interesse na conciliação.

Devem ser exibidas as provas de quitação dos tributos relativos aos bens do espólio e às suas rendas após o que o juiz julgará a partilha (art. 664, § 5º, do CPC).

Comporta análise crítica a disposição do § 4º do artigo 664 do Código de Processo Civil, ao dizer que se aplica ao arrolamento, no que couber, a disposição do artigo 672 do mesmo Código, relativamente ao pagamento e à quitação da taxa judiciária e ao imposto sobre transmissão da propriedade dos bens do espólio. Equivocada essa remissão ao artigo citado, que trata de matéria diversa, referente à cumulação de inventários. Leia-se, em vez de 672, o artigo 662, que é específico sobre aqueles temas fiscais, que não são conhecidos nem apreciados no arrolamento e que, havendo diferença do valor recolhido, deve ser objeto de exigência pela Fazenda na esfera administrativa. É o mesmo critério que serve ao arrolamento sumário (v. cap. 12, itens 6 e 7 – na jurisprudência: acórdão da Câmara Civil do TJSP, rel. Des. Luis de Macedo, na *RJTJSP*, Lex, 111/41).

Em resumo, são as seguintes as fases básicas do processo de arrolamento comum:

a) requerimento inicial, com notícia do óbito, indicação de inventariante, juntada de procuração, de certidão de óbito e de guia de recolhimento das custas, declaração dos bens e valores e plano de partilha ou pedido de adjudicação;
b) nomeação de inventariante, independentemente de assinatura de termo;
c) citação de herdeiros e outros interessados na herança; havendo ausentes, serão citados por edital;
d) intervenção do Ministério Público, havendo herdeiros ausentes ou incapazes, ou se houver testamento;
e) avaliação dos bens, se requerida e necessária;

f) prova de quitações fiscais (recolhimento do imposto *causa mortis* na esfera administrativa e certidões negativas);
g) deliberação da partilha (audiência, se necessária);
h) sentença de partilha (ou da adjudicação);
i) após o trânsito em julgado, expedição de formal de partilha ou carta de adjudicação, bem como de eventuais alvarás para alienação de bens ou levantamento de valores;
j) intimação da Fazenda para verificação fiscal em procedimento administrativo.

3. PLANO DE PARTILHA

Compete ao inventariante apresentar o plano de partilha com a sua proposta de atribuição dos bens, já na petição de abertura do inventário. Supõe-se a não concordância de todos os interessados, pela existência de herdeiros ausentes ou incapazes, pois, se forem todos maiores e capazes, o rito seria o de arrolamento sumário.

Feita a declaração de herdeiros e de bens, perfeitamente individuados e com os devidos valores (art. 620 do CPC), propõe-se a partilha, mediante esboço ou formulação do pedido de quinhões, na forma prevista para o inventário (art. 653 do CPC), com os respectivos orçamentos e folhas de pagamento a cada parte, beneficiária da herança.

Os demais interessados poderão impugnar o plano de partilha, na descrição dos bens, nos seus valores e na proposta de atribuições, para que o juiz delibere.

Desde que os bens admitam divisão cômoda, deverá efetuar-se a partilha atendendo à igualdade dos quinhões, por avaliação dos bens, se reclamada pelas partes. Dessa forma, evitar-se-á o desdobramento e a perpetuação de condomínios, possível fonte de litígios na futura administração dos bens.

Na impossibilidade de divisão cômoda entre os interessados, como no caso de existir um só imóvel para diversos herdeiros, far-se-á a partilha em frações ou partes ideais, com distribuição do bem ou bens a todos os interessados, na proporção dos respectivos quinhões.

Outra hipótese, desde que o imóvel não caiba no quinhão de um só herdeiro, ou não admita divisão equitativa, será a venda judicial, prevista no artigo 2.019 do Código Civil, na forma dos artigos 879 e seguintes do Código de Processo Civil. Efetuada a alienação, após regular avaliação do bem, dividir-se-á o preço, exceto se um ou mais herdeiros requererem a adjudicação, fazendo a reposição da sobra aos demais.

4. AVALIAÇÃO DOS BENS

Ao inventariante compete atribuir valores aos bens do espólio, para fins da partilha.

Mas poderá ocorrer impugnação de qualquer das partes ou do Ministério Público (havendo herdeiros ausentes ou incapazes, ou disposições testamentárias a cumprir).

Nesse caso, será necessária a avaliação dos bens por perito nomeado pelo juiz, com prazo de 10 dias para apresentação do laudo (art. 664, § 1º, do CPC).

Observa-se imprecisão técnica do legislador, por referir, inicialmente, a questão do laudo avaliatório, para, em seguida, dispor que o juiz decidirá de plano todas as reclamações e mandará pagar as dívidas não impugnadas. Ou seja, a decisão não se refere somente à fixação do valor dos bens, mas a todas as questões suscitadas na partilha.

A lei menciona a designação de audiência, mas entenda-se que seja facultativa, se necessária, pois nada impede a decisão de plano, em seguida à manifestação das partes sobre os resultados da perícia, para os regulares trâmites da partilha.

5. JULGAMENTO DA PARTILHA

Uma vez julgada a partilha (ou a adjudicação, no caso de sucessor único), e ocorrendo o trânsito em julgado, ultima-se o processo de arrolamento, com expedição do formal (ou da carta de adjudicação), desde que atendidos os encargos fiscais (como no arrolamento sumário – v. cap. 12, item 9).

Capítulo 13 **Arrolamento Comum**

6. ESQUEMA

◗ Arrolamento comum

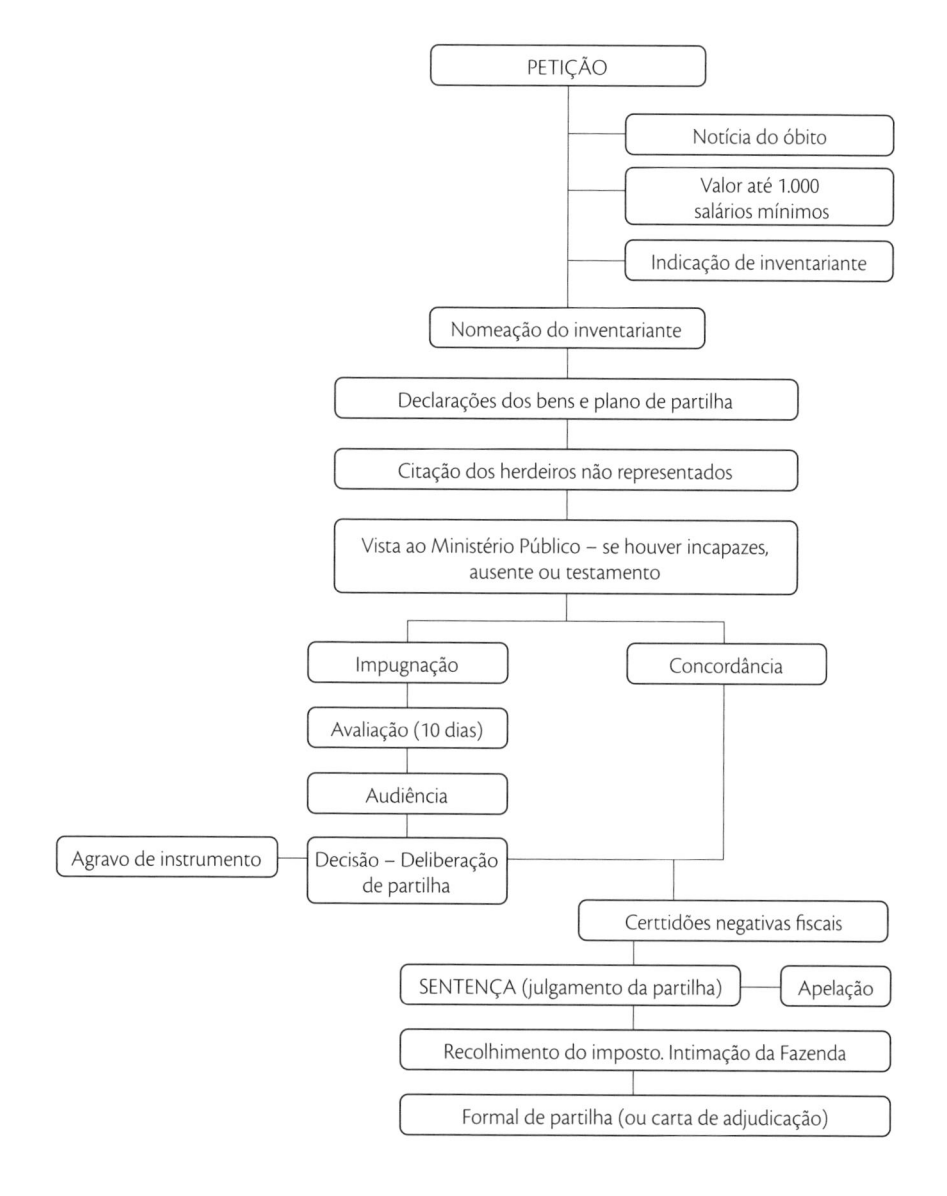

```
                    PETIÇÃO
                       │
                       ├──── Notícia do óbito
                       ├──── Valor até 1.000
                       │     salários mínimos
                       └──── Indicação de inventariante
                       │
              Nomeação do inventariante
                       │
         Declarações dos bens e plano de partilha
                       │
          Citação dos herdeiros não representados
                       │
         Vista ao Ministério Público – se houver incapazes,
                       ausente ou testamento
                       │
            ┌──────────┴──────────┐
        Impugnação             Concordância
            │                      │
     Avaliação (10 dias)           │
            │                      │
         Audiência                 │
            │                      │
Agravo de instrumento ── Decisão – Deliberação
                         de partilha
                                   │
                         Certtidões negativas fiscais
                                   │
                    SENTENÇA (julgamento da partilha) ── Apelação
                                   │
                    Recolhimento do imposto. Intimação da Fazenda
                                   │
                    Formal de partilha (ou carta de adjudicação)
```

Obs.:

Havendo herdeiro único, ou legatário, lavra-se auto de adjudicação, com extração da respectiva carta.

CAPÍTULO 14
Inventário e Partilha Extrajudicial

SUMÁRIO: 1. Observações gerais. 1.1. Provimentos das Corregedorias de Justiça. Resolução n. 35 do Conselho Nacional de Justiça (CNJ). 1.2. Alterações no Código de Processo Civil. 1.3. Partilha ou adjudicação. 1.4. Dualidade de procedimentos: inventário judicial e inventário extrajudicial. Testamento. 1.5. Caráter opcional do inventário extrajudicial. 1.6. Homologação da partilha pelo juiz, no procedimento judicial de arrolamento sumário. 1.7. Abertura da sucessão e inventário. 1.8. Prazos para o inventário. 1.9. Distinção entre meação e herança. 1.10. Efeitos do inventário e partilha extrajudicial. 1.11. Competência funcional do tabelião. 1.12. Responsabilidade do tabelião. 1.13. Assistência de advogado. 1.14. Bens e direitos que dispensam inventário e partilha. **2.** Formalidades da escritura de inventário e partilha. 2.1. Partes no inventário. 2.2. Credores do espólio. 2.3. Cessão de direitos hereditários. 2.4. Renúncia da herança. 2.5. Procuradores das partes. 2.6. Nomeação de inventariante. 2.7. Administrador provisório. 2.8. Documentos das partes. 2.9. Bens – Descrição, valores e documentos. 2.10. Bens situados no estrangeiro. 2.11. Certidões negativas de débitos fiscais. 2.12. Impostos de transmissão. 2.13. Sobrepartilha extrajudicial. 2.14. Escritura de retificação da partilha. 2.15. Central de Inventários e de Testamentos. 2.16. Emolumentos da escritura – Lei de custas. 2.17. Gratuidade. 2.18. Carta de Sentença ou Formal de Partilha Extrajudicial. **3.** Conclusão.

1. OBSERVAÇÕES GERAIS

As inovações trazidas pela Lei n. 11.441, de 4 de janeiro de 2007, dando nova redação aos artigos 982 e 983 de Código de Processo Civil de 1973, com as modificações que desaguaram nos artigos 610 e 611 do Código de Processo Civil de 2015, possibilitam a realização de inventário e partilha amigável extrajudicial por meio de escritura pública, quando todos os interessados sejam capazes e não haja testamento.

Não mais subsiste, portanto, a exclusividade do procedimento judicial para formalizar a sucessão hereditária. O ato pode ser praticado na esfera administrativa, por ato do Tabelião de Notas da escolha dos interessados, quando presentes os requisitos legais.

O novo modo de inventário, qualificado como extrajudicial, notarial ou administrativo, tem o propósito de facilitar a prática do ato de transmissão dos bens, porque permite modo mais simples e célere para resolver a partilha. Com isso reduz a pletora dos serviços judiciários, abrindo campo a um procedimento extrajudicial no Ofício de Notas, afastando os rigores da burocracia forense para a celebração de um ato notarial que visa chancelar a partilha amigavelmente acordada entre meeiro(a) e herdeiros e o recolhimento dos impostos devidos. Com isso, reserva-se ao juiz a análise das questões mais complexas no plano sucessório, conquanto se resguarde o direito dos cidadãos de recorrerem, quando entenderem necessário, ao inventário na esfera judicial.

O objetivo, bem se vê, é o de proporcionar aos cidadãos a possibilidade de resolverem suas pendências de forma mais rápida e eficiente, por meio, principalmente, da conciliação e do entendimento, deixando para o Judiciário as pendências mais complexas e nas quais o acordo se tornou impossível.

1.1. Provimentos das Corregedorias de Justiça. Resolução n. 35 do Conselho Nacional de Justiça (CNJ)

A permissão legal de realizar inventário extrajudicial exigiu a adaptação dos serviços cartorários, mediante regramentos das corregedorias gerais de justiça estaduais e de órgãos federais, em especial o Conselho Nacional de Justiça (CNJ).

A matéria foi objeto da Resolução CNJ n. 35, de 24 de abril de 2007, com as alterações da Resolução CNJ n. 326, de 26 de junho de 2020, dispondo sobre o inventário por escritura pública (além de normas específicas sobre as escrituras de separação e de divórcio), ditando as condições, os requisitos e as formas procedimentais a serem observadas.

Nova alteração nesse procedimento deu-se com a Resolução CNJ n. 452, publicada em 28.4.22, para acrescentar ao artigo 11 da Resolução 35 os parágrafos 1º, 2º e 3º, determinando que "o meeiro e os herdeiros poderão, em escritura pública anterior à partilha ou à adjudicação, nomear inventariante".

Essa antecipação da escritura destina-se a empoderar o inventariante para "representar o espólio na busca de informações bancárias e fiscais necessárias à conclusão de negócios essenciais para a realização do inventário e no levantamento de quantias para pagamento do imposto devido e dos emolumentos do inventário". O ato de nomeação "será considerado o termo inicial do procedimento de inventário extrajudicial", evitando que o retarde na abertura ocasione problemas de ordem fiscal aos herdeiros.

1.2. Alterações no Código de Processo Civil

As alterações introduzidas pela Lei n. 11.441/2007 no Código de Processo Civil de 1973 e, na sequência, no Código de Processo Civil vigente, de

Capítulo 14 Inventário e Partilha Extrajudicial

2015, objetivam, como anotado, facilitar a realização do inventário, evitando os entraves do procedimento forense, uma vez que bastará a escritura pública de inventário e partilha, com força executiva para cumprimento das suas disposições, independente de homologação judicial.

A matéria é cuidada nos parágrafos 1º e 2º do artigo 610 do Código de Processo Civil, estabelecendo ressalva ao *caput*, que determina o inventário judicial havendo testamento ou interessado incapaz. Assim, cabe o inventário extrajudicial, por escritura pública, se todos os interessados forem capazes e concordes. A escritura constituirá documento hábil para qualquer ato de registro, bem como para levantamento de importância depositada em instituições financeiras. É essencial que as partes estejam assistidas por advogado ou por defensor público, cuja qualificação e assinatura constarão do ato notarial.

O requisito da capacidade das partes deve ser interpretado de forma ampla, abrangendo, também, a inexistência de nascituro, como é previsto para o divórcio administrativo no artigo 733 do Código de Processo Civil. Assim se entende, apesar da falta de expressa menção no artigo 610, pelo direito sucessório dos concebidos até a data da abertura da sucessão, conforme dispõe o artigo 1.798 do Código Civil. Recomenda-se, portanto, que conste da escritura de inventário que a cônjuge viúva não se encontra em estado gravídico, ou ao menos, que não tenha conhecimento dessa condição, como se exige da cônjuge mulher na escritura de divórcio consensual (resolução CNJ 35, artigos 34 e 37).

A eficácia da escritura pública de inventário é igual à do formal de partilha ou da carta de adjudicação, uma vez que serve para fins de registro imobiliário, transferência de bens e direitos, promoção de atos para a materialização das transferências, levantamento de valores junto aos órgãos encarregados do cumprimento da partilha, tais como instituições financeiras, Junta Comercial, Departamento de Trânsito, Registro Civil das Pessoas Jurídicas, companhias telefônicas etc. (em São Paulo, Provimento da CGJ n. 2/2019, regulamentando a expedição de certidão da escritura pública de partilha sobre a totalidade dos bens ou sobre bens especificados, conforme for solicitado pelo interessado; ver também neste cap., item 2.18).

Para esse fim, é obrigatória a nomeação de um dos interessados, na escritura de inventário e partilha, para representar o espólio, com poderes de inventariante, no cumprimento de obrigações ativas ou passivas pendentes, sem que necessária a ordem estrita de precedência prevista no art. 617 do Código de Processo Civil, já que a escolha se faz por acordo dos beneficiários da herança.

A gratuidade prevista na lei processual estende-se também às escrituras de inventário e partilha (como, por igual, nas escrituras de separação e divórcio). Para obter a gratuidade, basta a simples declaração do interessado de que não possui condições de arcar com os emolumentos, ainda que esteja assistido por advogado constituído.

Cabível, também, a assistência da parte por defensor público. Em qualquer situação, basta o registro da presença do advogado ou do defensor, com seu nome e registro na OAB, dispensada a procuração.

1.3. Partilha ou adjudicação

Partilha, como é curial, pressupõe a existência de dois ou mais interessados na herança, ou de um herdeiro em paralelo ao cônjuge sobrevivente com direito a meação. Reparte-se todo o patrimônio em bens diferenciados ou em partes ideais, para a atribuição dos respectivos quinhões.

Havendo um só interessado, maior e capaz, com direito à totalidade da herança, a ele caberá a adjudicação direta do bem, pela escritura que, então, chamar-se-á de inventário e adjudicação.

1.4. Dualidade de procedimentos: inventário judicial e inventário extrajudicial. Testamento

A previsão de inventário por escritura pública abarca tão somente uma espécie de inventário, que seria a de arrolamento sumário (art. 659 do CPC), ante a exigência de que todas as partes estejam de acordo e sejam maiores e capazes. Não se preenchendo tais pressupostos, será de rigor a instauração de inventário judicial, ou do arrolamento comum para as heranças de reduzido valor (arts. 610 e 664 do CPC).

Outro requisito para o procedimento extrajudicial é a inexistência de testamento, como se extrai da regra geral do comentado artigo 610. Mas cumpre ressalvar as hipóteses de testamento que tenha sido declarado nulo, ou que tenha sido revogado por outro, pois então não haverá testamento a ser cumprido, abrindo chance ao procedimento notarial. O mesmo se diga nas hipóteses de caducidade do testamento, por pré-moriência do beneficiário ou desaparecimento do bem que constituía objeto da disposição testamentária (art. 1.939 do CC, referente à caducidade dos legados).

Acrescente-se, ainda na esfera dessa exceção ao procedimento judicial, o

Capítulo 14 ▪ Inventário e Partilha Extrajudicial

caso de testamento sem nenhuma disposição patrimonial, contendo apenas recomendações de ordem moral, estipulações sobre exéquias, celebrações de missa etc., que não constituem objeto de inventário, ensejando, pois, que os bens do autor da herança sejam partilhados no rito extrajudicial. O mesmo se diga na existência de mero codicilo, que prescinde das formalidades do testamento, por conter disposições de pequeno valor.

Ainda nesses casos, porém, o instrumento de última vontade deverá ser levado previamente a juízo, para fins de publicação e registro (arts. 735 a 737 do CPC), após o que terá lugar o processo de inventário e partilha.

Para verificação da existência do testamento há necessidade de consulta ao Registro Central do Colégio Notarial do Brasil, obtendo-se certidão positiva ou negativa, que deverá ser apresentada no ato de registro judicial (Provimento CNJ n. 52/2016).

A questão da possibilidade de inventário extrajudicial com testamento tem sido resolvida por provimentos das corregedorias estaduais da Justiça, como sucedeu em São Paulo com o Provimento CGJ n. 37/2016, que alterou o artigo 129 das Normas de Serviço, dispondo que, na sentença de registro do testamento, o juiz pode autorizar a realização do inventário por escritura pública, desde que todos os interessados sejam maiores e capazes. E especifica a admissibilidade dessa forma de inventário nos casos de testamento revogado ou caduco, ou quando houver decisão judicial definitiva declarando a invalidade do testamento, observadas a capacidade e a concordância dos herdeiros. Mas, se houver disposição no testamento reconhecendo filho ou qualquer outra declaração irrevogável, a lavratura da escritura pública ficará vedada, obrigando-se, as partes, ao inventário judicial.

Essa flexibilização na escolha da via extrajudicial, com a mitigação dos rigores formais estabelecidos no artigo 610 e parágrafos da lei processual, estende-se, até mesmo, às situações de haver herdeiro incapaz, desde que não ocorra prejuízo na atribuição do bem que lhe compete, como sucede no caso de partilha em frações ideais dos bens, em perfeito atendimento aos direitos de todos os interessados.

1.5. Caráter opcional do inventário extrajudicial

Clara a dicção do artigo 610 do Código de Processo Civil, no seu § 1º, ao dispor que "...o inventário e a partilha poderão ser feitos por escritura pública...", apontando tratar-se de procedimento opcional.

Bem se vê que é facultada aos interessados a opção pela via judicial ou extrajudicial. Se instaurado o inventário judicial, pode ser solicitada, a qualquer momento, a suspensão do processo ou a desistência da via judicial, para a realização do ato na esfera extrajudicial. O caráter facultativo do procedimento do inventário por meio da escritura pública consta expressamente do artigo 2º da Resolução n. 35 do Conselho Nacional de Justiça.

Há situações que recomendam a ação de arrolamento em juízo, não obstante a plena concordância das partes com a partilha amigável, como se dá na hipótese de necessidade de alvará para levantamento de dinheiro ou de venda de bens deixados pelo autor da herança, para obtenção de fundos necessários ao recolhimento de impostos em atraso e atendimento aos encargos do processo. Em tais hipóteses, torna-se inviável a escritura pública, porque o tabelião não tem capacidade para autorizar aqueles atos de obtenção de recursos para os pagamentos das despesas inerentes ao inventário.

1.6. Homologação da partilha pelo juiz, no procedimento judicial de arrolamento sumário

O artigo 659 do Código de Processo Civil, tratando do arrolamento sumário, diz que a partilha amigável será *homologada de plano pelo juiz*.

À primeira leitura, o texto deixa a impressão de que seria sempre exigível o procedimento judicial para esse ato de homologar.

Mas a confusão é aparente e de fácil deslinde. Qual foi o objetivo declarado da nova lei? Facilitar o procedimento dos inventários sem testamentos e com partes maiores e capazes, para afastar a via judicial e abrir a via administrativa, ou seja, permitir a realização desses atos em cartório.

Por certo que não se faz necessária a homologação de todas as partilhas amigáveis celebradas por pessoas capazes e concordes, quando sua efetivação ocorre na via extrajudicial, que se consuma com a outorga da escritura pública.

Por outras palavras, mantém-se a possibilidade do arrolamento sumário pela via judicial, que demanda homologação da partilha, e, paralelamente, resguarda-se a inteireza e suficiência da escritura pública se houver a escolha da via extrajudicial.

Também é possível a partilha por escritura pública para ser levada ao processo de inventário comum. Trata-se de hipótese em que o processo se inicia de forma litigiosa e, ao final, termina por acordo das partes. Então, celebra-se a partilha amigável, e a escritura é trazida aos autos do inventário para homologação judicial. Mas, ainda nessa hipótese, caso as partes prefiram, podem desistir do processo e simplesmente refazer o inventário e a partilha pela via extrajudicial, com a escritura pública valendo, então, como título autossuficiente para o registro imobiliário.

1.7. Abertura da sucessão e inventário

Marca-se a abertura da sucessão pelo óbito do autor da herança (art. 1.784 do CC). Não se confunde com a abertura do inventário, que será feita depois, nos prazos estabelecidos na lei.

A escritura de inventário e partilha pode abranger sucessões abertas a qualquer tempo, ou seja, também em casos de óbitos ocorridos antes de sua vigência.

Cumpre observar, no entanto, a capacidade sucessória das partes, que se regula pela lei vigente à data da abertura da sucessão.

Assim, caso o óbito tenha ocorrido até 10 de janeiro de 2003, será aplicada a ordem da vocação hereditária prevista no artigo 1.603 do Código Civil de 1916. A partir de 11 de janeiro de 2003, data da entrada em vigor do Código Civil de 2002, deve ser observada a ordem da vocação hereditária prevista em seu artigo 1.829.

1.8. Prazos para o inventário

Foram alterados os prazos de abertura e encerramento do inventário, com sua fixação em 2 meses e em 12 meses (art. 611 do CPC). Essa determinação tem aplicação ao inventário judicial e ao extrajudicial, pois é possível que se instaure a abertura do inventário por escritura pública, para solenizar a opção das partes por esse procedimento e depois se prossiga com outra escritura de partilha dos bens. Nesse sentido o Provimento da CGJ-SP n. 55/2016, alterando as normas de serviço para permitir a escritura pública de nomeação de inventariante como termo inicial do procedimento de inventário extrajudicial.

Não são fatais os prazos fixados na lei, pois o próprio texto legal prevê a possibilidade de sua prorrogação pelo juiz, de ofício ou a requerimento de parte.

Embora se trate de norma tipicamente processual, tem reflexos na celebração da escritura em vista de consequências fiscais de aplicação da multa pelo atraso na abertura do inventário, conforme seja a previsão da lei estadual sobre o imposto de transmissão *causa mortis* (v. item 2.12).

Como anotado no capítulo referente ao processo judicial de inventário (cap. 7.11), os referidos prazos processuais para abertura e encerramento de inventário tiveram suspensão temporária por força da Lei n. 14.010, de 10 de junho de 2020, no período de pandemia da coronavírus (Covid-19), ficando em aberto até o dia 30 de outubro de 2020. A prorrogação dos prazos processuais naquele período teve por finalidade evitar a imposição de multas no imposto de transmissão pelo atraso decorrente daquela situação emergencial.

1.9. Distinção entre meação e herança

O inventário serve tanto para atribuição dos direitos de meação ao cônjuge sobrevivente ou ao companheiro, como para a partilha da herança, isto é, atribuição dos quinhões aos herdeiros. O valor da meação integra o chamado "monte-mor", como parte da totalidade dos bens do falecido, quando tenha sido casado no regime da comunhão. Somente no curso do inventário e com a partilha, é que se extremam as porções destinadas à meação do cônjuge ou do companheiro sobrevivente, e os demais bens que compõem os quinhões dos herdeiros e legatários (art. 651 do CPC de 2015).

A meação decorre do regime de bens adotado no casamento. Pode ou não existir, dependendo de serem ou não comunicáveis os bens deixados pelo falecido.

A herança consiste na parte dos bens deixada pelo autor da herança depois de apartada a meação do cônjuge sobrevivente. É a parte que se atribui aos herdeiros.

O cônjuge sobrevivente, assim como o companheiro, pode acumular as posições de meeiro e de herdeiro, uma vez que receba determinados bens em razão da meação e outros pelo direito de herança.

Cabe lembrar que, observados os pressupostos do artigo 1.829 do Código Civil, aplicam-se ao cônjuge e ao companheiro sobreviventes as regras de concorrência na herança com os descendentes, dependendo do regime de bens e, na falta de descendentes, com os ascendentes do falecido, qualquer que seja o regime de bens (v. caps. 2 e 3).

1.10. Efeitos do inventário e partilha extrajudicial

Além do efeito principal, que é de valer como título para o registro imobiliário, a escritura de partilha amigável serve também para outros fins correlatos à transmissão dos bens, em especial para o levantamento de importância depositada em instituições financeiras (art. 610, § 1º, do CPC), transferência de bens, alterações contratuais e outras medidas de cumprimento das disposições da partilha. Note-se a facilitação da prévia escritura para nomeação de inventariante, facilitando o caminho essas providências (v. item 1.1 deste cap.).

Assim, havendo partilha de dinheiro, o simples traslado da escritura vale para autorizar o levantamento das importâncias inventariadas que se achem sob depósito. No caso de transmissão da propriedade de veículos, a exibição da escritura bastará para instruir o pedido no órgão público competente (DETRAN). O mesmo se diga de providências decorrentes da partilha na Junta Comercial, no Registro Civil de Pessoas Jurídicas, em companhias telefônicas etc.

1.11. Competência funcional do tabelião

Ao mencionar que a escritura pública de inventário e partilha é lavrada por "tabelião", a lei dá a impressão de que seria ato privativo do titular do Tabelionato. Como em outras escrituras, todavia, admite-se a delegação da prática do ato a escrevente habilitado, embora sob a necessária orientação e integral responsabilidade do tabelião, conforme dispõe a Lei n. 8.935, de 18 de novembro de 1994, que regula as atividades notariais.

De outra parte, é livre a escolha do tabelião de notas pelas partes, desde que o ato seja praticado nos limites da área de sua atuação funcional (art. 8º da Lei n. 8.935/94), não se aplicando as regras da competência jurisdicional estabelecidas no Código de Processo Civil.

Está aí mais uma vantagem da escritura de inventário e partilha, pela facilidade de celebração do ato quando as partes residam em local distante daquele em que situado o antigo domicílio do autor da herança. Mas também haveria certo risco para os interesses de terceiros, especialmente credores, por não disporem de meios para uma pronta apuração de escrituras celebradas em outras localidades, muito embora os cartórios estejam aparelhados para pesquisas dos atos precedentes mediante a interligação de dados pela via eletrônica.

Não há necessidade de registro da escritura de inventário no livro E do Ofício de Registro Civil das Pessoas Naturais, mas a Resolução CNJ n. 35 determina que os tribunais estaduais tomem medidas adequadas para a unificação dos dados de registro de atos daquela natureza.

Bem por isso, a utilidade do Registro Central de Inventários, para concentrar dados e informações dos atos notariais lavrados, prevenir duplicidade de escrituras e facilitar as buscas.

Ao lavrar escritura de inventário e partilha, ocorrendo transmissão de bens imóveis ou de direitos relativos a imóveis, cabe ao tabelião efetuar a devida comunicação à Receita Federal, por meio da Declaração sobre Operações Imobiliárias (DOI), prevista na Instrução Normativa n. 473, de 23 de novembro de 2004. A transmissão com a abertura da sucessão, na data do óbito, considera-se a data da alienação como sendo aquela em que se lavra a escritura[1].

1.12. Responsabilidade do tabelião

Não obstante as escrituras de partilha amigável sejam celebradas por partes maiores e capazes, com a obrigatória assistência de advogado(s), o tabelião é responsável por eventuais desvios e atos que sejam praticados contra expressa disposição legal.

Sua atividade não é passiva ou meramente executiva do ato de partilha que pode lhe chegar por meio de minuta elaborada pelas partes ou pelo advogado que lhes preste assistência, podendo, inclusive, negar-se a lavrar a escritura de inventário ou partilha se houver fundados indícios de fraude ou em caso de dúvidas sobre a declaração de vontade de algum dos herdeiros, fundamentando a recusa por escrito.

Ao contrário, cabe ao tabelião orientar as partes sobre os direitos de cada qual, em face dos bens havidos por transmissão *causa mortis* e, também, sobre os encargos fiscais, como a apresentação de certidões negativas sobre os bens e rendas do espólio e o recolhimento dos impostos, tanto o impos-

---

[1] Sobre esse e outros assuntos relacionados ao inventário extrajudicial, consultem-se: Antonio Herance Filho, *Jornal do Notário*, SP, n. 98, p. 4; Cahali, Francisco José; Herance Filho, Antonio; Rosa, Karin Regina Rick; Ferreira, Paulo Roberto Gaiger – *Escrituras Públicas – separação, divórcio, inventário e partilha consensual*, São Paulo: Revista dos Tribunais, 2007, p. 151; Coltro, Antonio Carlos Mathias; Delgado, Mário Luiz, *Separação, divórcio, partilha e inventários extrajudiciais*, São Paulo: Método, 2007.

to de transmissão *causa mortis* (ITCMD) como o imposto de transmissão *inter vivos* no caso de partilha desigual (ITBI ou ITCMD – doação).

A falta de pagamento dos tributos exigidos no inventário dos bens do autor da herança leva à responsabilidade solidária do tabelião, conforme dispõe a legislação específica sobre a transmissão dos bens *causa mortis* (em São Paulo, ITCMD – Lei n. 10.705/2000, com as alterações da Lei n. 10.992/2001).

1.13. Assistência de advogado

A escritura pública de inventário e partilha somente pode ser lavrada com a presença de advogado com habilitação legal, comprovada por carteira da Ordem dos Advogados do Brasil. Pode ser um advogado comum para todas as partes ou um para cada interessado, bem como o defensor público em casos de assistência judiciária. Não há necessidade de procuração, basta consignar na escritura a presença do advogado ou de defensor público, com seu nome e número de inscrição na OAB.

Compete ao advogado, querendo, apresentar minuta da escritura, que será examinada e seguida pelo tabelião se estiver nos termos da lei e for confirmada pelas partes interessadas.

Sua participação tem que ser efetiva, dando assistência às partes, conferindo a escritura e assinando o instrumento juntamente com os interessados.

Não cabe ao tabelião indicar advogado às partes e, muito menos, ter no cartório um advogado de plantão. Cumpre aos interessados diligenciar a respeito e trazer o profissional de sua confiança. Caso solicitem ajuda, haverão de ser encaminhadas aos órgãos próprios, que são a Ordem dos Advogados do Brasil e a Defensoria Pública.

A atuação do advogado assistente pode ser cumulada com a representação legal do herdeiro, como seu mandatário com poderes especiais para a celebração da escritura, como admite a Resolução n. 35/2007 do CNJ (com a redação alterada pela Resolução 179/2013).

1.14. Bens e direitos que dispensam inventário e partilha

Certos bens e direitos dispensam a realização de inventário, seja judicial ou extrajudicial.

Assim, os levantamentos de certos valores deixados pelo falecido, como o Fundo de Garantia por Tempo de Serviço (FGTS), saldos de salários, PIS-PASEP, devolução de tributos e depósitos bancários não excedentes a 500 antigas Obrigações Reajustáveis do Tesouro Nacional (ORTN), não havendo outros bens sujeitos a inventário, são feitos sem maiores formalidades, nos termos da Lei n. 6.858/80, como consta do artigo 666 do Código de Processo Civil.

Tais bens não são atribuídos aos herdeiros, e sim aos dependentes do falecido. Basta que o dependente, munido de comprovante da Previdência Social, apresente-se ao Banco depositário e ao ex-empregador para o levantamento do fundo ou dos créditos pendentes.

Também não comportam inventário os pagamentos de valores de seguro de vida e de previdência privada, que são devidos aos beneficiários do segurado (aqueles indicados na apólice ou os herdeiros legítimos).

Se houver bens de outra natureza, que exijam inventário, será necessária a escritura pública para formalização da transmissão. E se não houver dependentes, faz-se a partilha regular aos herdeiros do falecido.

No caso de contas bancárias conjuntas, inclui-se apenas o valor cabível ao falecido (metade, se forem dois os titulares das contas), para fins de seu levantamento por dependentes, ou, se excedido o limite acima anotado, a realização da escritura de inventário e partilha.

Sobre o assunto, conferir o capítulo 15, item 5, alinhando os casos de dispensa de alvará.

2. FORMALIDADES DA ESCRITURA DE INVENTÁRIO E PARTILHA

Como se viu (item 1.2), a lei somente permite a celebração da escritura de inventário e partilha se:

a) as partes forem todas maiores e capazes;
b) houver acordo de partilha;
c) estiver presente um advogado para assistência às partes;
d) não houver testamento (com as ressalvas de autorização judicial para escritura de inventário com testamento – item 1.4).

Em tal situação e atendidos os encargos fiscais, será lavrada a escritura pelo tabelião, valendo como título para o registro imobiliário e outros efeitos correspondentes à transmissão dos bens, sem necessidade de homologação ou ordem judicial.

2.1. Partes no inventário

As partes maiores e capazes (incluindo-se os emancipados) devem comparecer a cartório, por si ou por procurador com poderes especiais, assistidas por advogado, apresentando seus documentos pessoais para qualificação e os documentos relativos aos bens do espólio. Deve haver expressa menção ao grau de parentesco, tanto do cônjuge sobrevivente quanto dos herdeiros.

Consideram-se partes interessadas:

a) o cônjuge sobrevivente, b) o companheiro sobrevivente, c) os herdeiros legítimos, d) eventuais cessionários, e) eventuais credores.

São dados essenciais na qualificação das partes na escritura: nacionalidade; profissão; idade; estado civil; regime de bens; data do casamento; pacto antenupcial e seu registro imobiliário, se houver; número do documento de identidade; número de inscrição no CPF/MF; domicílio e residência.

Além da qualificação completa do autor da herança e das partes interessadas, a escritura deve conter: o regime de bens do casamento; pacto antenupcial e seu registro imobiliário, se houver; dia e lugar em que faleceu o autor da herança; data da expedição da certidão de óbito; livro, folha, número do termo e unidade de serviço em que consta o registro do óbito; e a menção ou declaração dos herdeiros de que o autor da herança não deixou testamento e outros herdeiros.

Os cônjuges dos herdeiros deverão comparecer ao ato quando houver renúncia ou algum tipo de partilha que importe em transmissão, exceto se o casamento se der sob o regime da separação absoluta.

Se o falecido mantinha união estável, o companheiro sobrevivente será parte interessada, por ter direito a meação (art. 1.725 do CC) e herança (art. 1.829 do CC, vez que declarado inconstitucional o artigo 1.790 – RE 878.694-MG, v. cap. 3, item 8.1).

O reconhecimento dos direitos do companheiro depende da anuência dos demais interessados ou de prévio reconhecimento em ação própria.

Havendo um só interessado com direito à totalidade da herança, será lavrada escritura de inventário e adjudicação dos bens a esse beneficiário.

2.2. Credores do espólio

A existência de credores do espólio não impedirá a realização do inventário e partilha por escritura pública, pois o credor do espólio poderá haver diretamente os seus direitos, mediante acordo com os herdeiros, ou constar da escritura pública para oportuno recebimento do crédito reconhecido pelos demais interessados.

Cabe aos herdeiros indicar não só o ativo, mas também o passivo do espólio, neste caso discriminando as dívidas, os respectivos credores, bem como a forma de seu pagamento.

Ainda que não sejam indicados credores do espólio, terão sempre ressalvados os seus direitos, podendo agir por ação própria contra os herdeiros, na medida dos quinhões da herança atribuídos na partilha.

2.3. Cessão de direitos hereditários

Efetua-se por escritura pública a cessão de direitos hereditários, nos termos dos artigos 1.793 e seguintes do Código Civil (v. Cap 1.8).

Pode ser promovido o inventário pelo cessionário, mesmo na hipótese de cessão de parte do acervo, desde que todos os herdeiros estejam presentes e concordes.

Note-se que a cessão de direitos pode ser total ou parcial, conforme o interesse dos herdeiros. Seu objeto é a herança como um todo unitário, pelo seu caráter universal e indivisível (até que se opere a partilha).

A cessão de bem certo ou singularizado depende de autorização judicial para ter eficácia. Não se trata de invalidade, mas apenas de ineficácia perante os demais herdeiros, já que somente será possível saber se o cedente poderia ter transferido aquele bem depois de feita a partilha e apurar seu destinatário. Essa restrição serve de proteção aos demais herdeiros, pressupondo sua pluralidade. Bem por isso, desaparece a ineficácia do ato em caso de haver herdeiro único ou de estarem todos de acordo com a realização da cessão.

Cumpre respeitar o direito de preferência do coerdeiro, quando a cessão se faça em favor de estranho. Entende-se que a preferência existe nas cessões de caráter oneroso, logo não incide nas cessões gratuitas, que ficam à livre deliberação do outorgante.

O cessionário comparece em substituição ao herdeiro cedente, assumindo a posição de parte no processo de inventário, desde que comprovada a observância da forma de cessão (escritura pública) e a inexistência de outros interessados (além dos cedentes).

Ao tabelião caberá verificar, pelo confronto dos documentos, se realmente houve cessão da herança por todos os herdeiros (checar com a certidão de óbito, onde esse dado deve constar, ou por outros elementos que entenda cabíveis, e consignar que o cessionário declarou não haver outros herdeiros além dos cedentes).

2.4. Renúncia da herança

Ocorrendo renúncia da herança, por escritura pública autônoma ou nos próprios termos da escritura de inventário, os direitos transmitem-se ao monte e atribuem-se aos demais herdeiros situados na mesma classe e grau ou, se todos renunciarem, aos herdeiros subsequentes, conforme a ordem da vocação hereditária (v. cap. 1, 7).

Havendo credores do herdeiro renunciante, poderão habilitar-se no lugar dele para o recebimento da respectiva quota na herança.

A verdadeira renúncia é a pura e simples, abdicativa. Mas pode haver renúncia imprópria, quando feita em favor de alguém, importando em cessão de direitos hereditários. Nesse caso, incidirá o imposto *causa mortis* e, também, o *inter vivos* pela cessão da herança a terceiro.

2.5. Procuradores das partes

As partes podem ser representadas na escritura por procuradores com poderes especiais para a prática do ato, além do advogado ou do defensor público que lhes dê assistência.

Como se trata de ato público, a procuração deve se revestir da mesma forma, ou seja, por escritura pública (art. 657 do CC).

Com isso, facilita-se a realização da escritura em situações de distanciamento físico ou mesmo de moléstia que impossibilite o comparecimento pessoal da parte.

Ao procurador caberá oportuna prestação de contas dos atos relacionados à partilha, notadamente se vier a receber determinados bens móveis em nome do herdeiro representado.

2.6. Nomeação de inventariante

Deve ser feita a nomeação de interessado, na escritura pública de inventário e partilha, para representar o espólio, com poderes de inventariante, no cumprimento de obrigações ativas ou passivas pendentes.

Essa providência pode constar de escritura prévia, destinada à nomeação de pessoa que, no encargo da administração provisória ou da inventariança, tenha acesso às fontes de informação, como bancos, repartições públicas e outros órgãos ou pessoas que detenham bens, documentos ou dados relacionados ao autor da herança e que devam ser trazidos ao inventário (v. item 1.1. deste cap.).

Também é importante a figura do inventariante para o cumprimento de encargos do espólio, depois de lavrada a escritura, como sucede em casos de levantamento de dinheiro, recebimento de créditos do espólio, transferência de cotas societárias, venda de ações, transferência da titularidade de veículo etc. Mas, se na partilha já houver a atribuição de bens certos a determinado herdeiro, a este caberá a providência executória de seu interesse.

2.7. Administrador provisório

As providências que antecedem a outorga da escritura devem ser tomadas pelo administrador provisório, que prioritariamente é o cônjuge viúvo, o companheiro sobrevivo ou o herdeiro que se achar na posse e administração dos bens (art. 1.797 do CC; art. 613 do CPC).

Até a lavratura da escritura, o espólio será representado pelo administrador provisório para reunir todos os documentos e recolher os tributos, viabilizando a formalização daquele ato.

Se necessária autorização do juiz para a prática de determinado ato, caberá aos interessados requerer nessa via o atendimento de suas pretensões, por meio de inventário judicial, medidas cautelares ou pedidos de alvará, desde que a expedição não caiba ao notário.

2.8. Documentos das partes

A qualificação completa do autor da herança (*de cujus*) e das partes interessadas deve ser instruída com os correspondentes documentos pessoais e dos bens, atendidas as exigências do artigo 620 do Código de Processo Civil:

a) Certidão de óbito do autor da herança;
b) RG e CPF do autor da herança e das partes;
c) Certidões comprobatórias do vínculo de parentesco dos herdeiros;
d) Certidão de casamento do cônjuge sobrevivente e dos herdeiros casados e pacto antenupcial, se houver;
e) Certidão de propriedade de bens imóveis e direitos a eles relativos;

f) Documentos necessários à comprovação da titularidade dos bens móveis e direitos, se houver;
g) Certidão negativa de tributos;
h) Certificado de Cadastro de Imóvel Rural – CCIR, se houver imóvel rural a ser partilhado;
i) Certidão Negativa conjunta da Receita Federal e PGFN;
j) Certidão Comprobatória da inexistência de testamento (Registro Central de Testamentos mantido pelo CNB/SP).

Os documentos apresentados devem ser originais ou em cópias autenticadas, salvo os de identidade das partes, que sempre serão originais. A escritura pública deverá fazer menção aos documentos apresentados e ao seu arquivamento, microfilmagem ou gravação por processo eletrônico.

2.9. Bens – Descrição, valores e documentos

Depois da qualificação do autor da herança e das partes (cônjuge, companheiro, herdeiros, legatários, cessionários e outros eventuais interessados), a escritura deve conter a descrição dos bens sujeitos a inventário.

Os bens da herança constituem o patrimônio deixado pelo falecido, na sua totalidade, abrangendo a meação do cônjuge sobrevivente ou do companheiro e a herança propriamente dita, que será transmitida aos herdeiros legítimos.

Devem ser descritos os bens imóveis e móveis, direitos e obrigações do autor da herança, com seus eventuais ônus e encargos, e os respectivos documentos comprobatórios.

No caso de imóvel rural, deverá ser descrito e caracterizado como constar no registro imobiliário, com a apresentação e menção na escritura do Certificado de Cadastro do INCRA e da prova de quitação do imposto territorial rural, relativo aos últimos cinco anos (art. 22, §§ 2º e 3º, da Lei n. 4.947/66). Verificar, também, se o descritivo atende às normas do levantamento topográfico por georreferenciamento, que é de rigor para o ato de registro da partilha (Lei n. 6.015/73, com alterações ditadas pela Lei n. 10.267/2001; normas da ABNT-NBR n. 13.133/94).

Tratando-se de imóvel urbano, deve ser instruído com o lançamento do IPTU e do valor de referência (onde houver); imóvel rural, do lançamento do ITR e do órgão estadual encarregado da avaliação. Num e noutro caso, indispensável a juntada de certidões negativas.

Nos casos de imóvel em construção ou aumento de área construída, sem prévia averbação no registro imobiliário, recomenda-se seja apresentado documento comprobatório expedido pela Prefeitura e, se o caso, a Certidão Negativa de Débitos (CND).

Os bens móveis devem ser descritos com os sinais característicos, com apresentação de documento comprobatório de domínio e valor.

Os direitos de compromisso de compra e venda e mesmo os direitos de posse são igualmente suscetíveis de inventário e partilha, com a precisa indicação de sua natureza, origem e os documentos comprobatórios.

Os semoventes serão descritos pelo número, espécies, marcas e sinais distintivos. Outros bens, como dinheiro, depósitos, joias, objetos de valor, mobiliário etc., serão indicados com especificação da qualidade, peso e importância.

Cotas societárias, ações e títulos também devem ter as devidas especificações e atribuição de valores, com os documentos comprobatórios: contrato social, certificados ou cautelas, levantamento contábil (balanço), cotação em bolsa e outros meios adequados.

As dívidas ativas devem ser especificadas, mencionando-se datas, títulos, origem da obrigação, nomes dos credores e devedores. Ônus incidentes sobre os imóveis não impedem a lavratura da escritura pública, porém, se houver débitos tributários municipais e da receita federal, estes constituem impedimento para a lavratura da escritura pública, motivo pelo qual devem ser apresentadas certidões fiscais, municipais ou federais.

Deve constar o valor de cada bem do espólio, atribuído pelas partes, além do valor venal, quando imóveis ou veículos automotores.

Na partilha de imóvel a pessoa estrangeira, desnecessária autorização do INCRA, salvo quando o imóvel estiver situado em área considerada indispensável à segurança nacional (Lei n. 5.709/71).

Essas recomendações constam de orientações normativas dos tribunais estaduais, como o Provimento n. 33/2007 da Corregedoria da Justiça do Estado de São Paulo e de suas normas de serviço, de necessária observância pelos tabeliães nas escrituras de inventário e partilha.

2.10. Bens situados no estrangeiro

A competência para escrituras de inventário e partilha no Brasil cinge-se aos bens situados no território nacional. Essa a regra para o inventário judicial (arts. 23, inc. II, e 48 do CPC), que se aplica igualmente à escritura pública.

Os bens situados no estrangeiro não podem ser aqui partilhados. Devem ser objeto de procedimento no país onde se situem. Mas nada impede que, por serem todos maiores e capazes, convencionem também sobre os bens situados fora do país, na forma de um compromisso de partilha a ser formalizado perante as autoridades do lugar de origem dos bens, para efeitos fiscais e de registro.

Também se pode incluir na partilha feita no Brasil o valor de bens que já tenham sido atribuídos a uma das partes, valendo como imputação de pagamento do respectivo quinhão, para equilíbrio na divisão dos bens (sobre imputação, v. cap. 8.13, em seguida ao trato da colação). Ressalva-se, ainda, a possibilidade de convenção internacional que permita a aceitação de escritura pública de inventário e partilha em bens situados nos países convenentes.

2.11. Certidões Negativas de Débitos Fiscais

De rigor, como anotado e exigido no artigo 654 do Código de Processo Civil, a apresentação de certidões negativas de débitos relativas aos bens do espólio (IPTU para os imóveis urbanos, ITR para os imóveis rurais, CND para as empresas) e às suas rendas (IR – Receita Federal).

Sem as certidões não será possível lavrar a escritura de inventário e partilha, sob pena de responsabilidade subsidiária do tabelião pelos débitos pendentes.

2.12. Impostos de transmissão

O recolhimento do imposto de transmissão *causa mortis* deve ser feito até o ato de assinatura da escritura do inventário e partilha, conforme as exigências da lei fiscal e a previsão contida no art. 192 do Código Tributário Nacional (Lei n. 5.172, de 25.10.1966) como condicionante para a sentença de partilha em inventário judicial.

A alíquota e a base de cálculo obedecem à legislação de cada Estado. Em São Paulo, observar a Lei n. 10.705/2000 (com as modificações da Lei 10.992/2001) e as Portarias regulamentares da Secretaria da Fazenda (v. cap. 9). O recolhimento faz-se por guia eletrônica (conforme disponha a lei estadual do ITCMD; em São Paulo, acesso pelo *site* http://pfe.fazenda.sp.gov.br), mediante providência do interessado, ou do próprio cartório, sujeitando-se a oportuna fiscalização pela Fazenda. Devedor do imposto é o contribuinte, pelo recebimento do quinhão como herdeiro ou legatário.

Se houver partilha em valores desiguais, sobre a diferença incidirá o imposto *inter vivos*: o ITBI, de competência municipal (conforme a legislação local), referente à transmissão onerosa de bens imóveis, ou o ITCMD – doação, de competência estadual, referente à transmissão gratuita de quaisquer bens.

Há responsabilidade subsidiária do tabelionato pelo recolhimento do valor devido, por isso que lhe incumbe a conservação dos documentos em seu arquivo, para a exibição ao órgão fiscal se houver exigência.

O traslado da escritura de inventário e partilha deve ser instruído com a guia do ITCMD recolhida, com eventuais outras guias de recolhimentos de tributos de atos constantes no mesmo instrumento, se houver, bem como de cópias dos demais documentos.

2.13. Sobrepartilha extrajudicial

Admite-se escritura pública com partilha parcial, quando não seja possível partilhar todos os bens deixados pelo autor da herança. Por ser vedada a sonegação de bens no rol inventariado, deve-se justificar a não inclusão de determinado bem que se deixe para sobrepartilha. Observe-se a casuística prevista no artigo 669 do Código de Processo Civil, referindo aqueles bens que dependem de decisão por serem litigiosos, bem como os sonegados, os que se achem em lugar distante ou de difícil acesso e os que se apurem posteriormente.

É possível a sobrepartilha por escritura pública, ainda que referente a inventário e partilha judicial findo, mesmo que o herdeiro, hoje maior e capaz, fosse incapaz ao tempo do óbito ou do processo judicial (item 120 do Provimento n. 33/2007 da CGJ-SP).

Faz-se a sobrepartilha pela mesma forma que a partilha, ou seja, por outra escritura pública, observados os pressupostos de que todos os herdeiros sejam capazes e concordes, e que não exista disposição testamentária a ser cumprida. Caso subsista litígio, a sobrepartilha será objeto de ação judicial, por inventário comum ou arrolamento.

2.14. Escritura de retificação da partilha

Verificada a existência de erros na partilha, pode ser feita a retificação por meio de escritura pública, com as mesmas formalidades do ato original, desde que compareçam todos os interessados.

Em casos de erros materiais, como nas retificações na descrição dos bens e na menção a nomes e a documentos das partes (como RG, CPF), a retificação faz-se por ata notarial, pelo próprio tabelião, em procedimento de ofício ou a requerimento de qualquer das partes ou de seu procurador.

2.15. Central de Inventários e de Testamentos

Por determinação do Conselho Nacional de Justiça, os Tribunais estaduais se obrigaram a criar um órgão de controle das escrituras de inventário e partilha no âmbito estadual, possibilitando as buscas por qualquer interessado em obter acesso e cópia do ato notarial. Em São Paulo, criou-se a Central de Inventários, a cargo do Colégio Notarial, com acesso pelo *site* www.notarialnet.org.br. Mostra-se de grande utilidade esse órgão centralizador de informações, para conhecimento das escrituras pelos interessados e eventuais credores do espólio, em vista da possibilidade de serem os atos realizados em qualquer tabelionato do país.

Com objetivo similar, os órgãos estaduais da justiça fizeram criar uma Central de Testamentos, que veio a ser administrada em âmbito nacional pelo Colégio Notarial do Brasil, possibilitando rápida pesquisa e o fornecimento de certidão de escrituras de testamento público.

2.16. Emolumentos da escritura – Lei de custas

Cabe aos Estados fixar por lei os emolumentos cartorários para a celebração de escrituras públicas de inventário e partilha.

Seu valor deve corresponder ao efetivo custo e à adequada e suficiente remuneração dos serviços prestados pelo cartório, conforme a legislação local, evitando que haja excessiva oneração das partes interessadas, em confronto com o que teriam de suportar no caso de preferência por inventário judicial.

Na falta de regulamentação específica, cabe aos tabeliães fazer uso das normas relativas às escrituras em geral, utilizando os emolumentos referentes a escrituras sem valor declarado, ou segundo o valor da transmissão de bens imóveis, conforme o caso.

2.17. Gratuidade

O Código de Processo Civil atual não prevê a gratuidade da escritura de inventário e de outros atos notariais, que constava de dispositivo do Código revogado. Mas menciona, no § 2º do artigo 610, que a parte necessitada de recursos deve ser assistida por defensor público, pressupondo sua carência de recursos. E o seu art. 98 contém regras específicas sobre a gratuidade da Justiça, mencionando que abrange emolumentos a notários ou registradores pela prática de atos de efetivação de decisão judicial.

Para obter a gratuidade, o interessado deve subscrever declaração de que não possui condições de arcar com os emolumentos e apresentar comprovantes. Cabe ao tabelião verificar, caso a caso, pela natureza e pelo valor dos bens declarados e submetidos a partilha, se procede o pedido de justiça gratuita, podendo recusar justificadamente a execução do serviço ou, se houver insistência da parte, levar o reclamo à decisão do correspondente órgão judicial corregedor.

Ressalve-se que a gratuidade se restringe aos atos notariais, mas não abrange a dispensa do recolhimento do imposto de transmissão *causa mortis* (devido pela sucessão hereditária) ou do eventual imposto de transmissão *inter vivos* (no caso de partilha desigual ou de renúncia translativa), que tem legislação própria de âmbito estadual (ITCMD) ou municipal (ITBI).

2.18. Carta de Sentença ou Formal de Partilha Extrajudicial

Por competência ampliada do tabelionato de notas, pode ser extraída carta de sentença de processo de inventário judicial, depois de seu trânsito em julgado, em lugar do formal de partilha (ou da carta de adjudicação, em caso de herdeiro único) previsto no artigo 655 do Código de Processo Civil.

Trata-se de procedimento facultativo, a critério dos interessados. Efetua-se mediante requerimento ao tabelionato, que terá acesso ao inventário para extração de cópias autenticadas dos autos, devendo conter os elementos essenciais do processo, como a petição inicial, a certidão de óbito do autor da herança, procurações e documentos das partes, termo de eventual renúncia, escritura de cessão de direitos hereditários, se houver, nomeação de inventariante, primeiras e últimas declarações, certidões negativas dos bens e rendas do espólio, custas e recolhimentos fiscais, manifestação da Fazenda estadual, partilha, sentença de julgamento ou de homologação da partilha ou da adjudicação, certidão de trânsito em julgado e outros elementos essenciais de acordo com as peculiaridades do processo.

Esse serviço notarial facilita a obtenção do documento final do inventário ou do arrolamento pelas partes interessadas e alivia os encargos da serventia judicial.

Sua expedição deve atender às exigências das normas de serviço das corregedorias estaduais de Justiça. Em São Paulo, aplica-se o provimento CG n. 31/2013, permitindo a formação extrajudicial de cartas de sentença por instrumento físico ou por processo digital.

A carta de sentença notarial produzirá os mesmos efeitos que o formal de partilha judicial, podendo ser levado ao registro imobiliário e a outros órgãos encarregados para fins de seu regular cumprimento.

3. CONCLUSÃO

Bem se observa o intuito simplificador da nova legislação sobre inventário e partilha amigável.

A possibilidade da via administrativa facilita a elaboração do ato e, de outra parte, contribui para aliviar a pletora dos serviços judiciários. Tem havido crescente procura por essa forma de realização de inventários, em estímulo ao consenso das partes na transmissão sucessória dos bens.

Aos tabelionatos de notas cabe essa relevante função de ordem pública, devendo se aparelhar para o eficiente atendimento dessas tarefas parajudiciais. Será possível o seu alargamento futuro por disposição legal que permita a escritura de inventário e partilha mesmo em casos de haver testamento, observada a fiscalização do Ministério Público, tendo em vista a origem eminentemente cartorária desse ato de disposição de vontade.

CAPÍTULO 15

Alvarás Judiciais

SUMÁRIO: 1. Conceito e espécies. **2.** Alvará incidental. Alienação de bens. **3.** Alvará em apenso. **4.** Alvará independente. **5.** Dispensa de alvará. 5.1. Saldo de salários. 5.2. FGTS. 5.3. PIS/PASEP. 5.4. Saldos bancários. 5.5. Restituição de tributos. 5.6. Seguro de vida. 5.7. Pecúlio. **6.** Recurso da decisão de alvará. **7.** Nota: Correção de valores para fins de arrolamento e dispensa de alvará. Extinção da ORTN.

1. CONCEITO E ESPÉCIES

O termo "alvará" (do árabe "al-barã" – carta, cédula) servia, primitivamente, para designar uma lei geral, ou espécie de decreto do executivo, com vigência transitória, regulamentando normas estabelecidas através das denominadas "cartas de lei", "ordenações", e outros "éditos". Nesse sentido, mereceu expressa menção no artigo 1.807 do Código Civil de 1916, que revogou as normas anteriores à sua vigência. Não se repete a expressão no Código Civil de 2002, exatamente porque o alvará não tem o mesmo sentido jurídico de normas ou diplomas legais.

Utiliza-se "alvará" com o significado de ordem ou autorização para a prática de certos atos. "É a ordem escrita, emanada de uma autoridade judicial ou administrativa, para que se cumpra um despacho ou se possa praticar determinado ato"[1]. No âmbito administrativo, o alvará se constitui em licença, como nos casos de "alvará para construção", "alvará para porte de arma" etc.

Judicialmente, o alvará decorre de sentença ou de decisão interlocutória, constituindo autorização para que se efetue determinado ato. Exemplos: alvará para alienação de bens, alvará para levantamento de dinheiro, alvará de suprimento de consentimento.

O alvará tem o sentido de autorização e não de mandado, por ser uma faculdade ou permissão ao interessado, sem obrigá-lo à utilização do instrumento.

---

1 De Plácido e Silva, *Vocabulário jurídico*, 29. ed., Rio de Janeiro: Forense, 2012.

No campo dos inventários e arrolamentos, várias são as espécies de alvarás, conforme sejam requeridos nos autos do processo ou em peças autônomas. O artigo 659, § 2º, do Código de Processo Civil, ao dispor sobre o cumprimento da partilha no arrolamento sumário, menciona a expedição de "alvarás" referentes aos bens e às rendas abrangidos no formal de partilha.

Note-se que o inventariante, como administrador dos bens do espólio, tem ampla e geral competência para desempenho do cargo, não dependendo de ordem judicial específica para cada um dos seus atos. É o que consta do artigo 618 do Código de Processo Civil, enumerando as diversas atribuições do inventariante e os deveres de diligência e prestação de contas de sua gestão. Como assinala José da Silva Pacheco, o inventariante exerce uma espécie de *munus* público, uma função auxiliar da justiça, no processo em que intervém: "Sua atuação é pessoal e intransmissível, embora na maior parte das vezes deva fazer-se representar por advogado. Deve obrar com prudência e zelo, como bom pai de família, como esclarecem os autores antigos. Até o julgamento final da partilha, fica à testa da herança, que representa ativa e passivamente"[2]. Para a prática de certos atos, porém, sujeita-se o inventariante à audiência dos demais interessados e à competente autorização do juiz. Tais atos são enumerados no artigo 619 do mesmo Código:

I – alienar bens de qualquer espécie;

II – transigir em juízo ou fora dele;

III – pagar dívidas do espólio;

IV – fazer despesas necessárias com a conservação e o melhoramento dos bens do espólio.

Pode ocorrer prorrogação de atribuições ao inventariante, findo o inventário, para dar cumprimento a obrigações do espólio, mediante alvará, que requeira ou seja reclamado por terceiros. O encerramento formal do inventário não impede o processamento de medidas daquela espécie, pois deve ser reaberto o processo para o cumprimento da obrigação deixada pelo morto.

Assim decidiu o Tribunal de Justiça de São Paulo em mais de uma oportunidade e de longa data, bastando se confiram os volumes 60/95 e 73/214 da *RJTJESP*, com reporte a acórdão relatado pelo Des. Bruno Affonso de André:

---

[2] *Inventários e partilhas*, Rio de Janeiro: Forense, 2003, p. 388.

Capítulo 15 **Alvarás Judiciais**

"O processo de inventário não tem feição contenciosa estrita, mas, ao contrário, deve prestar-se, de modo flexível e tanto quanto for necessário, ao atendimento de todos os interesses da sucessão *mortis causa*, nos direitos e nos deveres. Trata-se de uma forma de prestação de serviço público, por via judiciária, que serve para legitimar situações jurídicas do interesse dos particulares e que exigem o concurso do Estado para sua final constituição."

Classificam-se as espécies de alvarás em incidentais, apensos e independentes –, conforme se processem nos autos do inventário, em apenso ao processo, ou em procedimento autônomo.

2. ALVARÁ INCIDENTAL. ALIENAÇÃO DE BENS

Considera-se "incidental" o alvará requerido no curso do processo de inventário ou de arrolamento, quando formulado por inventariante, meeiro, herdeiro ou sucessor. Será juntado aos autos, independente de distribuição, ensejando decisão interlocutória. As hipóteses mais comuns são os pedidos de levantamento de depósitos, alienação, recebimento ou permuta de bens, outorga de escrituras, aplicação de numerários etc.

Sobre a petição, devem ser intimadas as partes e outros interessados no inventário, bem como a Fazenda do Estado (interesses fiscais). Obrigatória a intervenção do Ministério Público sempre que haja interessados incapazes, ausentes ou disposições testamentárias (resíduos) por velar. O juiz decidirá à vista dos fundamentos da pretensão e segundo o que melhor convenha aos interesses do espólio e dos sucessores, sujeitando sempre o inventariante à regular prestação de contas do ato autorizado.

Em casos de levantamento de numerário, deverá ser comprovada nos autos a sua utilização a bem do espólio, ou para atender a encargos do processo; havendo sobra, será dividida entre os habilitados à sucessão. Se o herdeiro for incapaz ou ausente, sua cota será lançada em conta bancária especial com cláusula de juros e correção monetária (semelhante à conta poupança) ou em outra aplicação de melhor resultado, à ordem do juízo.

Dentre as atribuições do inventariante, elencadas no artigo 619 do Código de Processo Civil, destaca-se a faculdade de alienar bens de qualquer espécie, pertencentes ao espólio, ouvidos os interessados e com autorização do juiz. Tratando-se de imóvel que não caiba no quinhão de um só herdeiro, ou na meação do cônjuge supérstite, resolve-se pela venda judicial (se requerida) ou adjudicação a um ou mais herdeiros, quando impossível a divisão cômoda (art. 2.019 do CC – v. cap. 10, item 2). Mesmo que o imóvel admita divisão cômoda, se os herdeiros tiverem interesse em sua alienação, poderão requerê-la mediante alvará judicial.

Trata-se de assunto corriqueiro na prática do direito sucessório, preocupação primeira do cônjuge sobrevivo e dos sucessores interessados na administração dos bens do espólio[3]. A alienação depende, como já afirmado, de expressa autorização judicial. Juntada a petição aos autos, independentemente de preparo, são as partes intimadas para manifestação. Eventual discordância quanto ao preço, especialmente quando manifestada pelo Ministério Público (em resguardo aos interesses de herdeiros incapazes ou ausentes), implicará necessidade de avaliação. Não basta, nesse caso, a estimativa constante das primeiras declarações, com base no lançamento fiscal. Também não é suficiente o arbitramento do preço por corretores, engenheiros ou mesmo empresas especializadas. A avaliação faz-se por perito de confiança do juízo, arcando as partes com as correspondentes despesas e verba honorária.

Nos termos do artigo 1.691 do Código Civil, o pai ou a mãe não podem alienar, hipotecar ou gravar de ônus reais os imóveis dos filhos, nem contrair, em nome deles, obrigações que ultrapassem os limites da simples administração, exceto por necessidade, ou evidente utilidade da prole, a critério do Juízo. O pedido de alvará, assim, deve ser justificado, com efetiva demonstração da necessidade ou evidente utilidade que a lei exige.

Expedido o alvará, com descrição do imóvel, determinação de quem fará a outorga em nome do espólio e prazo de sua validade, cumprir-se-á por escritura pública de compra e venda. Ainda que se cuide de bens de menores, não há necessidade de hasta pública, como é de jurisprudência assente.

---

3 Como no registro literário de Alexandre Dumas, que inicia o memorável romance *A Dama das Camélias*, com a descrição de um caso assim, referente ao espólio da heroína, Margarida Gautier: *"No dia 12 de março de 1847, li eu na rua Lafite uma venda de móveis e de ricos objetos de curiosidade. Essa venda efetuava-se em consequência de um óbito..."*.

O mesmo se diga com relação aos interesses de interditos, desde que representados por curador. A venda judicial é de rigor nos casos de bens que não admitam divisão cômoda, conforme disposto no artigo 2.019 do Código Civil. Em suma, e não colidindo os interesses do herdeiro incapaz com os de seu representante legal, basta a autorização do juiz, seguindo-se a venda pelos meios regulares, com assistência do representante do Ministério Público e oportuna comprovação nos autos.

O prazo de eficácia dos alvarás é fixado pelo juiz, com variações, conforme as circunstâncias do negócio entabulado e a conveniência das partes. Não se recomenda prazo em aberto ou indeterminado, em face da natureza transitória da medida, que se há de cumprir no interregno do inventário, não podendo se constituir em causa de sua indevida procrastinação. O alvará para a venda de bens de incapazes deve ser estipulado com prazo reduzido, no máximo de 90 dias, para que o valor arbitrado não se perca diante da corrosão inflacionária. Melhor, ainda, a indexação do preço, para sua automática atualização.

Importante ressaltar que, sendo os interessados maiores e capazes, sua anuência ao pedido de alvará dependerá de expressa manifestação escrita ou da outorga de especiais poderes *ad negotia* ao procurador. Assim, antes de deferir o requerimento, cumpre ao juiz "verificar se as procurações contêm poderes bastantes para concordar com a alienação ou transigência pretendidas, ou para requerê-las". A observação é de Paulo Penteado de Faria e Silva, em percuciente estudo publicado na *RT* 545/35, para concluir que, estando o pedido em condições de atendimento, "caberá unicamente ao inventariante legítimo representar o espólio no ato jurídico autorizado pelo juiz – sendo descabido exigir-se o comparecimento dos outros interessados (que já requereram ou concordaram com a alienação ou a transação), pois isso só se justificaria se o inventariante fosse dativo" (em apoio, cita acórdão da 3ª Câmara Civil do Tribunal de Justiça de São Paulo, no AI n. 254.747, j. em 16-9-76).

De lembrar, também, que necessária a expressa manifestação de vontade do cônjuge de herdeiro para alienação de bens (*RJTJSP* 89/329). Na mesma linha, o Supremo Tribunal Federal não conheceu de recurso extraordinário em caso de procedência de ação de nulidade de compra e venda, decorrente da inexistência de mandato com outorga de poderes para alienação de imóvel pertencente ao espólio, no transcurso de inventário (*RTJ* 98/1.146).

Nenhuma alienação será judicialmente autorizada sem a prova de quitação da dívida ativa e manifestação da Fazenda Pública. É o que se extrai dos artigos 654, 659, § 2º, e 664, § 5º, do Código de Processo Civil, e 31 da Lei n. 6.830/80, em resguardo aos interesses fiscais. Nesse sentido, confira-se julgamento do Superior Tribunal de Justiça negando alvará para venda de imóvel em inventário porque havia notícia de débitos fiscais e, também, por ausência do instrumento de promessa de compra e venda (Agravo em recurso especial n. 781.111-RS; 3ª Turma, rel. Min. Paulo de Tarso Sanseverino. *DJe* 4-10-2017).

Não obstante, em caráter excepcional, pode ser autorizada a alienação se o pagamento da dívida fiscal estiver devidamente garantido (interpretação por analogia do disposto no parágrafo único do artigo 654, tocante ao julgamento da partilha).

Assim, como regra, as vendas somente podem ser deferidas após pagamento dos tributos incidentes sobre os bens do espólio, comprovando-se com a juntada de certidões negativas. Se se tratar de bem móvel, basta a negativa do Imposto de Renda. Cuidando-se de alienação de imóvel, será também exigível o pagamento do imposto de transmissão, além do comprovante de quitação de débitos até a data do óbito. Excepcionalmente, em casos de comprovada urgência, e havendo outros bens garantidores dos encargos fiscais, dispensam-se as negativas, com ressalva de que sejam apresentadas oportunamente, até a partilha.

3. ALVARÁ EM APENSO

Processam-se em apenso aos autos de inventário os alvarás requeridos por terceiros, desde que apresentem matéria conexa com o processo principal[4]. A hipótese mais comum é a de pedido de outorga de escritura referente a imóvel compromissado à venda pelo *de cujus*, uma vez efetivada a quitação. Sua distribuição far-se-á por dependência, ao juízo do inventário.

---

4 "Terceiro pode requerer alvará" – artigo de Euclides de Oliveira, em *O Estado de S. Paulo*, 1º-12-92; *Bol. AASP* 1.769/444.

A petição inicial, instruída com documentos e procuração, e sujeita ao recolhimento de custas, será despachada para registro e autuação em apartado, apensando-se aos autos principais.

Serão intimados para manifestação o inventariante e os demais interessados, salvo se já tiverem concordado com os termos da inicial, abreviando os trâmites processuais.

Intervirá o Ministério Público, sempre que haja interesses de incapazes, ausentes ou testamento. E, também, será intimada a Fazenda quando se tratar de ato de alienação de bens, pelo interesse fiscal na transmissão.

Ocorrendo discordância do inventariante ou de qualquer interessado, poderá o juiz ordenar diligências probatórias, para subsequente decisão. Persistindo a recusa, fica prejudicada a pretensão de alvará, já que inviável seu cumprimento. Com efeito, "o alvará judicial, enquanto mero procedimento de jurisdição voluntária, não tende ao suprimento de vontade privada que, por lei ou por contrato, se devia declarar mas não declarou. Por isso, não pode ser deferido para a outorga de escritura quando há recusa à sua concessão. Nesta hipótese, deve o interessado valer-se da adjudicação compulsória ou ação equivalente" (*RT* 639/60, 578/95, 563/111, *RJTJSP* 118/32).

Não se verificando a anuência dos interessados na herança, por expressa impugnação, por falta de manifestação ou por não terem outorgado poderes específicos aos seus procuradores, a alienação poderá ser indeferida ou condicionada à presença de todos no ato de transferência (escritura), para que se evite possível arguição de nulidade.

Em caso de manifestação negativa do inventariante a um pedido de expedição de alvará de venda, por falta de comprovação do pagamento, o Tribunal de Justiça de São Paulo, citando fundamentação doutrinária desta obra, manteve sentença de indeferimento por entender que seria inútil o alvará e que o caso seria de usucapião em ação própria. Afirmou o relator, Des. José Joaquim dos Santos, que "sua mera expedição seria inútil, pois não ensejaria a desejada lavratura da escritura respectiva, em razão da discordância do inventariante dativo" (TJSP, 2ª Câm. Dir. Priv., Ap. n. 1000102-50.2015.8.26.001, v.u., 1º-9-2015).

Mas pode ocorrer que a venda de determinado bem tenha justificação superior ao próprio interesse individual das partes, podendo ser judicialmente autorizada mesmo sem a concordância geral. Assim, a dívida passiva, aceita e comprovada ou mesmo reconhecida por sentença judicial, exige providências do inventariante, mediante a venda de bens para, com o seu produto, serem atendidos os credores, sendo que eventual saldo retorna ao monte. Após ouvidos os interessados, o juiz decidirá segundo as normas da conveniência e da oportunidade, podendo autorizar a prática do ato de alienação pelo inventariante, sem a presença dos demais, porém sujeito a comprovar a destinação do produto, mediante prestação de contas nos autos.

Havendo saldo, ou sendo a venda efetuada por anuência geral, desde que os interessados sejam maiores e capazes, poderá ser feita a divisão do numerário, em correspondência aos respectivos quinhões, como antecipação da partilha. Não assim em caso de herdeiro incapaz ou ausente, cuja cota deverá ser depositada à ordem do Juízo; o mesmo haverá de ser observado se ausente o cônjuge de herdeiro, como decidiu a 1ª Câmara Civil do Tribunal de Justiça de São Paulo, rel. Luis de Macedo (AI 57.254-1, de Guarujá, j. em 19-3-85).

A venda de bens por documentos particulares, pelos herdeiros ou pelo cônjuge meeiro, após a morte do inventariado, não supre a abertura de inventário ou arrolamento. O processo deverá ser normalmente instaurado, inclusive para efeitos fiscais, seguindo-se o pedido de alvará no seu bojo, para regularização da outorga (*RJTJSP* 100/42). O procedimento mais adequado seria a escritura de cessão de direitos hereditários, cabendo aos cessionários, então, a abertura do inventário.

Difere da alienação de bens do espólio a hipótese de haver o morto prometido à venda determinado imóvel ou cedido direitos que protraiam a obrigação da outorga de escritura definitiva. Em tais situações, não havendo razões que justifiquem o descumprimento da obrigação repassada aos sucessores, nada impede seja cumprida mediante iniciativa direta do inventariante, ouvidos os demais, em alvará requerido nos próprios autos. Ou a providência poderá ser intentada pelo terceiro interessado (promitente comprador ou cessionário), mas aí mediante petição em apartado, que se processará em apenso ao inventário.

Atente-se para a natureza do alvará, que não importa em ordem judicial, mas em autorização para que o inventariante pratique determinado ato, ou seja, mera faculdade, a depender da sua anuência, sem caráter cogente. Bem por isso se exige a sua expressa e pessoal intimação para manifestar-se nos requerimentos formulados por terceiros.

Caso o inventariante e demais interessados deixem de se manifestar, caberá ao juiz decidir à vista dos documentos que instruem o pedido, além dos constantes do processo de inventário e das declarações relativas aos bens, direitos e obrigações do espólio. Nessa hipótese, sendo concedido o alvará, seu cumprimento ficará na dependência de consentimento dos interessados na efetiva prática do ato autorizado. Eventual omissão ou recusa obrigará o adquirente ao ajuizamento de ação própria para exigir o cumprimento da obrigação.

4. ALVARÁ INDEPENDENTE

Há situações que dispensam a abertura de inventário ou de arrolamento, em face da natureza dos bens deixados à sucessão, ou de seu reduzido valor. A previsão é do artigo 666 do Código de Processo Civil, com expressa referência à Lei n. 6.858, de 24 de novembro de 1980, que dispõe sobre o pagamento, aos dependentes ou sucessores, de valores não recebidos em vida pelos respectivos titulares.

São os seguintes os casos, discriminados na referida lei e no artigo 1º do Decreto n. 85.845/81, que a regulamentou:

a) quantias devidas a qualquer título pelos empregadores a seus empregados, em decorrência da relação de emprego;

b) quaisquer valores devidos, em razão do cargo ou emprego, pela União, Distrito Federal, Territórios, Municípios e suas Autarquias, aos respectivos servidores;

c) saldos das contas individuais do Fundo de Garantia por Tempo de Serviço e do Fundo de Participação PIS-PASEP;

d) restituições relativas ao imposto sobre a renda e demais tributos recolhidos por pessoas físicas;

e) saldos de contas bancárias, saldos de Cadernetas de Poupança e saldo de contas de Fundos de Investimento, desde que não ultrapassem o valor de 500 Obrigações Reajustáveis do Tesouro Nacional[5], e não existam outros bens sujeitos a inventário.

O levantamento das quantias devidas aos dependentes do falecido faz-se na esfera administrativa, mediante pedido direto ao ex-empregador (saldo de salários), à Caixa Econômica Federal (FGTS e PIS/PASEP) ou ao banco depositário, bastando apresentar os documentos necessários (ver, a respeito das particularidades de cada caso, o item 5 deste capítulo).

As importâncias referentes a saldos de salários, FGTS, PIS/PASEP e restituições de tributos cabem prioritariamente aos dependentes do falecido, e não aos sucessores legítimos, mesmo que haja outros bens sujeitos a inventário. Basta que os dependentes comprovem sua qualidade mediante certidão expedida pela Previdência Social, ao efetuar o pedido de levantamento nos órgãos depositários. Os saldos de contas bancárias, poupança e fundos de investimento só cabem aos dependentes quando não existam outros bens sujeitos a inventário.

Na falta de dependentes habilitados perante a Previdência Social, farão jus ao recebimento dos valores os sucessores do titular, previstos na lei civil, mediante alvará judicial.

Para tanto, basta o requerimento de alvará independente, ou autônomo, formulado pelos interessados na herança, com declaração de bens e de herdeiros, e a devida instrução documental: certidão de óbito do autor da herança, procurações, documentos pessoais, comprovantes dos valores a levantar. Se o pedido for feito apenas pelo cônjuge meeiro, ou por algum dos herdeiros, deverão ser citados os demais.

Intervirá o representante do Ministério Público em casos de beneficiários incapazes ou ausentes, ou se houver testamento.

O processo é muito simples, prescindindo das formalidades de partilha, já que a atribuição é feita diretamente aos beneficiários, mediante autorização para levantamento dos depósitos a quem de direito. As cotas atribuídas a menores ficarão depositadas em Caderneta de Poupança e só serão disponíveis

---

5   500 antigas ORTNs corresponderiam a 3.460 Bônus do Tesouro Nacional – BTN. Sobre o critério de conversão da OTN em BTN, v. item 5 – Saldos bancários, e nota ao final deste capítulo, item 7.

após sua maioridade (18 anos). Ressalva-se a hipótese de autorização do juiz para levantamento do numerário e sua aplicação na aquisição de imóvel para residência dos menores e de sua família, ou para dispêndio necessário à subsistência e educação dos menores (art. 1º, § 1º, da Lei n. 6.858/80).

Devem ser recolhidas as custas sobre o valor dos bens, ressalvados os casos de concessão de justiça gratuita. O imposto *causa mortis* incide exclusivamente sobre a transmissão de bens aos sucessores legítimos ou testamentários, em falta de dependentes habilitados perante a Previdência Social. Não havendo dependentes, habilitam-se os herdeiros, além do cônjuge ou do companheiro sobrevivente. Note-se que a Constituição Federal de 1988, no artigo 155, I, *a*, ampliou o campo de incidência do imposto *causa mortis* para abrangência de quaisquer bens ou direitos, assim incluindo bens móveis, créditos etc., observada a legislação estadual (em São Paulo, Lei n. 10.705/2000) para aplicação da alíquota sobre a base de cálculo e eventuais isenções (v. cap. 10).

Havendo bens de outra natureza, sujeitos a inventário, o alvará para levantamento de valores pelos sucessores (na falta de dependentes) terá de ser requerido nos autos do correspondente processo. A dispensa de inventário ou de arrolamento só alcança os valores monetários expressamente discriminados na Lei n. 6.858/80 e no seu decreto regulamentador. Não são abrangidos outros bens imóveis ou móveis, ainda que de reduzido valor, como, por exemplo, móveis da residência, quadros, joias, automóvel, linha telefônica etc., em que imprescindível a abertura do processo próprio, com possível requerimento de alvará incidental (em sentido contrário, porém, autorizando resgate de joias empenhadas, por simples alvará, v. acórdão na *RJTJSP* 117/56).

A transferência de jazigos por concessão de terrenos em cemitérios públicos, fica condicionada a posturas municipais. Em São Paulo, dispõe a Lei municipal n. 9.241, de 14 de abril de 1981, que as concessões "não poderão ser objeto de qualquer transação comercial, cessão, doação ou legado, preservando-se o seu caráter absolutamente familiar e hereditário" (art. 5º). A transmissão opera-se a favor do cônjuge e dos herdeiros, mas pode ser deferida a um dos parentes do falecido, "mediante expressa desistência de direitos de todos os demais que se situarem no mesmo grau de parentesco, ou em grau mais próximo" (art. 1º). Havendo entendimento entre os interessados, pode ser requerida a transferência do jazigo a pessoas habilitadas, na via administrativa do órgão competente na esfera municipal ou particular. Se não houver essa possibilidade de solução direta, caberá a medida judicial de inventário e de reclamo de alvará para que se realize a outorga do direito reclamado.

Quanto às obrigações deixadas pelo falecido, como em caso de venda de imóvel, com escritura por outorgar, ainda que inexistentes outros bens, não podem ser cumpridas mediante simples alvará independente, porque há necessidade de se regularizar a representação legal do espólio. Assim, deve ser aberto inventário, a requerimento dos herdeiros ou do próprio adquirente, com a finalidade de, nomeado inventariante, expedir-se alvará para o cumprimento da obrigação. Trata-se de hipótese de inventário negativo, pela inexistência de bens a partilhar (v. cap. 7, item 6). O pedido há de ser instruído com certidão de óbito do alienante e documento comprobatório da transação, bem como da integral satisfação do débito. Não tendo sido integralizado o preço, subsistindo saldo após a morte do alienante, constará do inventário a declaração do crédito a partilhar.

5. DISPENSA DE ALVARÁ

Nas hipóteses já enunciadas, de valores previstos na Lei n. 6.858/80, o pagamento faz-se prioritariamente aos dependentes do falecido e sem necessidade de qualquer procedimento judicial (salvo, nos casos de depósitos e aplicações financeiras, se houver outros bens sujeitos a inventário).

A lei facilita os pagamentos, determinando que se façam pela via administrativa. Mas foi além, sobrepondo-se à ordem de vocação hereditária prevista na lei civil, para dar precedência aos dependentes do falecido, antes que aos sucessores. Aliás, assim já dispunham as leis referentes ao PIS/PASEP e ao FGTS, mandando pagar essas verbas aos beneficiários da pensão previdenciária.

Dependentes são as pessoas habilitadas como beneficiárias do falecido perante a Previdência Social. Distinguem-se dos sucessores, que são os herdeiros legítimos ou testamentários. Assim, como exemplo, a viúva do titular falecido pode ser sua dependente, mas não sucessora, em havendo descendentes ou ascendentes vivos; os descendentes estão em primeiro lugar na linha sucessória, mas somente se consideram dependentes se menores ou inválidos. É expressa a determinação legal no sentido de que os valores deixados pelo falecido sejam pagos preferencialmente aos dependentes, e na sua falta aos sucessores, como já referido. Assim, se o segurado deixa dois herdeiros filhos, um menor e outro maior, apenas o primeiro fará jus aos recebimentos.

Não pode ser outra a exegese do texto legal, embora se registre entendimento diverso, com resistência à preterição de herdeiro, em caso de levantamento de saldo de Caderneta de Poupança disputado por herdeiros maiores contra incapaz: decidiu-se pelo rateio da verba entre todos, ao argumento de que a figura do dependente não exclui o direito sucessório dos demais (5ª Câmara Civil do TJSP, rel. Márcio Bonilha, *RJTJSP* 109/223). Em sentido contrário, versando sobre saldo de salário do PIS e do FGTS, registram-se decisões mandando excluir essas verbas da partilha, para atribuição exclusiva aos dependentes habilitados perante a Previdência Social, no caso a esposa e uma filha menor, com afastamento da pretensão de herdeira casada (3ª Câmara Civil do TJSP, rel. Mattos Faria, *RJTJSP* 116/296; na mesma linha, *RJTJSP* 73/240, 122/306).

O levantamento de valores na esfera administrativa é feito mediante simples apresentação do pedido ao órgão pagador (empregador, banco ou outra entidade), acompanhado dos documentos relativos à quantia em depósito e de certidão de dependência fornecida pela Previdência Social. O interessado firmará declaração, em formulário próprio, de inexistência de bens a inventariar, habilitando-se ao recebimento das importâncias a que faz jus.

Os pagamentos são devidos em cotas iguais, aos dependentes, sem que a lei distinga os direitos de viúvo ou de companheiro e os relativos aos demais beneficiários. Como anteriormente observado, as cotas devidas aos menores de 18 anos permanecem depositadas em conta judicial, salvo se autorizada pelo juiz outra destinação.

5.1. Saldo de salários

Os valores devidos pelos empregadores ou entidades públicas aos seus empregados ou servidores, não recebidos em vida pelos respectivos titulares, devem ser pagos prioritariamente aos seus dependentes, em cotas iguais, ou, na falta de dependentes, aos sucessores legais.

Referidos valores abrangem não só o saldo de salários, mas também outras verbas correlatas, como gratificações, 13º salário, horas extras, adicionais etc., dentro do conceito global de remuneração.

O requerimento deve ser endereçado ao próprio empregador, com a prova da dependência (certidão previdenciária), ou, em se cuidando de sucessores, mediante alvará judicial.

Observa-se que não há direito de meação sobre o saldo de salários, por tratar-se de provento do trabalho pessoal de cada cônjuge, não sujeito a comunhão, nos termos dos artigos 1.659, inciso VI, e 1.668, inciso V, do Código Civil. Mas o cônjuge poderá haver o seu quinhão na qualidade de dependente do falecido, em concurso com os demais dependentes.

5.2. FGTS

O Fundo de Garantia do Tempo de Serviço (FGTS) foi instituído pela Constituição Federal de 1967, artigo 165, XIII, em substituição ao sistema de indenização do empregado no caso de rescisão de seu contrato de trabalho.

Sua normatização veio com a Lei n. 5.107, de 13 de setembro de 1966, possibilitando que os trabalhadores fizessem a opção pelo novo sistema indenizatório. Para os que viessem a se registrar depois, a adoção do regime do FGTS passou a ser obrigatória.

Mantém-se, o FGTS, na Constituição Federal de 1988, sem prescindir da indenização compensatória por despedida injusta, conforme consta do artigo 7º, incisos I e III.

O Fundo é constituído pelo saldo das contas vinculadas de depósitos mensais efetuados pela empresa, em nome de cada empregado, na base de 8% de sua remuneração. Havendo rescisão do contrato sem justa causa, o empregador deverá pagar um adicional de 40% sobre o montante dos depósitos em conta do trabalhador.

A gestão do FGTS compete à Caixa Econômica Federal – CEF, que veio substituir o Banco Nacional de Habitação – BNH.

A matéria passou a ser regulada pela Lei n. 8.036, de 11 de maio de 1990, com as alterações da Lei n. 10.878, de 8 de junho de 2004, além de outros diplomas como a Lei Complementar n. 150, de 2015, estabelecendo as hipóteses de movimentação da conta vinculada pelo trabalhador. Uma delas é o levantamento do FGTS no caso de falecimento do trabalhador, sendo o saldo pago a seus dependentes para esse fim habilitados perante a Previdência Social, segundo o critério adotado para a concessão de pensões por morte. Na falta de dependentes, farão jus ao recebimento do saldo da conta vinculada os seus sucessores previstos na lei civil, indicados em alvará judicial, expedido a requerimento do interessado, independentemente de inventário ou arrolamento (como exposto no item 4 deste cap.).

A lei não prevê o direito de meação sobre o valor do FGTS, cujo levantamento, em caso de morte do empregado, cabe exclusivamente aos seus dependentes ou aos sucessores contemplados na lei civil. A preferência dos dependentes, dentre os quais pode situar-se o cônjuge sobrevivente, tem fundamento de cunho social, em proteção ao mais necessitado. Tampouco haverá direito de meação no caso de, faltando dependentes, concorrerem sucessores do falecido, uma vez que o FGTS tem natureza de proventos pessoais do trabalho, assim não sujeito à comunicação mesmo no regime de comunhão universal de bens, mantendo-se a incomunicabilidade, referente a saldo de salários.

Assim, e resumindo:

a) havendo dependentes, terão eles direito ao levantamento do FGTS, em cotas equivalentes às devidas no direito previdenciário, mediante pedido ao Banco depositário, sem necessidade de alvará judicial;

b) não havendo dependentes, o direito ao Fundo será dos sucessores, pela ordem da vocação hereditária (art. 1.829 do CC), mediante alvará judicial.

Também será admitido o reclamo de alvará na hipótese de disputa entre os dependentes ou recusa de atendimento administrativo pela agência bancária, por falta da documentação pertinente.

A competência para expedição do alvará de levantamento, no caso de falecimento do titular da conta do FGTS, é da Justiça Estadual, sem que importe o fato de haver interesse da Caixa Econômica Federal como gestora do Fundo (Súmula 161 do STJ; *RT* 530/73, 547/80, 613/235, 649/50, *RJTJSP* 23/211). Em outras hipóteses, a competência poderá ser: a) da Justiça do Trabalho, se o levantamento do Fundo decorrer de direitos apurados em reclamação trabalhista; b) da Justiça Federal, quando pretendido o levantamento por outras causas, como as decorrentes de extinção da empresa, aposentadoria previdenciária, aquisição de moradia própria etc., em não havendo atendimento na esfera administrativa. Desse teor a Súmula 82 do Superior Tribunal de Justiça: "Compete à

Justiça Federal, excluídas as reclamações trabalhistas, processar e julgar os feitos relativos a movimentação do FGTS".

5.3. PIS/PASEP

O Programa de Integração Social (PIS) foi criado pela Lei Complementar n. 7, de 7 de setembro de 1970, beneficiando os empregados sob o regime da Consolidação das Leis do Trabalho (CLT). Logo após foi instituído o Programa de Formação do Patrimônio do Servidor Público (PASEP), pela Lei Complementar n. 8, de 3 de dezembro de 1970. Ambos os fundos foram unificados por força da Lei Complementar n. 26, de 11 de setembro de 1975, dando origem ao Fundo de Participação – PIS/PASEP, condomínio social dos trabalhadores, administrado por um órgão colegiado, com aplicação dos seus recursos por intermédio do Banco do Brasil, do Banco Nacional de Desenvolvimento Econômico e Social e da Caixa Econômica Federal.

A legislação sobre a matéria foi alterada pelo Decreto-lei n. 2.445, de 29 de junho de 1988 e por outros diplomas legais.

A Constituição Federal de 1988, no artigo 239, traça importantes normas sobre a destinação dos recursos do PIS/PASEP, determinando que se direcione ao programa do seguro-desemprego e ao pagamento de abono anual de um salário mínimo aos empregados que recebam até dois salários mínimos de remuneração mensal. A Lei n. 7.998, de 11 de novembro de 1990, com dispositivos alterados pela Lei n. 8.900, de 30 de junho de 1994, regula o programa do seguro-desemprego, o abono salarial e institui o Fundo de Amparo ao Trabalhador – FAT. E a Lei n. 13.134, de 16 de junho de 2015, limita o valor do abono para o ano de 2016.

Foram preservados os patrimônios acumulados do PIS/PASEP, mantendo-se os critérios de saque nas situações previstas nas leis específicas, com exceção da retirada por motivo de casamento, ficando vedada a distribuição da arrecadação do Fundo para depósito nas contas individuais dos participantes. No caso de morte do empregado ou servidor, o saldo do valor que lhe era devido caberá aos dependentes, ou, na sua falta, aos legítimos sucessores.

Para se valerem de seus direitos de saque, os dependentes de participantes falecidos, regularmente inscritos em órgão da Previdência Social, ou seus sucessores legais, devem comparecer ao domicílio bancário do extinto, den-

tro dos períodos de pagamentos, para formular a solicitação de saque dos valores então existentes, apresentando documentação específica:
- se dependentes – certidão de dependência emitida pela Previdência Social (ou atestado da entidade empregadora, em se tratando de servidor público);
- se sucessores legais – certidão de inexistência de dependentes emitida por órgão da Previdência Social (ou atestado da entidade empregadora no caso de servidor público) e alvará judicial, nomeando o sacador.

5.4. Saldos bancários

Os saldos bancários e de contas de cadernetas de poupança e fundos de investimento de reduzido valor são devidos aos dependentes do falecido, quando não haja outros bens sujeitos a inventário.

O limite desses valores, estabelecido na Lei n. 6.858/80, é de 500 antigas ORTN (Obrigações Reajustáveis do Tesouro Nacional). Em vista da extinção dessa espécie de títulos da dívida pública, sucessivamente substituídos pela OTN (Obrigação do Tesouro Nacional) e pelo BTN (Bônus do Tesouro Nacional), faz-se necessário acompanhar as variações dos índices de correção daqueles títulos oficiais para apuração do teto vigente na data da abertura da sucessão. Pela atualização a partir do valor do último BTN, que era de NCZ$ 6,92, em janeiro de 1989, chega-se ao montante de 3.460 BTN, válido para o limite em questão[6]. O teto se aplica cumulativamente, considerando-se o valor total dos depósitos, na data do óbito do titular das contas. Configurada essa situação e não existindo outros bens sujeitos a inventário, caberá aos dependentes o direito de saque, mediante requerimento ao banco depositário, com certidão comprobatória da dependência.

Faz-se necessária a alteração desse critério de valor dos depósitos bancários para levantamento por dependentes do falecido, para que se adote determinado número de salários mínimos, à semelhança do disposto no art. 664 do Código de Processo Civil para o arrolamento simples, que é limitado

---

6   V. nota ao final deste capítulo, item 7.

ao valor de 1.000 salários mínimos (v. cap. 13, e consideração no item 7 – Nota, do presente capítulo).

Se o valor exceder ao teto disposto na lei para o levantamento de saldos bancários, ou havendo outros bens sujeitos a inventário, o direito competirá aos sucessores do falecido, mediante alvará judicial. Mas, ainda nesses casos, fica ressalvada a percepção, pelos dependentes, do valor até aquele limite, quando houver saldo superior, ou bens de outra natureza, que competiriam aos sucessores. Doutra forma, estar-se-á refugindo à *mens legis* de caráter manifestamente protetor dos interesses dos dependentes, bastando figurar a hipótese de serem declarados quaisquer outros bens móveis (e quem não os deixa?), ainda que de ínfimo valor, para pretensa atribuição exclusiva da herança aos sucessores.

Cumpre ressalvar o direito de meação do cônjuge sobrevivente sobre o valor dos saldos bancários e na pendência do regime de bens adotado no casamento. Havendo esse direito, somente a diferença é que será considerada herança para fins de atribuição aos dependentes do falecido.

Nas contas bancárias em conjunto, não se estipulando as cotas de cada titular, presume-se a igualdade de quinhões, segundo a regra estabelecida para o condomínio. Assim, falecendo um dos titulares da conta, a metade caberá ao outro, que poderá efetuar o saque independente de qualquer formalidade judicial. Só a quantia restante será atribuída aos dependentes ou aos sucessores do falecido, conforme o valor.

5.5. Restituição de tributos

O artigo 2º da Lei n. 6.858/80 manda estender o critério de levantamento de valores por dependentes ou sucessores do falecido, às restituições relativas ao imposto de renda e outros tributos, recolhidos por pessoa física. Não estipula valor máximo e nem a condição de que não existam outros bens a inventariar.

Esse dispositivo foi revogado pelo artigo 13 do Decreto-lei n. 2.292, de 21 de novembro de 1986, mas veio a ser restaurado pelo artigo 34 da Lei n. 7.713, de 22 de dezembro de 1988, que assim reza:

> Na inexistência de outros bens sujeitos a inventário ou arrolamento, os valores relativos ao imposto de renda e outros tributos administrados pela

Secretaria da Receita Federal, bem como o resgate de quotas dos fundos fiscais criados pelos Decretos-Leis ns. 157, de 10 de fevereiro de 1967, e 880, de 18 de setembro de 1969, não recebidos em vida pelos respectivos titulares, poderão ser restituídos ao cônjuge, filho e demais dependentes do contribuinte falecido, inexigível a apresentação de alvará judicial.

Existindo outros bens sujeitos a inventário ou arrolamento, a restituição ao meeiro e aos herdeiros, far-se-á na forma e condições do alvará expedido pela autoridade judicial.

5.6. Seguro de vida

O capital do seguro de vida não pertence ao espólio, pois não faz parte do patrimônio constitutivo da herança. Cuida-se de benefício *de jure proprio*, como autêntica estipulação em favor de terceiro (arts. 436 e 790 a 794 do CC).

Sua atribuição deve ser feita às pessoas nomeadas pelo segurado (estipulação na apólice, ou por outra forma de declaração, com possível substituição a qualquer tempo, inclusive por ato de última vontade). Na falta de pessoa indicada, o seguro será pago aos beneficiários legais: metade à mulher e metade aos herdeiros do segurado. É como dispõe o Dec.-lei n. 5.384, de 8 de abril de 1943, artigo 1º, com parágrafo único a prever que, na falta das pessoas acima lembradas, serão beneficiários os dependentes, como tais se entendendo "os que dentro de seis meses reclamarem o pagamento do seguro e provarem que a morte do segurado os privou de meios para proverem sua subsistência". Fora desses casos, será beneficiária a União.

O seguro de vida é tratado nos artigos 790 a 794 do Código Civil, sob o título "seguro de pessoa". Seu artigo 792 dispõe que, na falta de pessoa indicada ou beneficiário, o capital segurado será pago metade ao cônjuge não separado judicialmente, e o restante aos herdeiros do segurado, pela ordem de vocação hereditária. O parágrafo único desse artigo determina que, não havendo beneficiário nem herdeiros, o seguro será pago aos dependentes do segurado, provado que a morte deste os privou dos meios necessários à subsistência.

Atendem ao mesmo critério de atribuição legal as aplicações em fundos de previdência privadas, por terem natureza securitária, destinando-se à aposentadoria complementar do aplicador. Os investimentos em VGBL (Vida Gerador de Benefício Livre) e similares podem ter a mesma destinação, salvo se constituírem desvios fraudulentos de outras aplicações financeiras, em detrimento de herdeiros (v. cap. 7, item 7 – bens que não se inventariam, incluindo o VGBL).

O pagamento da cota de seguro a beneficiário maior e capaz independe de autorização judicial, bastando que se comprove a qualidade do requerente. No caso de interessados incapazes, faz-se o pagamento aos seus representantes legais, mediante alvará judicial a ser requerido de forma autônoma, ou no processo de inventário (existindo outros bens suscetíveis de partilha).

5.7. Pecúlio

Dentre outros benefícios ao segurado e seus dependentes, as leis previdenciárias previam o pecúlio. Trata-se de soma em dinheiro correspondente às contribuições de segurados que se filiavam após completar 60 anos de idade, ou de aposentados por tempo de serviço ou velhice, que retornavam ao trabalho sob o regime da previdência social urbana. A previsão dessa espécie de benefício continha-se no artigo 6º, §§ 5º e 7º, e nos artigos 55 a 57 da antiga Consolidação das Leis da Previdência Social, e foi renovada, com algumas alterações, nos artigos 81 a 85 da Lei n. 8.213, de 24 de julho de 1991.

O pecúlio não recebido em vida pelo segurado deveria ser atribuído aos seus dependentes, sem liame com o direito sucessório, de modo que não comportava pedido de inventário ou de arrolamento, e tampouco reclamo de alvará para seu levantamento. Bastava a comprovação da dependência perante o órgão previdenciário, para que se autorizasse a retirada da respectiva importância, em acréscimo ao pagamento da pensão e de outros benefícios decorrentes da morte do segurado. Na falta de dependentes, o pecúlio competia aos sucessores, na forma da lei civil, processando-se como alvará, na forma da Lei n. 6.858/80.

Alterações introduzidas na Lei n. 8.213/91, contudo, revogaram os dispositivos relativos aos pecúlios, em face do que dispuseram as Leis ns. 8.870, de 15 de abril de 1994, 9.032, de 28 de abril de 1995 e 9.129, de 20 de novembro de 1995. Não mais subsiste, portanto, essa modalidade de benefício, seja como reparação previdenciária ou por acidente do trabalho, a não ser para os casos de dependentes de segurados falecidos anteriormente às referidas mudanças legislativas[7].

6. RECURSO DA DECISÃO DE ALVARÁ

Da decisão de alvará incidental, o recurso cabível é o de agravo de instrumento, vez que a decisão não põe fim ao processo principal (inventário).

Já as sentenças dadas em alvarás em apenso, não se questionando sobre os bens inventariados, assim como nos alvarás independentes, ensejam recurso de apelação. Com efeito, nestas hipóteses, a pretensão do interessado se resume à obtenção do alvará, exaurindo-se com sua concessão ou denegação. A resolução judicial é, então, terminativa do feito e, por isso, apelável (v. *RT 555/84*).

7. NOTA: CORREÇÃO DE VALORES PARA FINS DE ARROLAMENTO E DISPENSA DE ALVARÁ. EXTINÇÃO DA ORTN

Não mais subsiste o critério de teto para o arrolamento comum, que o Código revogado estabelecia em 2.000 ORTNs (Obrigações Reajustáveis do Tesouro Nacional). Como visto no capítulo 13, item 1, o Código vigente, artigo 664, alterou esse limite para 1.000 salários mínimos.

Mas olvidou-se, o legislador, de proceder à alteração similar no limite para levantamento de valores por dependentes, que a Lei n. 6.850/80 define em 500 ORTNs, o que equivale a 1/4 do valor antes previsto para o arrolamento. Obedecida a mesma proporção, pode-se dizer que o levantamento de valores sem necessidade de inventário seria de até 250 salários mínimos, como deveria ter constado do novo ordenamento processual.

Como já anotado em tópicos precedentes, a ORTN, título do governo adotado como indexador, acha-se de há muito extinta. Existiu entre outubro de 1964 a fevereiro de 1986, quando foi substituída pela Obrigação do Tesouro Nacional – OTN, com a edição do Plano Cruzado, frustrada tentativa de planificação econômica no país. Não durou mais que três anos, até o advento do chamado Plano Verão, da Lei n. 7.730/89, que instituiu o

---

7 V. *Acidentes do Trabalho*, de Irineu A. Pedrotti, 3. ed., LEUD, 1998, p. 367.

Bônus do Tesouro Nacional – BTN, baseado na variação do Índice de Preços ao Consumidor – IPC, do Instituto Brasileiro de Geografia e Estatística (IBGE), a que se aliou o BTNF (BTN fiscal, com flutuação diária). Sua extinção deu-se com a Lei n. 8.177, de 1º de março de 1991 (que adotou a MP n. 294, de 31-1-91), tendo como último valor, em fevereiro daquele ano, 126,8621.

Embora destinada a baixar regras para desindexação da economia, a Lei n. 8.177/91 instituiu novo indexador, a TR (Taxa Referencial), calculada a partir da remuneração mensal média de impostos e aplicações financeiras e, como variante, a TRD (Taxa Referencial Diária). Depois veio a correção pela URV (Unidade Real de Valor), até a Medida Provisória n. 542/94 (adotada pela Lei n. 9.069/95), que mudou o padrão monetário Cruzeiro Real para Real, e limitou os reajustes para períodos de um ano, pelo IPC-R (Índice de Preços ao Consumidor – Real). Ressurgiu o INPC (Índice Nacional de Preços ao Consumidor), estando em vigência para reajustes contratuais e de outras prestações econômicas, ressalvada a aplicação da UFIR (Unidade Fiscal de Referência) para efeitos fiscais, a par de outros indexadores adotados por Estados e Municípios (UFESP, UFM-SP etc.).

Com o propósito de orientar cálculos de correção de débitos judiciais, o Tribunal de Justiça de São Paulo passou a adotar tabela de índices, com sucessivas alterações, em especial no que se refere à medida da inflação de janeiro de 1989, que fora estimada em 70,28%, vindo a ser corrigida pelo Superior Tribunal de Justiça para 42,72%. Na elaboração dessa tabela, foram levados em consideração os seguintes fatores de atualização, em correspondência aos períodos de sua vigência:

– outubro/64 a fevereiro/86: ORTN; março/86 a janeiro/89: OTN; jan/89: IPC de 42,72 (antes, 70,28); fevereiro/89 a fevereiro/91: IPC do IBGE; março/91 a junho/94: INPC; julho/94 a junho/95: IPCr do IBGE; julho/95 em diante: INPC do IBGE.

Haja fôlego para acompanhar e entender tamanha variedade de fatores de atualização monetária, ainda em uso. É nesse tumultuado contexto de números que se coloca o parâmetro em antigas ORTN, ainda adotado na Lei n. 6.858/80, para o levantamento de certas quantias pelos dependentes em caso de morte do titular.

Capítulo 15 Alvarás Judiciais

Daí merecer louvação a modificação trazida pelo art. 664 do CPC, como já visto, embora se lamente que tenha faltado atualizar o critério para o fim de atribuir valores aos dependentes, segundo a Lei n. 6.850/80.

A finalizar, note-se que não há óbice constitucional ou legal para adotar como padrão de valores processuais o salário mínimo, por não se tratar de modo de correção monetária mas de simples acertamento da atividade jurisdicional por determinado rito, pois o critério já vem servindo a outros fins, como se dava no antigo rito sumário (art. 275, inc. I, do Código revogado, sem correspondência no atual) e na fixação da competência do Juizado Especial (Lei n. 9.099/95)[8].

---

[8] De há muito enviamos sugestões nesse sentido ao saudoso então Ministro do Superior Tribunal de Justiça, Sálvio de Figueiredo Teixeira, que foi coordenador da Comissão de Reformas do Código de Processo Civil, indicando providências mediante a necessidade de projeto de reformulação legislativa. Aliás, outros textos de nosso sistema jurídico exigiam igual acertamento, como, por exemplo, o artigo 22 da Lei n. 6.015/73, que ainda menciona atualização de alimentos pelas extintas ORTN, e o artigo 134, § 6º, do Código Civil de 1916, que mandava atualizar pelo mesmo índice o valor para escritura pública nos contratos constitutivos ou translativos de direitos reais sobre imóveis. Esses dispositivos foram alterados pelo atual Código Civil: correção dos alimentos "segundo índice oficial regularmente estabelecido" (art. 1.710), e exigência de escritura pública para venda de imóveis de valor superior a 30 salários mínimos (art. 108).

CAPÍTULO 16 | Terminologia

ADJUDICAÇÃO – Ato pelo qual os herdeiros (ou legatários) incorporam ao seu patrimônio os bens que representam seu quinhão na herança. É decorrência da partilha, se há mais de um herdeiro; havendo interessado único na herança, não haverá partilha mas, simplesmente, adjudicação.

ADOÇÃO – Vínculo de parentesco civil de filiação entre adotante e adotado. Estabelece os mesmos direitos que a filiação biológica.

AFINIDADE – Vínculo de parentesco civil que se estabelece em virtude do casamento, entre um dos cônjuges e os parentes por consanguinidade do outro. Pode-se dar em linha reta (ex. sogro, genro, nora, padrasto, enteado) ou na linha colateral (cunhado).

ALTA INDAGAÇÃO – Expressão usada no Código de Processo Civil de 1973, art. 984. Trata-se de questão de grande relevância, envolvendo matéria de direito ou de fato a ser deslindada em ação própria. No Código de 2015, art. 612, não se fala em "alta indagação", mas sim que o juiz decidirá no inventário todas as questões de direito "desde que os fatos relevantes estejam provados por documentos", deixando para as vias ordinárias as questões que dependam de outras provas. Ver "Juízo universal do inventário".

ALVARÁ – Autorização para se fazer ou praticar algum ato. Em inventário, pode-se requerer alvará nos próprios autos, em apenso, ou em procedimento autônomo.

AQUESTOS – Bens adquiridos na constância do casamento, podendo ou não comunicar-se ao cônjuge, conforme o regime adotado e a natureza dos bens. A Súmula 377 do STF afirma que se comunicam os aquestos no regime da separação legal de bens.

ARROLAMENTO COMUM – É forma simplificada de inventário de bens de pequeno valor, ou seja, até o limite de 1.000 salários mínimos (art. 664 do CPC).

ARROLAMENTO SUMÁRIO – É forma abreviada de inventário-partilha, nos casos de concordância de todos os herdeiros, desde que maiores e capazes, não importa o valor dos bens (art. 659 do CPC).

ASCENDENTE – A pessoa de quem outra procede, em linha reta; os ancestrais: pais, avós, bisavós; são chamados à sucessão na falta de descendentes do autor da herança.

AUSENTE – É a pessoa que desaparece do seu domicílio sem deixar representante a quem caiba administrar-lhe os bens, ou deixando mandatário que não queira ou não possa continuar a exercer o mandato. Pode-se presumir a morte do ausente nos casos previstos em lei, para fins de sucessão definitiva e de dissolução do casamento.

AUTO – Termo, assento de um ato judicial; ex.: auto de partilha, auto de adjudicação.

AUTO DE ADJUDICAÇÃO – Instrumento pelo qual se formaliza a atribuição dos bens inventariados a beneficiário único (herdeiro, legatário ou cessionário). Dele se extrai a carta de adjudicação.

AUTO DE PARTILHA – Partilha lançada nos autos do inventário, com orçamento dos bens e folha de pagamento às partes, devendo conter as assinaturas do juiz e do escrivão. Dele se extrai o formal de partilha.

AUTOR DA HERANÇA – Pessoa falecida, com bens a inventariar. Finado, *de cujus*.

AUTOS – O conjunto das peças de um processo.

AVOENGAS – Quinhão hereditário havido dos avós. Se o falecido só deixa descendentes netos (filhos de filhos pré-mortos), os mesmos herdam por cabeça, uma vez que, no caso, não se dá a representação.

BENS VACANTES – Bens deixados por pessoa falecida, sem herdeiros habilitados, após arrecadação judicial e declaração de jacência e sentença de vacância. Esses bens são adjudicados ao Poder Público.

BENS VAGOS – Coisa vaga, coisa alheia perdida; também se usa como sinônimo de bens vacantes, objeto de herança vacante, ou seja, bens deixados por pessoa morta sem sucessores conhecidos, após esgotadas as diligências no processo de herança jacente.

CABEÇA DE CASAL – Título que se dava ao marido, na chefia da sociedade conjugal (art. 233 do CC/16). Também servia para designar a pessoa que se achava na posse dos bens do falecido, bem como o administrador provisório e o inventariante (art. 1.769 do CC/16). Não mais subsiste essa predominância marital, ante a equiparação de direitos entre os cônjuges, consagrada na Constituição Federal de 1988 (art. 226, § 5º). No direito sucessório, aplica-se ao cônjuge ou companheiro sobrevivente, herdeiro ou testamenteiro, que se ache na posse da herança, encarregando-se de sua administração provisória (art. 617 do CPC de 2015; e art. 1.990 do CC).

CAUSA MORTIS – Em razão da morte. Também se grafa *mortis causa*. Usa-se para qualificar o imposto sobre transmissão de bens no direito sucessório.

CODICILO – Diminutivo de código. Substitui o testamento para disposições de pequeno valor. Declaração de última vontade, escrito particular, datado e assinado, com disposições especiais sobre o enterro, esmolas de pouca monta a certas e determinadas pessoas, ou, indeterminadamente, aos pobres de certo lugar, assim como o legado de móveis, roupa ou joias, não muito valiosas de uso pessoal.

COLAÇÃO – Conferência de bens; ato pelo qual o descendente é obrigado a trazer à massa comum da herança todos os bens recebidos em vida do *de cujus*. Tem por fim igualar a legítima dos herdeiros necessários.

COMORIÊNCIA – Morte simultânea de duas ou mais pessoas, presumível sempre que não se possa averiguar quem faleceu primeiro, para o efeito de sucessão.

COMPANHEIRO – Pessoa que mantém união estável, ou seja, convivência duradoura, pública e contínua, com propósito de constituir família (art. 1.723 do CC). Tem direitos sucessórios análogos aos do cônjuge, por definição jurisprudencial (STF – RE 878.694-MG).

COMPETÊNCIA – Medida de jurisdição. Atribuição conferida por lei ao juiz para julgar determinada causa (art. 42 do CPC).

CONCUBINATO – Relação não eventual entre homem e mulher com impedimentos matrimoniais (salvo em casos de separação judicial ou de fato – art. 1.727 do CC). União erigida fora do casamento; mancebia, amasiamento. Se não houver impedimentos matrimoniais, configura-se entidade familiar sob o nome de união estável.

CÔNJUGE SUPÉRSTITE – Cônjuge sobrevivente (viúvo, viúva), com direito a meação se o casamento era no regime da comunhão de bens; concorre na herança com descendentes, conforme o regime de bens; também concorre com os ascendentes; é o terceiro na ordem de vocação hereditária.

CONVIVENTE – Ver Companheiro.

CURADOR DE FAMÍLIA – Antiga denominação do representante do Ministério Público. Promotor de Justiça, que atua no processo de inventário em que haja herdeiros menores ou incapazes.

CURADOR DE RESÍDUOS – Antiga denominação do representante do Ministério Público. Promotor de Justiça que atua nos processos de ou com testamentos e resíduos, ou vínculos.

CUSTAS – Despesas ou encargos do processo, decorrentes da prestação do serviço jurisdicional pelo Estado; taxa judiciária.

DE CUJUS – Abreviatura da expressão *de cujus hereditate agitur*; aquele de cuja herança se trata; o falecido; autor da herança (art. 1.784 do CC; art. 620, inc. I, do CPC).

DESERDAÇÃO – Disposição testamentária pela qual o testador exclui da herança legítima um ou mais de seus herdeiros necessários com expressa declaração de causa (art. 1.961 do CC).

DIREITO DAS SUCESSÕES – Ramo do Direito Civil que rege a sucessão em virtude do falecimento de alguém, no que diz respeito à transmissão do seu patrimônio.

DISREGARD OF THE LEGAL ENTITY – Teoria da desconsideração da personalidade jurídica de uma sociedade, para responsabilização pessoal dos sócios (art. 50 do CC).

DISTRIBUIÇÃO – Ato pelo qual se procede à repartição das causas ajuizadas e seu encaminhamento aos juízes competentes (art. 284 do CPC).

ESBOÇO DE PARTILHA – Esquema provisório, ou proposta de partilha, apresentado pelos herdeiros, ou organizado pelo partidor (art. 651 do CPC de 2015).

ESCRITURA DE INVENTÁRIO E PARTILHA – Procedimento extrajudicial originário da Lei n. 11.441/2007, quando todas as partes sejam maiores e capazes, concordem com a partilha amigável e não haja testamento (ou, havendo testamento, com autorização judicial) (art. 610 do CPC).

ESPÓLIO – O patrimônio deixado por uma pessoa falecida; acervo hereditário; universalidade de bens deixados aos sucessores; massa de bens por inventariar.

Capítulo 16 **Terminologia**

FIDEICOMISSO – Disposição testamentária pela qual se institui herdeiro ou legatário (fiduciário) com a obrigação de, por sua morte, e em determinadas condições, transmitir a herança ou o legado a outrem (fideicomissário). Somente se admite em favor dos não concebidos ao tempo da morte do testador (arts. 1.951 e seguintes do CC).

FORMAL DE PARTILHA – Instrumento da partilha formalizada, isto é, julgada em definitivo. Consiste em certidões ou cópias das principais peças do inventário e da partilha, extraídas pelo escrivão, valendo como título de aquisição dos bens pelo herdeiro; em caso de imóveis, deve ser levado ao competente registro (art. 655 do CPC).

HABITAÇÃO – Direito de uso do imóvel para moradia. Espécie de direito real sobre coisa alheia. Na sucessão hereditária, o cônjuge sobrevivente tem direito de habitação sobre o imóvel que servia de residência à família (art. 1.831 do CC). Igual direito se estende ao companheiro (art. 7º, parágrafo único, da Lei n. 9.278/96).

HERANÇA – O patrimônio sucessível, conjunto de bens, direitos e obrigações deixados pelo falecido; em sentido estrito, é a parte ou o quinhão do herdeiro na partilha.

HERANÇA JACENTE – Herança cujos sucessores ainda não são conhecidos, ou ainda não aceita pelos sucessores. Pode converter-se em herança vacante (art. 1.819 do CC; art. 738 do CPC).

HERANÇA LÍQUIDA – O valor dos bens da herança, após deduzidas as dívidas do falecido e as despesas do processo. Servirá de base à partilha (art. 651 do CPC).

HERANÇA VACANTE – Herança declarada vaga, sem sucessores conhecidos, passando ao domínio do Poder Público (Município ou Distrito Federal, conforme a localização dos bens – art.1.822 do CC; art. 743 do CPC).

HERDEIRO – Pessoa que sucede a título singular ou a título universal, isto é, recebe os bens em parte ideal ou na sua totalidade. Pode ser herdeiro legítimo (previsto na lei, segundo a ordem da vocação hereditária) ou instituído (nomeado em testamento).

HERDEIRO APARENTE – Pessoa que se encontra na posse de uma herança, como se esta lhe pertencesse, sendo considerado como verdadeiro sucessor do falecido. Pode o herdeiro aparente estar na posse da herança e agir de boa-fé ou de má-fé, decorrendo daí efeitos diferentes quanto às relações que tiver com terceiros.

HERDEIRO NECESSÁRIO – Os descendentes, ascendentes e o cônjuge do autor da herança, com direito a suceder na metade dos bens, chamada de legítima (arts. 1.845 e 1.846 do CC); por analogia ao cônjuge, sustenta-se que também pode ser herdeiro dessa categoria o companheiro.

IMPENHORABILIDADE – Cláusula determinante de vínculo (ônus, gravame) sobre um bem, impedindo que seja objeto de penhora.

IMPUTAÇÃO – Atribuição na legítima do herdeiro necessário de doações recebidas do autor, que não tenham sido dispensadas de colação. Seria uma espécie de antecipação voluntária da colação. O art. 2.005, par. ún., do Código Civil, prevê hipótese de presunção de imputação na parte disponível de liberalidade feita ao descendente que, ao tempo do ato, não seria chamado à sucessão como herdeiro necessário.

INALIENABILIDADE – Impossibilidade de alienação de um bem, em razão de cláusula determinante de vínculo (ônus, gravame), imposta em doação ou em testamento.

INCOMUNICABILIDADE – Não comunicação de bem particular ao cônjuge ou ao companheiro. Cláusula determinante de vínculo (ônus, gravame) sobre um bem, impedindo que se comunique a outrem.

INTER VIVOS – Entre vivos. Usa-se para definir o imposto sobre transmissão de bens imóveis entre pessoas vivas.

INVENTARIANTE – O representante legal do espólio, nomeado no processo de inventário ou arrolamento, devendo promover seu regular andamento e administrar os bens inventariados, até o final da partilha (arts. 617 e 618 do CPC).

INVENTÁRIO – Ato ou efeito de inventariar, relacionar e descrever coisas. No Direito das Sucessões significa a arrecadação, descrição e avaliação dos bens deixados por alguém em virtude de seu falecimento, para subsequente partilha aos sucessores (art. 610 do CPC).

INVENTÁRIO EXTRAJUDICIAL – Inventário feito por tabelião, mediante escritura pública, quando todos os interessados forem maiores, capazes e concordes, e desde que não haja testamento, salvo havendo autorização judicial (art. 610, § 1º, do CPC de 2015).

Capítulo 16 **Terminologia**

INVENTÁRIO JUDICIAL – Inventário feito em processo judicial nos casos em que não caiba inventário extrajudicial (facultativo). Pode efetuar-se pela forma simplificada do arrolamento sumário ou de arrolamento comum, nas situações previstas na lei (arts. 610, 659 e 664 do CPC).

INVENTÁRIO NEGATIVO – Inventário sem bens, visando à declaração negativa, para atender determinação legal, ou evitar impedimentos (causas suspensivas do casamento).

INVENTÁRIOS CONJUNTOS – Inventários que devem ser processados ao mesmo tempo, em conjunto. Referem-se a bens havidos por sobremorte do cônjuge supérstite ou de algum herdeiro na pendência do inventário; sua denominação atual é "cumulação de inventários" (art. 672 do CPC).

JUÍZO UNIVERSAL DO INVENTÁRIO – Competência do juízo do inventário para a apreciação de todas as questões de direito e também as questões de fato, quando este se achar provado por documento só remetendo para os meios ordinários as que demandarem alta indagação ou dependerem de outras provas (art. 612 do CPC).

LEGADO – Disposição testamentária contemplando determinada pessoa com bem certo e distinto do acervo hereditário; outorga a título singular, pela qual o testador discrimina o bem a ser entregue ao legatário (arts. 1.912 e seguintes do CC).

LEGATÁRIO – O beneficiário de legado; pessoa que sucede a título singular, isto é, que recebe um bem certo, concreto, individualizado, por disposição testamentária.

LEGÍTIMA – A porção reservada dos bens (metade), à qual têm direito os herdeiros necessários. Parte indisponível da herança (arts. 1.788 e 1.846 do CC).

MEAÇÃO – Metade dos bens deixados pelo autor da herança, devida ao cônjuge supérstite ou a companheiro, no regime da comunhão de bens; se o regime de bens for o da comunhão universal, comunicam-se todos os bens; se for o da comunhão parcial, a meação restringe-se aos bens havidos durante a convivência.

MENOR IMPÚBERE – Menor de 16 anos, absolutamente incapaz, devendo ser representado pelos pais ou tutores.

MENOR PÚBERE – Pessoa relativamente incapaz, maior de 16 e menor de 18 anos, sendo assistido pelos representantes legais.

MONTE-MOR – Total dos bens inventariados. Contrapõe-se a monte líquido, que é o valor dos bens, menos as dívidas atendidas.

MORE UXORIO – À moda de casados. Convívio de pessoas unidas pelo vínculo afetivo, como se casados fossem. Diz-se da convivência em união estável para caracterizar entidade familiar.

MORTE DECLARADA – Reconhecimento judicial da morte de pessoa desaparecida em naufrágio, inundação, incêndio, terremoto, qualquer catástrofe, guerra e outras circunstâncias de extremo perigo de vida, provada a sua presença no local do óbito e não sendo possível encontrar-se o seu cadáver. Procede-se mediante ação judicial (art. 7º do CC).

MORTE PRESUMIDA – Morte reconhecida por presunção legal nos casos de ausência para fins de sucessão provisória e/ou definitiva; pode ensejar a extinção da sociedade conjugal.

NASCITURO – Aquele que vai nascer. Tem direito à sucessão desde que comprovada a sua concepção antes do óbito do autor da herança, e se vier a nascer com vida.

PARENTESCO – Vínculo entre pessoas que descendem de um ancestral comum, na linha reta (avós, pais, filhos, netos...). Na linha colateral, o parentesco vincula as pessoas que provêm de um só tronco, sem descenderem umas das outras; vai até o 4º grau (irmãos, sobrinhos, tios, primos).

PARENTESCO – GRAU – Distância que vai de uma geração a outra, ou a distância que vai de uma classe de parentes a outra.

PARTILHA – Divisão e atribuição dos bens aos sucessores do titular falecido. Pode ser judicial ou extrajudicial, amigável ou litigiosa.

PRÉ-LEGADO – Legado atribuído ao herdeiro legítimo; legado precípuo.

PRÊMIO DO TESTAMENTEIRO – Remuneração pelo exercício da testamentaria; antiga "vintena"; varia de 1% a 5% do valor da herança.

RENÚNCIA À HERANÇA – Declaração do herdeiro de que não aceita a herança. Deve constar de escritura pública ou termo judicial. Por se constituir em demissão da qualidade de herdeiro, não pode ser parcial, sob condição ou a termo.

REPRESENTAÇÃO – Atuação em nome de outrem. No direito sucessório, dá-se a representação quando a lei chama certos parentes do falecido a suceder em todos os direitos em que ele sucederia, se vivesse.

SISA – Antiga denominação dada ao imposto sobre a transmissão de bens imóveis *inter vivos*; provém do francês "assise" – assento.

SOBREPARTILHA – Partilha feita depois de outra, segunda partilha, para nova repartição de bens, antes não conhecidos, ou que estavam sob litígio. Na realidade, corresponde a uma continuação da partilha principal, para que se complete a divisão dos bens inventariados. Corre nos mesmos autos e sujeita-se às mesmas regras do inventário e da partilha (art. 670 do CPC).

SOCIEDADE DE FATO – Sociedade não constituída nos termos da lei, ou não prevista em lei, mas reconhecida para certos direitos e obrigações; diz-se com referência ao concubinato para fins de partilha de bens havidos pelo esforço comum (Súmula 380 do STF).

SONEGADOS – Bens não declarados pelo inventariante, ou subtraídos do inventário por qualquer dos interessados na sucessão.

SUB-ROGAÇÃO DE VÍNCULOS – Substituição, passagem de ônus ou gravames (como a inalienabilidade, a impenhorabilidade e a incomunicabilidade) de um bem para outro. Quando o vínculo decorre de testamento, a sub-rogação depende de autorização judicial.

SUCESSÃO – Em sentido amplo, é a substituição de uma pessoa por outra, adquirindo esta, total ou parcialmente, os direitos e obrigações que competiam à primeira. No direito hereditário, tem acepção mais restrita, significando a transmissão dos bens da herança, por morte de alguém, aos seus herdeiros legítimos e testamentários.

SUCESSÃO *AB INTESTATO* – Sucessão de pessoa que deixou bens, sem testamento; sucessão legítima, transmitindo-se os bens aos herdeiros de acordo com a ordem de vocação hereditária.

SUCESSÃO ANÔMALA – Sucessão prevista em legislação especial, com destinação de certos bens ou direitos do falecido, não aos herdeiros, mas aos seus dependentes ou beneficiários indicados no título.

SUCESSÃO A TÍTULO SINGULAR – Sucessão referente a bens determinados, indicados em testamento (legados).

SUCESSÃO A TÍTULO UNIVERSAL – Sucessão referente a todos os bens, ou a parte indeterminada do patrimônio (herança).

SUCESSÃO DEFINITIVA – Sucessão dos bens deixados pelo ausente, ocorrendo a certeza de sua morte, ou 10 anos depois de passada em julgado a sentença de abertura da sucessão provisória, ou quando o ausente contar com 80 anos de idade e houverem decorrido cinco anos das últimas notícias suas (arts. 37 e 38 do CC).

SUCESSÃO *INTER VIVOS* – Sucessão entre pessoas vivas (compra e venda, doação, permuta, dação em pagamento, cessão de direitos...).

SUCESSÃO LEGÍTIMA – Sucessão prevista na lei, segundo a ordem da vocação hereditária; atribuição dos bens do falecido aos herdeiros ou legatários.

SUCESSÃO *MORTIS CAUSA* – Sucessão em virtude da morte de alguém; sucessão hereditária.

SUCESSÃO POR CABEÇA – Por direito próprio. Consiste na partilha da herança em tantas partes quantos forem os sucessores designados, tendo em vista a ordem de vocação hereditária.

SUCESSÃO POR ESTIRPE – Sucessão pela linhagem provinda de um tronco, em vista do direito de representação dos herdeiros no recebimento do quinhão que caberia ao representado, se vivo fosse.

SUCESSÃO PROVISÓRIA – Sucessão dos bens do ausente em caráter provisório, enquanto não decorrido o prazo para sucessão definitiva (art. 26 do CC).

SUCESSÃO TESTAMENTÁRIA – É a sucessão por disposição de última vontade do autor da herança. Realiza-se por testamento ou codicilo.

TESTAMENTARIA – Encargo do testamenteiro, conjunto de atribuições que lhe cabem na fiscalização do cumprimento do testamento no processo de inventário.

TESTAMENTEIRO – Pessoa encarregada de cumprir o testamento, devendo intervir no processo de seu registro e de atendimento das disposições de vontade no inventário; tem direito a remuneração (prêmio de 1% a 5% do valor da herança), conforme previsto no testamento ou fixado pelo juiz do inventário.

TESTAMENTO – É o ato revogável, unilateral, pessoal e solene, pelo qual alguém, de acordo com a lei, dispõe, no todo ou em parte, dos seus bens, ou faz outras disposições para depois de sua morte.

UNIÃO ESTÁVEL – Convivência duradoura, pública e contínua de duas pessoas capazes, sem impedimentos matrimoniais, com o propósito de constituir família. Tem proteção do Estado, devendo a lei facilitar sua conversão em casamento (art. 226, § 3º, da CF/88). Possibilita aos companheiros, ou conviventes, direitos pessoais e patrimoniais como alimentos, sucessão e meação (arts. 1.723 a 1.726 do CC).

USUFRUTO – Direito real de fruir as utilidades e frutos de uma coisa enquanto temporariamente destacados da propriedade.

VALOR DA CAUSA – Valor que deve ser atribuído à causa submetida a juízo (art. 291 do CPC).

VINTENA – Antiga denominação do prêmio ou remuneração do testamenteiro, pelo exercício da testamentaria (art. 1.987 do CC).

VOCAÇÃO HEREDITÁRIA – Chamamento dos herdeiros com direito à sucessão, pela ordem prevista em lei (art. 1.829 do CC) ou em testamento.

CAPÍTULO
17 Formulários

Modelos genéricos de petições, termos e outras providências na prática do direito sucessório. Entendam-se como meras sugestões, a serem necessariamente completadas e adaptadas aos casos concretos.

17.1. ALVARÁ EM INVENTÁRIO NEGATIVO, PARA OUTORGA DE ESCRITURA

Exmo. Sr. Dr. Juiz de Direito da ...Vara ...

J. P. L., brasileiro, viúvo, residente e domiciliado na rua ..., nº ..., nesta Capital, por meio de seu advogado, infra-assinado, vem à presença de Vossa Excelência comunicar a morte de sua mulher M.A.L., ocorrida no dia ..., nesta Capital, no mesmo endereço do requerente.

A falecida deixou filhos maiores A.P.L. e R.S.L., além do requerente, seu marido. Não deixou bens, mas somente a obrigação de outorgar Escritura Definitiva de Venda e Compra do imóvel situado na rua ..., nº ... nesta cidade, imóvel este compromissado a J.B.M., conforme contrato incluso, inteiramente quitado.

Assim, requer a Vossa Excelência que se digne determinar a abertura do Inventário, com a nomeação do requerente como inventariante, e, após o devido compromisso, ouvida a Fazenda, seja expedido ALVARÁ JUDICIAL, para que o requerente possa outorgar, em nome do espólio, a escritura de venda e compra ao compromissário comprador ou a quem o mesmo indicar.

Acham-se representados os herdeiros, maiores e capazes, e expressam sua anuência ao pedido.

Dá-se à causa o valor de R$ ..., (valor do bem).

Nestes termos, D.R.A., com documentos inclusos,

P. deferimento

São Paulo, ... de ... de 2...

_____

Advogado – OAB – CPF – Endereço

Documentos:
- ✓ Procuração
- ✓ Certidão de óbito
- ✓ Cópia do Compromisso de Compra e Venda
- ✓ Certidão de nascimento dos filhos

17.2. ALVARÁ EM INVENTÁRIO, PARA VENDA DE BENS

Exmo. Sr. Dr. Juiz de Direito da ... Vara ...

M.L., por seu advogado, na qualidade de inventariante dos bens deixados por J.L., nos autos do processo nº ... dessa r. Vara, respeitosamente expõe e requer a Vossa Excelência o seguinte:

Dentre os bens imóveis descritos nas primeiras declarações consta o prédio da rua ..., nº ..., nesta cidade, imóvel esse que se acha desocupado e em precárias condições de conservação.

Interessa aos herdeiros alienar esse bem, visando à obtenção de recursos para custeio do processo e atendimento a outras necessidades de caráter urgente.

Subsistem outros bens suficientes para garantia dos encargos fiscais. Em anexo, certidão negativa de tributos sobre o imóvel em referência.

Requer, ouvidos os demais interessados e a Fazenda Pública, a expedição de ALVARÁ para a venda do imóvel pelo melhor preço que se encontrar, com oportuna prestação de contas.

Termos em que,

P. deferimento.

Bragança Paulista, ... de ... de 2...

_____

Advogado – OAB – CPF – Endereço

Documentos:

- ✓ Escritura do imóvel
- ✓ Certidão negativa fiscal

Obs.:

- ✓ Se existir testamento, é obrigatória a intervenção do Ministério Público.
- ✓ O mesmo se dá no caso de herdeiros ausentes ou incapazes, quando será exigida a avaliação do imóvel.

17.3. ALVARÁ EM INVENTÁRIO, PARA OUTORGA DE ESCRITURA

Exmo. Sr. Dr. Juiz de Direito da ... Vara ...

J.C.C., inventariante, nos autos do processo nº ..., inventário dos bens deixados por M.C.C., em curso perante esse D. Juízo e seu respectivo Cartório, respeitosamente requer ALVARÁ para outorga de escritura definitiva de venda e compra do lote nº ..., item ..., ao adquirente R.I.G., em vista do integral pagamento do preço, conforme alienação celebrada em vida do *de cujus*, comprovada pelo documento de fls.

Termos em que,

P. deferimento.

São Paulo, ... de ... de 2...

_____

Advogado – OAB – CPF – Endereço

Documentos:

✓ Escritura de venda e compra de imóvel

✓ Prova de quitação

✓ Certidão negativa fiscal

17.4. ALVARÁ EM INVENTÁRIO, PARA LEVANTAMENTO DE DEPÓSITO

Exmo. Sr. Dr. Juiz de Direito da ... Vara ...

J.L., inventariante dos bens deixados por M.L., conforme processo nº ..., em curso nessa r. Vara, respeitosamente requer a Vossa Excelência ordem para levantamento da importância de R$ ..., que se acha depositada no Banco ..., conforme item ... das primeiras declarações.

Esclarece que o numerário se destina ao pagamento das despesas do processo e, também, ao atendimento de necessidades prementes da viúva meeira e dos herdeiros, todos representados pelo advogado que esta subscreve.

Oportunamente o supte. prestará contas da atribuição do numerário, de modo a dispensar a sua inclusão na partilha.

Termos em que,

P. deferimento.

São Paulo, ... de ... de 2...

_____

Advogado – OAB – CPF – Endereço

Documentos:

✓ Extrato do saldo em depósito bancário

17.5. ALVARÁ INDEPENDENTE, SEM BENS A INVENTARIAR. PEDIDO DE LEVANTAMENTO DE DEPÓSITOS BANCÁRIOS, FGTS E PIS-PASEP

Exmo. Sr. Dr. Juiz de Direito da ...Vara ...

J.L., brasileiro, solteiro, maior, industrial, residente na rua ..., nº ..., nesta Capital, portador do RG nº ... e do CPF nº ..., por seu advogado, conforme procuração inclusa, respeitosamente requer a Vossa Excelência ALVARÁ para levantamento de valores deixados por R.L., falecido em ..., qualificando-se como brasileiro, viúvo, aposentado, portador do RG nº ... e do CPF nº ...

O falecido não deixou bens imóveis, mas apenas depósitos bancários, a seguir discriminados:

a) Depósito de R$ 100,00 em conta corrente, nº ..., no Banco ..., agência ..., nesta Capital;

b) Caderneta de Poupança com saldo de R$ 200,00, sob nº ..., na Caixa ..., agência ... nesta capital;

c) Depósito do Fundo de Garantia por Tempo de Serviço, conforme caderneta nº ..., no Banco ... agência ..., no valor de R$ 400,00;

d) Depósito do PIS – Programa de Integração Social, no banco ..., agência ..., nesta capital, no valor de R$ 120,00.

O supte. é o único herdeiro, na qualidade de filho do *de cujus*, não tendo este deixado disposições testamentárias, nem dependentes habilitados perante a Previdência Social (certidão anexa).

Assim, com fundamento nas disposições do artigo 666 do CPC de 2015 e nas disposições da Lei n. 6.858, de 24-11-80, requer a Vossa Excelência a expedição de ALVARÁS para levantamento das quantias mencionadas.

Nestes termos,

P. deferimento.

São Paulo, ... de ... de 2...

_____

Advogado – OAB – CPF – Endereço

Documentos:

✓ Procuração

✓ Certidão de óbito do requerido

✓ Certidão de óbito da mãe do requerente

✓ Certidão de nascimento do requerente

✓ Comprovantes dos depósitos

- ✓ Certidão negativa de dependentes, fornecida pela Previdência Social
- ✓ Declaração da inexistência de bens a inventariar

Obs.:
- ✓ Se o falecido tiver deixado outros bens móveis, não previstos na Lei n. 6.858/80, ou imóveis, será obrigatória a abertura de inventário, requerendo-se aí o alvará para levantamento dos depósitos.
- ✓ Se houver dependente habilitado perante a Previdência Social, a ele caberá levantar os depósitos, sem necessidade de alvará (salvo, no caso de depósitos bancários, se existirem outros bens sujeitos a inventário).

17.6. ALVARÁ EM APENSO. REQUERIMENTO DE TERCEIRO PARA OUTORGA DE ESCRITURA

Exmo. Sr. Dr. Juiz de Direito da ... Vara ...

R.A.B.M., brasileira, casada, assistente social, inscrita no CPF sob nº ..., residente e domiciliada na rua ..., nº ... em ..., Estado de São Paulo, por sua advogada infra-assinada, com mandato anexo (doc. 1), vem, respeitosamente, à presença de Vossa Excelência, requerer ALVARÁ para outorga de Escritura de Compra e Venda de imóvel, nos autos do INVENTÁRIO, processo nº ..., dos bens deixados pelo falecimento de D.A.P., em curso por essa R. Vara e respectivo Cartório, nos seguintes termos:

1. O *de cujus* D.A.P. prometeu vender à requerente o imóvel sito no Município de ..., Estado de ..., com área de ..., matrícula nº ... do ... Registro de Imóveis.
2. A negociação se fez por compromisso de Venda e Compra de ... devidamente inscrito sob nº ..., às fls ..., do Livro ..., no Registro de Imóveis de ... em ..., conforme comprova o documento anexo (doc. 2).
3. As prestações foram integralmente pagas, conforme recibo de quitação anexo (doc. 3), e acham-se satisfeitos os tributos incidentes sobre o imóvel (doc. 4).

Nestas condições, é a presente para requerer a Vossa Excelência, ouvidos os interessados e a Fazenda Pública, determine a expedição de ALVARÁ em nome do inventariante, a fim de que possa representar o espólio na outorga de escritura à requerente, ou a quem esta indicar.

Requer, ainda, que o presente pedido seja distribuído por dependência a essa r. Vara e respectivo Cartório, por onde tramita o inventário, apensando-se os autos.

Dá-se à presente o valor de R$ ..., em correspondência com o valor do imóvel.

Nestes termos,

P. deferimento.

São Paulo, ... de ... de 2...

Advogado – OAB – CPF – Endereço

Documentos:

✓ Procuração

✓ Compromisso de venda e compra do imóvel

✓ Prova de quitação

✓ Negativa fiscal

17.7. ARROLAMENTO COMUM. PEQUENO VALOR. PETIÇÃO INICIAL

Exmo. Sr. Dr. Juiz de Direito da ... Vara ...

J.C.C., qualificada na inclusa procuração, por seu advogado, respeitosamente requer a Vossa Excelência a abertura e o processamento de ARROLAMENTO dos bens deixados por M.O.C., falecido em... de ... de 19... no Hospital ..., tendo como último domicílio a rua ..., nº ..., nesta cidade, deixando bens imóveis e móveis, sem disposição testamentária (ou com testamento, cuja certidão de registro se junta).

O falecido foi casado em primeiras e únicas núpcias com a requerente, no regime da comunhão universal de bens, tendo deixado um filho, R.M.C., brasileiro, casado, funcionário público, residente e domiciliado na rua ... nº ..., nesta cidade, devendo ser citado para acompanhar o presente processo.

Achando-se a requerente na posse e administração dos bens, aguarda sua nomeação como inventariante, independente de compromisso, para regular promoção do Arrolamento, com declarações e plano de partilha.

Esclarece que os bens são de pequeno valor, não excedente a 1.000 salários mínimos, assim comportando o rito do arrolamento, nos termos do artigo 664 do CPC[1].

Junta os documentos abaixo relacionados, e atribui à causa o valor de R$ ..., correspondente ao valor dos bens arrolados.

Termos em que,

P. deferimento.

São Paulo, ... de ... de 2...

_____

Advogado – OAB – CPF – Endereço

Documentos:
- ✓ Procuração
- ✓ Certidão de óbito
- ✓ Certidão de casamento
- ✓ Documentos relativos aos bens
- ✓ Lançamento fiscal do(s) imóvel(eis) e certidões negativas

---

1   Ver nota no cap. 15, parte final.

17.8. ARROLAMENTO SUMÁRIO. PARTES MAIORES E CAPAZES. PETIÇÃO INICIAL

Exmo. Sr. Dr. Juiz de Direito da ...Vara ...

M.T.C., qualificada na inclusa procuração, por seu advogado, tendo por fundamento os artigos 659 e 660 do CPC, respeitosamente requer a Vossa Excelência a abertura e o processamento de ARROLAMENTO SUMÁRIO dos bens deixados por V.T.C., falecido em ... de ... de 2..., no Hospital ..., nesta Capital, deixando bens móveis e imóveis, sem disposição testamentária (ou com testamento, cuja certidão de registro se junta).

O autor da herança foi casado em primeiras e únicas núpcias com a requerente, no regime de comunhão universal de bens, deixou um filho, herdeiro, e teve como seu último domicílio a rua ..., nº ..., nesta Capital.

A requerente pede sua nomeação como inventariante, uma vez que se acha na posse e administração dos bens.

Os interessados são maiores e capazes, e concordam com a partilha amigável.

Em anexo, apresenta declarações de herdeiros e de bens, instrumento de partilha amigável, lançamentos fiscais e certidões negativas de tributos sobre os bens do espólio e suas rendas.

Atribui à causa o valor de R$ ... correspondente ao valor dos bens arrolados.

Termos em que, com os documentos anexos, e aguardando a homologação da partilha, P. deferimento.

São Paulo, ... de ... de 2...

_____

Advogado – OAB – CPF – Endereço

Documentos:

✓ Procurações
✓ Certidão de óbito, RG e CPF do falecido
✓ Certidão de casamento da viúva, RG e CPF
✓ Certidão de nascimento do herdeiro, RG e CPF
✓ Lançamento fiscal
✓ Certidões negativas fiscais
✓ Escritura e certidão do Registro de Imóveis
✓ Comprovantes dos demais bens

ANEXOS:
- ✓ Declarações de herdeiros e de bens e Partilha amigável

Obs.:
- ✓ A petição pode vir acompanhada do comprovante de recolhimento do ITCMD. Ou deixar o recolhimento para fase posterior.
- ✓ Em caso de herdeiro único ou legatário, basta que haja o pedido de adjudicação dos bens descritos, para subsequente lavratura de Carta de Adjudicação.

17.9. ARROLAMENTO SUMÁRIO. DECLARAÇÕES DE HERDEIROS E DE BENS E PARTILHA AMIGÁVEL

Pelo presente instrumento particular, referente aos bens deixados por V.T.C., as partes M.T.C., brasileira, do lar, na qualidade de viúva meeira e inventariante, e J.T.C., brasileiro, solteiro, maior, industrial, na qualidade de filho e único herdeiro do inventariado, ambos residentes na rua ..., nº ..., nesta cidade, apresentam declaração de herdeiros e de bens, e resolvem fazer a partilha amigável dos bens, conforme previsão dos artigos 659 do Código de Processo Civil e 2.015 do Código Civil, nos seguintes termos:

I – Autor da Herança: V.T.C., falecido no dia ... de ... de 1983, em seu domicílio, na rua ... nº ..., nesta cidade; qualificava-se como brasileiro, casado, professor universitário, sendo portador do RG nº ... e do CPF nº ...

II – Viúva Meeira: M.T.C., brasileira, do lar, residente no endereço supra, sendo portadora do RG nº ..., e do mesmo CPF do ex-marido; foi casada com o *de cujus*, no regime de comunhão universal de bens antes da Lei n. 6.515/77 (ou, se depois, conforme a escritura de pacto antenupcial).

III – Herdeiro: J.T.C., brasileiro, solteiro, maior, industrial, filho e único herdeiro do inventariado, residente no mesmo endereço supra, portador do RG nº ... e do CPF nº ...

IV – Bens deixados pelo autor da herança:
a) Imóvel consistente em terreno e casa, na rua ..., nº ..., bairro ... nesta cidade, medindo o terreno ... confrontando com ..., adquirido de ..., mediante escritura objeto de matrícula nº ..., do ... Registro de Imóveis desta Capital, cadastrado na Prefeitura deste Município sob o nº ..., tendo o valor de R$ 1.000,00,
b) Automóvel ..., chassis nº ... placa nº ..., certificado de propriedade nº ..., no valor de R$ 500,00,
c) Depósito no Banco ..., conta nº ... R$ 500,00.
IV.1 – Valor total dos bens: R$ 2.000,00.
IV.2 – Valor da meação: R$ 1.000,00.
IV.3 – Valor do quinhão do herdeiro: R$ 1.000,00.

V – Pagamentos:
a) à viúva meeira, M.T.C., em pagamento de sua meação no valor de R$ 1.000,00, caberão os seguintes bens:
   1. metade ideal do imóvel descrito no item I, "a", supra, no valor de R$ 500,00,
   2. o depósito bancário descrito no item I, "c", supra no valor de R$ 500,00.
b) Ao herdeiro J.T.C., em pagamento de seu quinhão na herança, no valor de R$ 1.000,00, caberão os seguintes bens:
   1. Metade ideal do imóvel descrito no item I, "a", supra, no valor de R$ 500,00,
   2. O automóvel ..., placa nº ..., chassis nº ..., no valor de R$ 500,00.

VI – As presentes declarações e instrumentos de partilha amigável instruem o pedido de arrolamento sumário, para a devida homologação judicial.

E, por estarem assim ajustadas, assinam o presente instrumento.

São Paulo, ... de ... de 2...

_____

Assinaturas das partes e do procurador.

Obs.:

- ✓ A partilha amigável pode ser formalizada por escritura pública, termo nos autos do arrolamento ou escrito particular, para homologação judicial (art. 2.015 do CC).
- ✓ Caso tenha sido instaurado processo de inventário (e não arrolamento sumário), sobrevindo acordo de partes maiores e capazes, pode ultimar-se pela partilha amigável, na forma acima.
- ✓ Por serem as partes maiores e capazes, podem optar pela escritura pública de inventário e partilha (art. 610, § 1º, do CPC de 2015).

17.10. ARROLAMENTO SUMÁRIO. DESPACHO NA PETIÇÃO INICIAL

R.A. – Nomeio inventariante o requerente, independente de compromisso.

Processe-se, com observância dos atos essenciais:
a) representação de todos os interessados;
b) declarações, partilha ou pedido de adjudicação;
c) juntada de lançamentos e negativas fiscais;
d) comprovante de recolhimento do imposto *causa mortis*;
e) intervenção do Ministério Público (havendo testamento, fundação, ausentes ou incapazes);
f) oportuna conclusão para sentença e cientificação da Fazenda.

São Paulo, ... de ... de 2...

_____

Juiz de Direito

Obs.:

✓ Estando atendidas as determinações do despacho, segue-se a sentença de partilha ou de adjudicação, com o encerramento do processo.

✓ Se o juiz verificar que a partilha está completa e que não há providência a ser cumprida, decidirá pela sua homologação (modelo à frente).

17.11. ARROLAMENTO. SENTENÇA – HOMOLOGAÇÃO DE PARTILHA

Proc. nº ...

Inventário nº ...

Vistos etc. ...

I – Homologo a partilha de fls. ..., com a atribuição dos bens ao viúvo meeiro e aos herdeiros, salvo erro, omissão ou prejuízo a terceiros, em especial à Fazenda Pública.

II – Transitando em julgado, expeça-se o competente formal de partilha.

III – Caso não efetuado o recolhimento prévio do imposto *causa mortis*, seja providenciado no prazo legal, com emissão de guia pelos interessados, com a intimação da Fazenda do Estado; o mesmo quanto ao imposto de transmissão *inter vivos*, por eventual renúncia em favor de terceiro, ou reposição de quinhões, intimando-se a Fazenda Municipal.

IV – Cumpridas essas formalidades e satisfeitas as custas, libere(em)-se o(s) formal(is) de partilha, e arquivem-se os autos.

P.R.I., dando-se ciência aos interessados.

São Paulo, ... de ... de 2...

_____

Juiz de Direito

Obs.:

✓ Em caso de herdeiro único, a sentença será homologatória de adjudicação, substituindo-se "formal" por "carta".

17.12. HERANÇA VACANTE. AUTO DE ADJUDICAÇÃO

Aos ... dias do mês de ... de 2..., nesta cidade de São Paulo, no Edifício do Fórum ..., na sala de despachos do MM. Juiz de Direito da ... Vara ... Dr. ... comigo, escrevente de seu cargo, no final assinado, foi determinado que se lavrasse o auto de adjudicação dos bens deixados por ..., nos autos do processo nº ..., na forma que segue: Tendo em vista que o *de cujus* faleceu nesta Comarca, em ... de ... de ..., não tendo deixado herdeiros, nem testamento, e tendo sido decretada a VACÂNCIA da herança, conforme sentença publicada em ... de ... de 2..., transitada em julgado em ... de ... de 2..., nos termos do artigo 1.822 do Código Civil, ficam ADJUDICADOS os bens a favor de ... com sede à ..., representada por seu procurador, Dr. ..., a saber: Um imóvel situado na rua ..., nº ..., nesta... Capital, objeto da matrícula nº ..., do Registro de Imóveis, ... atualmente na rua ... nº ..., bairro .... com as seguintes medidas e confrontações ... NADA MAIS. Do que, para constar, lavrei o presente termo que, lido e achado conforme, vai devidamente assinado, determinando o MM. Juiz fossem ouvidos todos os interessados. Eu, ... , escrevente, datilografei e subscrevi.

Escrivão: ...

MM. Juiz: ...

Adjudicatário: ...

Obs.:

✓ Segue-se a homologação do auto, para a subsequente expedição da carta de adjudicação ao Poder Público.

17.13. INVENTÁRIO. PETIÇÃO DE ABERTURA PELO CÔNJUGE SOBREVIVENTE

Exmo. Sr. Dr. Juiz de Direito da ...Vara ...

J.P.M., brasileira, viúva, de prendas domésticas, residente e domiciliada na rua ..., nº ..., nesta Capital, vem informar a Vossa Excelência que no dia ... de ... de 2..., faleceu nesta Capital o senhor R.J.A., na rua ..., nº ... onde teve seu último domicílio, sem deixar testamento (ou com testamento), tendo deixado bens e herdeiros, bem como a requerente, como cônjuge supérstite, com quem era casado no regime de comunhão parcial de bens (ou outro regime de bens, conforme escritura de pacto antenupcial, ou regime da separação obrigatória), mantendo convivência até a data do falecimento.

Tendo obrigação de dar os bens a inventário e partilha, nos termos do artigo 615 do CPC, requer se digne nomeá-la inventariante, admiti-la a assinar o respectivo termo, prestar as devidas declarações e promover os demais termos do processo, até final partilha.

Junta documentos e atribui à causa o valor de R$ ..., que é o valor dos bens a serem inventariados.

Termos em que,

P. deferimento

São Paulo, ... de ... de 2...

_____

Advogado – OAB – CPF – Endereço

Documentos:

- ✓ Procuração
- ✓ Certidão de óbito
- ✓ Prova da qualidade da requerente

Obs.:

- ✓ Requerimento semelhante poderá ser feito por companheiro sobrevivente, comprovando vida em comum com o autor da herança (art. 1.723 do CC).

17.14. INVENTÁRIO. PETIÇÃO DE ABERTURA POR HERDEIRO

Exmo. Sr. Dr. Juiz de Direito da ... Vara ...

J.S., brasileiro, casado, professor, residente e domiciliado na rua ..., nº ..., nesta cidade, vem informar à Vossa Excelência que faleceu o Sr. ... S.S., no dia ... de ... de 2..., em seu domicílio, na rua ... nº ..., nesta capital, sem testamento (ou com testamento), deixando bens e herdeiros.

Na qualidade de herdeiro, requer a abertura do inventário dos bens deixados pelo falecido, solicitando seja nomeado inventariante o cônjuge sobrevivente, N.S. (ou o herdeiro que esteja na posse da herança), residente no mesmo endereço onde faleceu o autor da herança (ou na rua...), devendo ser intimado para compromisso de bem e fielmente desempenhar o cargo e dar prosseguimento ao inventário até final partilha.

Atribui à causa o valor de R$ ..., que é o valor estimado dos bens deixados pelo falecido.

Termos em que,

P. deferimento.

São Paulo, ... de ... de 2...

_____

Advogado – OAB – CPF – Endereço

Documentos:

✓ Procuração

✓ Certidão de óbito

✓ Prova da qualidade do requerente

Obs.:

✓ O pedido pode ser formulado, com as necessárias adaptações, por outras pessoas mencionadas no artigo 616 do CPC, por terem legitimidade concorrente.

17.15. INVENTÁRIO. PETIÇÃO DE ABERTURA PELO MINISTÉRIO PÚBLICO

Exmo. Sr. Dr. Juiz de Direito da ...Vara ...

O Ministério Público do Estado de ..., por este Promotor de Justiça, no exercício de suas atribuições legais, vem à presença de Vossa Excelência requerer a abertura de inventário dos bens deixados por R.J.A., o qual faleceu no dia ... sem testamento, tendo último domicílio na rua ..., nº ..., nesta cidade.

O falecido era casado com ..., no regime da ..., e deixou herdeiros incapazes ... .

Deixou bens no valor aproximado de R$ ... , a serem oportunamente descritos.

Assim, com suporte no artigo 616, VII, do CPC, solicita de Vossa Excelência que se digne ordenar a intimação do cônjuge supérstite e a sua nomeação como inventariante, para que preste o necessário compromisso e faça as declarações de estilo, prosseguindo com o processo até partilha final.

Atribui à causa o valor de R$ ..., que é o valor estimado dos bens deixados pelo falecido.

Termos em que,

P. deferimento.

São Paulo, ... de ... de 2...

_____

Promotor de Justiça

Documentos:

✓ Certidão de óbito, documentos dos herdeiros e relativos à herança e aos sucessores.

Obs.:

✓ O mesmo modelo poderá ser usado, com as devidas alterações, pelo representante da Fazenda Pública (art. 616, VIII, do CPC).

17.16. INVENTÁRIO CONJUNTO (OU CUMULADO). PETIÇÃO INICIAL

Exmo. Sr. Dr. Juiz de Direito da ...Vara ...

J.C.C., brasileiro, casado, industrial, residente na rua ..., nº ..., nesta Cidade, por seu procurador, respeitosamente requer a Vossa Excelência a abertura do inventário conjunto dos bens deixados por seu pai M.C.C. e por sua mãe L.C.C., falecidos respectivamente em ... e ... do corrente ano, tendo como último domicílio à rua ..., nº ..., nesta cidade.

Os falecidos não deixaram testamento. Uma vez que os herdeiros de ambos são os mesmos, justifica-se cumulação do inventário das duas heranças, nos termos do artigo 672, inciso II, do CPC.

Na qualidade de herdeiro, e achando-se na posse e administração dos bens, aguarda o requerente sua nomeação como inventariante, a fim de que preste compromisso e apresente as primeiras declarações, promovendo o andamento do processo até final partilha.

Com os documentos abaixo, e dando à causa o valor estimado de R$ ...

P. deferimento.

São Paulo, ... de ... de 2...

_____

Advogado – OAB – CPF – Endereço

Documentos:

✓ Procuração

✓ Certidões de óbito

✓ Prova da qualidade do requerente

Obs.:

✓ A cumulação de inventários de cônjuges ou companheiros pode ser requerida de início ou depois da instauração do primeiro inventário, até a fase precedente à partilha.

✓ Também pode ser requerida a cumulação de inventários quando houver a identidade de beneficiários da herança ou a dependência de uma das partilhas em relação à outra (art. 672, incs. I e II, do CPC).

17.17. INVENTÁRIO COM TESTAMENTO. PETIÇÃO INICIAL

Exmo. Sr. Dr. Juiz de Direito da ...Vara ...

J.P.M., brasileira, viúva, funcionária pública, residente e domiciliada na rua ..., nº ..., nesta Capital, por seu procurador, vem informar a Vossa Excelência que, no dia ... de ... do corrente ano, faleceu R.P.M., na rua ... nº ..., nesta cidade, onde residia, deixando bens e herdeiros, sendo que era casado com a requerente no regime da comunhão parcial de bens.

O falecido deixou testamento público, cujo registro está sendo requerido nesse I. Juízo, em procedimento autônomo, devendo a certidão ser oportunamente juntada a estes autos, para que as disposições de última vontade constem na declaração de bens e de herdeiros, e sejam cumpridas em regular partilha.

Assim, estando a requerente na posse e administração dos bens, com fundamento nos artigos 615 e 616, inciso I, do CPC, respeitosamente requer a Vossa Excelência sua nomeação como inventariante, com assinatura de termo de compromisso, e a promoção dos regulares atos do processo, com a devida intervenção do órgão do Ministério Público.

Junta os documentos abaixo relacionados, e dá à causa o valor de R$ ..., correspondente à estimativa dos bens a serem inventariados.

Requer a distribuição por dependência ao processo de registro do Testamento (proc. nº ...).

Termos em que,

P. deferimento.

São Paulo, ... de ... de 2...

_____

Advogado – OAB – CPF – Endereço

Documentos:

- ✓ Procuração
- ✓ Certidão de óbito
- ✓ Documentos pessoais
- ✓ Certidão do Colégio Notarial sobre testamento em nome do falecido
- ✓ Prova da qualidade da requerente

17.18. INVENTÁRIO NEGATIVO. PETIÇÃO INICIAL

Exmo. Sr. Dr. Juiz de Direito da ...Vara ...

J.O.M., brasileiro, viúvo, comerciante, residente e domiciliado na rua ..., nº ..., nesta Capital, por de seu advogado, vem à presença de Vossa Excelência para comunicar a morte de sua mulher M.A.M., ocorrida no dia ... de ... de ... nesta cidade, deixando filhos menores, mas não deixando bens a inventariar.

Pretendendo o requerente casar-se novamente e visando afastar a causa suspensiva do artigo 1.523, I, do Código Civil, para prevenir possíveis direitos e obrigações com relação ao regime de bens (art. 1.641, § 1º, do CC), requer a Vossa Excelência se digne determinar a abertura de inventário negativo.

Após prestadas as declarações necessárias, ouvido o representante do Ministério Público e citada a Fazenda Estadual, requer a homologação daquelas declarações, para os devidos fins legais.

Junta os documentos abaixo relacionados, e dá à causa, para efeitos fiscais, o valor de R$ ...

Nestes termos,

P. deferimento.

São Paulo, ... de ... de 2...

_____

Advogado – OAB – CPF – Endereço

Documentos:

✓ Procuração

✓ Certidão de óbito

✓ Prova da qualidade do requerente

17.19. INVENTÁRIO. COMPROMISSO DE INVENTARIANTE (OU TESTAMENTEIRO)

Compromisso de ...

Aos ... dias do mês de ... de dois mil..., nesta cidade e comarca de São Paulo, na presença do MM. Juiz de Direito Dr. ... comigo escrevente de seu cargo, adiante nomeado, compareceu o(a) Sr.(a) ..., RG nº..., nacionalidade: ..., profissão: ..., endereço: ..., a quem o MM. Juiz deferiu o compromisso de bem e fielmente, sem dolo e nem malícia, desempenhar as funções de INVENTARIANTE (ou TESTAMENTEIRO), nos autos do processo nº ..., do Inventário dos bens deixados por J.C.C. (ou do Registro de Testamento deixado por J.C.C.), em curso nesta Vara.

Prestado assim o compromisso, prometeu cumpri-lo com fidelidade, sob as penas da lei.

Para constar, lavrei o presente termo que, lido e achado conforme, vai devidamente assinado.

Eu, ..., escrevente, datilografei e subscrevi.

_____
MM. Juiz

_____
Inventariante ou Testamenteiro

Obs.:

- ✓ O juiz pode dispensar o termo de compromisso, afirmando que o inventariante considera-se compromissado com o exercício do encargo.
- ✓ Em processo de arrolamento, o termo é dispensado (art. 660 do CPC).

17.20. INVENTÁRIO COM HERDEIRO MENOR, SEM TESTAMENTO. PRIMEIRAS DECLARAÇÕES

Exmo. Sr. Dr. Juiz de Direito da ... Vara ...

J.C.C., inventariante regularmente compromissado, nos autos do Inventário dos bens deixados por M.C.C., processo nº ..., em curso nessa Vara e em seu respectivo Cartório, respeitosamente apresenta a Vossa Excelência, com fundamento no artigo 620 do CPC, as primeiras declarações, nos termos que seguem:

I – AUTOR DA HERANÇA:

M.C.C., falecido no dia ... em seu domicílio, na rua ..., nº ..., nesta cidade; qualificava-se como brasileiro, casado, industrial, portador do RG nº ..., e do CPF nº ... Não deixou testamento, ou qualquer disposição de última vontade.

II – VIÚVA MEEIRA:

J.C.C., brasileira, funcionária pública, residente na rua ..., nº ..., nesta cidade, portadora do RG nº ..., e do CPF nº ..., tendo sido casada no regime de ..., em ..., com (ou sem) escritura de pacto antenupcial.

III – HERDEIROS (filhos do inventariado):

a) V.C.C., brasileiro, industriário, RG nº ... CPF nº..., casado no regime de comunhão parcial de bens com N.C.C. em ..., com (ou sem) escritura de pacto antenupcial, brasileira, do lar, RG nº..., CPF nº ...., ambos residentes na rua ... nº ..., nesta cidade.

b) U.C.C., brasileiro, solteiro, menor, com 15 anos de idade, residente no mesmo endereço da mãe, constante do item II.

IV – BENS:

a) Um imóvel assim descrito: ... (transcrever da matrícula ou, se não houver, do instrumento de aquisição), achando-se matriculado no ... Registro de Imóveis, sob o nº ... e cadastrado na Prefeitura deste Município sob nº... Valor do imóvel, conforme lançamento fiscal: R$...

b) Um automóvel, marca ..., ano ... placas de São Paulo, nº ..., certificado de propriedade nº ... Valor: R$...

Valor total dos bens .... R$ ...

V – DÍVIDAS:

O inventariado não deixou dívidas ativas ou passivas.

Requer sejam tomadas por termo as declarações, prosseguindo-se com abertura de vista ao Ministério Público, em face dos interesses de herdeiro menor, e citação da Fazenda Pública.

Junta os documentos referentes aos herdeiros e bens, e protesta por eventual aditamento por ocasião das últimas declarações.

Termos em que,
P. deferimento.
São Paulo, ... de ... de 2...

_____

Advogado – OAB – CPF – endereço

Documentos:
- ✓ RG, CPF e certidão de casamento da viúva
- ✓ RG, CPF e certidão de casamento e/ou nascimento dos filhos
- ✓ Escritura e certidão do registro de imóveis
- ✓ Certificado de propriedade do veículo
- ✓ Lançamento fiscal do imóvel
- ✓ Negativas fiscais
- ✓ Escritura de pacto antenupcial (se for o caso)

Obs.:
- ✓ Embora presumam-se verdadeiras as declarações do inventariante, recomenda-se a exibição completa dos documentos, para evitar dúvidas ou reclamações de terceiros interessados e, também, para conferência dos dados, para prevenir erros na partilha (v. *RT* 580/126).

17.21. INVENTÁRIO COM TESTAMENTO. PRIMEIRAS DECLARAÇÕES

Exmo. Sr. Dr. Juiz de Direito da ...Vara...

V.C.L., inventariante regularmente compromissado, nos autos de Inventário dos bens deixados por M.C.L., processo nº ..., em curso nesta Vara e em seu respectivo Cartório, respeitosamente apresenta a Vossa Excelência, com fundamento no artigo 620 do Código de Processo Civil, as primeiras declarações, nos termos que seguem:

I – INVENTARIADO:

M.C.L., falecido no dia ... de ... de ... em seu domicílio, na rua ..., nº ... nesta Cidade; qualificava-se como brasileiro, casado, professor, portador do RG nº..., e do CPF nº... Deixou testamento, já registrado, conforme certidão anexada aos autos.

II – VIÚVA MEEIRA:

R.C.L., brasileira, casada, funcionária pública, residente no endereço supra, portadora do RG nº ... e do CPF nº ...; foi casada com o autor da herança no regime de ..., em ..., com (ou sem) pacto antenupcial.

III – HERDEIRO ÚNICO:

P.C.L., filho do inventariado, brasileiro, maior, solteiro, industrial, residente na rua ..., nº ... nesta cidade, portador do RG nº ... e do CPF nº ...

IV – LEGATÁRIO:

M.U.C., brasileiro, solteiro, maior, estudante, residente na rua ..., nº ..., nesta cidade, portador do RG nº ... e do CPF nº ...

V – BENS:

a) um imóvel (transcrição da matrícula), objeto da matrícula nº ... do ... Registro de Imóveis, livro ..., fls. ... cadastrado na Prefeitura sob o nº ..., no valor de R$ ...
b) Uma perua marca ..., placas de São Paulo, nº ... ano ..., certificado de propriedade nº ... no valor de R$ ...
c) Uma linha telefônica nº ..., no valor de R$ ...
d) Crédito em face de M.I.G., brasileiro, casado, industriário, residente e domiciliado na rua ..., nº ... nesta cidade, referente a uma nota promissória vencida, no valor de R$ ...

Valor total dos bens: R$ ...

VI – DISPOSIÇÕES TESTAMENTÁRIAS:

O inventariado deixou testamento, com atribuição de legado consistente nos bens móveis descritos nos itens *b* e *c*, supra, ao Sr. M.U.C., acima qualificado, sem vínculos ou condições especiais, conforme cláusula nestes termos: ... (transcrever do testamento).

Foi requerido o registro do testamento, processo nº ..., dessa I. Vara, sendo nomeado testamenteiro ... .

VII – REQUERIMENTO

Requer sejam tomadas por termo as declarações, prosseguindo-se com a citação dos interessados na herança (herdeiro e legatário – salvo se já representados), da Fazenda Pública, e abertura de vista ao Ministério Público.

Junta os documentos referentes aos herdeiros e bens, e protesta por eventual aditamento por ocasião das últimas declarações.

Termos em que,

P. deferimento.

São Paulo, ... de ... de 2...

_____

Advogado – OAB – CPF – Endereço

Documentos:

- ✓ Certidões de casamento e de nascimento
- ✓ Certificado de propriedade do veículo
- ✓ Escritura e certidão do Registro de Imóveis
- ✓ Lançamento fiscal do imóvel
- ✓ Negativas fiscais
- ✓ Certidão autêntica de registro do testamento

17.22. INVENTÁRIO. RECLAMAÇÃO CONTRA A INCLUSÃO DE HERDEIRO

Exmo. Sr. Dr. Juiz de Direito da ...Vara ...

D.M.L., por seu advogado, na qualidade de herdeiro, conforme declarações e documento de fls. ..., nos autos do processo de Inventário nº ..., dos bens deixados por E.L., respeitosamente expõe e requer a Vossa Excelência o seguinte:

Em suas primeiras declarações, o inventariante incluiu entre os herdeiros, como filho do inventariado, J.L., brasileiro, solteiro, menor, residente na rua ..., nº ... nesta Capital.

Ocorre ser tal inclusão indevida, uma vez que J.L., embora considerado "filho de criação", foi apenas tutelado do autor da herança, conforme se comprova por sua certidão de nascimento e pela certidão de tutela, documentos ora juntados ao processo.

Nestas condições, com fundamento no artigo 627, III, do CPC, o requerente contesta a qualidade de herdeiro de J.L., e pede sua exclusão do feito, com a retificação das primeiras declarações.

Termos em que,

P. deferimento.

São Paulo, ... de ... de 2...

Advogado – OAB – CPF – Endereço

Documentos:

✓ Certidão de Nascimento de J.L.
✓ Certidão de Tutela

17.23. INVENTÁRIO. RECLAMAÇÃO CONTRA A NOMEAÇÃO DE INVENTARIANTE

Exmo. Sr. Dr. Juiz de Direito da ... Vara ...

R.L., brasileira, solteira, residente e domiciliada na rua ... nesta Capital, por seu advogado, na qualidade de herdeira de M.L., cujos bens são objeto do processo de Inventário nº ..., em curso nessa r. Vara e em seu respectivo Ofício, vem até Vossa Excelência, com fundamento no artigo 627, inciso II, do CPC, formular reclamação contra a nomeação do inventariante U.L., o qual requereu a instauração do inventário, como um dos herdeiros, mas não tem legitimidade para o exercício do encargo. A inventariança compete à requerente, uma vez que se acha na posse e administração dos bens do espólio.

Assim, tendo em vista a ordem de preferência estabelecida no artigo 617, inciso II, do CPC, requer a destituição do nomeado e a nomeação da requerente como inventariante, compromissando-se e assumindo o cargo, na forma da lei.

Termos em que,

P. deferimento.

São Paulo, ... de ... de 2...

_____

Advogado – OAB – CPF – Endereço

Documentos:

✓ Prova da qualidade de herdeira, e de que se acha na posse e administração dos bens

17.24. INVENTÁRIO. PEDIDO DE REMOÇÃO DE INVENTARIANTE

J.R., qualificado nos autos, por seu procurador, na qualidade de herdeiro dos bens deixados por M.R., conforme Inventário em curso nesse D. Juízo, processo nº ... respeitosamente expõe e requer a Vossa Excelência o seguinte:

1. O inventariante ..., nomeado em ..., prestou regular compromisso, mas não apresentou as primeiras declarações, embora já sejam decorridos mais de três meses de sua investidura, demonstrando indisfarçável omissão, apesar dos apelos que lhe foram dirigidos pelo requerente e pelos demais herdeiros.
2. Além do mais, durante todo esse tempo, vem o inventariante ocupando imóvel de propriedade do espólio e recebendo aluguéis de outro prédio, sem qualquer prestação de contas, deixando presumir que esteja usufruindo os bens e suas rendas em seu exclusivo benefício.
3. Em tais condições, tendo por fundamento os incisos I e V do artigo 622 do CPC, o suplicante requer a remoção do inventariante e a nomeação do próprio requerente para o encargo, a fim de que o processo de inventário possa ter regular andamento e para a correta administração dos bens do espólio.

Requer a autuação em apenso aos autos de inventário e a intimação do inventariante para manifestar-se no prazo de 15 dias, de conformidade com o previsto no artigo 623 do CPC.

Termos em que,

P. deferimento.

São Paulo, ... de ... de 2...

Advogado – OAB – CPF – Endereço

17.25. INVENTÁRIO. PEDIDO DE COLAÇÃO DE BENS

Exmo. Sr. Dr. Juiz de Direito da ... Vara ...

L.O., inventariante dos bens deixados por F.O., nos autos do processo nº ..., dessa r. Vara, respeitosamente expõe e requer a Vossa Excelência o seguinte:

O herdeiro J.O., cujo nome consta nas declarações de fls. ..., foi beneficiado em vida do *de cujus* com o recebimento em doação de diversos bens móveis, consistentes em joias e quadros, além de um imóvel situado no Município de Campos do Jordão, na rua ..., nº ..., conforme escritura e certidão em anexo.

As doações foram feitas sem cláusula de dispensa da colação, assim constituindo adiantamento da herança (art. 544 do CC).

Requer a citação de J.O., nos termos do artigo 639 do CPC, para conferir por termo nos autos os bens que recebeu, ou, se já os não possuir, trazer os seus respectivos valores, a fim de se alcançar a igualdade das legítimas dos herdeiros necessários, conforme previsto nos artigos 2.002 e 2.003 do Código Civil.

Termos em que,

P. deferimento.

São Paulo, ... de ... de 2...

_____

Advogado – OAB – CPF – Endereço

Documentos:

✓ Prova de doação dos bens móveis

✓ Escritura de doação do imóvel e certidão do registro imobiliário

17.26. INVENTÁRIO. RENÚNCIA DA HERANÇA

M.M. herdeiro dos bens deixados por J.F., por meio de seu advogado, nos autos do processo de Inventário nº ..., em curso nessa r. Vara, respeitosamente expõe a Vossa Excelência que, não lhe convindo aceitar a herança, quer expressar sua renúncia, de conformidade com o artigo 1.806 do Código Civil, requerendo seja tomada por termo nos autos, para todos os fins de direito.

Termos em que,

P. deferimento.

São Paulo, ... de ... de 2...

_____

Advogado – OAB – CPF – Endereço

De acordo:

_____

Herdeiro renunciante e cônjuge.

Documentos:

✓ Procuração com poderes especiais para a renúncia

Obs.:

✓ Em vez de se tomar por termo, a renúncia pode ser feita por escritura pública, juntando-se aos autos.

✓ Recomenda-se a assinatura conjunta do herdeiro, embora possa ser dispensada no caso de procurador com poderes especiais.

✓ A renúncia, por ser puramente abdicativa, não exige outorga uxória, mas, ainda assim, a assinatura do cônjuge é conveniente para evitar possíveis litígios.

17.27. INVENTÁRIO. ÚLTIMAS DECLARAÇÕES

Exmo. Sr. Dr. Juiz de Direito da ...Vara ...

S.R.L., inventariante dos bens deixados por U.L.A., por seu advogado, nos autos do processo de Inventário nº ..., dessa r. Vara, vem respeitosamente até Vossa Excelência para apresentar as últimas declarações:

Além dos bens declarados inicialmente, o autor da herança deixou os seguintes direitos e contas bancárias:

a) Direito à restituição do imposto de renda referente à declaração de rendimentos do ano base de ..., conforme documento anexo, do Banco ..., agência ... no valor de R$ ...;

b) Direito de uso de linha telefônica nº ... instalada na rua ..., nesta Capital, no valor de R$ ...

c) Depósito em Caderneta de Poupança no Banco ..., nesta Capital, no valor atual de R$ ...

O valor desses bens totaliza R$ ..., importando em custas complementares no valor de R$ ... recolhidas, conforme guia anexa.

Requer, a inventariante, com fundamento no artigo 637 do CPC, sejam ouvidas as partes e a Fazenda Pública sobre as últimas declarações, no prazo comum de 15 dias, prosseguindo-se com o cálculo do imposto.

Termos em que,

P. deferimento.

Piracaia, ... de ... de 2...

_____

Advogado – OAB – CPF – Endereço

Documentos:

✓ Comprovantes dos direitos sobre os bens e do depósito bancário

✓ Guia de Custas

Obs.:

✓ De rigor a apresentação das últimas declarações, ainda que não haja outros bens a declarar. Nesse caso, bastará informar negativamente.

✓ As últimas declarações servem, também, para efetuar emendas e correções na anterior declaração de herdeiros e de bens.

17.28. INVENTÁRIO. PEDIDO DE QUINHÃO

Exmo. Sr. Dr. Juiz de Direito da ...Vara ...

J.C.C., por seu advogado, nos autos do Inventário dos bens deixados por M.C., processo nº ..., em curso nessa r. Vara e seu respectivo Ofício, vem até Vossa Excelência, com fundamento no artigo 647 do CPC, formular seu pedido de quinhão, requerendo que incida sobre o terreno sito na rua ..., nº ... nesta cidade, constante do item ... das declarações iniciais, por se tratar de imóvel contíguo à residência do suplicante e tendo em vista que seu valor corresponde à parte ideal na herança a que tem direito este herdeiro.

Termos em que, ouvidos os demais interessados,

P. deferimento.

Palmital, ... de ... de 2...

_____

Advogado – OAB – CPF – Endereço

De acordo:

_____

Herdeiro.

17.29. INVENTÁRIO. ESBOÇO DE PARTILHA

Exmo. Sr. Dr. Juiz de Direito da ...Vara ...

C.A.M., brasileira, viúva, do lar, RG nº ... CPF nº ..., residente e domiciliada nesta Capital, na rua ..., nº ..., e os herdeiros filhos T.A.M., brasileiro, solteiro, maior comerciante, RG nº ..., CPF nº ... residente no mesmo endereço, e D.A.M., brasileiro, médico, RG nº ..., CPF nº ..., residente e domiciliado nesta Capital, na rua ..., nº ..., apartamento ..., deliberam proceder à partilha dos bens deixados por G.A.M., nos autos do Processo de Inventário nº ..., como segue:

I – BENS:

O falecido deixou os seguintes bens:

a) Imóveis:

Um prédio e respectivo terreno situado na rua ..., nº ..., Comarca desta Capital, medindo o terreno ..., com as seguintes confrontações: ... Referido imóvel foi havido pela matrícula nº ..., do ... Registro de Imóveis da Capital, achando-se inscrito na Prefeitura do Município de São Paulo, sob o nº de contribuinte ..., avaliado em R$ 8.000,00.

b) Valores:

1. 500 (quinhentas) ações ordinárias do Banco ..., no valor nominal de R$ 1,00 cada uma, totalizando R$ 500,00,
2. 500 (quinhentas) cotas do Fundo ... no valor de R$ 1,00 cada uma, totalizando R$ 500,00.

c) Direitos:

1. Direitos de assinatura do telefone nº ..., instalado na rua ..., nº ..., nesta Capital, no valor de R$ 500,00,
2. Um título associativo do Clube ... no valor de R$ 500,00.

II – ORÇAMENTO:

a) Valor dos bens declarados: R$ 10.000,00.
b) Meação da viúva: R$ 5.000,00.
c) Quinhão dos herdeiros (R$ 2.500,00 a cada um): R$ 5.000,00.

III – PAGAMENTOS:

a) Pagamento à viúva meeira C.A.M., da sua meação, no valor de R$ 5.000,00:
   1. 1/2 (metade) ideal do prédio e terreno situado na rua ..., nº ..., nesta Capital, descrito e caracterizado no item I, "a", da presente partilha, no valor de R$ 4.000,00,
   2. Direito do uso do telefone nº ..., supra descrito, no valor de R$ 500,00,
   3. Título do clube ..., no valor de R$ 500,00.

b) Pagamento ao herdeiro T.A.M., de sua cota na herança, correspondente a 1/4, no valor de R$ 2.500,00:
   1. 1/4 (uma quarta) parte ideal do prédio e respectivo terreno situado nesta Capital na rua ..., nº ... descrito e caracterizado no item I, "a", da presente partilha, no valor de R$ 2.000,00,
   2. 500 ações do ..., no valor de R$ 500,00.
c) Pagamento ao herdeiro D.A.M., de sua cota na herança, correspondente a 1/4, no valor de R$ 2.500,00:
   1. 1/4 (uma quarta) parte ideal do prédio e respectivo terreno, situado na rua ..., nº ..., descrito e caracterizado no item I, "a", de presente partilha, no valor de R$ 2.000,00,
   2. 500 cotas do Fundo ..., no valor de R$ 500,00.

Nestas condições, e achando-se nos autos as certidões negativas fiscais, requerem a Vossa Excelência se digne homologar a presente partilha, para os fins de direito.

P. deferimento.

Itaí, ... de ... de 2...

Advogado – OAB – CPF – Endereço

Obs.:

✓ Pode ser feita a partilha em quinhões diferenciados, com reposição de valor em dinheiro (sujeita a imposto sobre transmissão *inter vivos*). Exemplo:

   ... – à viúva – a totalidade do imóvel, no valor de R$ 8.000,00, com reposição de R$ 1.500,00 a cada filho;

   ... – a cada herdeiro – 1/2 dos móveis no valor de R$ 1.000,00, e importância em reposição, pela viúva, no valor de R$ 1.500,00.

17.30. INVENTÁRIO. AUTO DE PARTILHA

Aos... do mês... de ... do ano de ..., no Edifício do Fórum da Comarca de ..., Estado de ..., pelo Escrivão do Cartório do ... Ofício, nos autos do processo de Inventário nº ..., referente aos bens deixados por M.M., sob a presidência do MM. Juiz Dr. ... titular da ... Vara, lavrou-se o presente auto de partilha, de conformidade com as disposições do artigo 653 do CPC:

I – AUTO DE ORÇAMENTO:

A – Autor da Herança: M.M., falecido no dia ... de ... de 1983, em seu último domicílio, na rua ..., nº ..., nesta Cidade, qualificando-se como brasileiro, casado, industrial, portador do RG nº ... e do CPF nº ...

B – Viúva Meeira: A.M., brasileira, do lar, residente no endereço supra, portadora do RG nº ... e do CPF nº ..., tendo sido casada com o *de cujus* no regime da comunhão universal de bens.

C – Herdeiro: U.F., brasileiro, menor, impúbere, residente no mesmo endereço supra, filho do *de cujus*.

D – Bens: o falecido deixou somente um bem, consistente no imóvel sito na rua ..., nº ..., apartamento ..., nesta Cidade, havido por compra feita a ..., objeto da matrícula nº ..., do Registro de Imóveis de São Paulo, no valor de R$ 5.000,00.

E – Valor da Meação e do Quinhão:

Meação da Viúva: R$ 2.500,00

Quinhão do herdeiro: R$ 2.500,00.

II – FOLHA DE PAGAMENTO:

A – A viúva A. M. recebe, em pagamento de sua meação, a cota ideal de 1/2 (metade) do imóvel acima descrito, no valor de R$ 2.500,00,

B – O herdeiro U.F. recebe, em pagamento de seu quinhão na herança, a cota ideal de 1/2 (metade) do imóvel acima descrito, no valor de R$ 2.500,00.

Assim satisfeitos os pagamentos, lavra-se o presente auto, com suas folhas devidamente rubricadas e assinadas.

_____
MM. Juiz

_____
Escrivão

17.31. INVENTÁRIO. AUTO DE ADJUDICAÇÃO

Aos ... dias do mês de ... de ..., nesta cidade e Capital do Estado de São Paulo, no Fórum João Mendes Júnior, sala de despachos e audiências do MM. Juiz de Direito da Vara Dr. ... comigo escrevente de seu cargo, no final nomeado, aí, à hora designada, compareceu ... brasileiro, casado, do comércio, RG nº ..., inscrito no CPF/MF sob o nº ... residente e domiciliado na rua ..., nº ..., nesta Capital, na qualidade de CESSIONÁRIO dos bens deixados por falecimento de A.A.M., neste ato devidamente representado por seu bastante procurador Dr. ..., OAB/SP nº .... com escritório nesta Capital na rua ..., nº .... nos autos do processo nº..., desta Vara, sendo-lhe feita, neste ato, a adjudicação do bem abaixo descrito: PRÉDIO e respectivo terreno, na rua ..., nº..., Circunscrição, Município e Comarca da Capital, medindo o terreno ..., com as seguintes confrontações: ...

Referido imóvel foi havido pela transcrição (ou matrícula) nº ... do ... Registro de Imóveis da Capital, achando-se inscrito na Prefeitura do Município de São Paulo, sob nº .... Lavrei o auto, que vai devidamente assinado. Eu, ... , escrevente datilografei, conferi e assinei.

_____
Juiz de Direito

_____
Escrivão

_____
Inventariante

17.32. SENTENÇA HOMOLOGATÓRIA DE PARTILHA

Vistos etc.

Processo nº ...

Homologo por sentença, para que produza seus jurídicos e legais efeitos, a partilha de fls. ... destes autos de ... dos bens deixados por falecimento de ...

Em consequência adjudico aos interessados os seus respectivos quinhões, salvo erro, omissão ou direito de terceiros.

Decorrido o prazo legal, expeça-se o competente formal de partilha.

Dê-se ciência à Fazenda Pública.

Custas na forma da lei.

P.R.I.

Avaré, ... de ... de 2...

_____
Juiz de Direito

Obs.:

- ✓ No caso de inventário negativo, a sentença homologará a declaração da inexistência de bens, para que produza seus regulares efeitos jurídicos.
- ✓ No caso de herdeiro único, a sentença homologará o auto de adjudicação e determinará que se expeça a correspondente carta.

17.33. INVENTÁRIO. DESISTÊNCIA DO PRAZO DE RECURSO

Exmo. Sr. Juiz de Direito da ...Vara ...

F.T., herdeiro e inventariante nomeado nos autos do processo nº ..., Inventário dos bens deixados pelo falecimento de seu pai M.T., e mais a viúva meeira que esta subscreve, diante da HOMOLOGAÇÃO da partilha de fls. ..., formulam desistência do prazo para a interposição de recursos e requerem, respeitosamente, a Vossa Excelência se digne ordenar ao Cartório certifique o trânsito em julgado da sentença e expeça o competente formal de partilha.

Nestes termos,

P. deferimento.

São Paulo, ... de... de 2...

_____

Advogado – OAB – CPF – Endereço

17.34. INVENTÁRIO. PEDIDO DE ADITAMENTO (OU RETIFICAÇÃO) A FORMAL DE PARTILHA

Exmo. Sr. Dr. Juiz de Direito da ... Vara ...

J.C., por seu advogado, na qualidade de inventariante dos bens deixados por M.C., processo nº ..., dessa r. Vara, respeitosamente expõe e requer a Vossa Excelência o seguinte:

Na partilha ficou constando, por evidente lapso datilográfico, o nome do inventariado como M.R., quando o certo é M.L., como consta das primeiras declarações e da certidão de óbito juntada às fls. ...

Também se verifica engano na descrição do imóvel da rua ..., nº ..., em ..., uma vez que se omitiu o nome do confrontante V.G., embora constasse das primeiras declarações e da certidão da matrícula no Registro de Imóveis.

Por último, nota-se omissão do regime de bens do casamento do herdeiro U.C., que é o de comunhão universal, conforme certidão já anexada aos autos.

Assim, para correção das inexatidões materiais e complementação de dados faltantes na partilha, requer-se o seu aditamento, nos termos do artigo 659 do CPC, para constar do formal:

a) o nome correto da herdeira M.L., com os demais dados qualificadores constantes nas declarações de fls. ...
b) a descrição completa do imóvel da rua ..., nº ..., como segue ....
c) o regime da comunhão universal de bens, do herdeiro U.C., casado antes da Lei n. 6.515/77 (ou, se depois, conforme escritura de pacto antenupcial).

Termos em que,

P. deferimento.

Jacareí, ... de ... de 2...

_____

Advogado – OAB – CPF – Endereço

17.35. INVENTÁRIO. REQUERIMENTO DE SOBREPARTILHA

Exmo. Sr. Dr. Juiz de Direito da ...Vara ...

M.L., por seu advogado, nos autos do Inventário dos bens deixados por J.L., processo nº ..., que teve curso perante essa r. Vara, respeitosamente requer a Vossa Excelência, com fundamento nos artigos 669 e 670 do CPC de 2015, a sobrepartilha dos bens a seguir descritos, um deles não partilhado anteriormente por ser litigioso, e outros porque só agora chegaram ao conhecimento dos herdeiros:

a) O imóvel da rua ..., nº ..., nesta cidade, consistente em prédio e terreno com ... metros quadrados, com as seguintes divisas e confrontações ...; sua aquisição deu-se por escritura pública lavrada perante o Tabelião, com matrícula sob o nº ..., no Registro de Imóveis, sendo cadastrado na Prefeitura deste Município sob nº ... conforme lançamento anexo, no valor de R$ ...

b) Direito de uso da linha telefônica nº ..., instalada no prédio supra, tendo o valor de R$ ...

c) Depósito no Banco ..., agência ... conta nº ..., no valor de R$ ...

Requer o processamento nos autos do Inventário, confirmando-se a reqte. no encargo de inventariante, fazendo-se a intimação dos herdeiros representados nos autos (ou a citação, se não representados), dos demais herdeiros e da Fazenda Pública.

Junta comprovante de recolhimento complementar das custas.

Termos em que,

P. deferimento.

São Paulo, ... de ... de 2...

_____

Advogado – OAB – CPF – Endereço

Documentos:

✓ Procuração

✓ Escritura e certidão do Registro de Imóveis

✓ Guia de custas

✓ Lançamento fiscal e certidão negativa de tributos (pode ser requerida pela internet: www.prefeitura.sp.gov.br)

17.36. INVENTÁRIO. HABILITAÇÃO DE CRÉDITO. RESERVA DE BENS. PETIÇÃO DO CREDOR

Exmo. Sr. Dr. Juiz de Direito da ... Vara ...

B.R. S/A, instituição financeira com sede na rua ... nº ..., bairro ..., São Paulo – Capital, inscrita no CGC/MF sob o nº ... por sua advogada (doc. 1), vem, respeitosamente, à presença de Vossa Excelência, com fundamento no artigo 642 do CPC, apresentar o seu pedido de RESERVA DE BENS, nos autos de Inventário dos bens deixados por B.G.M., processo nº ..., pelas razões de fato e de direito a seguir expostas:

1. O declarante ajuizou ação indenizatória pelo rito ordinário, contra o Espólio de M.C.M., reclamando a importância de R$ ..., em ressarcimento de prejuízos ocasionados por ato ilícito, obtendo sentença condenatória do réu ao pagamento do principal reclamado, mais correção monetária, juros, honorários advocatícios e custas, achando-se o processo em fase de liquidação (docs. 2 a 5).
2. Considerando-se o reconhecimento judicial da responsabilidade do falecido no evento danoso e a decorrente obrigação do seu espólio em reparar os prejuízos (arts. 186 e 943 do CC), impõe-se a presente medida para que, nos termos do artigo 1.997, § 1º, do Código Civil, determine Vossa Excelência, a RESERVA, em poder do inventariante, de bens suficientes para solução do débito, no valor estimado de R$ ... sobre os quais venha a recair a penhora no cumprimento de sentença por liquidar.
3. Para tanto, requer o declarante a distribuição desta por dependência ao processo de Inventário, autuando-se em apenso aos respectivos autos, nos termos do artigo 642 do CPC, intimando-se da presente o espólio, na pessoa de seu inventariante e demais interessados, para os efeitos legais.

Termos em que,

P. deferimento

São Paulo, ... de ... de 2...

_____

Advogado – OAB – CPF – Endereço

Documentos:

✓ Procuração

✓ Certidões ou cópias autenticadas do processo mencionado

17.37. INVENTÁRIO. REQUERIMENTO DE CONVERSÃO DE INVENTÁRIO EM ARROLAMENTO

Exmo. Sr. Dr. Juiz de Direito da ... Vara ...

J.S., inventariante nomeado nos autos do processo de Inventário dos bens deixados por A.S., proc. nº ..., em curso nessa Vara, vem expor e requerer a Vossa Excelência o seguinte:

1. Requereu-se o presente Inventário nos termos do artigo 610 do CPC, tendo sido apresentadas as primeiras declarações e requerida a citação dos interessados.
2. Ocorre que os demais herdeiros outorgaram procuração ao signatário desta e acordaram na formalização de partilha amigável.
3. Como são todos maiores e capazes, pedem a conversão do inventário em arrolamento sumário, de conformidade com os artigos 659 e 660 do CPC.
4. Sendo os requerentes os únicos herdeiros e titulares de direitos sobre a herança, e permanecendo o mesmo inventariante, apresentam a Vossa Excelência a partilha amigável inclusa para homologação, uma vez que já se encontram nos autos os lançamentos fiscais e as certidões negativas de tributos relativos aos bens imóveis.

Termos em que,

P. deferimento.

São Paulo, ... de ... de 2...

_____

Advogado – OAB – CPF – Endereço

Documentos:

✓ Procurações de todos os herdeiros
✓ Instrumento de partilha amigável

17.38. TESTAMENTO PÚBLICO. REQUERIMENTO DE REGISTRO

Exmo. Sr. Dr. Juiz de Direito da ... Vara ...

A.C., brasileira, viúva, do lar, residente e domiciliada na rua ..., nº ..., Capital, por seu advogado e procurador bastante (doc. 1), respeitosamente vem à presença de Vossa Excelência a fim de expor e requerer o seguinte:

1. No dia ... de ... de 2..., nesta Cidade, faleceu E.C., residente e domiciliado na rua ... nº ..., nesta Capital (doc. 2), tendo sido casado com a suplicante em primeiras e únicas núpcias, no regime de comunhão parcial de bens (doc. 3).
2. O *de cujus* deixou o incluso TESTAMENTO PÚBLICO, lavrado nas notas do Cartório ..., Livro nº ..., fls. ..., em ... de ... de 2..., regularmente feito, sendo nomeada a suplicante sua testamenteira (doc. 4).
3. Para ser cumprido, torna-se necessário seu registro neste MM. Juízo, nos termos do artigo 735 do CPC.
4. Assim, a suplicante apresenta a Vossa Excelência o traslado de testamento, a fim de ser regularmente processado o seu registro, com intervenção do Ministério Público, confirmada a nomeação da requerente como testamenteira, e autorizada a assinar o competente termo, para subsequente extração de cópia autêntica do testamento, a ser juntada e cumprida nos autos do Inventário.

Termos em que,

P. deferimento.

São Paulo, ... de ... de 2...

_____

Advogado – OAB – CPF – Endereço

Documentos:

✓ Procuração

✓ Certidão de óbito, RG e CPF

✓ Certidão de casamento, RG e CPF

✓ Traslado da certidão do testamento

17.39. TESTAMENTO PARTICULAR. REQUERIMENTO DE CONFIRMAÇÃO E REGISTRO

Exmo. Sr. Dr. Juiz de Direito da ... Vara ...

R.L., brasileira, solteira, maior, residente na rua ..., nº ..., nesta cidade, por seu procurador (doc. 1), respeitosamente expõe e requer a Vossa Excelência o seguinte:

1. No dia ... de ... deste ano, faleceu o Sr. ..., qualificado como brasileiro, viúvo, professor, tendo como último domicílio a rua ... nº ..., nesta Capital (doc. 2).
2. O falecido deixou bens imóveis e móveis, assim como Testamento Particular, com disposições de última vontade, estabelecendo legado de um imóvel em favor de U.L., brasileira, solteira, maior, do lar, residente na rua ... nº ..., nesta cidade, e nomeando testamenteiro o Sr. M.O., brasileiro, casado, aposentado, residente na rua, nº ..., São Paulo (doc. 3).
3. Na qualidade de filho e único herdeiro do *de cujus* (doc. 4), vem o requerente apresentar a Vossa Excelência a cédula de testamento, para que se proceda à sua confirmação, nos termos do artigo 737 do CPC de 2015, marcando-se audiência das testemunhas instrumentárias, conforme rol abaixo.
4. Para inquirição, pede sejam intimadas as testemunhas, assim como o requerente, o testamenteiro, a legatária e o órgão do Ministério Público.
5. Procedidas essas diligências, e após manifestação dos interessados, sendo reconhecida pelas testemunhas a autenticidade do testamento, aguarda-se a sua confirmação por sentença, com ordem de registro, arquivo e cumprimento, segundo o disposto no artigo 735 do CPC.

Termos em que,

P. deferimento.

São Paulo, ... de ... de 2...

_____

Advogado – OAB – CPF – Endereço

TESTEMUNHAS: nomear as testemunhas que assinaram o testamento, com qualificação e endereço.

Documentos:

✓ Procuração

✓ Certidão de óbito, RG e CPF

✓ Certidão de nascimento do requerente, RG e CPF

✓ Cédula do testamento particular

17.40. TESTAMENTO CERRADO. REQUERIMENTO DE ABERTURA E REGISTRO

Exmo. Sr. Dr. Juiz de Direito da ... Vara ...

M.L., italiana, viúva, do lar, residente e domiciliada na rua ..., nº ..., nesta cidade, por seu advogado, que esta subscreve (doc. 1), respeitosamente apresenta a Vossa Excelência o incluso Testamento Cerrado (doc. 2), deixado por E.L., italiano, industrial, que teve como último domicílio o endereço supra, tendo falecido no dia ... de ... de ... (doc. 3), e com quem era a requerente casada no regime de ... bens (doc. 4).

Requer a Vossa Excelência, com fundamento no artigo 735 do CPC, que se digne receber o testamento e ordenar que se lavre o auto de abertura, processando-se com audiência do órgão do Ministério Público.

Não se verificando vício externo que torne o testamento suspeito de nulidade ou falsidade, aguarda a requerente que Vossa Excelência mande registrá-lo, arquivá-lo e cumpri-lo, com remessa de cópia à repartição fiscal, assinatura do termo de testamentaria, e extração de certidão para juntada aos autos de Inventário.

Termos em que,

P. deferimento.

São Paulo, ... de ... de 2...

_____

Advogado – OAB – CPF – Endereço

Documentos:

✓ Procuração

✓ Certidão de óbito, RG e CPF

✓ Certidão de casamento, RG e CPF

✓ Testamento cerrado

17.41. TESTAMENTO CERRADO. TERMO DE APRESENTAÇÃO E ABERTURA

Aos ... dias do mês de ... de dois mil ... nesta cidade e Capital de São Paulo, no Palácio da Justiça, sala de expediente do Meritíssimo Juiz de Direito da ... Vara de ..., Doutor ... presente aí ... por ele (a) ... foi apresentado ao Meritíssimo Juiz, para ser processado, o testamento cerrado que se achava em poder de ... declarando ser o testador... falecido em ..., sem deixar outro testamento ou codicilo, além do apresentado. O Meritíssimo Juiz, recebendo o testamento e verificando estar o mesmo intacto, sem indício ou sinal de violência, abriu-o na presença dos interessados, cortando os pontos de linha e quebrando os pingos de lacre que o fechavam. Em seguida passou o Meritíssimo Juiz a examinar o testamento internamente, verificando estar o mesmo revestido de todas as formalidades legais. E, depois de feita a leitura recomendada por lei, por mim escrivão, o Meritíssimo Juiz rubricou as suas folhas e exarou o despacho constante do mencionado testamento.

Para constar, lavrei este termo que, lido, e achado conforme, é assinado.

O Escrivão: ...

O MM. Juiz: ...

O Apresentante: ...

17.42. VINTENA (PRÊMIO). PEDIDO DE ARBITRAMENTO

Exmo. Sr. Dr. Juiz de Direito da ... Vara ...

S.L.A., já qualificado nos autos, tendo exercido o cargo de testamenteiro no processo de Inventário dos bens deixados por J.Q., proc. nº ..., dessa I. Vara, vem respeitosamente expor e requerer a V. Exa. o seguinte:

Acompanhou regularmente o processo, velando pelo fiel cumprimento das disposições testamentárias.

Sendo assim, nos termos do artigo 1.987 do Código Civil, tem direito a receber o prêmio fixado pelo testador, na quantia de R$ ... (ou de ...%), conforme se verifica da cláusula X do testamento (fls. ...).

(Ou: Sendo assim, tem direito de receber o prêmio por seus serviços. Como não houve disposição testamentária a respeito, o correspondente valor haverá de ser arbitrado por Vossa Excelência).

Tendo em vista a complexidade dos trabalhos desenvolvidos e o longo tempo de tramitação do processo, pede que o prêmio seja fixado no valor constante do testamento (ou no valor de até 5% sobre a herança líquida), com a devida atualização monetária.

P. deferimento.

São Paulo, ... de ... de 2...

_____
Testamenteiro

Obs.:

✓ O requerimento deve ser feito por petição nos próprios autos do inventário, por ocasião da partilha dos bens, para que se deduza o valor do prêmio.

✓ O testamenteiro que seja herdeiro ou legatário do testador, não tem direito ao prêmio, salvo se preferir o prêmio à herança ou legado.

17.43. USUFRUTO – EXTINÇÃO. REQUERIMENTO AO REGISTRO DE IMÓVEIS

Exmo. Sr. Dr. Oficial da ... Circunscrição do Registro de Imóveis da Comarca de ...

B.F., brasileiro, casado, RG ..., CPF ..., residente na rua ..., nesta cidade, requer, com fundamento no artigo 250, inciso III, da Lei n. 6.015/73, seja averbado o cancelamento do usufruto que pesa sobre o imóvel ... (descrição completa), objeto da matrícula ..., desse Registro de Imóveis, em vista do falecimento do usufrutuário (certidão em anexo).

Referido imóvel foi havido pelo requerente por doação de seu pai L.F., com cláusula de usufruto vitalício em favor do doador. Com o falecimento deste, deu-se a extinção do usufruto, nos termos do artigo 1.410, inciso I, do Código Civil, impondo-se a correspondente averbação no registro imobiliário, sem necessidade de decisão judicial.

No aguardo de deferimento.

São Paulo, ... de ... de 2...

_____

Documentos:

- ✓ RG e CPF do requerente
- ✓ Certidão do Registro de Imóveis (matrícula com o registro do usufruto)
- ✓ Certidão de óbito do usufrutuário

Obs.:

- ✓ Se a extinção do usufruto não decorrer da morte do usufrutuário, do seu termo de duração ou da consolidação, haverá necessidade de procedimento judicial de jurisdição voluntária, como previsto no artigo 725, inciso VI, do Código de Processo Civil.

17.44. SUB-ROGAÇÃO DE VÍNCULOS. PETIÇÃO INICIAL

Exmo. Sr. Dr. Juiz de Direito da ... Vara ...

A.C., brasileira, divorciada, senhora do lar, domiciliada nesta Capital, na rua ..., nº ..., por seu advogado (doc. 1), vale-se da presente para, com fundamento nos artigos 719 e 725, inc. II, do CPC, expor e requerer a Vossa Excelência:

1. A suplicante é proprietária do imóvel objeto de matrícula nº ... do ... Cartório de Registro de Imóveis desta Capital, descrito como a casa de nº ... da rua ... bairro de ... e respectivo terreno, com área de ... metros quadrados.
2. O imóvel foi havido pela suplicante por falecimento de seus pais, J.C. e S.C., conforme formal de partilha extraído dos autos de inventário dos seus bens, com as cláusulas vitalícias de inalienabilidade, incomunicabilidade e impenhorabilidade, conforme processo nº ..., da ... Vara ... (docs. 2 e 3).
3. Destina-se, o imóvel, à residência da suplicante e de sua família.
4. Ocorre que o prédio, de construção muito antiga, vem apresentando, apesar dos reparos normais, sinais do natural desgaste, a exigir, para sua conservação, o dispêndio de grandes recursos, de que não dispõe a suplicante.
5. É intenção da requerente adquirir outro imóvel em melhores condições de uso, e para tanto depende de realizar a venda do ora gravado.
6. Assim, requer a suplicante se digne Vossa Excelência, ouvido o D. representante do Ministério Público, determinar a expedição de alvará, autorizando-a a promover, por preço a ser apurado em regular avaliação, a venda do imóvel supra descrito, determinando, mais, que o preço apurado na venda se mantenha indisponível, em depósito à ordem do Juízo com cláusula de correção monetária, no Banco ..., até a compra de imóvel do mesmo ou maior valor, onde se sub-rogarão as mesmas cláusulas vitalícias de inalienabilidade, incomunicabilidade e impenhorabilidade.

Nestes termos,
P. deferimento.
São Paulo, ... de ... de 2...

_____
Advogado – OAB – CPF – Endereço

Documentos:

- ✓ Procuração
- ✓ Certidão do Registro de Imóveis
- ✓ Formal de partilha
- ✓ Lançamento fiscal

Obs.:

- ✓ Distribuição livre, sem dependência ao processo de inventário já encerrado.
- ✓ Caso o requerente disponha de outro imóvel sem ônus, poderá indicá-lo para receber a sub-rogação dos vínculos.

17.45. INVENTÁRIO E PARTILHA EXTRAJUDICIAL – ESCRITURA PÚBLICA

1. PARTES. Em ..., perante o Tabelião ..., compareçam os interessados a seguir nomeados, como outorgantes e reciprocamente outorgados em acordo de inventário e partilha de bens: a) o(a) viúvo(a) meeiro(a) ...; b) o herdeiro ...; c) o herdeiro ... (qualificações e documentos).
2. AUTOR DA HERANÇA. As partes assim qualificadas, todas maiores e capazes, com os seus respectivos cônjuges, conforme declararam e reconhecidos por seus documentos de identificação pessoal, devidamente assistidos pelo advogado ..., OAB ..., com escritório na rua ..., requerem seja lavrada a presente escritura de inventário e partilha dos bens deixados por falecimento de ..., que era brasileiro (qualificação e documentos), tendo como último domicílio ..., em ....
3. NÃO EXISTÊNCIA DE TESTAMENTO E DE HERDEIROS INCAPAZES. Declaram que o falecido não deixou testamento ou qualquer ato de última vontade..., e que não há outros interessados na herança, nem ausentes ou incapazes, e também não há credores do espólio que tenham reclamado direitos para habilitação no inventário.
4. INVENTARIANTE. Nomeiam inventariante do espólio o ... (o viúvo ou algum dos herdeiros), o qual declara aceitar este encargo, com poderes necessários para representação do espólio em juízo ou fora dele, para praticar todos os atos de administração dos bens que possam, eventualmente, estar fora deste inventário e que serão objeto de sobrepartilha, nomear advogado em nome do espólio, ingressar em juízo, ativa ou passivamente, atender à defesa do espólio e ao cumprimento de suas eventuais obrigações formais, tais como outorga de escrituras de imóveis já vendidos e quitados, a satisfação de encargos fiscais, a movimentação de conta bancária, o registro da escritura, a transferência de veículos no órgão competente, a transferência de cotas societárias e tudo o mais que se fizer necessário e dentro de sua competência legal, prestando compromisso de cumprir eficazmente seu mister, comprometendo-se, desde já, a prestar contas aos demais interessados, estando ciente da responsabilidade civil e criminal pela declaração de bens e herdeiros e veracidade de todos os fatos relatados, nos termos do artigo 617 do Código de Processo Civil.
5. BENS DA HERANÇA: a) Imóvel descrito como ... (dados da matrícula), inscrito no Cadastro de Imóveis da Prefeitura Municipal de São Paulo, sob número ..., com valor venal de R$ ..., para a data da abertura da sucessão, e valor referência

de R$ ... (se houver lançamento pela Municipalidade); b) Veículo ..., modelo ..., ano ..., placa ..., registrado no RENAVAM sob número ..., avaliado em R$ ...; c) Depósito bancário no Banco ..., agência ..., conta ..., com saldo, na data da abertura da sucessão, de R$ ... Valor total dos bens: R$ ...

5.1. O falecido não deixou créditos nem dívidas passivas ou obrigações por cumprir (ou, se deixou, explicitar os créditos e dívidas).

6. PARTILHA: – o total dos bens e haveres do espólio, no valor de R$ ..., é partilhado da seguinte forma:

a) ao cônjuge viúvo, em pagamento de sua meação, no valor de R$ ..., é atribuída a parte ideal de 50% do patrimônio declarado; b) ao herdeiro ..., em pagamento de sua cota na herança, no valor de R$ ..., é atribuída a parte ideal de 25% do patrimônio declarado; c) ao herdeiro ..., em pagamento de sua cota na herança, no valor de R$ ..., é atribuída a parte ideal de 25% no patrimônio declarado.

(Obs.: havendo partilha diferenciada, descrever os bens que tocam ao cônjuge viúvo e aos herdeiros, individualizando e atribuindo os correspondentes valores).

7. DOCUMENTOS APRESENTADOS: Pelas partes foram apresentadas: certidão de propriedade do imóvel e matrícula; certificado de propriedade do veículo; extrato bancário; certidão negativa de tributos municipais; certidão negativa de débitos da Receita Federal; certidão de inexistência de testamento, fornecida pelo Colégio Notarial (ou órgão credenciado); documentos pessoais (certidão de óbito, certidão de casamento, certidões de nascimento, RG, CPF), bem como a prova de recolhimento do imposto de transmissão *causa mortis* (ITCMD).

8. ADVOGADO: As partes acham-se assistidas pelo advogado ..., OAB n. ..., (ou por Defensor Público, ...) presente a este ato, conferindo-lhe os mais amplos, gerais e ilimitados poderes para o fim específico de representação em escrituras de rerratificação em decorrência do presente, podendo para tanto assinar escrituras, prestar esclarecimentos, declarações, apresentar documentos, enfim, praticar todos os atos necessários para este mister. Pelo advogado foi dito que, na qualidade de advogado assessorou, aconselhou, orientou, elaborou e conferiu a correção da partilha e do imposto recolhido, estando os valores de acordo com a lei, bem como da incidência de todos os demais possíveis tributos decorrentes deste ato.

9. IMPOSTO: Foi apresentada cópia de guia de recolhimento do ITCMD, no valor apurado em relação aos bens declarados e transmitidos por herança, ficando arquivada nestas notas, em pasta própria, à disposição dos órgãos fiscais da Se-

cretaria da Fazenda (ou conforme certidão de regularidade expedida pela Secretaria da Fazenda).

10. DECLARAÇÕES FINAIS: os imóveis ora partilhados estão livres e desembaraçados de ônus, dívidas, tributos ou taxas; não consta a existência de ações reais ou pessoais reipersecutórias que afetem os bens e direitos partilhados; as partes não são empregadores rurais ou urbanos, não se sujeitando às prescrições da lei previdenciária; ficam ressalvados eventuais erros, omissões ou direitos de terceiros; requerem e autorizam os órgãos competentes a praticar todos os atos que se fizerem necessários em decorrência da presente.

11. CONCLUSÃO: Diante de livre e consciente manifestação de vontade das partes, e como assim o disseram, do que dou fé, me pediram e lhes lavrei a presente escritura pública, a qual feita e lhes sendo lida foi achada em tudo conforme, pelo que aceitam, outorgam e assinam. Emitida a Declaração de Operação Imobiliária (DOI). Dispensada a presença de testemunhas de acordo com as normas vigentes.

Índice Alfabético Remissivo

ABERTURA DA SUCESSÃO – Cap. 1, 3 e Cap. 14, 1.7
- Abertura do inventário – Cap. 8, 3 e Cap. 14, 1.7
- Aceitação da herança – Cap. 1, 7
- Alvará judicial – Cap. 15
- Arrolamento – Caps. 11 a 13
- Arrolamento comum – Cap. 13
- Arrolamento sumário – Cap. 12
- Ascendentes – Cap. 2, 8
- Ausente – Cap. 5
- Codicilo – Cap. 6, 5
- Colaterais – Cap. 2, 11
- Comoriência – Cap. 1, 5
- Companheiro – Cap. 3
- Cônjuge – Cap. 2, 9
- Desaparecimento de pessoas envolvidas em atividades políticas – Cap. 1, 3 e Cap. 5, 9
- Descendentes – Cap. 2, 7
- Direito à herança no Código Civil – Cap. 1, 1.1.
- Domínio – Cap. 1, 3
- *Droit de saisine* – Cap. 1, 3
- Herança jacente – Cap. 4, 1
- Herança vacante – Cap. 4, 3
- Herdeiro aparente – Cap. 2, 5
- Herdeiro necessário – Cap. 2, 4
- Inventariante – Cap. 8, 4
- Inventário – Caps. 7 e 8
- Legado – Cap. 6, 7
- Legitimidade – Cap. 8, 3.1.
- Morte acidental – Cap. 1, 3
- Morte natural ou biológica – Cap. 1, 3
- Município – Cap. 2, 12
- Ordem da vocação hereditária – Cap. 2, 2
- Partilha – Cap. 10
- Pedido de abertura do inventário – Cap. 8, 3
- Pessoas desaparecidas em catástrofe – Cap. 1, 3 e Cap. 5, 8
- Posse – Cap. 1, 3
- Prazo de abertura do inventário – Cap. 8, 3
- Testamento – Cap. 6, 1
- Transmissão da herança – Cap. 1, 3.3.

AÇÃO RESCISÓRIA – Cap. 10, 3

ACEITAÇÃO DA HERANÇA – Cap. 1, 7
- Cessão gratuita – Cap. 1, 8
- Cessão pura – Cap. 1, 8
- Cessão simples – Cap. 1, 8
- Condição – Cap. 1, 7
- Declaração do herdeiro se aceita a herança – Cap. 1, 7
- Formas – Cap. 1, 7
- Herdeiro menor – Cap. 1, 7
- Sucessão testamentária – Cap. 1, 7 e Cap. 6
- Termo – Cap. 1, 7

AÇÕES CONTRA O ESPÓLIO – Cap. 7, 9

AÇÕES REFERENTES À HERANÇA – Cap. 1, 6; Cap. 3, 8; Cap. 7, 8 a 10 e 13; Cap. 8, 7; Cap. 10, 3; Cap. 11, 4; Cap. 12, 1 e Cap. 13, 1

– Ação referente a questão de alta indagação – Cap. 7, 10
– Ação rescisória – Cap. 10, 3
– Ações contra o espólio – Cap. 7, 9
– Ações referentes à herança – Cap. 7, 8
– Anulação da partilha – Cap. 10, 3.2.
– Anulação de testamento – Cap. 6, 11
– Arrolamento – Caps. 11 a 13
– Declaratória de união estável e pedido de herança – Cap. 3, 8.2
– Deserdação – Cap. 1, 6.2.
– Indignidade – Cap. 1, 6.1.
– Inventário: abertura e habilitação – Cap. 3, 8.3 e Caps. 7 e 8
– Medidas cautelares – Cap. 7, 13 e Cap. 11, 4
– Petição de herança – Cap. 7, 8.1.
– Rescisão da partilha – Cap. 10, 3.3.
– Reserva de bens em inventário – Cap. 3, 8.4 e Cap. 8, 9 e 14
– Sonegados – Cap. 8, 7

AÇÕES RELATIVAS À UNIÃO ESTÁVEL – Cap. 3, 8
– Declaratória de união estável e pedido de herança – Cap. 3, 8.2
– Inventário: abertura e habilitação – Cap. 3, 8.3
– Reserva de bens em inventário – Cap. 3, 8.4

ADJUDICAÇÃO – Cap. 12, 9 e Cap. 13, 3
ADMINISTRADOR PROVISÓRIO – Cap. 8, 4.2. e Cap. 14, 2.7
ADOTIVO – Cap. 2, 3.4.
AFINIDADE – Cap. 2, 3.2.
ALIENAÇÃO DE BENS – Cap. 1, 8 e Cap. 14, 2
ALÍQUOTA – Cap. 9
– Imposto *causa mortis* – Cap. 9, 2.1.2

– Imposto *inter vivos* – Cap. 9, 3.1
ALTA INDAGAÇÃO – QUESTÕES – Cap. 7, 10
ALVARÁ EM APENSO – Cap. 15, 3
ALVARÁ INCIDENTAL – Cap. 15, 2
ALVARÁ INDEPENDENTE – Cap. 15, 4
ALVARÁS JUDICIAIS – Cap. 15
– Alienação de bens – Cap. 15, 2
– Alvará em apenso – Cap. 15, 3
– Alvará incidental – Cap. 15, 2
– Alvará independente – Cap. 15, 4
– Bens que não se inventariam – Cap. 7, 7
– Caderneta de poupança – Cap. 15, 4 e 5
– Conceito – Cap. 15, 1
– Dependentes – Cap. 15, 5
– Dispensa de alvará – Cap. 15, 5
– Dispensa de inventário – Cap. 15, 4
– Espécies – Cap. 15, 1
– Extinção da ORTN – Cap. 15, 7
– FGTS – Fundo de Garantia por Tempo de Serviço – Cap. 15, 5.2.
– Fundo de investimento – Cap. 15, 4 e 5
– Generalidades – Cap. 7, 1
– Hasta Pública – Cap. 13, 3
– Imposto *causa mortis* – Cap. 9, 2
– Incapaz – Cap. 15, 2 e 4
– Levantamento de dinheiro – Cap. 15, 2
– Outorga de escritura – Cap. 15, 3 e 4
– Pecúlio – 15, 5.7.
– PIS/PASEP – Programa de Integração Social – Cap. 15, 5.3.
– Quitações fiscais – Cap. 15, 2
– Recurso – Cap. 15, 6
– Restituição de tributos – Cap. 15, 5.5.
– Saldo de salários – Cap. 15, 5.1.
– Saldos bancários – Cap. 15, 5.4.
– Seguro de vida – Cap. 15, 5.6.
– Sucessores – Cap. 15, 4

Índice Alfabético Remissivo

– Venda de bens – Cap. 15, 2
ANULAÇÃO DA PARTILHA – Cap. 10, 3.2.
ANULAÇÃO E NULIDADE DE TESTAMENTO – Cap. 6, 11
APRESENTAÇÃO, PUBLICAÇÃO E REGISTRO DO CODICILO – Cap. 6, 5 e 6
APRESENTAÇÃO, PUBLICAÇÃO E REGISTRO DO TESTAMENTO – Cap. 6, 5 e 6
AQUESTOS – Cap. 2, 9.10.
ARRECADAÇÃO – Cap. 4, 2 e Cap. 5, 3
 – Bens do ausente – Cap. 5, 3
 – Herança jacente – Cap. 4, 1
ARROLAMENTO – Caps. 11 a 13
 – Arrolamento cautelar – Cap. 11, 4
 – Arrolamento comum – Cap. 11, 1; Cap. 13, 1
 – Arrolamento sumário – Cap. 12
 – Avaliação dos bens – Cap. 13, 4
 – Conceito – Cap. 11, 1; Cap. 12, 1 e Cap. 13, 1
 – Custas – Cap. 7, 3.2. e 6
 – Esquema – Cap. 12, 10 e Cap. 13, 6
 – Fases processuais – Cap. 12, 2 e Cap. 13, 2
 – Formulários – Cap. 17
 – Julgamento da partilha – Cap. 12, 9 e Cap. 13, 5
 – Modalidades – Cap. 11, 2
 – Normas subsidiárias – Cap. 11, 3
 – Plano de partilha – Cap. 12, 3 e Cap. 13, 3
ARROLAMENTO CAUTELAR – Cap. 11, 4
ARROLAMENTO COMUM – Cap. 13
 – Avaliação – Cap. 13, 4
 – Conceitos – Cap. 13, 1
 – Esquema – Cap. 13, 6
 – Fases Processuais – Cap. 13, 2

 – Formulários – Cap. 17
 – Julgamento da partilha – Cap. 13, 5
 – Plano de partilha – Cap. 13, 3
 – Requisitos – Cap. 13, 1
 – Venda em hasta pública – Cap. 13, 3
ARROLAMENTO SUMÁRIO – Cap. 12
 – Conceito – Cap. 12, 1
 – Credores do espólio – Cap. 12, 5
 – Decisão sobre avaliação – Cap. 12, 5
 – Dispensa de avaliação – Cap. 12, 4
 – Esquema – Cap. 12, 10
 – Fases processuais – Cap. 12, 2
 – Formal – Cap. 12, 9
 – Homologação da partilha – Cap. 12, 9
 – Imposto de transmissão – Cap. 12, 7
 – Partilha amigável – Cap. 12, 8
 – Plano de partilha – Cap. 12, 3
 – Recurso – Cap. 12, 5.1.
 – Requisitos – Cap. 12, 1
 – Taxa judiciária – Cap. 12, 6
 – Valor da causa – Cap. 12, 6
ASCENDENTES – Cap. 2, 8
 – Ascendentes avós – Cap. 2, 8
 – Ascendentes pais – Cap. 2, 8
 – Concurso com cônjuge – Cap. 2, 9
AUSÊNCIA – Cap. 5
 – Arrecadação de bens quando não apareçam sucessores – Cap. 5, 3
 – Conversão da sucessão provisória em definitiva – Cap. 5, 6
 – Declaração de ausência, com presunção de morte, pelas Leis ns. 6.683/79 e 9.140/95 – Cap. 5, 9
 – Declaração de morte – Cap. 5, 8
 – Declaração judicial de ausência – Cap. 5, 2
 – Efeitos – Cap. 5, 1
 – Esquema – Cap. 5, 10

- Morte presumida – Cap. 5, 9
- Processamento da sucessão provisória – Cap. 5, 5
- Regresso do ausente após a sucessão definitiva – Cap. 5, 7
- Sucessão provisória – Cap. 5, 4

AUTO DE PARTILHA – Cap. 10, 2

AVALIAÇÃO – Cap. 13, 10; Cap. 12, 4 e Cap. 13, 4
- Apuração de haveres – Cap. 8, 6
- Balanço do estabelecimento – Cap. 8, 10
- Dispensa da avaliação – Cap. 12, 4
- No arrolamento – Cap. 13, 4
- Perito – Cap. 8, 10; Cap. 12, 4 e Cap. 13, 4
- Recurso – Cap. 12, 5

AVOENGAS – Cap. 2, 7

BASE DE CÁLCULO DO IMPOSTO DE TRANSMISSÃO – Cap. 9, 2.1.2 e 4.1

BENS RESERVADOS – Cap. 7, 7

BENS VACANTES – Cap. 4, 4
- Coisas vagas – Cap. 4, 4
- Herança vacante – Cap. 4, 3

BENS VAGOS – Cap. 4, 4

CÁLCULO DO IMPOSTO NO ARROLAMENTO – Cap. 9, 5

CÁLCULO DO IMPOSTO NO INVENTÁRIO – Cap. 9, 4
- Base de cálculo – Cap. 9, 2.1.2 e 4.1
- Imóveis situados em outros Estados – Cap. 9, 4.6
- Meação – Cap. 9, 4.3
- Monte-Mor – Cap. 7, 3
- Procedimento do cálculo no inventário – Cap. 9, 4.4
- Recurso – Cap. 9, 4.5
- Renúncia à herança – Cap. 9, 4.2

- Renúncia à meação – Cap. 9, 4.3

CAPACIDADE DE TESTAR – Cap. 6, 2

CASAMENTO – Cap. 2, 9
- Regime de bens – Aquestos – Cap. 2, 9
- Casamento homoafetivo – Cap. 3.4.

CAUTELARES – Cap. 7, 13 e Cap. 11, 4
- Cessação da eficácia – Cap. 7, 13 e Cap. 11, 4

CERTIDÃO NEGATIVA FISCAL – Cap. 8, 12

CESSÃO DE HERANÇA – Cap. 1, 8 e Cap. 9, 4,2

CITAÇÃO – Cap. 8, 8
- Curador especial – Cap. 8, 8
- Fazenda Pública – Cap. 8, 8
- Interessados – Cap. 8, 8
- Ministério Público – Cap. 8, 8

CODICILOS – Cap. 6, 5 e 6
- Apresentação, publicação e registro do codicilo – Cap. 6, 6
- Codicilo fechado – Cap. 6, 5
- Nomeação de testamenteiro – Cap. 6, 12
- Revogação – Cap. 6, 8
- Substituição de testamenteiro – Cap. 6, 12

COISAS VAGAS – Cap. 4, 4
- Bens vacantes – Cap. 4, 4
- Herança vacante – Cap. 4, 3

COLAÇÃO – Cap. 8, 13
- Formulário – Cap. 17
- Renúncia à herança – Cap. 8, 13; Cap. 1, 7 e Cap. 9, 4.2
- Sequestro de bens – Cap. 8, 13

COLATERAIS – Cap. 2, 11
- Colateral bilateral – Cap. 2, 11
- Colateral unilateral – Cap. 2, 11
- Direito à sucessão – Cap. 2, 2, 3 e 11

Índice Alfabético Remissivo

- Parentesco – Cap. 2, 2
- Sucessão por cabeça – Cap. 2, 11
- Sucessão por representação – Cap. 2, 11

COMORIÊNCIA – Cap. 1, 5

COMPANHEIRO – Cap. 2, 10 e Cap. 3
- Ações – Cap. 3, 8
- Companheiro ou convivente – Cap. 2, 10 e Cap. 3
- Competência – Cap. 3, 9
- Direito de habitação – Cap. 3, 7.2
- Direitos à meação e à sucessão – Cap. 3, 6 e 7
- Intervenção do Ministério Público – Cap. 3, 10
- Meação – Exclusão de imposto – Cap. 9, 4.3
- Reconhecimento no processo de inventário – Cap. 3, 8.3
- Reserva de bens – Cap. 3, 8.4 e Cap. 8, 9
- Sucessão legítima – Cap. 3, 7
- Sucessão por testamento – Cap. 3, 7.5
- União estável – Cap. 3
- Uso do patronímico do companheiro – Cap. 3

COMPETÊNCIA JURISDICIONAL – Cap. 7, 4 e Cap. 8, 3
- Ação referente a questão de alta indagação – Cap. 7, 10
- Ações contra o espólio – Cap. 7, 9
- Ações referentes à herança – Cap. 7, 8
- Anulação da partilha – Cap. 10, 3.2.
- Anulação de testamento – Cap. 6, 11
- Arrolamento – Cap. 11; Cap. 12 e Cap. 13
- Cautelares – Cap. 7, 13 e Cap. 11, 4
- Deserdação – Cap. 1, 6.2.
- Extinção de vínculos – Cap. 6, 4.4.
- Indignidade – Cap. 1, 6.1.
- Inventário – Caps. 7 e 8
- Petição de herança – Cap. 7, 8.1.
- Rescisão da partilha – Cap. 10, 3.3.
- Reserva de bens em inventário – Cap. 3, 8.4 e Cap. 8, 9 e 14
- Sobrepartilha – Cap. 10, 5
- Sonegados – Cap. 8, 7
- União estável – Cap. 2, 10 e Cap. 3
- União adulterina – Cap. 3, 2.3 e 2.7
- Concubinato – Cap. 3,5

CÔNJUGE – Cap. 2, 9
- Comunhão parcial – Cap. 2, 9.1.
- Comunhão universal – Cap. 2, 9.1.
- Concurso com ascendentes – Cap. 2, 9.5.
- Concurso com descendentes – Cap. 2, 9.3.
- Habitação – Cap. 2, 9.9.
- Herança – Cap. 2, 9.2.
- Herdeiros necessários – Cap. 2, 4 e 9
- Herdeiro único – Cap. 2, 9.6.
- Legítima – Cap. 2, 4 e 9
- Meação – Cap. 2, 9.2.
- Regime de bens – Cap. 2, 9.1.
- Regime de participação final nos aquestos – Cap. 2, 9.10
- Separação de fato – Cap. 2, 9.7.
- Usufruto – Cap. 2, 9.8.

CÔNJUGE SUPÉRSTITE – Cap. 2, 9 e 16

CONVERSÃO DA SUCESSÃO PROVISÓRIA EM DEFINITIVA – Cap. 5, 6

CONVIVENTE – v. COMPANHEIRO

CRÉDITOS – Cap. 8, 14

CREDORES DO ESPÓLIO – Cap. 12, 5
- Decisão sobre a avaliação – Cap. 12, 5
- Recurso – Cap. 12, 5.1.

CUMULAÇÃO DE INVENTÁRIOS – Cap.

7.5
CURADOR DA HERANÇA – Cap. 4, 2
– Herança jacente – Cap. 4, 2
CURADOR DE FAMÍLIA, CURADOR DE AUSENTES E INCAPAZES E CURADOR DE RESÍDUOS – Cap. 7, 14
CURADOR ESPECIAL – Cap. 7, 14 e Cap. 8, 8
CUSTAS – Cap. 7, 3.2. e Cap. 12, 6
– Cálculo sobre monte-mor – Cap. 7, 3
– Taxa judiciária – Cap. 12, 6
DÉBITOS DO ESPÓLIO – Cap. 8, 14
– Ação de cobrança – Cap. 8, 14
– Adjudicação de bens – Cap. 8, 14
– Alienação de bens – Cap. 8, 14
– Credores de dívidas vencidas e exigíveis – Cap. 8, 14
– Credores do espólio no arrolamento – Cap. 12, 5
– Fazenda Pública – Cap. 8, 14
– Habilitação – Cap. 8, 14
– Processo de execução – Cap. 8, 14
– Separação de bens – Cap. 8, 14
DECLARAÇÃO DE MORTE – Cap. 5, 8
– Pela Lei n. 6.015/73 – Cap. 5, 8
DECLARAÇÃO JUDICIAL DE AUSÊNCIA – Cap. 5, 9
DELIBERAÇÃO DE PARTILHA – Cap. 10, 1
DEPENDENTE – LEVANTAMENTO DE CERTOS VALORES – Cap. 1.9 e Cap. 15, 5
DESCENDENTES – Cap. 2, 7
– Concurso com cônjuge – Cap. 2, 9
– Direito à sucessão – Cap. 2, 7
– Equiparação – Cap. 2, 7
– Parentesco – Cap. 2, 3
– Sucessão por cabeça – Cap. 2, 7
– Sucessão por estirpe – Cap. 2, 7

DESCONSIDERAÇÃO DA PERSONALIDADE JURÍDICA
– *Disregard* – Cap. 8, 14
DESERDAÇÃO – Cap. 1, 6.2.
– Ação – Cap. 1, 6
– Causas – Cap. 1, 6
– Demais herdeiros – Cap. 1, 6
– Exclusão da sucessão – Cap. 1, 6
– Herdeiro necessário – Cap. 1, 6
– Prazo da ação – Cap. 1, 6
DESTITUIÇÃO DO INVENTARIANTE – Cap. 8, 4.7.
DIREITO DAS SUCESSÕES – Cap. 1.1.
DIREITO DE ACRESCER – Cap. 6, 9
DIREITO DE HABITAÇÃO – Cap.2,9.9 e 3.8.2.
DIREITO DO NASCITURO – Cap. 1, 4
DISPENSA DE ALVARÁ – Cap. 14, 5
DISPOSIÇÕES TESTAMENTÁRIAS – Cap. 6, 4
DISTRIBUIÇÃO E REGISTRO DE INVENTÁRIOS – Cap. 7, 3
DISTRITO FEDERAL – Cap. 2, 12
– Herança jacente – Cap. 4, 1
– Herança vacante – Cap. 4, 3
DOAÇÃO – Cap. 9, 2.2.2
– Doação inoficiosa – Cap. 2, 4
DROIT DE SAISINE – Cap. 1, 3
ERRO DE FATO NA PARTILHA – Cap. 10, 3
ESBOÇO DE PARTILHA – Cap. 10
– Ver PARTILHA – Cap. 10
– Formulários – Cap. 17
ESPÉCIES DE INVENTÁRIO – Cap. 8, 1
– Aeronáutico – Cap. 8, 1
– Marítimo – Cap. 8, 1
– Militar – Cap. 8, 1

Índice Alfabético Remissivo

- Nuncupativo militar – Cap. 8, 1
- Particular – Cap. 8, 1
- Público – Cap. 8, 1

ESPÓLIO – Cap. 1, 1

ESTADO – Direito à herança vacante – Cap. 2, 12 e Cap. 4, 3

ESTRANGEIRO – Sucessão – Cap. 2, 2

FASES DO INVENTÁRIO – Cap. 8, 2

FAZENDA PÚBLICA – Cap. 8, 8 e 14; Cap. 12, 7 e Cap. 15, 2
- Alvarás – Cap. 15, 2
- Arrolamento – Cap. 15, 7
- Citação – Cap. 8, 8
- Habilitação de crédito – Cap. 8, 14

FÉRIAS FORENSES – Cap. 7, 12

FGTS – FUNDO DE GARANTIA POR TEMPO DE SERVIÇO – Cap. 15, 5.2.
- Formulários – Cap. 17

FIDEICOMISSO – Cap. 6, 10.1.

FILIAÇÃO – Cap. 2, 3.3.

FISCO E IMPOSTOS DE TRANSMISSÃO – Cap. 8, 9.3. e Cap. 9

FORMAL DE PARTILHA – Cap. 10, 2
- Formulários – Cap. 17

FORMAS DE PARTILHA – Cap. 10, 2
- Amigável – Cap. 10, 2.1.
- Judicial – Cap. 10, 2.3.

FORMULÁRIOS – Cap. 17

GRAUS DE PARENTESCO – Cap. 2, 3.2.

HABILITAÇÃO DE CRÉDITO – Cap. 8, 14 e Cap. 12, 5
- Arrolamento – Cap. 12, 5

HABITAÇÃO – Cap. 2, 9.9. e Cap. 3, 8.2
- Companheiro – Cap. 3, 8.2
- Cônjuge – Cap. 2, 9. 9

HASTA PÚBLICA – Cap. 10, 2 e Cap. 13, 3

HERANÇA – Cap. 1, 1.2.
- Conceito – Cap. 1, 1
- Exclusão da herança por indignidade e deserdação – Cap. 1, 6.2.
- Pequeno valor – arrolamento – Cap. 13
- Transmissão da herança – Cap. 1, 3
- Transmissão de bens – Cap. 1, 1
- Vocação hereditária – Cap. 2, 2

HERANÇA JACENTE – Cap. 4, 1
- Alienação de bens – Cap. 4, 2
- Arrecadação e demais atos processuais – Cap. 4, 2
- Bens vacantes – Cap. 4, 4
- Coisas vagas – Cap. 4, 4
- Conceito – Cap. 4, 1
- Curador à herança – Cap. 4, 2
- Distrito Federal – Cap. 4, 1 e Cap. 2, 12
- Espécies – Cap. 4, 1
- Esquema – Cap. 4, 5
- Herança vacante – Cap. 4, 3
- Município – Cap. 4, 1 e Cap. 2, 12
- Natureza jurídica – Cap. 4, 1
- União – Cap. 4, 1 e Cap. 2, 12

HERANÇA VACANTE – Cap. 4, 3
- Bens vacantes – Cap. 4, 4
- Coisas vagas – Cap. 4, 4
- Conceito – Cap. 4, 3
- Destinação – Cap. 4, 3
- Distrito Federal – Cap. 4, 3 e Cap. 2, 12
- Esquema – Cap. 4, 5
- Formulário – Cap. 17
- Herança jacente – Cap. 4, 1
- Município – Cap. 4, 3 e Cap. 2, 12
- Recurso – Cap. 4, 3.4.
- Sentença – Cap. 4, 3.3.
- União – Cap. 4, 3 e Cap. 2, 12
- Usucapião – Cap. 4, 3.2.

HERDEIRO – Caps. 2 e 16
- Herdeiro aparente – Cap. 2, 5
- Herdeiros necessários – Cap. 2, 4
- Herdeiro único – Cap. 2, 9.6.
- Reclamação – formulário – Cap. 17
- Reserva de bens – Cap. 8, 9 e Cap. 3, 8.4
- Validade das alienações – Cap. 2, 5
- Vocação hereditária – Cap. 2, 2

HERDEIROS NECESSÁRIOS – Cap. 2, 4
- Legítima – Cap. 2, 4

IMPENHORABILIDADE, INALIENABILIDADE E INCOMUNICABILIDADE – Cap. 6, 4 e 18

IMPOSTO *CAUSA MORTIS* – ITCMD – Cap. 9, 2 e 4
- Alíquota – Cap. 9, 2.1.2
- Arrolamento – recolhimento – Cap. 9, 5
- Base de cálculo – Cap. 9, 2.2.4, 2.3.2 e 4.1
- Cálculo no inventário – Cap. 9, 4
- Cessão de direitos – Cap. 9, 2.2.2 e 4.2
- Conceito – Cap. 9, 2
- Constitucionalidade do imposto progressivo – Cap. 9, 2.3
- Declaração eletrônica – Cap. 9, 2.3.1.4
- Doação – Cap. 9, 2.1.3
- Fato gerador – Cap. 9, 2
- Imóveis situados em outros Estados – Cap. 9, 2.2 e 4.6
- Intervenção da Fazenda – Cap. 9, 2.1.4
- Isenção – Cap. 9, 2.1.1
- Legislação – Cap. 9, 2.1 e 2.2
- Meação – Renúncia – Cap. 9, 4.3
- Penalidades – Cap. 9, 2.1.6
- Prazo – Cap. 9, 1.6
- Procedimento do cálculo – Cap. 9, 2.1.2 e 4.4
- Progressividade do imposto – Cap. 9, 2.3
- Recolhimento – Cap. 9, 2.1.5
- Recurso da sentença de cálculo – Cap. 9, 4.5
- Renúncia à herança – Cap. 9, 4.2
- Renúncia à meação – Cap. 9, 4.3
- Vigência da lei do imposto – Cap. 9, 2.4

IMPOSTO DE RENDA SOBRE LUCROS NA SUCESSÃO – Cap. 9, 6

IMPOSTO *INTER VIVOS* – Cap. 9, 3

IMPUTAÇÃO DE BENS DA HERANÇA – Cap. 7, 4 e Cap. 8, 13

INCAPAZ – Cap. 8, 5; Cap. 10, 2 e Cap. 15, 2
- Representação legal – Cap. 8, 5
- Venda de bens – Cap. 10, 2 e Cap. 15, 2

INDIGNIDADE – Cap. 1, 6.1.
- Ação – Cap. 1, 6
- Administração – Cap. 1, 6
- Causas – Cap. 1, 6
- Direito de representação – Cap. 1, 6
- Exclusão da sucessão – Cap. 1, 6
- Perdão – Cap. 1, 6
- Prazo da ação – Cap. 1, 6
- Reabilitação – Cap. 1, 6
- Usufruto – Cap. 1, 6

INEXATIDÕES MATERIAIS – Cap. 10, 3

INTERPRETAÇÃO DO TESTAMENTO – Cap. 7, 3 e Cap. 6, 4.1.

INVENTARIANTE – Cap. 8, 4.1.
- Administrador provisório – Cap. 8, 4.2.
- Alvarás – Cap. 15
- Arrolamento – Cap. 12, 2 e Cap. 13, 2
- Atribuição – Cap. 8, 4.4.
- Compromisso – Cap. 8, 4.3.
- Conceito – Quem pode ser nomeado – Cap. 8, 4

Índice Alfabético Remissivo

– Destituição – Cap. 8, 4.6.
– Inventariante dativo – Cap. 8, 4.1.
– Inventariante judicial – Cap. 8, 4.1.
– Nomeação – Cap. 8, 4.7.
– Prestação de contas – Cap. 8, 4.5.
– Recurso da decisão que nomeia, remove ou destitui o inventariante – Cap. 8, 4.7.
– Remoção – Cap. 8, 4.6.

INVENTÁRIO CONJUNTO OU CUMULADO – Cap. 7, 5

INVENTÁRIO NEGATIVO – Cap. 7, 6

INVENTÁRIOS – GENERALIDADES – Cap. 7

  – Ações contra o espólio – Cap. 7, 9
  – Ações referentes à herança – Cap. 7, 8
  – Alvará – Cap. 7, 1.1.
  – Base de cálculo das custas – Cap. 7, 3.4.
  – Bens que não se inventariam – Cap. 7, 7
  – Competência – Cap. 7, 4
  – Conceito – Cap. 7, 1
  – Custas – Cap. 7, 3.2.
  – Disposições comuns – Cap. 7, 13
  – Distribuição e registro – Cap. 7, 3.1.
  – Férias forenses – Cap. 7, 12
  – Formas – Cap. 7, 1
  – Intervenção do Ministério Público – Cap. 7, 14
  – Inventário conjunto – Cap. 7, 5
  – Inventário negativo – Cap. 7, 6
  – Juízo universal – Cap. 7, 4 e Cap. 15
  – Medidas Cautelares – Cap. 7, 13
  – Monte-Mor – Cap. 7, 3.4.
  – Partilha – Cap. 7, 2
  – Petição de herança – Cap. 7, 8.1.
  – Prazos de início e término do inventário – Cap. 7, 11
  – Questões de alta indagação – Cap. 7, 10
  – Sobrepartilha – Cap. 7, 2.1.
  – Valor da causa – Cap. 7, 3.3.

INVENTÁRIOS – PROCESSAMENTO – Cap. 8

  – Abertura da sucessão e inventário – Cap. 8, 3
  – Aceitação da herança – Cap. 1, 7
  – Administrador provisório – Cap. 8, 4.2.
  – Arrolamento – Cap. 12, 1 e Cap. 13, 1
  – Atribuições do inventariante – Cap. 8, 4.4.
  – Avaliações – Cap. 8, 10
  – Bens dispensados da colação – Cap. 8, 13.1.
  – Bens e direitos que dispensam inventário e partilha – Cap. 14, 1.14
  – Certidões negativas fiscais – Cap. 8, 12
  – Cessão de herança – Cap. 1, 8
  – Citações – Cap. 8, 8
  – Colações – Cap. 8, 13
  – Competência funcional do tabelião – Cap. 14, 1.11
  – Compromisso – Cap. 8, 4
  – Créditos – Cap. 8, 14
  – Credores do espólio – Cap. 14, 2.2
  – Carta de sentença ou formal de partilha extrajudicial – Cap. 14, 2.18
  – Débitos – Cap. 8, 14
  – Destituição do inventariante – Cap. 8, 4.7.
  – Dispensa de inventário – Cap. 15, 4
  – Distinção entre meação e herança – Cap. 14, 1.9
  – Documentos – Cap. 8, 3
  – Escritura pública de inventário e partilha – Cap. 14, 2
  – Espécies de inventário – Cap. 8, 1
  – Esquemas – Cap. 8, 15
  – Fases do inventário – Cap. 8, 2
  – Formalidades da escritura de inventário

- e partilha – Cap. 14, 2
- Formulários – Cap. 17
- Habilitação de crédito – Cap. 8, 14
- Impostos de transmissão da herança – Cap. 9
- Impugnações – Cap. 8, 9
- Informações do Fisco – Cap. 8, 9.3.
- Inventariante – Cap. 8, 4
- Inventariante dativo – Cap. 8, 4.1.
- Inventariante judicial – Cap. 8, 4.1.
- Inventário e partilha por escritura pública – Cap. 14
- Inventário judicial e inventário administrativo (Escritura Pública) – Cap. 14, 1.4
- Julgamento – Cap. 8, 9.1.
- Legitimidade – Cap. 8, 3.1.
- Modelo de escritura de inventário e partilha – Cap. 17
- Noções gerais – Cap. 8, 1
- Nomeação de inventariante – Cap. 8, 4.7.
- Pedido de abertura – Cap. 8, 3
- Pedido para participar do inventário – Cap. 8, 9.2.
- Prazo – Cap. 8, 3.1.
- Prazo para o inventário – Cap. 14, 1.8
- Prestação de contas – Cap. 8, 4.5.
- Primeiras declarações – Cap. 8, 6
- Procedimento judicial de arrolamento sumário – Cap. 14, 1.6
- Procurador – Cap. 8, 5
- Recurso da decisão que nomeia, remove ou destitui inventariante – Cap. 8, 4.7.
- Remoção do inventariante – Cap. 8, 4.6.
- Renúncia à herança – Cap. 1, 7
- Renúncia da herança – Cap. 14, 2.4
- Representante Legal – Cap. 8, 5
- Reserva de bens – Cap. 8, 9 e 14
- Responsabilidade do tabelião – Cap. 14, 1.12
- Sonegados – Cap. 8, 7
- Últimas declarações – Cap. 8, 11

JUÍZO UNIVERSAL DO INVENTÁRIO – Cap. 7, 4

LEGADO – Cap. 6, 7
- Caducidade – Cap. 6, 8.1.
- Efeitos – Cap. 6, 7
- Legado precípuo – Cap. 6, 7
- Legatário – Cap. 6, 7
- Pré-legado – Cap. 6, 7
- Revogação – Cap. 6, 7

LEGÍTIMA – Cap. 1, 2 e Cap. 2, 4

LEGITIMIDADE – Cap. 8, 3.1.

LINHAS DE PARENTESCO – Cap. 2, 3.2.

LUCROS NA TRANSMISSÃO HEREDITÁRIA – IMPOSTO DE RENDA – Cap. 9,6.

MEAÇÃO – Cap. 2, 9.2.
- Conceito – Cap. 2, 9
- Não incidência de imposto – Cap. 9, 4.3
- Renúncia – Cap. 1, 8 e Cap. 9, 4.3

MEAÇÃO NA UNIÃO ESTÁVEL – Cap. 3, 6
- Meação de bens em união estável de pessoa casada e separada de fato – Cap. 3, 6.2

MEDIDAS CAUTELARES – Cap. 7, 13

MENOR – Cap. 8, 5
- Menor impúbere e púbere – Cap. 15
- Representação legal – Cap. 8, 5

MINISTÉRIO PÚBLICO – Cap. 3, 10 e Cap. 7, 14
- Alvarás – Cap. 15, 2
- Arrecadação de bens do ausente – Cap. 5, 3
- Arrolamento – Cap. 13, 2

Índice Alfabético Remissivo

- Citação – Cap. 8, 8
- Herança jacente – Cap. 4, 1
- Herança vacante – Cap. 4, 3
- Interesses de incapazes – Cap. 7, 14
- Registro de testamento – Cap. 6, 6
- União estável – Cap. 3, 10

MONTE-MOR – Cap. 7, 3
- Cálculo das custas – Cap. 7, 3.4.
- Cálculo do imposto – Cap. 7, 3; Cap. 9, 4 e Cap. 12, 7

MORTE – Cap. 1, 3; Cap. 5, 8 e 9 e Cap. 16
- Abertura da sucessão – Cap. 1, 3
- Morte declarada – Cap. 5, 8
- Morte presumida – Cap. 5, 9

MULTA – Cap. 7, 11
- Excesso de prazo na abertura do inventário – Cap. 7, 11

MUNICÍPIO – Cap. 2, 12
- Herança jacente – Cap. 4, 1
- Herança vacante – Cap. 4, 3

NASCITURO – Cap. 1, 4

NEGATIVAS FISCAIS – Cap. 8, 12

NOMEAÇÃO DE INVENTARIANTE – Cap. 8, 4.7.

ORDEM DA VOCAÇÃO HEREDITÁRIA – Cap. 2, 2
- Ascendentes – Cap. 2, 8
- Colaterais – Cap. 2, 11
- Companheiro – Cap. 2, 10
- Cônjuge – Cap. 2, 9
- Descendentes – Cap. 2, 7
- Distrito Federal – Cap. 2, 12
- Herdeiro aparente – Cap. 2, 5
- Herdeiros necessários – Cap. 2, 4
- Município – Cap. 2, 12
- União – Cap. 2, 12

ORTN – VALOR PARA OS

LEVANTAMENTOS DA LEI N. 6.858/80
- Cap. 15, 5 e 7

PARENTESCO – Cap. 2, 3

PARTIDOR – Cap. 10, 2

PARTILHA – Cap. 10
- Anulação da partilha – Cap. 10, 3.2.
- Audiência – Cap. 13, 4
- Auto de partilha – Cap. 10, 2
- Deliberação – Cap. 10, 1
- Erro de fato – Cap. 10, 3
- Esboço de partilha – Cap. 10, 2 e Cap. 13, 3
- Esquema – Cap. 10, 7
- Formal de partilha – Cap. 10, 2
- Formas de partilha – Cap. 10, 2
- Formulários – Cap. 17
- Igualdade nas partilhas – Cap. 10, 2 e Cap. 13, 3
- Inexatidões materiais – Cap. 10, 3.1.
- Julgamento – Homologação – Cap. 10, 2 e Cap. 13, 5
- Noções – Cap. 10, 1
- Partilha amigável – Cap. 10, 2.1.
- Partilha *inter vivos* – Cap. 10, 2
- Partilha judicial – Cap. 10, 2.3.
- Partilha no divórcio e na dissolução da união estável – Cap. 10.7
- Quinhões hereditários – Cap. 10, 4
- Recurso – Cap. 10, 2.6.
- Requerimento – Cap. 10, 1.1.
- Rescisão da partilha – Cap. 10, 3.3.
- Sentença – Cap. 10, 2.4.
- Sobrepartilha – Cap. 10, 5
- Substituição processual do espólio – Cap. 10, 6
- Usufruto – Instituição – Cap. 10, 2.2.

PECÚLIO – Cap. 15, 5

PERITO – v. AVALIAÇÃO

529

PETIÇÃO DE HERANÇA – Cap. 7, 8.1. e Cap. 2, 5

PIS/PASEP – PROGRAMA DE INTEGRAÇÃO SOCIAL – Cap. 15, 5
– Formulários – Cap. 17

PLANO DE PARTILHA – Cap. 12, 3 e Cap. 13, 3

PORTARIA JUDICIAL – Cap. 17
– Inventário – Formulário – Cap. 17

POSSE – Cap. 1, 3

PRAZO DO INVENTÁRIO – Cap. 7, 11
– Início – Cap. 7, 11
– Término – Cap. 7, 11

PRÉ-LEGADO – Cap. 6, 7

PRÊMIO DO TESTAMENTEIRO – Cap. 6, 12.2.

PRESTAÇÃO DE CONTAS – Cap. 8, 4.5.

PRIMEIRAS DECLARAÇÕES – Cap. 8, 6

PROCURAÇÃO – Cap. 8, 5.1.

QUESTÕES DE ALTA INDAGAÇÃO – Cap. 7, 10

QUINHÕES HEREDITÁRIOS – Cap. 10, 4
– Formulários – Cap. 17
– Garantia – Cap. 10, 4
– Igualdade – Cap. 10, 4
– Pedido – Cap. 10, 4

RECURSOS – Cap. 4, 3; Cap. 6, 3; Cap. 8, 4 e 9; Cap. 9, 4.5; Cap. 10, 2; Cap. 12, 5 e Cap. 15, 6
– Alvará – Cap. 15, 6
– Avaliação – Cap. 12, 5
– Decisão que nomeia, remove ou destitui inventariante – Cap. 8, 4.7.
– Impugnação – Cap. 8, 9
– Sentença de cálculo do imposto – Cap. 9, 4.5
– Sentença de partilha – Cap. 10, 2.4.

– Sentença declaratória de herança vacante – Cap. 4, 3
– Sentença sobre sub-rogação e extinção de vínculos – Cap. 6, 4.3.

REDUÇÃO DAS DISPOSIÇÕES TESTAMENTÁRIAS – Cap. 6, 8.4.

REGIME DE BENS – Cap. 2, 9.1.

REGISTRO – Cap. 7, 3
– Registro de inventário – Cap. 7, 3.1.

REMOÇÃO DE INVENTARIANTE – Cap. 8, 4.6.
– Formulários – Cap. 17

RENÚNCIA DA HERANÇA – Cap. 1, 7 e Cap. 9, 2.2.2 e 4.2
– Cessão de herança – Cap. 1, 8
– Condição – Cap. 1, 7
– Formas – Cap. 1, 7
– Formulários – Cap. 17
– Herdeiro falecido – Cap. 1, 7
– Herdeiro menor – Cap. 1, 7
– Imposto *causa mortis* – Cap. 9, 4.2
– Procuração do cônjuge – Cap. 8, 8
– Pura e simples – Cap. 1, 7
– Retratável – Cap. 1, 7
– Sucessão – Cap. 1, 1
– Sucessão testamentária – Cap. 1, 1
– Termo – Cap. 1, 7
– Translativa – Cap. 1, 8.1.

RENÚNCIA DA MEAÇÃO – Cap. 1, 8.2. e Cap. 9, 4.3

REPRESENTAÇÃO – Cap. 8, 5
– Direito de representação na sucessão – Cap. 2, 6
– Representação legal – Cap. 8, 5

RESCISÃO DA PARTILHA – Cap. 10, 3

RESERVA DE BENS – Cap. 3, 8.4 e Cap. 8, 9 e 14
– Colação – Cap. 8, 13

Índice Alfabético Remissivo

– Companheiro – Cap. 3, 8.4
– Sobrepartilha – Cap. 10, 5
RESTITUIÇÃO DE TRIBUTOS – Cap. 15, 5
REVOGAÇÃO DOS CODICILOS – Cap. 6, 8.2.
REVOGAÇÃO DOS TESTAMENTOS – Cap. 6, 8.2.
SALDO BANCÁRIO – Cap. 15, 5.4
– Conta conjunta – Cap. 15, 5
– Formulários – Cap. 17
SALDO SALÁRIO – Cap. 15, 5.1.
SEGURO DE VIDA – Cap. 15, 5.6.
SENTENÇA DE PARTILHA – Cap. 10, 2.4.
– Arrolamento – Cap. 12, 8 e Cap. 13, 5
– Formulários – Cap. 17
– Recurso – Cap. 10, 2.6.
SEPARAÇÃO DE BENS – Cap. 2, 9
– Aquestos – Cap. 2, 9.10.
SISA – V. IMPOSTO *INTER VIVOS* – Cap. 9, 3
SOBREPARTILHA – Cap. 10, 5
SONEGADOS – Cap. 8, 7
SUB-ROGAÇÃO DE VÍNCULOS – Cap. 6, 4.5.
SUBSTITUIÇÃO PROCESSUAL DO ESPÓLIO – Cap. 10, 6
SUBSTITUIÇÕES TESTAMENTÁRIAS – Cap. 6, 10
SUCESSÃO *CAUSA MORTIS* – Cap. 1, 2
SUCESSÃO LEGÍTIMA – Cap. 1, 2.1. e Cap. 2
– Abertura da sucessão – Cap. 1, 3
– Aquestos – Cap. 2, 9.10.
– Ascendentes – Cap. 2, 8
– A título universal – Cap. 1, 2.2.
– *Causa mortis* – Cap. 1, 2
– Colaterais – Cap. 2, 11
– Companheiro – Cap. 2, 10

– Cônjuge – Cap. 2, 9
– Descendentes – Cap. 2, 7
– Direito de representação – Cap. 2, 6
– Distrito Federal – Cap. 2, 12
– Graus – Cap. 2, 3.2.
– Habitação – Cap. 2, 9.9. e Cap. 3, 7.2
– Herança – Cap. 1, 1.2. e Cap. 2, 9.2.
– Herança jacente – Cap. 4, 1
– Herança vacante – Cap. 4, 3
– Herdeiro aparente – Cap. 2, 5
– Herdeiros necessários – Cap. 2, 4
– Imposto *inter vivos* – Cap. 1, 2
– Legítima – Cap. 1, 2.1.
– Linhas – Cap. 2, 3.2.
– Meação – Cap. 2, 9.2. e Cap. 3, 6
– Município – Cap. 2, 12
– Ordem da vocação hereditária – Cap. 2, 2
– Parentesco – Cap. 2, 3
– Sucessão definitiva – Cap. 5
– Sucessão por cabeça – Cap. 2, 7
– Sucessão por estirpe – Cap. 2, 7
– Sucessão provisória – Cap. 5, 4
– Testamentária – Cap. 1, 2.1.
– União estável – Cap. 2, 10 e Cap. 3
– Usufruto – Cap. 2, 9.8.
SUCESSÃO PROVISÓRIA – Cap. 5, 4
– Arrecadação de bens quando não apareçam sucessores – Cap. 5, 3
– Ausência – Cap. 5, 1
– Conversão da sucessão provisória em definitiva – Cap. 5, 6
– Declaração de ausência, com presunção de morte, pelas Leis ns. 6.683/79 e 9.140/95 – Cap. 5, 9
– Declaração de morte pela Lei n. 6.015/73 – Cap. 5, 8
– Declaração de morte pelo Código Civil – Cap. 5, 8

- Declaração judicial de ausência – Cap. 5, 2
- Esquema – Cap. 5, 10
- Morte presumida – Cap. 5, 9
- Processamento da sucessão provisória – Cap. 5, 5
- Regresso do ausente após a sucessão definitiva – Cap. 5, 7
- Sucessão provisória – Cap. 5, 4

SUCESSÃO TESTAMENTÁRIA – Cap. 6
- Aceitação – Cap. 1, 7
- Alvarás judiciais – Cap. 14
- Anulação de testamento – Cap. 6, 11
- Apresentação, publicação e registro do codicilo – Cap. 6, 6
- Apresentação, publicação e registro do testamento – Cap. 6, 6
- Arrolamento – Cap. 13
- Arrolamento sumário – Cap. 12
- Caducidade do fideicomisso – Cap. 6, 10.1.
- Caducidade dos legados – Cap. 6, 8.1.
- Capacidade de testar – Cap. 6, 2
- Codicilos – Cap. 6, 5
- Competência para extinção de vínculos – Cap. 6, 4.5.
- Competência para sub-rogação de vínculos – Cap. 6, 4.5.
- Deserdação – Cap. 1, 6.2.
- Direito de acrescer – Cap. 6, 9
- Direito do nascituro – Cap. 1, 4
- Direitos do testamenteiro – Cap. 6, 12
- Disposições testamentárias – Cap. 6, 4
- Espécies de testamento – Cap. 6, 3
- Esquemas – Cap. 6, 13
- Execução dos testamentos – Cap. 6, 12.1.
- Extinção de usufruto – Cap. 6, 4.4.
- Extinção de vínculos – Cap. 6, 4.4.

- Fideicomisso conceito – Cap. 6, 10.1.
- Imposto sobre transmissão de bens – Cap. 9
- Interpretação dos testamentos – Cap. 6, 4.1.
- Inventário – Cap. 7 e Cap. 8
- Legados – Cap. 6, 7
- Obrigações do testamenteiro – Cap. 6, 12
- Prêmio do testamento – Cap. 6, 12.2.
- Redução das disposições testamentárias – Cap. 6, 8.4.
- Renúncia da herança – Cap. 1, 7
- Revogação dos codicilos – Cap. 6, 8.2.
- Revogação dos testamentos – Cap. 6, 8.2.
- Sub-rogações de vínculos – Cap. 6, 4.5.
- Substituições testamentárias – Cap. 6, 10
- Testamenteiro – Cap. 6, 12
- Testamento – Cap. 6, 2
- Transmissão da herança – Cap. 1, 7
- Vínculos – Cap. 6, 4.2.

TAXA JUDICIÁRIA – Cap. 7, 3 e Cap. 12, 6
- No arrolamento – Cap. 12, 6

TERMINOLOGIA – Cap. 16

TESTAMENTEIRO – Cap. 6, 12
- Direitos – Cap. 6, 12.1.
- Execução dos testamentos – Cap. 6, 12.1.
- Obrigações – Cap. 6, 12.1.
- Prêmio – Cap. 6, 12.2.

TESTAMENTO – Cap. 6
- Anulação de testamento – Cap. 6, 11
- Apresentação, publicação e registro dos codicilos – Cap. 6, 6
- Apresentação, publicação e registro dos testamentos – Cap. 6, 6
- Caducidade dos legados – Cap. 6, 8

Capítulo 17   Índice Alfabético Remissivo

– Capacidade de testar – Cap. 6, 2
– Cláusulas testamentárias – Cap. 6, 4
– Codicilos – Cap. 6, 5
– Competência – Cap. 6, 4.5.
– Conceito – Cap. 6, 2
– Direito de acrescer – Cap. 6, 7
– Direitos do testamenteiro – Cap. 6, 12.1.
– Disposições testamentárias – Cap. 6, 4
– Espécies de testamento: Público. Cerrado. Particular. Marítimo. Aeronáutico. Militar. Nuncupativo militar – Cap. 6, 3
– Esquemas – Cap. 6, 13
– Execução dos testamentos – Cap. 6, 12.1.
– Extinção de vínculos – Cap. 6, 4.1.
– Fideicomisso e sua caducidade – Cap. 6, 10.1.
– Formulários – Cap. 17
– Herdeiro – Cap. 2
– Interpretação dos testamentos – Cap. 6, 4.1.
– Legados – Cap. 6, 7
– Legatário – Cap. 6, 7
– Obrigações do testamenteiro – Cap. 6, 12.1.
– Prêmio do testamenteiro – Cap. 6, 12.2.
– Recurso – Cap. 6, 4
– Redução das disposições testamentárias – Cap. 6, 8.4.
– Revogação dos codicilos – Cap. 6, 8.2.
– Revogação dos testamentos – Cap. 6,8.2.
– Sub-rogação de vínculos – Cap. 6, 4.5.
– Substituições testamentárias – Cap. 6, 10
– Sucessão testamentária – Cap. 6

– Testamenteiro – Cap. 6, 12
– Testamento Aeronáutico – Cap. 6, 3.5.
– Testamento Cerrado – Cap. 6, 3.2.
– Testamento Marítimo – Cap. 6, 3.4.
– Testamento Militar – Cap. 6, 3.6.
– Testamento Nuncupativo Militar – Cap. 6, 3.7.
– Testamento Particular – Cap. 6, 3.3.
– Testamento Público – Cap. 6, 3.1.
– Testamento vital – Cap. 6, 3.8.
– Testemunhas – Cap. 6, 3.9.

TRIBUTOS – Cap. 9 e Cap. 14, 5
  – Certidões negativas – Cap. 8, 12
  – Ver IMPOSTO SOBRE TRANSMISSÃO DE BENS – Cap. 9

ÚLTIMAS DECLARAÇÕES – Cap. 8, 11

UNIÃO ESTÁVEL – Cap. 2, 10 e Cap. 3
  – Ação declaratória de união estável e pedido de herança – Cap. 3,9.2
  – Ação declaratória de união estável e sua dissolução para fins de meação – Cap. 3, 9.1
  – Ação de inventário: abertura e habilitação – Cap. 3, 9.3
  – Ação de reserva de bens em inventário – Cap. 3, 9.4
  – Ausência do formalismo – Cap. 3, 2.2
  – Companheiro casado e separado de fato – Cap. 3, 8.3
  – Competência jurisdicional – Cap. 3, 10
  – Continuidade – Cap. 3, 2.5
  – Conversão da união estável em casamento – Cap. 3, 9.5
  – Convivência – Cap. 3, 2.1
  – Desfiguração da união estável: concubinato – Cap. 3, 5
  – Direito de sucessão hereditária – Cap. 3, 8.1
  – Duração: estabilidade – Cap. 3, 2.4

- Elemento subjetivo: propósito de constituir família – Cap. 3, 2.8
- Habitação – Cap. 3, 8.2
- Herança – Cap. 3, 8.1
- Impedimentos matrimoniais decorrentes de união estável – Cap. 3, 3
- Inexistência de impedimentos matrimoniais – Cap. 3, 2.7
- Levantamento de certos valores pelos dependentes – Cap. 1.9
- Meação de bens em união estável de pessoa casada e separada de fato – Cap. 3, 7.2
- Meação no Código Civil – Cap. 3, 7.1
- Ministério Público nas ações de reconhecimento da união estável – Cap. 3, 11
- Namoro e união estável – Cap. 3, 6
- Publicidade – Cap. 3, 2.6
- Requisitos para configuração da união estável – Cap. 3, 2
- Sucessão hereditária de companheiros – Cap. 3, 8
- Sucessão por testamento – Cap. 3, 8.5
- União estável como entidade familiar – Cap. 3, 1
- União estável homoafetiva – Cap. 3, 4
- Unicidade de vínculo – Cap. 3, 2.3
- Usufruto – Cap. 2, 9.8.

USUCAPIÃO – Cap. 1, 1 e Cap. 4, 3
- Posse pelo espólio – Cap. 1, 1

USUFRUTO – Cap. 2, 9.8.
- Extinção – Cap. 6, 4.4.
- Instituição na partilha – Cap. 10, 2

VALOR DA CAUSA – Cap. 7, 3.3. e Cap. 12, 6

VENDA DE BENS – Cap. 1, 8
- Alvará – Cap. 15, 1
- Formulários – Cap. 17

VGBL, PGBL – PREVIDÊNCIA PRIVADA – Cap. 7.7. 14.5.6. e Cap. 7.7.

VÍNCULOS – Instituição, extinção e sub--rogação – Cap. 6, 4.5.

VINTENA – Cap. 6, 12

VOCAÇÃO HEREDITÁRIA – Cap. 2, 2

Bibliografia

ALMEIDA, José Luiz Gavião. In: AZEVEDO, Álvaro Villaça (Coord.). *Código Civil Comentado*. Vol. XVIII: "Direito das Sucessões. Sucessão em geral. Sucessão legítima. Arts. 1.784 a 1.856". São Paulo: Atlas, 2003.

ASCENSÃO, José de Oliveira. *Direito Civil: Sucessões*. 5. ed. Coimbra: Tema, 2000.

AZEVEDO, Álvaro Villaça. *Do concubinato ao casamento de fato*. 1. ed. Belém: CEJUP, 1986.

_____. *Estatuto da Família de fato*. 2. ed. São Paulo: Atlas, 2002.

BALEEIRO, Aliomar. *Direito Tributário brasileiro*. 4. ed. Rio de Janeiro: Forense, 1972.

BAPTISTA, Silvio Neves. União estável de pessoa casada. In: ALVES, Jones Figueiredo; DELGADO, Mário Luiz. *Questões controvertidas no direito de família e das sucessões*. São Paulo: Método, 2005. vol. 3, p. 301-314.

BARBI, Celso Agrícola. *Comentários ao Código de Processo Civil*. 1. ed. Rio de Janeiro: Forense, 1975. vol. I, t. 1, arts. 1º-55 e t. 2, arts. 56-133.

BARROS, Hamilton de Moraes e. *Comentários ao Código de Processo Civil*. 1. ed. Rio de Janeiro: Forense, 1975. vol. IX, arts. 946-1.102.

BEVILÁQUA, Clóvis. *Código Civil dos Estados Unidos do Brasil*. 5. ed. Rio de Janeiro: Francisco Alves, 1956.

CAHALI, Francisco José. *Contrato de Convivência*. São Paulo: Saraiva, 2002.

CAMPOS, Antonio Macedo de. *Manual dos inventários e partilhas*. São Paulo: Sugestões Literárias, 1976.

CARRAZZA, Roque Antonio. *Curso de Direito Constitucional Tributário*. 7. ed. São Paulo: Malheiros, 1995.

CARVALHO, Luiz Paulo Vieira de. *Direito das Sucessões*. 2. ed. São Paulo: Atlas, 2015.

CASTRO FILHO, José Olympio de. *Comentários ao Código de Processo Civil*. 3. ed. Rio de Janeiro: Forense, 1983. vol. X – arts. 1.103-1.220.

CHINELATO, Silmara J. A. *Tutela civil do nascituro*. São Paulo: Saraiva, 2000.

COELHO, Fábio Ulhoa. *Curso de Direito Civil*. 7. ed. São Paulo: Saraiva, 2014. vol. 5 – Família – Sucessões.

COLTRO, Antonio Carlos Mathias. Algumas considerações acerca da decisão que julga o pedido de remoção de inventariante e do recurso contra a mesma cabível, *RP*, 28/104.

CORREA SANCHES, Patricia (Coord.); PEREIRA, Rodrigo da Cunha; DIAS, Maria Berenice – organizadores. Div. autores. *Direito das Familias e Sucessões na era digital*. BH:IBDFAM, 2021.

DABUS MALUF, Carlos Alberto. *Das cláusulas de inalienabilidade, incomunicabilidade e impenhorabilidade*. 3. ed. ampl. São Paulo: Saraiva, 1986.

_____. *União Homossexual*: o preconceito, a justiça. 2. ed. Porto Alegre: Livraria do Advogado, 2001.

DIAS, Maria Berenice. **Manual das Sucessões**. 8. ed. São Paulo: JusPodivm, 2022.

DINIZ, Maria Helena. **Curso de Direito Civil Brasileiro. Direito das Sucessões**. 21. ed. São Paulo: Saraiva, 2007. v.6.

FERREIRA, Luís Pinto. *Tratado das heranças e dos testamentos*. 1. ed. São Paulo: Saraiva, 1983.

FERREIRA, Nelson Pinto. *Da colação no Direito Civil brasileiro e no Direito Civil comparado*. São Paulo: Juarez de Oliveira, 2002.

FIUZA, Ricardo e outros. *Novo Código Civil comentado*. 1. ed. São Paulo: Saraiva, 2002.

FRANÇA, Rubens Limongi. *Jurisprudência do inventário e partilha:* direito e processo. 1. ed. São Paulo: Revista dos Tribunais, 1984.

_____. Direito de representação em sucessão testamentária, *RT* 625/27.

GAMA, Guilherme Calmon Nogueira da. *Direito Civil – Sucessões*. Série "Fundamentos Jurídicos". São Paulo: Atlas, 2003.

GOMES, Orlando. *Sucessões*. 11. ed. Rio de Janeiro: Forense, 2001.

GONÇALVES, Carlos Roberto. *Direito Civil brasileiro, 7 – Direito das Sucessões*. 5. ed. São Paulo: Saraiva, 2011.

GOZZO, Débora; VENOSA, Sílvio de Salvo. Do direito das sucessões. Arts. 1.784 a 1.911. In: ALVIM, Arruda; ALVIM, Thereza (Coords.). *Comentários ao Código Civil brasileiro*. Rio de Janeiro: Forense, 2004. vol. 16.

HIRONAKA, Giselda Maria Fernandes Novaes. *Comentários ao Código Civil*. 2. ed. In: AZEVEDO, Antonio Junqueira de (Coord.). São Paulo: Saraiva, 2007. vol. 20.

_____. Direito sucessório brasileiro: ontem, hoje e amanhã. *Revista Brasileira de Direito de Família*, IBDFAM, Síntese, vol. 12.

_____. *Morrer e suceder*: passado e presente da transmissão sucessória concorrente. São Paulo: Revista dos Tribunais, 2011.

_____. Ordem da vocação hereditária. In: _____; CAHALI, Francisco José; PEREIRA, Rodrigo da Cunha (Coords.). *Direito das sucessões*. 2. ed. Belo Horizonte: Del Rey, 2007, p. 97-112.

_____. Parte especial. Do direito das sucessões. Arts. 1.784 a 1.856. In: AZEVEDO, Antônio Junqueira de (Coord.). *Comentários ao Código Civil*. 2. ed. rev. São Paulo: Saraiva, 2007. vol. 20.

_____; PEREIRA, Rodrigo da Cunha (Coords.). *Direito das Sucessões*. 2. ed. Belo Horizonte: Del Rey, 2007.

KIGNEL, Luiz; PHEBO, Márcia Setti e LONGO, José Henrique. *Planejamento Sucessório*. São Paulo: Noeses, 2014.

LEITÃO, Helder Martins. *Do inventário*. 3. ed. Porto: Elcla, 1990.

LEITE, Eduardo de Oliveira. *Comentários ao Código Civil*. Do Direito das Sucessões. 2. ed. Rio de Janeiro: Forense, 2003. vol. 21.

LÔBO, Paulo. *Direito Civil – Sucessões*. 2. ed. São Paulo: Saraiva, 2014.

LOPES, Miguel Maria da Serpa. *Curso de Direito Civil*. 3. ed. Rio de Janeiro: Freitas Bastos, 1964.

MADALENO, Rolf. A desconsideração da personalidade jurídica na sucessão legítima do Código Civil de 2002. In: ALVES, Jones Figueiredo; DELGADO, Mário Luiz (Coords.). *Novo Código Civil:* questões controvertidas. São Paulo: Método, 2007.

_____. Inventário de bens situados no exterior e a sua compensação para efeito de equilíbrio dos quinhões. *Revista Brasileira de Direito de Família*. Porto Alegre: Síntese/IBDFAM, v. 7, n. 29, abr.-maio 2005, p. 223-234.

_____. *Sucessão Legítima*. Rio de Janeiro: Forense, 2019.

_____. Separação convencional de bens, expectativa de fato e renúncia da concorrência sucessória em pacto antenupcial. *In: Direito Civil, Diálogos entre a doutrina e a jurisprudência*, coord. Luiz Felipe Salomão e Flávio Tartuce, São Paulo: Gen Atlas, 2021. v. 2.

MAXIMILIANO, Carlos. *Direito das sucessões*. Rio de Janeiro: Freitas Bastos, 1964. vol. 1.

MAZZEI, Rodrigo Reis. **Comentários ao Código de Processo Civil**, vol. XII – Do Inventário e da Partilha. São Paulo: Saraiva, 2021, p. 710.

_____. A participação do Ministério Público no inventário *causa mortis*: atuação multifacetada. In: **Revista do Ministério Público do Estado do Rio de Janeiro**, n. 85, p. 153-180, jul./set. 2022.

MIRANDA, Francisco Cavalcanti Pontes de. *Tratado de direito privado*. 1. e 2. ed., Rio de Janeiro: Borsoi, 1954-1969, vol. 16; e edição atualizada por divs. autores, 60 volumes, São Paulo: Revista dos Tribunais, 2012.

_____. *Tratado de direito privado*. Atualização, divs. autores. volumes sobre sucessões: HIRONAKA, Giselda Maria Fernandes Novaes; LÔBO, Paulo (tomos LV a LIX); OLIVEIRA, Euclides (tomo LX). São Paulo: Revista dos Tribunais, 2012.

_____. *Comentários ao Código de Processo Civil*. 1. ed. Rio de Janeiro: Forense, 1975-1979. vol. 16.

MONTEIRO, Washington de Barros. *Curso de Direito Civil – Direito de família e das sucessões*. 29. e 35. ed. São Paulo: Saraiva, 1998 e 2003. vols. 2 e 6.

NEGRÃO, Theotonio et al. *Código de Processo Civil e legislação processual em vigor*. 50. ed. São Paulo: Saraiva, 2019.

_____. et al. *Código Civil e legislação civil em vigor*. 37. ed. São Paulo: Saraiva, 2019.

NERY JUNIOR, Nelson; NERY, Rosa Maria de Andrade. *Código de Processo Civil comentado e legislação extravagante*. 9. ed. São Paulo: Revista dos Tribunais, 2006.

_____. *Novo Código Civil e legislação extravagante anotados*. São Paulo: Revista dos Tribunais, 2002.

NONATO, Orozimbo. *Estudos sobre sucessão testamentária*. Rio de Janeiro: Forense, 1957.

OLIVEIRA, Arthur Vasco Itabaiana de. *Tratado de direito das sucessões*. Rio de Janeiro: Freitas Bastos, 1952.

OLIVEIRA, Euclides Benedito de. In: AZEVEDO, Álvaro Villaça (Coord.). *Código Civil comentado*. Vol. XX: "Direito das Sucessões. Inventário. Partilha. Arts. 1.991 a 2.027". São Paulo: Atlas, 2004.

_____. Colação e sonegados. In: HIRONAKA, Giselda Maria Fernandes Novaes; PEREIRA, Rodrigo da Cunha (Coords.). *Direito das sucessões*. 2. ed. Belo Horizonte: Del Rey, 2007. p. 381-398.

_____. Concorrência sucessória e a nova ordem da vocação hereditária. *Revista Brasileira de Direito de Família*, Porto Alegre, Síntese/IBDFAM, v. 7, n. 29, abr.-maio 2005, p. 26-44.

_____. *União Estável – Do concubinato ao casamento*. 6. ed. São Paulo: Método, 2003.

_____. Formas de testamento. In: TARTUCE, Flávio; CASTILHO, Ricardo (Coords.). *Direito Civil:* direito patrimonial e direito existencial. São Paulo: Método, 2006. p. 911-934.

_____. Da herança e da sua administração. In: FREITAS, Douglas Phillips (Coord.) *Curso de direito das sucessões*. Florianópolis: Vox Legem, 2007. p. 33-41.

_____. A nova ordem de vocação hereditária e a sucessão dos cônjuges. In:

Bibliografia

ALVES, Jones Figueiredo; DELGADO, Mário Luiz. *Questões controvertidas no direito de família e das sucessões*. São Paulo: Método, 2004. vol. 1.

_____. *Direito de herança – a nova ordem da sucessão*. 2. ed. São Paulo: Saraiva, 2009.

_____. A interpretação do testamento na atual jurisprudência do Superior Tribunal de Justiça. In: *Direito Civil, Diálogos entre a doutrina e a jurisprudência*, coord. Luiz Felipe Salomão e Flávio Tartuce, São Paulo: Gen Atlas, 2021. v. 2.

PACHECO, José da Silva. *Inventários e partilhas*. 17. ed. Rio de Janeiro: Forense, 2003.

PELUSO, Antonio Cezar (Coord.). *Código Civil Comentado*. Barueri, SP: Manole, 13. ed. 2019.

_____; Dias, Maria Berenice et al. (Coords.). *Direito de família e o novo Código Civil*. 2. ed. Belo Horizonte: Del Rey, 2002.

PEREIRA, Caio Mário da Silva. *Instituições de Direito Civil*. 6. ed. Rio de Janeiro: Forense, 1991. vol. VI.

PINHEIRO, Jorge Duarte. *Direito de família e das sucessões*. Lisboa: AAFDL, 2008. vol. III.

PORTO, Mário Moacyr. Teoria da aparência e herdeiro aparente. *RT*, 260/4.

RIBEIRO, Benedito Silvério. *Tratado de usucapião*. 3. ed. São Paulo: Saraiva, 2003.

RIZZARDO, Arnaldo. *Direito das sucessões*. 5. ed. Rio de Janeiro: Forense, 2009.

RODRIGUES, Silvio. *Direito Civil – Direito das sucessões*. 25. ed. São Paulo: Saraiva, 2002. vol. 7.

ROSA, Conrado Paulino da, e RODRIGUES, Marco Antonio. *Inventário e Partilha. Teoria e Prática*: Salvador: JusPodyvm, 2019.

SANTOS, Carlos Maximiliano Pereira dos. *Direito das sucessões*. 4. ed. Rio de Janeiro: Freitas Bastos, 1958.

SANTOS, João Manuel Carvalho. *Código Civil brasileiro interpretado*. São Paulo: Freitas Bastos, 1945. vol. XXII.

SILVA, Clóvis do Couto e. *Comentários ao Código de Processo Civil*. São Paulo: Revista dos Tribunais, 1977.

SILVA LOPES, José Fernando. *O Ministério Público e o Processo Civil*. São Paulo: Saraiva, 1976, p. 49-51.

SIMÃO, José Fernando; TARTUCE, Flávio. *Direito civil. Direito das sucessões*. 5. ed. rev. e atual. São Paulo: Método, 2012. vol. 6.

SOUZA, Orlando de. *Inventários e partilhas*. 10. ed. Rio de Janeiro: Forense, 1981.

_____. *Prática dos testamentos*. Rio de Janeiro: Forense.

TARTUCE, Flávio. *Direito Civil, 6 – Sucessões*. 7. ed. São Paulo: GEN-Forense, 2019.

THEODORO JÚNIOR, Humberto. Partilha: nulidade, anulabilidade e rescindibilidade, *RT* 45/218.

_____. A petição da herança encarada principalmente do prisma do Direito Processual Civil, *RT* 581/10.

TUCCI, Cibele Pinheiro Marçal. Cálculo da metade disponível para colação de bens e redução por inoficiosidade, *Revista do Advogado*, São Paulo: Associação dos Advogados de São Paulo, a. XXVII, n. 91, maio 2007, p. 34-41.

VELOSO, Zeno. *Comentários ao Código Civil*. Do Direito das Sucessões. São Paulo: Saraiva, 2003. vol. 21.

_____. Do direito das sucessões. Arts. 1.857 a 2.027. In: AZEVEDO, Antônio Junqueira de (Coord.). *Comentários ao Código Civil*. São Paulo: Saraiva, 2003. vol. 21.

_____. *Direito hereditário do cônjuge e do companheiro*. São Paulo: Saraiva, 2010.

_____. Sucessões do cônjuge no novo Código Civil, *Revista Brasileira de Direito de Família*, n. 17, Porto Alegre, Síntese, IBDFAM, 2003.

_____. *Testamentos*. 2. ed. Belém: CEJUP, 1993.

VENOSA, Sílvio de Salvo. *Direito Civil – Sucessões*. 3. ed. São Paulo: Atlas, 2003, vol. VI.

ZANNONI, Eduardo A. *Derecho civil*: Derecho de las sucesiones. 4. ed. Buenos Aires: Astrea, 2001.